502

DAS PRAXISHANDBUCH

SEGELN

Lernen und Nachschlagen für Anfänger und Könner

EIN PRAXISHANDBUCH

SEGELN

Lernen und Nachschlagen für Anfänger und Könner

STEVE SLEIGHT

DORLING KINDERSLEY

DORLING KINDERSLEY

Lektorat Mary Lindsay
Bildredaktion Sarah Hall
DTP-Design Robert Campbell
Herstellung Michelle Thomas, Silvia La Greca Bertacchi
Bildrecherche Anna Grapes
Beratung Chris Woodbridge

Cheflektorat Stephanie Jackson, Jonathan Metcalf
Chefbildlektorat Nigel Duffield

Produziert für Dorling Kindersley von

studio cactus

13 SOUTHGATE STREET WINCHESTER HAMPSHIRE SO23 9DZ

Projektbetreuung Jo Weeks
Bildbetreuung Sharon Moore
Gestaltung Helen Bracey

Titel der englischen Originalausgabe:
Complete Sailing Manual

Übersetzt aus dem Englischen von Andrea Busch, Franca Fritz und Heinrich Koop, Anneliese Halle, Claudia-Ade-Team: Michael Sticker
Fachliche Beratung der deutschsprachigen Ausgabe: Andreas Tempel
Redaktion der deutschsprachigen Ausgabe: Susanne Dahmann, Marbach für VMR, Bonn
Satz der deutschsprachigen Ausgabe: Verlagsservice Monika Rohde, Bonn

ISBN 3-8310-0014-X

Reproduced in Singapore by Colourscan
Printed and bound in Italy by Lego

Besuchen Sie uns im Internet: www.dk.com

SYMBOLE

Die folgenden Symbole werden im Buch benutzt.

WIND-RICHTUNG **TIDEN-STRÖMUNG** **FAHRT-RICHTUNG**

INHALT

Vorwort

Mit meiner Segelkarriere war es ähnlich wie mit der Handlung eines Liebesromans: Ein Kindheitstraum erfüllte sich; das Segeln wurde mein Lebensinhalt.

Als Kind verbrachte ich viel Zeit in der Schulbücherei: Ich saß auf meiner Jacke, mit dem Rücken an einem Heizkörper, und tauchte völlig in die Welt des Segelns ab. Besonders gern las ich die Romane von Arthur Ransome. In meinem imaginären Boot kreuzte ich auf dem Schulhof, und meine Freizeit verbrachte ich mit Jollenrennen auf dem Stausee oder schipperte auf den Flüsschen an Englands Ostküste herum. Wasser faszinierte mich schon immer sehr. Ich bin ganz verrückt danach; so sehr, dass ich zehn Jahre lang das Geld für mein Schulessen einsparte, um mir mein erstes Boot zu kaufen, eine Acht-Fuß-Jolle, die ich *Threp'ny Bit* nannte. An meiner Leidenschaft hat sich wenig geändert. Ich bin mittlerweile weiter gereist und habe mehr erlebt, als ich mir jemals erträumt hatte. Ich kann vom Wasser immer noch nicht genug bekommen, sei es auf einer 60-Fuß-Rennyacht oder mit Kindern in einer Jolle.

Kein Wunder also, dass ich Steve Sleight auf dem Wasser kennenlernte. Seine Leidenschaft fürs Segeln faszinierte mich, sie war meiner so ähnlich. Für viele Menschen ist Segeln ein Hobby, ein Zeitvertreib oder sogar eine Fluchtmöglichkeit, aber für Steve ist es sein Lebensinhalt. Von der J-Klasse bis zum Landesmeister – er hat all diese Schritte geschafft. Dieses Buch ist ein Handbuch für alle Segler: für die, die zum ersten Mal dieses Prickeln beim Auslaufen spüren, genauso wie für die mit jahrelanger Erfahrung.

Ellen MacArthur

DIE FREUDE AM SEGELN

»ES GIBT NICHTS, aber auch gar nichts, was annähernd so schön wäre, wie einfach so mit dem Boot herumzugondeln.« So fasst Kenneth Grahame den Reiz des Segelns zusammen. Mein Segelhandbuch ist ein praktischer Ratgeber für diesen wundervollen Sport. Ich habe es meiner Tochter Tanya gewidmet.

Delfine sind ein Sinnbild für die Freude am Segeln. Für viele Menschen ist Segeln mehr als Sport – es ist eine Lebenseinstellung.

EINLEITUNG

Wen einmal das Segelfieber gepackt hat, den lässt es nicht mehr los. Segeln ist weit mehr als ein Sport – Millionen Menschen segeln zur Entspannung, und für die wirklich Besessenen ist es ihr Lebensinhalt. Natürlich ist das nicht immer so gewesen. Zum Vergnügen zu segeln wäre den Seefahrern früherer Zeiten absurd vorgekommen. Für sie war Segeln ein selbstverständlicher Teil ihres Lebens – eines im günstigsten Fall harten Lebens – und die einzige Möglichkeit, die Meere zu überqueren, die zwei Drittel unserer Erde bedecken.

△ KÖNIGLICHE YACHT
Die königliche Yacht Mary *feuert Salut. König Charles II. bekam die* Mary *1660 geschenkt. Mit ihr wurde in England das Yachtsegeln als Sport eingeführt.*

VOM HANDEL ZUM FREIZEITSPORT

Handel, Entdeckung und Eroberung waren die treibenden Kräfte, die den seefahrenden Nationen zu Macht und Reichtum verhalfen. Um die Weltmeere zu beherrschen, mussten ihre Schiffsplaner, Schiffsbauer und Seeleute viele verschiedene Schiffstypen bauen und segeln können.

SEGELN UND HANDEL

Jahrtausendelang waren die Menschen allein auf die Kraft des Windes angewiesen, um lange Strecken über Wasser zurückzulegen. Ob auf großen Flüssen, wie dem Nil oder Amazonas, oder auf Mittelmeer, Atlantik und Pazifik, Windkraft war die einzige Alternative zur Muskelkraft an Ruder und Paddel. Überall auf der Welt fanden die Bewohner individuelle Lösungen, wie sie den Wind nutzen und Fracht und Passagiere über lange Strecken befördern konnten. Die so entstandenen Handwerkskünste haben sich teilweise bis heute erhalten. Die Langboote der Wikinger legten unter Ruder und mit Hilfe der einfachen, quadratischen Rahsegel Tausende von Kilometern zurück. Die Rahtakelung wurde in den meisten europäischen Ländern Standard, obwohl sie sich nur für einen Vorwindkurs eignete.

Für die arabischen Dauen wurden große, dreieckige Lateinersegel entwickelt. Eine Dau konnte daher kreuzen und war schneller als ein rahgetakeltes Schiff. Das Boot musste von einer großen Crew bedient werden, was aber in ihrem Einsatzgebiet kein Problem war.

Die Chinesen erfanden das Chinesische Luggersegel, das meist als Dschunkensegel bezeichnet wird. Der Mast ist kurz, die Segel sind aus gewebtem Stoff gefertigt und mit langen Bambuslatten verstärkt. Sie waren effizient, leicht zu handhaben, einfach zu reparieren und benötigten nur eine kleine Crew.

KLIPPER ▷
Die Cutty Sark *war wohl der berühmteste aller Klipper. Diese Schiffe überquerten pfeilschnell die Meere, um die Absatzmärkte im Westen als erste zu erreichen.*

△ DIE *AMERICA*
Der Schoner America *war 1851 in England zu Gast und trat auf einem Kurs von Cowes um die Isle of Wight gegen die führenden britischen Yachten an. Die* America *gewann den Hundert-Guineen-Cup, und das Rennen wurde in America's Cup umbenannt. Der America's Cup ist heute die älteste Trophäe im internationalen Yachtsport.*

Im Pazifik bauten die Polynesier die Prau, ein einzigartiges Mehrrumpfboot, dessen Hauptrumpf aus ausgehöhlten Baumstämmen besteht und mit Auslegern stabilisiert wird. Die Fortbewegung erfolgt mittels Paddel und einem Scherensegel. Diese zerbrechlichen Konstruktionen legten große Strecken im Pazifischen Ozean zurück. Ohne Landsicht konnte der Navigator sich beim Festlegen des Kurses lediglich an Himmel, Wind und Meer orientieren.

Holz war das bevorzugte Material für alle Schiffstypen und Schiffsgrößen, aber wenn es kein Holz gab, nahmen die Menschen etwas anderes, zum Beispiel geflochtenes Schilf. Der Baustoff Holz wurde erst verdrängt, als im Zeitalter der Industrialisierung billigere, stabilere Rümpfe aus Eisen und Stahl gebaut werden konnten.

Da Schiffe für einen bestimmten Zweck gebaut wurden (Kriegsschiffe, Handelsschiffe, Fischerboote usw.), entstanden viele verschiedene Bootstypen mit entsprechenden Vor- und Nachteilen. Die berühmten Themse-Barken waren zum Beispiel ideal, um auf den flachen Gewässern der Themsemündung und der Ostküste Lasten zu transportieren. Die Crew bestand aus zwei Personen, meistens einem Mann und einem Jungen.

Hunderte, wenn nicht gar Tausende von Schiffstypen entstanden, jeder angepasst an einen bestimmten Zweck. Höhepunkt der Transportschiffentwicklung waren die Klipper des 19. Jahrhunderts. Sie waren auf Schnelligkeit getrimmt und rasten über die Meere, um die kostbaren Woll- und Teefrachten als erste auf den Markt zu bringen und gute Preise zu erzielen.

ANFÄNGE DES YACHTSPORTS

Die Begriffe »Yacht« und »Yachtsegeln« stammen vom niederländischen Wort *jaghen* ab, was jagen oder verfolgen bedeutet. Ende des 16. Jahrhunderts verstand man unter einer *jaght* ein leichtes, schnelles Schiff, das für Kriegs- oder Handelszwecke oder zum Vergnügen eingesetzt wurde.

Das Yachtsegeln ist in den Niederlanden entstanden. Kein Wunder, schließlich waren die Niederlande im 16. und 17. Jahrhundert die führende Seemacht. Die große Flotte sorgte für die erfolgreichste Wirtschaft Europas, und die Handelsverbindungen reichten bis nach Afrika, Indien und in den Fernen Osten.

Gelegentlich wurden Yachten zum Vergnügen gesegelt, aber in den geschützten niederländischen Gewässern dienten sie hauptsächlich dem Transport und der Nachrichtenübermittlung.

Während seines Exils in den Niederlanden sah der englische König Charles II., dass die Niederländer kleine Yachten zum Transport einsetzten. Bei seiner Rückkehr nach England 1660 schenkten sie ihm die 52-Fuß-Yacht *Mary* (15,8 m), durch die englische Schiffsbauer zur Verbesserung ihrer Entwürfe angeregt wurden.

Die ersten Rennen

Im Jahre 1661 hatten die Brüder Pett zwei Yachten gebaut: die *Catherine* für König Charles und die *Anne* für seinen Bruder, den Herzog von York. Mit diesen beiden Yachten wurde das erste Rennen ausgetragen, von Greenwich nach Gravesend und zurück. Der König siegte.

Der erste Yachtclub der Welt, The Water Club of Cork, wurde um 1720 in Irland gegründet.

1815 gründete eine Gruppe englischer Adliger The Yacht Club. Er wurde 1820 in The Royal Yacht Club umgetauft, als der Prinzregent, ein Mitglied des Clubs, als George IV. zum König gekrönt wurde. Das erste offizielle Rennen des Clubs wurde am 10. August 1862 ausgetragen.

1830 gab es bereits drei königliche Yachtclubs. Danach breitete sich der organisierte Yachtsport rasch aus. Der erste Yachtclub außerhalb Großbritanniens wurde 1830 in Schweden gegründet. 1844 taten sich neun Segler, die sich an Bord von James Cox Stevens' Schoner *Goimrack* trafen, zum New York Yacht Club zusammen.

In Deutschland wurde 1855 in Königsberg der erste deutsche Segelclub Rhe vor allem von jungen Seglern gegründet. 1868 folgte der Norddeutsche Regattaverein, der sich mit dem Ziel gründete Regatten und Wettbewerbe für den Segelsport auszurichten. Der RGV gilt auch als einer der Begründer der Kieler Woche, die die älteste, seit 1882, und bedeutendste europäische Regattawoche ist. 1888 wurde dann der Dachverband der deutschen Segelclubs (DSV) mit Sitz in Hamburg gegründet. Heute gibt der DSV unter anderem die Wettkampfregeln Segeln in Deutsch heraus.

▽ J-Klasse Yachten
Zwei britische Yachten der J-Klasse, die Velsheda *und die* Endeavour, *starteten 1930 im America's Cup. Ihr Design war damals das modernste.*

Modernes Segeln

Die frühen zwanziger Jahre des 20. Jahrhunderts waren die goldene Zeit für den Yachtsport der Oberschicht. Die großen Yachten der J-Klasse waren jedoch auch der Schlusspunkt im Kapitel eines Sports, den sich nur wenige Reiche leisten konnten. Der Segelsport, wie wir ihn heute kennen, entwickelte sich kurz nach dem Zweiten Weltkrieg.

Der 49er ▷
Der 49er ist das beste Beispiel für eine Hochleistungs-Rennjolle. Die olympische Bootsklasse hat ein Doppeltrapez und einen großen, asymmetrischen Spinnaker.

Jollensegeln

Sperrholz wurde von den Bootsbauern rasch als ideales Material für leichte Jollen entdeckt, von denen einige sogar für Selbstbauer geeignet waren. Durch mehr Freizeit und höheren Verdienst wuchs bei vielen Menschen der Wunsch nach Sport und Erholung. So entstand eine neue, erschwinglichere Art des Segelns.

Jollensegeln fand ab Mitte der 60er Jahre enormen Zuspruch. Neue, preisgünstige Jollentypen kamen auf den Markt. Der Selbstbau wurde populär; dafür sorgten die neuen, leicht zu verarbeitenden Materialien und viele kleine Bootsbaufirmen, die den Bedarf des rasch wachsenden Marktes zu decken versuchten.

Millionen Menschen weltweit entdeckten die Freude am Jollensegeln. Viele waren damit zufrieden, auf einheimischen Gewässern zu segeln oder in größeren Jollen längere Strecken zurückzulegen, aber etliche entschieden sich auch für den Wettkampf. Jollenrennen waren ein relativ günstiger und einfacher Einstieg ins Wettkampfsegeln, und es gab Rennen für alle Leistungsstufen. Vom vereinsinternen Vergleich bis zu offenen Rennen bestimmter Klassen über nationale, internationale und olympische Wettkämpfe – Jollensegeln hatte für alle etwas zu bieten, gleich wie viel Erfahrung und welche Ambitionen man hatte.

Ende der 60er Jahre schien Glasfaser das flexibelste und praktischste

Bootsbaumaterial zu sein. Später kamen noch andere hoch belastbare Materialien dazu, die immer leichtere Boote und immer leistungsfähigere Riggs möglich machten. Das ermöglichte enorm schnelle Boote, wie etwa die 49er Klasse.

Fahrtensegeln

Für leistungsorientierte Segler bieten Rennen Ansporn und Anerkennung, aber am besten lässt sich die Freude an diesem Sport beim Fahrtensegeln erleben.

Für viele von uns ist es ein ganz besonderes Vergnügen, auf einer Yacht auf See zu sein, ohne Landsicht, allein verantwortlich für das eigene Schicksal. Dieses Vergnügen wird nur noch von der Freude übertroffen, die angesteuerte Küste am Horizont auftauchen zu sehen.

Das Fahrtensegeln mit kleinen Booten geht bis zur Mitte des 19. Jahrhunderts zurück, als die großen Yachten fast ausschließlich von Berufscrews gesegelt wurden. Diese Crews fanden es natürlich verrückt, sich in kleinen Booten auf die hohe See zu begeben, aber einige Segelbegeisterte, allen voran der Brite Richard Tyrrell McMullen, regten mit ihrem Beispiel Tausende zur Nachahmung an. McMullen segelte ab 1850 Tausende von Meilen um die britischen Inseln. Er starb 1891 im Ärmelkanal am Ruder seiner Yacht.

Weitere Pioniere waren der Londoner Anwalt John Macgregor, der in einem kleinen Segelkanu unterwegs war, und natürlich der Amerikaner Joshua Slocum, der 1898 auf seiner 36-Fuß-Yacht *Spray* (10,1 m) als erster Mensch einhand die Welt umsegelte. Viele folgten im Laufe der nächsten Jahrzehnte seinen Spuren, aber kaum jemand hat das Fahrtensegeln so populär gemacht wie das englische Ehepaar Eric und Susan Hiscock, die zwischen 1952 und 1976 auf verschiedenen Yachten, die alle *Wanderer* hießen, dreimal die Welt umsegelten. Heute entdecken immer mehr Menschen die Freude am Fahrtensegeln, sei es in Küstengewässern, auf hoher See oder bei einer Ozeanüberquerung.

△ **Freuden des Fahrtensegelns**
Mit einer Yacht kann man die einsamsten Gegenden dieser Erde erforschen. Hier ist die speziell für diesen Zweck gebaute Pelagic *auf Entdeckungsreise in der Antarktis unterwegs.*

Langstreckenrennen

In den 70er Jahren waren Langstreckenrennen sehr beliebt. Seither gab es so viele Probleme mit den Handicap-Regeln, den eskalierenden Kosten und der zunehmenden Professionalisierung, dass die Teilnehmerzahlen drastisch zurückgingen. Das Niveau der Rennen ist allerdings deutlich gestiegen, und die neuen Klassen lassen die Felder auch wieder wachsen. Die neuesten Sportboote für Tagesfahrten bringen auch den Kielbootrennen wieder mehr Zulauf.

SEGELN IST EIN SPORT FÜR ALLE

Viele Menschen meinen, Segeln sei ein exklusiver, teurer Sport und nur für Reiche erschwinglich. Sie denken, beim Segeln seien Superyachten mit Berufscrews unterwegs, die die ganze Arbeit machen, während sich die Eigner mit ihren Gästen auf dem Achterdeck sonnen und Cocktails schlürfen.

Die Realität sieht für die meisten von uns anders aus. Wir werden beim Segeln manchmal nass und frieren, gelegentlich haben wir eine Heidenangst, und meistens kostet es mehr, als wir unseren Lieben eingestehen wollen. Warum segeln wir trotzdem? Weil Segeln uns mehr als alles andere mit etwas belohnt, das es für kein Geld der Welt zu kaufen gibt: Dazu gehören die Befriedigung, neue Fertigkeiten zu erlernen (und auf einem Boot lernt man nie aus) genauso wie der Stolz, für sich selbst in einer potenziell feindlichen Umgebung die Verantwortung zu tragen.

Das Meer ist etwas Ursprüngliches, was die Zivilisation nicht bändigen kann; es ist ein lebendiger Teil unserer Erde. Beim Segeln erleben wir Dinge unmittelbar auf eine Art und Weise, die eine Landratte sich nicht einmal im Traum vorstellen kann.

Es kommt nicht darauf an, wie oder was Sie segeln. Wenn Sie auf dem Wasser zu Hause sind, im Einklang mit der Natur, werden Sie auf jedem Boot glücklich – auch wenn Sie zweifellos nach kurzer Zeit anfangen werden, von Ihrem Idealboot zu träumen.

Das Schönste dabei ist, dass all diese befriedigenden Erlebnisse unabhängig von Alter und Geschlecht, von Hautfarbe, Religion oder körperlicher Leistungsfähigkeit sind. Sie können das Segeln uneingeschränkt genießen. Natürlich gibt es auch in diesem Sport eine Ebene, auf der es teuer und exklusiv zugeht, aber dem können Sie leicht aus dem Weg gehen. Suchen Sie sich aus, welche Art des Segelns Ihnen zusagt, mit wem Sie segeln möchten und in welchem Club Sie sich wohl fühlen. Auf dem Meer sind alle Menschen gleich. Es kennt keine Rangunterschiede und lehrt uns Demut, Vorsicht und Selbstvertrauen.

▽ **IN JEDEM ALTER**
Das Alter spielt beim Segeln keine Rolle. Mit dem richtigen Boot können Sie beides in vollen Zügen genießen.

JUNG UND ALT

Am besten fangen Sie schon in jungen Jahren mit dem Segeln an – nicht, weil es später schwerer fällt, sondern weil Sie es dann viel länger genießen können.

Kinder lernen es schnell, solange sie nicht von ihren Eltern gezwungen werden. Falls Ihre Kinder Interesse am Segeln zeigen, ermuntern Sie sie, denn nichts fördert Zuversicht, Unabhängigkeit und Selbstvertrauen so sehr wie das Segeln. Außerdem ist es gesund; frische Luft und Bewegung halten Sie fit. Segeln ist komplex genug, um auch noch ein wenig angewandte Wissenschaft zu vermitteln. Anfänger können ihre theoretischen Kenntnisse rasch in der Praxis erproben.

Daher gehört Segeln oft zu Abenteuer-Trainingsprogrammen für sozial auffällige Jugendliche, die auf diesem Weg lernen, sich selbst besser einzuschätzen und mit anderen umzugehen. Segeln auf großen Yachten als Teil einer Crew fördert den Teamgeist und lehrt, wie wichtig es ist, sich auf andere verlassen zu können und selbst zuverlässig zu sein.

Bereits ab dem fünften Lebensjahr können Kinder mit einer kleinen Jolle segeln lernen. Verzweifeln Sie aber nicht, wenn Sie diese Gelegenheit nicht hatten. Das Besondere am Segeln ist ja gerade, dass Sie damit eigentlich in jedem Alter anfangen und auch noch Regatten segeln können. Auch mit achtzig können Sie immer noch segeln lernen.

Segeln für Behinderte

Dass es beim Segeln keine unüberwindlichen Hindernisse gibt, wird immer wieder von behinderten Seglern bewiesen. Viele Yachthäfen und Segelclubs bieten mittlerweile Möglichkeiten für behinderte Menschen an.

Im Gegensatz zu vielen anderen Sportarten ist Segeln für Menschen geeignet, die ganz unterschiedliche Arten von Behinderungen haben. Körperbehinderte, Seh-, Hör- oder Lernbehinderte können auf einer großen Bandbreite von Schiffen auf See gehen, etwa auf Großseglern, Mehrrumpfbooten, Jollen und Kielbooten. In vielen Teilen der Welt gibt es Organisationen, die Einstiegsmöglichkeiten für Anfänger bieten, aber auch internationale Wettbewerbe wie die Paralympics und die Segelweltmeisterschaften der Blinden austragen, bei denen auf höchstem Niveau um den Sieg gekämpft wird. Behindertencrews haben sich bei angesehenen Rennen wie dem Whitbread Round the World Race oder der BT Challenge schon gegen nicht behinderte Berufscrews durchgesetzt. Viele behinderte Segler nehmen mit kleinen Booten an Rennen teil oder haben Spaß am Fahrtensegeln.

Nichts unterstreicht dies besser als die Leistung von Geoffrey Hilton-Barber, der 1998 als erster blinder Segler einhand den Ozean überquerte – von Durban in Südafrika bis nach Freemantle im Westen Australiens. Seine Leistung sollte ein Ansporn für alle sein, die vom Segeln träumen. Warten Sie nicht länger – fangen Sie an!

△ **Leidenschaft**
Geoffrey Hilton-Barber ist der erste blinde Segler, der einhand einen Ozean überquerte und damit das schier Unmögliche möglich machte.

SKY G
SK
MERCURY

GRUND-LAGEN

WELCHE ART DES SEGELSPORTS Sie auch betreiben wollen, die Grundlagen und Fachbegriffe sind für alle Boote gleich, von der kleinsten Jolle bis zur hochseetauglichen Yacht. Als Neuling sollten Sie sich damit vertraut machen, damit Sie vor dem ersten Auslaufen die seglerischen Grundlagen beherrschen.

Segeln ist ein Sport für die ganze Familie. Dieser Kreuzer hat an einer Boje festgemacht. Die Kinder nutzen die Yacht als Basis fürs Jollensegeln.

Zur Sicherheit

Wasser ist ein potenziell feindliches Element. Deshalb ist Sicherheit oberstes Gebot, wenn Sie an Bord gehen. Segeln ist aber kein gefährlicher Sport, solange man ein paar vernünftige Grundregeln beachtet. Dazu gehört angemessene Kleidung und eine Schwimmweste zu tragen. Sie sollten einen gesunden Respekt vor dem Wasser entwickeln und lernen, Ihre Fähigkeiten richtig einzuschätzen. Das verringert das Risiko und verhindert Unfälle.

Die Wahl der Kleidung

Heutzutage gibt es für jeden Wassersport eine große Auswahl moderner und sicherer Bekleidung, vom Windsurfen bis zum Fahrtensegeln. Kaufen Sie nicht gleich teure Kleidung, bevor Sie das erste Mal segeln gehen. Sammeln Sie erst ein bisschen Erfahrung. Wenn Sie wissen, welche Art des Segelns Ihnen am besten gefällt, kaufen Sie die dafür passenden Sachen. Natürlich hängt die Kleidung auch vom Wetter und der Wassertemperatur ab. Auf einigen Booten bekommt man mehr Wasser ab als auf anderen, aber Sie müssen grundsätzlich davon ausgehen, dass man auf jedem Boot nass werden kann, wenn auch nur vom Spritzwasser.

Wärmeverlust vermeiden

Damit Sie sich an Bord wohl fühlen, müssen Sie warm bleiben. Es empfiehlt sich, eine Lage Kleidung mehr zu tragen, als Sie eigentlich für nötig halten. Gehen Sie nicht in Badekleidung segeln. Es ist auf dem Wasser immer kühl, es sei denn, es herrscht Flaute und die Sonne knallt vom Himmel. In diesem Fall riskieren Sie außerdem schnell einen starken Sonnenbrand.

Für Ihre ersten Segelausflüge genügen bequeme Hosen und Pullover – möglichst keine Jeans und Baumwoll-T-Shirts, weil sie im feuchten Zustand sehr kalt werden. Wolle ist das beste Naturmaterial. Noch besser sind Kleidungsstücke aus bestimmten Synthetikfasern, die leicht sind und doch wärmen. Sie leiten das Wasser von der Haut weg und trocknen überdies sehr schnell.

Auskühlung ist eine der größten Gefahren beim Segeln. Ist man eine Weile der Kälte ausgesetzt, lassen die Kräfte rascher nach, als unerfahrene Segler es sich vorstellen können. In 17 °C kaltem Wasser wird auch ein durchtrainierter Mensch, der normal gekleidet ist und sich nicht anstrengt, innerhalb von zwei bis drei Stunden bewusstlos. Bei kälterem Wasser oder rauer See verkürzt sich die Überlebenschance drastisch. Selbst an Bord des Schiffes sinkt der Energiespiegel

◁ **Die richtige Kleidung**
Die ideale Kombination beim Fahrtensegeln besteht aus wasserdichter Latzhose und Jacke. Beides kann je nach Wetterlage auch einzeln getragen werden.

AUSKÜHLUNG VERHINDERN
Tragen Sie mehrere dünne Lagen Kleidung. Die Luft dazwischen isoliert und wärmt. Durch An- und Ausziehen einzelner Lagen können Sie sich dem Wetter anpassen.

schnell ab, wenn man nass wird und auskühlt.

TROCKEN BLEIBEN

Um beim Segeln nicht auszukühlen, sollten Sie so trocken wie möglich bleiben. Über der warmen Unterkleidung empfiehlt sich also eine wasserdichte Lage. Gewöhnliche Windjacken und -hosen genügen für den Anfang.

Die Alternative zum Trockenbleiben ist ein enganliegender Neoprenanzug, der eine dünne Lage Wasser zwischen der Haut und dem Material einschließt. Das Wasser wird vom Körper rasch erwärmt. Rennjollensegler tragen häufig Neoprenanzüge, aber wenn Sie mehr an Erholung als am Wettkampf interessiert sind, ist Ihnen mit wasserdichter Kleidung mehr gedient. An Bord einer Yacht ist es leichter, trocken zu bleiben. Hier ist ein Neoprenanzug nicht angebracht. Wählen Sie lieber wasserdichte Latzhose und Jacke.

SONNENBRAND VERMEIDEN

Sonnenschutz ist beim Segeln besonders wichtig, weil das Wasser die Sonnenstrahlen selbst bei bedecktem Himmel reflektiert. Tragen Sie vor dem Auslaufen eine Sonnencreme mit einem Lichtschutzfaktor von mindestens 15 auf und wiederholen Sie dies in bestimmten Abständen.

Eine Sonnenbrille, die die ultravioletten Strahlen filtert, ist beim Segeln unerlässlich. Auch eine Kopfbedeckung ist zu empfehlen. Beides kann mit einer Schnur befestigt werden, damit es nicht wegfliegt.

SICHERHEITSAUSRÜSTUNG

Wer mit einem kleinen Schiff unterwegs ist, sollte unbedingt eine Auftriebshilfe tragen. Fahren Sie nicht ohne Schwimmoder Rettungsweste in einer Jolle hinaus, und achten Sie darauf, dass die Gurte richtig befestigt und eingehakt sind.

WELCHE SICHERHEITSAUSRÜSTUNG IST RICHTIG?

Eine Auftriebshilfe soll im Wasser Unterstützung bieten, ohne allzu unbequem zu sein. Eine Rettungsweste ist unbequemer, bietet aber mehr Sicherheit. Sie ist so konstruiert, dass diese eine bewusstlose Person mit dem Gesicht nach oben dreht, damit sie atmen kann.

SCHWIMMWESTEN

Schwimmwesten *(S. 54)* bestehen aus geschlossenzelligem Schaumstoff, der in eine Weste eingearbeitet wird. Sie sind bequem zu tragen und bei Jollen- und Binnenseglern sehr beliebt. Häufig werden sie über dem Neoprenanzug getragen (der selbst auch einen gewissen Auftrieb gibt).

RETTUNGSWESTEN

Auf hoher See ist eine Rettungsweste sicherer *(S. 164)*. Es gibt Westen aus Schaumstoff in verschiedenen Farben und Größen, die meisten aber werden bei Bedarf von einer Gaspatrone aufgeblasen. Kaufen Sie eine Weste, die auf ihr Körpergewicht abgestimmt ist und die sich gut tragen lässt.

SEGELAUSRÜSTUNG

Beim Segeln müssen Kopf, Hände und Füße geschützt sein. Kaufen Sie die Ausrüstung, die Ihren Bedürfnissen am besten entspricht.

KOPFBEDECKUNG

Ein Drittel der Körperwärme geht über den Kopf verloren. Eine warme Mütze oder ein Hut schützt an kalten Tagen. Bei Sonne verhindert eine Schildkappe Sonnenbrand und Hitzschlag. Langes Haar sollte zusammengebunden und unter die Kopfbedeckung gesteckt werden. Ansonsten kann es sich in der Takelage verheddern.

HANDSCHUHE

Handschuhe schützen Ihre Hände und halten sie warm. Es gibt spezielle Segelhandschuhe, deren Handflächen und Finger verstärkt sind, so dass Tauwerk nicht durch die Finger rutscht. Bei einigen Modellen sind die Fingerspitzen frei, damit man auch feinfühligere Anforderungen bewältigen kann. Gefütterte Fausthandschuhe eignen sich für Fahrtensegler bei kaltem Wetter, ansonsten sind sie jedoch unpraktisch.

SCHUHE

Das richtige Schuhwerk schützt die Füße und sorgt für festen Stand. Schuhe und Stiefel sollten flache, rutschfeste Sohlen haben (keine Absätze). Barfußsegeln ist gefährlich, weil man sich leicht an Decksbeschlägen verletzen kann.

SEGELMESSER

Ein Segelmesser aus Edelstahl mit einer einziehbaren Klinge und Schäkelschlüssel dient zum Abschneiden von Tauwerk, zum Öffnen der Bolzen und zum Befestigen von Schäkeln.

Ein Boot

Die ersten wichtigen Schritte beim Segeln bestehen darin, die Teile eines Bootes kennen zu lernen. Die Bezeichnungen der Bootsteile und der vielen Manöver sind Bestandteil der Seemannssprache, die sich im Laufe der Jahrhunderte entwickelt hat. Die Grundbegriffe sind bei allen Booten gleich. Sie brauchen nicht gleich ein seemännisches Wörterbuch auswendig zu lernen, aber wenn Sie die Grundbegriffe kennen, finden Sie sich besser zurecht.

Rumpf, Kiel und Schwert

Der Rumpf ist der Körper eines Bootes. Sein Auftrieb ist groß genug, um mit Ausrüstung und Crew zu schwimmen. Die meisten Jollen und viele größere Boote sind aus glasfaserverstärktem Kunststoff (GFK). Jollen werden auch aus Holz oder Plastikschalen gebaut. Bei Kielyachten kommen außerdem Aluminium, Stahl und Ferrozement in Frage.

Um die Abdrift zur Seite zu verringern, sitzt unter dem Rumpf des Bootes ein Kiel. Jollen haben meist einen beweglichen Kiel in Form eines Senk- oder eines Steckschwertes. Bei größeren Booten ist der Kiel starr unter dem Boot befestigt. Er stabilisiert das Boot durch sein Gewicht.

Ein Senkschwert wird mit einem Drehbolzen im Schwertkasten bewegt. Es wird hochgeklappt, wenn die Jolle zu Wasser oder an Land gebracht wird. Ein Steckschwert bewegt sich senkrecht. Ist das Boot nicht in Gebrauch, wird das Schwert herausgenommen und in einer Schutzhülle aufbewahrt.

Ruder

Das Ruder dient der Steuerung. Auf einer Jolle wird es mit Hilfe einer Pinne bedient, die meistens einen Ausleger hat, so dass der Rudergänger auf dem Seitendeck sitzen kann. Jollen haben ein Senkruder oder ein festes Ruder. Ein Senkruder kann angehoben werden, wenn man den Strand anläuft oder vom Strand aus startet. Ein festes Ruder ist leichter und stärker und wird hauptsächlich bei Rennjollen eingesetzt. Bei größeren Yachten wird das Ruder häufig über ein Steuerrad bedient, das auf einem Sockel im Cockpit montiert ist.

Rigg und Beschläge

Das Rigg *(S. 24)* besteht aus Mast, Baum und einem oder mehreren Segeln. Es fängt den Wind ein und setzt seine Kraft in Fortbewegung um. Wie das Rigg aussieht, hängt von Größe und Modell des Bootes ab.

Bei den meisten Booten wird der Mast vom sogenannten stehenden Gut gehalten, einem System aus Drahttauwerk. Einhandjollen haben manchmal einen freistehenden Mast.

Die Segel werden mit Leinen, dem laufenden Gut, bedient. Blöcke und Blocksysteme (Taljen) erleichtern das Trimmen der Segel, an den Klampen werden die Leinen belegt (befestigt). Wie komplex und ausgeklügelt diese Kontrollsysteme sind, hängt von Größe und Verwendungszweck des Bootes ab. Bei Rennyachten kann die Crew sogar Segelform und Mastbiegung regulieren.

Der Jollenrumpf

Die meisten Jollen haben einen spitzen Bug. Einige haben auch einen Prahmsteven, einen quadratischen Bug, der für mehr Auftrieb im Vorschiff sorgt. Bei vielen Jollen ist das Vorschiff bis zum Mast mit dem Vordeck und an den Seiten mit Seitendecks verkleidet. Eine Ruderbank verläuft in der Bootsmitte quer, und unterhalb der Seitendecks sind oft ebenfalls Bänke. Der Kasten für das Schwert ist in der Bootsmitte. Durch den Schlitz im Kasten wird das Schwert nach unten geklappt oder gesenkt.

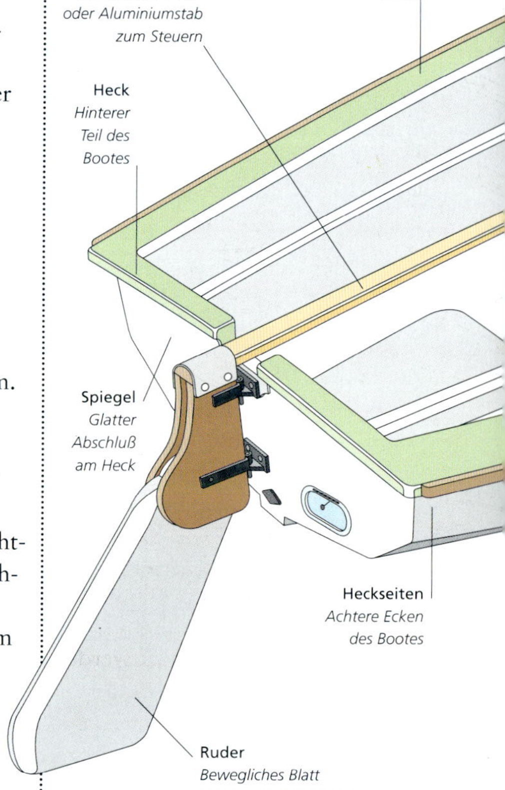

AUFTRIEBSTANKS ▷

Alle Segelboote haben zusätzlichen Auftrieb, damit sie nach dem Kentern nicht untergehen. Die Auftriebskörper sind oft in versiegelten Tanks im Rumpf eingebaut.

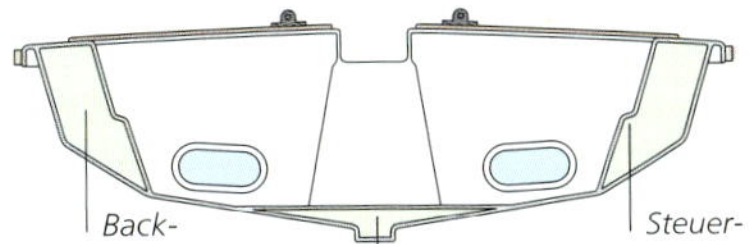

VERSIEGELTE TANKS IN EINER JOLLE

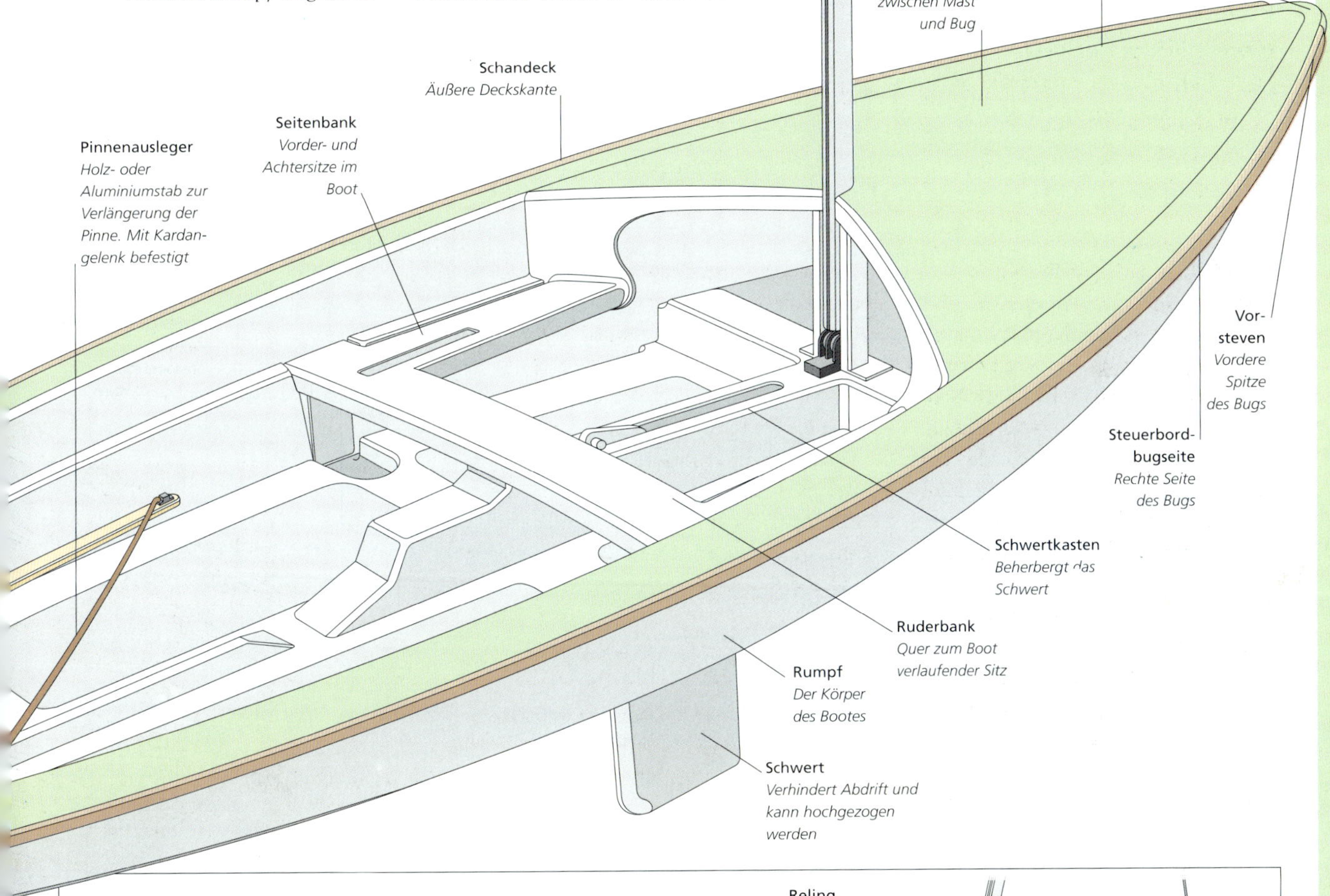

DER KREUZERRUMPF

Ein Kreuzer ist dazu gebaut, auf offener See zu segeln und mit schlechtem Wetter fertig zu werden.

BESONDERHEITEN

Ein Kreuzer ist größer und schwerer als eine Jolle und hat meist einen festen, schweren Kiel zur Stabilisierung. Die Crew ist in der Kajüte untergebracht, und ein Einbaumotor erhöht die Manövrierbarkeit des Bootes.

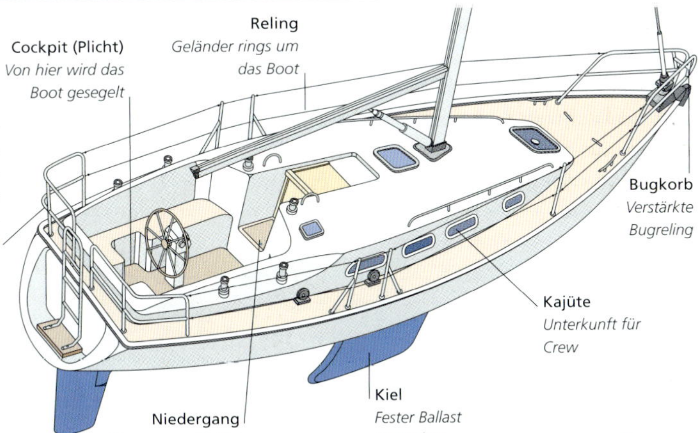

Das Rigg (Takelage)

Die meisten Jollen haben eine Bermuda-Takelung, die aus Großsegel und einer Fock (Vorsegel) besteht. Die Segel sind dreieckig. Die Fock, die am Vorstag gesetzt wird, erhöht die Segelkraft. Viele Jollen haben außerdem einen Spinnaker, der gesetzt wird, wenn das Boot vor dem Wind läuft. Unter stehendem Gut versteht man alle Drähte und Taue, die Mast und Großbaum stützen; laufendes Gut dient zum Hissen und Anpassen der Segel.

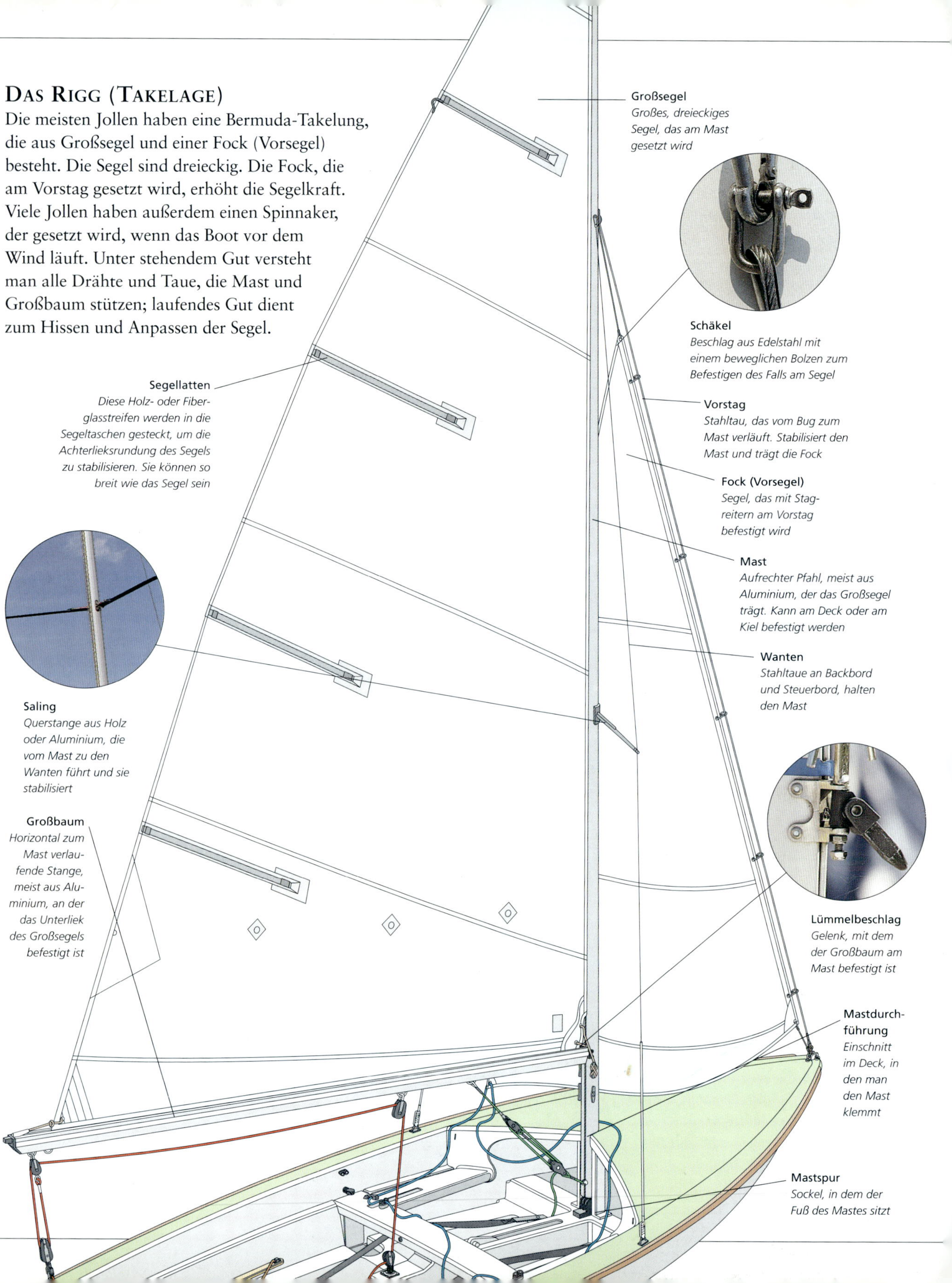

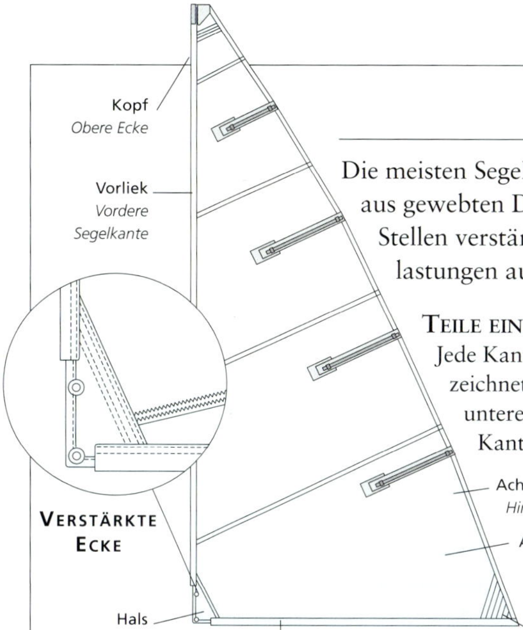

SEGEL

Die meisten Segel sind dreieckig und bestehen aus gewebten Dacronfasern. Sie sind an den Stellen verstärkt, die besonders großen Belastungen ausgesetzt sind (z. B. die Ecken).

Teile eines Segels

Jede Kante eines Segels wird anders bezeichnet: Die vordere heißt Vorliek, die untere Unterliek, und die hintere Kante Achterliek.

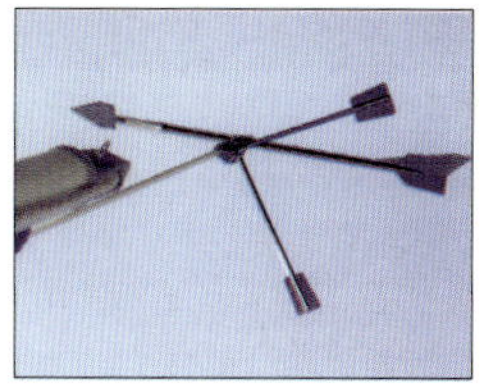

△ **Windanzeiger, Verklicker** *Vorrichtung am Masttopp, die die Windrichtung anzeigt. Statt dessen kann auch ein Stander gehisst werden.*

Laufendes Gut

Die Segel werden an einem Fall hochgezogen und mit einer Schot reguliert. Die Großschot ist für das Großsegel zuständig. Sie wird über Blöcke (Taljen) gezogen, damit der Rudergänger die Schot stärker anziehen kann. Die Fock ist ein kleineres Segel; deshalb wird für die Fockschot keine Talje benötigt.

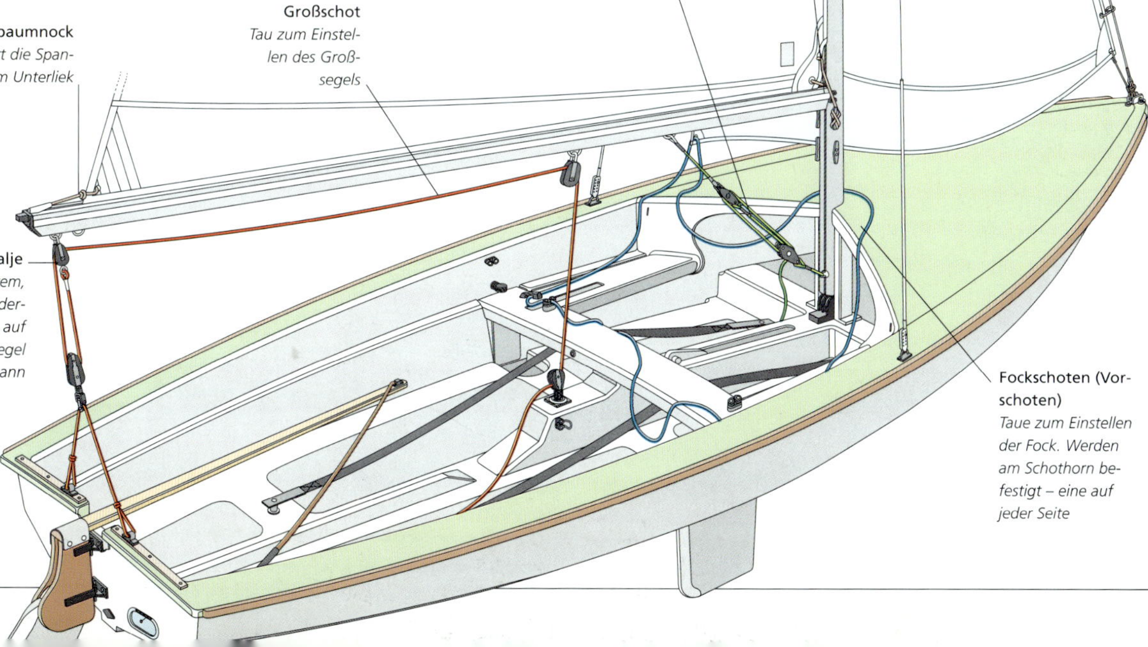

Beschläge auf kleinen Booten

An einem Boot sind viele verschiedene Beschläge befestigt. Führungsösen, die fest installiert sind oder auf einer Schiene bewegt werden, dienen der Leinenführung. Klemmen halten die Schoten fest, damit die Crew sie nicht ständig in der Hand halten muss. Beim starken Hinauslehnen aus dem Boot (ausreiten) werden die Füße in Ausreitgurte gesteckt, und mit den Festmachern wird das Boot vertäut. Blöcke und Taljen regulieren das laufende Gut. Jollen und kleine Day-Sailer haben meist nur wenige Beschläge, aber je leistungsfähiger das Boot, desto mehr Beschläge sind vorhanden.

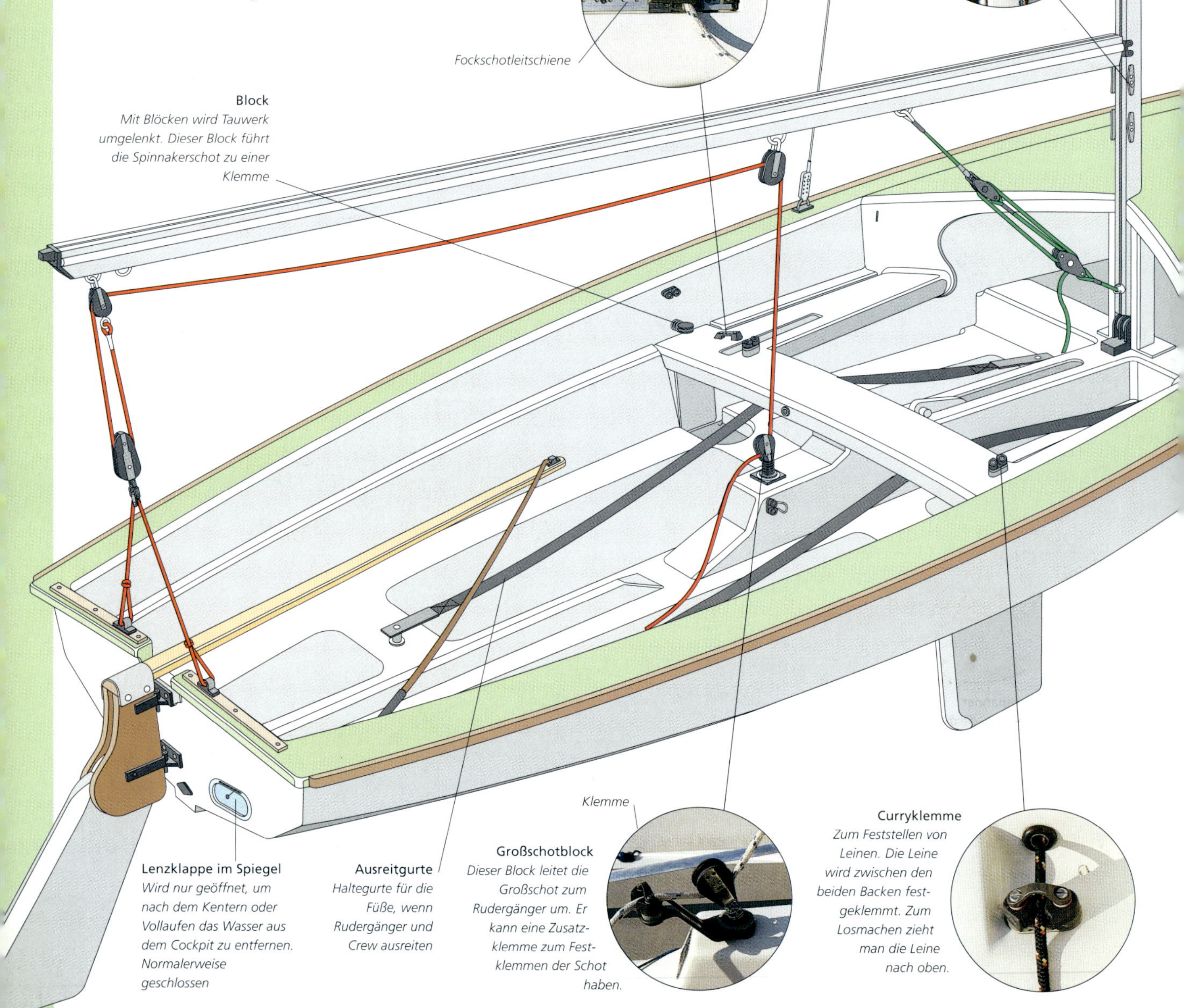

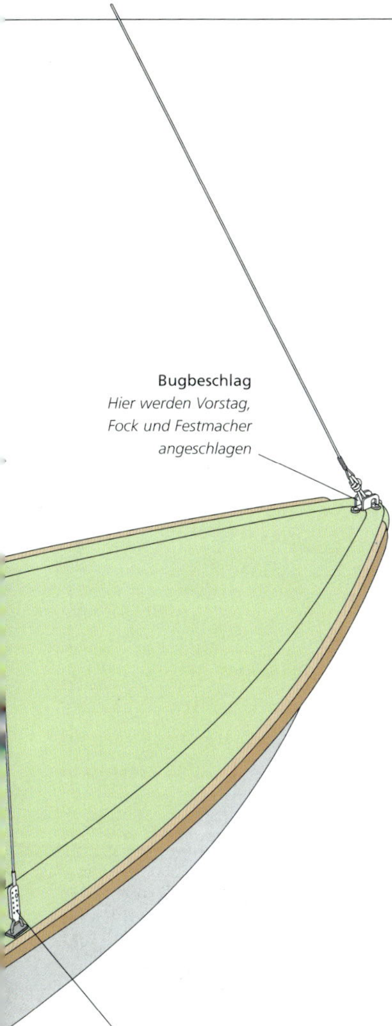

RICHTUNGSBEZEICHNUNGEN AN BORD

An Land beschreiben wir die Lage einer Sache gewöhnlich in Relation zu unserer eigenen Position – links, rechts, vorne, hinten. An Bord kommt es darauf an, wie die Dinge zum Boot oder zum Wind liegen.

Das Boot

Backbord und steuerbord beziehen sich auf das Boot. Wenn Sie mit dem Gesicht zum Bug stehen, ist backbord links und steuerbord rechts.

Der Wind

Die Begriffe Luv und Lee beziehen sich auf den Wind. Luv ist die dem Wind zugewandte Seite des Bootes, Lee die vom Wind abgewandte.

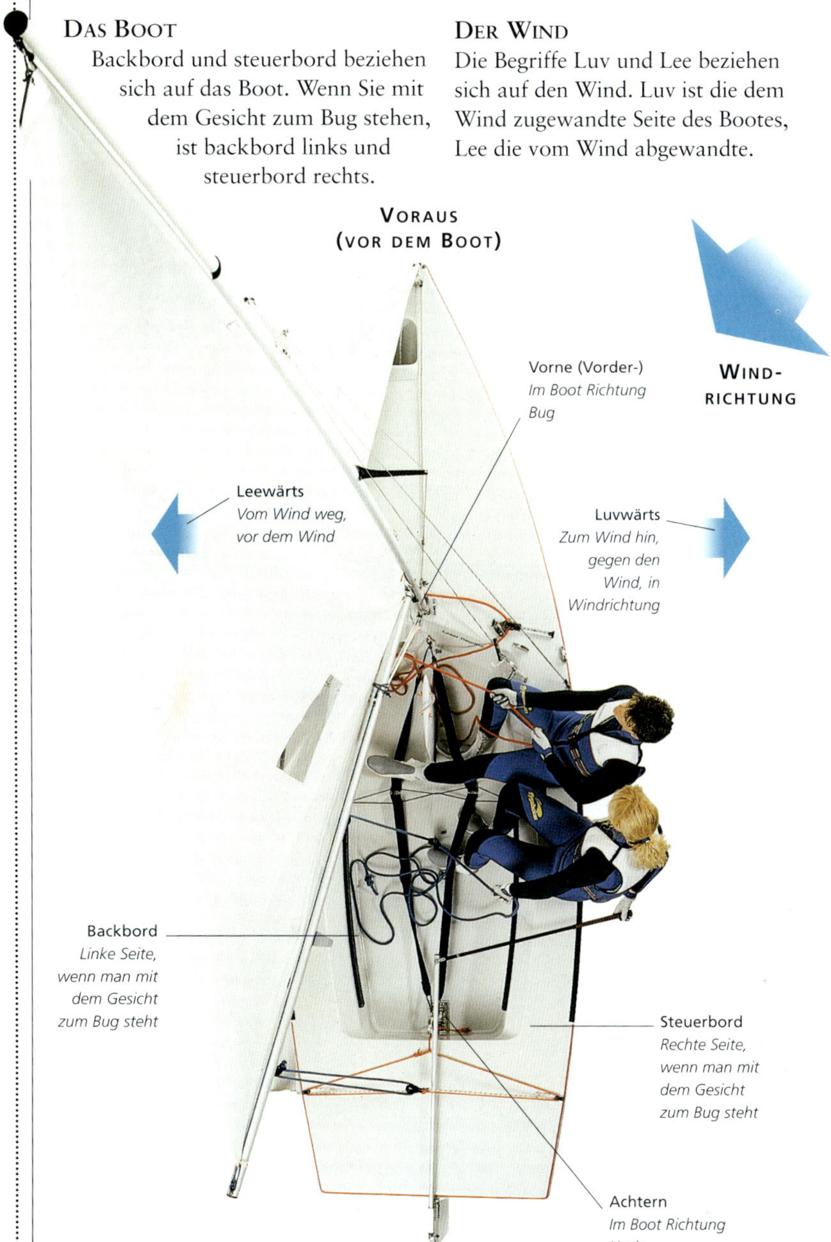

Boots-Ausrüstung

Vor dem Auslaufen sollten Sie die erforderliche Ausrüstung mit an Bord nehmen, denn mit dem Rigg allein ist es nicht getan. Sie müssen das Boot auch in einer Flaute fortbewegen können. Es braucht genug Auftriebskörper, falls es kentert, und ein Gefäß, um Wasser auszuschöpfen. Anker und Ankerleine sind wichtig, wenn Sie auf See sind. Alle Ausrüstungsgegenstände müssen sicher verstaut sein, damit sie beim Kentern nicht herausfallen.

Paddel oder Ruderriemen

Nehmen Sie immer mindestens ein Paddel mit, damit Sie das Boot bei Flaute bewegen können. Falls genug Platz ist, wählen Sie ein Paar Riemen. Damit kommen Sie schneller voran als mit dem Paddel. Allerdings muss dann ein Paar Riemendollen auf dem Schandeck montiert werden. Riemen mit einem Gelenk in der Mitte lassen sich leichter verstauen.

Auftrieb

Das Boot muss genug und richtig verteilte Auftriebskörper haben. Es soll nach dem Kentern auf der Seite treiben. In modernen Jollen sind Auftriebstanks fest eingebaut. Es gibt aber auch transportable Auftriebskörper wie Luftschläuche (Kenterschläuche), die sorgfältig überall am Rumpf der Jolle befestigt werden müssen.

RICHTIG LENZEN

Selbstlenzer im Boden können bei schneller Fahrt geöffnet werden, damit das Wasser abfließt. Manche Boote haben Lenzklappen im Spiegel, die mit Hilfe einer Klemme geöffnet werden. Per Hand mit einem Ösfass geht es natürlich auch.

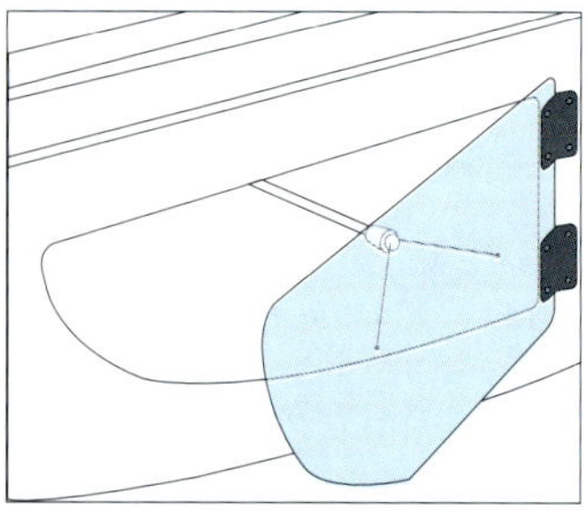

△ **Lenzklappe im Spiegel**
Wasser im Boot kann durch Lenzklappen im Heck wieder abfließen. An Land oder bei wenig Fahrt müssen sie geschlossen bleiben.

△ **Per Hand lenzen**
Immer nach der Leeseite lenzen, sonst bläst der Wind das Wasser zurück an Bord oder Ihnen ins Gesicht. Bei großen Mengen schöpft man am besten mit dem Eimer (Pütz), bei kleinen eignet sich ein Ösfass. Die letzten Tropfen mit dem Schwamm aufnehmen.

Lenzen

Bei allen Jollen kann Wasser ins Boot kommen, auch wenn sie nicht kentern. Es macht Sie nicht nur nasser als nötig, sondern sorgt beim Hin- und Herschwappen für zusätzliche Krängung. Es sollte deshalb so schnell wie möglich ausgeschöpft werden.

Das kann mittels eines Selbstlenzers am Boden geschehen, der während der Fahrt das Wasser aus dem Boot saugt. Die meisten Lenzeinrichtungen haben ein Rückschlagventil, damit kein Wasser ins Boot laufen kann.

Lenzklappen sollten nur während der Fahrt geöffnet werden. Bei Flaute oder an Land sollten sie geschlossen sein. Einige Boote haben ein offenes Heck, so dass das Wasser sofort abfließen kann.

Anker und Ankerleine

Ein Anker ist vor allem auf See für Ihre Sicherheit wichtig. Vielleicht herrscht Gegenströmung oder Sie befinden sich in einer Flaute. Manchmal müssen Sie etwas reparieren oder einfach eine Pause machen. Dann können Sie mit dem Anker in flachem Wasser »anhalten«, ohne abgetrieben zu werden.

Ein kleiner Flachanker ist bei wenig Stauraum ein Kompromiss. Besser wäre jedoch ein Bruce-, Danforth- oder Pflugscharanker. Diese empfehlen sich vor allem, wenn es auf die hohe See hinausgeht. Diese Anker graben sich in den Boden und bieten dadurch mehr Sicherheit als ein Faltanker.

Außerdem brauchen Sie eine Ankerleine. Anker und Leine sollten immer sicher verstaut werden.

Geräte verstauen

Auf einer Jolle ist nur wenig Platz, daher sollte alles sorgfältig verstaut werden. Im Bereich unter dem Vordeck bringt man unter, was trocken bleiben soll, wie Ersatzkleidung (in wasserdichte Beutel stecken). Schwere Gegenstände wie den Anker bringt man nahe der Bootsmitte unter, damit sie den Längstrimm nicht beeinträchtigen. Der Raum unter den Seitendecks ist ideal für Paddel oder Riemen.

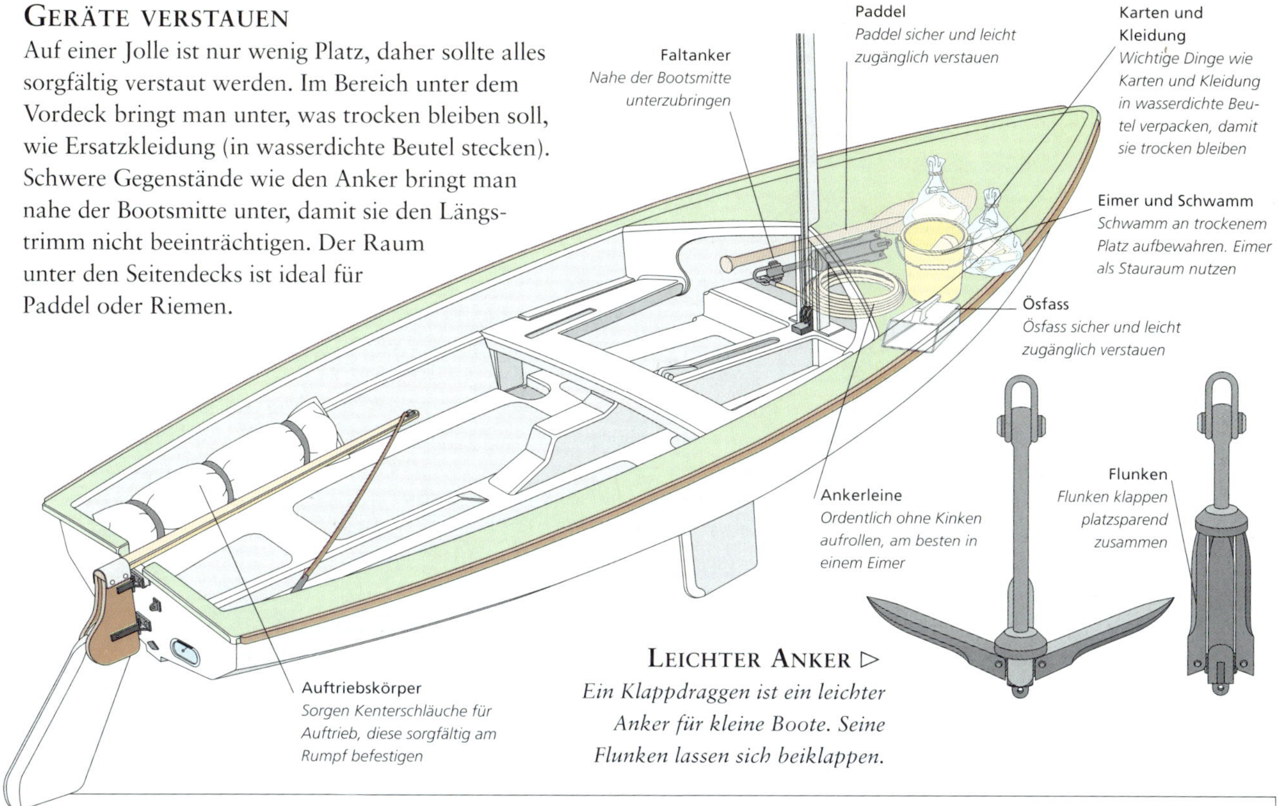

Leichter Anker ▷
Ein Klappdraggen ist ein leichter Anker für kleine Boote. Seine Flunken lassen sich beiklappen.

DER RICHTIGE AUFTRIEB

Der ideale Auftrieb lässt ein Boot nach dem Kentern so auf der Seite treiben, dass man das Schwert erreichen kann. Beim Aufrichten ist nur wenig Wasser im Boot.

Eingebaute Tanks überprüfen

Die meisten eingebauten Tanks haben Stöpsel, die bei Nichtgebrauch des Bootes entfernt werden sollten, damit eingeschlossenes Wasser abtrocknen kann. Inspektionsklappen sollten an Land ebenfalls geöffnet werden.

Auftriebskörper überprüfen

Aufblasbare Auftriebskörper auf Lecks prüfen. Pro Schlauch sollten mindestens drei Befestigungen vorhanden sein. Kentert das Boot oder läuft es voll, werden die Befestigungen sehr stark belastet. Wenn sie brechen, lässt sich das Boot nicht mehr aufrichten oder es sinkt.

△ Zu wenig
Hat das Boot zu wenig Auftrieb, liegt es tief im Wasser. Es ist nach dem Kentern nur schwer aufzurichten und hat viel Wasser aufgenommen.

△ Richtig
Mit dem richtigen Auftrieb treibt das Boot nach dem Kentern auf der Seite und lässt sich leicht aufrichten. Es nimmt wenig Wasser auf.

△ Zuviel
Mit zuviel Auftrieb liegt das Boot hoch auf dem Wasser und kentert leicht. Beim Aufrichten dreht es sich gern um die eigene Achse.

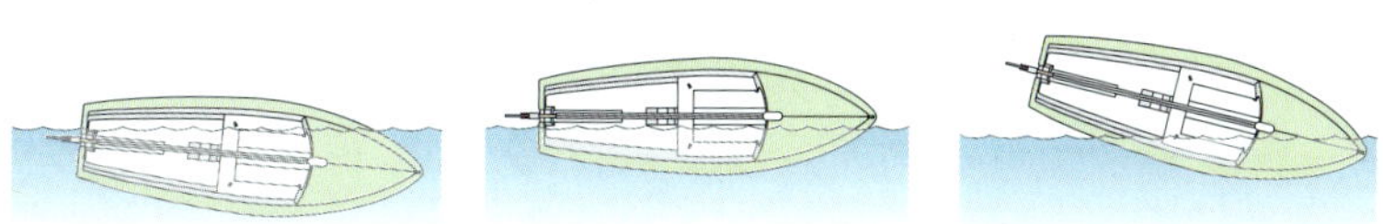

Zu wenig Auftrieb **Richtiger Auftrieb** **Zu viel Auftrieb**

Wind und Segel

Bevor Sie mit dem Segeln anfangen, sollten Sie wissen, wie der Wind in den Segeln wirkt und Vortrieb erzeugt. Das erspart Ihnen auf dem Wasser unnötiges Herumprobieren.

Wahrer und scheinbarer Wind

Den wahren Wind spüren Sie an Land. Der scheinbare Wind ergibt sich aus dem wahren Wind und dem Fahrtwind. Ist das Boot in Fahrt, zeigt der Windanzeiger den scheinbaren Wind an, liegt es vor Anker, wird der wahre Wind angezeigt.

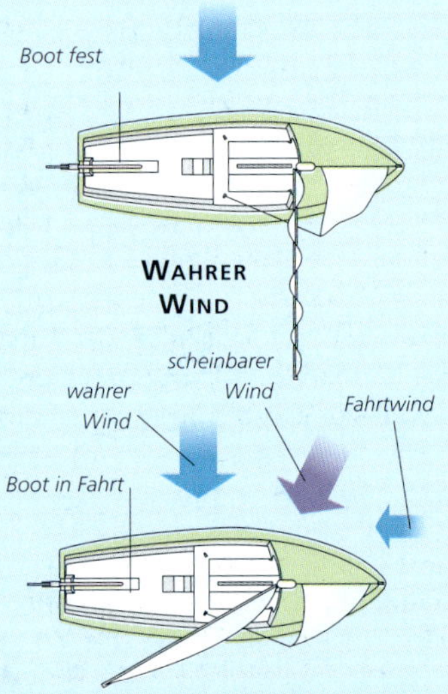

△ **Windwirkung**
Liegt das Boot fest, spüren Sie den wahren Wind. Ist es in Fahrt, bilden Fahrtwind und wahrer Wind den scheinbaren Wind.

Vortrieb

Segelboote machen Fahrt, weil der Wind über die gekrümmte Oberfläche der Segel streicht, ähnlich wie bei den Tragflächen eines Flugzeugs. Auch ein Segel arbeitet in einem ganz bestimmten Winkel zum Wind am besten. Um optimal voranzukommen, müssen die Segel ständig angepasst (getrimmt) werden, damit sie in diesem Winkel bleiben. Wird der Winkel zu groß, flattert das Segel wie eine Fahne; es gibt keinen Vortrieb. Ist der Winkel zu klein, bricht die Luftströmung zusammen und das Segel verliert den Vortrieb wie ein zu langsames Flugzeug.

Querkraft

Die Segel treiben das Schiff nicht nur nach vorn. Die Gesamtkraft, die auf die Segel wirkt, möchte das Boot auch quer zur Fahrtrichtung bewegen.

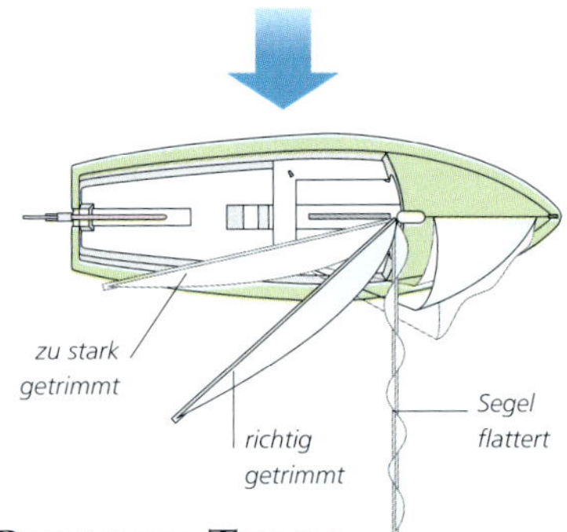

△ **Richtiger Trimm**
Für den richtigen Trimm das Segel auffieren, bis es am Vorliek flattert (killt). Dann langsam dichtholen bis zu dem Punkt, an dem das Killen aufhört.

Die Stärke dieser Querkraft hängt vom Kurs zum Wind ab. Sie ist am Wind am größten und vor dem Wind am geringsten. Wird das Segel zu sehr dichtgeholt, verringert sich der Vortrieb und die Querkraft nimmt zu.

Auf Amwindkursen driftet das Boot etwas zur Seite. Kiel oder Schwert wirken dem entgegen, können es aber nicht ganz ausgleichen. Den Unterschied zwischen dem Kurs durchs Wasser und dem tatsächlich gesegelten Kurs (Kurs über Grund) nennt man Abdrift.

Krängungskraft

Weil die Querkraft einige Meter über dem Wasser angreift, erzeugt sie eine Krängung des Bootes. Die dagegen wirkende Kraft des Schwertes verstärkt dies noch. Das Gewicht der Crew oder des Kiels muss dies ausgleichen.

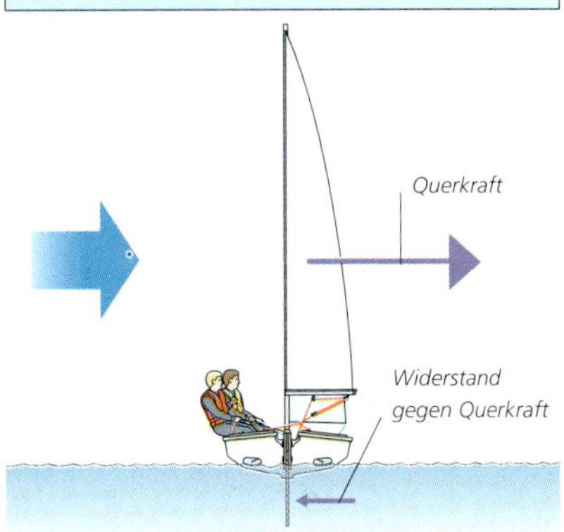

△ **Querkraft**
Ein Teil des Vortriebs, den das Segel erzeugt, drückt das Boot zur Seite. Schwert oder Kiel wirken dagegen.

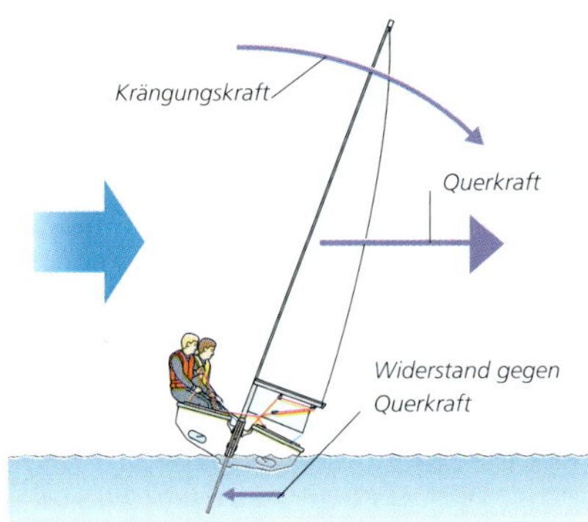

△ **Krängungskraft**
Die verschiedenen Angriffspunkte von Querkraft und Kiel erzeugen die Krängungskraft.

DIE DYNAMIK DES SEGELNS

Die Segel eines Bootes arbeiten ähnlich wie die Tragflächen eines Flugzeugs: So wie diese in der Luftströmung Auftrieb erzeugen, wandelt das Segel die Kraft des vorbeistreichenden Windes in Vortrieb um.

Luftstrom

Ein richtig getrimmtes Segel, an dem Wind vorbeistreicht, lenkt den Luftstrom um, der sich an der Vorderkante des Segels teilt. Der Teil des Luftstroms an der konvexen Oberfläche (Leeseite) hat einen längeren Weg am Segel vorbei als der Teil des Luftstroms an der konkaven Seite (Luvseite). Deshalb strömt die Luft an der Leeseite schneller vorbei. Beschleunigt sich aber der Luftstrom, sinkt sein Druck; daher ist der Druck auf der konvexen Seite niedriger als auf der konkaven. Der Druckunterschied saugt das Segel nach Lee und erzeugt an allen Punkten der Segeloberfläche eine Kraft, die senkrecht zur Oberfläche wirkt. Die Summe all dieser Kräfte treibt das Boot vorwärts.

Vortrieb

Man kann sich die Summe all dieser Kräfte auch in einem Punkt, dem Segelschwerpunkt, denken. Diese Kraft besteht aus zwei Vektoren: dem Vortrieb und der Querkraft.

Fahrt mit zwei Segeln

Wenn vor das Großsegel eine Fock gesetzt wird, erzeugt sie ihren eigenen Antrieb und verstärkt gleichzeitig die Wirkung des Großsegels. Wenn die Luft durch den Abstand zwischen Fock und Großsegel wie durch eine Düse strömt, wird sie an der Leeseite des Großsegels nochmals beschleunigt, wodurch wiederum dessen Antrieb erhöht wird. Fock und Großsegel müssen so getrimmt werden, daß sie aufeinander abgestimmt sind und zwischen sich einen hindernisfreien Windkanal, eine Düse, bilden.

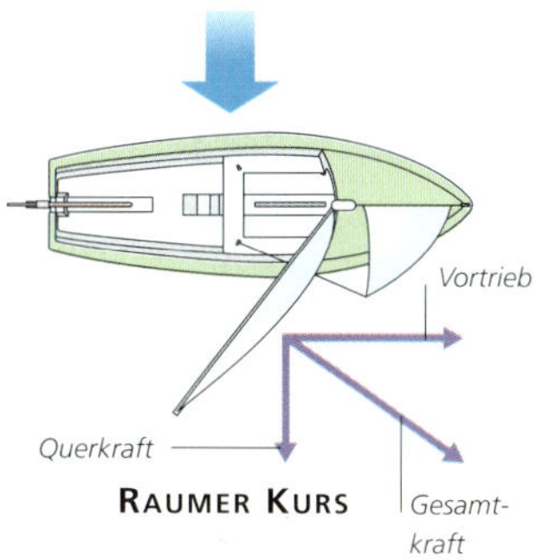

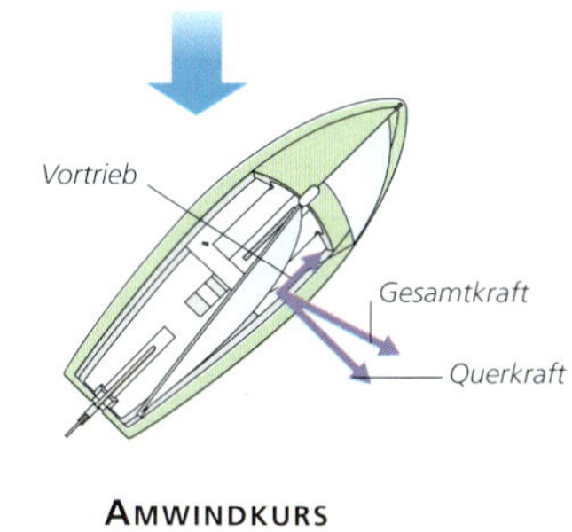

◁ Vortrieb und Querkraft
Das Verhältnis von Vortrieb zu Querkraft hängt vom Kurs zum Wind und von der Segelstellung ab. Bei Amwindkursen ist der Vortrieb geringer als auf raumen Kursen, aber die Querkraft ist größer.

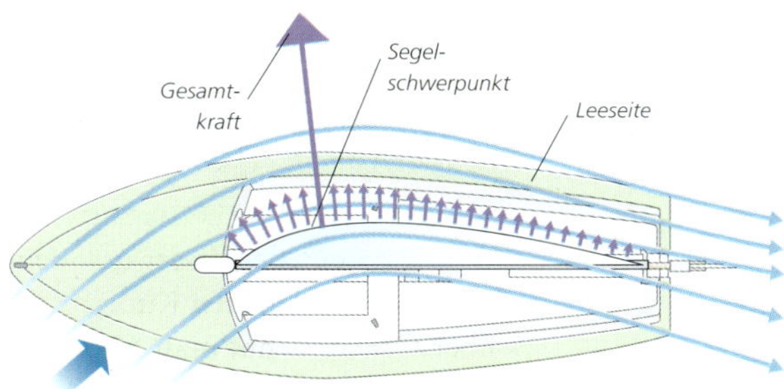

△ Luftstrom an einem Segel
Wenn der Wind an einem Segel vorbeistreicht, bewegt er sich auf der Leeseite schneller und erzeugt niedrigeren Druck. Auf der Luvseite ist er langsamer und erzeugt höheren Druck. Dadurch wird das Segel zur Leeseite gesogen, und an der Segeloberfläche entstehen Kräfte, die im rechten Winkel zur Oberfläche wirken. Die Summe all dieser Kräfte wirkt dann schließlich auf den Segelschwerpunkt.

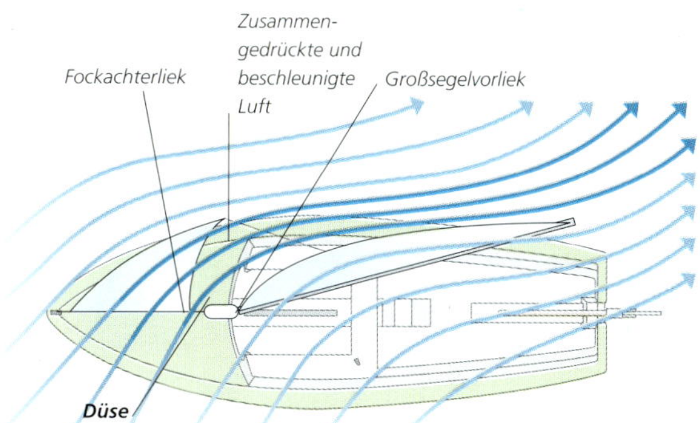

△ Luftstrom an zwei Segeln
Benutzt man zwei Segel, kommt es auf ihr Zusammenspiel an. Obwohl die Fock viel kleiner als das Großsegel ist, kann sie effizienter sein, weil an ihrem Vorliek kein Mast den Luftstrom stört. Ist die Fock parallel zum Großsegel getrimmt, wird die hindurchströmende Luft zusammengedrückt und beschleunigt. Dadurch wird der Druck auf der Leeseite des Großsegels weiter verringert und der Antrieb insgesamt vergrößert.

Steuern des Bootes

Bei einer Jolle werden Ruder, Schwert, Segel und das Gewicht der Crew zum Steuern eingesetzt. Um optimal zu segeln, zu steuern oder den Kurs zu ändern, müssen sie immer wieder angepasst werden. Wie die einzelnen Faktoren zusammenwirken, sollten Sie so oft üben, dass es Ihnen in Fleisch und Blut übergeht. Wenn eine Crew segelt, ist der Rudergänger verantwortlich für Ruder und Großsegel, die anderen für Fock und Schwert.

Das Ruder einsetzen

Das Ruder wird mittels der Pinne oder des Pinnenauslegers bewegt, wenn ein solcher auf dem Boot montiert ist. Es funktioniert nur, wenn Wasser daran vorbeiströmt. Deshalb können Sie das Boot nur steuern, wenn es Fahrt macht. Je schneller Sie segeln, desto wirksamer ist das Ruder, weil das Wasser dann schneller darüberströmt.

Wenn das Boot vorwärts fährt, dann dreht der Bug in die entgegengesetzte Richtung, in die die Pinne bewegt wird. Wenn das Boot rückwärts fährt, kehrt sich die Ruderwirkung um.)

Mit dem Ruder steuern

Zum Kurswechsel wird in erster Linie das Ruder eingesetzt. Machen Sie sich mit den Reaktionen des Bootes vertraut: Setzen Sie sich auf die den Segeln gegenüberliegende Seite und beobachten Sie, in welche Richtung der Bug dreht, wenn Sie die Pinne bewegen.

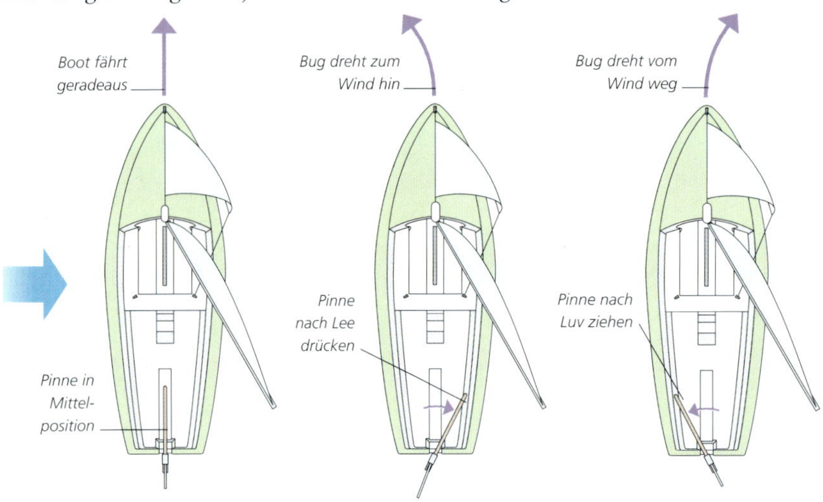

△ **Kurs direkt voraus**
Steht die Pinne genau in der Mitte, fährt das Boot geradeaus.

△ **Anluven**
Um anzuluven (zum Wind hinzudrehen), Pinne vom Wind weg drücken.

△ **Abfallen**
Um abzufallen (vom Wind wegzudrehen), Pinne heranziehen.

Das Schwert einsetzen

Die Wirkung des Schwertes hängt davon ab, wie tief es im Wasser liegt. Es wird gesenkt, wenn das Boot zum Wind dreht, und hochgeholt, wenn das Boot vom Wind wegdreht.

Das Schwert hat großen Einfluß auf die Fahrt des Bootes. Wenn Sie vom Wind wegsegeln, sollten Sie es hochholen, da sonst das Boot langsamer und schwerer zu steuern ist. Segeln Sie zum Wind hin, müssen Sie es absenken. Sonst treibt das Boot seitlich ab, weil nichts der Querkraft des Windes entgegenwirkt *(S. 30)*.

Die Segel einsetzen

Segel sind in einem bestimmten Winkel zum Wind am wirkungsvollsten. Daher wird ihre Stellung beim Kurswechsel angepasst (Segel trimmen) und während der Fahrt regelmäßig überprüft. Für die ideale Stellung fieren Sie das Segel auf, bis das Vorliek anfängt zu killen *(S. 25)*. Dann holen Sie es bis zu dem Punkt an, an dem das Killen aufhört. Mit dichtgeholten Segeln werden nur Amwindkurse gefahren *(S. 35)*.

Das Gewicht der Crew einsetzen

Eine Jolle segelt am schnellsten, wenn sie aufrecht im Wasser liegt und die Krängungskraft *(S. 30)* vom Gewicht des Rudergängers und der Crew ausgeglichen wird. Ihr Sitz beeinflusst den Trimm des Bootes (wie es im Wasser liegt). Der Rudergänger sitzt auf der Luvseite, den Segeln gegenüber, damit er Kurs und Segel im Blickfeld hat. Die Crew verlagert das Gewicht je nach Kurs und Windstärke und kann so bei einer Kursänderung helfen.

Mit den Segeln steuern

Damit Sie sehen, welche Rolle die Segel beim Wenden spielen, fieren Sie jedes einmal auf. Wenn Sie dabei die Pinne nur lose in der Hand halten, dreht das Boot.

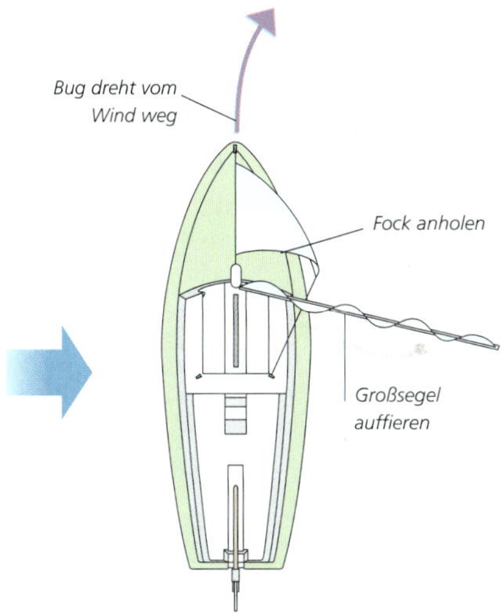

△ **Nur Fock**

Das Großsegel darf killen, die Fock wird angeholt. Segeln Sie nur mit der Fock, dreht das Boot vom Wind weg.

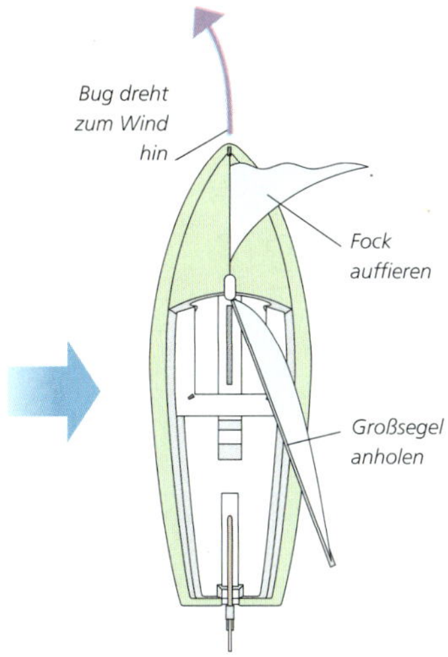

△ **Nur Großsegel**

Die Fock darf killen, das Großsegel wird angeholt. Segeln Sie nur mit dem Großsegel, dreht das Boot sich zum Wind hin.

Mit dem Gewicht der Crew steuern

Probieren Sie, wie das Boot den Kurs ändert, wenn Sie das Gewicht verlagern. Sind zwei oder mehr Segler an Bord, steuert der Rudergänger, und die Crew balanciert das Boot aus.

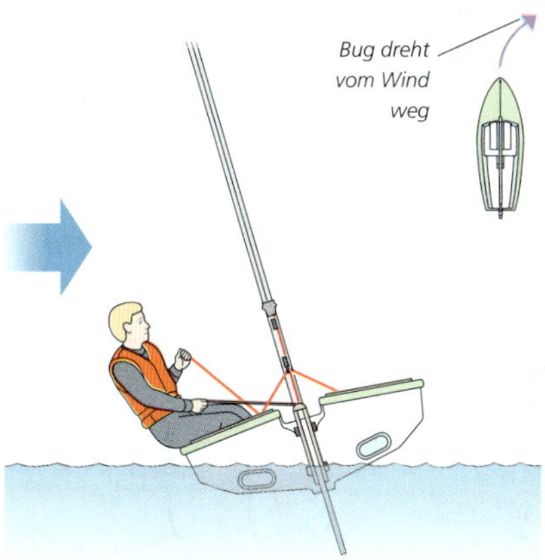

△ **Zum Wind hinkrängen**

Der Rudergänger krängt das Boot mit seinem Gewicht nach Luv, so dass es den Kurs nach Lee ändert (vom Wind weg).

△ **Vom Wind wegkrängen**

Der Rudergänger krängt das Boot mit seinem Gewicht nach Lee, so dass es den Kurs nach Luv ändert (zum Wind hin).

Wenden und Halsen

Die zwei wichtigsten Segelmanöver sind wenden und halsen. Dabei bewirken alle Steuermechanismen zusammen eine deutliche Kursänderung.

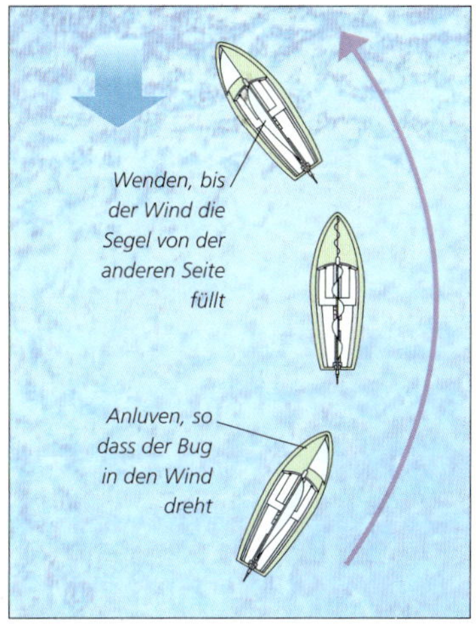

△ **Wenden**

Beim Wenden (S. 78–81) *geht der Bug durch Ruder-, Segel- und Gewichtseinwirkung durch den Wind.*

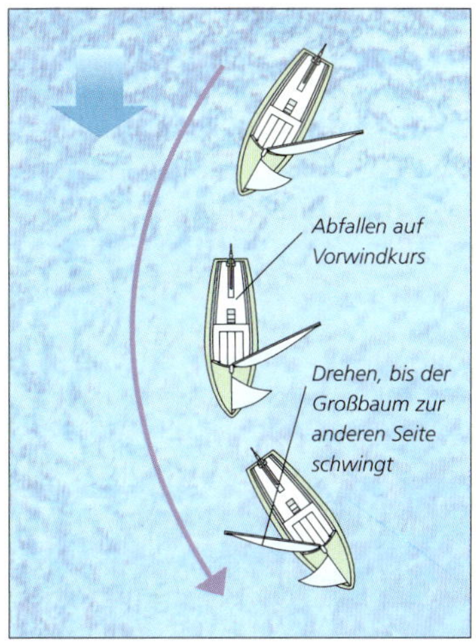

△ **Halsen**

Beim Halsen (S. 82–85) *geht das Heck durch Ruder-, Segel- und Gewichtseinwirkung durch den Wind.*

Kurse zum Wind

Die Richtung, in die ein Boot segelt, wird nach ihrem Winkel zum Wind bezeichnet. Der Überbegriff dafür ist »Kurse zum Wind«. Wenn Sie den Kurs zum Wind verändern, müssen Segelstellung, Schwert und Position der Crew an den neuen Kurs angepasst werden.

Unerreichbarer Winkel ▽
Gegen den Wind zu segeln ist unmöglich. Die meisten Boote kommen bis höchstens 45° an den wahren Wind heran. Gegen den Wind kommt man voran, indem man kreuzt (einen Zickzack-Kurs fährt).

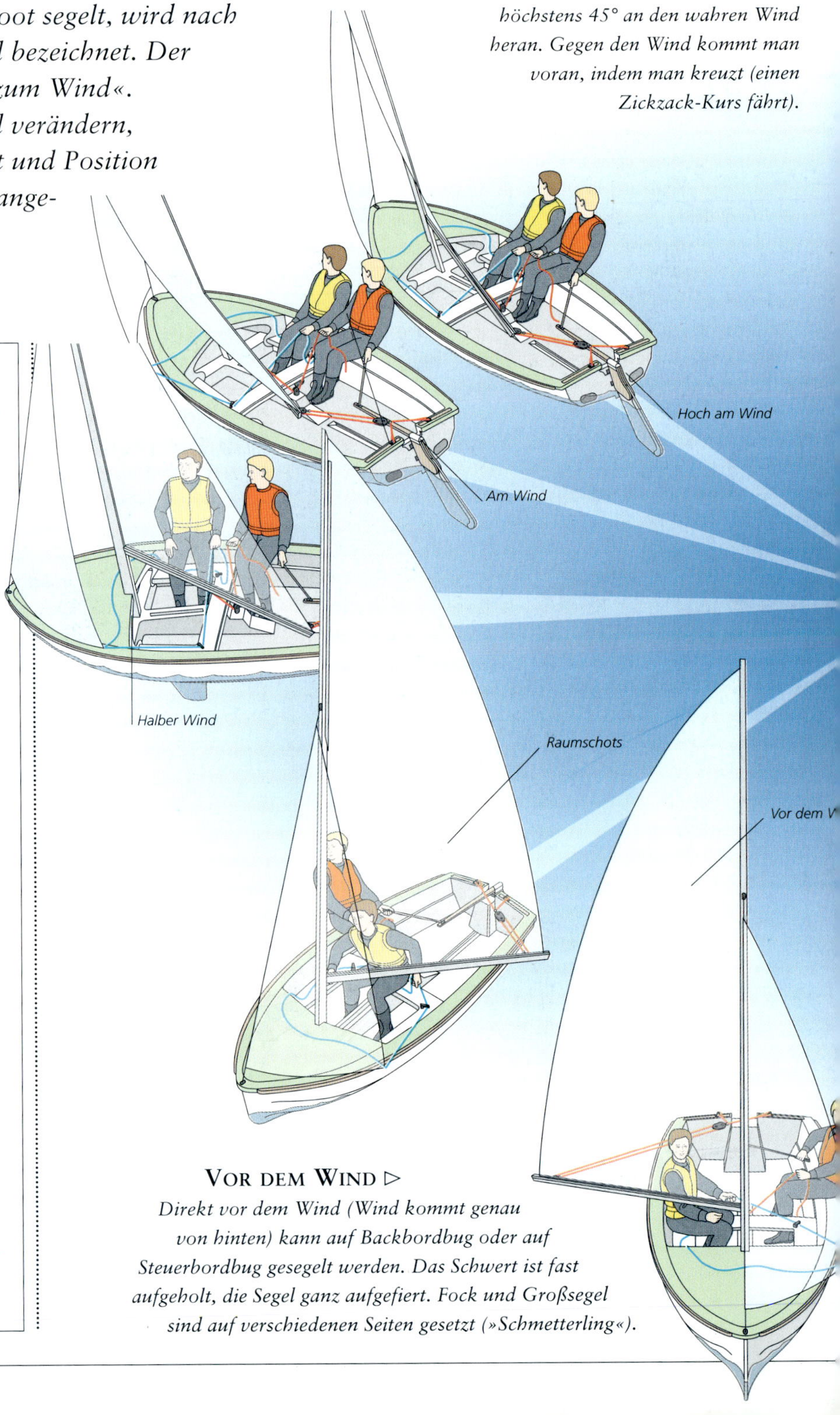

Segelkurse

Um Richtung und Art eines Segelkurses zu bezeichnen, gibt es viele Begriffe. Sie sollen so genau wie möglich beschreiben, wie sich das Boot zum Wind verhält.

Anluven und abfallen
Beim Anluven drehen Sie mit dem Bug zum Wind hin; beim Abfallen drehen Sie mit dem Bug vom Wind weg.

Vor dem Wind und am Wind
Kurse, die dichter am Wind gefahren werden als halber Wind, nennt man Amwindkurse. Kurse, die weiter vom Wind weg gefahren werden als halber Wind, sind Raumschotskurse.

Backbordbug und Steuerbordbug
Die Stellung des Großbaums zeigt an, auf welchem Bug Sie segeln. Ragt der Baum über die Backbordseite hinaus, sind Sie auf Backbordbug (Wind von Steuerbord). Ragt er über die Steuerbordseite, sind Sie auf Steuerbordbug (Wind von Backbord).

Vor dem Wind ▷
Direkt vor dem Wind (Wind kommt genau von hinten) kann auf Backbordbug oder auf Steuerbordbug gesegelt werden. Das Schwert ist fast aufgeholt, die Segel ganz aufgefiert. Fock und Großsegel sind auf verschiedenen Seiten gesetzt (»Schmetterling«).

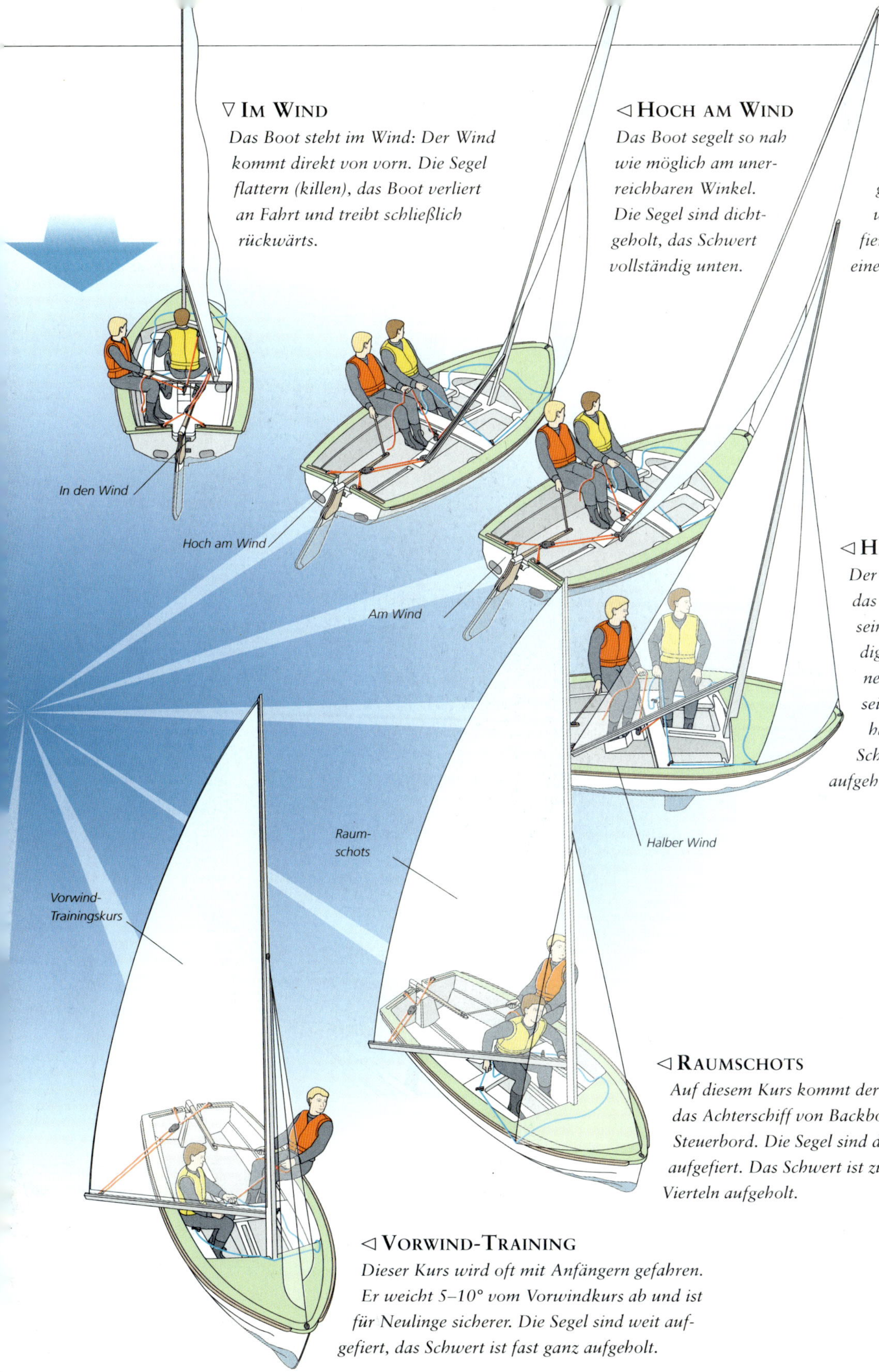

▽ Im Wind

Das Boot steht im Wind: Der Wind kommt direkt von vorn. Die Segel flattern (killen), das Boot verliert an Fahrt und treibt schließlich rückwärts.

◁ Hoch am Wind

Das Boot segelt so nah wie möglich am unerreichbaren Winkel. Die Segel sind dichtgeholt, das Schwert vollständig unten.

◁ Am Wind

Das Boot ist 20° vom vorherigen Kurs abgefallen. Die Schoten wurden etwas aufgefiert; das Schwert ist zu einem Viertel aufgeholt.

◁ Halber Wind

Der Wind bläst seitlich auf das Boot; so erreicht es seine höchste Geschwindigkeit. Diesen Kurs nennt man auch raumseitlich. Die Segel sind halb aufgefiert, das Schwert ist halb aufgeholt.

◁ Raumschots

Auf diesem Kurs kommt der Wind über das Achterschiff von Backbord oder Steuerbord. Die Segel sind deutlich aufgefiert. Das Schwert ist zu drei Vierteln aufgeholt.

◁ Vorwind-Training

Dieser Kurs wird oft mit Anfängern gefahren. Er weicht 5–10° vom Vorwindkurs ab und ist für Neulinge sicherer. Die Segel sind weit aufgefiert, das Schwert ist fast ganz aufgeholt.

TAUWERKSARTEN

Tauwerk wird aus vielen verschiedenen Fasern und mit unterschiedlichen Techniken hergestellt. Wie belastbar, dehnbar, flexibel oder strapazierfähig Tauwerk ist, hängt von Material und Herstellungsart ab.

◁ **GESCHLAGENES TAUWERK**
Die Fasern werden zu Strängen gedreht: So entsteht ein starkes, flexibles Tau.

◁ **GEFLOCHTENES TAUWERK**
Ein Kern aus geflochtenen Strängen mit einem Mantel, der vor Abrieb schützt.

◁ **POLYPROPYLEN**
Wird zur Herstellung preiswerter, dreikardeeliger Allzweckleinen verwendet, die leicht sind und schwimmen.

◁ **POLYESTER**
Als geschlagenes oder geflochtenes Tauwerk erhältlich. Es ist belastbar, dehnt sich kaum, schwimmt aber nicht.

◁ **NYLON**
Ein elastisches, starkes Tauwerk. Es schwimmt nicht und ist nass weniger belastbar.

◁ **HMP UND ARAMID**
Aramid- und Hochmodulpolyethylenfaser-Tauwerk ist leicht und sehr belastbar. Es dehnt sich unter Zug kaum.

TAUE UND KNOTEN

Auf einem Segelboot wird Tauwerk zum Festmachen des Bootes und zum Hissen, Trimmen und Anpassen der Segel benötigt. Der richtige Umgang mit Tauwerk gehört daher zum Grundwissen jedes Seglers. Wer die Eigenschaften der verschiedenen Materialien kennt, kann für jeden Zweck das passende Tau aussuchen. Besonders wichtig ist es, die am häufigsten verwendeten Knoten zu beherrschen.

VOM UMGANG MIT TAUWERK

Modernes Tauwerk für Segelboote wird aus Synthetikfasern hergestellt, weil sie leichter und stärker als Naturfasern sind. Synthetikfasern verrotten nicht und werden in vielen verschiedenen Farben hergestellt, so dass man sie leicht auseinander halten kann. Man unterscheidet zwischen dreikardeeligem oder geschlagenem Tauwerk, bei dem drei Stränge bereits gedrehter Fasern zusammengedreht werden, und geflochtenem Tauwerk, bei dem Fasern und Stränge miteinander verflochten sind.

WAHL DES RICHTIGEN TAUWERKS

Für jede Aufgabe an Bord sollte das richtige Tauwerk eingesetzt werden. Polypropylentauwerk ist ein preisgünstiger Festmacher und ideal als Sorgleine, weil es schwimmt. Polyestertau ist belastbar und dehnt sich nur wenig; es eignet sich für Festmacher, Schoten

EINE KLAMPE BELEGEN

Auf fast allen Segelbooten gibt es Klampen zum Befestigen. Die Leine wird mit Kreuzschlägen um die beiden Arme der Klampe gelegt. Reste der Leine sauber aufschießen oder rollen, damit sie beim Segeln nicht zur Fußangel werden.

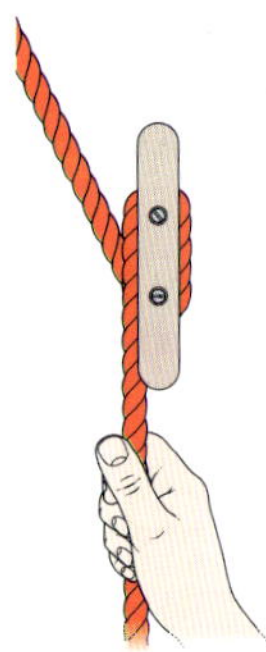

① Freies Ende hinten um die Klampe legen und einmal um den Fuß herumführen.

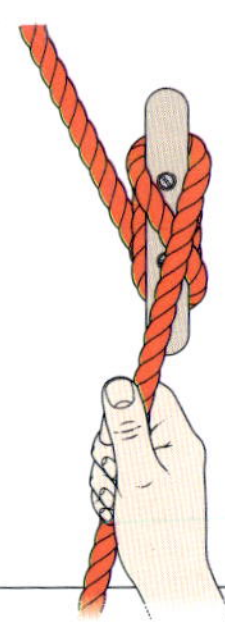

② Leine mit Kreuzschlägen in Form einer 8 um die Klampenarme legen.

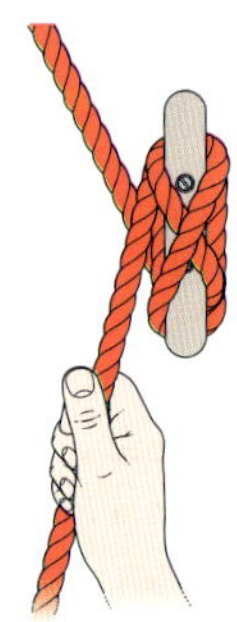

③ Weiter Kreuzschläge legen, bis die Leine sicher belegt ist. Zum Schluss noch einen Rundtörn um den Fuß legen.

LEINE AUFSCHIESSEN

Um Kinken zu vermeiden, die Leine in Drehrichtung aufwickeln. Beim Buchtenlegen die Leine leicht in die gleiche Richtung drehen, damit die Tauringe flach liegen.

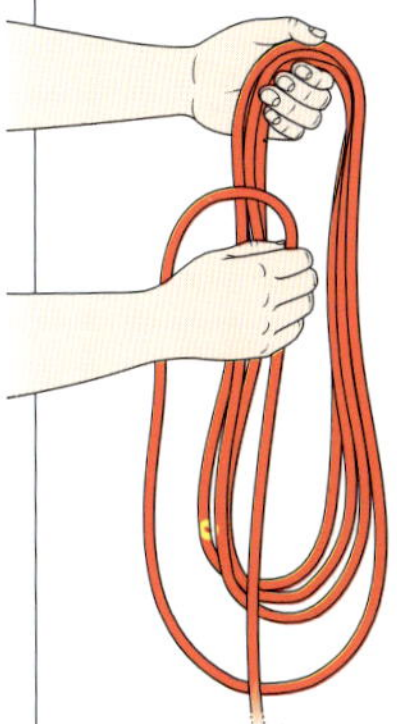

① Die Leine in der linken Hand halten und mit der rechten Buchten zu einem Bund legen. Leine zwischen Daumen und Zeigefinger vom Körper wegdrehen.

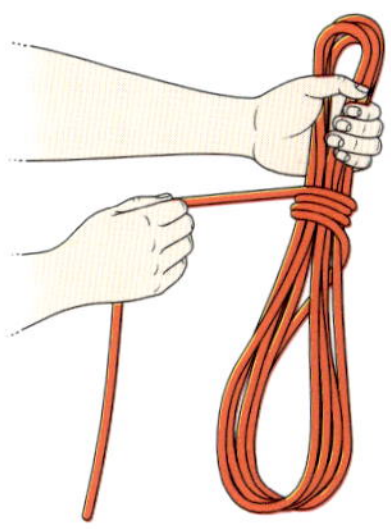

② Langes, freies Ende stehen lassen und damit mehrere Törns um den Bund wickeln.

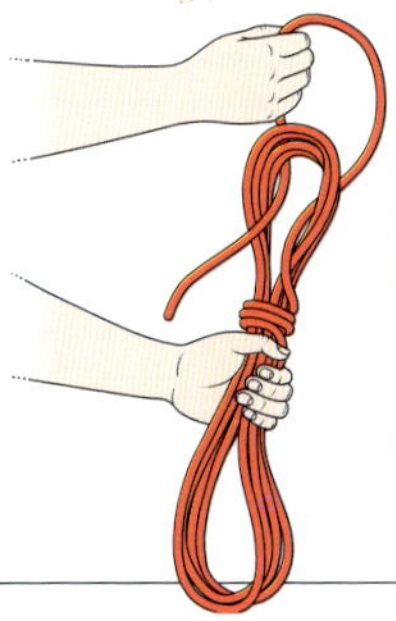

③ Mit dem restlichen freien Ende eine Bucht formen und durch den oberen Teil des Bundes ziehen.

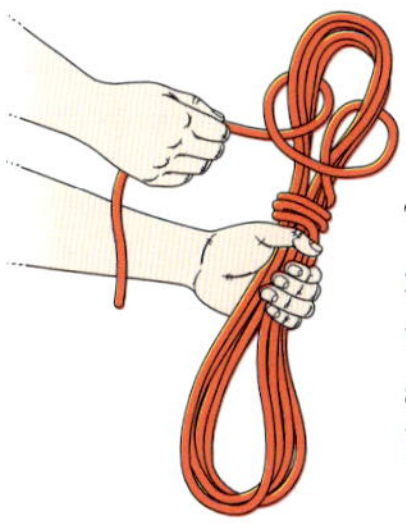

④ Diese Bucht über den oberen Teil des Bundes nach vorn legen und durch Zug am freien Ende befestigen.

und Fallen. Nylontauwerk dämpft die Zugbelastung gut und wird gern als Mooring- oder Ankerleine verwendet. Aramid- und HMP-Tauwerk ist teuer, aber sehr gut als Fall geeignet, weil es sich kaum dehnt. Enge Buchten sollte man damit aber nicht legen, weil sonst die Fasern brechen können.

Leinen aufschiessen

Auf einem Boot muss das Tauwerk ordentlich aufgeschossen (zusammengebunden) werden, damit es aus dem Weg, aber doch jederzeit greifbar ist.

Leinen belegen

Eine Klampe dient dazu, eine Leine zu sichern und ihr Durchrutschen zu verhindern. Man unterscheidet zwischen Klemme, Klampe und Curry-Klemme *(S. 26)*. Bei einer Curry-Klemme wird die Leine in die V-förmige Öffnung zwischen den Backen gezogen. Beim Loslassen der Leine schwingen die Backen zurück und halten die Leine fest. Zum Belegen einer Klampe muss die Leine in mehreren Törns um die Klampe geführt werden *(links)*.

Knoten machen

Im Laufe der Jahrhunderte sind viele Tausend Knoten entstanden, die praktischen oder Zierwert haben. Segelanfänger brauchen nur einige zu kennen, und meistens kommt man für die gesamte Segellaufbahn mit Kreuzknoten, Schotstek, Achtknoten, Palstek, Rundtörn mit zwei halben Schlägen und dem Webeleinenstek aus *(S. 38–39)*.

BEGRIFFE RUND UMS TAU

Die Fachausdrücke rund ums Tauwerk dienen dazu, die einzelnen Teile beim Knotenmachen zu benennen. Ein Tau heisst in der Seemannssprache Ende oder Leine. Anfang und Ende bezeichnet man als Tampen. Schwere Leinen werden Trossen, sehr dünne Bändsel genannt.

△ Die Teile der Leine
Der Teil, mit dem der Knoten gemacht wird, heißt freies Ende. Der Rest, mit dem nicht gearbeitet wird, heißt stehende Part.

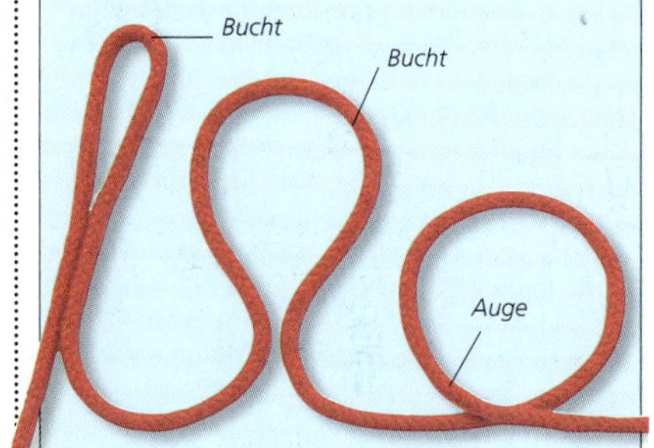

△ Buchten und Augen
Eine Bucht entsteht, wenn man die Leine haarnadelförmig schlingt oder einen Ring legt, ohne daß die Leine sich kreuzt. Ein Auge ist eine feste oder lockere Schlinge, bei der die Leine sich kreuzt.

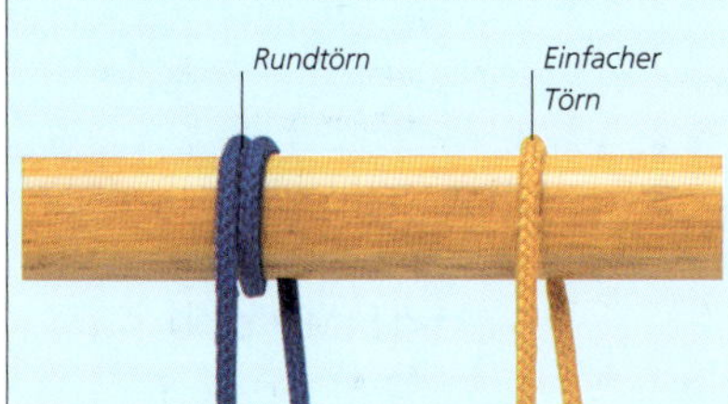

△ Einfacher Törn und Rundtörn
Beim einfachen Törn liegt die Leine um eine Seite eines Gegenstands herum. Beim Rundtörn ist es eineinhalbmal um den Gegenstand geschlungen.

Sechs wichtige Knoten

Kreuzknoten

Damit werden gleich dicke Leinen miteinander verbunden, zum Beispiel die Reffbändsel beim Reffen eines Segels (S. 62)*. Er geht ganz einfach, wenn man sich an die Regel hält: links über rechts, rechts über links.*

(1) Leine unter dem Gegenstand durchführen. Beide Tampen so kreuzen, dass das linke freie Ende über dem rechten liegt.

(2) Linkes freies Ende unter dem rechten durchziehen.

(3) Freie Enden hochhalten. Das rechte von oben unter dem linken durchstecken.

(4) An beiden Tampen ziehen, damit der charakteristische Kreuzknoten entsteht.

Schotstek

Der Schotstek ist eine der besten Möglichkeiten, zwei Enden miteinander zu verbinden. Sind die Enden unterschiedlich stark, machen Sie die Bucht im dickeren Ende.

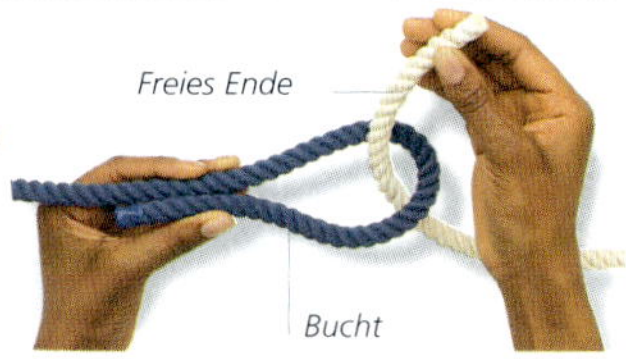

(1) Mit der blauen Leine eine Bucht legen. Das freie Ende der weißen Leine von unten durchstecken.

(2) Das freie Ende der weißen Leine unter das kurze Ende der blauen Bucht legen.

(3) Das freie weiße Ende oben über das lange Ende der blauen Bucht legen und unter dem weißen Tau durchstecken.

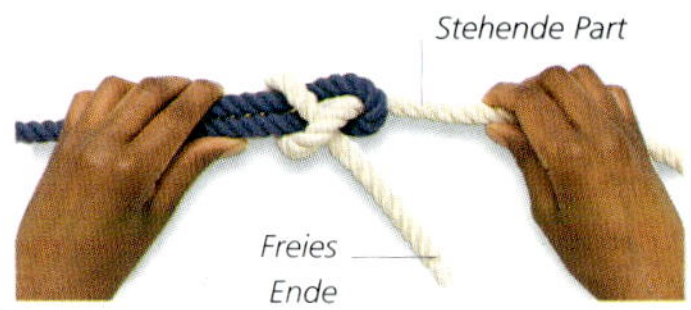

(4) An der blauen Bucht und dem freien weißen Ende ziehen, so daß der Schotstek sich zuzieht.

Achtknoten

Dieser Stopperknoten verhindert, dass eine Leine durch einen Block oder eine Führung rauscht. Er ist einfach zu knoten und leicht zu lösen.

(1) Ein Auge legen. Das freie Ende über und dann unter die stehende Part führen.

(2) Freies Ende nach oben führen. Mitten durch das Auge stecken. Festziehen.

Palstek

Wenn Sie vor dem Segeln nur einen Knoten lernen können, dann sollte es dieser sein. Man nutzt ihn, um eine feste Schlaufe zu knüpfen oder an einem Ring, Pfahl oder Poller festzumachen. Der Palstek lässt sich unter Belastung nicht lösen.

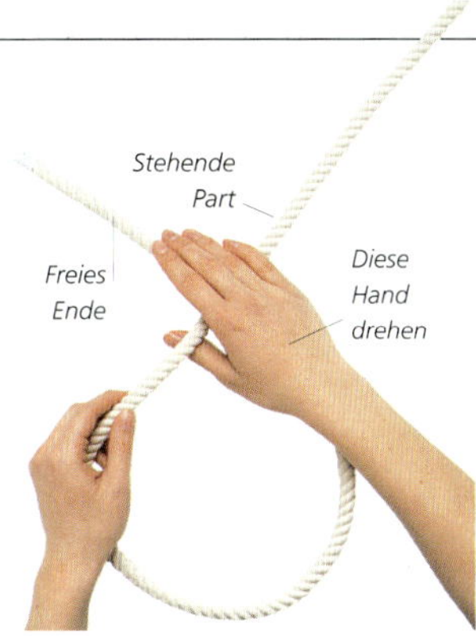

(1) Das freie Ende über der stehenden Part in der Handfläche halten. Hand drehen, so dass das freie Ende unter die stehende Part geschoben wird, wenn die Handfläche nach oben zeigt.

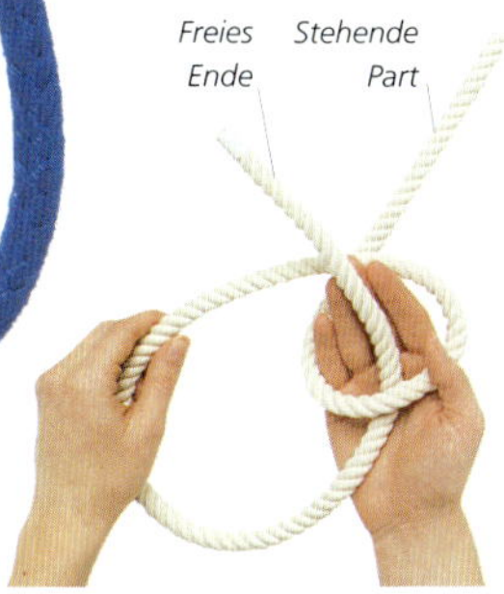

(2) Hand und freies Ende drehen, so dass um Hand und freies Ende ein Auge entsteht.

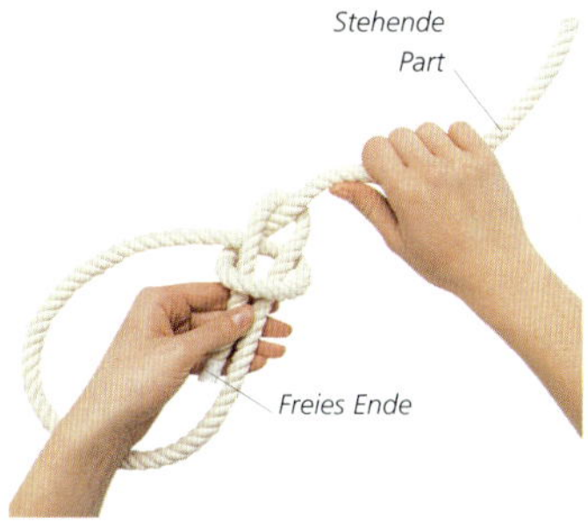

(3) Freies Ende hinter der stehenden Part herum durch das Auge schieben. Zum Festziehen am doppelten freien Ende und an der stehenden Part ziehen.

Rundtörn mit zwei halben Schlägen

Ein guter Knoten, um ein Tau an Pfählen, Ringen oder Reling zu befestigen. Lässt sich unter Zug lösen.

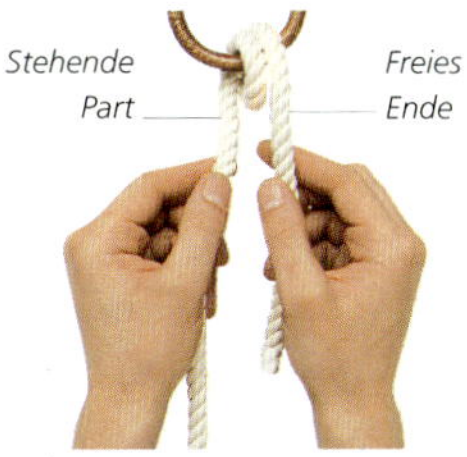

◁ (1) Für den Rundtörn das freie Ende zweimal von unten nach oben durch den Ring ziehen (oder um Pfahl oder Reling legen).

▷ (2) Freies Ende über stehende Part legen, darunter durchführen und oben unter sich durchstecken. So entsteht der erste halbe Schlag.

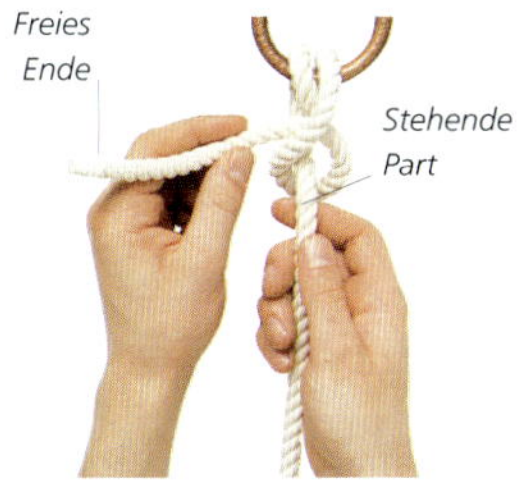

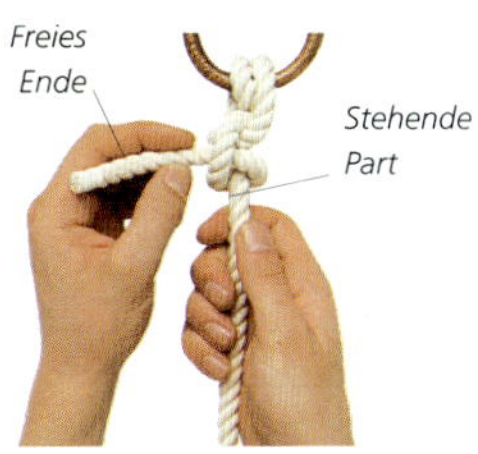

◁ (3) Freies Ende erneut unter stehender Part durchführen und oben unter sich durchstecken. So entsteht der zweite halbe Schlag. Zum Sichern an beiden Tampen fest ziehen.

Webeleinenstek

Dieser Knoten wird zum kurzfristigen Anlegen an Ring, Pfahl oder Poller und zum Befestigen von Fendern an der Reling verwendet.

◁ (1) Törn um den Pfahl und das freie Ende über die stehende Part legen.

▷ (2) Mit dem freien Ende einen zweiten Törn in dieselbe Richtung machen, so dass das Ende wieder vorne liegt.

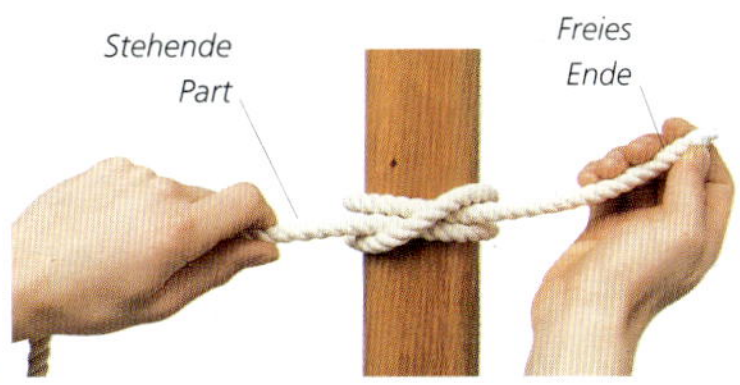

◁ (3) Freies Ende unter dem zweiten Törn duchstecken. An beiden Tampen ziehen, um den Knoten zu sichern.

Riemen und Paddel

Ihre seemännischen Fähigkeiten erkennt man daran, wie Sie mit einem Ruderboot zurechtkommen. Ein Boot zu rudern, das für diesen Zweck gebaut wurde, ist eine befriedigende Betätigung. Ein gutes Ruderboot ist leicht zu handhaben. Größere Ruderboote können durch Wriggen mit einem Riemen bewegt werden. Jollen sind meist nicht zum Rudern oder Wriggen geeignet. Hier bleibt oft nur Paddeln.

Rudern

Am besten lassen sich lange, schmale Boote rudern, die stabil im Wasser liegen. (Am schlechtesten geht es mit Schlauchbooten. Sie haben einen flachen Boden und werden stark vom Wind beeinflußt.) Ihre Riemen sollten so lang wie möglich sein. Die Dollen oder Riemengabeln werden auf dem Schandeck befestigt und dienen den Riemen als Drehpunkt. Beim längsseits Gehen an einem Steg oder Boot müssen die Dollen entfernt werden, um Schäden zu vermeiden. Um an einem Boot oder Steg längs anzulegen, drehen Sie das Boot parallel dazu und holen den innen liegenden Riemen ins Boot. Sobald das Boot festgemacht ist, holen Sie den anderen Riemen herein. In kabbeliger See kann das Blatt der Riemen beim vorwärts Schwingen von Wellen überspült werden. Drehen Sie die Blätter daher in dieser Phase parallel zur Wasseroberfläche.

Wriggen

Beim Wriggen bewegt man das Boot mit einem einzigen Riemen am Spiegel voran. Der Wriggriemen liegt in einer Dolle oder in einem Wriggrundsel, das im Spiegel ausgespart ist. Wriggen ist eine Kunst für sich, die man am besten bei Flaute und ruhiger See in einem schweren Beiboot übt. Lassen Sie sich nicht entmutigen: Wriggen scheint jedem am Anfang unmöglich, aber mit etwas Übung schaffen Sie es. Einem erfahrenen Seemann zuzusehen, wie er ein Boot mit sicherer Gelassenheit durch Wriggen fortbewegt, ist ein besonderer Genuss.

Paddeln

Bei den meisten Jollen ist die beste Alternative zum Segeln das Paddeln. Paddel brauchen weniger Stauraum als Riemen und keine Dollen. Paddeln ist zwar nicht schwierig, aber einige Punkte sollten Sie sich merken: Ziehen Sie mit geraden Armen am Paddel, beugen Sie sich nach vorn, um es ins Wasser zu tauchen, und arbeiten Sie mit dem ganzen Oberkörper, nicht nur mit den Armen.

Richtig rudern

Setzen Sie sich auf die Mitte der Ruderbank; das Gesicht zeigt zum Heck. Wenn eine weitere Person an Bord ist, sollte sie im Heck sitzen. Mehrere Personen werden so verteilt, daß das Boot nicht krängt.

① Hände eine Schulterbreite auseinander. Nach vorn beugen und die Riemen so ins Wasser tauchen, dass die Blätter rechtwinklig zur Wasseroberfläche stehen.

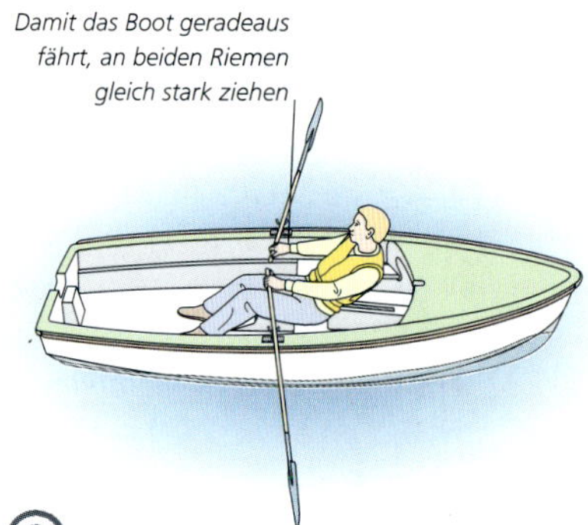

② Zurücklehnen und mit geraden Armen an den Riemen ziehen. Wenn der Oberkörper weit nach hinten liegt, Arme an die Brust ziehen, um den Schlag zu beenden.

③ Riemen leicht herunterdrücken, damit die Blätter aus dem Wasser kommen und nach vorn schwingen. Schritte 1 und 2 wiederholen.

Richtig wriggen

Zum Wriggen aufrecht am Heck stehen; die Beine auf Hüftbreite, um das Gleichgewicht zu halten. Der Grundschlag besteht aus einer achtförmigen Bewegung, die parallel zum Spiegel ausgeführt wird. Mitfahrer sitzen in der Mitte.

① Riemengriff mit beiden Händen halten; Daumen zeigen zum Körper. Das Blatt steht senkrecht und ganz im Wasser; das Gewicht wird von Dolle oder Rundsel getragen.

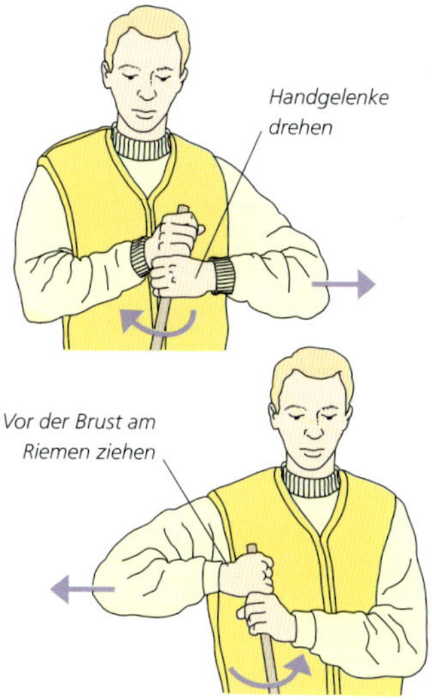

② Riemen so drehen, dass das Blatt schräg zur Seite bewegt wird. Dann die Hände seitwärts bewegen – entgegengesetzt zur Richtung, in die der Riemen geneigt ist.

③ Am Ende des Schlages Handgelenke drehen, so dass das Blatt in die entgegengesetzte Richtung geführt wird. Hände zur anderen Seite bewegen.

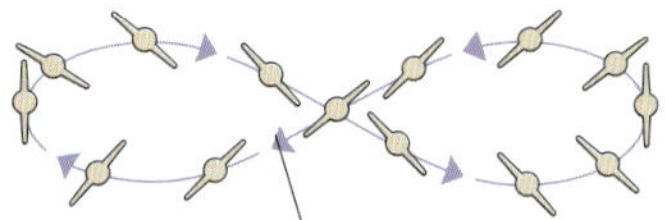

④ Schritte 2 und 3 wiederholen, um das Boot vorwärts zu bewegen. Riemenblatt dabei ruhig und gleichmäßig durchs Wasser ziehen.

Richtig Paddeln

Wenn Sie allein an Bord sind, sitzen Sie meist mit dem Gesicht zum Bug. Die Segel sind geborgen, die Pinne liegt an Ihrem Knie *(unten)*. Alternativ können Sie auch am Spiegel knien und das Paddel so durchs Wasser ziehen, daß das Boot sich rückwärts bewegt. Bei zwei Personen kann die eine paddeln, die andere steuern. Der Paddler sitzt mit dem Gesicht nach vorn, gegenüber vom Rudergänger.

Allein paddeln ▷
Achtern sitzen. Beim Paddeln das Blatt am Ende des Zugs vom Boot weg zur Seite ziehen, damit das Boot sich nicht vom Paddel wegdreht. Deshalb auch das Schwert hinablassen.

Zu zweit paddeln ▷
Der Paddler sitzt kurz hinter den Wanten; der Rudergänger hält das Boot auf Kurs. Wenn beide paddeln, sitzen sie links und rechts vom Mast kurz hinter den Wanten.

Transport kleiner Boote

Die meisten kleinen Boote liegen an Land, wenn sie nicht gesegelt werden. Lägen sie dauernd an einer Mooring, könnten sie Schaden nehmen. Sie lassen sich jedoch leicht mit einem Trailer oder auf dem Dachgepäckträger transportieren. An Land ist das Boot besonders anfällig für Beschädigungen. Achten Sie beim Transport auf Sicherheit und lernen Sie ein paar Handgriffe, die Verletzungen vermeiden.

Trailertransport

Ein Trailer sollte für das Boot entworfen sein und über ausreichend Auflagen und Gummirollen verfügen. Bei größeren Jollen oder Kielbooten braucht der Trailer eine eigene Bremsvorrichtung. Achten Sie immer darauf, dass das Boot sicher befestigt ist. Mast und andere bewegliche Ausrüstung am Boot oder Trailer sichern.

Manche Trailer haben eine integrierte Slipvorrichtung, die beim Straßentransport auf dem Trailer aufsitzt. Das Boot liegt auf dem Slipwagen auf und kann durch Bedienen der Kurbel auf- und abgeladen werden.

Dachtransport

Kleine, sehr leichte Jollen werden meist auf dem Dachgepäckträger transportiert. Er muss belastbar und sicher sein. Polstern Sie Träger und Befestigungen, damit das Boot keinen Schaden nimmt. Am besten transportiert man das Boot kieloben mit dem Bug nach vorn. Befestigen Sie es gut am Gepäckträger oder am Wagen. Binden Sie Mast und Baum längs am Dachgepäckträger fest. Andere bewegliche Ausrüstung gehört in den Wagen.

◁ **Dachtransport** *Für kleine Boote eignet sich der Dachgepäckträger. Gut abpolstern, damit das Boot unterwegs nicht beschädigt wird.*

Walzentransport

Feste oder aufblasbare Walzen sind für kurze Strecken vom Bootslager oder Strand zum Wasser gedacht. Sie sind besonders zum Transport schwererer Boote über Sand oder Kies geeignet. Es werden mindestens drei Walzen benötigt. Sie werden unter den Bug geschoben; das Boot wird darüber gerollt. Hat eine Walze das Heck erreicht, wird sie herausgenommen

Aufladen des Bootes

Jollen können schwer und unhandlich sein – ein paar Helfer machen die Sache einfacher. Einige Jollen haben Griffe, aber bei den meisten müssen Sie an den Kanten der Seitendecks anfassen.

① Boot umdrehen; der Bug zeigt nach oben. Boot vorsichtig an das Heck des Wagens anlehnen.

② Boot anheben und je nach Fahrzeug von hinten oder von der Seite aufs Dach schieben.

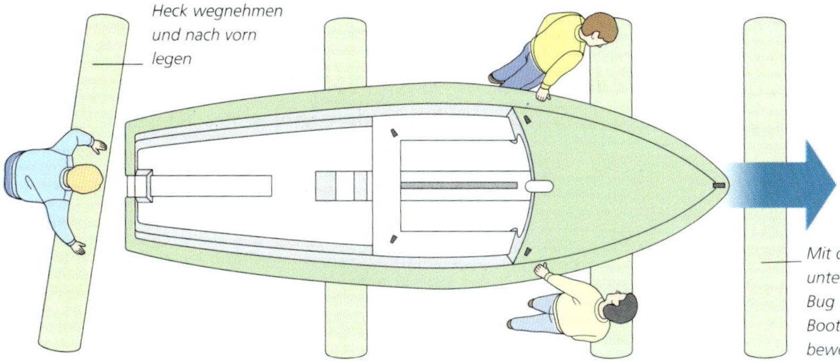

△ **WALZENTRANSPORT**
Dafür sind mindestens drei Personen und drei Walzen erforderlich. Walze unter den Bug legen und Boot darüberrollen. Wenn die Walze am Heck erscheint, herausnehmen und nach vorn legen.

und nach vorn unter den Bug gelegt. Das wird wiederholt, bis man mit dem Boot am Zielort angekommen ist.

SLIP- ODER BOOTSWAGEN (TROLLEY)

Normalerweise wird das Boot auf einem Slipwagen vom Stellplatz zum Wasser gebracht. Kleine Jollen werden außerdem häufig auf diesen Wagen gelagert. Prüfen Sie vor Lagerung oder Transport, dass das Boot richtig aufliegt und die Vorleine am Handgriff des Slipwagens befestigt ist. Wie leicht ein Slipwagen sich bewegen lässt, hängt von den Reifen ab. Kleine, harte Räder sind nur für festen Untergrund geeignet. Für den Strand eignen sich große, aufblasbare Reifen besser.

Um das Boot zu Wasser zu lassen, schieben sie den Wagen ins Wasser, bis das Boot schwimmt. Achten Sie darauf, dass jemand die Vorleine in der Hand hält. Stellen Sie den Slipwagen außerhalb der Hochwassermarke ab. Sorgen Sie dafür, dass er nicht im Weg steht.

Um das Boot an Land zu bringen, gehen Sie umgekehrt vor und schieben den Wagen ins Wasser. Das Boot muss richtig auf den Klötzen liegen und die Vorleine sollte am Handgriff des Wagens befestigt sein.

◁ **INTEGRIERTER SLIPWAGEN**
Dieser Trailer ist für eine kleine Laserjolle gedacht und hat einen integrierten Slipwagen. Der Slipwagen ist aus Leichtmetall und hat feste Gummiräder.

SCHÄDEN VERMEIDEN

Die meisten Schäden am Boot entstehen beim Auf- und Abslippen, beim Transport oder im Lager. Ein paar einfache Grundregeln helfen Ihnen, Schaden zu vermeiden.

BEIM AUF- UND ABSLIPPEN
Wenn Sie das Boot mit einem Slipwagen zu Wasser lassen, schieben Sie den Wagen ins Wasser, bis das Boot schwimmt. Zerren Sie es nicht vom Wagen, weil der Rumpf sonst Kratzer bekommt. Beim Aufslippen lassen Sie das Boot auf den Slipwagen treiben, anstatt es hinaufzuziehen.

AN LAND
Steigen Sie nie in eine Jolle, die an Land oder auf dem Slipwagen liegt. Ohne die Stütze durch das Wasser könnte der Boden des Rumpfes deformiert werden oder Löcher bekommen.

BEIM TRAGEN
Für eine durchschnittliche Jolle brauchen Sie mindestens vier Leute. Der vordere Teil des Bootes ist am schwersten. Wenn Sie es eine längere Strecke tragen, achten Sie auf die entsprechende Verteilung der Helfer.

BEIM TRANSPORT IM HAFEN
Achten Sie darauf, dass Ihr Aluminium- oder Glasfasermast nicht mit einer Hochspannungsleitung in Berührung kommt. Es hat schon Todesfälle durch Elektroschock gegeben. Achten Sie also auf Ihre Umgebung.

BEIM LAGERN
Wenn das Boot nicht benutzt wird, säubern und trocknen Sie die Segel und die restliche Ausrüstung. Verstauen Sie alles sicher und decken Sie das Boot ab, um es vor Witterungseinflüssen zu schützen.

Verkehrsregeln

Jedes Wasserfahrzeug, von der kleinsten Jolle bis zum Supertanker, muß sich an die Internationalen Kollisionsverhütungsregeln (KVR) halten, auch Ausweichregeln genannt. Für Rennen hat die International Sailing Federation (ISAF) zusätzliche Regeln aufgestellt. Das Gesamtregelwerk deckt jede mögliche Situation ab. Für den Anfang genügt es, die Grundregeln zu kennen.

Klar bleiben

Sehen Sie sich immer wieder nach allen Seiten um und versuchen Sie, die Absichten anderer Boote zu erkennen. Vor allem nach achtern schauen, weil Anfänger häufig überholende Boote übersehen. Wenn Sie ausweichen müssen, tun Sie es rechtzeitig. Ändern Sie den Kurs deutlich, damit das andere Fahrzeug Ihre Absicht erkennt. Passieren Sie Boote achtern, nicht vor dem Bug. Halten Sie beim Segeln Abstand von Booten, die vor Anker liegen, und machen Sie einen großen Bogen um Fischerboote, damit Sie nicht in die Netze geraten.

Wenn ein Fahrzeug ein anderes überholt, muss der Überholer so lange von dem anderen klar bleiben (ihm aus dem Weg gehen), bis er ganz vorbei ist, selbst wenn ein Segelboot ein Motorboot überholt.

Manövrieren auf Wasserstrassen

In einem Fahrwasser sollten sich alle Boote in beiden Richtungen auf der jeweiligen Steuerbordseite halten. Vermeiden Sie das Kreuzen vielbefahrener Kanäle und Fahrwasser. Falls dies doch erforderlich ist, kreuzen Sie möglichst in einem 90°-Winkel zum Verkehrsfluss. Passieren Sie andere Schiffe nicht vor dem Bug und kreuzen Sie so schnell wie möglich.

Ausweichen

Grundsätzlich gilt, dass Motorfahrzeuge Segelbooten ausweichen. In der Praxis sieht es manchmal anders aus; für große, schwer manövrierbare Schiffe in engen Fahrwassern gilt diese Regel nicht. Auch von Fischerbooten muss man sich fern halten. Große Schiffe haben häufig einen

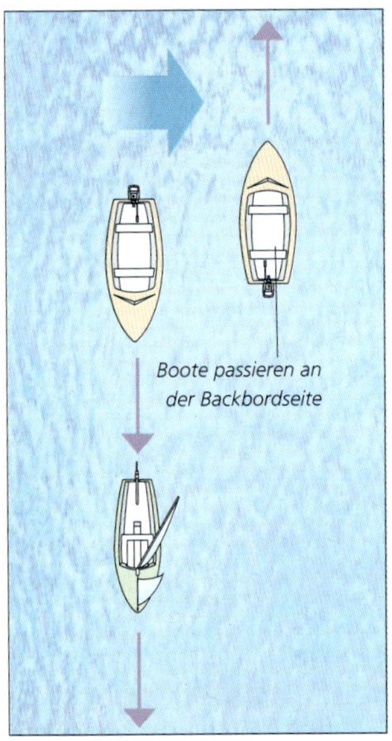

△ **Im Fahrwasser**
Im Fahrwasser bleiben alle Fahrzeuge auf der Steuerbordseite.

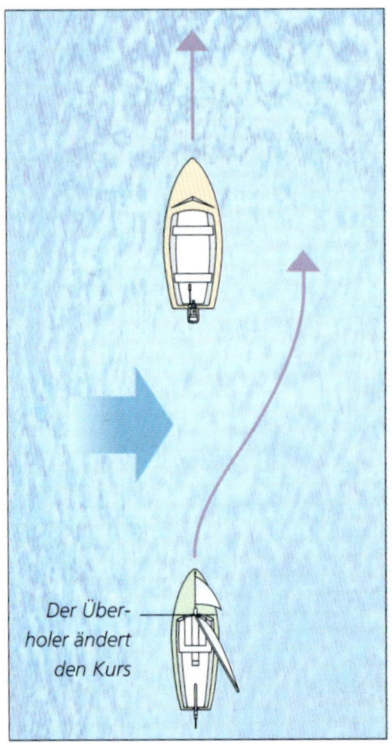

△ **Überholregeln**
Ein überholendes Fahrzeug muss ausreichend Abstand einhalten, auch wenn ein Segelboot ein Motorboot überholt.

STEUERBORDBUG-REGEL

Ein Segelboot auf Backbordbug (der Großbaum zeigt nach backbord) hat Vorfahrt vor einem auf Steuerbordbug. Anfangs ist es schwierig, sich zu merken, auf welchem Bug man segelt. Beschriften Sie deshalb den Großbaum wie unten beschrieben.

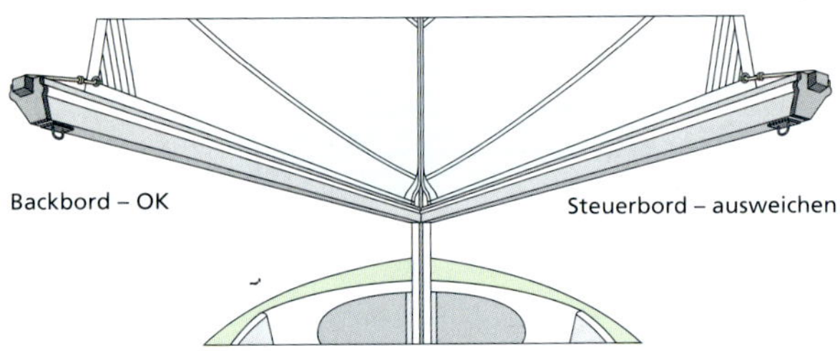

△ **Den Grossbaum beschriften**
Schreiben Sie »Backbord – OK« auf die Steuerbordseite und »Steuerbord – ausweichen« auf die Backbordseite. Dann wissen Sie immer, wann Sie ausweichpflichtig sind.

ZUSAMMENSTÖSSE VERMEIDEN

Für jedes Zusammentreffen zweier Boote – ob Segel- oder Motorfahrzeug – gibt es eine Vorfahrtsregel. Das Boot, das Vorfahrt hat, heißt Wegerechtsschiff. Es muss Kurs halten, während das ausweichpflichtige Fahrzeug von ihm klar bleiben muss. So lassen sich Zusammenstöße vermeiden.

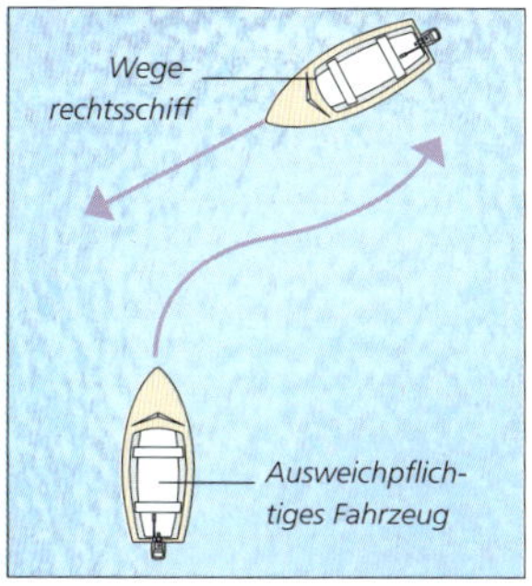

△ **MOTORBOOTE AUF KREUZKURS**
Wer von der Steuerbordseite des anderen Schiffes kommt, hat Wegerecht.

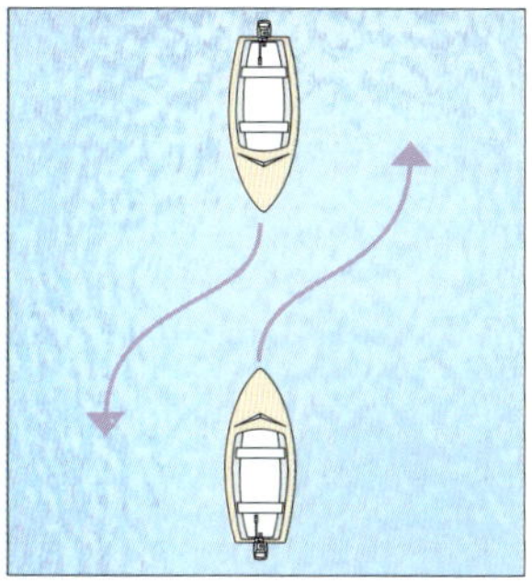

△ **MOTORBOOTE AUF GEGENKURS**
Wenn Motorboote direkt aufeinander zufahren, ändern beide den Kurs nach Steuerbord.

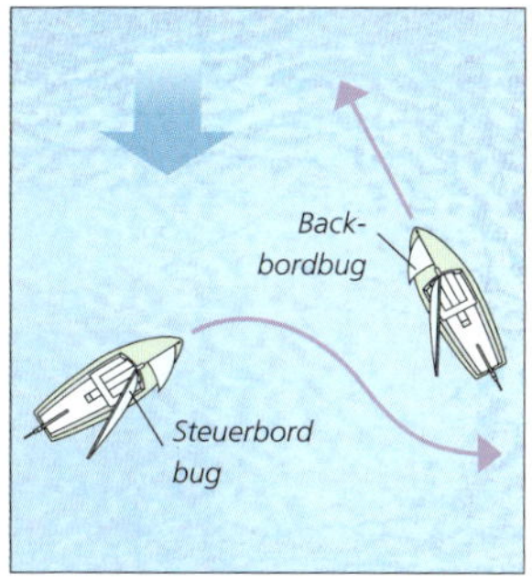

△ **SEGELBOOTE AUF VERSCHIEDENEM BUG**
Wer auf Steuerbordbug fährt, muss ausweichen.

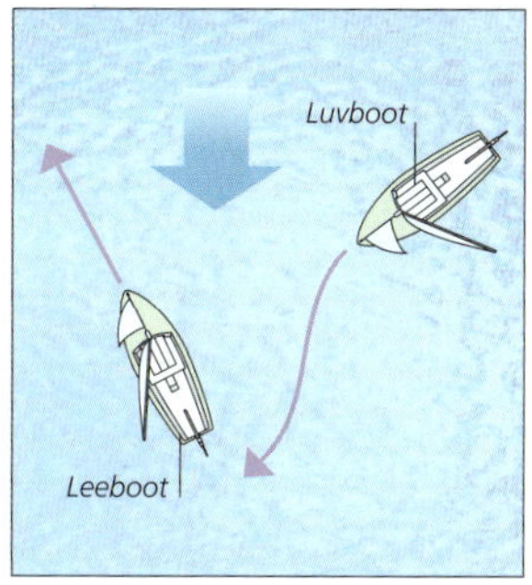

△ **SEGELBOOTE AUF GLEICHEM BUG**
Das Luvboot ändert den Kurs und passiert hinter dem Heck des Leebootes.

toten Winkel unter dem Bug. Befindet man sich mit einer Jolle in diesem toten Winkel, wird man vom großen Schiff aus nicht gesehen. In diesem Fall muss der Segler so schnell wie möglich ausweichen.

In engen Fahrwassern wie in Hafeneinfahrten haben selbst kleinere Yachten unter Motor oft nicht genug Raum zum Ausweichen; auch hier sollten Jollen Abstand halten. Grundsätzlich sollte man Motorfahrzeugen, die größer sind als das eigene Boot, besser ausweichen. Denken Sie daran, dass eine Jolle unter Paddel als Motorfahrzeug gilt und Seglern ausweichen muss.

IM FAHRWASSER ▷
In manchen Segelrevieren ist auch Berufsschifffahrt unterwegs. Das Fahrwasser immer hinter den Schiffen kreuzen und möglichst viel Abstand halten.

WETTER

Der wichtigste Faktor beim Segeln ist das Wetter, vor allem Windstärke und Windrichtung. Unerfahrene Segler sind oft überrascht, wenn sie draußen feststellen, wie schnell das Wetter sich ändern kann und wie rasch Windrichtung und -stärke variieren. Sie sollten zwischen auflandigem und ablandigem Wind unterscheiden können, weil von diesen Winden nicht nur die Bedingungen auf See abhängen, sondern auch, wie leicht oder schwer es ist, wieder in den Hafen zu kommen.

WETTERBERICHTE

Hören Sie vor dem Segeln immer den Wetterbericht. Die meisten Radio- und Fernsehsender gehen nicht auf die Windbedingungen ein. Suchen Sie sich daher einen Sender, der einen möglichst ausführlichen Segelwetterbericht für ihr Revier anbietet. Im Büro des Hafenmeisters ist oft der Wetterbericht angeschlagen. Eine weitere Möglichkeit sind die Küstenfunkstellen. Auch Segelclubs informieren über die Wetteraussichten. Dort können Sie auch Segler, die sich im entsprechenden Revier gut auskennen, um Rat fragen. Überschätzen Sie Ihre Erfahrung und Ihre Fähigkeiten nicht. Wenn Sie unsicher sind, bleiben Sie an Land.

WINDRICHTUNG

Natürlich macht es mehr Spaß, im Sonnenschein zu segeln statt im Nieselregen, aber Kälte oder Regen sind kein Hinderungsgrund. Worauf es ankommt, ist der Wind. Deshalb sollten Sie sich immer über Windstärke und Windrichtung im Klaren sein. Achten Sie nicht nur vor dem Auslaufen auf den Wind, sondern auch auf See.

IN SACHEN WETTER
Vor dem Auslaufen immer Windstärke und Windrichtung prüfen. Unbedingt örtlichen Wetterbericht hören.

WINDANZEIGER

Mit der Zeit werden Sie auf Ihrem Gesicht spüren, woher der Wind weht. Bis dahin müssen Sie Windstärke und Windrichtung jedoch an anderen Zeichen erkennen. Sehen Sie bei Ihrem oder bei anderen Booten auf den Windanzeiger oben im Mast, und achten Sie auf die Flaggen an Land. Der Rauch aus einem Schornstein treibt in Windrichtung ab, und der Winkel der Rauchsäule sagt etwas über die Windstärke aus. Boote vor Anker drehen sich oft in Windrichtung, aber beachten Sie, dass dies auch an Tide oder Strömung liegen kann.

Der Wind dreht häufig, auch wenn das Wetter stabil ist. Seine Richtung kann von Bäumen, hohen Gebäuden und Bergen abgelenkt werden. In einem Flusstal bläst der Wind häufig flussabwärts oder flussaufwärts.

ABLANDIGER WIND

Unterschätzen Sie beim Segeln niemals die Stärke des ablandigen Windes

◁ **STARKER WIND**
Die Windstärke kann sich rasch und dramatisch verändern und Schäden anrichten wie bei diesem gerissenen Segel. Bereiten Sie sich auf Wetteränderungen vor.

Windstärken

Die Windstärken und ihre Auswirkungen zu Land und zu Wasser werden in der Beaufort-Skala beschrieben. Für Anfänger ist Windstärke drei ideal. Sieben bis zehn Knoten füllen die Segel und sind sanft genug, um das Boot unter Kontrolle zu haben. Bei geringerer Windgeschwindigkeit ist das Boot schwer zu steuern; bei höheren Geschwindigkeiten sollten Anfänger nicht hinausfahren. Windstärke sechs ist für Jollen bereits Sturm. Nur sehr erfahrene Crews sollten bei diesen Windgeschwindigkeiten segeln.

Stärke	Beschreibung	Auswirkungen auf See	Zeichen an Land	Wind
0	Windstille	Spiegelglatte See. Jollen treiben; Segeln nicht möglich.	Rauch steigt senkrecht empor. Flaggen hängen herab.	Unter 1 Knoten
1	Leiser Zug	Kräuselwellen. Jolle macht leichte Fahrt.	Rauch bewegt sich etwas und zeigt Windrichtung an.	1–3 Knoten
2	Leichte Brise	Kleine Wellen mit glasigen Kämmen. Genug Wind für gleichmäßiges, aufrechtes Segeln.	Wimpel und Windräder bewegen sich. Blätter rascheln.	4–6 Knoten
3	Schwache Brise	Kleine Wellenkämme brechen. Ideal für Anfänger mit Jollen.	Wimpel gestreckt. Blätter und dünne Zweige bewegen sich.	7–10 Knoten
4	Mäßige Brise	Wellen werden länger, haben weiße Schaumköpfe. Die Crew muß schwer arbeiten. Anfänger sollten den Hafen anlaufen.	Kleine Äste bewegen sich. Staub und loses Papier wird aufgewirbelt.	11–15 Knoten
5	Frische Brise	Mäßige, lange Wellen mit weißen Schaumkämmen. Ideal für erfahrene Jollensegler.	Kleine Bäume schwanken. Alle Baumwipfel in Bewegung.	16–21 Knoten
6	Starker Wind	Große Wellen, etwas Gischt. Für Jollensegler ist das Sturm. Nur für erfahrene Crews mit guter Sicherheitsausrüstung.	Große Bäume in Bewegung. Wind pfeift in Telegraphenleitungen. Regenschirme sind kaum noch benutzbar.	22–27 Knoten

(er bläst vom Land über die Küste aufs Wasser). Häufig gibt es an der Küste eine windgeschützte Zone, und draußen auf dem Wasser bläst es viel stärker. Fahren Sie bei ablandigem Wind hinaus und stellen fest, dass die Wetterbedingungen draußen viel schlechter sind, kann es schwierig werden, zurückzukommen.

Auflandiger Wind

Den auflandigen Wind (er bläst vom Wasser Richtung Land) spüren Sie an der Küste in voller Stärke, und meist brechen die Wellen am Strand. Auflandiger Wind birgt eine andere Herausforderung. Ein Boot zu Wasser zu lassen und gegen Wellen und Wind hinauszufahren, kann schwierig werden. Draußen sollten die Wellen jedoch kleiner sein. Außerdem ist es bei auflandigem Wind leichter, in den Hafen zu kommen.

WO SEGELN?

Ob Sie auf Binnengewässer oder auf die offene See gehen, hängt davon ab, welche Art des Segelns Ihnen gefällt. Segeln zu lernen ist auf Binnengewässern meistens leichter und sicherer. Wenn Sie aber erst einmal Erfahrung gesammelt haben, wollen Sie sich bestimmt auf offener See erproben. Damit Sie Spaß am Segeln haben und nicht in Gefahr geraten, sollten Sie auf jeden Fall wissen, was eine Tide ist und welchen Einfluss sie auf das Segeln auf See hat.

BINNENGEWÄSSER

Die Bandbreite dieser Gewässer reicht von kleinen Seen, die häufig aus gefluteten Kiesgruben bestehen, bis zu großen Seen und breiten Flüssen. Bevor Sie das Boot zu Wasser lassen, erkundigen Sie sich, ob Segeln überhaupt gestattet ist. Meistens sind am Ufer Auskunftstafeln aufgestellt.

Jedes Binnengewässer hat seinen eigenen Charakter und birgt andere Gefahren. Erkundigen Sie sich beim örtlichen Segelclub, bevor Sie an Bord gehen. Wollen Sie allein auf einem großen Binnengewässer segeln, hinterlassen Sie irgendwo Nachricht, wohin Sie fahren. Hüten Sie sich vor Brücken und Stromleitungen, die niedriger sind als der Mast, und vor Wehren und Schleusen.

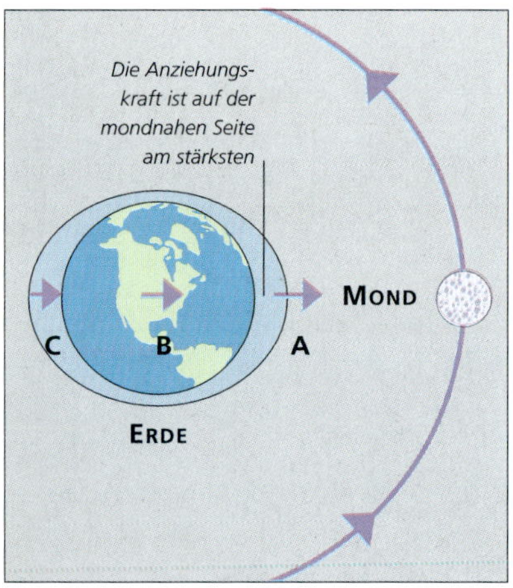

Die Ausweichregeln *(S. 43–44)* gelten überall, wo gesegelt wird. In beengten Revieren wie schmalen Flüssen und kleinen Seen ist häufig großer Andrang. Hier sind gute Manövrierfähigkeiten gefragt. Auf einem Fluss müssen Sie mit Strömung rechnen. Bei einigen Flüssen kann sie sehr stark sein, besonders, wenn es stromaufwärts starke Regenfälle gab. Auch Tidenhub kann sich bei Flüssen, die ins Meer fließen, bemerkbar machen.

GEZEITEN

Die Gezeiten sind Veränderungen des Meeresspiegels, die durch die Anziehungskraft von Himmelskörpern (vor allem des Mondes) auf die Erdoberfläche entstehen.

Diese horizontalen Wasserbewegungen nennt man Gezeitenströmung oder Tidenströmung. Man unterscheidet Ebbe (wenn der Wasserspiegel sinkt) und Flut (wenn das Wasser steigt). Der Flutstrom bewegt sich in Richtung Küste und in die Flussmündungen hinein, der Ebbstrom bewegt sich aufs Meer hinaus. Die Strömungsgeschwindigkeit hängt vom Tidenfall ab, dem Höhenunterschied zwischen Ebbe und Flut. Sie ist bei Springtiden höher als bei Nipptiden. Die höchste Geschwindigkeit erreicht das Wasser in der dritten und vierten Stunde von Ebbe und Flut.

◁ **ANZIEHUNGSKRAFT**
Die Anziehungskraft des Mondes (verstärkt oder geschwächt durch die der Sonne) wirkt auf das Wasser an der mondnahen Seite (A), auf die Erde (B) und das Wasser an der abgewandten Seite (C). Diese Anziehung erzeugt zwei Wasserberge auf beiden Seiten der Erde.

HOCHSEESEGELN

Wenn Sie Hochseesegeln wollen, informieren Sie sich gründlich über die entsprechenden Gezeiten. Angaben über Hoch- und Niedrigwasser erhalten Sie vor Ort in den jeweiligen Gezeitentafeln oder einem Gezeitenstromatlas für das Segelrevier. Darin ist die Strömungsrichtung für jede Stunde des Gezeitenzyklus' angegeben.

Die Gezeitenströmung ist in tiefen Rinnen oder um Landzungen herum am stärksten. Wird die Strömung durch Landzungen, Erhebungen des Meeresbodens oder rasch flacher werdende Gewässer behindert, müssen Sie mit Stromschnellen, Strudeln und kurzen Brechern rechnen. Halten Sie sich mit kleinen Booten davon fern, vor allem, wenn der Wind stark und gegen die Strömung bläst. In diesem Fall entstehen nämlich Wellen, die größer und steiler sind, als man normalerweise erwartet. Verläuft die Strömung wieder mit dem Wind, werden die Wellen rasch flacher.

Wenn Sie in Tidengewässern segeln, teilen Sie jemandem an Land mit, was Sie vorhaben. Sie sollten immer einen Anker an Bord haben, damit Sie im flachen Wasser ankern können, falls eine Flaute kommt oder Sie anderweitig in Schwierigkeiten geraten.

WIE GEZEITEN ENTSTEHEN

Die Anziehungskraft des Mondes – in geringerem Maß auch die der Sonne – auf die Wasseroberfläche verursacht die Gezeiten. Der Einfluß beider Himmelskörper bestimmt den Tidenhub.

Tidenhub

Die Anziehungskraft von Mond und Sonne verursacht fast überall auf der Welt zweimal täglich Ebbe und Flut. Den mittleren Höhenunterschied zwischen Hochwasser und Niedrigwasser nennt man Tidenhub.

Springtide und Nipptide

Durch ihre unterschiedliche Stellung beeinflussen Mond und Sonne den Tidenhub. Bei Voll- und Neumond, wenn Erde, Sonne und Mond in einer Linie stehen, ist die Anziehungskraft am stärksten. Das verursacht Springtiden, bei denen der Höhenunterschied zwischen Hoch- und Niedrigwasser am größten ist (starke Strömung). Steht der Mond im ersten oder letzten Viertel, befinden sich Sonne, Erde und Mond im rechten Winkel zueinander. Es entstehen Nipptiden, bei denen der Höhenunterschied am geringsten ist (schwache Strömung).

Springtide ▷
Während der Spingtide bei Neumond und Vollmond ist der Unterschied zwischen Hoch- und Niedrigwasser am größten.

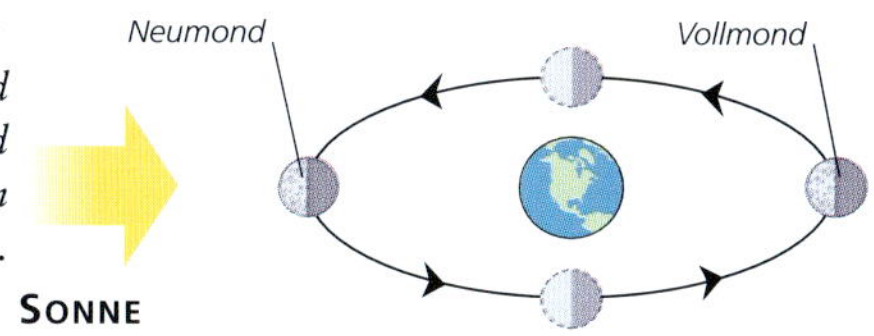

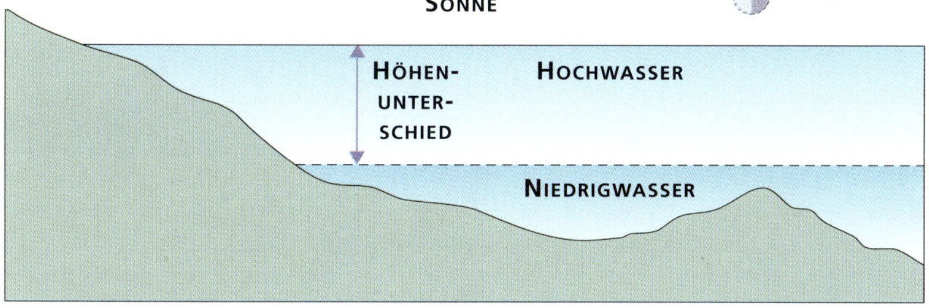

Nipptide ▷
Während der Nipptide im ersten und im letzen Mondviertel ist der Unterschied zwischen Hoch- und Niedrigwasser am geringsten.

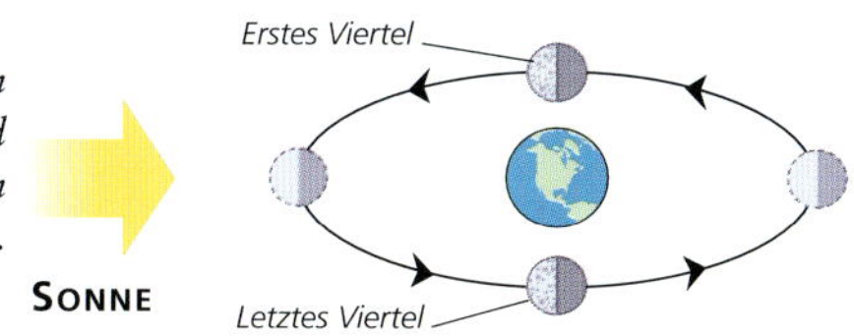

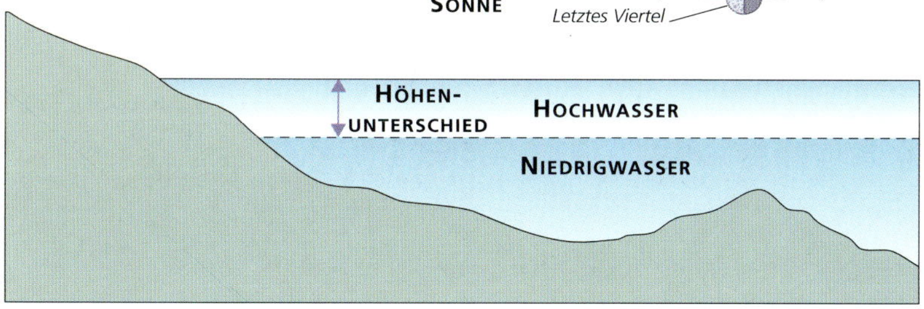

DIE GEZEITEN ERKENNEN

Beim Segeln in Tidengewässern müssen Sie wissen, wann der Strom- und Flutwechsel (Tidenkenterung) einsetzt. Segeln Sie mit der Strömung, kommen Sie über Grund gut voran; gegen die Strömung kommen Sie kaum vorwärts.

Strömungsrichtung feststellen

Die einfachste Möglichkeit, die Strömungsrichtung zu prüfen, ist ein Blick auf Yachten, die vor Anker oder an einer Mooring liegen. Meist zeigt ihr Bug gegen die Strömung. Ausnahme sind Motoryachten und Jollen, die weniger Tiefgang haben. Sie liegen eher mit dem Bug zum Wind, besonders, wenn er stark bläst. Hilfreich sind aber auch Bojen und Pfähle oder andere feststehende Objekte im Wasser. Die Stärke der Strömung erkennt man daran, wie das Wasser die Objekte umströmt.

△ Bojen
An Bojen kann man die Gezeitenströmung gut erkennen. Bei starker Strömung neigen sie sich häufig von der Strömungsrichtung weg. Ein Gezeitenstrom verursacht eine Bugwelle, wenn das Wasser an der Boje vorbeiströmt.

Jollen-segeln

Jollen reagieren sehr direkt auf Wind und Wellen, Ruder und Segelstellung. Daher kann man mit ihnen sehr gut Aufriggen und Zu-Wasser-Lassen üben, sich mit den Aufgaben von Steuermann und Vorschoter vertraut machen und alle wichtigen Segelmanöver erlernen.

Auch mit einfachen Jollen wie dem Topper können Sie aufregende Segelstunden erleben. Sie sind preisgünstig, problemlos aufzuriggen und leicht zu segeln.

DIE WAHL DER JOLLE

Es gibt Hunderte verschiedener Jollentypen und -designs auf dem Markt, von einfachen Jollen zum Spaßsegeln bis zu Hochleistungsrennjollen. Moderne Jollen sind meist aus leichtem, stabilem Material gebaut, und viele haben hervorragende Segeleigenschaften, brauchen aber nur wenig Pflege. Sie werden ganz sicher eine finden, die Ihren Fähigkeiten, Ihrer Segelerfahrung und Ihren Ansprüchen genauso genügt wie Ihrem Geldbeutel.

ERSTE SCHRITTE

Wenn Sie gerade erst segeln lernen, ist eine Mehrzweckjolle meist die beste Wahl. Diese Boote liegen ziemlich stabil im Wasser und verzeihen Fehler daher leichter als hochempfindliche Rennjollen. Die meisten Segelschulen benutzen Mehrzweckjollen für den Unterricht, weil sie meist groß genug für einen Lehrer und zwei Schüler sind.

DEN HORIZONT ERWEITERN

Wenn Sie Fortschritte gemacht haben und sicher mit dem Boot umgehen können, möchten Sie vielleicht ein eigenes Boot kaufen. Da die Auswahl groß ist, machen Sie am besten eine Liste mit den Dingen, die für Sie wichtig sind. Überlegen Sie, in welchem Revier Sie überwiegend segeln wollen und welche Art des Segelns Sie bevorzugen. Rennjollen *(S. 108–109)* zu segeln ist ein echtes Erlebnis, aber für ein Familienpicknick sind sie ungeeignet. Wenn Sie Regatten segeln wollen, wählen Sie einen Jollentyp, der in ihrem Revier beliebt ist, damit genügend Boote zusammenkommen.

An eine Hochleistungsjolle sollten Sie sich erst wagen, wenn Sie ausreichend Segelpraxis haben. Wenn Sie Zweifel haben, ob Sie erfahren genug sind, um ein Boot in der Regatta zu steuern, fahren Sie erst bei jemandem mit, um die nötigen Fähigkeiten zu erwerben.

Wenn Sie Tagestouren oder sogar längere Touren machen wollen, wählen Sie ein starkes, stabiles Boot, das für diesen Zweck gebaut wurde. Es sollte ausreichend Platz für Mannschaft und Ausrüstung bieten.

EINEM SEGELCLUB BEITRETEN

Wenn Sie Rennen fahren wollen, müssen Sie einem Club beitreten. Es empfiehlt sich übrigens, bereits vor dem Kauf des eigenen Bootes in einen Club einzutreten. So können Sie vom Wissen erfahrener Segler profitieren. Möglicherweise können Sie auch bei Ihren Vereinskollegen mitsegeln und so viele verschiedene Bootstypen kennen lernen.

EINE JOLLE KAUFEN

Machen Sie eine Liste der Boote, die Sie interessieren, und organisieren Sie Probefahrten. Wenn der Hersteller dies nicht vermitteln kann, nehmen Sie Kontakt mit der Klassenorganisation auf; dort vermittelt man Ihnen eine Probefahrt mit einem Privateigner. Wenn Sie ein gebrauchtes Boot kaufen, bitten Sie einen erfahrenen Bootseigner, den Zustand zu prüfen.

RUMPFFORMEN

Betrachtet man die Rumpfform von hinten, ist meist schon erkennbar, zu welchem Zweck eine Jolle gebaut wurde. Eine flache, meist gerundete Form zeigt hohe Belastbarkeit und Renntauglichkeit an. Tiefere, schwerere Jollen sind vielseitig einsetzbar und ideal für Anfänger.

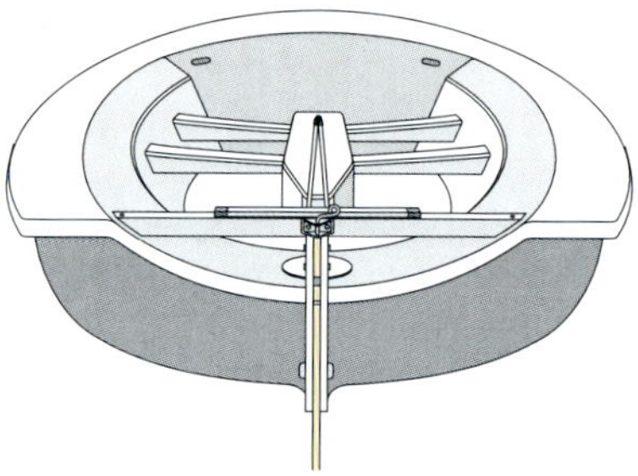

△ **RUNDSPANT**
Wenn der Rumpf flach und die Bilge rund ist, handelt es sich meist um eine Rennjolle. Je flacher der Rumpf ist, desto schneller segelt das Boot.

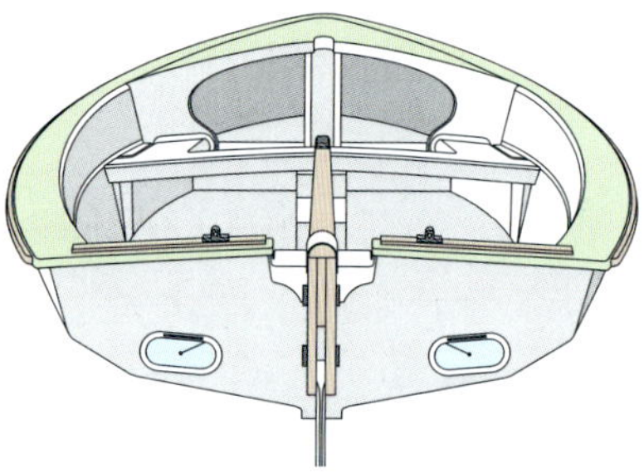

△ **DOPPELKNICKSPANT**
Wenn der Rumpf tief ist, ist das Boot meist als Mehrzweckjolle konstruiert. Häufig haben diese Boote einen oder zwei Kimmknicke.

Bootstypen

Viele Jollen sind für Anfänger und zum Freizeitsegeln geeignet; einige sind speziell für Kinder oder Jugendliche oder zum Einhandsegeln gebaut. Mehrzweckjollen werden zwar nicht für Rennen gebaut, aber dennoch kann man mit ihnen Regatten segeln. In vielen Klassen gibt es regelmäßig große Veranstaltungen. Kleine Kielboote für Tagestouren gelten nicht als Jolle, weil sie einen Ballastkiel haben. Dennoch kann man mit Ihnen segeln wie mit einer Jolle, und die Kentergefahr ist geringer.

Mehrzweckjollen

Wayfarer

Die Wayfarer ist eine klassische Mehrzweckjolle. Da sie schwerer ist als die meisten Jollen, liegt sie gut vor Anker. In dieser Klasse werden Rennen veranstaltet, und einige Wayfarer haben schon den Ozean überquert.

Enterprise

Die beliebte Enterprise mit den charakteristischen blauen Segeln ist kleiner und leichter als die Wayfarer und daher an Land leichter zu manövrieren. Sie ist groß genug für einen Tagesausflug mit der Familie. Die Enterprise ist eine beliebte Rennklasse.

Mirror

Die Mirror ist ein Boot, das auch einhand gesegelt werden kann. Rudern und Benutzung eines Außenbordmotors ist ebenfalls möglich. Diese Jolle eignet sich für Jugendliche und Erwachsene. Mirror ist eine internationale Rennklasse.

Boote für Kinder

Optimist

Die Optimist ist eine beliebte Kinderjolle. Das kleine Einhandboot hat ein einfaches Rigg und ist ideal als Lernboot und für die ersten Regatten. Überall auf der Welt werden in dieser Klasse Rennen gesegelt.

Blue Jay

Die Blue Jay ist für zwei Kinder konstruiert. Die Besegelung besteht aus Großsegel, Fock und Spinnaker. Die internationale Rennklasse ist sehr gut besetzt. Dieses Boot ist ausgezeichnet zur Ausbildung des Segelnachwuchses geeignet.

Topper

Diese sehr beliebte, internationale Einhandklasse ist für Kinder besonders geeignet. Ursprünglich als Freizeitjolle gedacht, wird der Topper mittlerweile auch im Wettkampf eingesetzt. Er besteht aus geformtem Plastik und ist nahezu unverwüstlich.

Kleine Kielboote

Flying Fifteen

Die Flying Fifteen ist ein kleines, offenes Kielboot für Day-Sailing und Rennen. Es hat einen Ballastkiel. Dennoch ist es leicht genug, um zu gleiten. Diese beliebte internationale Klasse verfügt über Großsegel, Fock und Spinnaker.

Boote für Jugendliche

420er

Der 420er ist eine internationale Klasse und ideal für Anfänger und Jugendliche, die mit dem Regattasport anfangen. Sie gilt als die führende Bootsklasse in der Ausbildung von Jungseglern. Hier lernt man den Umgang mit Spinnaker und Trapez.

SCHUTZKLEIDUNG

Beim Jollensegeln sind Sie den Elementen ausgesetzt. Sie sollten daher besonders auf warme, trockene Kleidung achten. Die Auswahl ist groß, wobei man zwischen zwei grundsätzlichen Möglichkeiten entscheidet. Sie können einen Trockenanzug über warmer Unterkleidung tragen oder einen Neoprenanzug. Außerdem ist es unvermeidlich, daß Sie früher oder später einmal ins Wasser fallen. Daher sollten Sie eine Auftriebshilfe tragen.

DAS ERSTE MAL

Wenn Sie in einem Segelclub oder einer Segelschule lernen, bekommen Sie dort Ölzeug und eine Schwimmweste gestellt. Unter dem Ölzeug empfiehlt sich anfangs normale Sportkleidung sowie Turnschuhe mit rutschfesten Sohlen, später wollen Sie sich sicher geeignete Kleidung anschaffen.

DER TROCKENANZUG

Ein Trockenanzug hat Latexmanschetten an Hals, Hand- und Fußgelenken, damit kein Wasser eindringen kann. Die meisten Anzüge sind einteilig. Achten Sie bei einem Trockenanzug auf die passende Unterkleidung, damit die Körpertemperatur stabil bleibt. Bei warmem Wetter Shorts und T-Shirt, bei kälterem dünne Thermo-Unterwäsche.

ÖLZEUG

Wenn Sie sich für Ölzeug entscheiden, haben Sie die Wahl zwischen einem Overall oder einer Jacke-Hose-Kombination. Fürs Jollensegeln sind Overalls beliebter, weil weniger Wasser eindringt. Beim Fahrten- oder Freizeitsegeln ist die Kombination zu empfehlen, weil Sie sich damit leichter den Wetterbedingungen anpassen können. Ölzeug besteht meistens aus einer besonders starken Nylonaußenschicht und einer wasserdichten Innenschicht aus PVC (eine sehr billige Lösung) oder aus einem atmungsaktiven Material (deutlich höher im Preis). Atmungsaktive Materialien sind weitaus angenehmer zu tragen, weil sie Schweiß- und Wasserdampf nach außen leiten, so dass die Unterkleidung trocken bleibt.

DER NEOPRENANZUG

Wenn Sie mit großer Wahrscheinlichkeit nass werden, ist ein Neoprenanzug zu empfehlen, denn er hält Sie lange warm und trocken.

Neoprenanzüge sitzen so eng wie eine zweite Haut. Wenn Sie nass werden, wird eine dünne Lage Wasser zwischen Ihrer Haut und dem Neopren eingeschlossen. Durch die Körperwärme erwärmt sich auch die Wasserschicht und schützt den Körper vor Kälte.

Neopren wird in verschiedenen Stärken verarbeitet, so dass es Sommer- und Winteranzüge zu kaufen gibt. Wählen Sie eine Stärke, die dem Klima Ihres Segelreviers entspricht.

AUFTRIEBSHILFEN

Jollensegler tragen zumeist Schwimmwesten (Auftriebshilfen – im Gegensatz zu Rettungswesten), vor allem für Binnenreviere und Wettkämpfe. Sie sind in vielen Größen, Formen und Farben erhältlich.

AUSWAHL DER SCHWIMMWESTE
Achten Sie darauf, dass die Schwimmweste ein Prüfsiegel hat und dem nationalen Standard entspricht. Außerdem muss sie auf Ihr Körpergewicht abgestimmt sein. Je nach Segelart können unterschiedliche Formen zum Einsatz kommen. Für Kinder und Haustiere gibt es Spezialgrößen. Vor dem Kauf sollten Sie die Schwimmweste über Ölzeug, Neopren- oder Trockenanzug ziehen. Sie muss auch über der übrigen Ausrüstung bequem sitzen. Wählen Sie eine leuchtende Farbe, die von weitem sichtbar ist.

◁ WESTENFORM

Geschlossenzelliger Schaumstoff
Sorgt für Mindestauftrieb von 50 Newton (5 kg)

Taillengurt
Den Taillengurt immer gut schließen und festziehen

TAILLENFORM ▷

Segelausrüstung

Wenn Sie entschlossen sind, sich Segelkleidung zu kaufen, achten Sie auf gute Qualität und perfekten Sitz. Denken Sie auch an Zubehör wie Handschuhe, Kopfbedeckung und Bootsschuhe. Sie sind genauso wichtig wie der Anzug, weil sie Ihre Extremitäten vor Kälte schützen.

Schildkappe
Ein Schild schützt Ihr Gesicht vor der Sonne

△ Kopfbedeckung

Zum Schutz vor Sonne und gegen Wärmeverlust bei kaltem Wetter.

Handgelenk
Flexible Manschetten für mehr Bewegungsfreiheit

△ Neoprenanzug

Ein Neoprenanzug mit langen Ärmeln und Beinen bietet maximalen Schutz. Achten Sie auf gute Qualität und perfekten Sitz, damit Sie beim Segeln warm und trocken bleiben.

Latexkragen
Der weiche Latexkragen legt sich eng um den Hals, so dass kein Wasser eindringt

Manschetten
Latexmanschetten verhindern Eindringen von Wasser

Knöchel
Klettband reduziert die Belastung der Latexmanschetten

Integriertes Fußteil
Latexsocken schließen den Trockenanzug im Fußbereich ab

△ Trockenanzug für Jollen

Der Trockenanzug hat Latexmanschetten für Kragen und Füße, die den Anzug wasserdicht abschließen. So bleibt der Träger trocken.

△ Handschuhe

Gute Segelhandschuhe haben verstärkte Handflächen, damit selbst nasses Tauwerk noch gut in der Hand liegt und die Hände geschützt bleiben.

Rutschfeste Sohle
Ein Messerschnittprofil verbessert den Halt auf nassen Oberflächen

Verstärkte Kappe
Verhindert das Scheuern der Ausreitgurte

Jollenstiefel ▷

Stiefel aus Neopren mit Formsohlen sind zum Segeln ideal, weil sie warm und trocken halten und guten Halt bieten.

AUFRIGGEN

Bevor Sie sich aufs Wasser wagen, muss das Boot aufgeriggt werden, dass heißt, es wird aufs Segeln vorbereitet. Dies geschieht, bevor man das Boot zum Wasser bringt. Liegt die Jolle auf einem Stellplatz oder vor Anker, wird der Mast nicht entfernt. Wenn Sie Ihr Boot auf einem Trailer zum Segelrevier transportieren, müssen Sie vor dem Segeln den Mast setzen und das stehende Gut anbringen. Sind beide an ihrem Platz, wird der Baum befestigt. Die Segel werden angeschlagen, und das laufende Gut (Fallen, Schoten etc.) sorgfältig angebracht und überprüft. Zum Schluss wird die übrige Ausrüstung sicher verstaut.

UNVERSTAGTE MASTEN

Boote mit unverstagten Masten *(S. 130–131)* werden gewöhnlich ohne Mast gelagert, vor allem, wenn das Großsegel wie ein Ärmel über den Mast gezogen wird und daher nur bei liegendem Mast an- oder abgeschlagen werden kann.

Unverstagte Masten bestehen häufig aus zwei Teilen, die zusammengesetzt werden. Das Segel wird über den Mast gezogen, der dann senkrecht aufgestellt und in die Mastspur gesetzt wird. Dort gibt es normalerweise eine Arretierungsvorrichtung. Alternativ kann auch ein Niederholer aus Tauwerk oder ein Cunningham-Strecker verwendet werden, um Mast und Segel zu sichern.

VERSTAGTE MASTEN

Verstagte Masten werden entweder auf den Kiel oder in eine Mastspur an Deck gestellt. Bei einer Kielmastspur gibt es manchmal die Möglichkeit, Mastposition und Mastneigung einzustellen. In beiden Fällen wird der Mast von Drahttauwerk gehalten, dem stehenden Gut. Dies ist am Boot mittels Püttings befestigt, am Mast mit Mastbacken. Die Wanten sichern den Mast nach Backbord und Steuerbord. Sie laufen durch die Enden der Saling, die ungefähr auf halber Masthöhe befestigt ist. Die Wantenspannung wird mit Spannschrauben oder Wantenspannern eingestellt. Das Vorstag läuft von den Mastbacken zum Bugbeschlag und hindert den Mast daran, nach hinten zu kippen. Es wird mit Spannschrauben eingestellt.

DEN MAST SETZEN

Bevor Sie den Mast setzen, achten Sie darauf, dass keine Hindernisse wie Stromleitungen im Weg sind.

Man kann den Mast einer kleinen Jolle auch allein setzen, aber zu zweit geht es wesentlich leichter. Die meisten Jollenmasten sind leicht, aber durch ihre Länge und den Windwiderstand unhandlich. Hilfreich ist es, wenn die Jolle auf dem Trailer steht und der Bug nach unten zeigt, so dass der Mast bereits von den Wanten gestützt wird, wenn er sich nach dem Einsetzen in die Mastspur nach vorn neigt.

Achten Sie darauf, dass alle Fallen und Schoten aus dem Weg sind, damit nichts am Mastfuß eingeklemmt wird. Wenn Sie den Mast aufrichten, halten Sie ihn so senkrecht wie möglich und positionieren Sie die Hände wegen der besseren Hebelwirkung weit auseinander.

MASTNEIGUNG EINSTELLEN

Wenn der Mast steht, muss die richtige Mastneigung eingestellt werden. Die meisten Boote segeln am besten, wenn der Mast leicht nach hinten geneigt ist. Wichtig ist, daß der Mast sich nie zur Seite neig.

Bei Mehrzweckjollen müssen Sie es mit der Neigung nicht so genau nehmen. Bei Rennjollen hingegen müssen Sie aber die exakte Neigung einstellen, wenn Sie optimal aufriggen und schnell segeln wollen.

◁ **EINEN UNVERSTAGTEN MAST SETZEN**
Das Segel wird von oben über den Mast gezogen und dieser dann senkrecht in die Mastspur gesetzt.

Einen verstagten Mast setzen

Mast in Kielspur setzen

Bei einigen Booten ist der Mast leicht zu setzen, weil der Mastfuß bereits vor dem Aufrichten des Mastes in die Kielspur eingesetzt werden kann.

Kielbeschlag

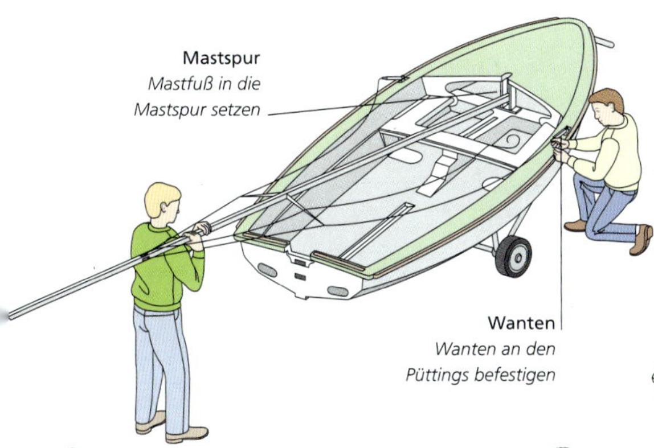

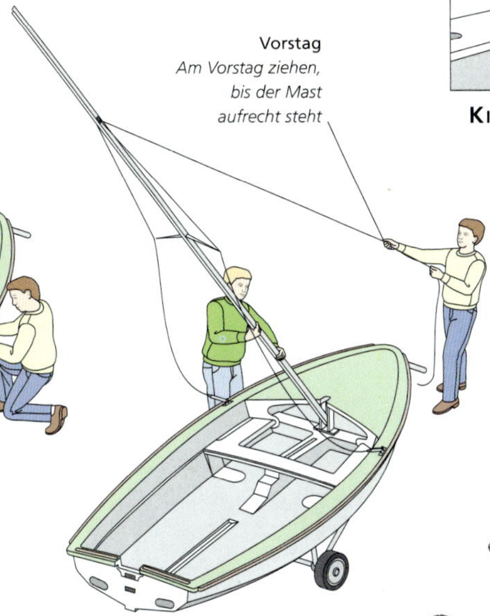

① Mast und Rigg aufs Boot legen. Der Mastfuß ruht auf der Mastspur; die vordere Mastseite liegt oben. Die Wanten an den Püttings befestigen.

② Eine Person hebt den Mast und führt den Fuß in die Mastspur, die andere zieht am Vorstag. Wer den Mast hält, führt ihn in den Mastschlitz.

③ Vorstag befestigen und den Mastschlitz auf Deckshöhe schließen. Mastneigung prüfen. Achten Sie darauf, dass die Fallen nicht verheddert sind und korrekt zu den jeweiligen Klemmen führen.

Mast in Deckspur setzen

Wird der Mast in die Deckspur gesetzt, gibt es keine Mastdurchführung zur Stabilisierung. Der Mast muss senkrecht angehoben werden und hat weniger Unterstützung, bis das stehende Gut befestigt ist.

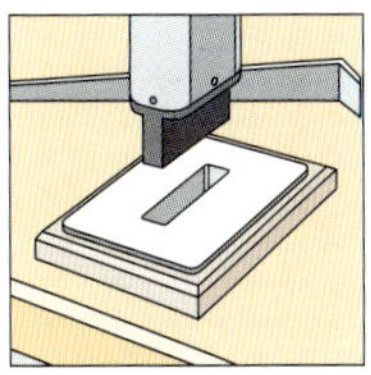

Mastspur

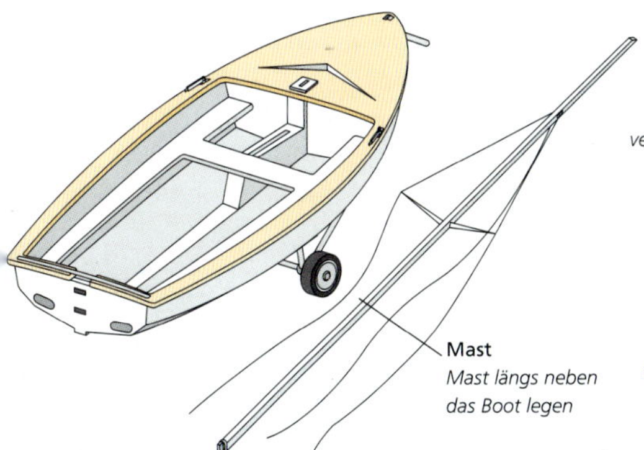

① Mast neben dem Boot auf den Boden legen. Die Spitze zeigt zum Bug, die hintere Seite liegt oben.

② Wanten an den Püttings befestigen. Mast aufrecht stellen, anheben und in seine Spur setzen.

③ Den Mast nach vorn neigen und das Vorstag am Bugbeschlag befestigen. Wanten und Vorstag spannen, um die gewünschte Mastneigung zu erhalten. Achten Sie darauf, dass die Fallen nicht verheddert sind und korrekt zu den jeweiligen Klemmen führen.

Fock klarmachen

Meistens ist der Vorschoter dafür zuständig, die Fock anzuschlagen; er bedient dieses Segel ja auch. Wenn Sie das Segel aus seinem Sack holen, prüfen Sie es auf Schäden. Achten Sie besonders auf Verschleißerscheinungen an Nähten und Ecken.

Fockbeschläge

Manche Vorsegel haben einen Draht im Vorliek, um die starken Belastungen abzufangen, die auf diese Segelkante wirken. Andere sind mit normalem Tau oder Tape verstärkt. Wird ein Vorliekdraht geknickt, kann er brechen; die freien Faserenden zerstören dann das Segel.

Zum Anschlagen der Fock befestigt man den Segelhals mit einem Schäkel oder Zurring am Bugbeschlag. Dann hakt man das Vorliek mit einer Reihe von Kunststoff-, Messing- oder Edelstahlklemmen, den so genannten Stagreitern, ins Vorstag. Fangen Sie unten an und arbeiten Sie sich nach oben. Das Vorliek darf nicht verdreht sein. Dann wird das Fall in den Segelkopf geschäkelt; das können Sie aber auch machen, wenn Sie das Boot zu Wasser lassen.

Die Fock wird mit den Fockschoten gefahren – einer auf jeder Seite des Bootes. Sie werden durch Leitösen auf den Seitendecks zu den Klampen geführt. Die Fockschoten werden ans Schothorn geschäkelt oder geknotet (meist mit einem Palstek).

Vorübergehend verstauen

Wenn Sie nicht gleich lossegeln, binden Sie die angeschlagene Fock mit der Fockschot zusammen, damit sie nicht flattert. Oder Sie hissen die Fock und wickeln sie mehrmals um das Stag. Unbedingt mit einer Schot festbinden!

Die Fock anschlagen

Segel aus dem Sack nehmen und aufs Vordeck legen. Prüfen Sie, ob noch eine zweite Fock vorhanden ist. Eine Fock mit drahtverstärktem Vorliek ist kreisförmig aufgerollt, damit der Draht nicht geknickt wird. Packen Sie sie vorsichtig aus. Achten Sie bei starkem Wind darauf, dass das Segel nicht von Bord geweht wird. Schleifen Sie das Segel nicht über den Boden, und fassen Sie es nur mit sauberen Händen an.

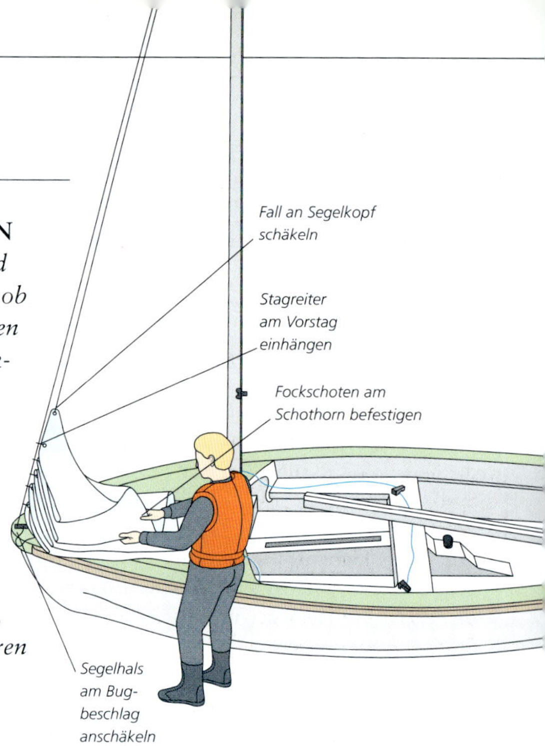

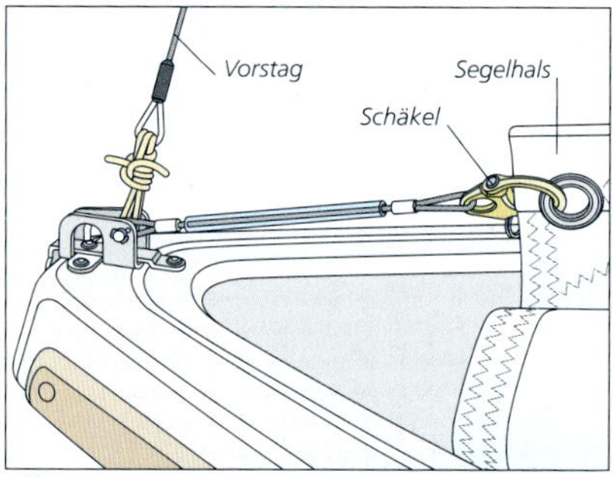

(1) Segelhals mit einem Schäkel oder Zurring am Bugbeschlag der Jolle befestigen, hinter dem Punkt, an dem das Vorstag festgemacht ist.

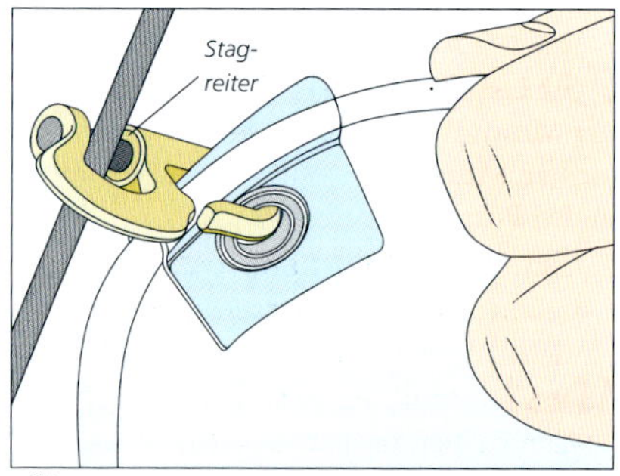

(2) Stagreiter von unten nach oben ins Vorstag einhängen. Das Vorliek darf zwischen den Stagreitern nicht verdreht sein.

(3) Fockschoten mit einem Palstek *(S. 39)* ans Schothorn knoten. Anderes Ende der Schot außen um die Wanten durch die Leitösen führen und die Enden mit einem Achtknoten *(S. 39)* sichern.

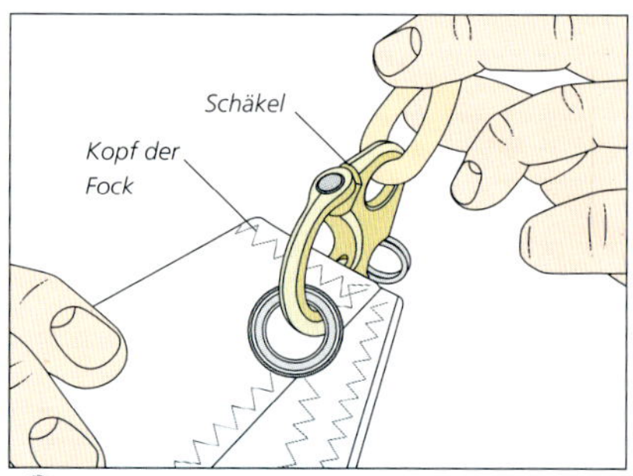

(4) Prüfen, ob das Fall nicht verheddert ist, und es mit einem Palstek oder Schäkel am Kopf der Fock befestigen. Wenn das Segel nicht gleich gehisst wird, bindet man es zusammen, damit es nicht flattert.

GEBRÄUCHLICHE SYSTEME DER GROSSSCHOTFÜHRUNG

Mit der Großschot wird die Stellung des Baums und die Form des Großsegels kontrolliert. Wenn das Großsegel mit Wind gefüllt ist, steht sehr viel Druck darauf. Um dem Steuermann die Arbeit zu erleichtern, wird die Schot über ein Blocksystem geleitet, die Großschottalje.

GROSSSCHOTFÜHRUNG

Es gibt zwei Systeme der Großschotführung, die Mittelschotführung und die Heckschotführung. Beim ersten System wird die Großschot in der Baummitte über einen Block und von dort in die Hand des Steuermanns gelenkt. Beim zweiten System wird die Schot zum Heck gelenkt. Beide Systeme bedienen sich eines Schlittens mit Laufrollen, auf dem die Schot querschiffs bewegt werden kann. Auf Rennbooten sind Mittelschotführungen häufiger, weil sie mehr Einfluss auf das Segel erlauben. Boote mit Heckschotführung haben mehr Platz im Cockpit und sind deshalb als Mehrzweckjollen beliebter.

GROSSSCHOTEN KLARMACHEN

Großschotsysteme werden gewöhnlich nicht abgebaut, wenn das Boot nicht gesegelt wird. Achten Sie beim Segelklarmachen darauf, dass die Schoten nicht verheddert sind. Die Enden der Schoten müssen mit Achtknoten gesichert werden, damit sie nicht durch die Blöcke rauschen.

MITTELSCHOTFÜHRUNG

Bei den meisten Mittelschotführungen ist der oberste Block der Talje an der Mitte des Baums angebracht. Die Flaschenzugwirkung ist dabei geringer als bei der Heckschotführung, und die Belastung dadurch größer. Es werden mehr Blöcke benötigt. Der untere Block kann an einer Travellerschiene befestigt sein, die durch die Mitte des Bootes läuft, oder am Boden oder am Schwertkasten. Am unteren Block ist eine Klemme, damit die Schot gesichert werden kann, wenn der Steuermann die Hände frei haben muss. Ist eine Travellerschiene vorhanden, wird der untere Block auf dem Schlitten auf der Travellerschiene angebracht. Die Stellung des Schlittens wird mit Leinen kontrolliert.

HECKSCHOTFÜHRUNG

Bei der Heckschotführung ist der oberste Taljenblock meist an einer drehbaren Platte am Ende des Baums befestigt. Der unterste Block sitzt an einem Schlitten, der über eine Travellerschiene im Heck läuft. Es gibt aber auch einfachere Konstruktionen: Manchmal ist der untere Block mit einer Spreiztrosse mit den Ecken des Hecks verbunden.

Heckschotführungen haben meist keine Kneifklampe für die Schot, aber manchmal einen Knarrblock, der die Last reduziert.

Da die Großschot hinter dem Steuermann befestigt ist, muss er beim Wenden nach hinten sehen.

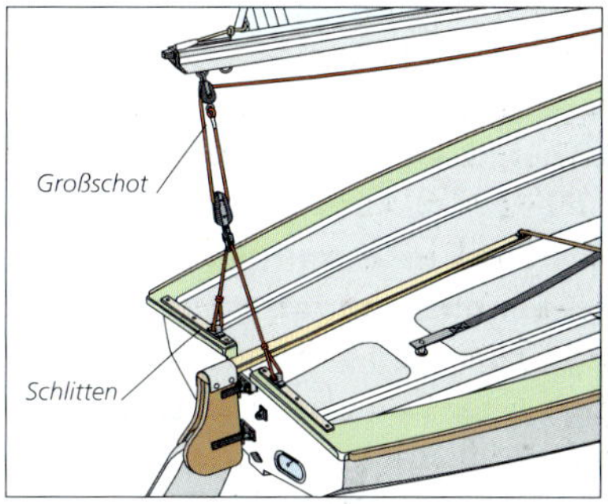

△ **ALTERNATIVE ANORDNUNG**
Die Großschotführung variiert erheblich. Hier ist der Block mit einer Spreiztrosse an zwei kurzen Schienen festgemacht.

△ **MITTELSCHOTFÜHRUNG**
In diesem Laser II wird der untere Block der Großschot auf einem justierbaren Spreiztrossensystem geführt. Das Schotende wird über Blöcke zum Steuermann geleitet.

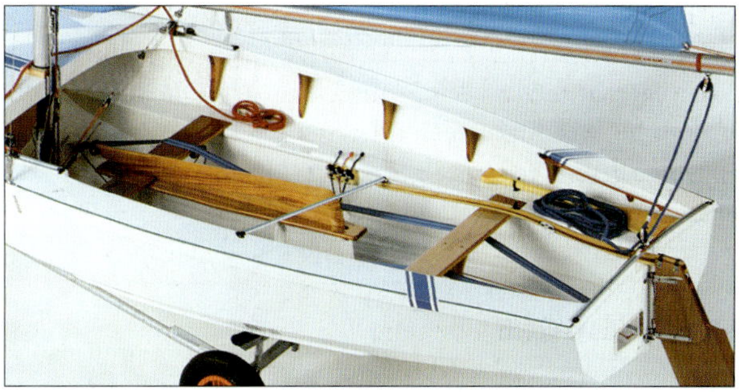

△ **HECKSCHOTFÜHRUNG**
Bei diesem traditionellen System ist der untere Block an einem Schlitten befestigt, dessen Schiene auf dem Heck läuft. Die Schlittenposition kann mit Tauwerk verändert werden.

Das Großsegel klarmachen

Wenn Sie ein Boot mit einem unverstagten Mast *(S. 56)* und einem Überziehsystem fahren, müssen Sie das Großsegel über den Mast streifen, bevor Sie den Mast setzen. Bei den meisten Booten werden die Segel aber erst angeschlagen, wenn Mast und stehendes Gut bereits an ihrem Platz sind. Das Großsegel wird mit dem Vorliek am Mast und mit dem Unterliek am Baum befestigt. Bei letzterem gibt es zwei Methoden. Meistens wird das Unterliek in eine Nut im Baum eingeführt. In diesem Fall hat das Unterliek einen eingenähten Segelsaum. Selten wird das Großsegel lose gefahren; dann ist es nur an Schothorn und Hals mit dem Baum verbunden *(S. 25)*.

Großsegelbeschläge

Die meisten Jollengroßsegel haben drei oder mehr Segellatten, die vor oder nach dem Anschlagen des Segels eingeschoben werden. Die Latten dienen zur Aussteifung des Segels, damit die Achterlieksrundung erhalten bleibt. Ohne Segellatten würde sich der Teil des Tuches, der außerhalb der direkten Linie vom Kopf zum Schothorn liegt, einrollen und seine Wirkung verlieren. Die Latten können unterschiedlich flexibel sein, je nachdem für welche Lattentasche sie bestimmt sind. In diesem Fall sind sie markiert, damit nichts durcheinander gerät.

Baumbeschläge

Der Großbaum ist mittels Lümmelbeschlag und Baumniederholer mit dem Mast verbunden. Mit dem Lümmelbeschlag wird der Baum am Mast eingehängt; der Niederholer verhindert, dass der Baum abhebt.

Segel am Baum anschlagen

Großsegel aus dem Sack holen und im Boot entfalten, so dass das Vorliek zum Mast zeigt. Anzahl der Segellatten und deren korrekten Sitz überprüfen. Ist das Großsegel angeschlagen, Baum ins Boot legen, bis die Segel gehisst werden. Den Baum erst in den Lümmelbeschlag einhängen, wenn das Segel gehisst ist. Sonst gleitet er häufig ab.

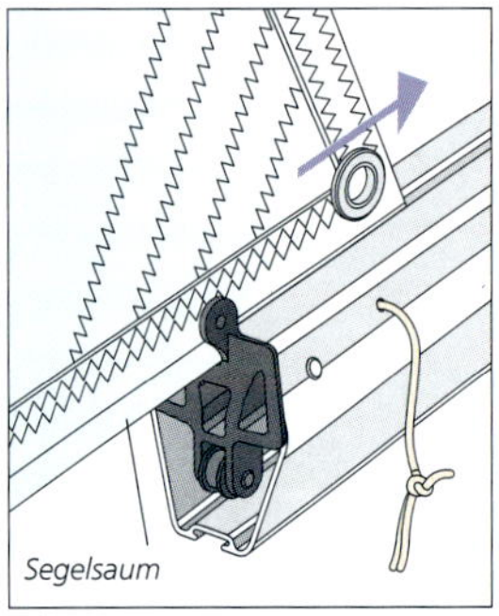

① Schothorn festhalten und den Segelsaum in die Nut am vorderen Ende des Baumes (Mastseite) einfädeln. Darauf achten, dass das Segeltuch dabei nicht eingeklemmt wird.

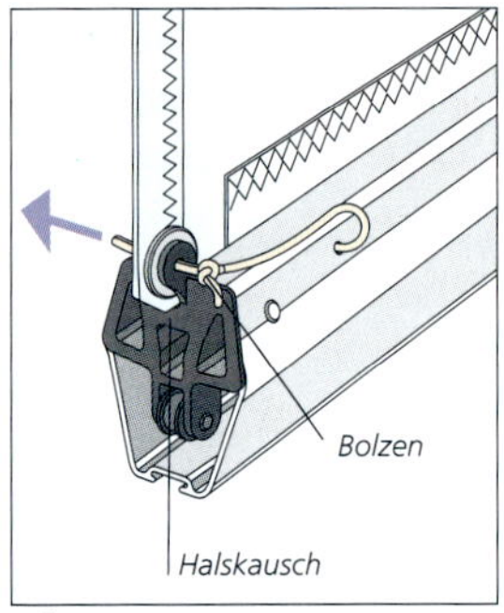

② Am Schothorn ziehen, bis das Unterliek des Segels ganz in der Nut liegt. Hals fixieren (meist mit einem Bolzen, der durch Baum und Halskausch gesteckt wird).

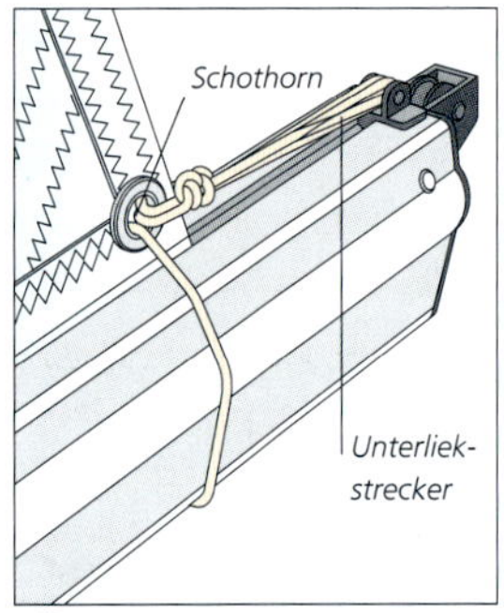

③ Das Unterliek straffziehen und mit Hilfe eines Unterliekstreckers auf Spannung halten (meist ein Bändsel durchs Schothorn, das an der Baumnock befestigt wird).

Segellatten

Segellatten werden aus Holz, Fiberglas oder Kunststoff hergestellt. Sie gehören in Taschen, die auf das Segel genäht sind, und werden entweder in die Tasche eingebunden oder nur hineingeschoben und mit einer eingenähten Lasche gesichert.

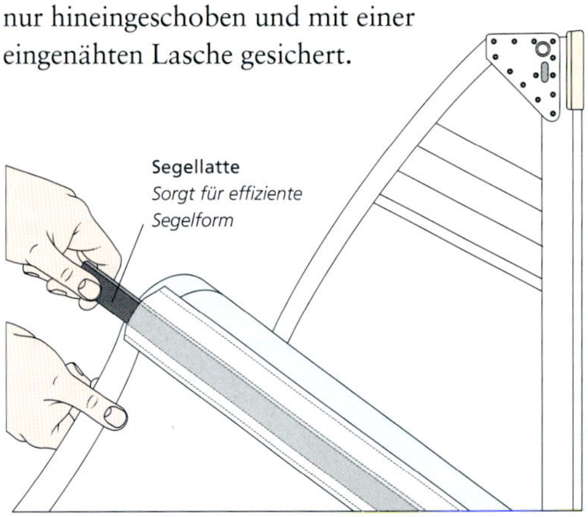

Sich verjüngende Fiberglaslatte

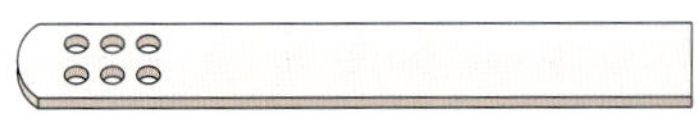

Holzlatte zum Einbinden

Kunststofflatte

◁ **Segellatten einschieben**
Wenn ein Ende der Latte flexibler ist, schieben Sie diese Seite zuerst hinein. Binden Sie die Latte fest oder stecken Sie das Ende unter eine Lasche.

Segel am Mast anschlagen

Das Großsegel wird erst gehisst, wenn das Boot zu Wasser gelassen wird oder schon Wasser unterm Kiel hat. Zur Vorbereitung die Kopfplatte des Segels ein paar Zentimeter in die Nut am Mast ziehen, Fall lose belegen und das Segel auf dem Baum lose auftuchen. Mit dem Ende der Großschot sichern.

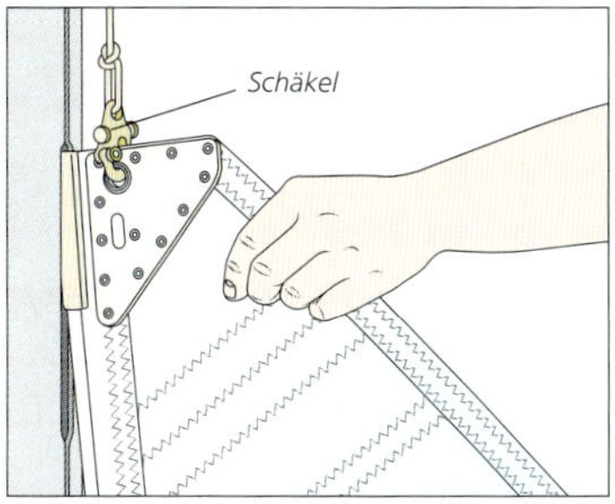

① Achten Sie darauf, dass das Vorliek gerade ist und das Fall nicht verheddert. Dann das Fall mit Schäkel oder Palstek an der Kopfplatte des Segels befestigen.

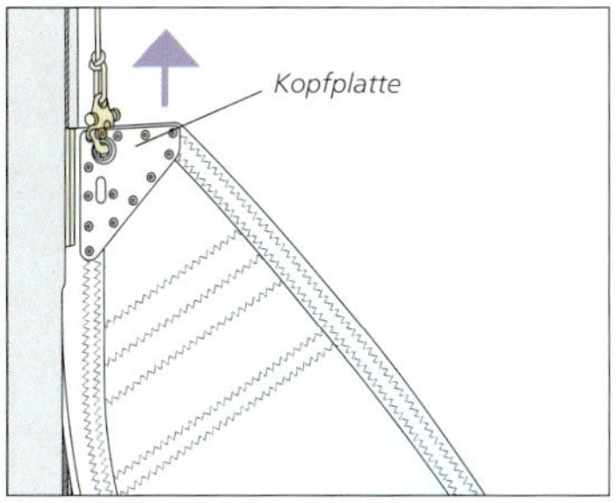

② Kopfplatte in die Mastnut einführen und das Großsegel mit dem Fall ein paar Zentimeter hochziehen. Fall lose belegen und Segel auf dem Baum auftuchen.

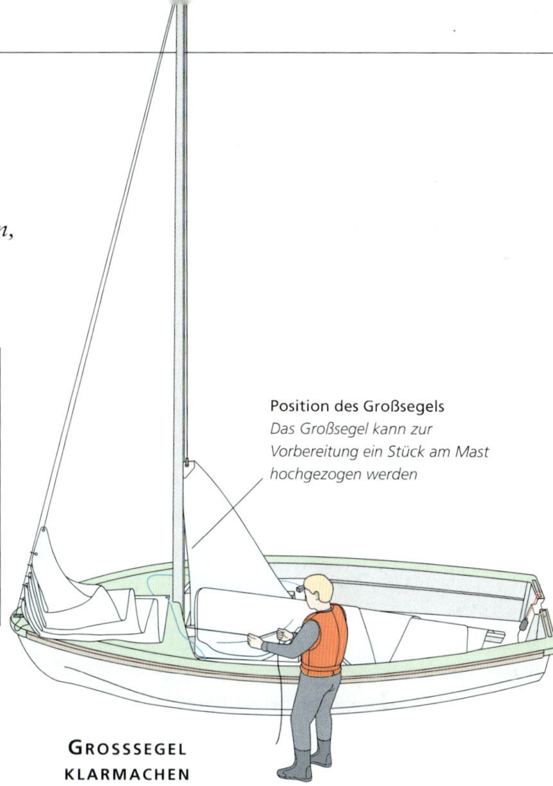

Großsegel klarmachen

Lümmelbeschlag

Mit diesem klappbaren Beschlag am Mast wird der Baum befestigt, kurz unter dem Punkt, wo die Nut für das Großsegel beginnt. Durch das Gelenk des Beschlags kann der Baum sich nach links, rechts, oben und unten bewegen. Ist der Lümmelbeschlag ganz in den Baum integriert, verhindert er dessen Drehung.

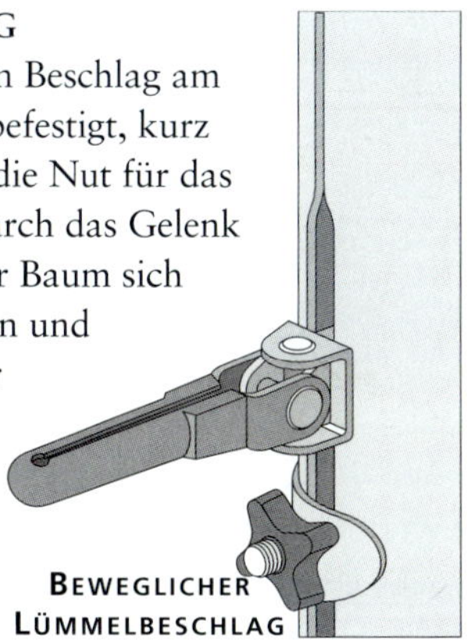

Beweglicher Lümmelbeschlag

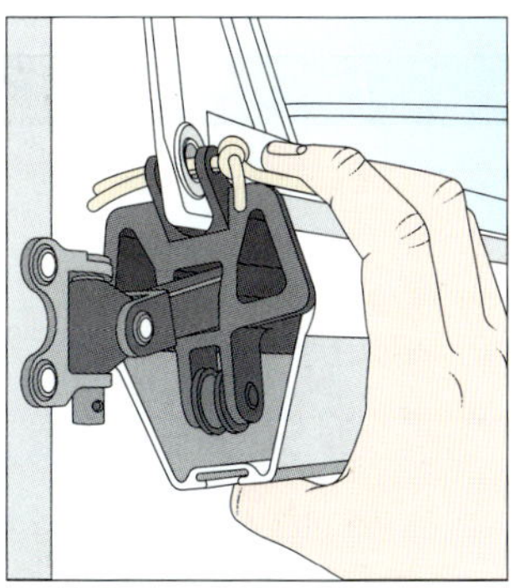

Fester Lümmelbeschlag

◁ Den Baum anschlagen

Meistens ist der Lümmelbeschlag an einer Stelle fixiert. Sein viereckiger Zapfen wird am Ende des Baums in den passenden Sockel eingesetzt.

Baumniederholer

Der Baumniederholer ist eine regulierbare Talje aus Tauwerk oder Draht und Blöcken. Er verhindert, daß der Baum unter dem Druck des Windes im Segel nach oben abhebt. Der Niederholer sitzt ein ganzes Stück hinter dem Lümmelbeschlag am Baum und führt von dort aus zum Mastfuß. Der Winkel zwischen Mast und Baum beträgt 45°.

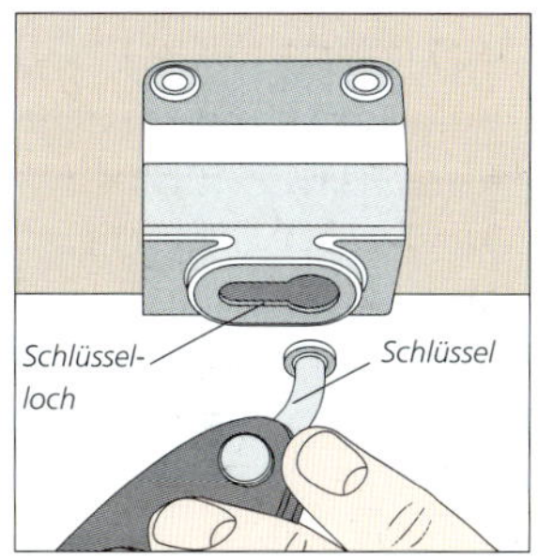

Schlüsselloch am Baum

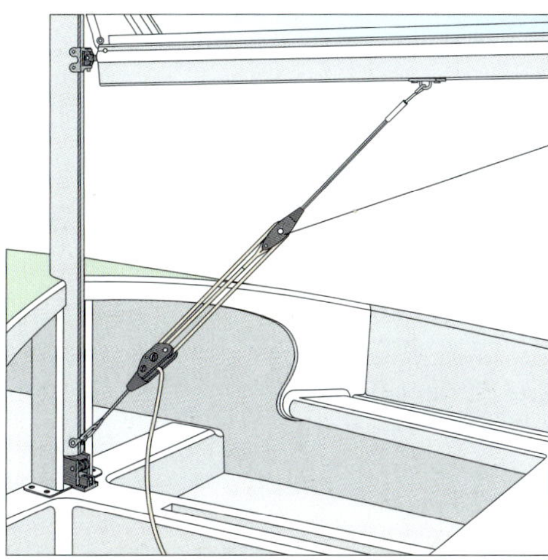

◁ Baumniederholer anschlagen

Der Niederholer wird oben am Baum eingehängt. Unten wird er kurz über dem Mastfuß eingeschäkelt.

REFFEN

Wenn der Wind Stärke vier überschreitet, sind viele Jollen schwierig zu handhaben. Reffen (die Segelfläche verkleinern) stabilisiert die Jolle und macht sie leichter steuerbar. Es gibt drei Reffmethoden für das Großsegel: das traditionelle Bindereff, das Segel um den Großbaum zu wickeln und das Segel um den Mast zu wickeln. Welche Methode in Frage kommt, hängt vom Jollentyp ab. Die Fock wird gegen eine kleinere ausgetauscht oder ums Vorstag gewickelt.

JOLLE MIT GEREFFTEM SEGEL

REFFMETHODEN

Beim Bindereff wird ein Teil des Großsegels weggebunden. Zu diesem Zweck gibt es im Segel eine oder zwei Reihen mit Reffbändseln (Tampen, die auf das Segel genäht werden). Bei Jollen mit unverstagtem Mast kann das Großsegel gerefft werden, indem man es um den Mast wickelt. Auf See ist das aber schwierig. Bei Jollen mit Heckschotführung wird meist gerefft, indem man das Segel um den Großbaum wickelt. Das funktioniert nicht, wenn die Großschot in der Mitte des Baums angebracht ist.

WANN WIRD GEREFFT?

Rennjollen werden selten gerefft; bei starkem Wind werden die Rennen verschoben. Freizeitsegler reffen bei starkem Wind, um das Boot besser steuern zu können und die Kentergefahr zu verringern. Auf See können Sie reffen, wenn Ihr Boot ein Bindereff hat oder das Segel um den Baum gewickelt wird. Leichter ist es allerdings, an Land zu reffen, bevor Sie Segel setzen. Bei einer Einhandjolle sollte auf jeden Fall vor dem Ablegen gerefft werden.

Hat eine Jolle Großsegel und Fock, sollten Sie eine kleinere Fock nehmen, wenn das Großsegel gerefft wird, damit die Besegelung ausgewogen bleibt.

TRADITIONELLES BINDEREFF

Die traditionelle Reffmethode besteht darin, einen Teil des Großsegels »wegzunehmen«. Dazu lässt man das Segel etwas herab und befestigt die Reffkauschen an Vor- und Achterliek am Großbaum. Die so entstehende Falte im Segeltuch wird meist mit Hilfe der Reffbändsel hochgebunden. Alternativ dazu kann man eine Reffleine durch eine Reihe von Kauschen ziehen, die horizontal ins Segel eingenäht sind, und sie an beiden Enden des Großbaums befestigen.

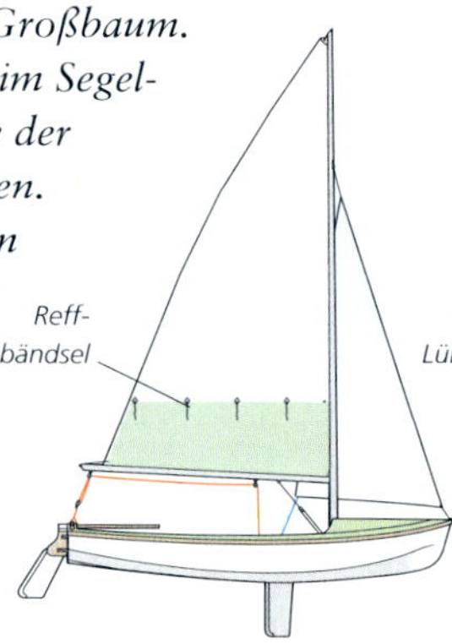

UNGEREFFTES SEGEL

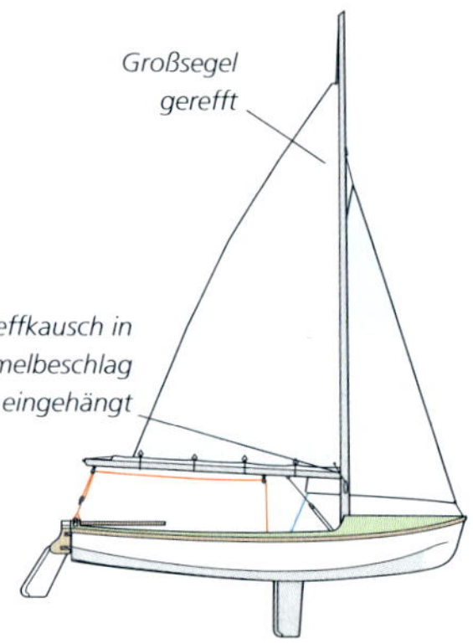

SEGEL MIT EINEM REFF

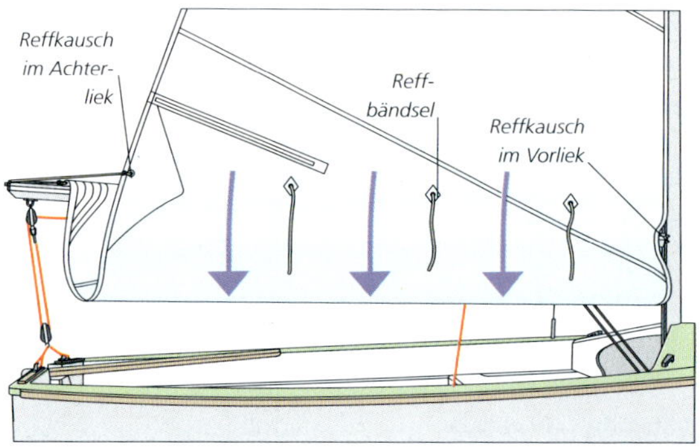

(1) Großfall losmachen und fieren, bis Reffkauschen auf den Baum zu liegen kommen. Eventuell eine Segellatte herausnehmen. Fall wieder belegen. Vorliekkausch dicht am Lümmelbeschlag am Baum, Achterliekkausch an der Baumnock festmachen.

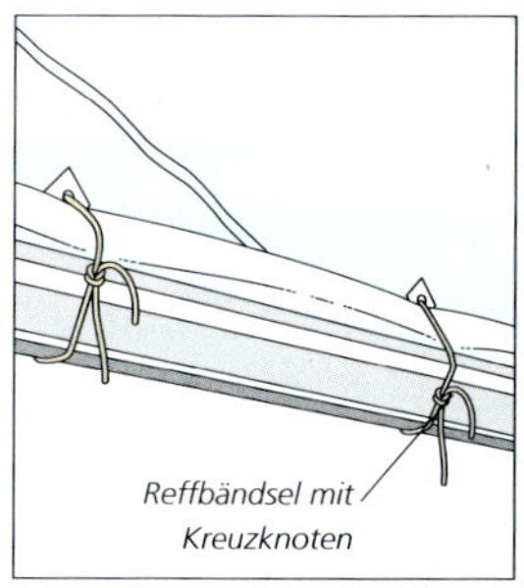

(2) Loses Segeltuch mit Hilfe der aufgenähten Reffbändsel festknoten (Kreuzknoten) *(S. 38)*. Ist eine Reihe Kauschen im Segel, Reffleine durchziehen und befestigen.

Segel um den Baum wickeln

Jollen mit Heckschotführung (S. 59) werden gerefft, indem man das Großsegel um den Baum wickelt. Dazu braucht man zwei Personen: eine am Lümmelbeschlag und eine an der Baumnock. In das Segeltuch wird eine Falte gelegt, damit der Baum nach dem Reffen wieder waagerecht sitzt. Mit Hilfe eines Segelsackes, eines Tampens oder Gurtbandes muß ein Ersatzbeschlag gebildet werden. Dieser wird in das Segel eingeschlagen und mit ihm um den Baum gewickelt. An diesem Ersatzbeschlag wird der Niederholer befestigt, wenn das Segel gerefft ist.

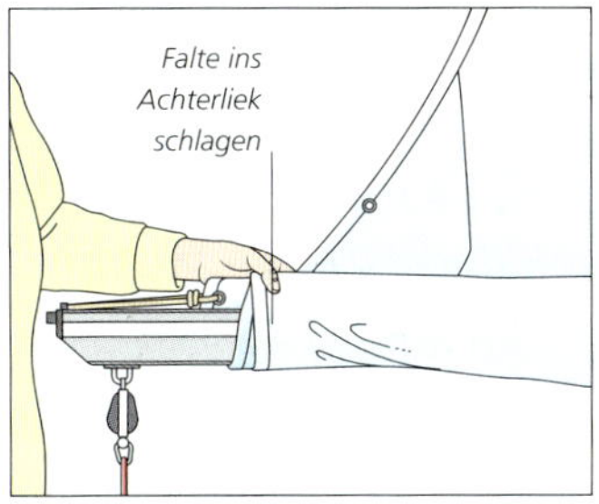

(1) Großfall losmachen. Baum aus dem Lümmelbeschlag nehmen und eine Falte von 15 cm ins Achterliek schlagen. Falte fest nach hinten ziehen und auf dem Baum auftuchen. Falte an ihrem Platz halten und den Baum drehen. Dabei Segel an Vor- und Achterliek straffziehen.

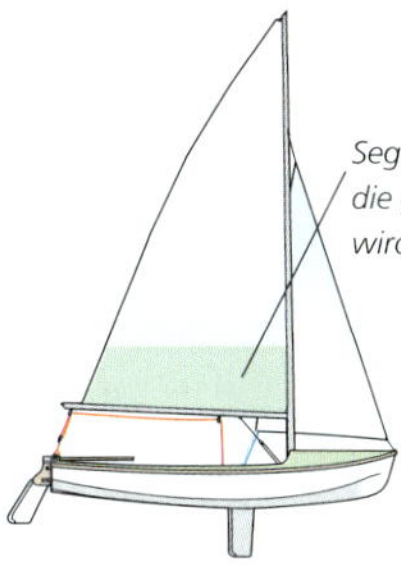

Ungerefftes Segel

Gerefftes Segel

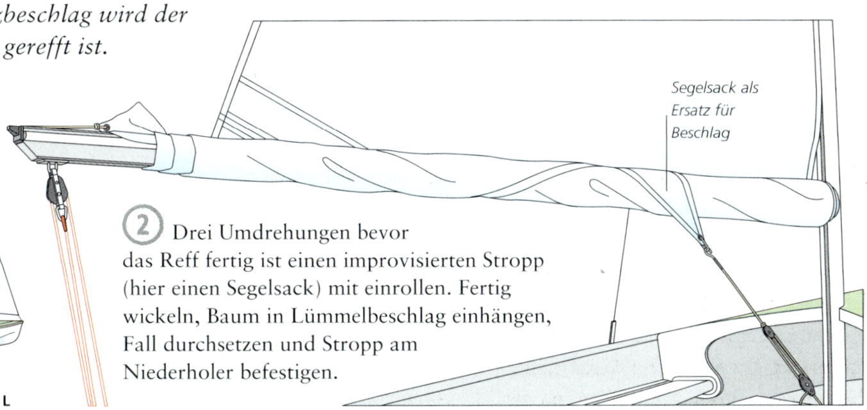

(2) Drei Umdrehungen bevor das Reff fertig ist einen improvisierten Stropp (hier einen Segelsack) mit einrollen. Fertig wickeln, Baum in Lümmelbeschlag einhängen, Fall durchsetzen und Stropp am Niederholer befestigen.

Segel um den Mast wickeln

Ist das Großsegel an einem unverstagten Mast (S. 56) angeschlagen, wickelt man es zum Reffen um den Mast. Jollen mit unverstagtem Mast haben meist ein Großsegel mit losem Unterliek, das an der Baumnock mit einem Unterliekstrecker befestigt ist. Dieser wird vor dem Reffen gelöst. Wenn das Segel wie eine Fahne flattert, wird es mehrmals um den Mast geführt oder der Mast wird gedreht. Wenn genug Segel aufgewickelt ist, wird der Unterliekstrecker am Schothorn des Segels befestigt und das Unterliek straffgezogen. Der Unterliekstrecker sollte um den Baum gewickelt werden und nach hinten gezogen werden, damit das Schothorn dicht am Baum sitzt.

(1) Unterliekstrecker lösen und Baum vom Mast nehmen. Segel um den Mast wickeln oder Mast drehen. In diesem Fall Mastarretierung lösen und Mast so lange drehen, bis genug Segelfläche gerefft ist. Mast arretieren.

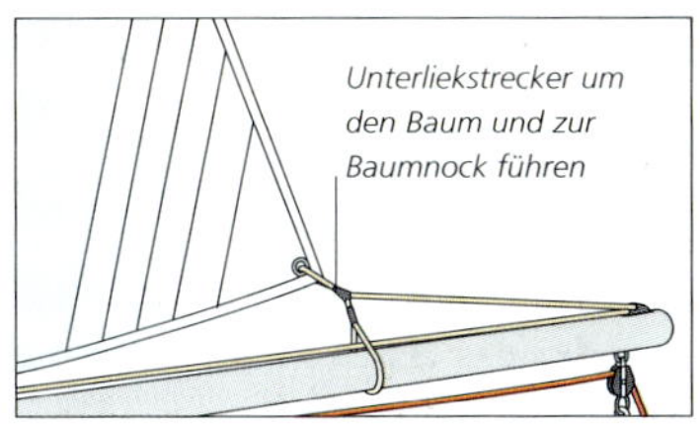

(2) Baum am Mast einhängen und Unterliekstrecker befestigen. Er muss um den Baum und an der Baumnock befestigt werden. Baumniederholer festziehen.

Ungerefftes Segel

Gerefftes Segel

DIE CREW

In einer Zwei-Personen-Jolle müssen beide Crewmitglieder feste Aufgaben bewältigen, damit sicheres Segeln gewährleistet ist. Der Steuermann hat im Boot das Sagen. Er ist außerdem für das Ruder und den Trimm des Großsegels verantwortlich. Das andere Crewmitglied (Vorschoter) ist für das Schwert und den Trimm der Fock zuständig und befolgt die Anweisungen des Steuermanns. Beide müssen ihr Gewicht zum Ausbalancieren des Bootes und zum Trimmen einsetzen, auch wenn dies hauptsächlich Aufgabe des Vorschoters ist.

△ POSITION DER CREW
Bei gutem Wetter sitzen beide gewöhnlich nebeneinander in Luv. Der Vorschoter wechselt den Platz, wenn erforderlich.

DIE ROLLE DES STEUERMANNS

Der Steuermann sitzt am besten in Luv auf dem Seitendeck. Er muss so weit vorn sitzen, dass das Ende der Pinne frei beweglich ist. Dabei hält er den Pinnenausleger in der achteren Hand und die Großschot in der vorderen. In dieser Stellung hat er den besten Blick rund ums Boot und außerdem gute Sicht auf die Segel. Ein bequemer Platz, um zu steuern und das Großsegel zu trimmen. Um die Entscheidungen an Bord treffen zu können, muss der Steuermann die Ausweichregeln beherrschen *(S. 44–45)*. Die Anweisungen an den Vorschoter müssen eindeutig sein und laut genug, damit sie trotz Wind- und Wassergeräuschen verständlich sind. Außerdem müssen sie rechtzeitig erfolgen, damit der Vorschoter reagieren kann. Auch wenn der Steuermann für das Boot verantwortlich ist, sollte er bereit sein, Informationen vom Vorschoter in seine Überlegungen einzubeziehen.

DIE ROLLE DES VORSCHOTERS

Der Vorschoter sitzt vor dem Steuermann und muss bereit sein, das Boot jederzeit so auszubalancieren, dass der Steuermann auf seinem Platz bleiben kann. Er muss lernen, Änderungen in Windstärke und -richtung vorauszuahnen und ihnen durch rasche Positionsänderungen entgegenzuwirken.

Beim Ausreiten stecken Steuermann und Vorschoter die Füße in die Ausreitgurte, damit sie sich weit aus dem Boot lehnen können, ohne über

◁ DIE RICHTIGE TRIMMLAGE
Der Steuermann hat die Segel gut im Blick. Der Vorschoter reitet aus, um das Boot im Gleichgewicht zu halten.

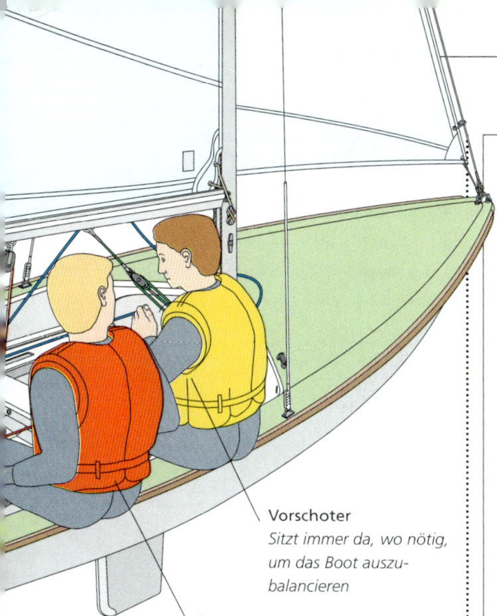

Bord zu gehen. Die Gurte sollten so angepasst werden, dass beide bequem ausreiten können.

Der Vorschoter trimmt die Fock je nach Windrichtung und Kurs des Bootes. Er passt auch die Stellung des Schwertes dem Kurs zum Wind an. Auch der Vorschoter sollte regelmäßig rundherum nach allen Seiten blicken, vor allem nach der Leeseite, die für den Steuermann manchmal schwer einsehbar ist. Der Vorschoter warnt den Steuermann, falls ein Zusammenstoß droht. Ein erfahrener Vorschoter bespricht auch den Segeltrimm mit dem Steuermann.

Koordination

Steuermann und Vorschoter müssen ihre Bewegungen sehr gut koordinieren. Wenn das Boot krängt, gleicht als erster der Vorschoter die Bewegung aus. Der Steuermann wechselt den Platz nur, wenn die Trimmlage des Bootes stark verändert wird. Bei einem guten Team sind die Bewegungen bei einem Kurswechsel genau aufeinander abgestimmt. Diese Teamarbeit ist besonders bei Rennen oder beim Segeln hochbelastbarer Jollen wichtig.

KRÄNGUNG UND TRIMMLAGE

Besonders wichtig für schnelles und effizientes Segeln ist die richtige seitliche Balance des Bootes. Ein großer Teil der Aufgaben von Steuermann und Vorschoter bestehen darin, die ideale Trimmlage und richtige Krängung zu schaffen.

Krängung ausgleichen

Bei leichten Winden sitzt der Steuermann auf der Luvseite und der Vorschoter gleicht die Krängung (Seitwärtsneigung) aus, indem er sich auf die Leeseite setzt. Legt der Wind zu, setzt sich der Vorschoter erst in die Mitte des Bootes, um später mit dem Steuermann auszureiten. Auf einem Vorwindkurs tritt fast keine Krängungskraft auf. Der Vorschoter sitzt dann in der Mitte des Bootes.

Trimmlage korrigieren

Bei mäßigen Winden sollte das Boot vorn und achtern gleichmäßig im Wasser liegen, wenn Steuermann und Vorschoter nebeneinander sitzen. So verringern sie den Windwiderstand und halten das Gewicht im Zentrum; Bug und Heck kommen leichter durch die Wellen. Ist das Gewicht zu weit vorn, liegt der Bug zu tief; das Steuern wird erschwert. Ist das Gewicht zu weit hinten, liegt das Heck zu tief. Das Boot wird langsamer und auf Amwindkursen ineffizient.

Bei leichtem Wind auf einem Amwindkurs setzt sich der Steuermann kurz hinter die Want, und der Vorschoter in die Mitte oder auf die Leeseite. Dadurch liegt der achtere Teil des Bootes weniger tief, und der Widerstand ist geringer. Bläst der Wind auf einem Vorwindkurs stark, sitzen Steuermann und Vorschoter achtern, damit der Bug aus dem Wasser kommt.

◁ **Trimmlage korrigieren**
Dieses Boot macht viel Geschwindigkeit; Steuermann und Vorschoter sitzen etwas achtern ihrer normalen Position. Dadurch hebt sich der Bug und das Boot gleitet auf dem Vorwindkurs durch die Wellen.

◁ **Krängung ausgleichen**
Der Vorschoter balanciert das Boot so aus, daß der Steuermann in Luv sitzen und alles überblicken kann. Diese Jolle ist bei leichtem Wind unterwegs. Der Vorschoter sitzt in Lee, um das Boot in der Balance zu halten. Er hat die Fock und den Verkehr auf der Leeseite im Blick.

Drehkräfte

Die Leistungsfähigkeit einer Jolle hängt davon ab, wie gut Bootsgleichgewicht, Segel, Ruder und Schwert aufeinander abgestimmt sind. Im Idealfall ist das Boot leicht zu steuern und effizient zu segeln. Allerdings können Rumpf, Segel und Schwert auch starke Drehkräfte entwickeln, die in extremen Fällen die Wirkung des Ruders zunichte machen. Sie müssen lernen, all diese Kräfte im Gleichgewicht zu halten, damit das Boot nicht an Fahrt verliert oder schlecht steuerbar wird.

Längs- und Quertrimm des Bootes

Sie haben vermutlich bei starker Krängung des Bootes das Gefühl, dass Sie besonders schnell unterwegs sind, aber tatsächlich segeln Sie langsamer als in einem ausbalancierten Boot. Jollen segeln nämlich bauartbedingt dann am schnellsten, wenn die natürliche Wasserlinie eingehalten wird. Dazu muss das Boot vorne und hinten (Längsgleichgewicht) sowie nach den Seiten (Quertrimm) ausbalanciert sein. Bei optimalem Längs- und Quergleichgewicht segelt das Boot sehr schnell und auf geradem Kurs.

Das Quergleichgewicht wird erreicht, indem der Vorschoter zum Ausgleich der Krängungskraft sein Gewicht nach außen verlegt und dabei je nach Bedarf mehr oder weniger weit ausreitet. Segelt das Boot aufrecht, ist seine Form unter Wasser symmetrisch, und es fährt einen geraden Kurs. Kann sich das Boot auf die Seite legen (krängen), verändert sich die Form des Unterwasserschiffes, und das Boot versucht sich zu drehen.

Das Längsgleichgewicht eines Bootes ist genauso wichtig wie das Quergleichgewicht. Die Crew kann Einfluss auf die Form des Unterwasserschiffes nehmen, indem sie ihr Gewicht nach vorn oder achtern verlagert. Verlagert die Crew das Gewicht nach vorn, senkt sich der Bug, während das Heck angehoben wird. Bei leichten Winden kann das den Rumpfwiderstand verringern; ansonsten jedoch macht es das Boot langsam und luvgierig. Verlagert die Crew das Gewicht nach hinten, senkt sich das Heck, während der Bug angehoben wird. So segelt man häufig bei starkem Wind auf Vorwindkursen oder in Wellen.

Die Segel

Die Segel werden so getrimmt, dass sie möglichst viel Vortrieb erzeugen. Sie können aber auch zum Ändern des Kurses eingesetzt werden. Die meisten Jollen haben zwei Segel: Fock und Groß. Wenn beide richtig getrimmt sind, der Rumpf optimal im Wasser liegt und das Schwert in der richtigen Position steht, ist das Boot gut ausbalanciert, und es erfordert nur wenig Ruderkorrekturen, um es auf Kurs zu halten.

Meistens sind die Segel so auf Vortrieb getrimmt, dass ihre Drehwirkung nicht zum Tragen kommt. Wenn Sie allerdings den Kurs ändern wollen, können die Segel das Manöver wirkungsvoll unterstützen; Sie benötigen dann weniger Rudereinsatz *(S. 69)*. Steuermann und Vorschoter müssen ihr Vorgehen beim Trimmen von Großsegel und Fock genau aufeinander abstimmen.

Das Schwert

Ein Senk- oder Steckschwert wird benötigt, um der Querkraft entgegenzuwirken *(S. 30–31)*. Das Schwert ist auch der Drehpunkt, an dem die Kräfte des Bootes ansetzen.

Die meisten Jollen haben ein Senkschwert, das drehbar im Schwertkasten gelagert ist. Wenn es hochgeholt wird, bewegt sich die Spitze nach hinten-oben. Dadurch wird die Schwertfläche unter dem Boot kleiner, und das Längsgleichgewicht verändert sich. Dies hat Auswirkungen auf das Steuerverhalten. Ist das Schwert in seiner richtigen Position, werden die Drehkräfte von Fock und Großsegel um den Drehpunkt ausbalanciert. Wird das Schwert hochgeholt, dreht sich das Boot vom Wind weg, weil der Drehpunkt sich nach hinten verlagert. Wird das Schwert dagegen weiter gesenkt, verlagert sich der Drehpunkt nach vorn, und das Boot dreht sich in den Wind.

Steckschwerter bewegen sich nur senkrecht in ihrem Kasten. Wird ein Steckschwert hochgeholt, verringert sich die Fläche unter dem Boot, aber an der Position entlang der Mittellinie verändert sich nichts. Es tritt daher keine Drehwirkung auf.

Das Ruder

Das Ruder ist das Hauptinstrument zum Kurswechseln. Wenn das Ruder jedoch mehr als vier Grad von der Mittelposition wegbewegt wird, wirkt es nicht nur richtungsändernd, sondern bremst auch. Je weiter das Ruder gedreht wird, desto größer ist die Bremswirkung. Ein Ruder wirkt am effektivsten, wenn das Boot viel Fahrt macht. Die Bremswirkung macht sich auch bei hoher Geschwindigkeit am deutlichsten bemerkbar; daher ist Fingerspitzengefühl gefragt. Bei geringer Geschwindigkeit ist das Ruder weniger effizient, weil das Wasser nur langsam daran vorbeiströmt. Es hat keine Wirkung, wenn das Boot angehalten wird. Denken Sie daran, dass das Ruder beim rückwärts Fahren spiegelverkehrt reagiert.

Längsgleichgewicht (Trimm)

Die meisten Anfänger sitzen zu weit hinten im Boot. Unter normalen Segelbedingungen sollte der Steuermann vor dem Ende der Pinne sitzen, so dass er sie bequem bedienen kann. Der Vorschoter sollte direkt vor dem Steuermann sitzen; in den meisten Jollen heißt das direkt hinter den Wanten. Beide sollten dicht beieinander sitzen, damit ihr Gewicht im Zentrum des Bootes ist und sie weniger Windwiderstand bieten. Bei leichtem Wind sitzen sie weiter vorn, damit das Heck angehoben und der Rumpfwiderstand geringer wird, vor allem, wenn sie hart am Wind fahren. Bei starkem Wind, vor allem auf Vorwindkursen, sitzen sie weiter hinten, damit der Bug sich hebt.

△ **An der Wasserlinie**
Die Crew trimmt das Boot so, dass die natürliche Wasserlinie eingehalten wird. Das ist in den meisten Fällen der schnellste Trimm.

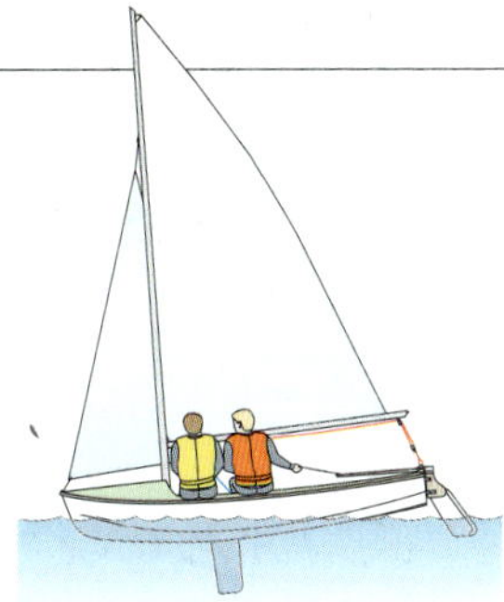

△ **Bug tiefer**
Durch Gewichtsverlagerung nach vorn liegt der Bug tiefer und das Heck höher. Das Boot wird luvgierig.

△ **Bug höher**
Durch Gewichtsverlagerung nach hinten liegt das Heck tiefer und der Bug höher. Das Boot wird leegierig.

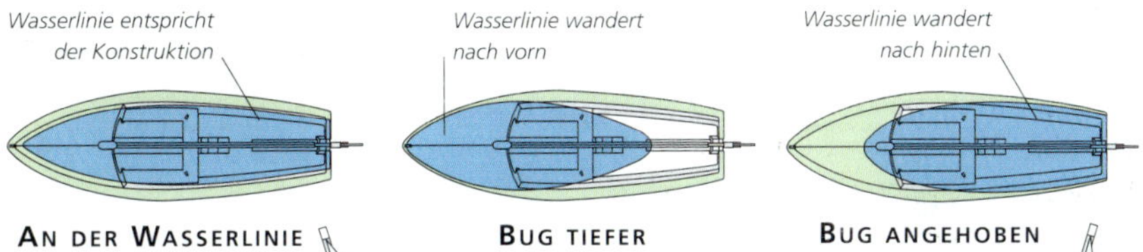

Quergleichgewicht

Wenn der Rumpf gleichmäßig ausbalanciert im Wasser liegt, ist das Unterwasserschiff symmetrisch, und das Boot segelt geradeaus. Krängt das Boot nach Luv oder Lee, wird das Unterwasserschiff asymmetrisch, und das Boot versucht, sich zu drehen.

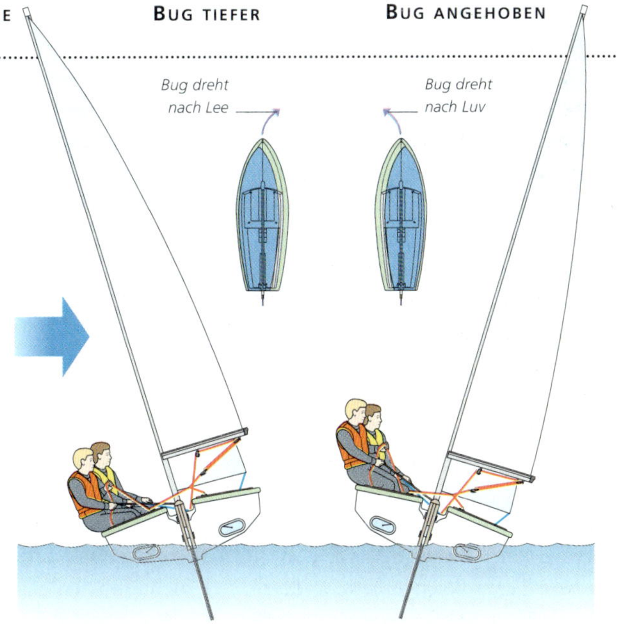

△ **Krängen**
Wenn das Boot krängt, verändert sich die Form des Unterwasserschiffes. Ruder und Schwert sind unter Wasser nicht mehr in der Mitte. Das Boot dreht sich.

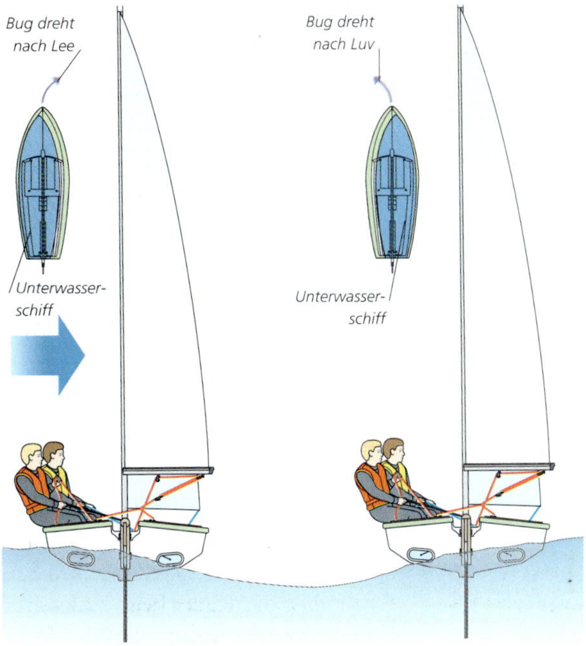

◁ **Wellen bei halbem Wind**
Die Drehwirkung tritt ebenfalls auf, wenn eine Welle seitlich unter dem Boot durchrollt. Zuerst taucht die Luvseite tiefer ein, und das Boot will nach Lee drehen; dann taucht die Leeseite tiefer ein, und es dreht nach Luv.

Die Segel einsetzen

Großsegel und Fock können unabhängig voneinander eingesetzt werden, um eine Drehkraft zu erzeugen. Da die Fock kleiner ist, ist ihre Drehkraft zwar geringer, aber nicht zu unterschätzen. Die Fock wirkt vor dem Drehpunkt des Schwertes und zieht den Bug vom Wind weg. Das Großsegel wirkt hinter dem Drehpunkt und zieht damit das Heck vom Wind weg und den Bug zum Wind hin. Die Drehwirkung beider Segel ist davon abhängig, dass das andere vollständig aufgefiert wird.

◁ **Drehwirkung des Großsegels**
Wird die Fock dichtgeholt, während das Großsegel killt, bewegt sich das Boot vorwärts und dreht nach Lee. Dieselbe Wirkung erzeugen Sie, wenn das Großsegel zu weit aufgefiert ist, während die Fock zu dicht steht.

▽ **Drehwirkung des Grosssegels**
Wird das Großsegel dichtgeholt, während die Fock killt, bewegt sich das Boot vorwärts und dreht nach Luv. Je schneller das Groß dichtgeholt wird, desto schneller dreht das Boot. Dieselbe Wirkung erzeugen Sie, wenn die Fock zu weit aufgefiert ist, während das Großsegel zu dicht steht.

TRIMMFÄDEN BENUTZEN

Trimmfäden sind dünne Fädchen aus Wolle oder Nylon, die in 15–23 cm Abstand vom Vorliek aufs Segel genäht oder geklebt werden. Sie zeigen die Luftströmung auf der Segeloberfläche an.

Wie Trimmfäden funktionieren

Wenn die Trimmfäden auf beiden Seiten parallel anliegen, ist das Segel richtig getrimmt. Sind die Fäden in Luv höher, muss das Segel dichtgeholt werden; in Lee wird aufgefiert.

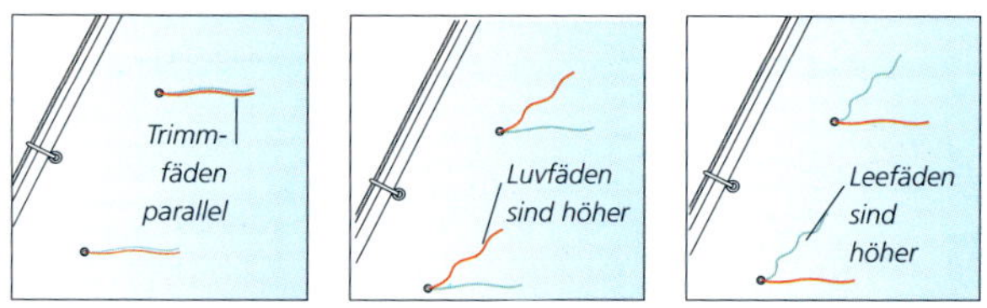

Richtiger Trimm | **Zu wenig Trimm** | **Zuviel Trimm**

Das Schwert einsetzen

Ein Senk- oder Steckschwert bietet Widerstand gegen die Querkraft. Von seinem richtigen Einsatz hängt viel ab, vor allem auf Amwindkursen, wenn das Schwert ganz gesenkt sein sollte. Anfänger vergessen oft, das Schwert zu senken, wenn sie auslaufen oder auf einen Amwindkurs einschwenken. Haben Sie auf einem Amwindkurs das Schwert oben, ist die Querbewegung des Schiffes genauso stark wie die Vorwärtsbewegung, und das Boot bewegt sich ähnlich wie ein Krebs. Für den Steuermann ist es dann sehr schwer, Kurs zu halten.

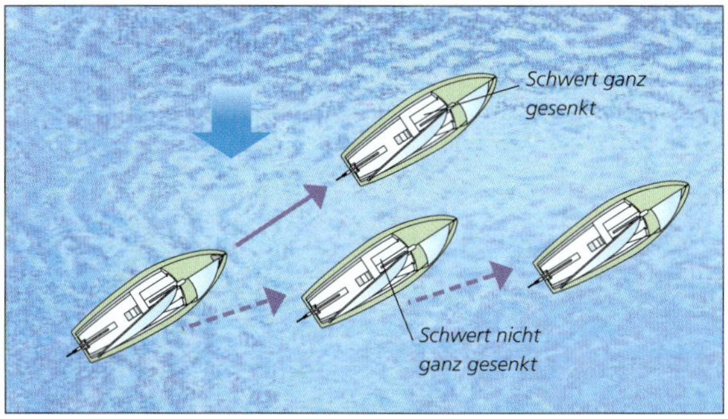

◁ **Schwert**
Wenn das Schwert nicht genug gesenkt ist, kann es der Querkraft nicht entgegenwirken; das Boot wird besonders auf Amwindkursen seitlich abgetrieben.

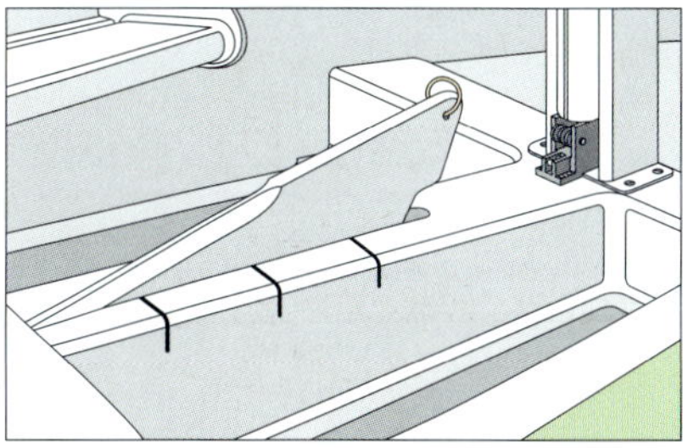

◁ **Schwertmarkierung**
Bei einem Senkschwert sollten Sie am Kasten markieren, wann es viertel, halb oder dreiviertel gesenkt ist. So wissen Sie immer, wieviel Schwertfläche unter dem Rumpf Widerstand bietet. Wenn Sie ein Steckschwert haben, müssen Sie das Schwert markieren, nicht den Kasten.

Das Ruder einsetzen

Auf der Position des Steuermanns auf der Luvseite drücken Sie die Pinne von sich weg, damit das Boot zum Wind dreht. Während dieses Vorgangs werden die Segel für den neuen Kurs getrimmt. Dreht das Boot sich weiter, steht es irgendwann im Wind und kommt zum Stillstand. Um vom Wind wegzudrehen, ziehen Sie die Pinne zu sich heran. Während das Boot auf raumen Kurs einschwenkt, müssen die Segel entsprechend aufgefiert werden.

Bewegen Sie sich ruhig. Wenn das Ruder sich dreht, wirkt es auch als Bremse: Reißen Sie also nicht heftig daran herum.

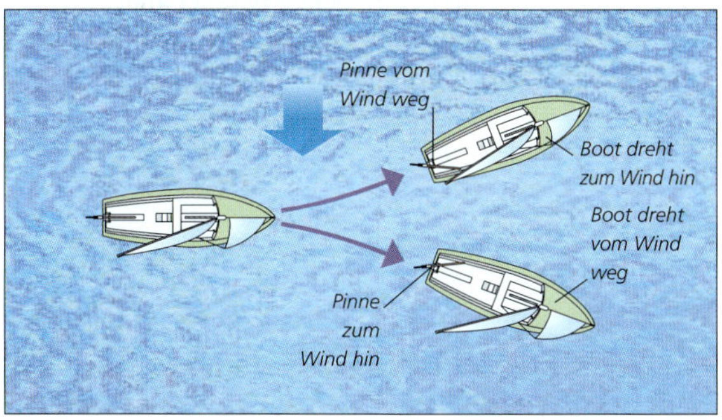

◁ **Steuern**
Sitzen Sie in Luv gegenüber der Segel. Pinne sanft ziehen oder drücken, damit das Ruder sich bewegt und das Boot wendet. Bei Vorwärtsfahrt dreht der Bug immer entgegen der Pinnenrichtung.

WENDEN MIT HILFE DER DREHKRÄFTE

Um richtig zu verstehen, wie die Drehkräfte wirken, sollten Sie auf dem Wasser üben. Steuern Sie das Boot auf einen raumen Kurs und vergewissern Sie sich, dass die Segel nicht zu großen Winddruck haben, das Schwert gesenkt ist und die Pinne in der Mitte liegt.

Zum Wind anluven

- Der Steuermann drückt die Pinne sanft von sich weg.
- Der Vorschoter senkt das Schwert.
- Der Steuermann holt das Großsegel dicht, und der Vorschoter lässt die Fock killen.
- Gleichzeitig krängen sie das Boot nach Lee (vom Wind weg).

Vom Wind abfallen

- Der Steuermann zieht die Pinne sanft zu sich hin.
- Der Vorschoter holt das Schwert auf.
- Der Vorschoter holt die Fock dicht, und der Steuermann lässt das Großsegel killen.
- Gleichzeitig krängen sie das Boot nach Luv (zum Wind hin).

△ **Alles unter Kontrolle**
Diese Crew segelt schnell auf einem Raumschotskurs, indem sie für gutes Längs- und Quergleichgewicht sorgt. Der Segeltrimm wird zum Steuern des Bootes eingesetzt. Das Boot ist gleichmäßig ausbalanciert und daher leicht zu steuern.

In See stechen

Wenn Sie zum ersten Mal Segel setzen, ob allein oder mit einem Lehrer, werden Sie die Schönheiten und Herausforderungen des Segelns schätzen lernen. Sind Sie mit einem Lehrer unterwegs, konzentrieren Sie sich aufs Lernen und überlassen Sie ihm die Sicherheitsfragen. Wenn Sie aber allein lossegeln, sollten Sie die Risiken kennen und vernünftige Sicherheitsvorkehrungen treffen, damit Sie Ihren Törn auch genießen können.

Vor dem Zuwasserbringen

Suchen Sie sich ein passendes Revier für Ihr Boot und lassen Sie es nur zu Wasser, wenn Wetter- und Wasserbedingungen Ihrem Erfahrungsschatz entsprechen. Wenn Sie in einem neuen Revier ankommen, fragen Sie erfahrene Segler vor dem Ablegen um Rat; sie können Ihnen die vorherrschenden Bedingungen am besten erklären. Teilen Sie ihnen mit, wieviel Erfahrung Sie haben.

Viele Menschen lernen auf Binnengewässern, weil sie meist geschützter sind und man nicht auf die Gezeiten Rücksicht nehmen muss. Außerdem ist schnell Hilfe zur Hand, wenn man in Schwierigkeiten gerät. Sie können das Segeln aber genauso gut auf dem Meer erlernen, wenn Sie die nötigen Sicherheitsvorkehrungen beachten.

Den Wind richtig einschätzen

Für Ihren ersten Törn allein wählen Sie einen Tag, bei dem die Windstärke drei oder darunter beträgt. Hören Sie den Wetterbericht, vor allem den Segelwetterbericht des jeweiligen Reviers. Haben Sie keine Angst, den Törn abzusagen, wenn die Bedingungen nicht stimmen.

Wenn Sie in Ihrem Revier ankommen, beobachten Sie die Windanzeiger, damit Sie sich ein Bild machen können: Wimpel an Land und auf Booten vor Anker, Rauch aus den Schornsteinen, die Bewegung der Bäume und die Wellen *(S. 46–47)*. Für Ihren Törn ist es auch wichtig zu wissen, ob Sie es mit auflandigem oder ablandigem Wind zu tun haben.

Auflandige Winde

Auflandiger Wind fühlt sich stärker an. Mäßiger oder starker Wind verursacht Wellen, die am Ufer brechen. Bei auflandigem Wind ist das Ablegen unter Segel schwierig, weil der Wind Sie zum Ufer zurücktreibt. Andererseits ist es ziemlich leicht, wieder nach Hause zu kommen; Sie brauchen nicht zu befürchten, vom Hafen weggetrieben zu werden.

Ablandige Winde

Bei ablandigem Wind ist die Stärke des Windes an Land schwer einzuschätzen. Je weiter Sie sich vom Ufer entfernen, desto stärker wird er meistens. Da kann es vorkommen, dass man mehr Wind hat, als man sich gewünscht hat. Bei ablandigem Wind ist das Ablegen leicht, weil keine Wellen ans Ufer schlagen und der Wind Sie vom Ufer wegbläst. Andererseits kann es Ihnen passieren, daß Sie nur unter großen Schwierigkeiten oder gar nicht in Ihren Heimathafen zurückkehren können.

Wenn Sie allein auf dem Meer segeln, vermeiden Sie auf Ihren ersten Törns ablandigen Wind. Auf Binnengewässern sollten Sie darauf achten, dass ein anderes Boot in der Nähe ist oder ein Sicherungsboot Sie im Zweifelsfall zurück zum Ufer schleppen kann.

◁ **Flaute**
Bei Flaute warten Sie, bis Wind aufkommt, vor allem, wenn es – wie hier an den Booten vor Anker zu sehen – Tidenstrom gibt.

◁ **Auflandiger Wind**
Bei auflandigem Wind brechen die Wellen schon bei Stärke drei am Seeufer. Ist der Uferbereich flach, brechen sie in einiger Entfernung vom Strand. Ist der Uferbereich steil, brechen sie direkt am Ufer.

Ablandiger Wind ▷
Bläst der Wind vom Land auf See hinaus, erzeugt er ganz andere Bedingungen. In Ufernähe ist das Wasser geschützt und ruhig; es gibt keine Wellen. Weiter draußen kann das Meer jedoch wesentlich ruppiger sein.

Mit den Gezeiten rechnen

Wenn Sie auf einem Fluss oder auf dem Meer segeln, müssen Sie eventuell mit den Gezeiten rechnen *(S. 48–49)*. Besorgen Sie sich eine Tidentafel und sehen Sie nach, wann Ebbe und Flut ist. Auch hier sollten Sie nicht auf den Rat einheimischer Segler verzichten.

Bevor Sie in See stechen, erkundigen Sie sich nach dem Tidenstand. Sie müssen wissen, in welche Richtung der Tidenstrom läuft und wann er wechselt. Planen Sie Ihren Törn so, dass Sie mit der Tidenströmung wieder nach Hause segeln können.

Zusammenstösse vermeiden

Bevor Sie in See stechen, rufen Sie sich noch einmal die Kollisionsverhütungsregeln ins Gedächtnis *(S. 44–45)*. Als Skipper eines eigenen Bootes müssen Sie die Ausweichregeln beherrschen.

Als Anfänger sollten Sie stark befahrene Wasserstraßen meiden. Bleiben Sie in den flachen Gewässern am Rand, wo sich keine größeren Boote aufhalten. Wenn Sie ein Fahrwasser überqueren müssen, tun Sie es im rechten Winkel und so schnell wie möglich.

Befinden Sie sich in einer potenziellen Gefahrensituation und wissen nicht, wer Wegerecht hat, sollten Sie sicherheitshalber ausweichen. Verändern Sie Ihren Kurs deutlich, damit der andere Skipper Ihre Absichten erkennt, und passieren Sie hinter dem anderen Boot.

Denken Sie daran, sich immer wieder umzusehen. Anfänger vergessen oft, nach hinten zu sehen, und erschrecken, wenn ein anderes Fahrzeug auftaucht. Reiten Steuermann und Vorschoter nach Luv aus, decken Fock und Großsegel einen Teil des Gesichtsfeldes ab. Der Vorschoter sollte deshalb regelmäßig kurz nach Lee sehen.

Tidentipps

Überprüfen Sie die Angaben der Gezeitentafeln am Ufer: Eine nasse Uferlinie deutet auf Ebbe hin, eine trockene auf Flut.

Letzte Vorbereitungen

Bevor Sie in See stechen, sollten Sie die folgenden Checklisten abhaken, damit Sie Freude an Ihrem Törn haben und sicher nach Hause kommen. Gehen Sie die Listen gründlich durch, auch wenn Sie in Eile sind – Ihre Sicherheit kann davon abhängen.

Bedingungen prüfen

Bevor Sie lossegeln, prüfen Sie die Bedingungen.

- Entspricht die Windstärke Ihren Fähigkeiten und Ihrer Erfahrung?
- Ablandiger oder auflandiger Wind?
- Sagt der Wetterbericht Zu- oder Abnahme der Windstärke voraus?
- Wie ist die Gezeitenströmung? Müssen Sie auf dem Heimweg gegen die Strömung kämpfen?
- Sind andere Segler in der Nähe, die Ihnen im Ernstfall helfen können?

Sagen Sie jemandem Bescheid

Wenn Sie sich zum Segeln entschlossen haben, teilen Sie einer verantwortungsbewussten Person mit, wo Sie hinsegeln und wann Sie zurückkommen. Wenn Sie zurück sind, geben Sie dieser Person Bescheid, damit sie nicht unnötigerweise ein Rettungsteam losschickt.

Ausrüstung prüfen

Wenn Sie segelklar am Ufer stehen, prüfen Sie, ob Ihre Ausrüstung komplett ist.

- Tragen Sie angemessene Kleidung?
- Trägt die gesamte Crew Auftriebshilfen? Sind sie korrekt angelegt?
- Ist das Boot ordentlich aufgeriggt? Ist stehendes und laufendes Gut in gutem Zustand?
- Sind alle Luken und Ventile in der richtigen Stellung?
- Sind Paddel oder Riemen an Bord und sicher verstaut?
- Sind alle persönlichen Ausrüstungsgegenstände ordentlich in wasserdichten Behältern verstaut und gesichert?

Zu Wasser bringen

Es empfiehlt sich, für das Zuwasserbringen (Abslippen) Ihrer Jolle einen gleichbleibenden Ablauf festzulegen. So wird das Boot immer ordentlich aufgeriggt, und alle erforderliche Ausrüstung ist an Bord. Jollen werden meist vom Slipwagen zu Wasser gebracht. Wie genau das vor sich geht, hängt davon ab, ob Sie an einem Strand, Steg oder einer Slipanlage abslippen. Arbeiten Sie mit Ihrem Partner ein System aus; Teamarbeit ist wichtig und hilft Ihnen, ein guter Segler zu werden.

Den Slipwagen benutzen

Die meisten Schäden an Jollen entstehen beim Transport an Land. Achten Sie deshalb darauf, dass der Rumpf beim Abslippen den Boden nicht berührt *(S. 42–43)*. Ein Slipwagen ist da ideal. Jollen sind oft schwer und unhandlich. Wenn Sie das Boot also auf einem Trailer oder Dachgepäckträger transportiert haben, bitten Sie ein paar Leute um Hilfe, um es auf den Slipwagen zu heben.

Legen Sie das Boot so auf den Wagen, dass vorne am Griff nicht zu viel Gewicht liegt. Machen Sie die Vorleine am Griff fest, damit das Boot nicht vom Slipwagen rutscht. Sichern Sie die Leine mit einem Rundtörn und zwei halben Schlägen *(S. 39)*. Ist der Griff T-förmig, können Sie auch Kopfschläge verwenden.

Das Boot vorbereiten

Wenn nötig, setzen Sie den Mast *(S. 56–57)* und schließen Sie Ventile und Luken. Tragen Sie Segel, Ruder, Paddel und anderes wichtige Zubehör zusammen, bevor Sie das Boot zum Slip bringen.

Segel werden gewöhnlich vor dem Abslippen angeschlagen und Senkruder eingehängt. Wenn Sie das Boot aber an einem Steg zu Wasser bringen, schlagen Sie die Segel erst später an. Ein Senkruder kann vorm Abslippen auf einer Anlage eingehängt werden, ein Festruder erst, wenn das Boot bereits in tieferem Wasser ist. Legen Sie das Ruderblatt unter Baum und Großsegel, damit es beim Segelsetzen nicht im Boot herumfliegt. Ein Senkschwert sollte hochgezogen sein; ein Steckschwert wird auf den Bootsboden gelegt, bis Sie lossegeln. Setzen Sie die Fock vor dem Abslippen, wenn das Killen Sie am Slip nicht behindert. Liegt das Boot beim Abslippen mit dem Bug im Wind, können Sie auch das Großsegel schon setzen.

Startklar

Inspizieren Sie Boot und Umgebung vor dem Abfahren noch einmal, um sicher zu sein, dass sie nichts vergessen haben. Bringen Sie den Slipwagen zum Wasser und folgen Sie den Anleitungen zum Abslippen auf der nächsten Seite *(S. 73)*.

Das Ruder einhängen

Feste Ruder und Senkruder sind mit Hilfe von Beschlägen am Schaft mit dem Boot verbunden. Senkruder können vor dem Abslippen eingehängt werden. Festruder werden erst nachher eingehängt, wenn das Wasser tief genug ist.

① Die Beschläge am Ruderschaft in ihre Gegenlager am Bootsheck gleiten lassen. Das Blatt hochhalten, damit es nicht den Boden berührt.

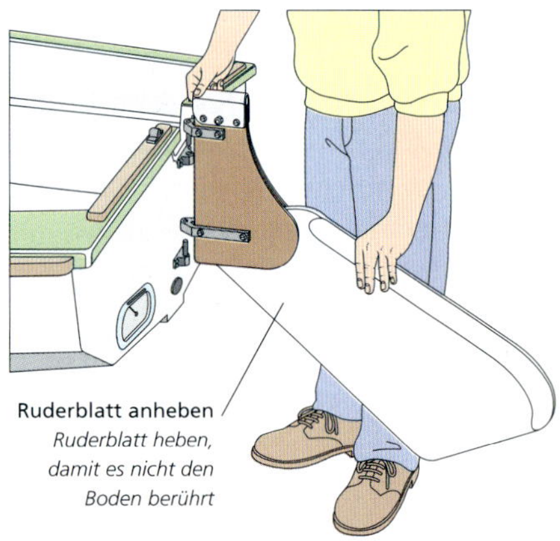

② Falls erforderlich, Pinne in den Ruderkopf schieben. Sie soll fest sitzen.

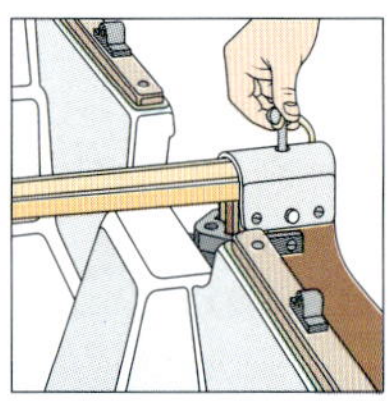

③ Pinne befestigen. Meist führt ein Stift durch Pinne und Ruderkopf.

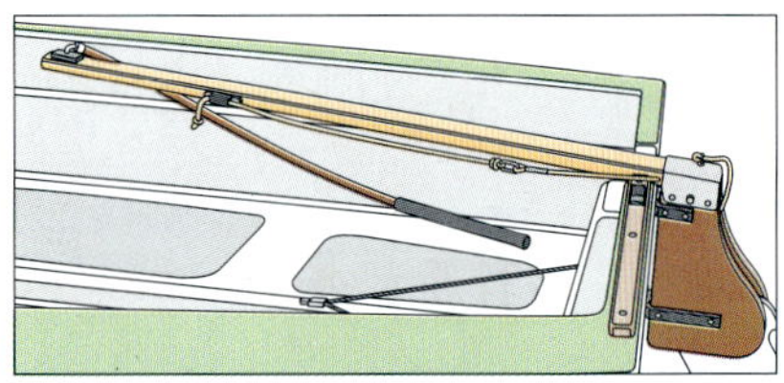

④ Wird das Großsegel nach dem Einhängen von Ruder und Pinne gesetzt, dürfen Baum und Segel sich dabei nicht in der Pinne verheddern. Der Pinnenausleger darf nicht in die Seitendecks geraten.

Die Fock setzen

Der Steuermann setzt die Fock, indem er am Fockfall zieht. Die Stagreiter rutschen am Vorstag hoch, bis das Vorliek bis oben zum Mast führt.

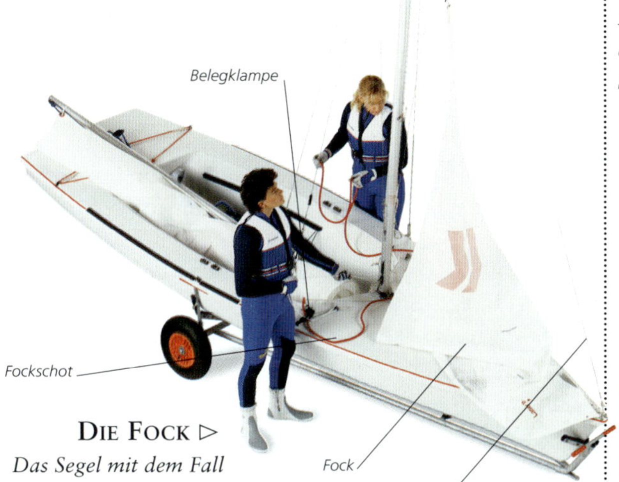

Die Fock ▷
Das Segel mit dem Fall nach oben ziehen und prüfen, ob die Schotführung stimmt.

Das Grosssegel setzen

Das Boot liegt mit dem Bug im Wind. Der Vorschoter fädelt den Segelsaum in die Mastnut ein. Der Steuermann setzt das Segel und belegt das Fall. Dann zieht er den Baum herunter und hängt ihn in den Lümmelbeschlag ein. Die Schot muss lose sein.

Das Grosssegel ▷
Am Fall ziehen, bis der Großsegelkopf die Mastspitze erreicht hat.

Abslippen an Strand oder Slipanlage

Beim Abslippen vom Strand oder von einer Anlage fahren Sie und Ihr Mitsegler den Slipwagen mit dem Boot weit genug ins Wasser, damit das Boot vom Wagen schwimmen kann. Sobald es frei schwimmt, wirken Wind und Wellen darauf ein. Halten Sie es also gut fest. Am Strand brauchen Sie wegen des weichen Untergrundes einen Slipwagen mit großen Gummireifen. Vorsicht bei Slipanlagen: Die Schräge ist häufig sehr glitschig!

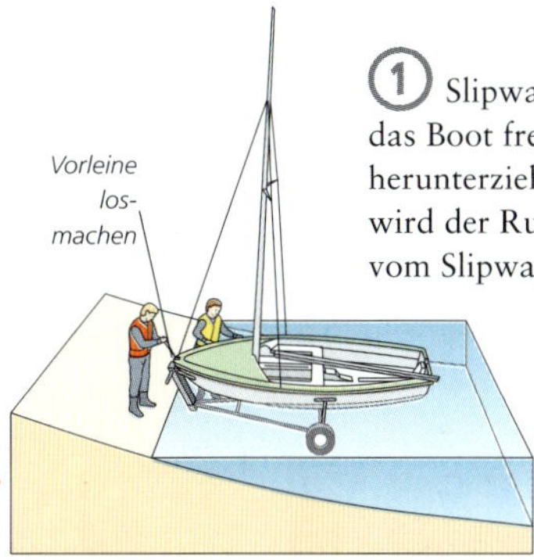

① Slipwagen ins Wasser schieben, bis das Boot frei schwimmt. Boot nicht herunterziehen oder -schieben, sonst wird der Rumpf beschädigt. Vorleine vom Slipwagen losmachen.

② Einer hält das Boot am Bug fest. Darauf achten, daß Sie anderen Seglern nicht im Weg stehen. Der andere bringt den Slipwagen an Land und parkt ihn.

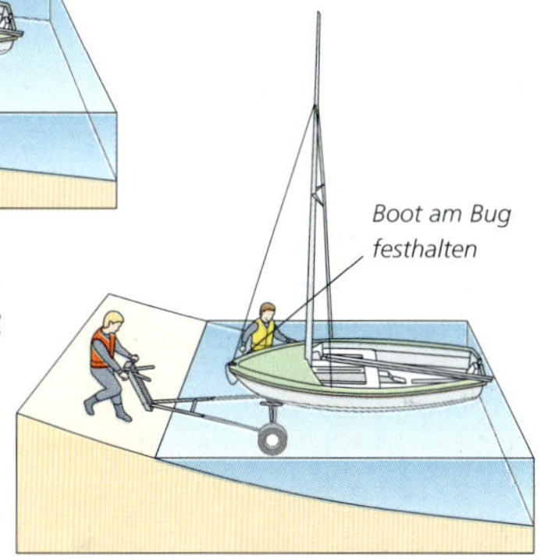

Abslippen am Steg

Wenn Sie das Boot seitlich vom Steg abslippen, sollten Sie vorher keine Segel setzen. Am Steg müssen Sie mindestens zu zweit sein, eine Person auf jeder Seite des Bootes.

① Vorleine festhalten. Boot anheben, bis das Heck über dem Wasser ist. Heck langsam ins Wasser gleiten lassen; dann das Boot sanft nach hinten schieben, bis der Bug ebenfalls ins Wasser gleitet.

② Boot ans Ende des Stegs führen und mit dem Bug in den Wind drehen. Vorleine am Steg festmachen, Ruder einhängen und Segel setzen.

Grundkenntnisse

Um sicher mit einem Boot umgehen zu können, müssen Sie den Umgang mit den Steuermechanismen üben (S. 32–33). Sie müssen lernen, wie das Boot auf jedem Kurs auf den Wind reagiert, und Sie müssen schnell und problemlos den Kurs wechseln und das Boot anhalten können. Bei Ihren ersten Törns haben Sie noch nicht genug Erfahrung, um unter Segel an- und abzulegen. Rudern oder paddeln Sie deshalb aufs Wasser hinaus und setzen Sie die Segel erst dort.

Erste Übungen

Sobald Sie eine Jolle zu Wasser bringen, wirkt der Wind auf sie ein, und sie bewegt sich. Es gibt drei Möglichkeiten, diese Bewegung zu stoppen. Die beste und schwierigste ist das Beidrehen. Einfacher ist der Aufschießer und der Nahezu-Aufschießer. Bei den letzten beiden Methoden läßt man die Segel auswehen, so daß sie killen und keinen Vortrieb mehr erzeugen. Beim Nahezu-Aufschießer ist das Boot stabiler, weil es lediglich treibt, bis Sie die Schoten wieder dichtholen. Fahren Sie einen Aufschießer, bläst der Wind das Boot wegen des Luftwiderstands der Segel rückwärts. Je nach Stellung des Ruders dreht sich der Bug dann in eine Richtung, bis die Segel sich wieder füllen und das Boot Fahrt macht. Diese Methode kommt in Frage, wenn Sie an einem Steg, einem anderen Boot oder an einer Muringboje anlegen.

Wenn Sie die beiden Methoden beherrschen, versuchen Sie es mit Beidrehen *(S. 88)*.

Unerreichbarer Winkel

Wenn Sie zum Anhalten in den Wind drehen, machen Sie sich zunutze, dass es auf beiden Seiten der Windrichtung einen Winkel von etwa 45° gibt, in dem nicht gesegelt werden kann. Dieser Bereich wird als unerreichbarer Winkel bezeichnet. Wenn das Boot am Wind fährt, sind Sie im Grenzgebiet zum unerreichbaren Winkel

Mit dem Wind anhalten und losfahren

Um einen Nahezu-Aufschießer zu fahren, steuern Sie einen Amwindkurs *(S. 35)* und fieren beide Schoten ganz auf. Das Boot bleibt stehen. Um wieder anzufahren, holen Sie beide Schoten erneut dicht.

Um einen Aufschießer zu fahren, drehen Sie die Jolle mit dem Bug direkt in den Wind. Die Segel stehen dann mittschiffs und fangen an zu killen; das Boot kommt zum Stehen.

Zum Weitersegeln ziehen Sie die Fock auf die Seite, nach der der Bug sich nicht drehen soll. Das nennt man »die Fock backsetzen«; dadurch dreht sich der Bug in die gewünschte Richtung. Hat das Boot gewendet, trimmen Sie beide Segel und setzen Ihren Weg fort.

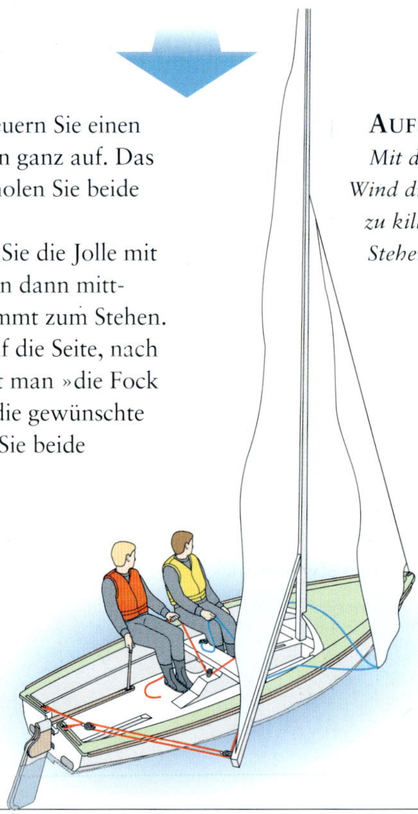

Nahezu-Aufschiesser fahren ▷
Das Boot mit dem Ruder gegen den Wind drehen. Beide Schoten auffieren und Segel auswehen lassen. Das Boot kommt zum Stehen und treibt auf dem Wasser, bis Sie die Schoten dichtholen.

Aufschiesser fahren ▷
Mit dem Ruder das Boot in den Wind drehen. Die Segel fangen an zu killen. Das Boot kommt zum Stehen und treibt dann langsam rückwärts.

unterwegs. Versuchen Sie noch dichter an den Wind zu kommen, fangen die Segel an zu flattern, das Boot wird langsamer.

Um einen Punkt in diesem Winkel zu erreichen, müssen Sie sich ihm im Zickzackkurs nähern; erst auf einem Bug, dann auf dem anderen. Diese Vorgehensweise nennt man aufkreuzen *(S. 80)*.

Tipp für Anfänger

Wenn Sie zum ersten Mal lossegeln, machen Sie sich am besten auf einem Halbwindkurs mit den Steuermechanismen vertraut. Das ist der schnellste und leichteste Kurs. Hier reagiert das Boot gut, auch wenn Segeltrimm, Schwertposition, Gleichgewicht und Steuerung noch nicht hundertprozentig stimmen sollten.

SEGELGESCHWINDIGKEIT

Die Segelgeschwindigkeit hängt von einer Reihe Faktoren ab: von der Windstärke, dem Kurs zum Wind *(S. 34–35)*, dem Bootstyp und natürlich Ihren Fähigkeiten. Tidenströmung und Wellen haben ebenfalls Einfluss auf die Geschwindigkeit *(S. 48–49)*.

Geschwindigkeit und Kurs zum Wind ▷

Das Diagramm zeigt die potenzielle Bootsgeschwindigkeit auf den Kursen zum Wind bei einer bestimmten Windstärke. Die konzentrischen Kreise stellen die potenzielle Geschwindigkeit dar. Je weiter das Boot vom inneren Kreis entfernt ist, desto schneller segelt es. Es erreicht seine Maximalgeschwindigkeit bei halbem Wind und ist vor dem Wind am langsamsten.

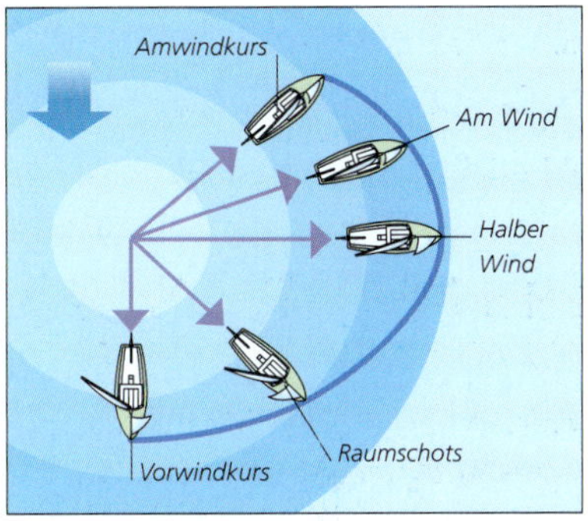

FÜNF WICHTIGE GRUNDVORAUSSETZUNGEN

Die fünf wichtigsten Voraussetzungen für effizientes Segeln sind Segeltrimm, Schwertposition, Quergleichgewicht, Längsgleichgewicht und Kurs über Grund. Wenn sich einer der Faktoren verändert, prüfen Sie die anderen vier und passen Sie sie eventuell an. Gehen Sie alle diese fünf Punkte bei jeder Kursänderung durch.

Segeltrimm

Fieren Sie die Schoten auf, bis die Segel am Achterliek zu killen beginnen. Dann bis zu dem Punkt dichtholen, an dem das Killen aufhört. Leichter stellen Sie den optimalen Kurs mit Hilfe von Trimmfäden fest *(S. 68)*.

Schwertposition

Das Schwert wirkt der Querkraft entgegen *(S. 87)*, die auf Amwindkursen am größten ist. Je höher Sie also am Wind segeln, desto tiefer muss das Schwert stehen. Je weiter Sie abfallen, desto höher ziehen Sie es. Auf einem Vorwindkurs ist es fast ganz oben. Ein kleines Stück sollte es immer unter dem Rumpf herausschauen, um als Drehpunkt für das Boot zu dienen.

Quergleichgewicht

Die Krängungskraft wird stärker, je höher Sie am Wind segeln. Steuermann und Vorschoter müssen daher bei fast allen Windstärken ausreiten, damit das Boot aufrecht segelt. Ändert sich die Windstärke oder der Kurs, sollte zuerst der Vorschoter seine Position verändern.

Längsgleichgewicht

Achten Sie immer darauf, daß das Boot in der Länge gut ausbalanciert ist. Bei leichten Winden sollte der Bug etwas tiefer liegen; bei starkem Wind setzen Sie sich etwas zurück. Steuermann und Vorschoter sollten dicht beisammen sitzen und das Gewicht in der Mitte des Bootes konzentrieren. So kommen Bug und Heck leicht durch die Wellen.

Kurs über Grund (wahrer Kurs)

Achten Sie immer auf Ihren Kurs; es sollte der schnellste Kurs zu Ihrem Ziel sein. Das ist nicht unbedingt ein direkter Kurs. Wenn das Ziel zum Beispiel im unerreichbaren Winkel liegt, erreichen Sie es nur mit Kreuzen. Sie müssen entscheiden, wann Sie eine Wende fahren, und Sie müssen Abdrift einrechnen. Selbst bei raumem Kurs sorgt die Querkraft noch für eine geringfügige Abdrift, und Ihr Kurs durchs Wasser liegt leicht neben dem Kurs, den Sie steuern. Zum Ausgleich sollten Sie ein klein wenig höher steuern, als Ihr Ziel liegt. Bedenken Sie auch die Abdrift durch mögliche Tidenströmungen.

Den Kurs ändern

Wenn Sie Kurswechsel lernen, werden Sie mit allen Kursen zum Wind vertraut *(S. 34–35)*. Sie erfahren, wie ein Boot funktioniert und spüren die Wirkung des Windes aus verschiedenen Richtungen, bevor Sie Wenden und Halsen lernen. Einen kompletten Kurswechsel – vom Amwindkurs zum Vorwindkurs – bewältigen Sie am besten, indem Sie auf einem Halbwindkurs anfangen, wo der Wind genau von der Seite kommt.

Anluven

Unter anluven versteht man, das Boot zum Wind hinzudrehen. Wenn Sie höher am Wind segeln wollen, müssen Sie anluven.

Zum Anluven legt der Steuermann sanft das Ruder nach Lee und holt die Großschot dichter. Der Vorschoter holt die Fockschot dichter und senkt das Schwert weiter ab. Wenn das Boot dann höher am Wind fährt, nimmt der scheinbare Wind *(S. 30)* an Stärke zu, und auch die Krängungskraft *(S. 39)* wird stärker. Der Vorschoter muss also noch weiter ausreiten, um das Boot aufrecht zu halten.

Abfallen

Unter abfallen versteht man, das Boot vom Wind wegzudrehen. Wenn Sie mehr vor dem Wind segeln wollen, müssen Sie abfallen.

Zum Abfallen legt der Steuermann sanft das Ruder nach Luv und fiert die Großschot auf. Der Vorschoter fiert die Fockschot und holt das Schwert ein Stück hoch. Wenn das Boot vorlicher unterwegs ist, lässt der scheinbare Wind nach, und die Krängungskraft wird geringer. Der Vorschoter kommt ins Boot herein, damit es ausblanciert ist und nicht nach Luv krängt.

Anluven: Zum Wind hindrehen

Beim Anluven müssen Pinne, Schwert, Segeltrimm und Quergleichgewicht koordiniert werden. Der Vorschoter sollte das Schwert schon vorher etwas absenken und sich dann auf Fock und Bootsgleichgewicht konzentrieren. Der Steuermann ändert den Kurs.

① Auf Halbwindkurs Segel korrekt trimmen *(S. 35)*. Die Pinne ist mittschiffs, das Boot aufrecht, das Schwert halb gesenkt.

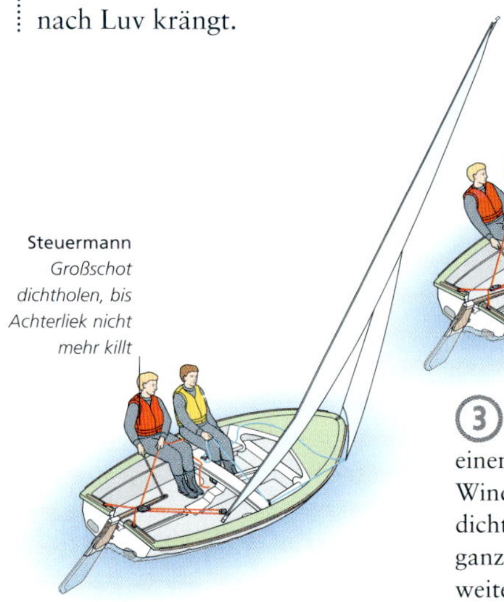

② Auf Amwindkurs anluven: Leeruder legen und Schoten dichtholen. Schwert drei Viertel senken. Weiter ausreiten, um die stärkere Krängungskraft auszugleichen.

③ Anluven bis zu einem Kurs hoch am Wind. Beide Schoten dichtholen. Schwert ganz senken und noch weiter ausreiten.

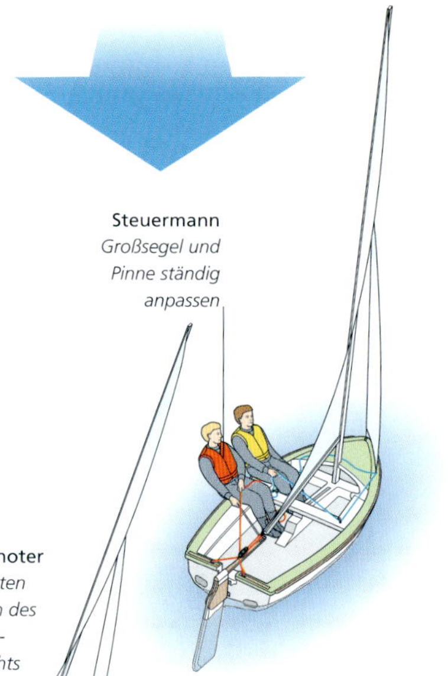

④ Abwechselnd leicht anluven und abfallen, um am Rand des unerreichbaren Winkels zu bleiben. Anluven, bis die Fock zittert. Dann abfallen, bis das Zittern gerade eben aufhört.

Abfallen: Vom Wind wegdrehen

Das Boot muss vor dem Manöver aufrecht segeln, weil eine Krängung nach Lee das Abfallen erschwert. Wenn das Boot dreht, die Schoten auffieren und das Schwert hoch holen.

① Auf Halbwindkurs segeln. Schwert, Segel und Pinne in Stellung wie beim Anluven.

Vorschoter
Gewicht verlagern, um das Boot auszubalancieren

② Auf Raumschotkurs abfallen, Schoten auffieren und Schwert ein Viertel hochholen.

Vorschoter
Schwert anheben

Vorschoter
In die Mitte des Bootes setzen

③ Abfallen auf einen Vorwindkurs. Schoten auffieren. Schwert fast vollständig aufholen.

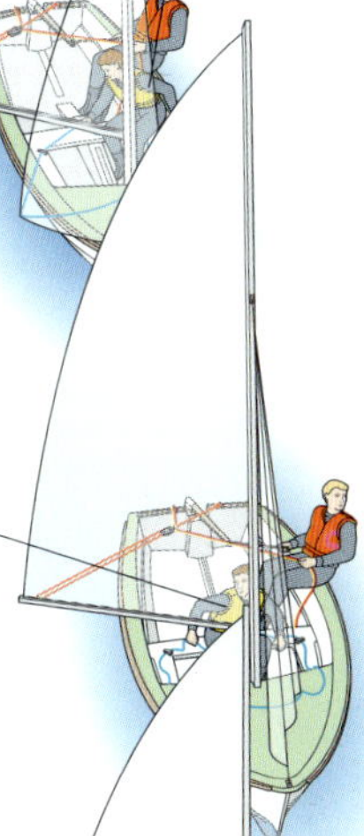

Vorschoter
Boot im Gleichgewicht halten

④ Großschot auffieren, bis der Baum kurz vor den Wanten steht. Fockschot weiter auffieren.

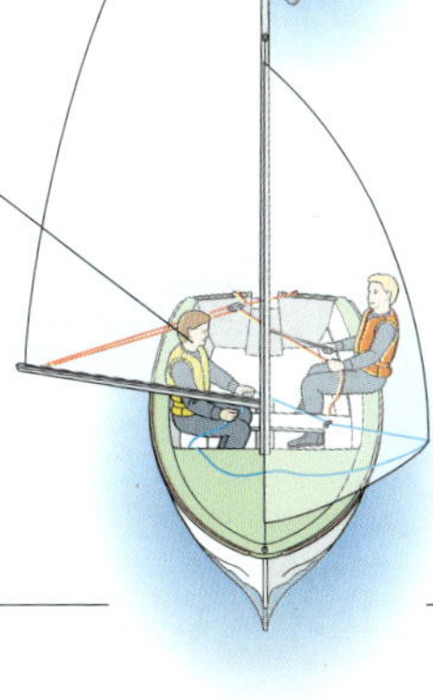

Vorschoter
Gegenüber vom Steuermann sitzen

⑤ Vorwindkurs: Fock und Groß wegen maximaler Geschwindigkeit auf verschiedenen Seiten fahren (Schmetterling).

GROSSSCHOT DICHTHOLEN UND AUFFIEREN

Mit welcher Technik Sie die Großschot dichtholen und auffieren, hängt von der Schotführung des Bootes ab. In beiden Fällen muss der Steuermann dabei die Pinne ruhig halten, um Kursänderungen zu vermeiden. Zum Auffieren der Schot lassen Sie sie leicht durch die Hand gleiten.

Mittelschotführung

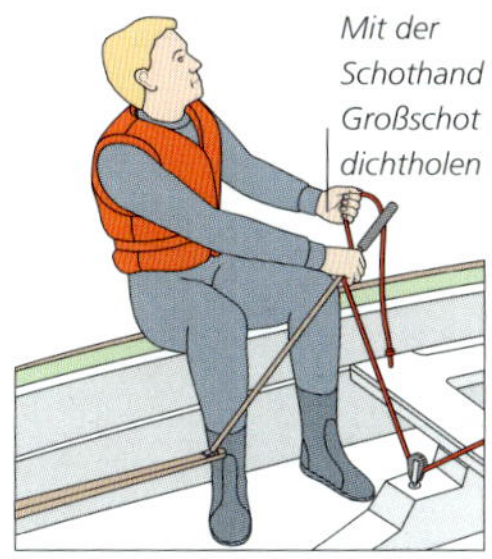

Mit der Schothand die Großschot dichtholen

Schot in Blocknähe ergreifen und ziehen

① Mit der Schothand an der Großschot ziehen. Pinnenausleger wie einen Dartpfeil in der Pinnenhand halten, den Ausleger vor dem Körper quer legen, um nach der Schot zu greifen.

② Mit Schot und Pinnenausleger in der Pinnenhand Ausleger nach achtern schwingen. Schot dicht am Block ergreifen und so weit wie möglich ziehen. Wenn nötig, wiederholen.

Heckschotführung

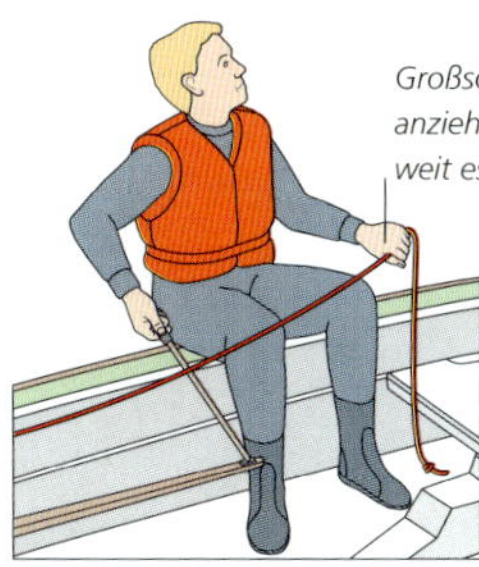

Großschot anziehen, so weit es geht

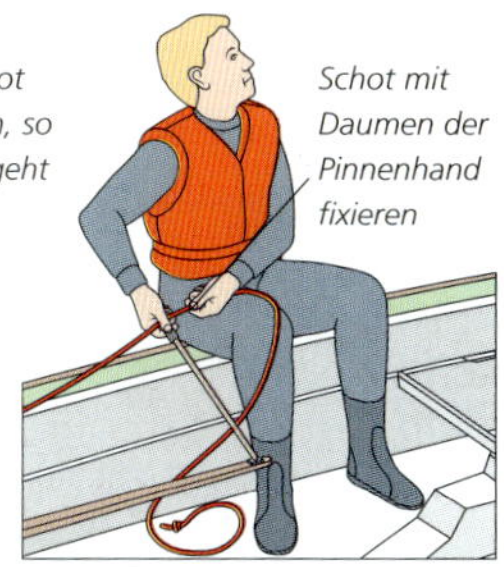

Schot mit Daumen der Pinnenhand fixieren

① Pinnenhand mit Pinnenausleger ruhig halten. Großschot so weit wie möglich anziehen. Schot dabei vom Heck aus quer vorm Körper vorbeiführen.

② Schot unter dem Daumen der Pinnenhand fixieren. Schothand quer vorm Körper nach achtern führen, Schot greifen und ziehen. Wenn nötig, wiederholen.

WENDEN

Wenden ist eines der wichtigsten Segelmanöver. Dabei wechselt man die Richtung, indem man den Bug des Bootes durch den Wind dreht. Steuermann und Vorschoter müssen dabei gut zusammenarbeiten. Eine Wende kann auf jedem Amwindkurs gefahren werden; meistens wird sie aber beim Kreuzen hoch am Wind durchgeführt. Bei der Wende auf einem Boot mit Heckschotführung blickt der Steuermann nach achtern. Hat das Boot Mittelschotführung, blickt er nach vorn.

AUFGABEN BEIM WENDEN

Der Steuermann entscheidet, wann gewendet wird. Mit dem Vorschoter wendet er das Boot, trimmt die Segel hält das Boot mit dem Körpergewicht aufrecht. Der Steuermann sorgt dafür, dass der neue Kurs klar und der Vorschoter bereit ist. Während der Wende wechselt der Steuermann die Hände an Pinne und Schot, bewegt sich dabei durchs Boot und bedient beide Steuermechanismen gleichzeitig. Nach der Wende muss er Segeltrimm, Bootsgleichgewicht und neuen Kurs prüfen.

Der Vorschoter lässt eine Fockschot gehen, nimmt die andere und bewegt sich auf die andere Bootsseite, um die Fockschot dichtzuholen, während das Boot die Wende vollendet. Der Vorschoter achtet auf die Anweisungen des Steuermannes und bestätigt, wenn der Wendebereich frei ist.

DAS MANÖVER

Eine Wende ist eigentlich ein verlängertes Anluven, bei dem das Boot sich weit genug dreht, damit die Segel sich auf der anderen Seite füllen. Die Wende beginnt mit Anluven *(S. 76)*. Das eigentliche Manöver findet statt, wenn der Bug des Bootes durch den Wind geht. Beendet ist es, wenn das Boot auf neuem Kurs segelt.

WENDE VON HALBWINDKURS AUF HALBWINDKURS

Wenden lernen Sie auf einem Halbwindkurs. Der Wind kommt genau von der Seite, und Sie wenden so, dass der Wind auf dem neuen Kurs auch wieder von der Seite kommt.

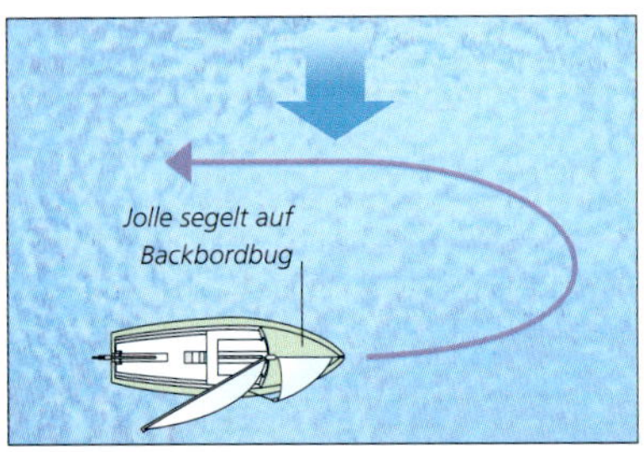

◁ **WENDE AUF HALBWINDKURS**
Um von einem Halbwindkurs auf den anderen zu wenden, macht man eine 180°-Drehung. Dieser große Winkel gibt Steuermann und Vorschoter genug Zeit, die Seite zu wechseln, bevor die Segel sich wieder füllen. Das Boot muss vorher allerdings rasche Fahrt machen, damit es genug Schwung hat, die Wende zu vollenden.

(7) Steuermann und Vorschoter trimmen die Segel und balancieren das Boot neu aus.

WENDE BEI EINEM BOOT MIT MITTELSCHOTFÜHRUNG

Diese Bilder zeigen ein Boot mit Mittelschotführung, das von einem Halbwindkurs auf einen Halbwindkurs wendet. Das Boot muss vor der Wende schnell sein, damit es nicht manövrierunfähig im Wind stehenbleibt, »verhungert« (S. 81).

(1) Auf Halbwindkurs Segel trimmen und Schwert halb senken. Der Steuermann prüft, ob Hindernisse im Weg sind, und bereitet den Vorschoter durch »Klar zur Wende!« vor.

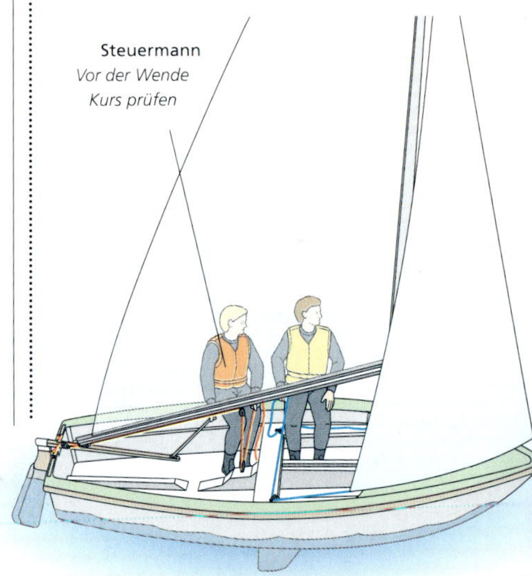

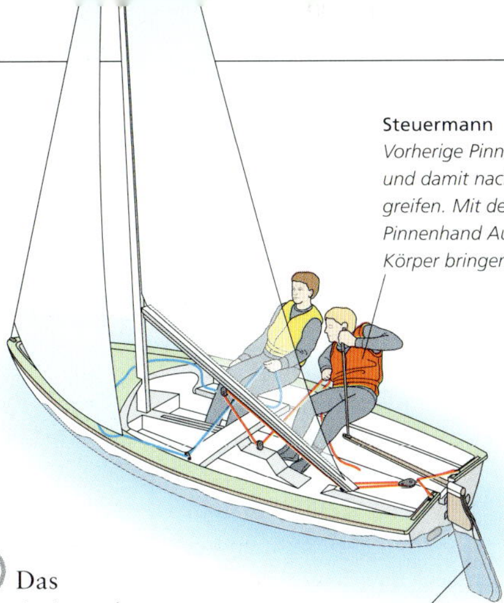

⑥ Das Boot dreht auf neuen Kurs. Der Steuermann wechselt die Hand an Pinnenausleger und Großschot und führt das Ruder wieder mittschiffs. Der Vorschoter sorgt für das Gleichgewicht.

⑤ Der Bug dreht durch den Wind, und die Fock wird hinüber auf die neue Leeseite geweht. Der Vorschoter holt die Fock dicht und balanciert das Boot aus.

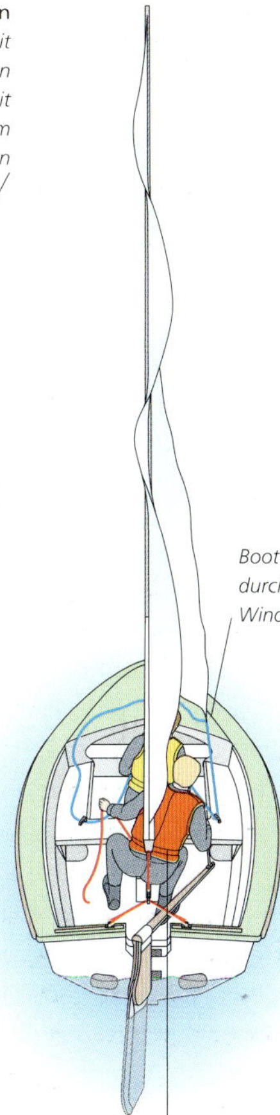

④ Wenn das Boot im Wind steht, bleibt das Ruder gelegt. Der Steuermann durchquert das Boot, Gesicht nach vorn. Der Vorschoter geht in die Bootsmitte, bereit die neue Fockschot dichtzuholen.

③ Der Steuermann ruft »Ree!« und legt Leeruder, um die Wende einzuleiten. Wenn die Fock killt, lässt der Vorschoter die alte Schot los und greift nach der neuen.

② Der Vorschoter prüft die nähere Umgebung. Ist alles frei und er bereit, bestätigt er »Ist klar!«. Er löst die Fockschot aus der Klemme.

Gegen den Wind segeln

Wenn Sie die Wende beherrschen, können Sie versuchen, »gegenan« zu segeln. Es ist zwar möglich, entlang des unerreichbaren Winkels zu segeln *(S. 34)*, aber wenn Sie höher an den Wind kommen, fängt das Achterliek an zu killen, und das Boot kommt schließlich zum Stehen. Ziehen Sie die Pinne leicht zu sich herüber, so dass das Boot etwas abfällt und wieder genug Wind in den Segeln hat. Wenn Sie zu weit abfallen, verlieren Sie viel an Boden. Wollen Sie einen Punkt ansteuern, der im unerreichbaren Winkel liegt, müssen Sie einen Zickzack-Kurs segeln. Diesen Vorgang nennt man kreuzen oder aufkreuzen.

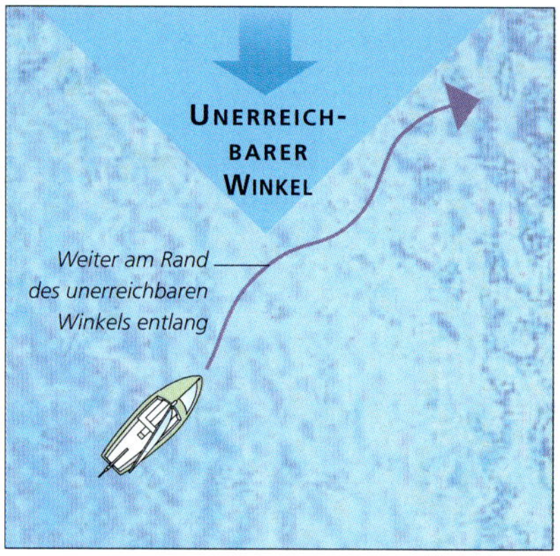

△ Rand des unerreichbaren Winkels
Um so hoch wie möglich am Wind zu segeln, holen Sie die Schoten so dicht wie möglich. Luven Sie an, bis das Achterliek anfängt zu zittern, dann abfallen.

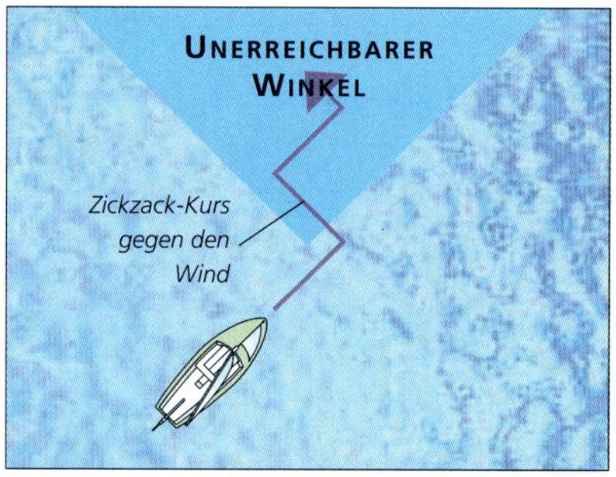

Gegenan kreuzen ▷
Um gegen den Wind an einen Punkt im unerreichbaren Winkel zu gelangen, müssen Sie wenden und einen Zickzack-Kurs segeln. Hier beginnt das Boot auf Backbordbug und wendet dann auf Steuerbordbug. Mit jedem Schlag gewinnt es an Boden. Je nach Entfernung zum Ziel entscheidet der Steuermann, ob er viele kurze oder wenige lange Schläge macht.

Wenden auf einem Amwindkurs

Wenden werden häufig hoch am Wind gefahren, wenn das Boot gegenan kreuzt. Der Winkel beträgt nur 90°, so dass die Wende relativ schnell geht.

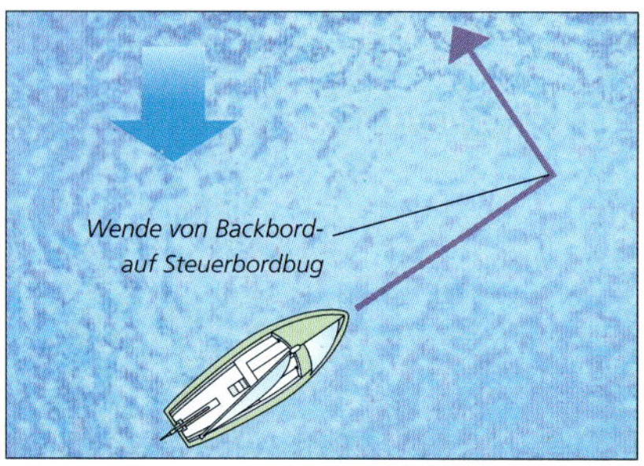

◁ Wende hoch am Wind
Beim Wenden von einem Amwindkurs auf einen Amwindkurs beträgt der Winkel nur 90°. Deshalb geht die Wende viel schneller als von einem Halbwindkurs auf einen Halbwindkurs. Fallen Sie nach der Wende nicht zu weit ab, sonst verlieren Sie Höhe.

Wende bei einem Boot mit Heckschotführung

Diese Bilder zeigen ein Boot mit Heckschotführung, das von einem Amwindkurs auf einen Amwindkurs wendet. Weil die Großschot übers Heck geführt wird, muss der Steuermann vor der Wende die Hand wechseln. Dabei zeigt sein Gesicht nach achtern, und er wechselt die Hand an Pinnenausleger und Großschot. Das Boot wendet nur um 90°; das Manöver läuft also sehr schnell ab. Vorschoter und Steuermann müssen rasch auf die andere Seite wechseln, bevor die Segel sich wieder füllen.

① Der Steuermann prüft, ob keine Hindernisse im Weg sind, und warnt den Vorschoter durch »Klar zur Wende!« Der Vorschoter sorgt dafür, dass das Schwert ganz unten ist und prüft die Umgebung. Ist alles frei und er bereit, bestätigt er »Ist klar!«.

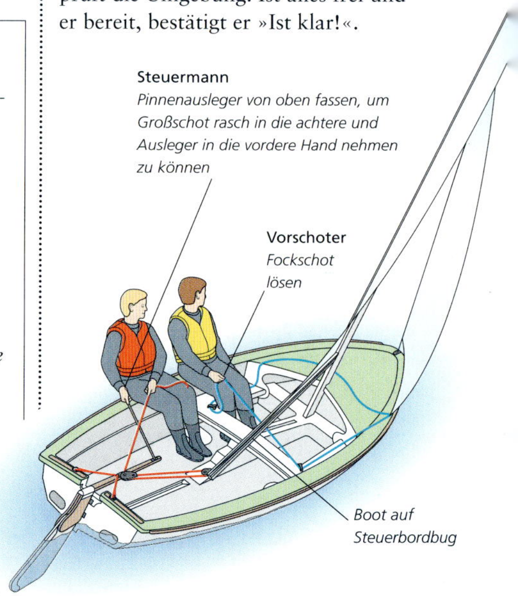

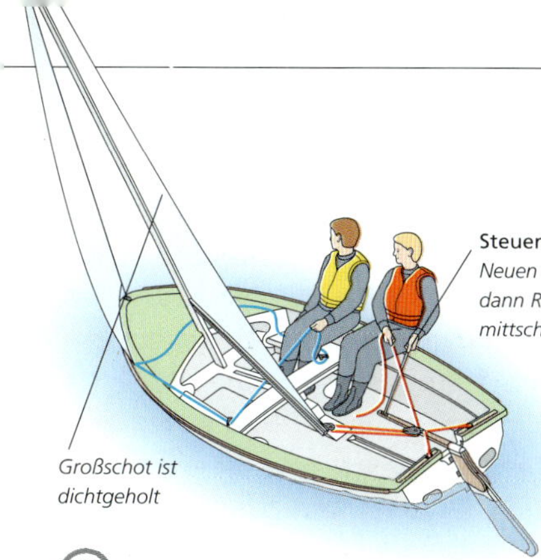

(5) Das Boot dreht auf neuen Kurs. Der Steuermann trimmt das Großsegel und führt das Ruder wieder mittschiffs. Der Vorschoter holt die Fockschot dicht, belegt sie und sorgt für das Gleichgewicht des Bootes.

(4) Der Bug dreht durch den Wind, und der Steuermann sitzt auf der neuen Luvseite. Der Vorschoter holt die Fockschot dicht, wenn die Fock auf die neue Leeseite geweht wird, und balanciert das Boot aus.

(3) Wenn das Boot im Wind steht, legt der Steuermann weiter Ruder und durchquert das Boot, Gesicht nach achtern. Der Vorschoter geht in die Bootsmitte, bereit, die andere Fockschot dichtzuholen.

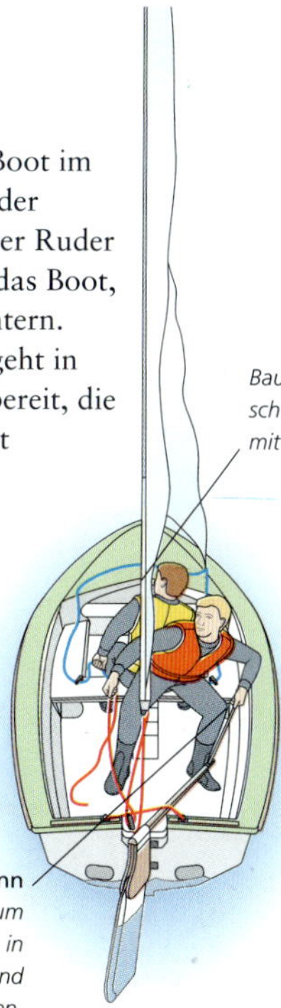

(2) Der Steuermann wechselt die Hand am Pinnenausleger, ruft »Ree!« und legt Leeruder. Wenn die Fock killt, lässt der Vorschoter die alte Schot los und greift nach der neuen.

VERPATZTE WENDE

Wenn die Wende nicht klappt, kann es sein, dass ein Boot im Wind »verhungert«. Dafür gibt es mehrere Gründe: Das Boot hat nicht genug Fahrt, der Steuermann macht Fehler oder der Vorschoter hat die neue Fockschot zu früh dichtgeholt.

Dem »Verhungern« entgehen

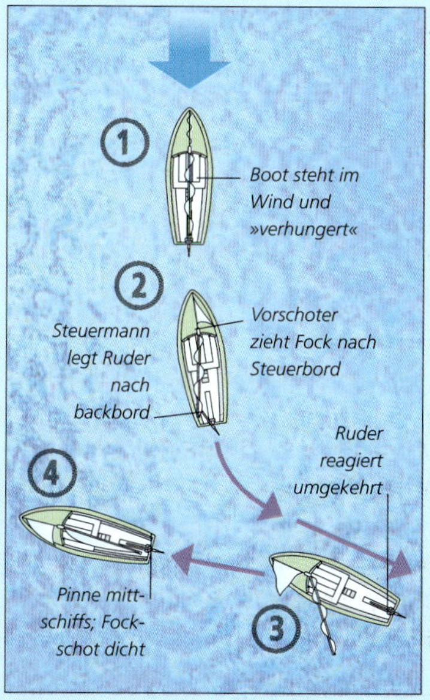

(1) Um im Wind nicht zu verhungern, legt der Steuermann in die Richtung Ruder, in die der Bug des Bootes drehen soll.

(2) Gleichzeitig zieht der Vorschoter die Fock auf die entgegengesetzte Seite des Bootes, damit sie sich mit Wind füllt. Das nennt man »die Fock backsetzen«.

(3) Das Boot bewegt sich rückwärts, das Ruder reagiert umgekehrt. Die backgesetzte Fock hilft den Bug in die gewünschte Richtung zu drehen.

(4) Sobald der Bug in die richtige Richtung zeigt, nimmt der Steuermann die Pinne mittschiffs. Der Vorschoter holt die Fockschot auf der richtigen Seite dicht.

HALSEN

Ähnlich wie beim Wenden wird beim Halsen das Boot auf einen anderen Bug gebracht, so daß der Wind von der anderen Seite kommt. Beim Halsen geht jedoch das Heck durch den Wind, nicht der Bug. Das Großsegel bleibt während des Manövers windgefüllt, und der Baum kann plötzlich und sehr kraftvoll zur anderen Seite schwingen. Dieser Punkt unterscheidet sich wesentlich von der Wende, bei der die Segel killen, bis die Wende abgeschlossen ist.

AUFGABEN BEIM HALSEN

Der Steuermann entscheidet, wann gehalst wird. Er ist dafür verantwortlich, dass der neue Kurs frei und der Vorschoter bereit ist. Während der Halse wechselt der Steuermann die Hand an Pinne und Schot und bedient beide Steuermechanismen. Außerdem bewegt er sich dabei durchs Boot. Nach der Halse steuert er einen neuen Kurs und prüft Segeltrimm und Bootsgleichgewicht.

Der Vorschoter lässt die Fockschot gehen, nimmt die andere und geht auf die andere Bootsseite, um die Fockschot in der letzten Phase der Halse dichtzuholen. Er muss sich darauf konzentrieren, das Boot bei der Halse im Gleichgewicht zu halten.

DAS MANÖVER

Die Halse beginnt mit einem Abfallen, bis die Fock schlaff hinter dem Großsegel hängt; das zeigt einen Kurs platt vor dem Wind an *(S. 34)*. Dann luven Sie ganz wenig an, so dass die Fock sich auf derselben Seite füllt wie das Großsegel. Jetzt sind Sie auf einem Vorwindtrainingskurs.

HALSEN AUF EINEM TRAININGSKURS VOR DEM WIND

Als Anfänger beginnen Sie mit dem Segeln auf einem Vorwindtrainingskurs, das heißt der Wind kommt von hinten mit einer Abweichung von 5–10° von einem reinen Vorwindkurs.

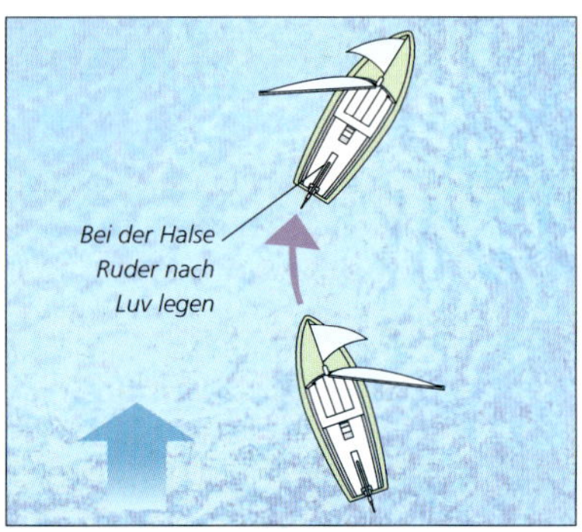

◁ **HALSE AUF VORWINDTRAININGSKURS**
Wenn Sie das Halsen auf einem Vorwindtrainingskurs lernen, haben Sie mehr Zeit, um sich auf das Manöver vorzubereiten und das Boot auszubalancieren. Es macht einen größeren Bogen. Der Steuermann sollte das Achterliek sorgfältig auf Anzeichen für die Halse beobachten. Er sollte mittschiffs stehen, wenn der Baum herumkommt, und die Pinne ebenfalls mitschiffs halten.

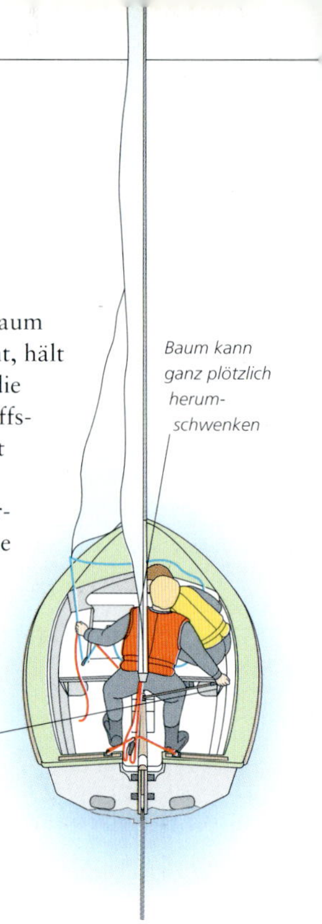

④ Wenn der Baum mittschiffs kommt, hält der Steuermann die Pinne in Mittschiffsposition und setzt sich auf die neue Luvseite. Der Vorschoter trimmt die Fock und hält das Boot aufrecht.

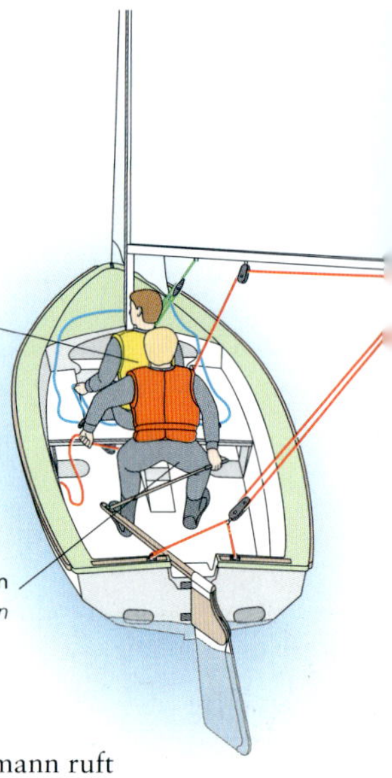

③ Der Steuermann ruft »Rund achtern!« und fällt weiter ab. Er stellt sich mittschiffs und duckt sich unter dem Baum. Der Vorschoter greift nach der neuen Schot und sorgt fürs Gleichgewicht.

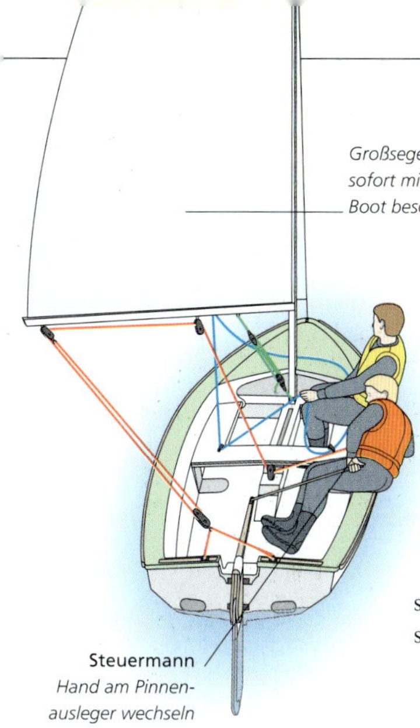

⑤ Der Steuermann wechselt die Hand an Pinnenausleger und Großschot. Der Vorschoter setzt sich so, dass das Boot im Gleichgewicht ist. Bei leichtem Wind sitzt er auf der neuen Leeseite. Bei stärkerem Wind sitzt er mittschiffs oder in Luv.

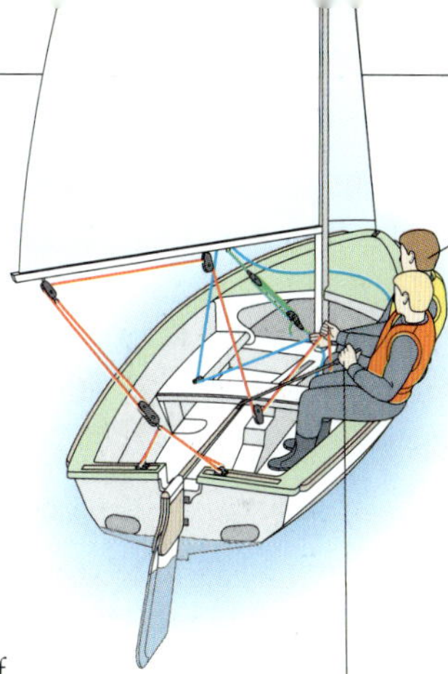

⑥ Ist das Boot im Gleichgewicht, schlägt der Steuermann den neuen Kurs ein. Das Boot hat einen großen Bogen gemacht, vor allem bei leichtem Wind, und segelt auf neuem Bug wahrscheinlich einen raumachterlichen Kurs. Die Segel sind richtig getrimmt und das Schwert angepasst.

HALSE BEI EINEM BOOT MIT MITTELSCHOTFÜHRUNG

Bei einem Boot mit Mittelschotführung schaut der Steuermann während der Halse nach vorn; gegen Ende des Manövers wechselt er die Hand an Pinne und Großschot. Aus dieser Position hat er Kurs und Großsegel im Blick. Sieht ein erfahrener Steuermann, dass der Baum gleich herumkommt, zieht er am Großsegel, um den Vorgang zu beschleunigen. Der Vorschoter hält das Boot im Gleichgewicht.

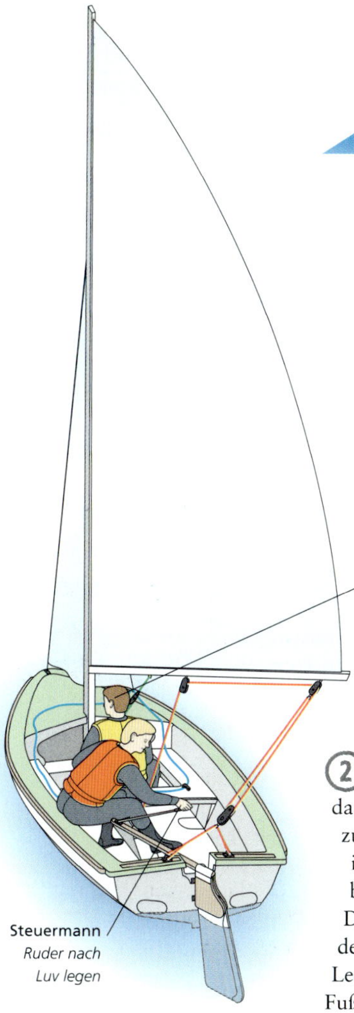

② Der Vorschoter prüft, dass das Schwert höchstens zu einem Viertel gesenkt ist. Ist der Kurs frei, bestätigt er »Ist klar!«. Der Steuermann klappt den Pinnenausleger nach Lee und setzt den achteren Fuß in die Bootsmitte.

① Der Steuermann luvt auf einem Vorwindkurs zum Vorwindtrainingskurs an. Er holt die Großschot dichter, damit der Baum nicht an der Leewant anliegt, und ruft: »Klar zur Halse!«

Sicher halsen

Vor einer Halse muss das Boot aufrecht segeln. Krängt es nach Lee, ist die Halse schwierig, weil das Boot luvgierig wird und sich in die falsche Richtung dreht.

Das Schwert ist beim Halsen höchstens ein Viertel gesenkt. Ansonsten versucht das Boot anzuluven, wenn der Baum herumkommt; es »stolpert« dabei über das Schwert und kann kentern. Wenn Sie ein Steckschwert haben, achten Sie darauf, dass Baum oder Niederholer beim Halsen nicht daran hängenbleiben, sonst kentern Sie.

Bei starkem Wind zu halsen ist riskant. Luven sie lieber auf einen raumen Kurs an und wenden Sie, anstatt zu halsen. Danach fallen Sie auf ihren gewünschten Kurs ab. Wenn Sie trotzdem bei starkem Wind halsen wollen, tun Sie es bei hoher Geschwindigkeit. Da das Boot dem wahren Wind davonsegelt, wird der scheinbare Wind durch die Geschwindigkeit der Bootsbewegung verringert. Das reduziert die Kraft im Segel und erleichtert das Halsen. Wählen Sie einen Moment, in dem das Boot maximale Geschwindigkeit fährt und gerade eine Welle hinuntergleitet.

Tipps fürs Halsen

Haben Sie sich einmal zum Halsen entschlossen, zögern Sie nicht. Legen Sie gleichmäßig Ruder und bewegen Sie sich rasch, wenn der Baum herumkommt.

Anzeichen für die bevorstehende Halse erkennen Sie am Achterliek des Großsegels, im ersten Drittel über dem Baum. Ganz kurz vor der Halse klappt das Achterliek nach Luv und zeigt, dass der Wind hinter das Segel gelangt.

Wenn das Boot halst und der Baum herumkommt, müssen sich Vorschoter und Steuermann in der Bootsmitte aufhalten, und auch das Ruder muss mittschiffs stehen.

Häufig muss das Boot einen ziemlich großen Bogen machen, bevor der Baum in Bewegung gerät, besonders bei leichtem Wind. Das können Sie vermeiden, indem Sie einmal heftig am Großsegel ziehen, wenn die Fock über den Bug geblasen wird. Dann kommt der Baum früher herum.

Patenthalse

Wenn Sie auf einem Raumschotkurs immer mehr zu einem Vorwindkurs abfallen, wird das Boot irgendwann von selbst halsen. Bei solch einer unkontrollierten Halse (Patenthalse) können Sie ganz überraschend baden gehen. Vermeiden Sie Patenthalsen, indem sie auf einem Vorwindkurs immer wieder die Windrichtung prüfen. Ein Warnzeichen ist, wenn die Fock versucht, auf die Luvseite des Bootes zu wehen. Das bedeutet, dass Sie platt vor dem Wind segeln. Wenn Sie dann noch ein kleines bisschen abfallen, kommt es zur Patenthalse.

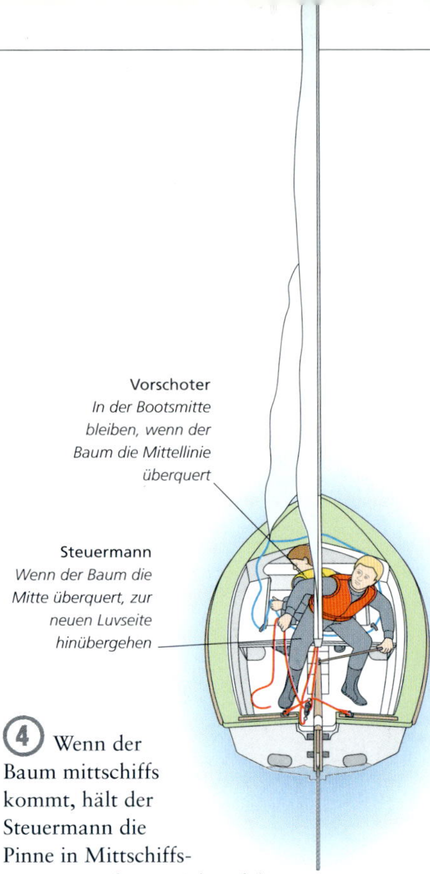

4 Wenn der Baum mittschiffs kommt, hält der Steuermann die Pinne in Mittschiffsposition und setzt sich auf die neue Luvseite. Der Vorschoter trimmt die Fock auf der neuen Seite und hält das Boot aufrecht.

HALSEN AUF EINEM KURS PLATT VOR DEM WIND

Gewöhnlich lernen Sie das Halsen von einem Vorwindtrainingskurs auf einen Raumschotkurs. Es ist aber auch möglich, platt vor dem Wind ohne Kurs oder mit nur geringer Kursänderung zu halsen.

◁ **Halse platt vor dem Wind**
Um platt vor dem Wind mit minimaler Kurskorrektur zu halsen, müssen Vorschoter und Steuermann das Großsegel auf die neue Leeseite ziehen, statt dies dem Wind zu überlassen. Segeln Sie platt vor dem Wind; der Steuermann steht mittschiffs, der Vorschoter sorgt wenn nötig für das Gleichgewicht. Ruft der Steuermann »Rund achtern!«, nimmt der Vorschoter den Baumniederholer und zieht den Baum herüber. Bei einem Boot mit Mittelschotführung kann der Steuermann den Baum am Großschotblock herumziehen.

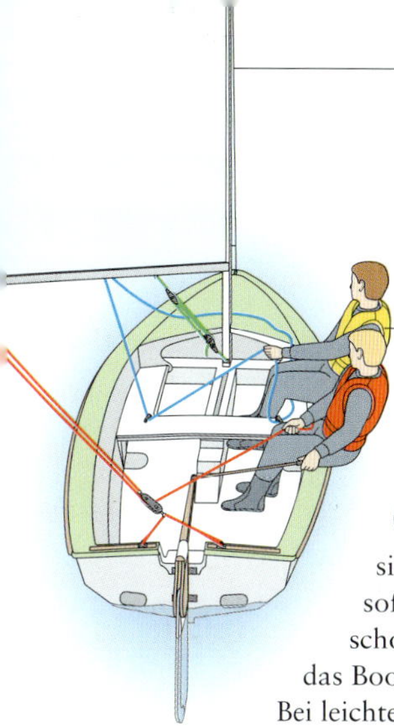

(5) Das Großsegel füllt sich auf der neuen Seite sofort mit Wind. Der Vorschoter setzt sich so, dass das Boot im Gleichgewicht ist. Bei leichtem Wind sitzt er auf der neuen Leeseite. Bei stärkerem Wind sitzt er in Luv.

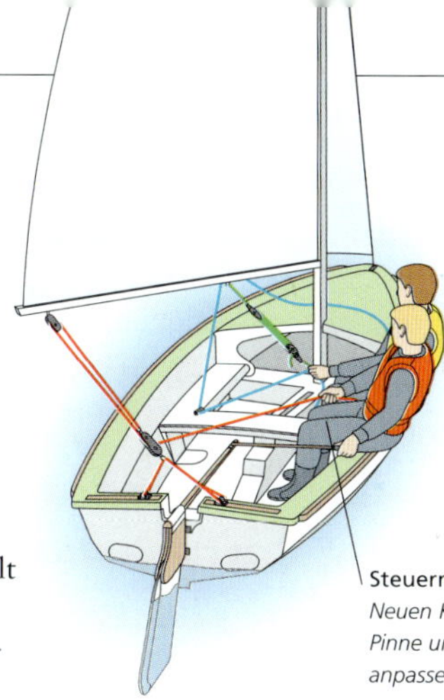

(6) Ist das Boot im Gleichgewicht, schlägt der Steuermann den neuen Kurs ein. Das Boot segelt auf neuem Bug wahrscheinlich einen Raumschotkurs. Die Segel sind richtig getrimmt und die Schwertstellung angepasst.

Halse bei einem Boot mit Heckschotführung

Die Halse bei einem Boot mit Heckschotführung unterscheidet sich dadurch, dass der Steuermann vor der Halse die Hand an Pinnenausleger und Großschot wechselt und mit dem Gesicht nach achtern steht. Er kann also nicht sehen, was sich während des Manövers vor dem Boot abspielt. Deshalb muss die Halse so schnell wie möglich durchgeführt werden. Der Vorschoter sitzt wie immer mit dem Gesicht nach vorn.

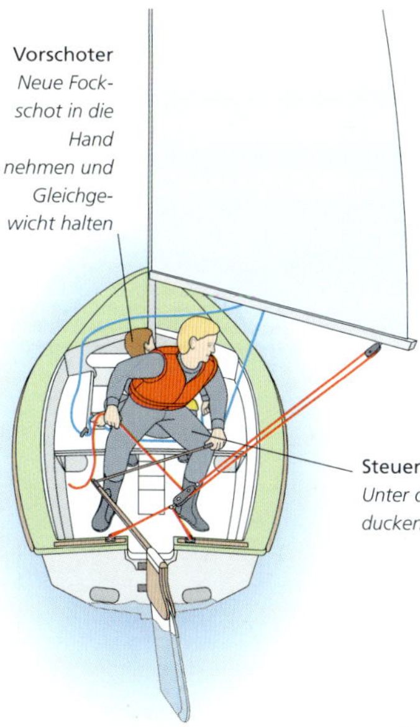

(3) Sieht der Steuermann, dass der Baum gleich herumkommt, dreht er sich auf den Fußballen mittschiffs, Gesicht nach achtern.

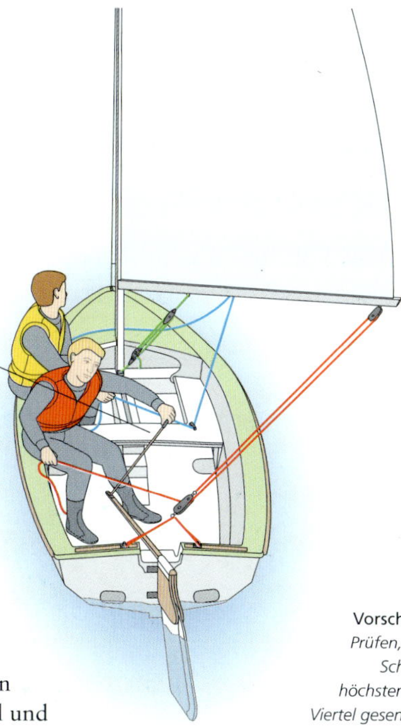

(2) Der Steuermann ruft »Rund achtern!«, wechselt die Hand an Pinne und Großsegel und stellt seinen vorderen Fuß mittschiffs. Er klappt den Ausleger nach Lee und legt Ruder nach Luv.

(1) Der Steuermann luvt auf einen Vorwindtrainingskurs an. Er holt die Großschot dichter, damit der Baum nicht an der Want anliegt, und ruft »Klar zur Halse!«. Der Vorschoter bestätigt »Ist klar!«.

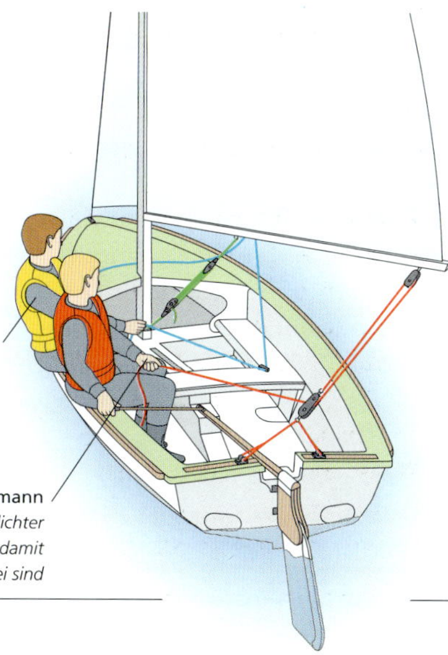

Alle Kurse

Um Ihre Fähigkeiten weiterzuentwickeln, segeln Sie am besten einen Kurs, bei dem Sie wenden und halsen müssen und der alle Kurse zum Wind umfasst (S. 34–35). *Ideal wäre eine kleine Insel zum Umrunden. Sie können sich auch Bojen als Wendepunkte auswählen oder einfach einen großen Kreis segeln, der Sie wieder an den Ausgangspunkt zurückbringt. Welchen Kurs Sie auch setzen, gehen Sie bei Ihren ersten Versuchen möglichst anderen Booten aus dem Weg.*

Steuern eines Rundkurses ▷
Wenn Sie diesen Rundkurs segeln wollen, müssen Sie anluven, abfallen, wenden und halsen. Die ersten Versuche sollten Sie in leichtem Wind machen. Starker Wind hat seine Tücken, aber auch sehr leichte Winde sind schwer zu segeln, weil das Boot schwerfällig reagiert.

Segeln am Wind

Fangen Sie auf einem Amwindkurs an (halber Wind, am Wind oder hoch am Wind). Auf diesen Kursen können Sie langsamer werden und wenn nötig anhalten, indem sie einfach die Schoten so weit auffieren, dass die Segel zu killen beginnen.

Halber Wind

Fahren Sie den Halbwindkurs mit halb gesenktem Schwert. Trimmen Sie die Segel und verlagern Sie Ihr Gewicht, um das Boot im Gleichgewicht zu halten. Wenn es trotz Ausreiten stark krängt, reffen Sie die Segel *(S. 62)*. Experimentieren Sie mit der Pinne, bis Sie mit den dadurch entstehenden Kursänderungen vertraut sind. Beobachten Sie, wie der Bug sich in Relation zum Horizont bewegt. Prüfen Sie regelmäßig den Segeltrimm. Bei leichten Winden ist ein Halbwindkurs der schnellste *(S. 34–35)*.

Am Wind

Sind Sie mit dem Halbwindkurs vertraut, können Sie auf einen Amwindkurs anluven. Senken Sie das Schwert auf drei Viertel und holen Sie die Schoten dichter, damit die Segel voll stehen. Sie müssen jetzt weiter ausreiten, um die Krängungskraft auszugleichen.

Hoch am Wind

Richtig hoch am Wind zu segeln ist schwierig und erfordert viel Übung. Senken Sie das Schwert ganz und luven Sie an. Bitten Sie den Vorschoter, die Fock dichter zu nehmen. Dann holen Sie die Großschot dicht und beobachten beim Steuern das Achterliek der Fock. Ziel ist es, am Rand des unerreichbaren Winkels so weit wie möglich gegen den Wind

Einen Rundkurs segeln ▷
Wählen Sie ein Gebiet, in dem keine anderen Boote unterwegs sind. Ideal ist eine kleine Insel oder eine Reihe Tonnen, die als Wendepunkte dienen können.

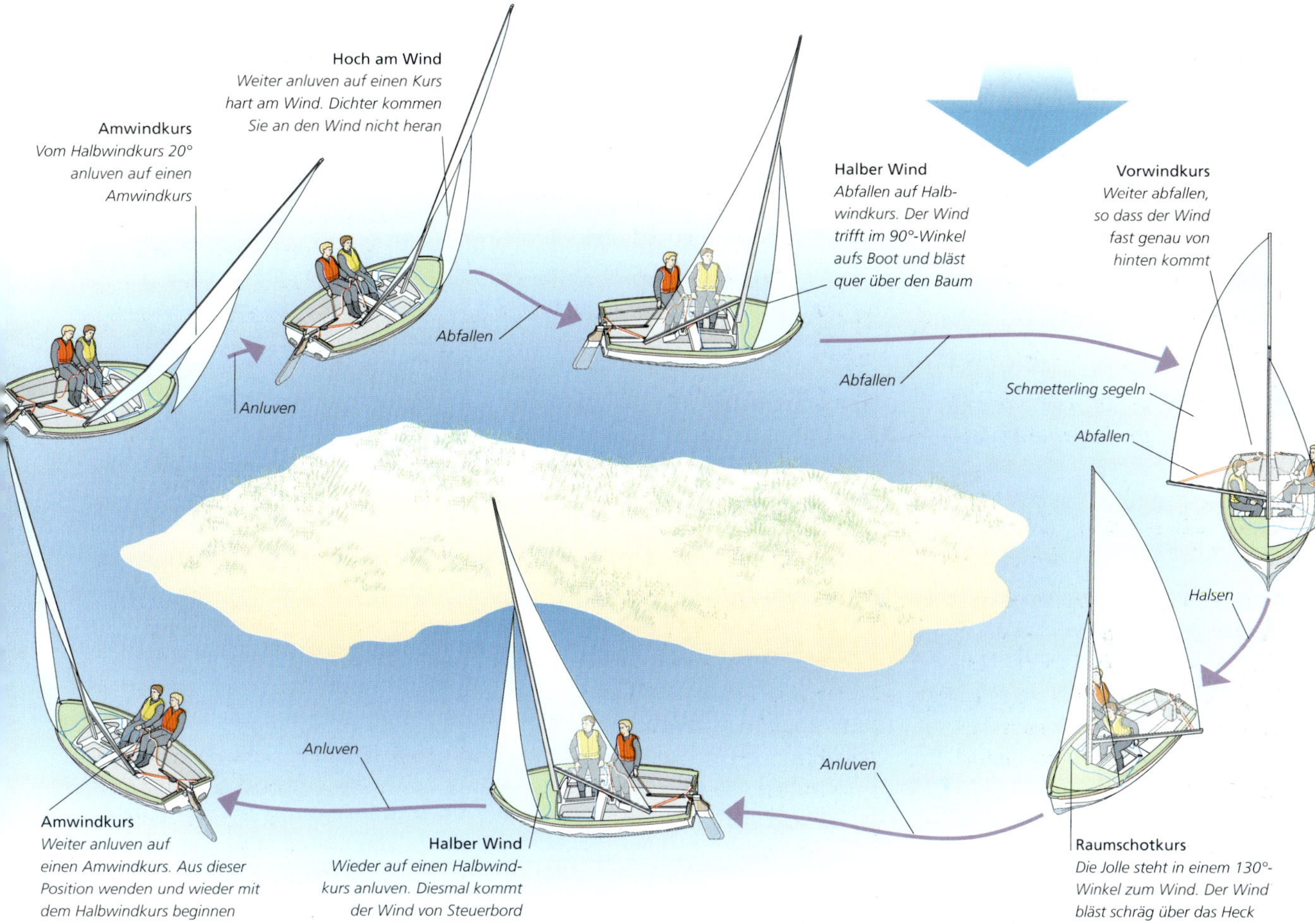

voranzukommen. Legen Sie sanft Ruder nach Lee, luven Sie an und warten Sie, bis das Achterliek der Fock zu zittern beginnt. Dann legen Sie ganz wenig Gegenruder und fallen ab, bis das Zittern aufhört. Um hoch am Wind zu bleiben, müssen Sie dieses leichte Anluven und Abfallen immer wiederholen. Das erfordert sehr viel Konzentration. Lässt die Konzentration nach, segeln Sie entweder zu hoch oder Sie fallen zu weit ab.

Wenn das Boot trotz Ausreitens in Böen zu stark krängt, verringern Sie die Krängungskraft durch leichtes Auffieren der Großschot; das Boot richtet sich dann wieder auf. Ist die Bö vorbei, holen Sie die Schot wieder dicht, sonst krängt das Boot nach Luv.

WAS IST EIN LEEWEG?

Wenn Sie Amwindkurse segeln, driftet Ihr Boot bis zu einem gewissen Grad seitlich ab. Diese seitliche Abdrift nennt man auch Leeweg. Sie ist am deutlichsten auf einem Kurs hart am Wind.

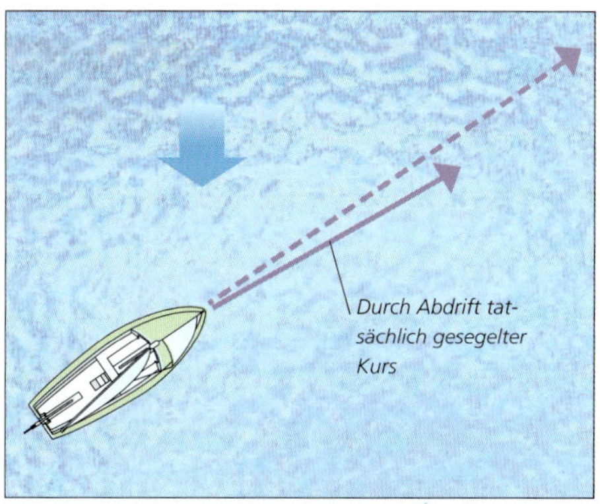

◁ **DER QUERKRAFT ENTGEGENWIRKEN**
Das Schwert reduziert den Leeweg und wirkt am besten bei schneller Fahrt. Daher ist die Abdrift am deutlichsten, wenn Sie langsam segeln. Wenn Sie hart am Wind segeln, luven Sie nicht weiter an, um den Leeweg zu verringern. Das Boot wird sonst langsamer und die Abdrift größer. Kreuzen Sie statt dessen lieber, um Ihr Ziel zu erreichen.

Segeln vor dem Wind

Wenn Sie nach den Amwindkursen die Vorwindkurse (raumvorlich, Vorwindtrainingskurs, platt vor dem Wind) segeln, werden Sie einen deutlichen Unterschied feststellen, vor allem bei mäßigen und starken Winden. Durch den scheinbaren Wind *(S. 30)* entsteht der Eindruck, als ließe die Windstärke nach. Sie brauchen nicht so weit auszureiten, und das Boot taucht nicht in die Wellen, sondern segelt obenauf. Im Gegensatz zum Amwindkurs fliegt keine Gischt, und die Umgebung wirkt wärmer.

Raumschotskurs

Fallen Sie vom Halbwindkurs ab auf einen Raumschotskurs. Fieren Sie beide Schoten auf, bis die Segel korrekt stehen; achten Sie dabei auf die Achterlieks oder die Trimmfäden. Holen Sie das Schwert bis auf ein Viertel hoch und setzen Sie sich innenbords, damit das Boot im Gleichgewicht bleibt. Falls der Bug in die Wellen taucht, verlagern Sie Ihr Gewicht weiter nach achtern. Bei starkem Wind segeln Sie auf einem raumachterlichen Kurs am schnellsten.

Vorwindtrainingskurs

Fallen Sie auf Raumschotskurs weiter ab, so dass der Wind schräg übers Heck weht. Fieren Sie die Schoten so weit wie möglich auf. Beim Großsegel geht das nicht ganz, weil sonst der Baum gegen die Leewant schlägt. Halten Sie den Baum also kurz vor der Want, um schamfilen (scheuern) zu vermeiden. Hebt sich der Baum zu sehr und geigt das Boot, ziehen Sie den Baumniederholer straff.

Die Fockschot kann dagegen ganz aufgefiert werden. Trimmen Sie die Fock mit Hilfe von Trimmfäden *(S. 68)* oder achten Sie auf das Achterliek. Fällt die Fock hinter dem Großsegel ein, sind Sie zu weit abgefallen. Luven Sie etwas an, bis die Fock sich mit Wind füllt.

Um auf diesem Kurs optimal zu segeln, holen Sie das Schwert so weit hoch, dass kaum mehr als die Spitze unter dem Rumpf herausschaut. Wenn das Boot geigt und instabil ist, lassen Sie das Schwert wieder etwas hinab. Je nach Windstärke sitzt der Vorschoter mittschiffs oder auf der Leeseite, um das Gewicht des Steuermanns auszugleichen. Dieser sollte auf dem Luvseitendeck sitzen, damit er Segel und Umgebung im Blick hat.

Platt vor dem Wind

Dieser Kurs ist für Vorschoter und Steuermann der schwierigste. Die Schoten sind ganz aufgefiert, und der Wind kommt genau von achtern. Es tritt keine Krängungskraft auf, die ausgeglichen werden müsste, und das Boot schaukelt um die Längsachse (es »geigt«). Sie erreichen maximale Geschwindigkeit, wenn das Schwert fast vollständig hochgezogen ist. Dadurch verstärkt sich aber das Schaukeln. Dagegen hilft nur, das Schwert wieder ein Viertel zu senken.

Der Steuermann sollte auf der Luvseite sitzen. Der Vorschoter setzt sich genau gegenüber nach Lee, um das Gleichgewicht zu halten. Er muss sich schnell und geschmeidig bewegen, wenn das Boot auf eine Seite rollt. Der Steuermann dagegen konzentriert sich ganz auf den Kurs, um eine Patenthalse zu vermeiden.

Schmetterling

Wenn Sie sich vor dem Wind sicherer fühlen, setzen Sie die Fock auf der anderen Seite des Großsegels (»Schmetterling«). Sie machen mehr Fahrt und sorgen für ein Gegengewicht zum Großsegel, so dass das Boot auf geradem Kurs besser zu steuern ist. Fallen Sie ab, bis der Wind genau von achtern kommt. Die Fock fällt ein, weil sie im Windschatten des Großsegels ist. Ziehen Sie sie mit der Schot auf die andere Seite, bis die Fock sich dort mit Wind füllt.

BEIDREHEN

Beidrehen oder, wenn das Manöver beendet ist, beiliegen ist wirksamer als ein Nahezu-Aufschießer *(S. 74)*, wenn Sie das Boot längere Zeit zum Reffen oder Ausruhen zum Stillstand bringen müssen.

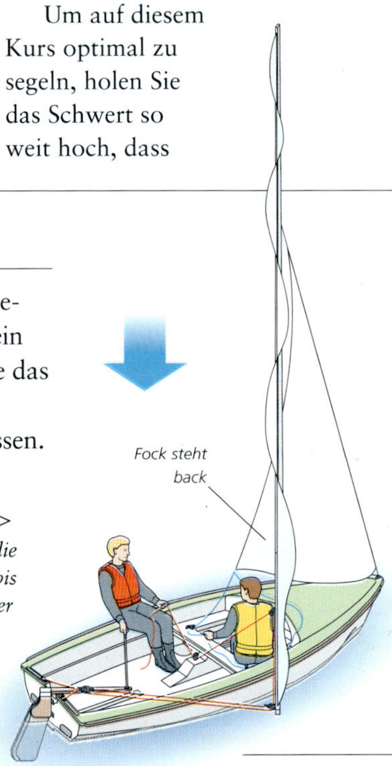

Wie man beidreht ▷
Wie bei einer Wende beginnen, ohne die Fockschot loszuwerfen. Großschot auffieren, bis die vordere Hälfte des Segels killt. Leeruder legen und fixieren. Schwert zu zwei Dritteln absenken. Dem Druck des Windes in der Fock wirken Großsegel und Ruder entgegen.

Fockausbaumer

Manche Boote sind nicht für den Gebrauch eines Spinnakers konstruiert *(S. 122–123)*. Sie haben einen Fockausbaumer, mit dem die Fock beim Schmetterlingssegeln ausgebaumt wird. Der Fockausbaumer wird an einem Ring vorn am Mast und am anderen Ende in die Kausch des Schothorns eingehängt. Die Fockschot bleibt belegt, damit sie nicht ausrauscht.

Ein Fockausbaumer ist sehr nützlich, wenn Sie eine größere Strecke platt vor dem Wind segeln müssen. Er behält die Schmetterlingsstellung bei, selbst wenn der Steuermann versehentlich etwas anluvt. Ohne Fockausbaumer ist es ziemlich schwierig, die Fock auf dieser Seite zu halten. Denken Sie daran, vor dem Halsen oder Anluven den Fockausbaumer zu entfernen und sicher zu verstauen.

▽ **Die Fock ausbaumen**

Diese Sharpie gehört zu einer Jollenklasse ohne Spinnaker. Ein langer Fockausbaumer sorgt dafür, dass die Fock auf der Luvseite gut steht und das Boot nicht zu sehr geigt. Dadurch macht es mehr Fahrt.

Segeln mit der Tide

In Tidengewässern müssen Sie Abdrift durch den Tidenstrom einrechnen. Er beeinflusst den Kurs, den Sie zu Ihrem Ziel steuern.

Wirkung der Tide

Stellen Sie sich vor, Sie gehen auf einem breiten Laufband. Wenn Sie in dieselbe Richtung gehen, in die das Band läuft, kommen Sie schneller voran als auf festem Boden. Drehen Sie sich aber um und gehen in die entgegengesetzte Richtung, brauchen Sie viel länger, um voranzukommen. Gehen Sie aber quer zur Laufrichtung des Bandes, nimmt es Sie seitlich mit, und Sie entfernen sich von Ihrem Ziel. Genau das passiert mit Ihrem Boot, wenn es in Tidengewässern unterwegs ist.

Richtung der Tide

Wenn Sie in Tidengewässern segeln, informieren Sie sich vor dem Ablegen darüber, in welche Richtung die Strömung läuft und ob sie kentert, während Sie draußen sind.

Mit der Tide leben

Die folgenden Tipps helfen Ihnen dabei, mit der Tidenströmung zurechtzukommen.

- Die stärksten Strömungen sind meistens dort, wo das Wasser tief ist. Im Flachwasser ist die Strömung schwächer.
- Wenn Sie mit der Tide hinaussegeln, nutzen Sie die stärkste Strömung, um möglichst schnell voranzukommen.
- Segeln Sie gegen die Tide, versuchen Sie in flache Gewässer mit schwächerer Strömung zu kommen. Aber nicht auflaufen!
- Müssen Sie die Strömung kreuzen, steuern Sie eine gerade Linie stromaufwärts an, damit die Strömung Sie seitlich davonträgt.

ABLEGEN VOM UFER

Am Anfang und am Ende Ihres Segeltörns haben Sie vermutlich die kniffeligsten Probleme zu lösen. Das Ufer ist ein festes Hindernis und kann für Sie und Ihr Boot gefährlich werden, wenn Sie nicht richtig damit umgehen können. An- und Ablegen an Stegen und Slipanlagen kann für die Unerfahrenen seine Tücken haben. Außerdem müssen Sie wissen, wie Sie mit auf- und ablandigem Wind, Tidenströmungen und anderen Booten fertigwerden.

LUVKÜSTE

Wie leicht oder schwer Ihnen das An- und Ablegen fällt, hängt in erster Linie davon ab, in welche Richtung der Wind am Ufer weht.

Bläst der Wind vom Land aufs Wasser, spricht man von einer Luvküste und von ablandigem Wind. In diesem Fall ist das Ablegen leicht; der Wind bläst Sie aufs Wasser hinaus, und in Ufernähe gibt es keine Wellen. Um wieder zurückzukehren, müssen Sie kreuzen *(S. 80)*. Um das Boot zum Stehen zu bringen, drehen Sie einfach in den Wind, wenn Sie flaches Wasser erreicht haben.

LEEKÜSTE

Bläst der Wind vom Wasser aufs Land, spricht man von einer Leeküste und auflandigem Wind. Ablegen von einer Leeküste kann schwierig werden, vor allem bei starkem Wind und großen Wellen. Ist das Boot im Wasser, kreuzen Sie gegenan, um von der Küste wegzukommen. Wollen Sie nach Hause, segeln Sie vor dem Wind. Anlegen an einer Leeküste hat seine Tücken, vor allem, wenn die Wellen sich dort brechen.

▽ **ABSLIPPEN AUF EINER SLIPANLAGE**
Hier geht es leichter als am Strand, weil man den Slipwagen benutzen kann.

Am Strand
Wenn der Wind am Ufer entlang bläst, ist es ganz einfach. Sie können mit halbem Wind an- und ablegen.

Vom Strand starten
Die meisten Jollen können am Strand abgeslippt werden, aber das ist schwieriger als am Steg oder an der Slipanlage. Um das Boot über den weichen Sand zu tragen, brauchen Sie mehrere Helfer. Oder Sie benutzen einen Slipwagen mit großen Gummireifen. Ein Stein- oder Kieselstrand ist ebenfalls ungünstig, weil der Rumpf auf den Steinen beschädigt werden kann. Die meisten Sandstrände haben einen sehr flachen Übergang zum Wasser. Das erschwert das Einhängen des Ruders und die Nutzung des Schwertes. Bei Stein- oder Kieselstränden ist der Übergang meist steiler; das Wasser wird rasch tiefer. Allerdings brechen sich bei auflandigem Wind dort meist große Wellen, was das Abslippen erschwert.

Von der Slipanlage ablegen
Leichter geht es auf einer guten Slipanlage. Achten Sie aber darauf, wie das Ufer links und rechts von der Anlage aussieht. Möglicherweise ist der Slip nur eine Rampe, die die Hafenmauer unterbricht. Hier an- und abzulegen kann sehr riskant sein, wenn Sie einen Fehler machen. Vorsicht bei Slipanlagen, die mit einer abrupten Stufe in tiefes Wasser übergehen.

Häufig ist der Slip voller Algen und anderer glitschiger Wasserpflanzen. Passen Sie auf, dass Sie nicht ausrutschen. Halten Sie die Vorleine des Bootes fest, damit es nicht ohne Sie davonfährt, falls Sie rutschen. Vorsicht ist auch beim Umgang mit dem Slipwagen geboten.

Vom Steg ablegen
Am Steg ist das Abslippen gewöhnlich am leichtesten, vor allem wenn es dort eine Slipanlage gibt. Ist das Boot erst einmal im Wasser, steuern Sie einen Liegeplatz am Steg an und bereiten in aller Ruhe das Ablegen vor. Bei der Rückkehr können Sie die Segel bergen und verstauen, bevor Sie das Boot aus dem Wasser holen. Führt der Steg in tiefes Wasser, achten Sie auf die Tidenströmung *(siehe rechts)*.

Von der Luvküste starten
Bevor Sie von der Luvküste ablegen, hören Sie den Wetterbericht. Bei ablandigem Wind ist an Land schlecht einzuschätzen, wie stark er draußen auf dem Wasser weht, wo das Land nicht mehr abschirmt. In Ufernähe gibt es kaum Wellen, aber draußen könnten Sie eine unliebsame Überraschung erleben, weil der Wind zulegt und die Wellen höher werden. Legen Sie von der Luvküste mit einem raumachterlichen oder einem Vorwindkurs ab. Bei der Rückkehr müssen sie kreuzen. Sind die Bedingungen draußen schlechter als erwartet, kann das schwierig werden. Seien Sie umsichtig beim Ablegen von der Luvküste und segeln Sie nur, wenn die Bedingungen draußen Ihren Fähigkeiten entsprechen.

Von der Leeküste starten
An einer Leeküste sind Sie meist den herrschenden Bedingungen voll ausgesetzt. Wind und Wellen wirken häufig am Ufer beängstigender als draußen auf dem Wassser, vor allem, wenn das Ufer steil ist und sich dort sogar bei mäßigem Wind Wellen brechen. Das Schwierigste ist in diesem Fall, vom Ufer abzulegen und durch die Wellen in ruhigeres Wasser zu gelangen.

Ablegen mit Tide
Eine (Gezeiten-)Strömung kann An- und Ablegemanöver erschweren. Unter Umständen bestimmt sie sogar, in welche Richtung Sie an- oder ablegen.

Flachwasser
Wenn Sie vom Strand ablegen, ist das Wasser zuerst flach und die Strömung minimal, wenn überhaupt vorhanden. Bedenken Sie aber Strömungsrichtung und Strömungsstärke weiter draußen und berechnen Sie Ihren Kurs dementsprechend.

Tiefes Wasser
In tiefem Wasser hat die Tidenströmung Einfluß darauf, wie sie an- und ablegen. Sie sollten die Tide immer als wichtigste Kraft betrachten, es sei denn, sie ist wesentlich schwächer als der Wind. Im Zweifel legen Sie mit dem Bug gegen die Strömung vom Steg oder der Slipanlage ab und setzen nur die Fock, wenn der Wind im rechten Winkel auf den Baum trifft. Beim Anlegen drehen Sie in die Strömung, wenn Sie Steg oder Slipanlage erreichen, damit das Boot zum Stehen kommt. Haben Sie Wind genau von der Seite, legen Sie nur unter Fock an.

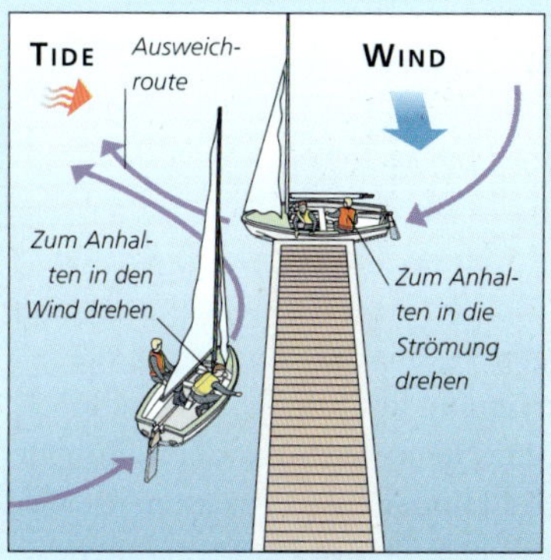

Wind und Tide am Steg

LUVKÜSTE

ABLEGEN VOM STRAND

Wenn Sie an einer Luvküste vom Strand ablegen, treffen Sie die üblichen Vorbereitungen und bringen das Boot zum Ufer (S. 72–73). Drehen Sie das Boot in den Wind und setzen Sie Segel (S. 58–61). Slippen Sie das Boot vorsichtig ab. Einer hält das Boot an der Vorleine, der andere parkt den Slipwagen. Jetzt können Sie an Bord gehen und lossegeln.

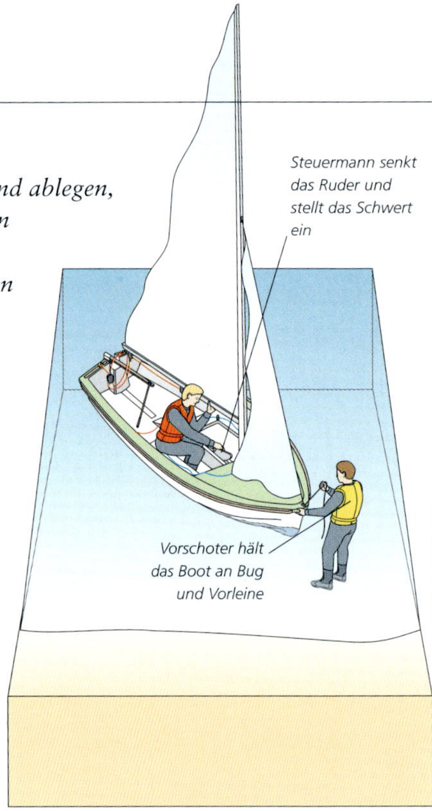

(1) Der Vorschoter hält das Boot am Bug fest. Der Steuermann geht an Bord, prüft die Ausrüstung und hängt das Ruder ein. Er senkt das Ruder (falls Senkruder vorhanden) und lässt das Schwert zu einem Viertel hinab, falls das Wasser tief genug ist.

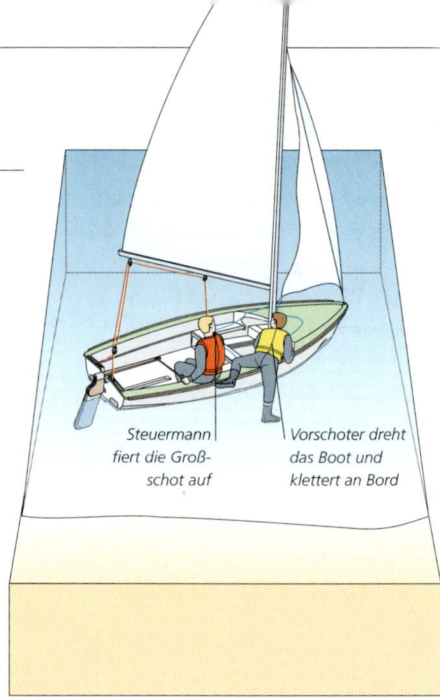

(2) Der Vorschoter dreht das Boot, bis er an der Luvwant steht, drückt es weg und klettert an Bord. Dann holt er die Fockschot dichter, um das Boot nach Lee zu drehen. Der Steuermann trimmt das Großsegel und setzt Kurs.

ABLEGEN VOM STEG

Lassen Sie das Boot wenn möglich an einer Slipanlage oder über den Rand des Stegs *(S. 73)* zu Wasser. Bringen Sie es an den Teil des Stegs, an dem Sie am besten ablegen können – meist das Stegende an der Leeseite. Der Steuermann geht an Bord und montiert Ruder und Pinne. Er setzt erst Fock, dann Großsegel und senkt das Schwert halb ab. Bevor der Vorschoter die Leinen losmacht und an Bord geht, müssen beide absprechen, welchen Kurs sie einschlagen.

Achten Sie darauf, ob es Tidenströmung gibt. Bei stärkerer Strömung legen Sie mit dem Bug gegen die Strömung ab. Sehen Sie sich um, damit Sie nicht mit anderen Booten oder Hindernissen zusammenstoßen. Sprechen Sie das Ablegemanöver vorher mit dem Vorschoter durch.

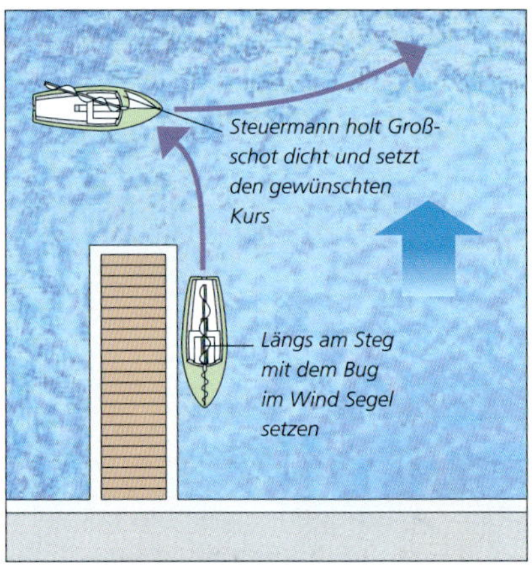

△ **ACHTERAUS FREIES WASSER**
Der Vorschoter macht die Vorleine los und geht an Bord. Dabei stößt er das Boot rückwärts ab. Der Steuermann legt Ruder in die Richtung, in die der Bug sich drehen soll, während der Vorschoter die Fock backsetzt. Das Boot fährt rückwärts und dreht sich. Schließlich holt der Vorschoter die Fock auf der Leeseite dicht.

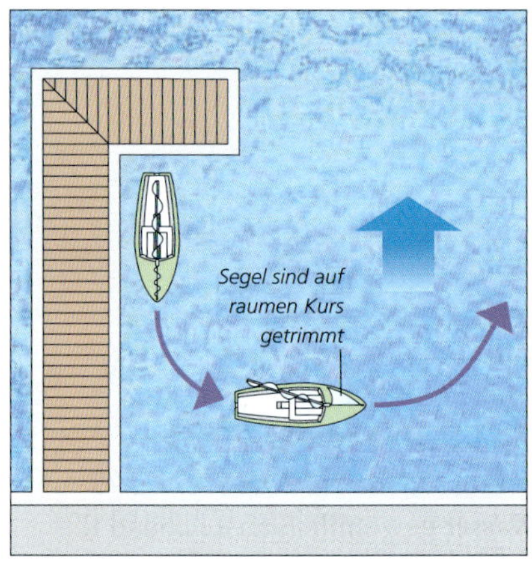

△ **ACHTERAUS KEIN FREIES WASSER**
Der Vorschoter schiebt das Boot vorwärts weg vom Steg. Er geht an Bord und setzt die Fock back. Der Steuermann fällt ab. Sobald das Boot wendet, holt der Vorschoter die Fock in Lee dicht. Dann beide Schoten fieren und lossegeln.

Anlegen am Strand

Wenn Sie an einer Luvküste anlegen, müssen Sie Richtung Strand oder Slipanlage eine Wende fahren. Wie Sie ankommen, hängt davon ab, wie tief das Wasser in Ufernähe ist. Bei Flachwasser muss der Vorschoter bereit sein, das Schwert hochzuziehen, und der Steuermann muss das Ruder anheben. Danach darf er nur noch vorsichtig Ruder legen, weil das Blatt in dieser Lage sehr empfindlich ist. Ist das Schwert ganz oben, ist die Abdrift größer. Sie können also keinen genauen Amwindkurs mehr fahren.

Besprechen Sie vorher mit dem Vorschoter, wie Sie am Strand anlegen wollen. Achten Sie auf freies Wasser. Wenn Sie eine Slipanlage ansteuern, warten Sie, bis sie frei ist. Wenn Sie die Uferlinie erreichen, sollte der Vorschoter luvseitig aussteigen und das Boot am Bug festhalten.

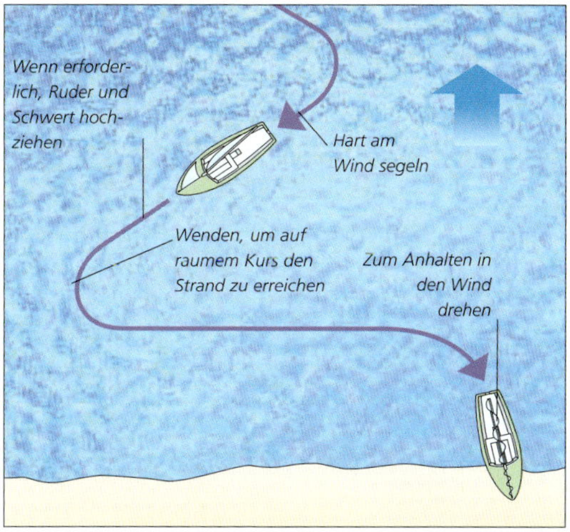

◁ **Tiefes Wasser**
Ist das Wasser am Ufer tief, wenden Sie knapp vorher und segeln Sie bis zu Ihrem Landepunkt parallel zum Ufer. Der Steuermann dreht das Boot in den Wind. Der Vorschoter steigt hinter den Wanten aus, passt auf, dass er nicht in tiefes Wasser gerät, und hält das Boot am Bug fest. Der Steuermann birgt die Segel, hängt das Ruder aus und holt das Schwert hoch.

Flachwasser ▷
Wenden Sie kurz vor dem Ufer, um Ihren Landepunkt anzusteuern. Wird das Wasser flacher, holt der Vorschoter das Schwert auf und der Steuermann hebt das Ruder. Die letzte Strecke auf Amwindkurs zurücklegen. Am Landepunkt in den Wind drehen. Der Vorschoter steigt aus und hält das Boot; der Steuermann birgt die Segel, hängt das Ruder aus und zieht das Schwert hoch.

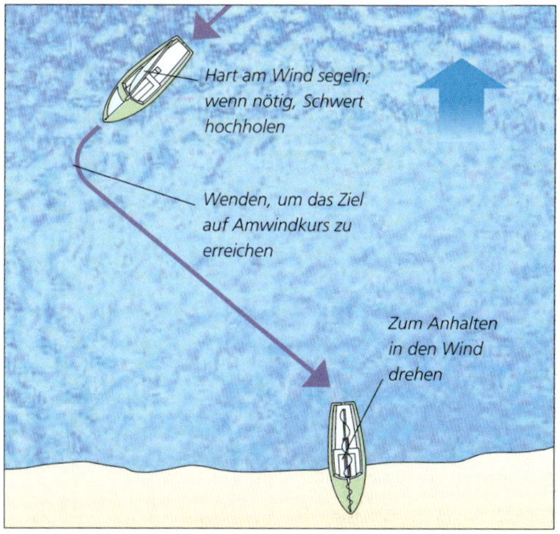

Anlegen an einem Steg

Segeln Sie auf Amwindkurs auf den Steg zu. Kurz vor dem Steg fieren Sie die Schoten auf, um Fahrt herauszunehmen. An Stegen ist das Wasser gewöhnlich ausreichend tief; Schwert oder Ruder werden erst hochgeholt, wenn Sie sicher längsseits liegen.

Achten Sie auf eventuell vorhandene Tidenströmungen. Nutzen Sie starke Strömung, um das Boot zum Stehen zu bringen. Überlegen Sie sich immer eine Ausweichroute, falls Sie am Steg zu schnell sind, um anzuhalten.

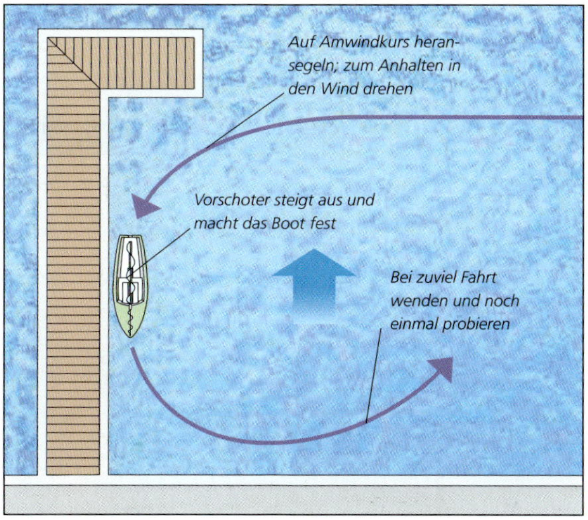

◁ **Am Steg anhalten**
Wenn Sie den Steg erreichen, drehen Sie in den Wind, so dass das Boot längsseits zum Stehen kommt. Der Vorschoter macht das Boot fest; der Steuermann kümmert sich um Segel und Ausrüstung. Wichtig: Nicht zu schnell an den Steg herankommen.

LEEKÜSTE

Von einer Leeküste abzulegen, ist schwierig. Sie müssen einen Vorwind- oder raumvorlichen Kurs fahren, und das ist nicht leicht, besonders wenn das Schwert in flachem Wasser nicht benutzt werden kann. Bläst der Wind direkt aufs Ufer, können Sie nur einen raumvorlichen Kurs einschlagen, bis Sie das Schwert absenken und auf einen Amwindkurs anluven können.

Häufig bläst der Wind aber so aufs Land, dass ein größerer Winkel zwischen Ufer und unerreichbarem Winkel entsteht. Wählen Sie den Bug, auf dem Sie den größten Winkel zur Verfügung haben. Bei gekrümmten Ufern tritt normalerweise derselbe Effekt auf.

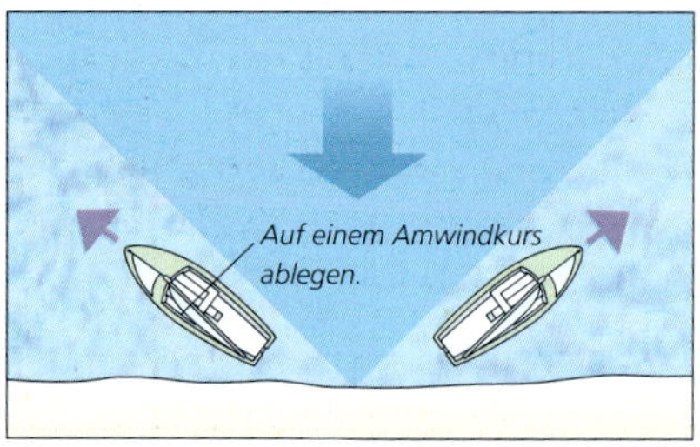

WIND DIREKT VON VORN

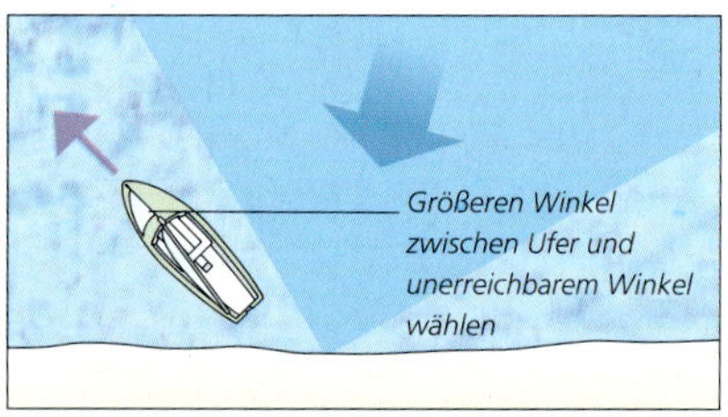

WIND IM SPITZEN WINKEL

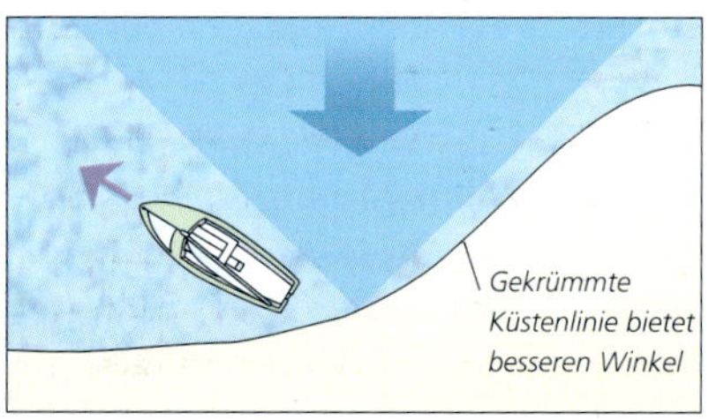

WIND AN GEKRÜMMTER KÜSTENLINIE

ABLEGEN VOM STRAND

Wenn Sie von einem Strand mit tiefem Wasser ablegen, drehen Sie das Boot in den Wind und setzen beide Segel an Land. Sind Sie bereit zum Slippen, schieben Sie das Boot halb ins Wasser und warten Sie auf eine passende Welle, die es hochhebt. Drücken Sie sich ab und segeln Sie los. Senken Sie Ruder und Schwert so bald wie möglich. Achten Sie darauf, dass beide keine Grundberührung haben. Sie könnten zerbrechen.

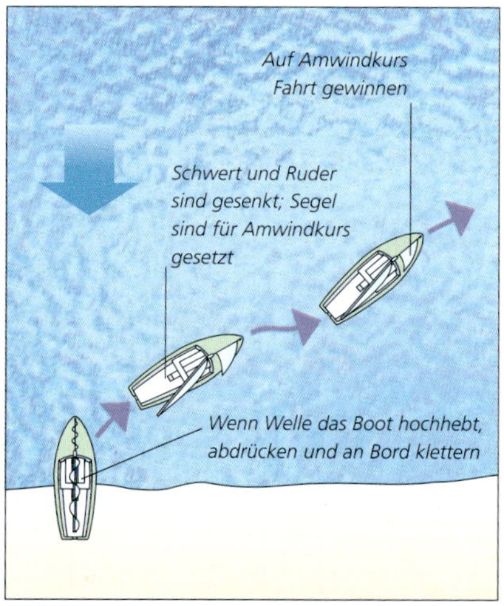

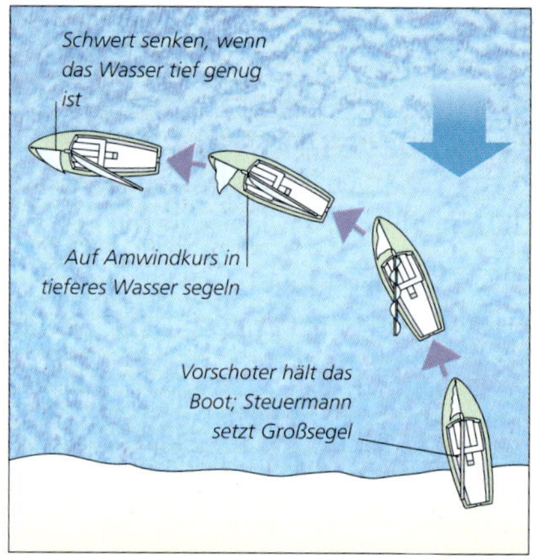

△ FLACHWASSER

Der Vorschoter hält das Boot am Bug und zieht es in 1 m tiefes Wasser. Der Steuermann klettert an Bord und setzt das Großsegel.

◁ TIEFES WASSER

Das Boot anheben, so dass die vordere Hälfte im Wasser liegt. Entscheiden, welche Richtung Sie einschlagen wollen. Stellen Sie sich beide auf die Luvseite und beobachten die Wellen. Wenn eine das Boot unterspült, in tieferes Wasser schieben und an Bord klettern. Beide Schoten dichtholen und Schwert und Ruder so bald wie möglich senken. Auf Amwindkurs rasch vom Ufer entfernen. Vor den Wellenkämmen anluven, danach abfallen.

ABLEGEN VOM STEG

Slippen Sie das Boot ab und drehen Sie es mit dem Bug in den Wind. Trifft der Wind schräg auf, legen Sie das Boot auf die Leeseite des Stegs. Der Steuermann setzt Segel, hängt das Ruder ein und senkt das Schwert.

LOSSEGELN ▷

Der Vorschoter drückt das Boot vom Steg weg und geht an Bord. Der Steuermann trimmt das Großsegel, der Vorschoter die Fock auf Amwindkurs.

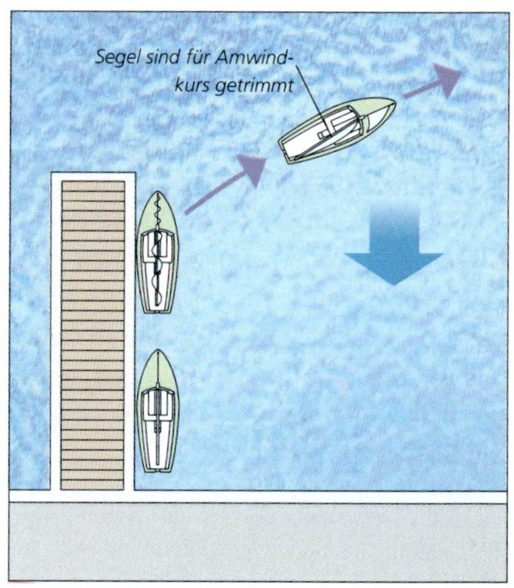

Anlegen am Strand

Mit dem Wind von achtern erreicht man eine Leeküste leicht. Seien Sie jedoch vorsichtig, wenn Sie das Boot zum Halten bringen. Bei starkem Wind ist Anlegen an der Leeküste gefährlich, weil die Wellen steil sind und sich brechen, vor allem wenn der Übergang zum Wasser steil ist. Springen Sie immer auf der Luvseite aus dem Boot, damit Wellen oder Böen das Boot nicht auf Sie drücken und Sie verletzen. Bringen Sie das Boot rasch an Land. Hat ein Jollenclub ein steiles Ufergelände, steht oft eine Hilfscrew bereit, um die Boote schnell aus dem Wasser zu holen.

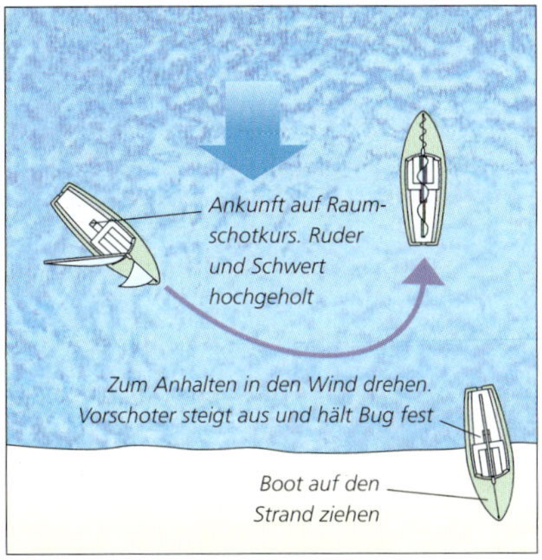

△ **Flachwasserlandung**
Bei Flachwasser kommen Sie Raumschots mit vollen Segeln an. In 1 m Wassertiefe aufschießen. Der Vorschoter steigt an Luv aus und hält den Bug; der Steuermann birgt die Segel und hängt das Ruder aus.

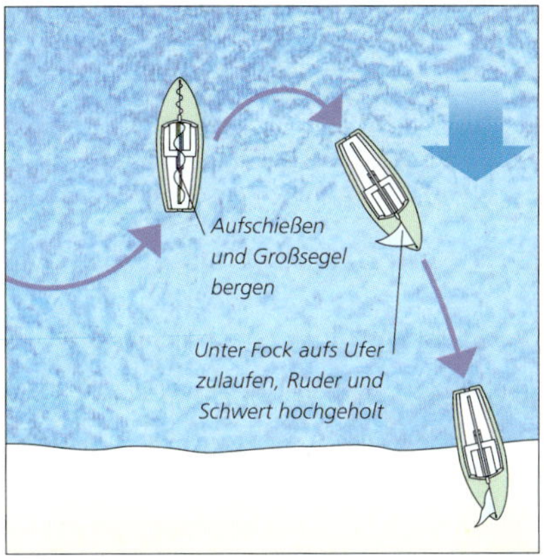

△ **Sichere Landung**
Kurz vor dem Ufer in den Wind drehen und Großsegel bergen. Nur unter Fock auf den Strand zulaufen (raumer Kurs). Kurz vorher die Fock auswehen und Boot ans Ufer treiben lassen. Herausspringen, wenn das Wasser flach genug ist.

△ **Schnelle Landung**
Bei großen Wellen auf Raumschotskurs rasch auf den Strand zusegeln. Ruder im letzten Moment hochholen. Kurz vor dem Strand springen Steuermann und Vorschoter an Luv heraus und laufen mit dem Boot an den Strand.

Anlegen an einem Steg

Häufig haben Sie beim Anlegen an der Leeküste an einem Steg die Wahl: Sie können das Großsegel bergen und nur unter Fock einlaufen oder, wenn der Steg im rechten Winkel zum Ufer steht, unter beiden Segeln. Wenn Sie unsicher sind, laufen Sie nur unter Fock.

Sollte es Tidenströmung geben, bedenken Sie, inwieweit sie Ihr Anlegemanöver beeinflusst. Ist die Strömung stark, nutzen Sie sie zum Anhalten. Überlegen Sie sich eine Ausweichroute, falls Sie zu schnell am Steg ankommen. Das ist am Leeufer aber schwierig. Im Zweifelsfall bergen Sie die Segel vorher und paddeln Sie an den Steg.

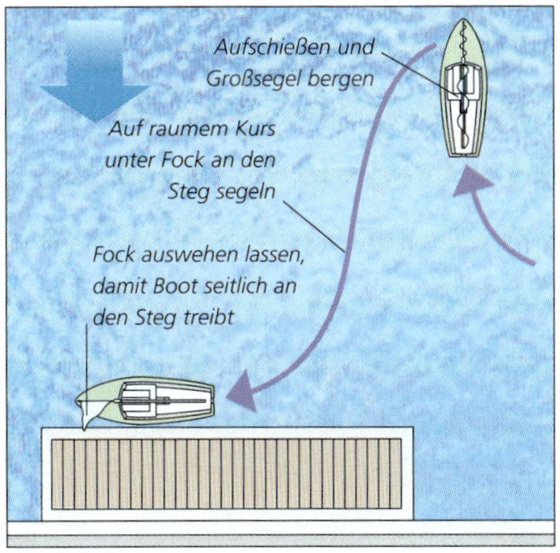

△ **Parallel zum Ufer**
Wenn keine Boje zum Aufschießen vorhanden ist, luvwärts von Ihrem Ziel aufschießen und das Großsegel bergen. Unter Fock anlegen. Im letzten Stadium die Fock auswehen lassen, damit Sie langsam an den Steg treiben.

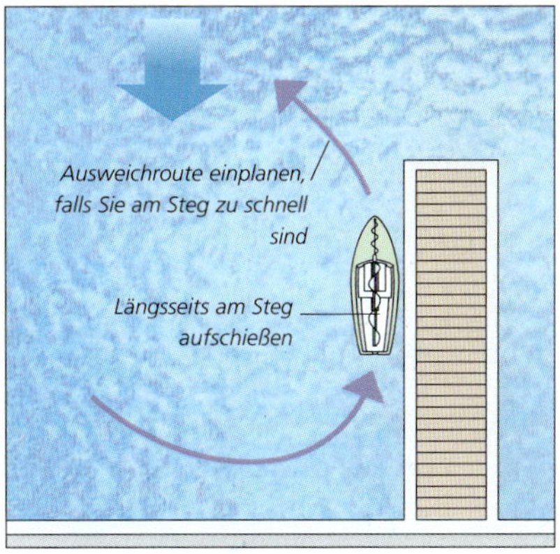

△ **Rechter Winkel zum Ufer**
Auf raumem Kurs dicht an den Steg segeln und aufschießen, um längsseits anzulegen. Das ist ein Präzisionsmanöver; planen Sie eine Ausweichroute. Sie können auch das Groß bergen und nur unter Fock einlaufen.

Anker und Muringboje

Einige größere Jollen werden nicht an Land geholt, sondern an Muringbojen festgemacht, die häufig in Reihen ausgelegt sind. Die meisten Muringbojen werden mit Ankern oder schweren Betonsteinen im Boden verankert. Manche haben eine leichte Boje, die an Bord genommen wird, andere einen Ring auf der Boje, an dem direkt festgemacht wird. Ankern ist eine Kunst, die heutzutage bei Jollen kaum noch gepflegt wird. Dennoch kann es bei Notfällen, für einen kurzen Halt oder bei Tagestouren sehr hilfreich sein.

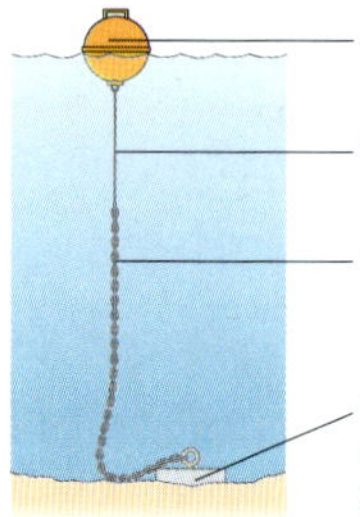

Muringboje

Tidenfreie Gewässer

Wenn Sie in tidenfreien Gewässern ankern oder an der Muringboje festmachen, liegt das Boot immer im Wind. Zum Ablegen können Sie problemlos beide Segel setzen.

Heißen Sie beide Segel, senken Sie das Schwert und hängen Sie Pinne und Ruder ein. Drehen Sie das Boot in die gewünschte Ablegerichtung, indem Sie die Fock backsetzen. Wenn das Boot herumkommt, holt der Steuermann die Großschot und der Vorschoter die Fockschot in Lee dicht.

Falls Sie stark abdrehen müssen, sobald die Boje frei ist, schiebt der Vorschoter die Boje auf der Luvseite nach achtern. Je weiter achtern die Boje beim Ablegen ist, desto stärker fällt das Boot ab.

Tidengewässer

In Tidengewässern bestimmt die Richtung und relative Stärke des Windes und der Strömung, wie Sie ablegen. Liegt das Boot im Wind, können Sie genauso ablegen wie in tidenfreien Gewässern. Liegt das Boot wegen der Strömung nicht genau im Wind, können Sie das Großsegel nicht setzen, ohne dass sofort Wind darauf steht. In diesem Fall legen Sie nur unter Fock ab.

Verlassen der Muringboje

Zur Vorbereitung holen Sie alle Festmacher bis auf einen ins Boot: Fädeln Sie das freie Ende der Vorleine durch das Auge der Boje, führen Sie die Leine an Bord zurück und belegen Sie sie. Dann lösen Sie den Festmacher, der zur Boje gehört, und geben ihn frei. Beim Ablegen brauchen Sie nun nur die Vorleine durch das Auge der Boje zu ziehen.

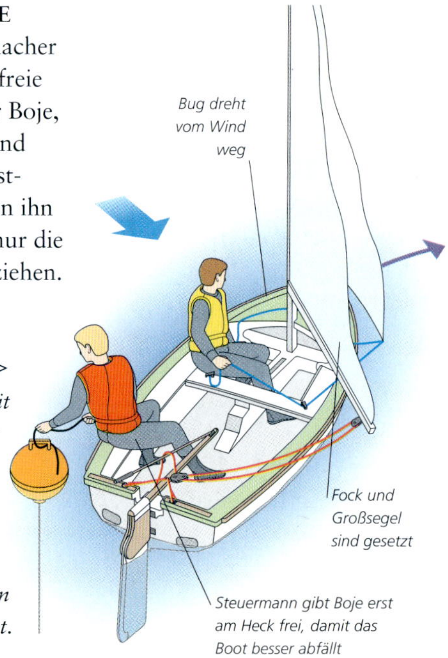

Ablegen mit beiden Segeln ▷
Liegt die Jolle im Wind, legen Sie mit beiden Segeln ab. Der Steuermann wählt den Kurs. Der Vorschoter setzt die Fock auf der anderen Seite back und legt den Festmacher auf Slip. Falls Sie stark abfallen müssen, schiebt der Vorschoter die Boje auf der Luvseite nach achtern zum Steuermann, der sie am Heck freigibt.

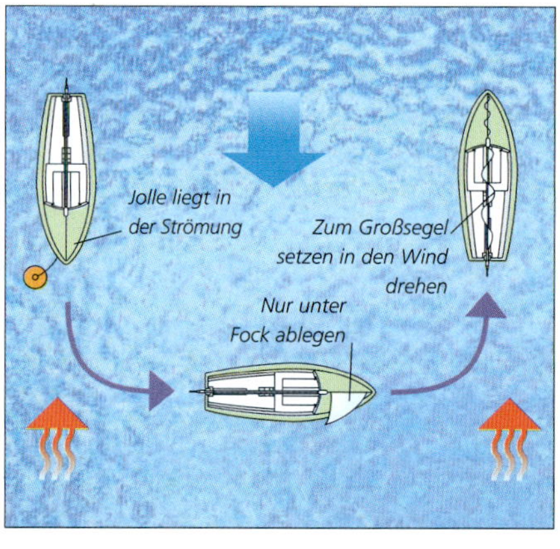

◁ Ablegen nur unter Fock
Liegt das Boot nicht im Wind, legen Sie nur unter Fock von der Muring ab. Sie machen beide Segel klar zum Setzen, hängen Ruder und Schwert ein und legen den Festmacher auf Slip. Setzen Sie die Fock und senken Sie das Schwert. Der Steuermann wählt einen Kurs; der Vorschoter zieht den Festmacher durchs Bojenauge und holt die Fockschot dicht. Wenn das Wasser frei ist, schießen Sie auf und setzen das Großsegel.

Muringboje aufnehmen

Bevor Sie eine Boje aufnehmen, prüfen Sie, wie die anderen Boote (vor allem bauartgleiche) zu Wind und Strom liegen. Gehen Sie davon aus, dass Ihr Boot sich genauso verhalten wird. Kommt der Wind an der Boje von vorn, können Sie unter Fock und Groß anlegen. Haben Sie jedoch raumen Wind, sollten Sie das Großsegel bergen und nur unter Fock anlegen.

Rechnen Sie bei Ihrem Manöver die Lage anderer Boote ein. Passieren Sie diese in Tidengewässern stromabwärts, damit die Strömung Sie nicht auf die anderen Boote treibt.

Nehmen Sie die Muringboje auf der Luvseite vor der Want auf. Machen Sie die Vorleine daran fest und bergen Sie die Segel. Erst dann machen Sie am Festmacher der Boje fest.

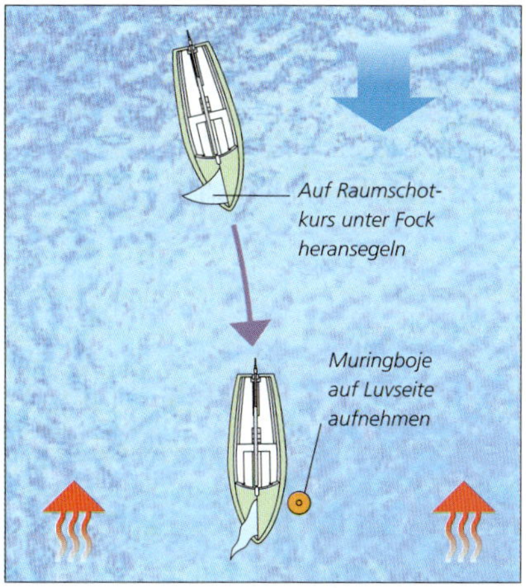

Boje am Wind ansteuern ▷

Wird das Boot an der Boje im Wind liegen, nähern Sie sich auf Amwindkurs, fieren die Schoten, um Fahrt herauszunehmen und fahren einen Aufschießer. Kommen Wind und Strömung aus derselben Richtung und der Wind ist schwach, segeln Sie besser mit halbem Wind an die Boje.

◁ Boje vor dem Wind ansteuern

Wenn Wind und Strömung entgegengesetzt laufen und das Boot an der Boje nicht im Wind liegen wird, sollten Sie nur unter Fock anlegen. Bergen Sie das Groß schon im freien Wasser und nähern Sie sich vor dem Wind unter Fock. Versuchen Sie, die Boje so anzulaufen, dass Sie in der Strömung stehen. Kurz vor der Boje lassen Sie die Fock auswehen.

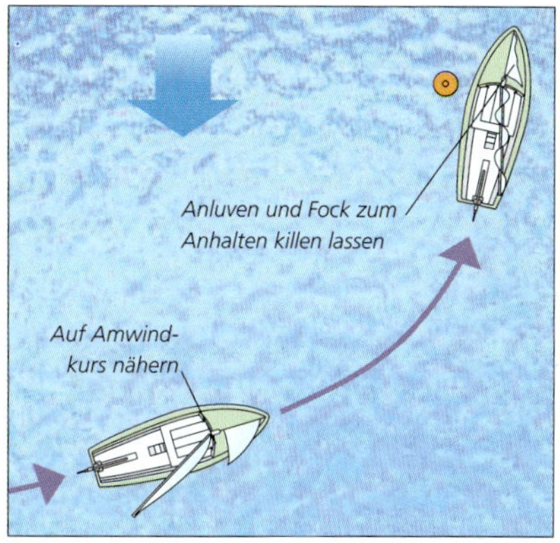

Ankern einer Jolle

Ihre Ankertrosse muß drei- bis fünfmal so lang sein, wie das Wasser tief ist. Binden Sie die Trosse an den Mast und rollen Sie sie in einem Eimer auf. Führen Sie das freie Ende durch die Verholklampe am Bug und hinter der Luvwant herum wieder innenbords.

① *Zu Ihrem Ankerplatz segeln und dort wie an einer Muringboje anhalten.*

② *Anker auf der Luvseite zu Wasser lassen. Rasch die Fock bergen.*

③ *Großsegel bergen und mehr Ankertrosse geben, wenn das Boot zurücktreibt. Schwert hochholen.*

④ *Mit Hilfe einer Seitenpeilung* (S. 224–245) *prüfen, ob der Anker gefasst hat. Segel verstauen.*

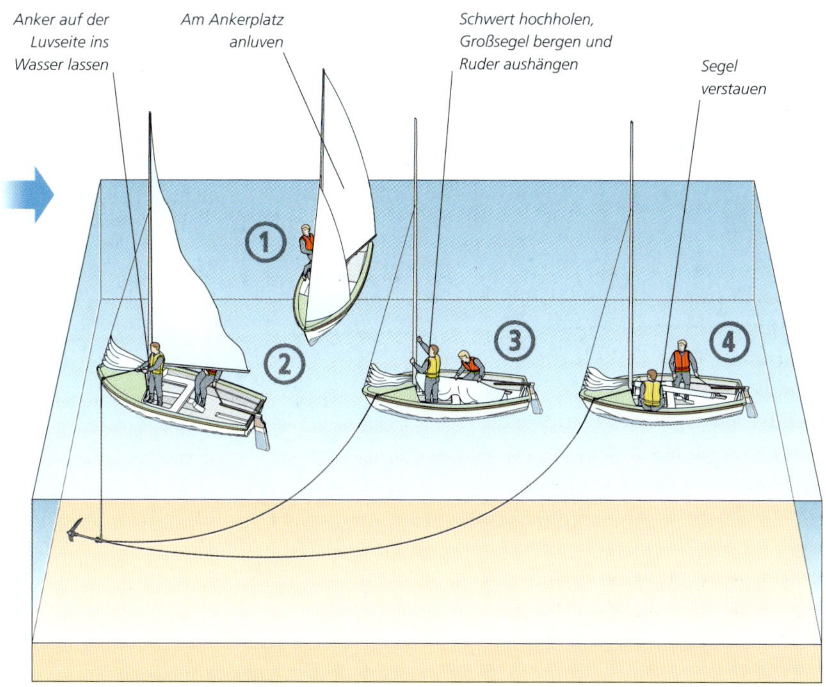

Kentern

Die Stabilität einer Jolle hängt allein vom Gewicht der Crew ab. Ein Kentern ist also jederzeit möglich. Da es häufig vorkommt, sollten Sie das Aufrichten des Bootes üben, bis jeder Handgriff sitzt. Können Sie das Boot nicht aufrichten, klettern Sie auf den Rumpf, binden sich eine Schot um und warten auf Hilfe. Schwimmen Sie nicht ans Ufer. Ein gekentertes Boot ist leichter zu erkennen als der Kopf eines Schwimmers, und das Ufer ist gewöhnlich viel weiter entfernt, als es aussieht.

Kentern nach Lee

Am häufigsten kentern Boote nach Lee. Das geschieht meist, wenn die Crew die Krängungskraft des Windes nicht mehr ausgleichen kann und das Boot so krängt, dass auf der Leeseite Wasser übers Schandeck läuft. Häufig kentern Boote bei einer Halse, wenn die Crew nicht schnell genug auf die neue Luvseite wechselt oder der Steuermann nicht genug Gegenruder gibt. Ist ein Kentern unvermeidlich, sollten Steuermann und Vorschoter zwischen Baum und Rumpf ins Wasser gleiten. Wenn Sie versuchen, nicht nass zu werden, kentern Sie das Boot vermutlich durch.

Kentern nach Luv

Kentern nach Luv kommt seltener vor. Meist ist das Boot dabei auf einem Vorwindkurs und geigt sehr stark. Während dieser Schaukelbewegung ist ein Teil des Rumpfes tiefer im Wasser. Durch das so entstehende Ungleichgewicht *(S. 67)* fällt das Boot weiter ab. Das Boot geigt stärker und kentert nach der Seite, auf der die Crew sitzt. Das geht normalerweise sehr viel schneller als das Kentern nach Lee. Die Crew hat oft keine Zeit zu reagieren. Wenn das Boot in ihre Richtung kentert, fällt die Crew rückwärts ins Wasser.

Gekenterte Jolle ▷
Der Vorschoter bleibt am Heck. Der Steuermann sichert sich mit der Großschot und schwimmt zum Schwert. Hat er es sicher erreicht, geht der Vorschoter ins Boot.

Kentern einer Jolle

Eine Zwei-Personen-Jolle richten Sie mit einer Methode auf, bei der der Vorschoter ins Boot gezogen wird, wenn der Steuermann es aufrichtet. Das Gewicht des Vorschoters trägt dazu bei, dass das Boot nach dem Aufrichten nicht gleich wieder kentert. Solange das Boot auf der Seite schwimmt, sollte die Crew ihr Gewicht nicht aufs Boot verlagern, damit es nicht durchkentert. Während des Aufrichtens können Steuermann und Crew sich nicht sehen. Deshalb müssen Sie sich gegenseitig sagen, wer was tut. Ist das Boot wieder aufgerichtet, lenzen Sie, bevor Sie weitersegeln. Bei Hochleistungsjollen *(S. 108–137)* mit Trapez und Spinnaker kann die Methode etwas variieren, aber es gelten dieselben Grundprinzipien.

Aufrichten einer gekenterten Jolle

Der Steuermann steht auf dem Schwert, um das Boot aufzurichten. Ist das Schwert nicht ganz gesenkt, zieht der Steuermann es herunter, oder der Vorschoter senkt es innenbords ab. Damit das Schwert nicht abbricht, stellt sich der Steuermann dicht am Rumpf darauf. Der Vorschoter stellt sicher, dass die Großschot nicht belegt ist, damit das Segel nach dem Aufrichten auswehen kann.

① Der Vorschoter senkt das Schwert ab und schwimmt dann ans Heck zum Steuermann. Der Steuermann prüft das Ruder. Treibt das Ruderblatt davon, sichert er es mit einer Leine.

② Der Vorschoter reicht dem Steuermann die Vorschot über das Ruder hinweg. Mit der Schot als Sicherheitsleine, schwimmt der ums Heck herum zum Schwert.

KENTERTIPPS

Versuchen Sie, das Boot mit dem Mast in Lee aufzurichten, um nicht erneut zu kentern. Kentern Sie nach Luv, warten Sie, bis das Boot sich mit dem Mast nach Lee dreht. Bewahren Sie Ruhe. Selbst wenn Sie unter ein Segel oder unter den Rumpf geraten, können Sie sich leicht befreien.

△ **Unter dem Segel**
Geraten Sie unter das Segel, heben Sie eine Hand über den Kopf, damit ein Luftsack entsteht. Behalten Sie eine Hand oben und schwimmen Sie hinaus.

△ **Unter dem Rumpf**
Geraten Sie unter den Rumpf, tasten Sie sich bis an den Außenrand, greifen nach dem Schandeck, holen in Ihrem Luftsack tief Luft und ziehen sich heraus.

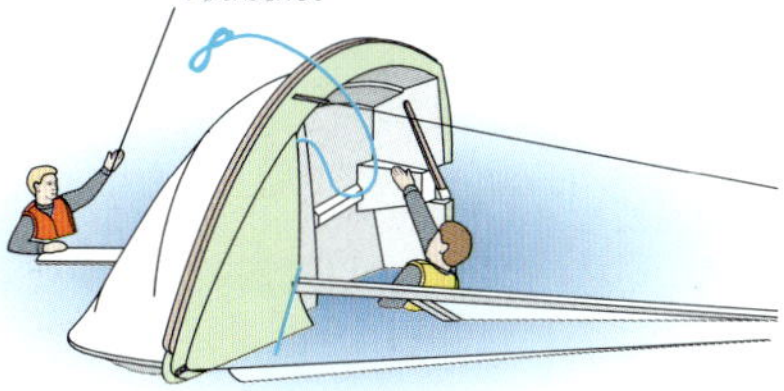

(3) Der Vorschoter holt die obere Fockschot aus dem Boot und wirft sie dem Steuermann zu. Der Vorschoter schwimmt in den Rumpf, Kopf zum Bug, und hält sich an Ausreitegurt oder Ruderbank fest.

(4) Mit Hilfe der Fockschot steigt der Steuermann aufs Schwert, Füße dicht am Rumpf. Er lehnt sich mit geraden Armen zurück und zieht gleichmäßig an der Fockschot.

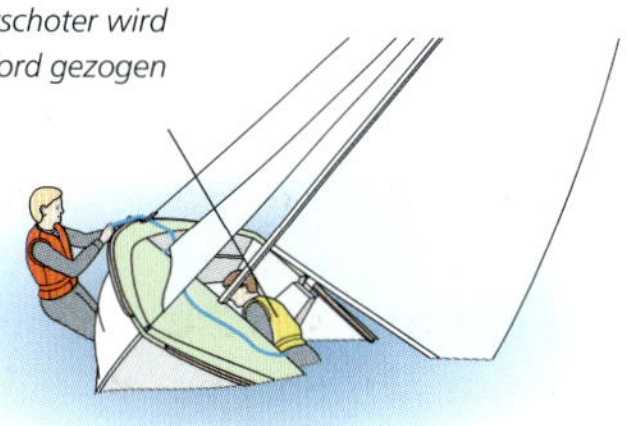

(5) Das Boot richtet sich auf und zieht den Vorschoter an Bord. Der Steuermann klettert dabei an der Luvwant ins Boot. Er bewegt sich vorsichtig, um erneutes Kentern zu verhindern.

AUFRICHTEN EINER EINMANNJOLLE

Viele Einmannjollen liegen nach dem Kentern hoch im Wasser. Da ist es schwierig, aufs Schwert zu klettern. Legen Sie die Arme auf das Schwert und drücken Sie mit Ihrem Gewicht so, dass das Boot sich langsam aufrichtet. Oder drücken Sie den Bug tief ins Wasser. Dadurch dreht sich manchmal das Boot.

① Beim Kentern nach Lee wird man nicht unbedingt nass. Sobald das Kentern unausweichlich ist, Ruder und Großschot loslassen und übers Seitendeck klettern, um das Schwert zu erreichen.

② Aufs Seitendeck klettern und aufs Schwert übersteigen. Auf dem Schwert stehen und am Deck festhalten. Das Boot in die aufrechte Lage wippen und hineinklettern.

DURCHKENTERN

Viele moderne Jollen neigen wegen ihrer großen Menge an Auftriebskörpern zum Durchkentern. Sie liegen hoch im Wasser und sind deshalb besonders leicht umzukippen (oder umzuwehen). Nach dem Durchkentern bildet die innere Deckswölbung häufig mit dem Wasser eine luftdichte Glocke. Das erschwert das Aufrichten.

Manchmal geht es, wenn Vorschoter und Steuermann auf dem Schandeck stehen oder auf dem Rumpf knien.

Bei anderen bricht einer am Heck durch die Versiegelung, während der andere das Boot aufrichtet. Finden Sie heraus, was bei Ihrem Boot am besten funktioniert.

Beim Durchkentern kann es auch passieren, dass der Mast den Grund berührt. In diesem Fall sollten Sie kein Gewicht auf den Rumpf bringen, damit der Mast nicht bricht. Legen Sie sich mit den Füßen am Rumpf aufs Wasser und ziehen Sie an der Fockschot, oder bitten Sie ein Rettungsboot, Ihnen beim Aufrichten zu helfen.

GEKENTERTE JOLLE ▷
Finden Sie heraus, wie Ihr Boot sich am besten aufrichten lässt. Hier drückt der Vorschoter das Heck herunter, um die luftdichte Versiegelung zu durchbrechen. Der Steuermann zieht das Boot auf die Seite.

AUFRICHTEN EINER DURCHGEKENTERTEN JOLLE

Wenn Sie eine durchgekenterte Jolle aufrichten wollen, müssen Sie sie zuerst in die Seitenlage bringen. Danach können Sie vorgehen, wie bereits beschrieben (S. 98–99). *Versuchen Sie unbedingt, den Mast gegen den Wind hochzubringen. Das erleichtert das Aufrichten und verhindert, dass das Boot gleich wieder kentert. Manchmal rutscht das Schwert beim Durchkentern in den Kasten. Dann müssen Sie statt dessen auf dem Schandeck stehen, wenn Sie an der Schot ziehen.*

① Einer wirft die Fockschot der Leeseite über den Rumpf, dicht neben dem Schwert. Der Steuermann ergreift das Ende der Schot und klettert aufs Schandeck.

② Wenn möglich, zieht der Steuermann das Schwert ganz heraus. Dann stehen Vorschoter und Steuermann auf dem Seitendeck oder knien auf dem Rumpf, lehnen sich zurück und ziehen an der Fockschot.

MAST IM GRUND

Beim Durchkentern in flachem Wasser kann der Mast sich in den Grund bohren. Im Schlamm kann er so feststecken, dass Sie ihn mit Ihrem Körpergewicht allein nicht herausziehen können. Dann brauchen Sie Hilfe von einem Motorboot. Stellen Sie aber sicher, dass alle an der Aktion Beteiligten wissen, was sie tun. Sonst kann Ihr Mast beschädigt werden.

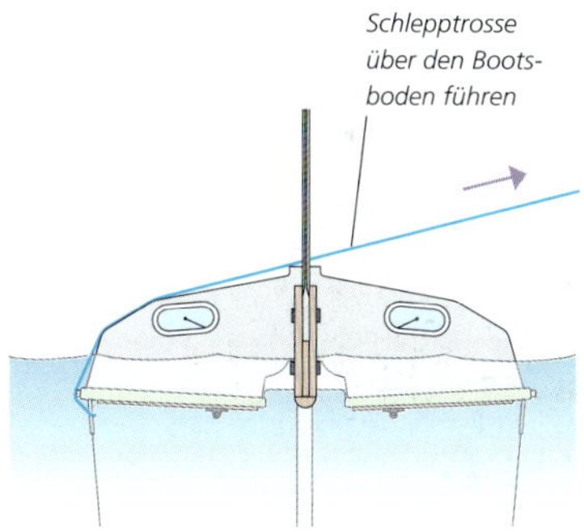

SCHLEPPTROSSE ANBRINGEN

△ MIT SCHLEPPTROSSE AUFRICHTEN
Legen Sie die Trosse über den Rumpf und befestigen Sie sie an einem Pütting, wenn möglich in Lee. Sehr langsam im rechten Winkel zum Boot Gas geben, bis es sich dreht und auf der Seite liegt.

③ Hat das Gewicht von Steuermann und Vorschoter die Versiegelung von Boot und Wasser gebrochen, kommt das Boot langsam hoch. Sie ziehen so lange, bis das Boot auf der Seite liegt.

④ Das Boot liegt jetzt auf der Seite. Der Vorschoter hält das Boot mit der Fockschot ruhig. Der Steuermann klettert aufs Schwert; der Vorschoter bewegt sich wie bereits beschrieben ins Boot.

Mann über Bord

Es kommt ziemlich selten vor, dass jemand bei einer Jolle über Bord fällt. Wenn das jedoch geschieht, muss derjenige, der im Boot zurückbleibt, die andere Person schnell wieder an Bord holen. Häufigste Ursache fürs Über-Bord-Gehen ist ein gelöster oder gerissener Ausreitgurt. Prüfen Sie also alle Gurte vor dem Auslaufen und üben Sie das Mann-über-Bord-Manöver ausgiebig, damit Sie im Notfall sicher sind.

Das Manöver

Wenn jemand über Bord geht, müssen Sie ihn unbedingt die ganze Zeit im Auge behalten und so schnell wie möglich zu ihm zurückkehren. Dabei müssen Sie das Boot unter Kontrolle haben. Sind Sie Vorschoter und der Steuermann geht über Bord, lassen Sie die Fock flattern und gehen Sie nach hinten, um Ruder und Großschot zu übernehmen. Lernen Sie, langsam und kontrolliert zu segeln und genau dort anzuhalten, wo Sie wollen.

Weitersegeln

Am sichersten ist es, das Boot auf Halbwindkurs zu bringen und von der Person im Wasser wegzusegeln. So haben Sie genug Raum, zurückzukehren und ihn wieder aufzunehmen. Halsen Sie nicht, um schneller zu sein, weil die Kentergefahr zu groß ist. Das würde zusätzlich Probleme bereiten.

Haben Sie genug Distanz zwischen sich und dem Mann über Bord, wenden Sie und segeln Sie auf Halbwindkurs zurück.

Zurücksegeln

Vom Halbwindkurs abfallen auf raumvorlich, danach anluven und das letzte Stück am Wind segeln. Dieser Kurs ist der einzige, bei dem Sie Ihre Geschwindigkeit ganz unter Kontrolle haben.

Mann-über-Bord-Manöver

Werfen Sie die Fockschot los, damit das Segel killt (bleibt während des ganzen Manövers so). Steuern Sie einen Halbwindkurs. Behalten Sie die Person im Auge.

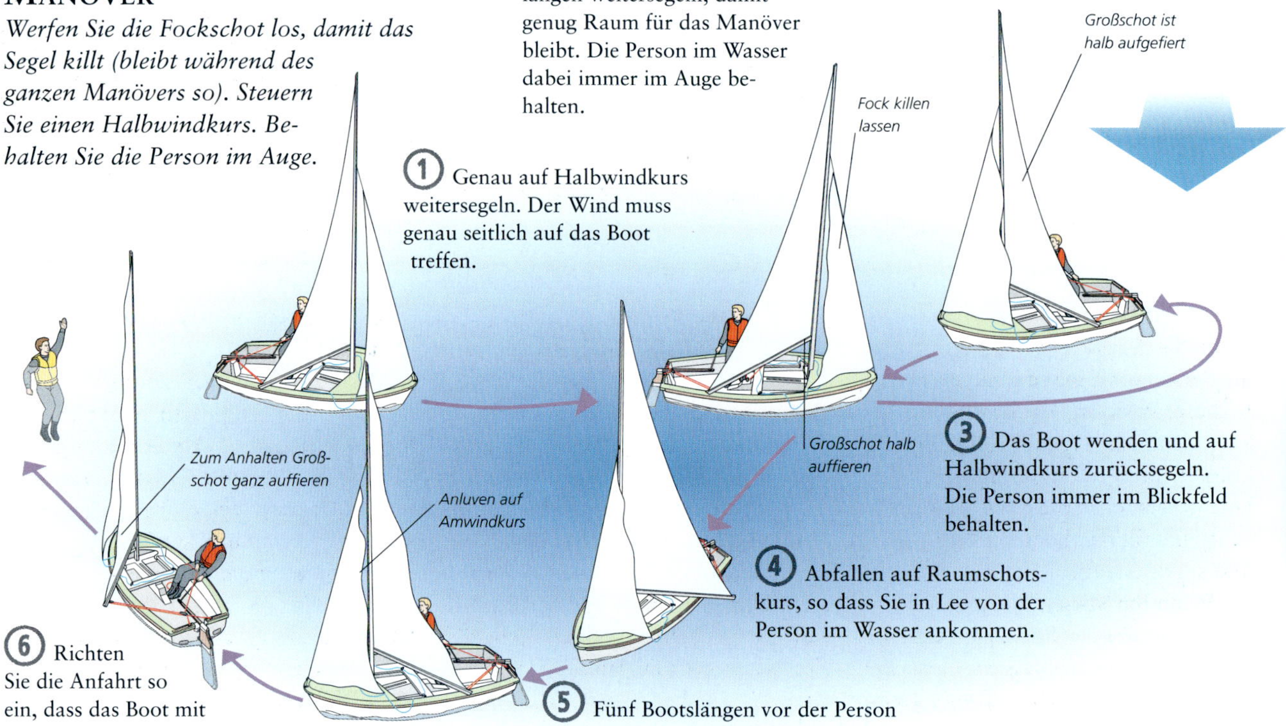

(1) Genau auf Halbwindkurs weitersegeln. Der Wind muss genau seitlich auf das Boot treffen.

(2) Zehn bis fünfzehn Bootslängen weitersegeln, damit genug Raum für das Manöver bleibt. Die Person im Wasser dabei immer im Auge behalten.

(3) Das Boot wenden und auf Halbwindkurs zurücksegeln. Die Person immer im Blickfeld behalten.

(4) Abfallen auf Raumschotskurs, so dass Sie in Lee von der Person im Wasser ankommen.

(5) Fünf Bootslängen vor der Person anluven. Eventuell Großschot fieren, um Fahrt herauszunehmen.

(6) Richten Sie die Anfahrt so ein, dass das Boot mit der Luvwant neben der Person hält. Das Großsegel killt.

ÜBUNGSAUFGABEN

Üben Sie unbedingt regelmäßig Mann-über-Bord-Manöver. Benutzen Sie zum Üben einen Fender und einen großen Wasserkanister (mindestens 25 l), oder binden Sie mehrere kleine Kanister zusammen. Füllen Sie sie fast ganz mit Wasser, damit Sie ähnlich wie ein Mensch an der Oberfläche treiben.

LERNEN

Werfen Sie die Kanister auf jedem Kurs zum Wind über Bord, damit Sie lernen, auf jedem Kurs sicher wieder zu Ihrem Ziel zurückzukehren. Üben Sie so lange, bis Sie das Boot praktisch bei jedem Versuch mit der Luvwant neben den Behältern zum Stehen bringen.

PERFEKTIONIEREN

Haben Sie den Ablauf des Manövers einmal perfektioniert, sollten Sie es trotzdem gelegentlich wieder üben. Üben Sie das Manöver, wenn Sie ein neues Boot segeln. So bekommen Sie ein gutes Gefühl für seine Segeleigenschaften. Außerdem lernen Sie dabei, langsam und kontrolliert zu segeln.

Wenn Sie auf die Person im Wasser zu segeln, sorgen Sie dafür, dass sie auf der Luvseite des Bootes ist. Wenn Sie sie über die Leeseite hereinholen wollen, besteht die Gefahr, dass das Boot auf sie treibt oder kentert.

△ AN BORD HOLEN

Wenn Sie die Person im Wasser erreicht haben, halten Sie das Boot mit der Luvwant neben ihr an. Greifen Sie der Person unter die Arme und ziehen Sie sie an Bord.

LÄNGSSEITS GEHEN

Wenn Sie längsseits gehen, muss sich die Person am Schandeck festhalten. In dieser Position liegt das Boot mit killenden Segeln relativ ruhig, und Sie können Ihren Mitsegler an Bord holen. Versuchen Sie es zu weit achtern, fällt das Boot vermutlich ab und segelt davon.

Wenn Ihr Mitsegler sich gut festhält, geben Sie der Pinne einen kleinen Ruck nach Luv, bevor Sie sie loslassen und ihm an Bord helfen. Dieser Ruck verhindert, dass das Boot in den Wind geht oder sich um ihn dreht.

AN BORD HOLEN

Gehen Sie zur Luvwant und greifen Sie Ihrem Mitsegler unter die Achseln. Beugen Sie sich zu ihm, damit die Bordwand sich neigt. Dann lehnen Sie sich zurück und ziehen. So sollten Sie seinen Oberkörper an Bord bekommen. Danach können Sie ihn hereinrollen.

Haben Sie damit Schwierigkeiten, knoten Sie einen Palstek ins Ende der Fockschot und hängen Sie ihn über Bord, damit Ihr Mitsegler das Auge als Stufe benutzen kann. Ist er bewusstlos oder zu schwer, binden Sie ihn längsseits fest und segeln Sie langsam ans Ufer.

Haben Sie Ihren Mitsegler wieder an Bord, prüfen Sie, ob er verletzt ist oder an Unterkühlung leidet *(S. 308–309)*. Trägt er einen Neopren- oder einen Trockenanzug, kommt er vermutlich mit dem Schrecken davon. Ist er nass bis auf die Haut, wird er frieren. Legen Sie ihn zum Aufwärmen ins Boot und segeln Sie ans Ufer zurück. Wenn nötig, holen Sie medizinische Hilfe.

Nach dem Segeln

Wenn Sie wieder an Land sind, sehnen Sie sich vermutlich nach einer heißen Dusche und einem Drink an der Bar des Segelclubs. Bevor Sie sich das gönnen, sollten Sie Boot und Ausrüstung sauber und ordentlich hinterlassen. Überprüfen Sie alles auf mögliche Schäden und verstauen Sie Segel und andere bewegliche Ausrüstung. Das kostet nicht viel Zeit und dient dem Erhalt des Bootes. Außerdem ist beim nächsten Mal dann schon alles bereit.

Feuchte Reinigung

Sobald das Boot an Land ist, spritzen Sie es mit Frischwasser gründlich ab. Achten Sie dabei besonders auf die Blöcke, weil Reste von Schmutz und Salz die Lager schädigen. Den Schwertkasten nicht vergessen! Auch die Ausrüstung einschließlich Segel und Ruder sollte mit Frischwasser abgespritzt werden.

Abtakeln

Dabei gehen Sie in der umgekehrten Reifenfolge des Aufriggens vor. Zuerst entfernen Sie die Stöpsel im Heck oder in den Auftriebstanks, damit eingedrungenes Wasser abläuft. Inspektionsluken in den Tanks öffnen, damit die Luft zirkulieren kann. Das Ruder gleich nach dem Waschen in eine möglichst gepolsterte Rudertasche stecken. Es sollte nie herumliegen. Verhindern Sie unbedingt, daß jemand drauftritt! Achten Sie besonders auf das empfindliche Ruderblatt. Auch das Schwert wird immer herausgenommen und sollte ebenfalls eine Schutztasche haben.

Die Segel verstauen

Wenn möglich, lassen Sie die Segel nach dem Waschen trocknen, bevor sie in den Segelsack kommen. Moderne Segel nehmen zwar keinen Schaden, wenn sie nass verstaut werden. Trocknen Sie sie dennoch so bald wie möglich, damit sich kein Schimmel bildet.

Nehmen Sie das Großsegel vom Baum und entfernen Sie die Stagreiter der Fock. Schäkeln Sie die Fallen ab und befestigen Sie sie an den Bootsbeschlägen, damit nichts verloren geht. Schießen Sie die Schoten ordentlich auf. Legen Sie sie mit in den Segelsack oder verstauen Sie sie im Boot. Ist das Vorliek Ihrer Fock drahtverstärkt, rollen Sie die Fock zu einem gleichmäßigen Schlauch, damit der Draht nicht geknickt wird. Ist das Segel aufgerollt, kann es lose zusammengefaltet und im Segelsack verstaut werden.

Großsegel werden sorgfältig zusammengelegt, damit Sie nicht zer-

Das Grosssegel falten

Ein Großsegel legt man zum Zusammenfalten nach Möglichkeit auf eine saubere Fläche (Gras, Beton oder Holz). Ist der Boden jedoch schmutzig, legen Sie das Groß besser aufs Boot.

① Die Segellatten herausnehmen. Das Segel flach auf den Boden legen. Mit einer Person am Vorliek und der anderen am Achterliek das Segel im Abstand von etwa 1 m zum Unterliek falten und die Bahn zum Unterliek hin einschlagen.

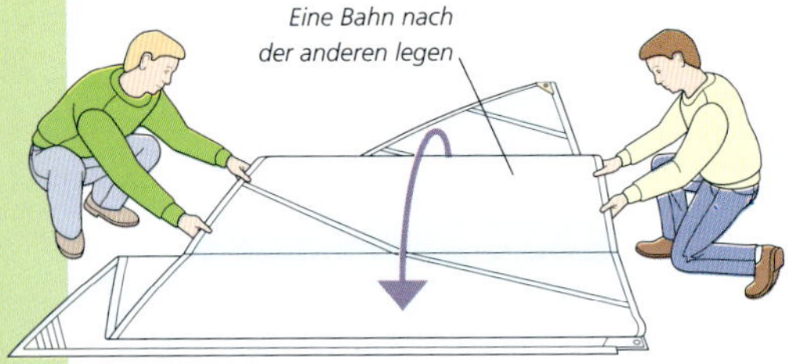

② Eine Bahn nach der anderen falten und immer zum Unterliek einschlagen.

③ Wenn das ganze Großsegel in Bahnen liegt, eventuelle Kniffe herausstreichen.

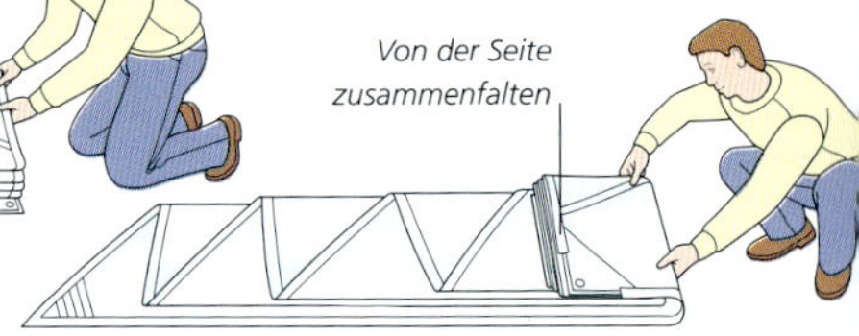

④ Von der Seite mehrmals übereinander schlagen, so dass es in den Segelsack passt. Segellatten dazulegen.

knittern und sich beim nächsten Aufriggen leicht handhaben lassen.

Auf Verschleiss überprüfen

Damit das Boot in erstklassigem Zustand bleibt, sollten Sie es nach jedem Segeltörn gründlich inspizieren. Achten Sie auf Verschleiß oder Beschädigung der gesamten Ausrüstung. Wenn Sie eine Schwachstelle finden, schaffen Sie möglichst sofort Abhilfe. Ansonsten notieren Sie sich, was getan werden muss und welches Werkzeug oder Material Sie dafür benötigen. Kümmern Sie sich so schnell wie möglich um die Reparatur.

Lagerung des Bootes

Wenn Sie laufendes Gut und Segel verstaut haben, müssen Sie Ihr Boot bis zum nächsten Segeltörn sicher lagern.

Viele Segelclubs haben Stellpätze. Das ist praktischer, als das Boot jedesmal mit dem Trailer zum Segelrevier zu fahren. Sehr kleine, leichte Boote können in einer Art Jollengestell aufbewahrt werden. Jollen lagern meistens auf ihren Slipwagen.

In diesem Fall sollten Sie dem Heck des Bootes eine weiche Unterlage verschaffen. Der vordere Bereich des Slipwagens sollte ebenfalls gestützt werden, damit das Boot nicht kippt und der Rumpf unbeschädigt bleibt. Liegt das Heck etwas tiefer, kann eventuell eindringendes Regenwasser im Heck durch Lenzer oder Inspektionsluken abfließen.

Boot abspritzen

Sobald das Boot an Land ist, spritzen Sie es mit Frischwasser ab. Ausrüstung inklusive Segel und Ruder nicht vergessen.

△ **Abdeckung anbringen**
Bewegliche Ausrüstungsgegenstände ins Bootsinnere legen und sichern. Persenning auf das Boot legen. Unter dem Heck und unter den Seitendecks festzurren.

Machen Sie das Boot mit der Vorleine sorgfältig am Slipwagen fest und ziehen Sie die Persenning über. Sie sollte genau sitzen und gut zu befestigen sein, damit sie optimalen Schutz vor den Elementen bietet. Eine gute Persenning ist eine lohnende Investition, da die Sonne sogar GFK-Booten Schaden zufügen kann.

Deshalb die Persenning unter dem Rumpf fest zusammenzurren, so dass sie sich auch bei starkem Wind nicht löst. Anschließend verankern Sie das Boot im Boden oder an schweren Betonklötzen, damit der Wind es nicht umwirft.

Fortgeschrittenes Jollensegeln

Hat man die Grundlagen des Jollensegelns erst einmal erlernt, kann man sie auf Rennjollen verfeinern. In einer Regatta sieht man schnell, was man gut kann und welche Fähigkeiten man noch verbessern sollte.

Diese Skiff-Jolle ist ein extremes Boot. Es erfordert sehr gute seglerische Fähigkeiten und perfekte Koordination, die riesige Takelage zu beherrschen.

Hochleistungsjollen

Wenn Sie das Segeln auf einer universellen Jolle erlernt haben, werden Sie einen ungeheuren Unterschied bemerken, wenn Sie zum ersten Mal versuchen, auf einem Hochleistungsboot zu segeln. Hochleistungsjollen reagieren empfindlicher auf Wind, Welle und Trimm. Sie beschleunigen schneller und fordern schnellere Reaktionen von Steuermann und Mannschaft. Dadurch kann man auf ihnen aber die Feinheiten des Segelns erlernen.

Fortschrittliche Bauweise

Bis in die jüngste Zeit gab es nur ein paar klassische internationale und olympische Klassen, die man als Nonplusultra der Hochleistungsboote ansah. Inzwischen wurden jedoch bessere Materialien und neuartige Rumpfformen entwickelt, so dass es heute Jollen gibt, die extreme Geschwindigkeiten erreichen und auch der besten Besatzung ihr ganzes Können abverlangen. Zusammen mit diesen extremen Jollentypen kamen auch »Crash and Burn«-Kurzstreckenrennen auf, die eine ganze Menge Nervenkitzel zu bieten haben.

Auswahl treffen

Wenn Sie schnellere Boote segeln möchten, wählen Sie zunächst eine Rennjolle mit Spinnaker *(S. 122–129)* und Trapez *(S. 116–117)*. Segeln Sie bei jemand anderem mit, bevor Sie sich ein Boot anschaffen. Wenn Sie ganz schnell segeln möchten (und viel Zeit mit Kentern verbringen wollen), sollten Sie sich für eine der neuesten Jollen in Leichtbauweise entscheiden.

Rennsegeln

Der vernünftigste und praktischste Weg zum Rennsegeln ist es, eine Bootsklasse zu wählen, die dort gefahren wird, wo Sie segeln möchten. Die meisten populären Bootsklassen werden in Regatten auf Clubebene gefahren, und viele von ihnen ermöglichen die Teilnahme an Wettbewerben auf Weltklasse-Niveau. Sie müssen sich außerdem noch zwischen Geschwindigkeit und Taktik entscheiden.

GESCHWINDIGKEITSVERGLEICHE

Mit Hilfe eines Polardiagramms wird die potenzielle Geschwindigkeit eines Bootes bei einer bestimmten Windstärke aufgezeigt. Bei jeder Windstärke haben die unterschiedlichen Bootstypen eine eigene Polarkurve. Auf großen Rennyachten nutzt man Polarkurven, um die Geschwindigkeit vorauszuberechnen.

Geschwindigkeitsbestimmende Faktoren

Geschwindigkeit wird von der Windstärke, von der Größe der Segelfläche und vom Gewicht des Bootes einschließlich der Mannschaft bestimmt. Kurz gesagt: Je größer die Segelfläche ist und je weniger das Boot wiegt, desto schneller fährt es. Hochleistungsboote sind immer viel leichter als normale Boote. Sie haben eine größere und komplexere Takelage und einen viel niedrigeren Rumpf. Sie haben gewöhnlich sehr wenig Eigenstabilität und sind darauf angewiesen, dass die Mannschaft sie aufrecht hält.

Kurse zum Wind

Eine normale Jolle ist bei jedem Kurs am Wind langsamer als eine Hochleistungsjolle. Beide fahren bei bestimmten Kursen am Wind besser als bei anderen, und bei raumen Kursen sind beide schneller als bei Amwind- oder Vorwindkursen.

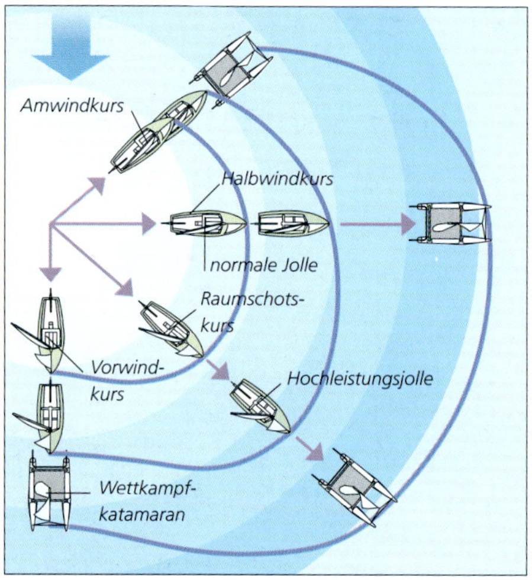

Polardiagramm ▷
Dieses Polardiagramm vergleicht die potenziellen Geschwindigkeiten einer normalen Jolle, einer Hochleistungsjolle und eines Wettkampfkatamarans. Der Katamaran ist bei allen Kursen zum Wind schneller als die beiden Jollen.

Bootsklassen bei Hochleistungsjollen

Hochleistungsjollen haben gewöhnlich einen niedrigen, leichten Rumpf mit einem sehr großen Rigg. Sie haben in der Regel ein Trapez, oftmals aber auch zwei für den Steuermann und die Mannschaft. Die neuesten Jollen haben große, asymmetrische Spinnaker, um die Geschwindigkeit vor dem Wind zu erhöhen. Rennkreuzer sind kleine Kiel-Yachten mit Eigenschaften, die denen der Hochleistungsjollen ähnlich sind. Sie haben eine Besatzung von bis zu sechs Mann, sind leicht und haben große Riggs.

Jollen

International 14

Der International 14 ist eine der ältesten Rennklassen, die immer weiter entwickelt worden ist, um der Konkurrenz standhalten zu können. Heutzutage ist er mit Doppeltrapez ausgerüstet und ein sehr anspruchsvoller Segler.

Olympischer 470er

Der Olympische 470er ist ein gutes Boot für Einsteiger beim Rennsegeln. Er hat einen Spinnaker und ein Trapez. Der Olympische 470er ermöglicht taktisch anspruchsvolle Rennen in getrennten Klassen für männliche und weibliche Segler.

Olympischer 49er

Der Olympische 49er gehört zur neuen Generation von Leichtgewicht-Hochleistungsbooten mit sehr großem Rigg und Doppeltrapez. Er hat einen großen, asymmetrischen Spinnaker, der am Ende eines langen Bugspriets befestigt ist.

International 505

Der International 505 ist ein klassisches Hochleistungsboot mit großem Spinnaker und einem Trapez. Er ist auch für schwere Segler geeignet. Regatten in dieser Klasse werden mit großen Teilnehmerfeldern gesegelt.

Laser 5000

Der Laser 4000 und 5000 stammen beide aus dem »Stall« der Laser-Jollen. Sie bieten ein unterschiedliches Niveau bis hin zu sehr hohen Geschwindigkeiten und passen so auch zu unterschiedlichen Stufen seglerischen Könnens.

5,5-m-Klasse

Die 18-Fuß-Skiff-Jolle stammt ursprünglich aus dem Hafen von Sydney. Über Jahrzehnte wurde sie zu dem modernen Spitzenleistungsboot von heute weiterentwickelt, das von einer Dreimann-Crew gesegelt wird.

Rennkreuzer

Melges 24

Die Melges 24 war einer der ersten Rennkreuzer, die entwickelt wurden. Heute ist sie international sehr beliebt, und bietet aufgrund der hohen Geschwindigkeiten und des großen, asymmetrischen Spinnakers aufregendes Segeln.

Hunter 707

Die Hunter 707 ist ein leichtes Kielboot, das für spannende Tagesrennen gebaut wird. Sie ist nicht so teuer wie die Melges 24, hat aber vergleichbare Eigenschaften mit ihrem großen Spinnaker und dem Spinnakerbaum.

Segeltechnik

Haben Sie erst einmal die grundlegenden Segeltechniken erlernt, sind Sie in der Lage, Ihr Boot aufzutakeln und zu Wasser zu bringen, es bei allen Kursen am Wind zu handhaben und sicher zu Ihrem Ausgangspunkt zurückzukehren. Wenn Sie bemerken, dass diese grundlegenden Techniken für Sie nur noch nebensächlich sind, ist es an der Zeit, an eine schnellere und anspruchsvollere Jolle zu denken. Dazu müssen Sie lernen, wie und wann ein Boot gleitet, wie man das Trimmen der Segel verfeinert, um mehr Leistung aus dem Boot zu holen, wie man die Ruderpinne hält, wie man am Wind fährt und wie man die Geschwindigkeit des Bootes beim Kurswechsel hält.

Gleiten

Mit dem Begriff Gleiten bezeichnet man die Bewegung einer Jolle, wenn sie durch das Wasser pflügt wie ein Schnellboot. Eine Jolle beginnt zu gleiten, wenn ihre Geschwindigkeit ausreicht, um eine Hubkraft unter dem Rumpf zu schaffen, die das Boot auf seine eigene Bugwelle hebt. Die Rumpfform spielt beim Gleiten eine wichtige Rolle. Boote, die gut gleiten, haben breite, flache Zonen in der hinteren Hälfte des Rumpfes. Auf diesen reitet das Boot dann beim Gleiten.

Die meisten Jollen, sogar die schwereren Universal-Jollen, gleiten, wenn der Wind stark genug ist und die Mannschaft die Technik beherrscht. Leichte Boote mit großer Segelfläche gleiten schon bei recht leichtem Wind ohne Probleme. Während langsamere Jollen nur bei Kursen mit halbem oder raumachterlichem starkem Wind gleiten, sind Hochleistungsjollen in der Lage, auch luvwärts zu gleiten; bei genügend Wind gleiten sie sogar auf dem Vorwindkurs.

Tipps zum Gleiten

Es gibt verschiedene Techniken, mit denen man sein Boot zum Gleiten bringen kann. Die erste ist als Pumpen bekannt. Wenn das Boot sich alleine nicht so recht zur Gleitfahrt heben will, wartet man auf eine Windbö und holt dann beide Segel dicht. So wird die Segelkraft erhöht, was dem Boot helfen soll, zum Gleiten überzugehen.

Eine andere Art, das Boot in Gleitfahrt zu bringen ist, die Welle

Richtig gleiten

Beginnen Sie bei einem raumen Kurs mit mindestens drei Windstärken. Verschieben Sie Ihr Gewicht nach achtern, um den Bug zu heben. Wenn das Boot gleitet, nimmt es schnell Fahrt auf und der scheinbare Wind wandert nach vorn; holen Sie beide Segel dicht. Verlässt das Boot die Gleitposition, verliert es schnell an Fahrt. Fieren Sie die Segel auf und verlagern Sie Ihr Gewicht wieder nach vorne.

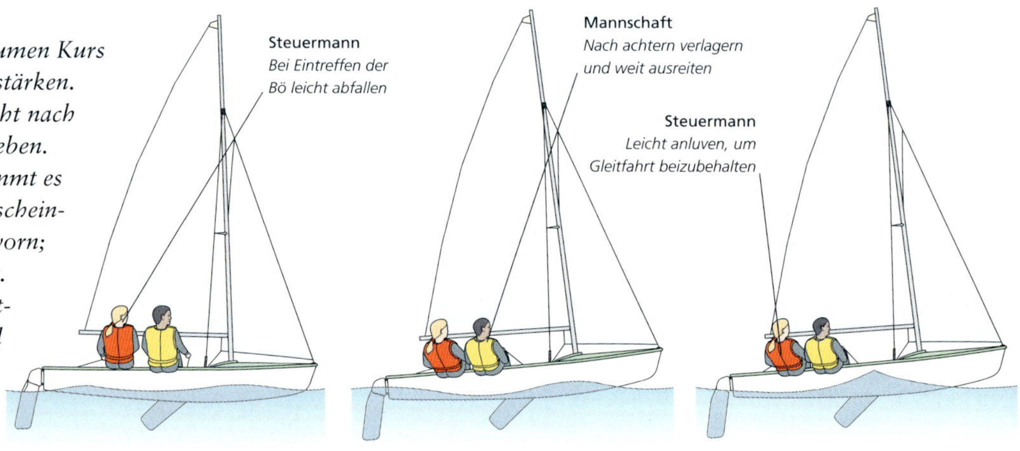

1 Segeln bei raumem Wind mit höchstens halb ausgefahrenem Schwert. Auf Windbö warten; bei Eintreffen der Bö leicht abfallen und beide Schoten leicht fieren. Boot aufrecht halten.

2 Bei zunehmender Geschwindigkeit Gewicht nach achtern verlagern. Der Bug hebt sich, wenn das Boot in Gleitfahrt übergeht. Bei Krängung hebt man das Schwert etwas an.

3 Um so lange wie möglich zu gleiten, leicht anluven, um Fahrt zu behalten und eventuell so lange zu gleiten, bis die nächste Bö ankommt.

zu nutzen, um dem Boot mehr Fahrt zu verschaffen. Auf einem Raumkurs wartet man, bis sich das Heck auf einer Welle hebt, und fällt dann ab, um an der Vorderseite der Welle hinunterzugleiten. Während das Boot mehr Fahrt macht, Segel leicht dichtholen. Es ist wichtig, das Boot dabei aufrecht zu halten. Die Fahrt, die man beim Hinabgleiten von der Welle gewinnt, kann genügend Winddruck erzeugen, um das Boot in Gleitfahrt zu halten, da der scheinbare Wind weiter nach vorn wandert, so dass man mit etwas dichteren Segeln die Gleitfahrt aufrechterhalten kann.

Segel trimmen

Eine der schwierigsten Aufgaben, die man sich als Segelanfänger aneignen muss, ist das Anpassen des Segeltrimms.

Wenn Sie eine schnelle Jolle segeln, werden Sie feststellen, dass diese sehr stark auf Änderungen des Windes anspricht und sehr schnell beschleunigt oder langsamer wird. Ändert das Boot seine Geschwindigkeit, wandert der scheinbare Wind *(S. 30)* weiter nach vorn (beschleunigen) oder nach hinten (langsamer werden), und jedesmal muss der Segeltrimm entsprechend angepasst werden. Der scheinbare Wind fällt auch dann achterlicher ein, wenn eine Bö das Boot erfasst; seien Sie also stets bereit, die Segel nachzulassen, wenn Sie eine Bö ankommen sehen, und die Segel wieder dichtzuholen, wenn die Bö nachlässt.

Verwindung anpassen

So wie man die Segel zum Wind einstellt, muss man auch ihre Verwindung (Twist – die unterschiedlichen Winkel des unteren und oberen Teils der Segel zum Wind) kontrollieren. Reduziert man den Twist, erhöht sich die Segelkraft, vergrößert man ihn, kann man dadurch die Segel entlasten und die Krängung reduzieren.

Die Verwindung des Großsegels wird über den Zug an Großschot oder Baumniederholer eingestellt. Je mehr Zug auf die beiden gegeben wird, desto geringer ist die Verwindung. Die Verwindung der Fock wird über die Position der Schotleitösen kontrolliert.

Verwindung ▷
Diese Boote fahren bei recht starkem Wind mit den Vorschotern im Trapez. Die Segel zeigen eine starke Verwindung, um die Krängung zu verringern.

▽ Gleiten
Dieses Boot gleitet unter Spinnaker. Die Mannschaft sitzt achtern und in Luv, um so das Boot gerade zu halten und den Bug zu heben.

VERWENDEN VON WINDFÄDEN

Die einfachste Art herauszufinden, ob die Segel korrekt getrimmt sind, ist die richtige Verwendung von Windfäden (Tell-tales).

Windfäden am Grosssegel

Nähen Sie Windfäden neben jede Lattentasche entlang dem Achterliek des Großsegels. Ist das Segel richtig gesetzt und getrimmt, fliegen alle Windfäden nach achtern, wobei der Faden in der Nähe der obersten Latte sich fast um die Kante des Segels legt.

Windfäden an der Fock

Die Verwindung der Fock kann mit Hilfe von Windfäden am Vorliek überprüft werden. Zeigen alle luvseitigen Fäden nach hinten, hat das Segel die erforderliche Verwindung.

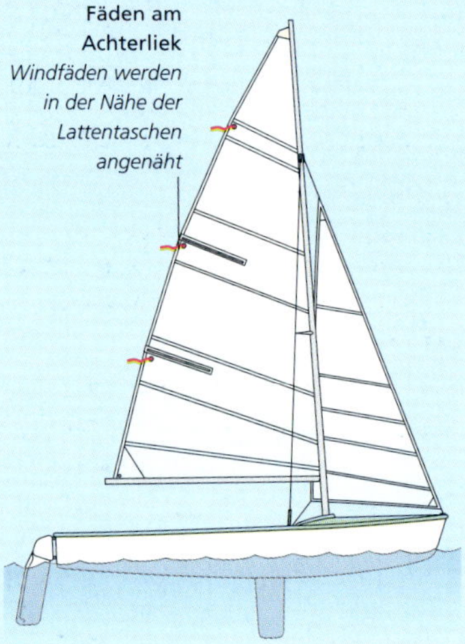

△ Lesen der Achterliek-Windfäden
Fliegen alle Fäden nach achtern und legt sich der obere Faden fast um das Liek, ist das Segel korrekt gesetzt und getrimmt.

Lee- und Luvgierigkeit

Segelt ein Boot aufrecht, ist es vorne und hinten korrekt getrimmt und sind die Segel richtig getrimmt, sollte es nur leicht oder überhaupt nicht zum Drehen neigen. Lässt man nun die Pinne los, bleibt das Boot auf einem geraden Kurs. Das Boot verhält sich dann »neutral auf dem Ruder«. Dreht sich das Boot beim Loslassen der Pinne nach Luv, ist es luvgierig. Dreht es nach Lee, ist es leegierig.

In der Praxis ist es leichter, ein Boot zu steuern, das leicht luvgierig ist, da einem dies ein Gefühl für das Ruder gibt; außerdem dreht das Boot in den Wind und bleibt stehen, wenn einem die Pinne aus der Hand rutscht. Leegierigkeit sollte man möglichst vermeiden, da das Boot dann schwierig zu segeln ist.

Man kann die Stellung des Bootes auf dem Ruder verändern, indem man die Schwertstellung ändert. Durch Anheben des Schwertes verringert man die Luvgierigkeit, durch Absenken die Leegierigkeit. Beim Trimmen des Bootes *(S. 138–141)* kann man auch den Mastfall verändern, um das gewünschte Ruderverhalten zu erzielen.

Segeln bei hoher Geschwindigkeit

Vorausgesetzt die Jolle ist optimal getrimmt, hängt das Erreichen der höchstmöglichen Geschwindigkeit

BALANCE UND TRIMM

Um die beste Leistung aus einem Boot herauszuholen, ist es von grundlegender Bedeutung, dass die Jolle durch Ausreiten aufrecht gesegelt wird. Ausreiten hilft dabei, das Gleichgewicht zu halten, und Zusammensitzen in zentraler Position hält das Boot vorne wie hinten auf ungefähr gleicher Höhe.

Balance ▷
Ausreiten oder ins Trapez hängen (S. 116–117), *um das Boot aufrecht zu halten. Krängt das Boot immer noch, Großschot nachlassen, damit Wind aus den Segeln genommen wird.*

◁ Trimm
Durch enges Zusammensitzen wird das Boot vorn und hinten auf gleicher Höhe gehalten. Bei starkem Wind leicht nach achtern bewegen, damit sich der Bug aus dem Wasser heben kann; bei leichtem Wind nach vorn bewegen, um den Spiegel frei zu halten und den Widerstand zu verringern.

von den Fähigkeiten von Steuermann und Mannschaft ab. Konzentration und ständiges Beachten von Segeltrimm, Balance und Kurs sind von grundlegender Bedeutung, wenn man das Beste aus einem Boot herausholen will. Segelt man in einem Hochleistungsboot, nachdem man das Segeln auf einer normalen Jolle erlernt hat, braucht es erst einmal Zeit und Übung, bis man sich an die schnelleren Reaktionen gewöhnt hat, die benötigt werden, um ein solches Boot effizient zu segeln.

Versuchen Sie, abrupte Kursänderungen zu vermeiden, insbesondere wenn Sie vom Wind abgefallen sind, da es sonst schwierig sein wird, das Boot bei spitzen Wenden im Gleichgewicht zu halten. Denken Sie auch daran, dass das Ruder bei schneller Fahrt viel stärker anspricht und deshalb viel geringere Bewegungen der Pinne erforderlich sind als bei langsamer Fahrt.

Segeln auf Amwindkurs

Das Segeln auf Amwindkurs ist die größte Herausforderung für den Anfänger. Der Steuermann muss so hoch wie möglich am Wind segeln,

△ **Richtungswechsel**
Beim Abfallen um eine Rennboje fiert der Steuermann das Großsegel vor der Wende auf; der Vorschoter bereitet sich auf das Einsteigen vor, während er das Boot noch luvwärts krängt.

ohne dabei an Geschwindigkeit zu verlieren, indem er zu hart am Wind segelt (auch bekannt als »kneifen«). Er muss auch verhindern, dass er in die entgegengesetzte Richtung irrt und luvwärts an Boden verliert, indem er zu weit vom Wind abfällt. Üben Sie, indem Sie die Windfäden am Vorsegel *(S. 68)* nutzen, um den bestmöglichen Kurs zu fahren. Sowohl die luvseitigen als auch die leeseitigen Windfäden sollten ständig anliegend nach achtern zeigen.

Richtungswechsel

Ein Zeichen für seglerisches Können ist die Fähigkeit des Seglers, den Kurs zu wechseln, ohne dabei unnötig an Fahrt zu verlieren. Ein guter Steuermann und eine ebensolche Mannschaft wenden das Boot nur durch Segeltrimm und Balancier *(S. 66–69)*, und setzen das Ruder hier so gering wie möglich ein.

Winddrehungen

Das Erkennen und Ausnutzen von Winddrehungen gehört zu den wichtigsten seglerischen Fähigkeiten, besonders dann, wenn man an Regatten teilnehmen möchte. Schralt der Wind, kommt er vorlich ein; raumt der Wind, kommt er von achtern.

Ausnutzen von Winddrehungen

Muss man gegen den Wind kreuzen, segelt man den schnellsten Kurs, wenn man ein Schralen des Windes zur Wende nutzt und bei raumendem Wind zurückwendet. Man muss hierbei bedenken, dass ein Wind, der beim Backbord-Kreuzschlag schralt, beim Steuerbord-Kreuzschlag raumt.

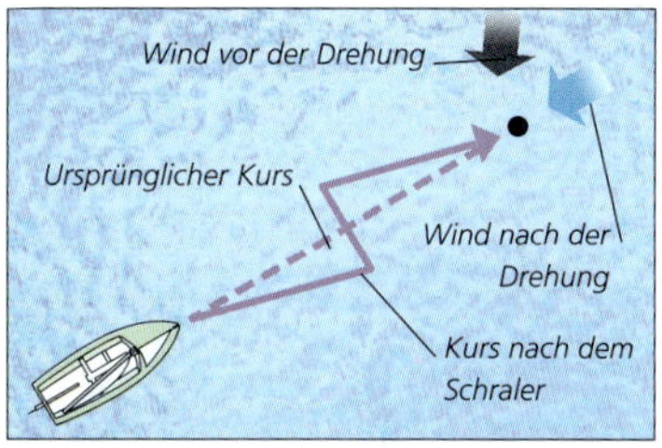

Wind schralt
Ein Schraler zwingt den Segler abzufallen, um Wind in den Segeln zu halten. Um das angepeilte Ziel zu erreichen, muss gekreuzt werden.

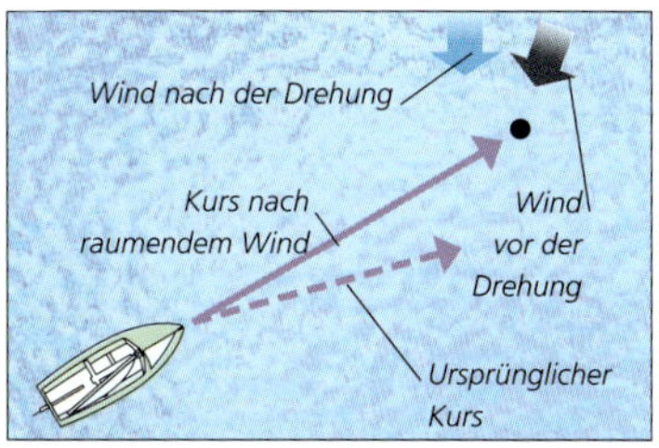

Wind raumt
Dreht der Wind nach achtern, raumt er. Um weiter am Wind zu bleiben, müssen Sie anluven.

Segelübungen

Ein guter Segler zeichnet sich durch sichere Beherrschung des Bootes aus. Dies ist nur durch Üben auf dem Wasser zu erreichen, am besten mit verschiedenen Jollen. Die beste Art, die Feinheiten des Jollensegelns zu erlernen, ist es, die verschiedenen Segelübungen durchzuführen. Warten Sie einen Tag mit Windstärke zwei bis drei ab und segeln Sie zu einer freien Wasserfläche ohne Hindernisse und andere Boote.

Segeln mit einem Segel

Haben Sie eine Zweimannjolle mit Großsegel und Fock, setzen Sie normalerweise beide Segel ein. Das Rigg ist dafür ausgelegt, dass beide Segel zusammenwirken und ihre Kräfte am Schwert gleichmäßig ansetzen. Wird eine solche Jolle nur mit einem Segel gefahren, verändert sich das Handling beträchtlich, und es kann schwierig werden, bestimmte Manöver auszuführen.

Versuchen Sie auf allen Kursen zum Wind *(S. 34–35)* zu segeln, zunächst unter Großsegel, dann nur mit der Fock. Diese Übung zeigt Ihnen, wie das Boot balanciert wird und wie es unter nur einem Segel reagiert. Sie werden auch merken, wie sich Ihr Boot bei geringen Geschwindigkeiten segeln lässt, was Ihnen zugute kommt, wenn Sie zum Ufer hin oder vom Ufer weg segeln oder wenn Sie eine Regatta fahren und am Rennstart manövrieren.

Nur Grosssegel

Beginnen Sie damit, dass Sie die Fock streichen und nur unter Großsegel fahren. Ohne die Fock vor sich ist das Großsegel weniger effizient *(S. 31)*, und die Jolle segelt langsamer, vor allem bei Kursen gegen den Wind. Entsprechend dem Segelriss der Jolle sind beide Segel gleichmäßig um den Drehpunkt des Bootes (am Schwert) angeordnet; entfernt man die Fock, verschiebt sich das Kraftzentrum nach achtern und das Boot wird luvgierig *(S. 112)*. Dann versucht es, in den Wind zu drehen. Der Steuermann sollte der Luvgierigkeit entgegenwirken, indem er die Pinne entsprechend einstellt.

Das Boot wird nun verhältnismäßig gut bei halbem Wind segeln, jedoch mit einer größeren Luvgierigkeit als sonst. Hat das Boot ein Schwert, können Sie übermäßige Luvgierigkeit verringern, indem Sie es höher einstellen als sonst und so den Drehpunkt nach achtern verlagern. Ist Ihr Boot mit einem Steckschwert ausgerüstet, fällt diese Option weg.

Wenn Sie an den Wind gehen, wird die fehlende Fock die Leistung des Bootes noch stärker beeinträchtigen. Liegt der Amwindkurs dann an, wird Ihnen das Boot ziemlich träge vorkommen. Beim Kreuzen dreht das Boot leicht in den Wind, fällt aber beim erneuten Kreuzen nur langsam ab. Fieren Sie die Großschot nach dem Kreuzen, um abzufallen. Dadurch wird die Geschwindigkeit wieder erhöht, bevor Sie versuchen, hart am Wind den nächsten Kreuzschlag anzufahren. Bei Kursen vor dem Wind macht sich das Fehlen der Fock nicht so sehr bemerkbar, da hier die Fläche des Großsegels am meisten zur Fahrt beiträgt. Auf Vorwindkurs wird die Fock oft vom Großsegel abgedeckt.

Nur Fock

Nachdem Sie es geschafft haben, nur unter dem Großsegel zu segeln, versuchen Sie es nur unter Fock. Ohne Großsegel wird das Boot bei halbem Wind oder auf Amwindkursen leegierig werden. Es wird auf allen Kursen am Wind um einiges langsamer sein als üblich. Vor dem Wind zu segeln ist leicht, aber langsam, auf Gegenwindkurs zu segeln wird allerdings schwer sein. Einige Jollen werden nur unter Focksegel luvwärts segeln, aber ohne den ausgleichenden Effekt des Großsegels werden sie auch ziemlich stark leegierig sein. Segeln Sie mit einem weiter ausgefahrenen Schwert als sonst, um dem entgegenzuwirken.

Kreuzen nur unter Fock ist schwierig bis unmöglich, je nach Bootstyp und Wetterlage. Experimentieren Sie ein bißchen herum, um zu sehen, wie sich Ihr Boot verhält.

Rückwärts segeln

Rückwärts segeln zu können kann sehr nützlich sein: beim Verlassen eines Pontons, einer Slipanlage oder einer Muring oder beim Start einer Regatta. Denken Sie daran, dass die Funktionsweise des Ruders beim rückwärts Fahren genau umgekehrt ist, der Bug sich also stets in die gleiche Richtung bewegt, in die Sie die Pinne bewegen.

Um rückwärts zu segeln, stoppen Sie das Boot genau gegen den Wind *(S. 74)*. Lassen Sie den Vorschoter den Baum nach einer Seite hinausdrücken und dort festhalten. Die Fock killen lassen, damit sie beim Manövrieren nicht stört. Das Boot beginnt nun, sich achteraus zu bewegen, und Sie können es recht problemlos mit leichten Bewegungen der Pinne steuern. Lassen Sie den beweglichen Ballast (Mannschaft) weit vorn, um zu verhindern, dass sich das Boot dreht.

Bewegen Sie die Pinne nicht zu weit von der mittleren Position weg, sonst dreht sich das Boot sehr abrupt.

Um wieder vorwärts zu segeln, bewegen Sie die Pinne in die Richtung, in die sich der Bug bewegen soll. Warten Sie, bis das Boot dreht, dann bringen Sie die Pinne in die mittlere Position, Segel anholen und lossegeln.

Segeln ohne Schwert

Obwohl Schwerter selten brechen, ist es doch hilfreich, einmal zu versuchen, ohne Schwert zu segeln, damit man sieht, inwieweit es das Verhalten einer Jolle beeinflusst. Stoppen Sie hierzu das Boot auf Amwindkurs und klappen oder heben Sie das Schwert komplett nach oben. Segeln Sie nun auf halbem Wind los und achten Sie darauf, wie das Boot seitlich wegdriftet und beim Vorwärtssegeln einen nicht unerheblichen Leeweg *(S. 69)* zurücklegt. Kreuzen ist ohne Schwert schwierig oder sogar unmöglich. Lediglich auf Kursen vor dem Wind, wenn das Schwert normalerweise nur wenig ausgefahren wäre, segelt das Boot wie üblich.

Segeln ohne Ruder

Eine weitere gute Übung ist es, ohne Ruder in einem Dreieckskurs zu segeln. Das lehrt Sie, wie wichtig Segeltrimm, Schwertposition, Balance und Trimmlage des Bootes sind. Ohne Ruder werden die anderen Steuerungsmöglichkeiten verdeutlicht.

Zunächst wird es Ihnen unmöglich erscheinen, einen Dreieckskurs zu fahren, und Sie werden in Kreisen umhersegeln, aber mit etwas Übung sollten Sie in der Lage sein, ein recht gutes Ergebnis zu erzielen.

Übungen ohne Ruder

Ruder aus dem Boot nehmen. Schwert anfangs zur Hälfte ausfahren. Nutzen Sie Fock- und Großsegel zusammen mit der Krängung, um das Boot zu drehen.

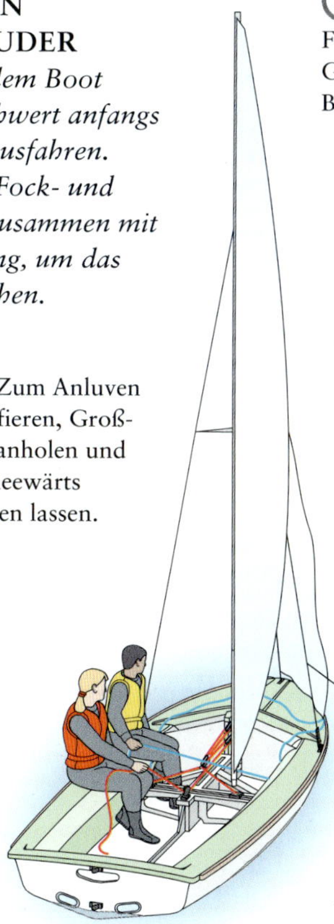

① Zum Anluven Fock fieren, Großsegel anholen und Boot leewärts krängen lassen.

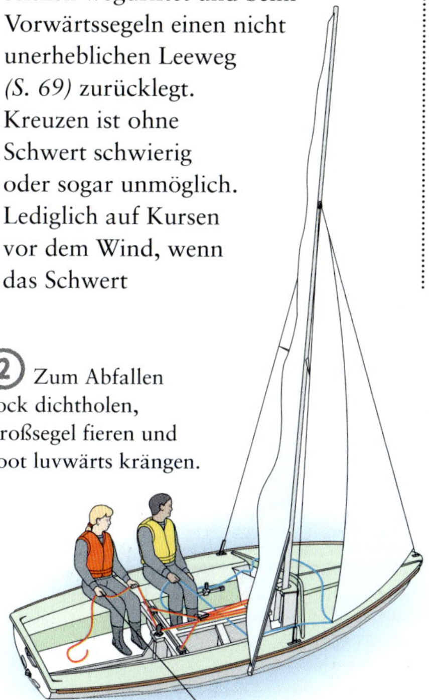

② Zum Abfallen Fock dichtholen, Großsegel fieren und Boot luvwärts krängen.

③ Um einen geraden Kurs zu segeln, Boot aufrecht halten, Großsegel und Fock gleichmäßig dichtholen.

Das Trapez

Segeljollen werden durch das Gewicht ihrer Besatzung aufrecht gehalten. Während es bei normalen Jollen ausreicht, wenn Steuermann und Vorschoter so weit wie möglich ausreiten und sich dabei mit den Füßen unter Ausreitgurten festhalten, benutzt man für Hochleistungsjollen wegen ihrer größeren Segelfläche ein Trapez, um die aufrichtende Kraft zu erhöhen.

Ein- und Aussteigen

Üben Sie das Aussteigen ins Trapez und das Einsteigen zurück ins Boot, bis Ihre Bewegungsabläufe flüssig und ganz sicher sind.

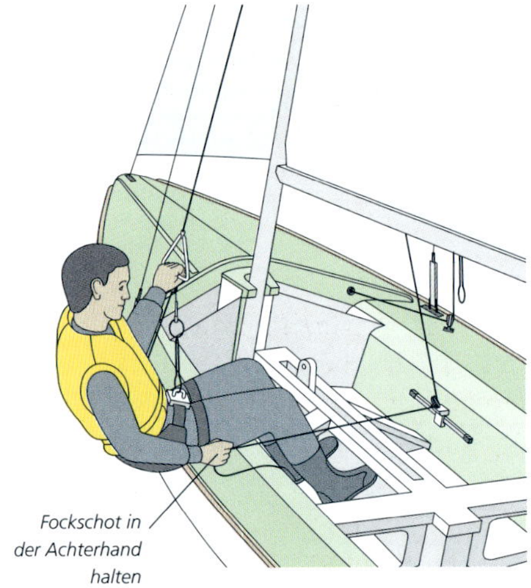

(1) Trapez am Geschirr einhaken und ausreiten, dabei das Trapez unter Zug halten; zur Kontrolle und Sicherheit Handgriff mit der Vorderhand fassen.

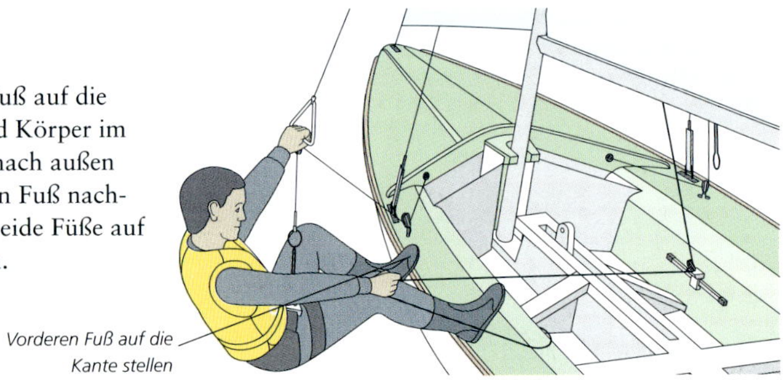

(2) Vorderen Fuß auf die Kante stellen und Körper im rechten Winkel nach außen drücken; hinteren Fuß nachziehen, so dass beide Füße auf der Kante stehen.

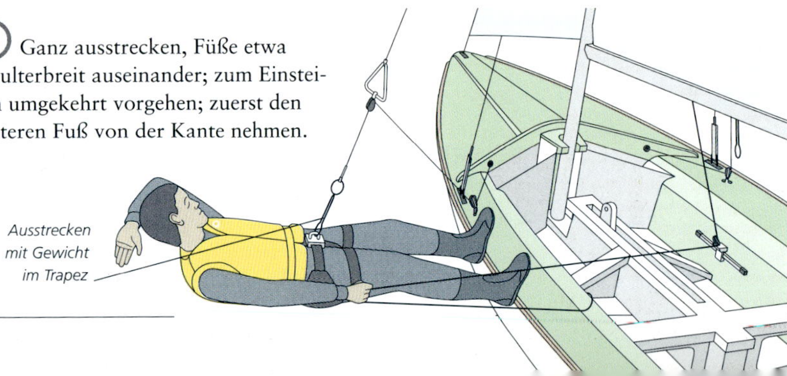

(3) Ganz ausstrecken, Füße etwa schulterbreit auseinander; zum Einsteigen umgekehrt vorgehen; zuerst den hinteren Fuß von der Kante nehmen.

Trapezsysteme

Ein Trapezsystem besteht aus einem Trapezgurt, der an einem Trapezdraht eingehakt wird. Dieser wiederum ist am Wantansatz aufgehängt. Dadurch kann sich der Segler seitlich aus dem Boot hängen. Früher gab es in der Regel nur ein Trapez für den Vorschoter. Dies ist auch bei einigen Jollentypen wie dem 470er und dem 505er bis heute so geblieben. Mit der Entstehung immer größerer Riggs sind allerdings Doppeltrapeze die Regel geworden. Der Olympische 49er und der International 14 sind Beispiele für Doppeltrapezboote.

Eine funktionierende Kommunikation zwischen Steuermann und Vorschoter ist auf Trapezbooten unerlässlich. Der Steuermann muss dem Vorschoter rechtzeitig sagen, wenn eine Wende bevorsteht, damit er genügend Zeit hat, ins Boot zu kommen. Außerdem muss der Steuermann immer bereit sein, das Großsegel zu fieren, um das Boot aufrecht zu halten, wenn der Vorschoter wieder einsteigt.

Einzeltrapez

Meist läuft der Trapezdraht knapp hinter den Wanten. Der Draht hat einen Handgriff und einen Ring zum Einhaken des Trapezgurtes. Der Vorschoter kann sich daran einhaken und vor das Ausreitbord hängen. Der Trapezring hat oft einen Mechanismus zum Einstellen der Höhe, auf der das Trapez gehalten wird. Ein Stück elastischer Gummileine verbindet die Trapezdrähte in Luv und Lee. Diese verläuft um die Mastvorderseite und hält den leeseitigen Draht stramm und auf seinem Platz, wenn der Vorschoter luvseitig im Trapez hängt.

Mehrfachtrapeze

Einige Hochleistungsboote sind mit Mehrfach-Trapezsystemen ausgerüstet. Die 5,5-m-Jolle segelt mit drei Mann im Trapez, und die einzigartige Ultra-30-Klasse hat ihre gesamte neunköpfige Crew im Trapez. Ein Boot mit mehreren Trapezen zu segeln erfordert besondere Fähigkeiten, Koordinationsgabe und jede Menge Übung.

Boote mit Mehrfach-Trapezsystemen haben oft Ausleger, auf denen die Mannschaft steht. Dies bringt das Gewicht nach außen. Wenn der Steuermann im Trapez hängt, benutzt er einen äußerst langen Pinnenausleger. Beim Halsen und Wenden klappt er diesen nach hinten.

Trapeztechnik

Das Trapezsegeln ist am wirkungsvollsten, wenn man so tief wie möglich im Trapez hängt, bei aufrechtem Boot parallel zur Wasseroberfläche. Im Trapez muss man sein Gewicht ständig bewegen, um Veränderungen der Bootskrängung und Trimm auszugleichen. Bei hohen Wellen sollte man in einer höheren Position hängen, um stets über dem Wasser zu bleiben. Das erleichtert ein schnelles Ein- und Aussteigen.

Balance

Der Trapezdraht führt vom Körper aus nach oben und nach vorne und zieht den Segler deshalb auch nach vorne. Dieser Tendenz wirkt man entgegen, indem man das vordere Bein ausgestreckt hält und das hintere beugt. So hält man die Balance. Bremst das Boot aus irgendwelchen Gründen plötzlich ab, zum Beispiel beim Durchpflügen einer Welle, wird die Kraft, die den Segler nach vorn zieht, auch plötzlich größer.

Krängung und Trimm

An Veränderungen der Krängung durch Windböen passt man sich an, indem man sich hinaushängt und so das Boot durch die Bö bringt; flaut der Wind ab, beugt man die Knie, um das Gewicht nach innen zu verlagern.

GURTE

Das beste Rezept, um entspannt im Trapez hängen zu können, ist ein bequemer Gurt, der Ihnen guten Halt bietet.

Einstellung und Pflege

Der Gurt muss gut über Ihren Segelanzug passen und Ihr Gewicht auf den Rücken und den unteren Teil des Körpers verteilen. Der Trapezring wird an einem Haken befestigt, der auf einer Metallplatte gerade unter der Taille sitzt.

TRAPEZGURT

▽ **Ultra 30**

Die einzigartige Ultra-30-Jolle hat eine Besatzung von neun Mann, alle in Trapezen. Das Boot hat Ausleger, mit denen die Mannschaft weit ausreiten kann.

Wenden und Halsen

Beim Wenden und Halsen mit einer Hochleistungsjolle werden Ihre Balance und Ihr Können auf die Probe gestellt. Ihre Bewegungen müssen fließend und schnell sein, und Sie benötigen ein optimales Timing. Eine Wende bremst das Boot fast immer ab, und eine Halse kann das Boot zum Kentern bringen.

Wenden

Hochleistungsboote reagieren stark auf Gewichtsverlagerung und drehen sehr schnell. Die schnellsten Jollen sind von Natur aus unstabil und vergeben keine Fehler. Sie sind stabiler, wenn sie schnell segeln, als wenn sie nur wenig Fahrt machen, wie zum Beispiel bei einer Wende. Steuermann und Crew müssen jede Wende so schnell wie möglich durchführen und das Boot schnell wieder auf den neuen Kurs bringen.

Bei einem Boot mit Einzeltrapez muss sich der Steuermann dem Vorschoter anpassen. Bei einem Boot mit Doppel- oder Mehrfachtrapez müssen alle zum gegenüberliegenden Trapez wechseln.

Wenden mit Trapez

Beim Üben der Wende auf einem Boot mit Trapez sollte der Steuermann mit recht langsamen Wenden beginnen. Eine zu schnelle Wende macht es der Crew schwer, die Seite zu wechseln und sich ins neue Trapez zu hängen, bevor die Segel wieder gefüllt sind.

(1) Kündigt der Steuermann eine Wende an, hakt sich der Vorschoter aus, bleibt aber über den Handgriff im Trapez.

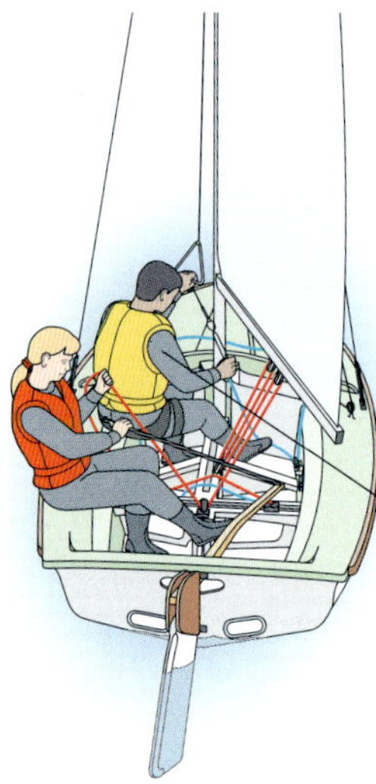

(2) Beginnt der Steuermann mit der Wende, steigt der Vorschoter ins Boot und begibt sich nach mittschiffs. Dabei hält er die Fockschot stramm.

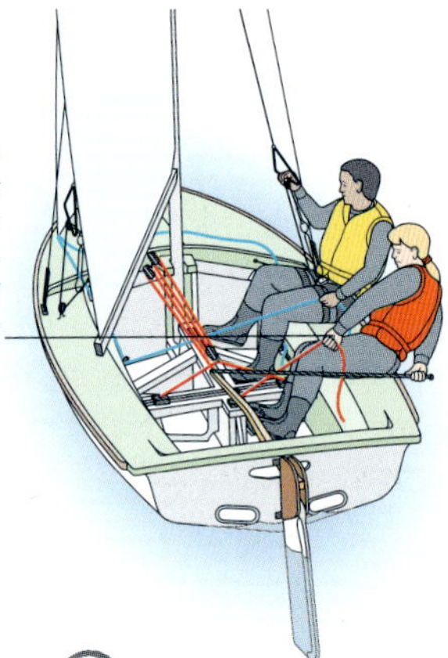

(3) Wenn sich das Boot in den Wind dreht, holt der Vorschoter die Fock auf der neuen Seite teilweise dicht.

(4) Dann steigt der Vorschoter ins Trapez, hakt sich ein und holt die Fock wieder dicht.

△ **Wenden mit Mehrfachtrapez**
Bei Booten mit Mehrfachtrapez muss der Steuermann mit Großsegel, Trapez und Pinnenausleger zurechtkommen.

Rollwende

Weil ein Boot bei der Wende grundsätzlich abgebremst wird, versucht man bei leichtem Wind, mit einer Rollwende durch ein Rollen des Bootes in Windrichtung zusätzlichen Vortrieb zu erzeugen.

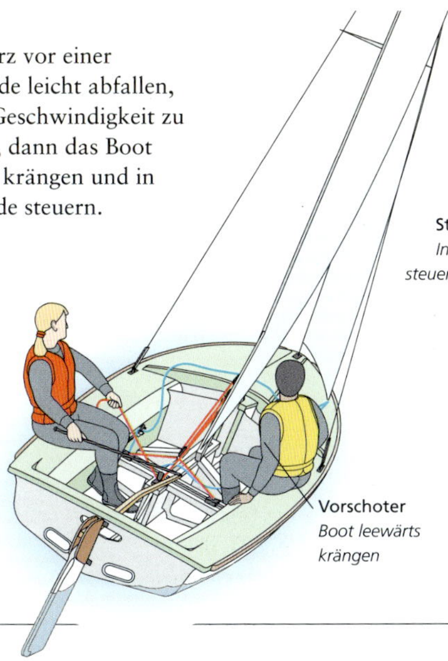

(1) Kurz vor einer Rollwende leicht abfallen, um die Geschwindigkeit zu erhöhen, dann das Boot leewärts krängen und in die Wende steuern.

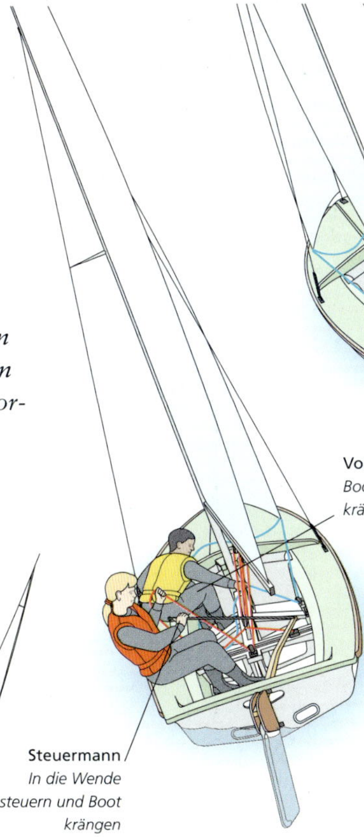

(2) Wenn das Boot jetzt in den Wind dreht, lehnen sich Steuermann und Vorschoter weit nach Luv und rollen das Boot in ihre Richtung. Steht das Boot im Wind, holt der Vorschoter die Fock zur anderen Seite, und der Steuermann fiert das Großsegel.

(3) Ist das Boot fast wieder auf dem neuen Amwindkurs, wechseln Steuermann und Vorschoter auf die neue Luvseite. Nun holt der Steuermann das Großsegel ein und trimmt es korrekt.

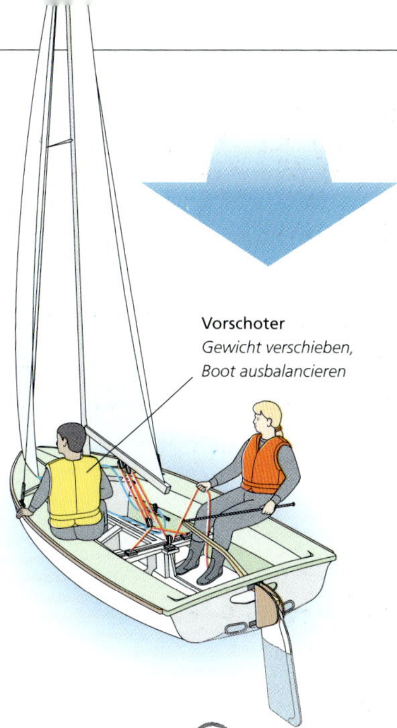

(4) Dann wechselt der Vorschoter schnell zurück nach Lee, um das Gewicht des Steuermanns auszugleichen.

Halsen

Führt man mit einer Hochleistungsjolle eine Halse durch, sind die Schlüssel zum Erfolg dieses Manövers Geschwindigkeit und Gleichgewicht vor der Halse. Wichtig ist außerdem die Position des Mittelschwertes. Hochleistungsjollen segeln vor dem Wind unter einem Spinnaker, und man muss lernen, diesen bei der Halse zu führen *(S. 82)*.

Geschwindigkeit und Balance

Eine hohe Geschwindigkeit vor der Halse verringert den scheinbaren Wind. Das macht es einfacher, das Großsegel auf die neue Leeseite zu schwenken und reduziert den Winddruck auf das Rigg. Beim Segeln in Wellen sollte man Halsen, wenn das Boot auf dem Weg ins Wellental ist, da es hier am schnellsten ist. Man wartet, bis der Bug hinter dem Wellenkamm nach vorne kippt (und das Boot beschleunigt), bevor man die Halse einleitet.

Ganz wichtig ist es, das Boot vor der Halse gerade zu halten. Eine Krängung nach Luv beim Abfallen in die Halse kann zu einer Kenterung nach Luv führen. Im umgekehrten Fall, wenn das Boot leewärts krängt, ist es für den Steuermann schwieriger, die Halse einzuleiten. Außerdem kann dabei der Baum das Wasser berühren, so daß das Boot noch stärker krängt, abbremst und womöglich kentert.

Schwertposition

Die Gefahr zu kentern ist noch größer, wenn das Schwert zu weit ein- oder ausgefahren ist. Bei den meisten Booten ist es am besten, das Schwert bei der Halse etwa zu einem Viertel auszufahren. Ist es weiter ausgefahren, wird es schwer, bei schneller Fahrt in die Halse abzufallen. Außerdem besteht die Gefahr, dass das Boot nach der Halse über das Schwert »stolpert« oder »Eulen fängt« (unbeabsichtigt durch den Wind dreht). Ist das Schwert zu weit oben, kann das Boot beim Abfallen in die Halse ins Rollen kommen.

Halsen mit Trapez

Auf Hochleistungsjollen wird oftmals auch auf raumen Kursen das Trapez benutzt. Hier muss die Crew sehr schnell auf die neue Trapezseite wechseln.

außer bei starkem Wind. In diesem Fall halsen Steuermann und Vorschoter standardmäßig. Boote mit Doppel- oder Mehrfachtrapezen allerdings segeln vorm Wind meist mit asymmetrischem Spinnaker auf flacherem Kurs und mit der Crew in den Trapezen. In diesem Fall muss das Boot sich bei der Halse um einen stumpferen Winkel drehen, und die Crew muss beim Halsen schnell reagieren und auf der neuen Seite gleich in die Trapeze steigen.

◁ **Halse mit Doppeltrapez**
Auf einem Boot mit Doppeltrapez steigt der Rudergänger kurz vor dem Vorschoter ins Boot. Er klappt den langen Pinnenausleger während der Halse nach achtern und zur anderen Seite. Dann hakt er sich in das neue Trapez ein, bereit zum Aussteigen.

ROLLHALSE

Für Boote ohne Spinnaker ist die Rollhalse eine sehr effektive Technik, um die Geschwindigkeit bei leichten Winden beizubehalten. Beim Einsatz eines Spinnakers oder eines asymmetrischen Spinnakers kann man eine leichte Rolle einsetzen, um den Baum beim Hinüberwechseln zu unterstützen.

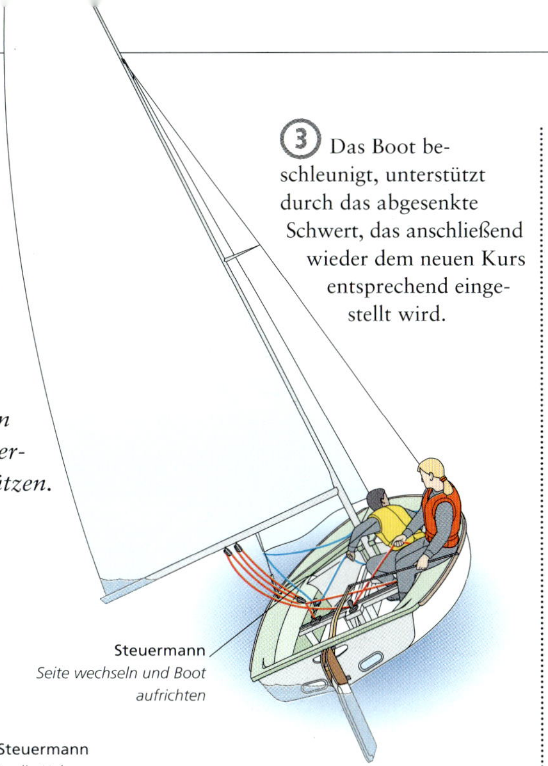

③ Das Boot beschleunigt, unterstützt durch das abgesenkte Schwert, das anschließend wieder dem neuen Kurs entsprechend eingestellt wird.

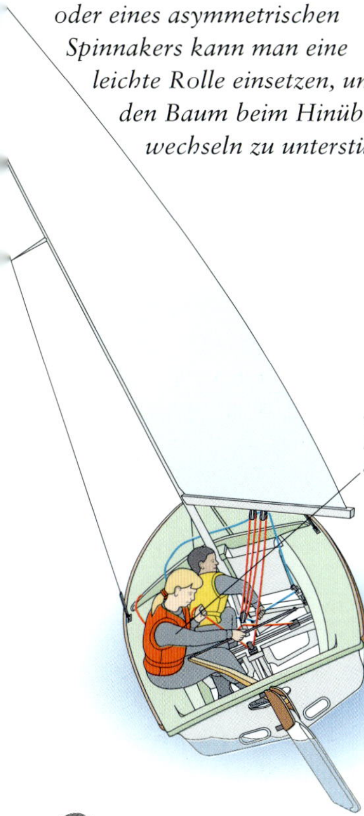

② Das Boot sollte genügend gekrängt sein, so dass das Ende des Baumes nach der Halse gerade eben die Wasseroberfläche berührt. Wenn dies der Fall ist, abwarten bis das Großsegel wieder voll steht, dann das Boot aufrichten.

① Vor der Halse Mittelschwert voll ausfahren. Der Vorschoter rollt das Boot luvwärts und zieht dann den Baum nach Luv.

TIPS UND TRICKS

In Wenden und Halsen kann ein Segler sein Können unter Beweis stellen. Sie erfordern, insbesondere bei starkem Wind, gutes Teamwork und Bootsgefühl.

KOMMUNIKATION
Wenden oder Halsen erfordert eine sehr genaue Koordination zwischen Steuermann und Crew. Eine falsche Bewegung oder eine schlechte Abstimmung während der Wende können das Manöver verderben und bremsen oder bei starkem Wind sogar das Boot kentern lassen. Wenn man eine Regatta fährt, wird man schnell feststellen, dass vergleichsweise kleine Fehler den Unterschied zwischen dem Sieg und einem Ergebnis unter »Ferner liefen« ausmachen. Eine gut funktionierende Verständigung im Boot wird Ihre Segelleistung verbessern.

ÜBEN
Der schnellste Weg zur Verbesserung der eigenen Fähigkeiten sind Übungen auf dem Wasser. Spitzenteams verbringen täglich mehrere Stunden auf dem Wasser, um ihrer Segeltechnik den letzten Schliff zu geben. Natürlich können Sie nicht so viel Zeit aufbringen, aber schon ein paar Stunden ernsthaften Übens werden durch bessere Manöver belohnt.

GEFÜHL
Am wichtigsten ist das »Feeling«, das richtige Gefühl für das Boot. Es sagt Ihnen, wie das Boot reagieren wird und wie Sie die Kante finden können, den schmalen, ständig wechselnden Grat, auf dem ein Boot perfekt segelt.

SPINNAKER

Die bei Künstlern, Fotografen und Zuschauern wegen ihrer Form und ihrer leuchtenden Farben so beliebten Spinnaker machen den Crews, die sie trimmen müssen, oft zu schaffen. Befolgt man aber ein paar einfache Regeln, dann sind diese großen, leichten Segel eigentlich gar nicht so schwer zu beherrschen. Ein Spinnaker lässt eine Jolle so richtig aufleben.

ANATOMIE DES SPINNAKERS

Spinnaker wurden ursprünglich nur auf Vorwindkursen benutzt, aber modernes Segeltuch und neue Formen, etwa der beliebte asymmetrische Schnitt *(S. 124)*, ermöglichen es, Spinnaker auch auf raumen Kursen zu setzen.

Der Spinnaker wird nur an seinen drei Ecken befestigt, und es liegt ganz in der Kraft des Windes, ihn in Form zu halten, wenn er gesetzt ist. Es braucht Geschick und Übung, um einen Spinnaker richtig zu setzen, zu trimmen und wieder zu bergen.

Neben dem Spinnaker selbst braucht man einen Spinnakerbaum, ein Niederhol- und Liftsystem (Niederholer und Toppnant) und Schoten. Die Schoten führen von jedem Schothorn aus, außen an der Want vorbei, zu Umlenkblöcken und Klemmen auf den Seitendecks.

Viele Segler benutzen ein Endlosschotensystem, bei dem ein einziges Tau mit seinen Enden an den beiden Schothörnern befestigt wird.

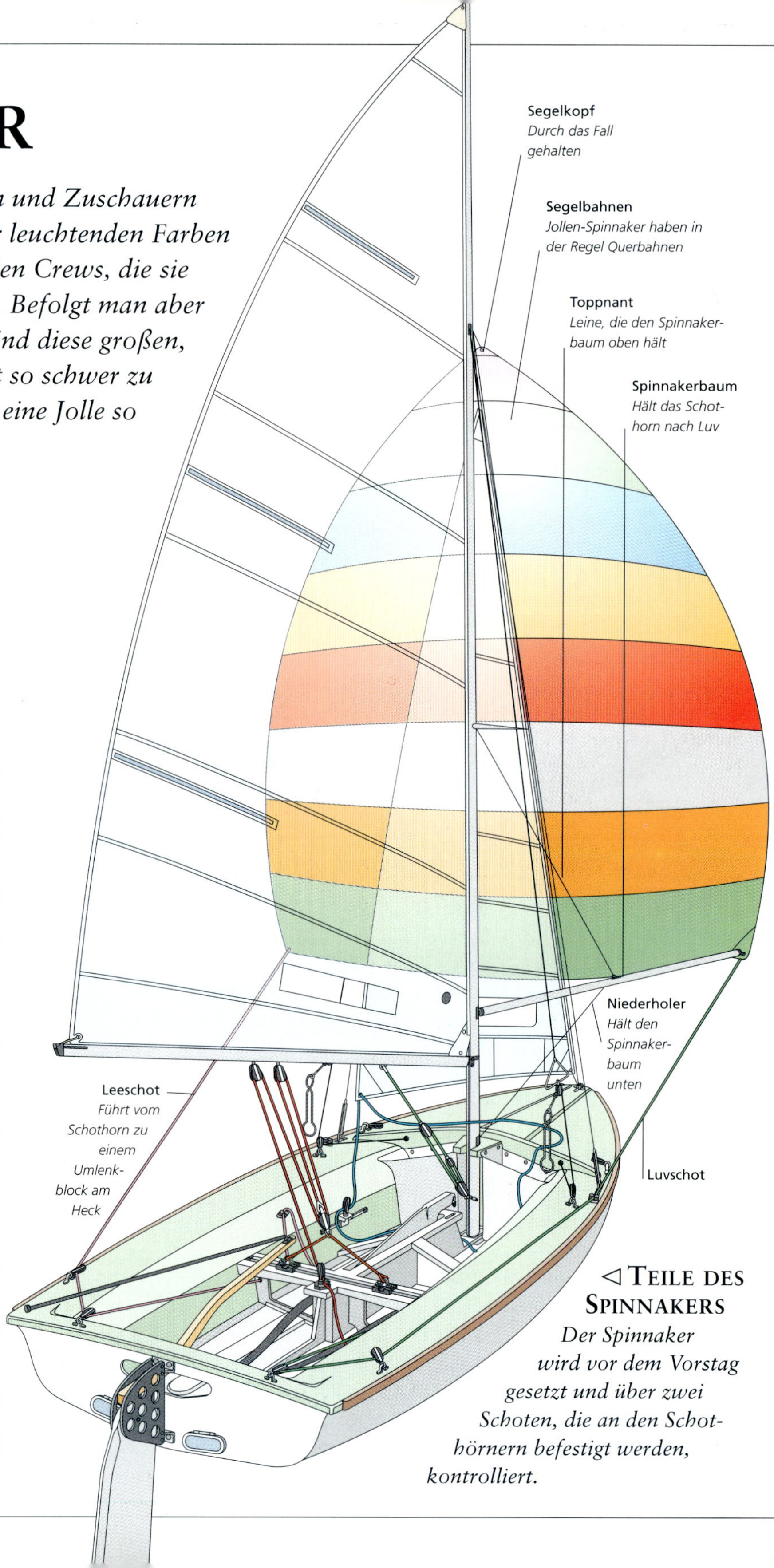

◁ **TEILE DES SPINNAKERS**
Der Spinnaker wird vor dem Vorstag gesetzt und über zwei Schoten, die an den Schothörnern befestigt werden, kontrolliert.

◁ **EINSETZEN DES SPINNAKERS**
Ein Spinnaker vergrößert die Segelfläche auf raumen Kursen beträchtlich. Hier segelt ein 470er auf halbem Wind mit gesetztem Spinnaker und dem Vorschoter im Trapez.

SPINNAKERSCHNITT

Spinnaker werden aus leichtem Nylon-Segltuch hergestellt. Die Art, wie das Segel gesetzt wird, hängt vom Schnitt der Bahnen ab. Vorwind-Spinnaker haben normalerweise eine bauchige Form, ein weites Mittelteil und einen breiten Kopf, während Spinnaker für raume Kurse flacher und schmaler geschnitten sind. Jollen haben normalerweise einen guten Allround-Spinnaker, Yachten hingegen können mehrere Spinnaker für unterschiedliche Bedingungen haben.

SPINNAKERBAUM

Der Spinnakerbaum wird benutzt, um das Schothorn des Spinnakers nach Luv zu halten, damit das Segel besser gefahren werden kann. Meist ist das Schothorn aus Aluminium, es kann aber auch aus Karbonfaser sein. Das Schothorn wird an einer Klammer an der Vorderseite des Mastes eingehakt, das äußere Ende am Achterholer des Spinnakers. Toppnant und Niederholer halten den Baum.

UMLENKBLÖCKE

Die Umlenkblöcke für die Schoten sind üblicherweise so weit achtern wie möglich auf den Seitendecks angebracht. Durch einen Haken in der Want kann die Schot unten gehalten werden, damit sie die Mannschaft nicht beim Ausreiten oder Hängen im Trapez behindert. Manchmal werden auch Leinen anstelle von Haken verwendet, zum Beispiel

MARKIEREN DER SCHOTEN

Das Setzen und Trimmen des Spinnakers geht schneller, wenn man die Schoten markiert. Dann kann man das Segel vor dem Hissen und Halsen entsprechend voreinstellen. Um diese Voreinstellungen auf den Schoten zu markieren, setzt man den Spinnaker zunächst einmal an Land, das Boot mit dem Heck zum Wind, und belegt die Schoten. Jetzt mit wasserfestem Marker an jeder Schot die Stelle markieren, an der sie durch die Belegklampe geführt wurde. Bereitet man sich nun in Zukunft auf eine Spinnakerhalse vor, belegt man die Schoten ganz einfach an diesen Markierungen und das Segel ist für die Halse korrekt getrimmt.

Um das Hissen zu erleichtern, insbesondere aus einer Tasche *(S. 126)*, fügt man eine weitere Markierung auf der Schot hinzu. Segel wie zuvor setzen und jedes Schothorn nacheinander etwa einen Meter vor das Vorstag halten, dann Schot strammziehen und belegen. Dann diesen Belegungspunkt markieren. Vor dem Setzen stets den Achterholer an der entsprechenden Markierung belegen, dann ist der Spinnakerbaum leichter einzupicken.

STAUSYSTEME

Die Art und Weise, wie der Spinnaker verstaut, gesetzt und geborgen wird, ist je nach Bootstyp unterschiedlich. Ein gutes Stausystem ermöglicht es dem Segler, den Spinnaker schnell zu setzen und zu bergen und zu verstauen, ohne ihn zu vertörnen, so dass er beim nächsten Einsatz wieder problemlos gesetzt werden kann. Die meisten modernen Jollen haben normalerweise entweder Spinnakertaschen *(S. 126–127)* auf beiden Seiten des Mastes oder eine Spinnakertrompete im Vordeck *(S. 125)*.

ASYMMETRISCHE SPINNAKER

Asymmetrische Spinnaker sehen aus wie eine Kreuzung zwischen einer großen Fock und einem Spinnaker. Sie sind inzwischen bei Hochleistungsjollen und offenen Kielyachten zum Standard geworden. Asymmetrische Spinnaker werden nicht mit einem Spinnakerbaum, sondern einem langen, verstellbaren Bugspriet gesetzt. Das erleichtert ihre Handhabung beim Setzen, Halsen und Bergen.

FÜHREN

Ein asymmetrischer Spinnaker ist in der Regel größer als ein herkömmlicher und wird oft an einem höheren Punkt am Mast aufgehängt. Diese großen Segel erzeugen eine beträchtliche Kraft, sind aber leichter zu führen als herkömmliche Spinnaker,

Sie werden über zwei Schoten kontrolliert, die beide am Schothorn ansetzen.

SETZEN UND BERGEN

Ein asymmetrischer Spinnaker wird aus einer Spinnakertrompete oder aus einer Tasche gesetzt und dort auch verstaut. Das Bugspriet ist normalerweise eingezogen, wenn das Segel nicht benutzt wird, und muss ausgezogen werden, wenn der Spinnaker gesetzt wird.

Oft wird mit einem einzigen Leinensystem das Bugspriet ausgefahren und gleichzeitig der Segelhals nach vorne zur Spitze des Bugspriets gezogen.

SEGELTRIMM

Ein asymmetrischer Spinnaker ist auf Vorwindkursen ineffizient. Deshalb »kreuzen« diese Boote auch vor dem Wind und fahren Halsen unter Spinnaker.

▽ SEGELN MIT ASYMMETRISCHEM SPINNAKER

Die Crew dieses 49ers segelt unter ihrem großen asymmetrischen Spinnaker. Für eine bessere Sicht und Kontrolle stehen beide Segler hoch im Trapez.

Spinnakertrompeten

Viele Hochleistungsjollen haben eine sogenannte »Spinnakertrompete« zum Verstauen und zum leichteren Setzen und Bergen des Spinnakers.

Trompetensysteme

Trompetensysteme sind in das Boot integriert. Sie haben eine trichterförmige Öffnung, die knapp hinter dem Vorstag, meist seitlich versetzt, im Vordeck sitzt. Von der Öffnung aus verläuft unter dem Vordeck ein langer Stoffschlauch oder ein festes Plastikrohr, in dem der Spinnaker verstaut wird.

Spinnakertrompeten sind nützlich, weil der Spinnaker beim Setzen und Bergen nicht vertwisten kann. Spinnaker, die für den Einsatz mit einer Trompete gedacht sind, haben oft eine Silikonoberfäche, um die Reibung zu verringern.

Benutzen der Spinnakertrompete

Der Spinnaker wird über das Fall am Segelkopf aus der Trompete heraus gesetzt. Geborgen wird der Spinnaker mit Hilfe eines Niederholers, der in der Mitte des Segels befestigt ist und nach unten zum Trompetentrichter und dann durch den Trompetenschlauch verläuft. Fall und Niederholer bestehen gewöhnlich aus einem einzigen durchgehenden Seil. Wird das Fall gelöst und der Niederholer angeholt, fällt das Segel zusammen und wird nach unten in die Trompete gezogen, wo es zum erneuten Setzen bereit liegt. Ein Trompetensystem ermöglicht es, den Spinnaker relativ leicht zu setzen und zu bergen, sogar beim Segeln auf raumseitlichem Kurs.

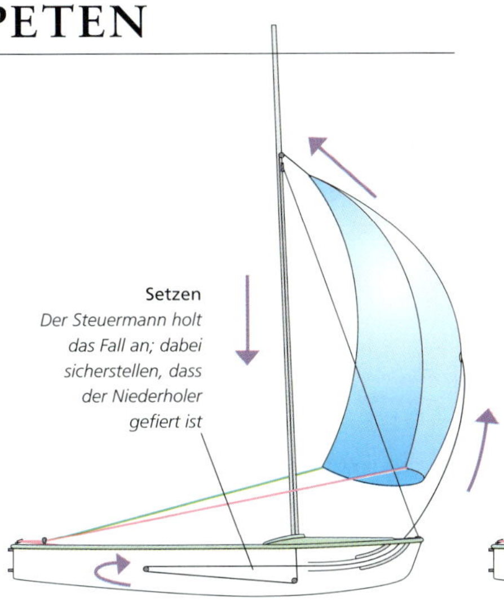

△ **Spinnaker setzen**
Der Steuermann setzt das Segel durch Ziehen am Fall, während der Vorschoter die Schoten an den entsprechenden Markierungen feststellt und den Baum befestigt.

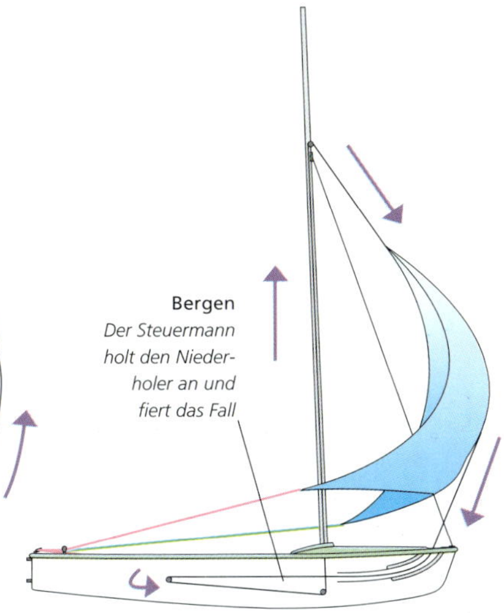

△ **Bergen in die Trompete**
Der Vorschoter holt den Fuß des Segels stramm gegen das Vorstag. Der Steuermann fiert das Fall und zieht am Niederholer. Sobald das Segel in die Trompete gezogen wird, löst der Vorschoter die Schoten und hakt den Baum aus.

SPINNAKER IN EINE TROMPETE PACKEN

Es ist wichtig, dass der Spinnaker korrekt gepackt in der Trompete verstaut wird, bevor das Boot zu Wasser gelassen wird. Er muss vor allem ohne Vertwistungen gepackt sein.

Spinnaker packen

Auf der an Land liegenden Jolle werden Fall, Schoten, und Niederholer am Spinnaker befestigt. Dann setzt man den Spinnaker, um sicherzustellen, dass er keine Verwindungen hat. Dann den Niederholer anholen und den Spinnaker in die Trompete ziehen. Immer weiter anholen, bis der Spinnaker vollkommen im Trichter verschwunden ist.

Spinnaker verstauen ▷
Wird der Spinnaker mit dem Niederholer in die Trompete gezogen, sollten der Segelkopf und die beiden Schothörner als Letztes im Trichter verschwinden. Zieht der Steuermann dann am Fall, um das Segel zu setzen, wird es ganz leicht und ohne Verwindungen aus der Trompete gleiten und kann vom Vorschoter getrimmt werden.

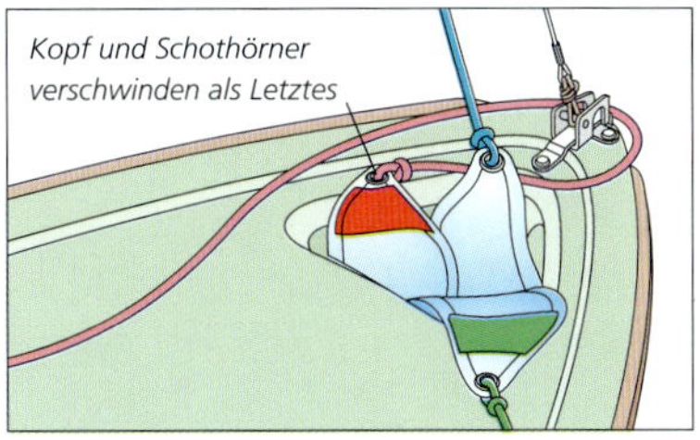

Spinnakertaschen

Der Umgang mit Spinnakertaschen erfordert etwas mehr Geschick als das Handling einer Spinnakertrompete. Der Spinnaker muss korrekt verstaut sein, ohne Verwindungen, um sicherzustellen, dass er problemlos gesetzt werden kann.

Benutzen der Taschen

In der Regel hat die Jolle zwei leichte Tuchtaschen auf jeder Seite des Mastes. Das Segel sollte in der Tasche verstaut werden, die beim Setzen die Leeseite sein wird, da dies das Setzen erleichtert.

Spinnaker setzen aus der leeseitigen Tasche

Aus der leeseitigen Tasche ist der Spinnaker leichter zu setzen. Zum Setzen fällt man auf einen Vorwind- oder raumachterlichen Kurs ab.

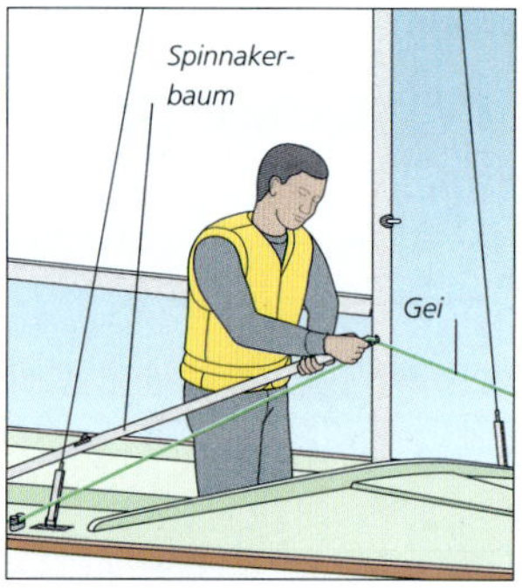

(1) Der Vorschoter nimmt die Luvschot und zieht das luvseitige Schothorn zum Vorstag. Während der Steuermann das Segel setzt, pickt der Vorschoter den Baum in die Schot.

(2) Der Vorschoter befestigt Toppnant und Niederholer und pickt das innere Ende des Spinnakerbaumes in den Mastbeschlag über dem Großbaum ein.

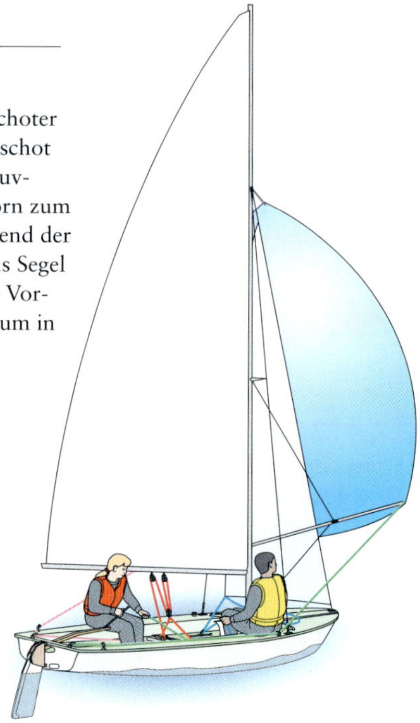

(3) Der Steuermann belegt das Fall und greift dann die Schoten, während der Vorschoter den Baum trimmt.

Spinnaker setzen aus der luvseitigen Tasche

Wird der Spinnaker aus einer Tasche auf der Luvseite gesetzt, sollte man sicherstellen, dass die Schoten korrekt markiert (S. 123) *und in der richtigen Position belegt sind. Dann fällt man auf einen Vorwindkurs ab. Man muss das gepackte Segel aus der Tasche holen, nach oben werfen und zügig setzen.*

(1) Der Vorschoter löst das Fall und belegt die Luvschot so, dass das Schothorn nicht am Vorstag hängt. Er holt den Spinnaker aus der Tasche und hält ihn fest.

(2) Der Vorschoter wirft den Spinnaker nach vorn und der Steuermann holt schnell das Fall. Der Vorschoter holt das Segel schnell um das Vorstag nach Lee.

(3) Der Steuermann hält die Schoten, während der Vorschoter den Spinnakerbaum einhakt.

Spinnaker bergen

Man kann den Spinnaker nach dem Bergen entweder in die Tasche links oder in die rechts vom Mast stecken. Der sicherste und einfachste Weg ist es, ihn in die luvseitige Tasche zu tun, da hierbei das Gewicht der Crew auf der Luvseite bleibt. Man sollte das Segel nur dann in die leeseitige Tasche packen, wenn man es in dieser Tasche braucht, um es später leeseitig zu setzen.

◁ Leeseitiges Bergen
Der Vorschoter holt die Leeschot hart an, bis er das Schothorn fassen kann, dann löst er die Luvschoot und zieht den Spinnaker unter den Großbaum in die leeseitige Tasche. Ist das gesamte Segel in der Tasche verstaut, hakt der Vorschoter den Baum aus und verstaut ihn.

Luvseitiges Bergen ▷
Beim luvseitigen Bergen muss der Vorschoter den Spinnakerbaum aushaken und verstauen, bevor das Segel geborgen wird. Dann holt er die Luvschot, bis er das luvwärtige Schothorn greifen kann; er zieht es am Liek herunter und verstaut es in der luvseitigen Spinnakertasche.

① Der Vorschoter hakt den Baum am Mast aus, löst die Toppnant und den Niederholer und löst den Baum von der Luvschot.

② Der Steuermann fiert das Segel, der Vorschoter zieht es am Liek nach unten und steckt es in die Spinnakertasche. Ist das Liek verstaut, zieht er das restliche Tuch in die Tasche, klemmt das Fall unter den Raumschothaken und belegt die Schoten.

VERSTAUEN DES SPINNAKERS IN EINER TASCHE

Es ist wichtig, sicherzustellen, dass der Spinnaker richtig in die Spinnakertasche gepackt ist, damit er bei Bedarf schnell und problemlos gesetzt werden kann. Dies tut man am besten an Land.

① Fall und Schoten am Spinnaker befestigen und Segel setzen.

② Während einer das Segel langsam ablässt, greift der andere das luvwärtige Schothorn und rafft das Liek nach und nach in die Tasche.

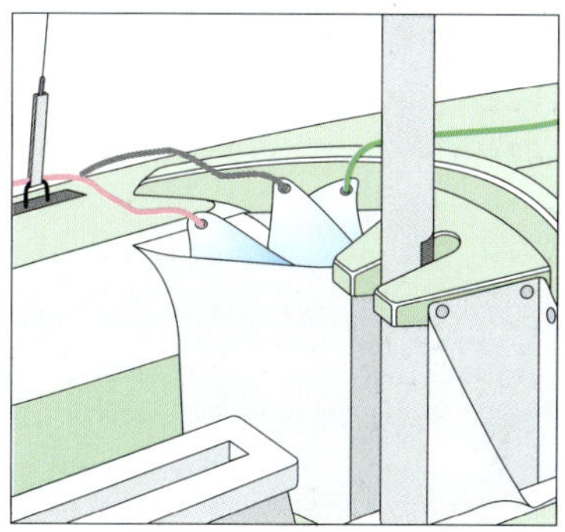

③ Ist das Liek verstaut, den Rest des Spinnakers so raffen, dass er mit dem Kopf und den beiden Schothörnern nach oben in der Tasche liegt.

SPINNAKERTRIMM

Der erfolgreiche Einsatz des Spinnakers erfordert sehr viel Übung. Ein Spinnaker beeinflusst das Segelverhalten einer Jolle enorm und muss deshalb vom Vorschoter sehr genau kontrolliert werden.

Insbesondere das Aussegeln von Böen und Halsen unter Spinnaker erfordert viel Übung.

DAS SPIEL MIT DEN SCHOTEN

Jeder Spinnakertyp muss anders getrimmt werden, aber es gibt doch einige allgemeine Regeln. Der wichtigste Punkt hierbei ist, das Segel symmetrisch über seiner Mitte zu halten; dazu müssen die Schothörner auf einer Ebene gehalten werden. Außerdem sollte der Spinnaker so weit wie möglich vom Großsegel entfernt stehen, damit der Luftzug frei zwischen den beiden Segeln passieren kann. Ist der Spinnaker korrekt getrimmt, kann der Vorschoter die Leeschot fieren, bis das Liek anfängt, sich in der Mitte um sich selbst zu wickeln.

Der Punkt, an dem das Liek beginnt, sich einzurollen, ist bei jeder Windstärke und auf jedem Kurs zum Wind der optimale Trimm.

UMGANG MIT BÖEN

Man muss lernen, wie man Böen aussegelt, ohne die Ruderkontrolle zu verlieren. Beim Eintreffen einer Bö fiert der Vorschoter die Leeschot, um das Boot zu beschleunigen. Tut er dies nicht rechtzeitig, wird das Boot krängen und stark luvgierig werden *(S. 112)*. Wenn das Boot beschleunigt, wandert der scheinbare Wind nach vorn, und der Vorschoter muss die Leeschot wieder etwas dichter holen, um den Spinnaker vorm Zusammenfallen zu bewahren.

WINKEL UND HÖHE DES SPINNAKERBAUMS

Der Winkel und die Höhe des Baumes müssen korrekt eingestellt werden, so dass das Segel in seiner bestmöglichen Position gesetzt ist und mit Toppnant und Niederholer wirkungsvoll getrimmt werden kann.

WINKEL

Man stellt den Baum mehr als 90° zum scheinbaren Wind ein. Das heißt, dass der Baum nach hinten geholt wird, wenn das Boot abfällt, und er nach vorne gelassen wird, wenn das Boot anluvt. Der Baum sollte niemals am Vorstag anliegen, da er sonst verbiegen oder brechen könnte.

HÖHE

Die Höhenverstellung des Baumes soll sicherstellen, dass das Luv-Schothorn etwa auf der gleichen Höhe wie das frei bewegliche Lee-Schothorn ist.

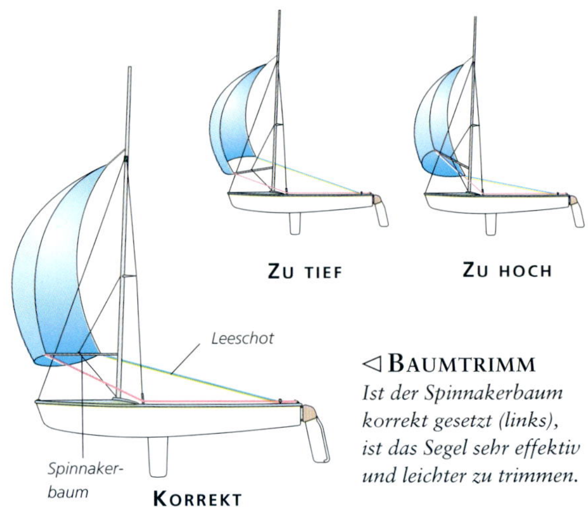

◁ **BAUMTRIMM** *Ist der Spinnakerbaum korrekt gesetzt (links), ist das Segel sehr effektiv und leichter zu trimmen.*

Spinnakerhalse

Erfolgreiches Halsen unter Spinnaker erfordert Routine und jede Menge Übung. Es ist unbedingt notwendig, das Boot aufrecht zu halten und die Halse zügig durchzuführen, damit der Spinnaker nicht außer Kontrolle gerät. Zur Vorbereitung der Halse bringt der Steuermann die Jolle zunächst vor den Wind, und der Vorschoter bringt das Segel quer über den Bug (S. 123). *Jetzt ist das Boot fertig zum Halsen.*

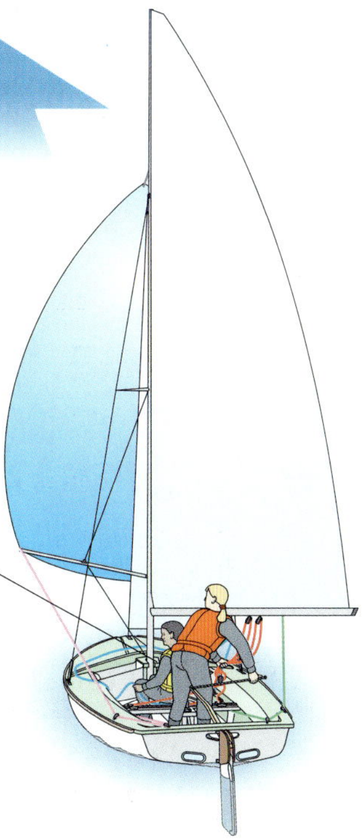

(1) Vor dem Wind werden zunächst Großsegel und Fock geschiftet. Hierzu werden beide Segel von Hand auf die neue Seite geholt.

(2) In der Mitte des Bootes stehend übernimmt der Steuermann die Schoten, um den Spinnaker im Wind zu halten. Der Vorschoter setzt den Spinnakerbaum auf die neue Seite.

(3) Der Vorschoter hakt den Baum in die Schot und übernimmt die Schoten vom Steuermann.

Asymmetrische Spinnaker

Asymmetrische Spinnaker werden am Ende eines Bugspriets befestigt. Das Segel wird wie eine Fock über zwei Schoten kontrolliert, aber wie ein Spinnaker getrimmt.

Halsen

Halsen mit einem asymmetrischen Spinnaker ist einfach, da das Segel gehalst wird wie eine Fock. Während das Boot sich durch die Halse dreht, wird die alte Schot so weit gefiert, bis das Segel über das Vorstag dreht; dann wird es auf der neuen Seite dichtgeholt.

Leegierigkeit entgegenwirken

Wegen des langen Bugspriets erzeugen asymmetrische Spinnaker eine beträchtliche Leegierigkeit. Diese verringert man durch eine Krängung von ca. 15°.

Korrekt getrimmter asymmetrischer Spinnaker

EINHANDSEGELN

Die reinste Form des Segelns erlebt man, wenn man ganz allein aufs Wasser hinausfährt. Beim Einhandsegeln lernt man schnell, und man kann segeln, wann immer man Lust dazu hat. Einmannboote sind in der Regel nicht so teuer wie Zweimannjollen und können gewöhnlich leichter transportiert und aufgeriggt werden. So kann man innerhalb kurzer Zeit lossegeln.

AUFRIGGEN UND ZU WASSER LASSEN

Die meisten Einhandjollen haben nur ein Großsegel. Dieses wird an einem Mast gesetzt, der viel weiter vorne steht als bei Zweimannbooten.

Der Mast ist oft nicht abgestagt *(S. 56)* und flexibel, so daß er gekrümmt werden kann, um eine optimale Segelform zu erlangen und um überschüssige Kraft bei starken Winden abzuleiten. Während es bei abgestagten Mast-Segel-Kombinationen möglich ist, das Segel vor oder nach dem Wassern zu setzen, muss das Großsegel bei einem freistehenden Mast mit einer Segeltasche vor dem Wassern gesetzt werden. Das Boot muss dabei genau im Wind stehen.

Ein Einhandsegler wird in der gleichen Weise zu Wasser gelassen, wie eine Zweimannjolle. In der Regel muss man die ganze Arbeit alleine erledigen, aber es ist einfacher, das Boot zu Wasser zu lassen und zu bergen, wenn jemand dabei ist, der sich um den Slipwagen kümmert.

SEGELN

Einhandjollen sind gewöhnlich leicht und reagieren deshalb empfindlich auf Veränderungen bei Trimm und Balance. Der Steuermann muss sein Gewicht nach innen und außen,

EINMANNJOLLE ▷

Ein typischer Einhandsegler ist dafür ausgelegt, schnell und einfach von einer Person geriggt, zu Wasser gelassen und gesegelt zu werden.

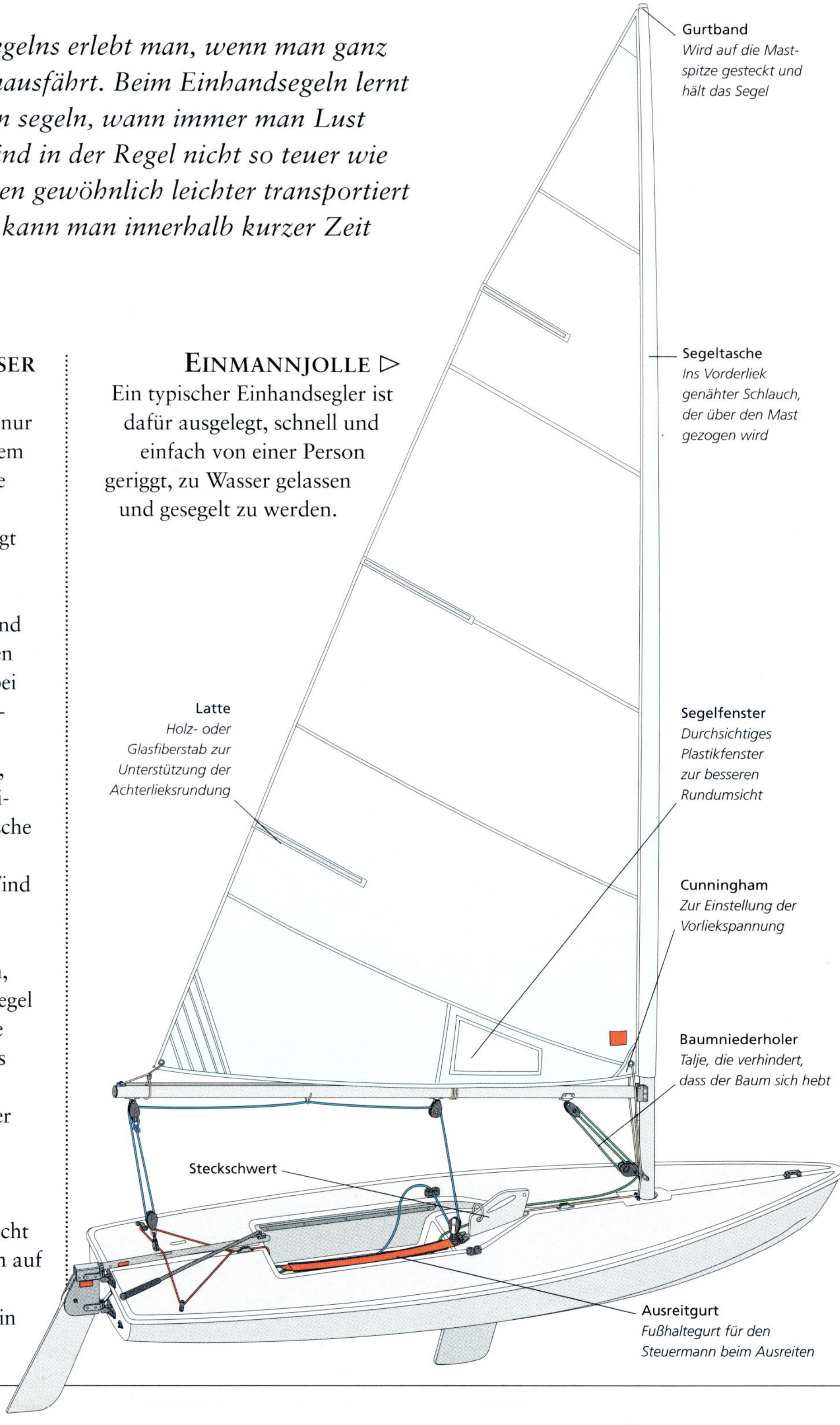

Boot aufriggen

Einige Einhandjollen haben abgestagte Masten, und ihre Großsegel werden wie bei einem Zweimannboot aufgeriggt (S. 56–61). Viele haben jedoch freistehende Masten, die leicht und einfach aufzuriggen sind. Die meisten Einhandjollen haben ein Steckschwert.

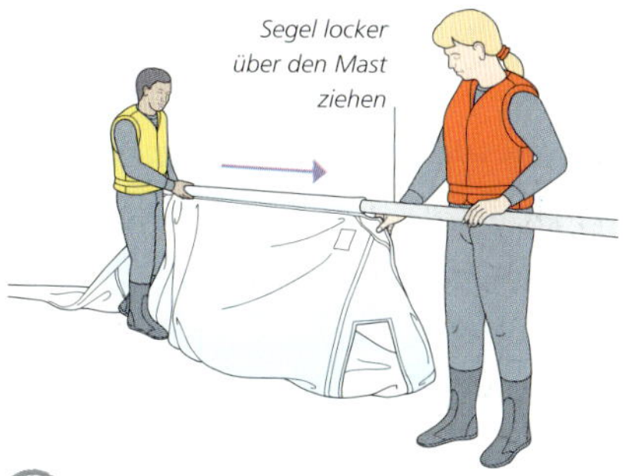

① Mast durch Zusammenstecken der beiden Teile montieren. Großsegel auseinander falten und Segeltasche im Vorderliek suchen. Segeltasche über den Mast ziehen.

② Mast setzen und sichern. Großbaum auf den Lümmelbeschlag stecken und Schothorn des Großsegels mit dem Ausholer am Baum festzurren.

nach vorne und nach achtern bewegen, um das Boot richtig zu trimmen. Es ist wichtig, dass das Segel richtig gesetzt ist. Vergewissern Sie sich, dass es im Boot ist, bevor Sie es zu Wasser bringen. Auch die Ruder dürfen nicht fehlen. Man muss sich angewöhnen, während des Segelns seine Form mit Hilfe von Unterliekstrecker, Cunningham-Strecker *(S. 141)*, Großschot und Niederholer ständig zu verändern.

Die größten Unterschiede zwischen einem Einmann- und einem Zweimannboot ergeben sich auf Vorwindkursen. Mit nur einem Segel ist das Boot sehr luvgierig, das heißt, es hat den Hang, sich ständig nach Luv zu drehen. Dem wirkt man entgegen, indem man das Boot luvwärts krängt, bis das Ruder ausbalanciert ist. Allerdings benötigt es einige Übung, diese Position zu halten. Einhandsegler gleiten normalerweise leicht, und es macht Spaß, sie vor dem Wind in Wellen zu segeln, da sie direkt auf die Pinne reagieren und schnell beschleunigen.

Wenden

Das Wenden einer Einhandjolle erfordert ein wirklich gutes Timing und fließende Bewegungsabläufe *(S. 78–81)*. Dreht das Boot durch den Wind, fiert man die Großschot und wartet, bis der Baum sich der mittleren Position nähert. Wenn das Boot auf die Seite des Steuermanns krängt, schnell Seite wechseln und Gewicht auf die neue Luvseite verlagern.

Halsen

Steckschwert so weit hochholen, bis es knapp unter Baum und Niederholer steht. Nun fährt man mit möglichst viel Fahrt einen weiten Bogen bis in der Halse der Baum dann herüberschlägt. Wenn der Baum dann herüberschwingt, Pinne gerade stellen und Gewicht auf die neue Seite bringen. Dann Pinne und Großschot wechseln.

Wenden ▷
Dieser erfahrene Segler fährt eine Wende. Er lässt das Boot zu sich hin krängen und wartet, bis der Baum seine mittlere Position erreicht.

KATAMARANE

Wenn Sie aufregendes Hochgeschwindigkeitssegeln wollen, versuchen Sie es mit einem Katamaran. Katamarane haben Rümpfe, die durch zwei Holme (Beams) verbunden sind, und ein Trampolin, über das die Crew von einer Seite zur andern wechseln kann. Ihre große Breite gibt ihnen eine erhebliche Stabilität, und die schmalen Rümpfe bieten wenig Widerstand und machen sie sehr schnell.

KATAMARAN-RIGGS

Die meisten Katamarane haben ein großes, durchgelattetes Großsegel und eine viel kleinere Fock, die normalerweise lang und schmal ist. Einhandkatamarane werden allerdings meistens ohne Fock gefahren. Einige haben Großsegel mit losem Unterliek, die ohne Baum gesetzt werden; in diesem Fall ist die Großschot-Talje direkt am Schothorn befestigt. Das untere Ende der Großschot sitzt auf einem Traveller, der auf dem hinteren Holm über die gesamte Schiffsbreite verläuft. Der Mast ist normalerweise so konstruiert, dass er sich drehen kann; so kann er auf allen Kursen zum Wind einen effizienten Winkel zur Windrichtung einnehmen. Er wird durch den Mastspanner eingestellt.

Katamarane haben Doppelruder, eins am Heck jedes Rumpfes; die Pinnen sind über eine Spurstange miteinander verbunden. Der lange Pinnenausleger ist in der Mitte der Spurstange befestigt. Viele Katamarane sind mit einem oder zwei Trapezen ausgerüstet, und einige benutzen asymmetrische Spinnaker, um die Geschwindigkeit auf Vorwindkursen zu erhöhen. Viele der bereits beschriebenen Segeltechniken können auch beim Katamaran angewandt werden, aber einiges ist doch anders *(S. 134–137)*.

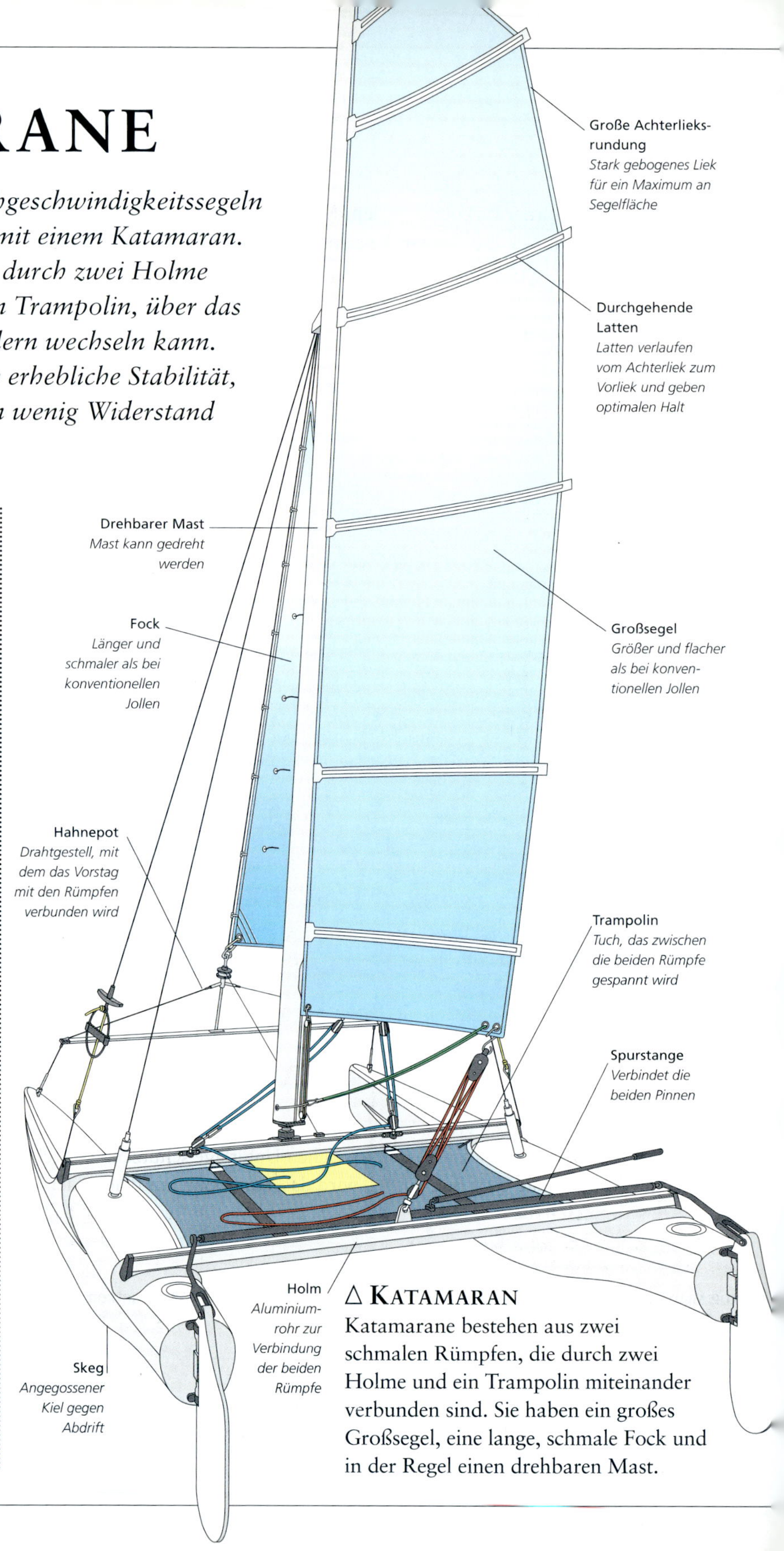

△ KATAMARAN
Katamarane bestehen aus zwei schmalen Rümpfen, die durch zwei Holme und ein Trampolin miteinander verbunden sind. Sie haben ein großes Großsegel, eine lange, schmale Fock und in der Regel einen drehbaren Mast.

Katamarantypen

Es gibt viele Katamarantypen auf dem Markt, deshalb sollte man sich für einen Katamaran entscheiden, der den persönlichen Anforderungen entspricht. Wenn Sie an Regatten teilnehmen möchten, entscheiden Sie sich am besten für ein Boot, das auch in Ihrem Revier stark vertreten ist.

Hobie

Katamarane der Hobie-Klasse sind für schnelles »Fun«-Segeln gedacht; es gibt aber auch überall in der Welt große Regattafelder. Hobies haben asymmetrische Rümpfe ohne Schwert.

Dart 16

Der Dart 16 und sein größerer Bruder, der Dart 18, sind hervorragende Boote für schnelles Segeln und Regatten und sind bei Katamaranseglern äußerst beliebt. Der Dart hat symmetrische Rümpfe mit Skegs.

Tornado

Der Tornado ist die olympische Katamaranklasse und bietet Regatten auf höchstem Niveau. Er hat ein konventionelles Mittelschwert in jedem der beiden Rümpfe, die symmetrisch sind.

Rumpfformen

Die Rumpfformen variieren in Abhängigkeit vom Bootstyp. Einige haben zwei identische Rümpfe, die jeder für sich symmetrisch aufgebaut sind. Symmetrische Rümpfe haben in der Regel ein Mittel- oder Steckschwert in jedem Rumpf, um der Abdrift entgegenzuwirken. Alternativ können sie auch ein Skeg (einen angegossenen Kiel oder eine Ruderleitflosse) auf etwa zwei Dritteln der Rumpflänge vom Bug aus an beiden Rümpfen haben. Der Skeg wirkt der Abdrift entgegen, ohne dass ein Mittel- oder Steckschwert notwendig wäre. Andere Katamarantypen haben asymmetrische Rümpfe mit größerer Rundung an der Innenbordseite jedes Rumpfes; in diesem Fall sind die beiden Rümpfe wie Spiegelbilder zueinander. Diese Katamarane brauchen normalerweise keine Mittel- oder Steckschwerte.

Zusammenbauen eines Katamarans

Katamarane werden normalerweise zerlegt, um sie zu transportieren. Im Segelrevier angekommen, müssen sie auf ebenem Untergrund wieder zusammengesetzt werden. Am besten ist es auf Gras, da hier das Boot nicht beschädigt wird; auf anderen Untergründen sollte man die Rümpfe mit einer weichen Unterlage schützen. Zunächst wird das Trampolin auf den beiden Balken und an den Innenseiten der Rümpfe befestigt, dann werden die Ausreitgurte zwischen die Balken gespannt. Jetzt den Mast setzen. Während ein Mann auf dem Trampolin steht und den Mast hält, zieht der zweite am Vorstag, um den Mast in Position zu bringen. Abschließend wird das Vorstag am Zügel befestigt und die Trapezdrähte an den Rümpfen.

Katamarane an Land

Aufgrund ihrer Breite sind Katamarane an Land sehr unhandlich. Sie sind allerdings sehr leicht und können deshalb recht problemlos bewegt werden.

Transport

Die meisten Katamarane werden auf einem Bootskarren mit zwei Rädern und zwei Halterungen transportiert. Der Karren wird im Gleichgewichtspunkt unter den Rümpfen plaziert, die Bugspitzen dienen als Griffe.

Sichern

Stellt man einen Katamaran mit gesetztem Mast ab, muss er fest verankert werden, damit er bei starkem Wind nicht umgeblasen wird.

Segeln mit dem Katamaran

Jollensegler, die einen Katamaran segeln wollen, müssen ein paar neue Segeltechniken erlernen. Außerdem müssen sie sich auf das viel größere Geschwindigkeitspotenzial einstellen, das ein Katamaran bietet. Kreuzen ist mit einem Katamaran schwieriger als mit einer Jolle und erfordert einige Übung. Auf Raumkursen allerdings zeigen Katamarane, was wirklich in ihnen steckt. Sie liegen stabiler als Jollen und sind leichter zu halsen – trotzdem kann man es fertigbringen einen Katamaran zu kentern.

Wind und Geschwindigkeit

Weil Katamarane so schnell segeln, gibt es viel größere Unterschiede in der Richtung von wahrem und scheinbarem Wind *(S. 30)* als bei Jollen. In der Regel bringt man am Hahnepot einen Verklicker an, damit der Steuermann ständig die Richtung des scheinbaren Windes kontrollieren kann.

Ein Jollensegler muss sich außerdem an die hohe Geschwindigkeit des Katamarans gewöhnen, was bedeutet, dass man mehr Platz für Manöver braucht. Auch auf Böen sollte man ständig vorbereitet sein, da der Katamaran stark beschleunigt.

Segel setzen

Wenn man zum ersten Mal einen Katamaran segelt, sollte man auf halbem Wind beginnen, ebenso wie man es mit einer Jolle tun würde. Das Boot auf raumen Kurs zum Wind bringen und langsam beide Segel dichtholen. Die höhere Geschwindigkeit erfordert, dass die Segel dichter geholt werden müssen als dies bei einer langsameren Jolle der Fall wäre. Die Fockschot hat in der Regel eine Talje, die das Dichthalten erleichtert, und die Großschot erfordert bei den meisten Katamaranen eine Sieben-zu-Eins-Talje.

Obwohl die Ruder klein sind, sind sie bei hohen Geschwindigkeiten doch sehr wirkungsvoll, und man braucht den Pinnenausleger nur leicht zu bewegen, um zu steuern. Beim Wenden oder Halsen bremst das Boot allerdings ab, und es bedarf einiger Übung, um das Boot zu drehen.

Die Schwerter sollten auf raumem Kurs etwa zur Hälfte ausgefahren sein. Das leewärtige Schwert wird in der Regel zuerst ausgefahren und auf einer tieferen Position gehalten als das luvwärtige. Auf einem Amwindkurs werden die Schwerter ganz ausgefahren und die Segel angeholt. Das Großsegel wird mit dem Traveller zur Mitte verstellt.

Geschwindigkeit durch Krängen

Katamarane segeln am schnellsten, wenn der Luv-Rumpf gerade so die Wasseroberfläche streift und so minimalen Widerstand bietet. Die hierfür notwendige leichte Krängung ist allerdings schwer zu halten und erfordert viel Übung. Dafür müssen schon bei mittleren Windstärken Steuermann und Vorschoter weit ausreiten oder ins Trapez, um das Boot auszubalancieren.

◁ **Katamaran bei Starkwind**
Bei starkem Wind und hohen Wellen kann ein Katamaran auf Wellenkämmen sogar etwas abheben.

WENDEN

Ein Katamaran bremst sehr schnell ab, wenn kein Wind mehr in den Segeln ist. Das macht das Wenden relativ schwierig. Zunächst sollte man vor einer Wende auf einen Kurs hoch am Wind gehen und Fahrt aufnehmen. Dann wendet man die gleiche Wendetechnik wie bei Jollen an (S. 81).

① Der Steuermann segelt hoch am Wind, um Geschwindigkeit aufzunehmen. Dann gibt er das Kommando: »Klar zum Wenden!«

② Der Vorschoter löst die Fockschot und hält sie ganz dicht. Der Steuermann ruft »Ree!« und drückt den Pinnenausleger von sich weg bis die Ruder in einem 45°-Winkel zu den Spiegeln stehen. Er holt das Großsegel dicht, um das Boot durch den Wind zu bringen.

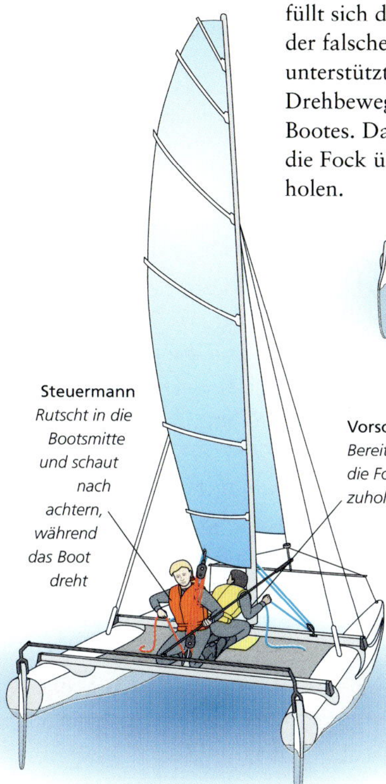

③ Das Boot dreht sich, der Steuermann rutscht auf den Knien in die Bootsmitte und klappt den Pinnenausleger nach achtern. Wenn der Großschot-Traveller in der Mitte steht, führt er den Ausleger hinter der Großschot vorbei auf die andere Bootsseite. Dann fiert er die Großschot, während sich das Boot auf den neuen Kurs dreht.

④ Der Vorschoter wechselt auf die andere Seite. Wenn das Boot genau im Wind steht, füllt sich die Fock auf der falschen Seite und unterstützt so die Drehbewegung des Bootes. Dann erst die Fock überholen.

⑤ Der Steuermann und der Vorschoter reiten auf der neuen Seite aus oder hängen im Trapez und holen Großsegel und Fock dicht.

Kreuzen

Begibt man sich auf einen Amwindkurs, muss man die Segel dichtholen und mit Hilfe des Verklickers und der Windfäden an der Fock steuern. Beide Schwerter voll ausfahren. Aufpassen, dass man nicht »kneift« (zu hoch am Wind segelt), da das Boot sonst rapide an Fahrt verliert. Katamarane reagieren empfindlich auf Vorder- und Achtertrimm, deshalb müssen Steuermann und Vorschoter in der Nähe der Bootsmitte dicht zusammensitzen, um das Boot gerade zu halten. Bei leichtem Wind begibt man sich weiter nach vorne, um die Spiegel aus dem Wasser zu heben – der Vorschoter liegt in der Regel auf dem Trampolin in der Bootsmitte. Bei stärkeren Winden sitzt man weiter hinten, um zu verhindern, dass sich die Bugspitzen ins Wasser graben, wenn das Boot schneller wird.

Segeln vor dem Wind

Bei leichten bis mittleren Winden kann die Geschwindigkeit eines Katamarans höher sein als die des wahren Windes, und dies kann vor dem Wind ausgenutzt werden. Es ist effizienter, vor dem Wind mit raumen Kursen zu kreuzen. Platt vor dem Wind segelt man nur langsam, aber auf raumem Kurs zieht die Geschwindigkeit des Katamarans den scheinbaren Wind nach vorne, bis er seitlich einfällt und so an Stärke zunimmt.

Mittlere Winde

Auf leewärtigen Kursen und bei mittleren Winden trimmt der Steuermann das Großsegel, indem er den Traveller rauslässt und das Großschot benutzt, um die Stellung des Großsegels anzupassen. Das Segel sollte so getrimmt sein, dass der oberste Windfaden am Achterliek gerade so flattert. Es kann erforderlich sein, dass Steuermann und Vorschoter auf gegenüberliegenden Seiten des Bootes sitzen müssen, um die beiden Rümpfe im Gleichgewicht zu halten; der Vorschoter wechselt allerdings auf die Luvseite, wenn das Boot zu krängen beginnt. Ist der Wind stark genug, wird das Boot so gesegelt, dass der luvwärtige Rumpf gerade so die Wasseroberfläche streift. Falls das Boot Schwerter hat, werden diese so weit wie möglich hochgeholt. Der Steuermann und der Vorschoter müssen sich darauf einstellen, ihr Gewicht im Boot ständig zu verlagern, um es vorne wie achtern im Gleichgewicht zu halten. Flaut der Wind ab, wird das Gewicht nach vorne verlagert, um die Spiegel aus dem Wasser zu heben; frischt der Wind auf, nach achtern wechseln, um zu verhindern, dass der Bug ins Wasser taucht und das Boot abbremst.

Die richtige Kleidung

Auf Katamaranen geht es ziemlich naß zu. Legen Sie sich wasserdichte Kleidung oder einen Neoprenanzug zu, um das Segeln zu genießen.

Leichte Winde

Bei leichtem Wind auf Kursen vor dem Wind sitzen sowohl der Steuermann als auch der Vorschoter weit vorne, um die Spiegel zu heben und die Bugspitzen nach unten zu drücken. Dabei sitzt der Vorschoter auf dem leewärtigen Rumpf, um das Gewicht des Steuermanns auf dem luvseitigen Rumpf auszugleichen. Um zu verhindern, dass die Fock unter ihrem eigenen Gewicht zusammensackt, sollte der Vorschoter das Schothorn greifen, um das Segel getrimmt zu halten. Der Steuermann steuert mit leichten Bewegungen der Pinne und konzentriert sich darauf, Fahrt zu halten.

Starke Winde

Das Segeln auf einem Katamaran macht den größten Spaß auf raumen Kursen bei viel Wind. Hier erreicht das Boot seine höchste Geschwindigkeit. Die Kraft in den Segeln drückt dabei jedoch die Bugspitzen stark nach unten. Deshalb muss das Gewicht der Crew nach Luv und nach achtern, sonst kann das Boot über die Bugspitzen kentern.

KENTERN

Katamarane liegen sehr stabil auf dem Wasser, können aber trotzdem durch Fehler der Mannschaft kentern. Dies gilt besonders bei starken Winden.

Aufrichten des Katamarans

Beim Kentern sind schnelle Reaktionen gefragt, um ein Durchkentern zu vermeiden; ein durchgekentertes Boot ist ohne fremde Hilfe nur schwer wieder aufzurichten. Am besten sollte einer auf dem unteren Schwert stehen und an einer Leine ziehen, die über den oberen Rumpf gelegt ist. Einige kleinere Katamarane lassen sich aufrichten, indem man das Heck oder den Bug unter Wasser drückt, um das Boot nach oben zu drehen.

Halsen

Ein Katamaran ist einfacher zu halsen als eine Jolle, da ihm die beiden Rümpfe eine größere Stabilität verleihen und weil seine hohe Geschwindigkeit die Stärke des scheinbaren Windes verringert. Der Katamaran bewegt sich sehr schnell, deshalb muss man sich davon überzeugen, dass genügend Platz für das Manöver vorhanden ist und sicherstellen, dass man das Boot voll unter Kontrolle hat, bevor man die Halse einleitet. Gehalst wird mit vollständig eingefahrenen Schwertern. Katamarane segeln selten voll vor dem Wind, deshalb halst man von einem raumen Kurs wieder auf einen raumen Kurs.

(1) Der Steuermann fällt von einem raumen Kurs auf einen Kurs vorm Wind ab und überzeugt sich davon, dass er Platz für das Manöver hat. Wenn er bereit ist, ruft er »Klar zum Halsen!«. Auch der Vorschoter sollte Ausschau halten. Ist der Vorschoter bereit und der Platz frei, antwortet er »Klar!«.

(2) Während sich das Boot dreht, schwingt der Steuermann den Pinnenausleger hinter der Großschot vorbei auf die neue Luvseite. Er tauscht die Hände an Großschot und Pinne; mit der neuen Vorderhand greift er in die Großschottalje zwischen Schothorn und Traveller.

(3) Wenn das Segel hinüberschwingt, stoppt der Steuermann die Großschot kurzzeitig auf ihrem Weg zur Leeseite, so dass die Latten des Großsegels in ihre neue Form springen. Dann lässt er die Talje los und wechselt zum luvseitigen Rumpf. Er steuert auf den neuen Kurs, und der Vorschoter trimmt die Fock.

DER TRIMM

Wenn Sie das Beste aus ihrem Boot herausholen möchten, vor allem wenn Sie bei Regatten gut abschneiden wollen, müssen Sie Ihr Boot richtig trimmen. Es gibt viele Faktoren, die für die Leistung einer Jolle ausschlaggebend sind, und Sie müssen jeden einzelnen kennen und wissen, wie sie zusammenwirken, um Ihr Boot für eine ganze Reihe von Bedingungen trimmen zu können. Ihr Ziel soll dabei sein, das Boot so zu trimmen, dass es bei leichtem, mittlerem und starkem Wind maximale Geschwindigkeit erreicht.

WOMIT FANGE ICH AN?

Bevor man sein eigenes Boot trimmt, sollte man sich darüber informieren, wie die guten Segler aus der gleichen Bootsklasse ihre Boote trimmen. Für den Anfang reicht es aus, wenn man seine Jolle genauso trimmt, wie der beste Segler in der jeweiligen Bootsklasse. Dies ermöglicht es dem Anfänger, schnell ein gutes Ergebnis zu erzielen, und verhindert, dass man angesichts der vielen Einzelaspekte, die für den optimalen Trimm zu beachten sind, völlig verwirrt ist.

Ist man dann etwas mehr vertraut mit den Trimmtechniken, kann man auch mal mit anderen Einstellungen experimentieren. Auch die jeweilige Klassenvereinigung kann eine nützliche Informationsquelle sein; viele Vereinigungen bringen sogar Trimmhandbücher oder ähnliches heraus, um Seglern zu helfen.

RUMPF UND OBERFLÄCHE

Es ist sehr wichtig, dass alle Unterwasserteile des Rumpfes, einschließlich Schwert und Ruder, eine perfekte Oberfläche haben, frei von jeglicher Art von Fehlern, die den Wasserstrom in irgendeiner Weise stören könnten. Diese Teile sollte man regelmäßig überprüfen und alle festgestellten Schäden unverzüglich reparieren; Unregelmäßigkeiten kann man vorsichtig abschmirgeln. Bei leichten Winden und ruhiger See, wenn das Boot nicht mit Höchstgeschwindigkeit segelt, macht sich jeder kleine Defekt auf Oberflächen, die unter Wasser sind, durch erhöhten Widerstand bemerkbar.

Überprüfen Sie auch, ob das Schwert fest im Schwertkasten sitzt und sich nicht durchbiegt – jegliche Biegung des Schwertes im Wasser macht das Boot langsamer. Der Boden des Schwertkastens sollte mit Gummi oder Plastikstreifen abgedichtet sein, um Turbulenzen am Schlitz zu vermeiden, die ebenfalls den Widerstand erhöhen.

Ist das Boot mit einem Senkruder ausgestattet, überprüfen, ob das Blatt genau in den Schaft passt und es kein seitliches Spiel gibt, das Widerstand verursachen und ein exaktes Steuern erschweren würde.

DAS RIGG

Die meisten Hochleistungsjollen haben große, leistungsfähige Riggs mit einer Vielzahl von Vorrichtungen, die es ermöglichen, die in den Segeln erzeugte Kraft den jeweiligen Bedingungen anzupassen. Boote, die nicht so sehr auf Leistung ausgelegt sind, haben weniger Kontrollvorrichtungen, trotzdem gibt es immer noch Möglichkeiten, den Riggtrimm entscheidend zu verändern.

Die Neigung (der Fall) und die Biegung des Mastes beeinflussen die Form und somit die Leistung der Segel. Volle Segel bringen maximale Leistung, aber bei stärkerem Wind muss man die Segel flach trimmen, um die Kraft zu reduzieren.

DER MAST

Jollenmasten sind in der Regel aus Aluminium und stabil und leicht. Sie sind außerdem flexibel und ihre Biegung ist veränderbar. Maste gibt es in einer Vielzahl von Querschnitten und Gewichtsklassen, und jeder lässt sich anders biegen.

Wenn man die Wahl hat, empfiehlt es sich, den gleichen Masttyp einzusetzen, der auch auf den Spitzenbooten der jeweiligen Klasse verwendet wird. Leichte Crews nehmen eher flexiblere Riggs, schwerere eher einen steiferen Mast.

MASTFALL

Bei Jollen mit einer Mastdurchführung lässt sich der Mastfall besser regulieren als wenn der Mast an Deck steht.

Man stellt ihn ein, bevor man die Biegung des Mastes prüft. Auch hierbei sollte man dem Beispiel von erfahrenen Seglern der jeweiligen Bootsklasse folgen und die Abmessungen für die Zukunft notieren.

SEGEL UND VOREINSTELLUNG DER BIEGUNG

Es ist unbedingt darauf zu achten, dass die eingestellte Biegung des Mastes der Form des Großsegel-Vorlieks entspricht, die der Segelmacher vorgegeben hat. Man sollte einen in der jeweiligen Bootsklasse erfahrenen Segelmacher aufsuchen, ihm das Gewicht der Crew angeben und ihn nach den besten Einstellungen bei Biegung und Mastfall fragen. Die Angaben des Segelmachers benutzt man dann als Ausgangspunkt für den ersten Trimm.

RIGGTRIMM

Ein wichtiger Punkt beim Trimmen des Riggs auf maximale Leistung ist die Voreinstellung der Biegung. Damit ist die Biegung des Mastes gemeint, die eingestellt wird, bevor die Segel gesetzt werden, und die einen direkten Einfluss auf die Form des Großsegels hat.

Einstellung der Biegung

Viele Jollentypen werden auf ca. 75–100 mm Biegung getrimmt. Hat man keine anderen Zahlen für seine Klasse zur Verfügung, ist dieses Maß ein vernünftiger Ausgangspunkt zum Experimentieren.

Salinge und Wanten

Die Hauptfaktoren, welche die Mastbiegung beeinflussen, sind die Spannung der Wanten sowie die Länge und der Winkel der Salinge. Normalerweise werden Salinge benutzt, um die Wanten nach außen und achtern zu drücken. Zieht man das Fockfall strammer, werden die Wanten gespannt, und die Salinge versteifen den Mast seitlich und drücken die Mastmitte nach vorn, wodurch eine Biegung erreicht wird. Bevor man den Mast setzt, können die Länge und der Winkel der Salinge eingestellt werden. Einige Jollen haben verstellbare Salinge, mit denen man den Winkel auf dem Wasser verändern kann.

Auf dem Kiel stehende Masten

Steht der Mast auf dem Kiel, kann man seine Position in der Mastdurchführung regulieren. Dies kann über eine Strebe oder einen Dorn oder mittels einfacher Holzkeile geschehen. Alle diese Maßnahmen ermöglichen es, die Biegung des Mastes zu beeinflussen.

Mastbiegung ▷

Von der Biegung des Mastes hängt das Segelprofil ab. Bei leichtem bis gemäßigtem Wind stellt man den Mast gerade, damit das Segel bauchig ist und maximale Kraft erzeugt. Bei sehr leichten, veränderlichen Bedingungen macht eine stärkere Biegung das Segel flacher, damit es vom Wind leichter umströmt werden kann. Sobald es allerdings eine spürbare Brise gibt, stellt man den Mast gerade. Bei mittlerem bis starkem Wind, sollte der Mast gebogen sein, um das Großsegel flach zu trimmen und seine Kraft zu reduzieren.

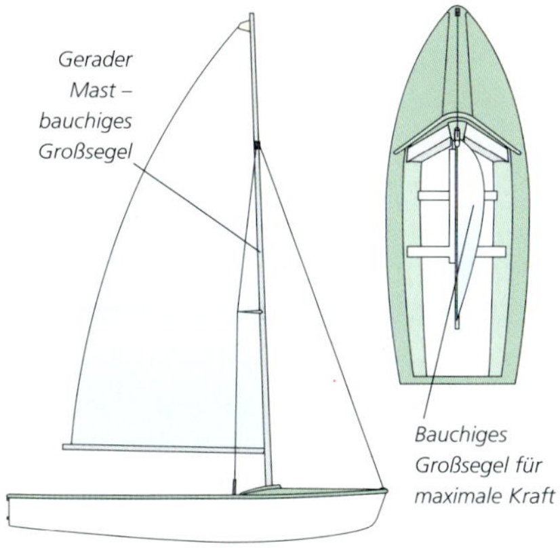

Gerader Mast

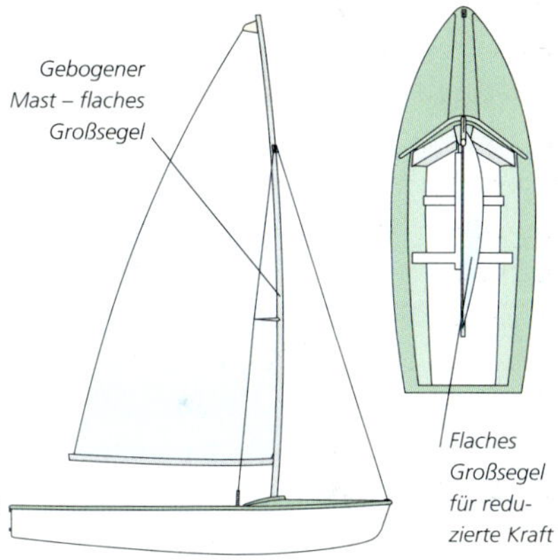

Gebogener Mast

Salinge ▷

Die Länge und der Winkel der Salinge helfen beim Trimmen des Mastes. Lange Salinge drücken die Wanten nach außen und versteifen den Mast seitlich. Lenkt man die Salinge nach achtern, drücken die Wanten die Mastmitte nach vorne. Die Biegung wird größer. Gibt man Zug auf das Fockfall, werden die Wanten gespannt und der Effekt der Salinge auf den Mast wird vergrößert.

Winkel der Salinge

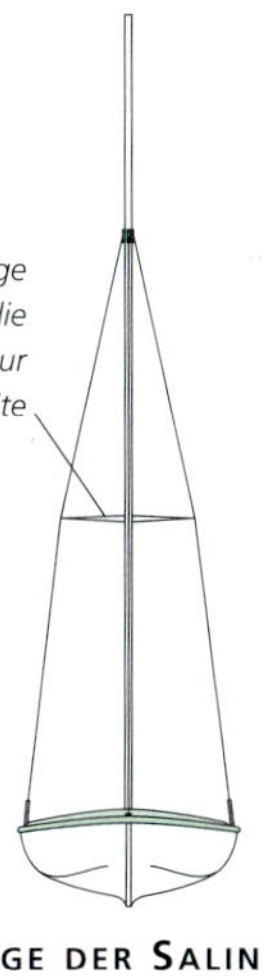

Länge der Salinge

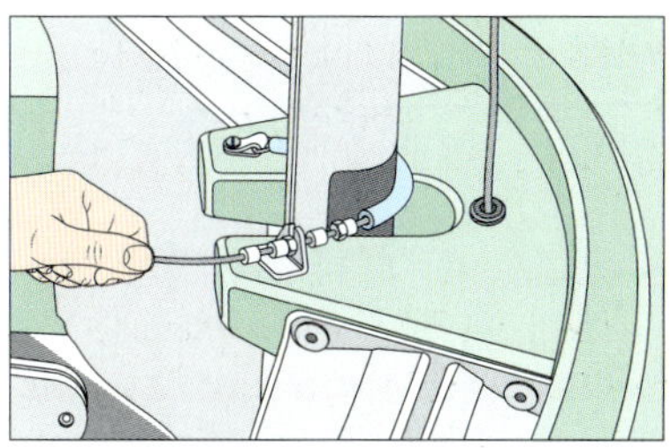

△ Mastschlitzregulierung

Ein Mast, der auf dem Kiel steht, hat in der Regel eine Regulierung zur Einstellung der Biegung. Hier ist es ein einfacher Draht mit festen Anschlägen, mit dem der Bewegungsradius des Mastes im Mastschlitz vergrößert oder verkleinert wird.

◁ GESCHWINDIGKEIT
Dieser 470er segelt am Wind bei mittlerem bis starkem Wind. Mastbiegung, Unterliekstrecker und Cunningham werden eingesetzt, um das Segel flach zu trimmen und das obere Großsegel twisten zu lassen, wodurch die Kraft im Segel reduziert wird.

DIE SEGEL

Die meisten Hochleistungsjollen haben eine Reihe von Vorrichtungen zum Einstellen des Segelprofils während des Segelns, um so die Kraft in den Segeln zu erhöhen oder zu verringern. Diese Vorrichtungen werden am besten so angeordnet, daß der Steuermann oder der Vorschoter sie auch beim Ausreiten oder im Trapez bedienen kann. Es ist sinnvoll, alle Leinen zu markieren, und die Einstellungen in einem Logbuch einzutragen.

GROSSSEGEL TRIMMEN

Der Baumniederholer hält den Baum nicht nur nach unten, sondern zieht ihn auch nach vorne auf den Lümmelbeschlag. Wenn dieser Kraft nicht mit Keilen oder einem Mastblock entgegengewirkt wird, führt dies zu einer sehr tief ansetzenden Mastbiegung. Dadurch wird das Großsegelprofil in der unteren Hälfte flach und die Verwindung im oberen Achterliek verstärkt, was bei starken Winden zu einer verringerten Kraft im oberen Teil des Segels führt.

Der Unterliekstrecker reguliert die Spannung im Unterliek des Großsegels. Fiert man ihn, wird das Segel im unteren Drittel bauchiger und das untere Achterliek wird geschlossen. Holt man ihn

VORRICHTUNGEN ZUM SEGELTRIMM

Modernes Segeltuch ist sehr reißfest und ermöglicht Segelformen, die bei allen Bedingungen gute Leistungen erzielen. Bei Zu- oder Abnahme der Windstärke muss die Crew allerdings Schoten, Niederholer und Strecker einsetzen, um die Position der maximalen Wölbungstiefe zu regulieren.

VORRICHTUNG	AKTION	ERGEBNIS
Fockfall	Zug erhöhen	Durchsacken des Fock-Vorlieks wird minimiert.
Fockleitöse	Einstellen: vor, zurück und seitwärts	Verändert die Form der Fock und reguliert die Düse zwischen Fock und Großsegel.
Cunningham-Strecker	Zug erhöhen	Verlagert die Position der maximalen Wölbung nach vorne, öffnet das obere Achterliek, erhöht Twist.
Baumniederholer	Zug einstellen	Hilft, den Mast weit unten zu biegen und reduziert den Twist.
Großschot	Zug auf der Schot einstellen	Beeinflusst den Winkel des Baumes, die Spannung des Achterlieks und den Twist.
Unterliekstrecker	Fieren	Segel wird bauchiger, unteres Achterliek wird geschlossen.

dicht, wird das Segel flacher und das untere Achterliek wird geöffnet.

Spannt man den Cunningham-Strecker, wird das Großsegel-Vorliek gespannt und der maximale Wölbungspunkt wird nach vorne verschoben. Dadurch öffnet sich auch das obere Achterliek und erhöht die Verwindung.

Fock trimmen

Die Spannung in den Wanten wird über das Fockfall reguliert. Es sollte so gesetzt werden, dass das Durchsacken des Vorlieks nach der Leeseite so gering wie möglich ist, wenn man bei mittleren Winden auf Amwindkurs segelt. Viele Bootsklassen benutzen die gleiche Spannung auch bei leichten Winden, erhöhen es aber bei starken Winden um 10–20 Prozent.

Die Position der Schotleitösen und der an der Fockschot anliegende Zug beeinflussen die Form der Fock und die Größe des Schlitzes zwischen Großsegel und Fock. Leitösen sollten nach vorne und hinten verstellbar sein und ebenso seitwärts, damit man ihre Position allen Wetterbedingungen anpassen kann. In der Regel werden sie nach vorne und nach mittschiffs verschoben, um die Kraft zu erhöhen und den Schlitz zu verengen, und nach hinten und nach außenbords, um den Schlitz zu öffnen und das Segelprofil flacher zu trimmen. Stets darauf achten, dass der Schlitz zwischen Großsegel und Fock-Achterliek parallel verläuft.

Mehr Kraft im Segel

- Fockschot leicht fieren
- Fockschotleitösen nach vorne verschieben
- Unterliekstrecker fieren
- Cunningham fieren
- Baum näher zur Mittschiffslinie
- Keine Mastbiegung

MAXIMALE LEISTUNG BEI ALLEN BEDINGUNGEN

Man beginnt das Boot auf dem Wasser zu trimmen, indem man bei mittlerem Wind hoch am Wind segelt. Bei diesen Bedingungen fährt das Boot mit voller Leistung, die Mannschaft reitet so weit wie möglich aus oder hängt tief im Trapez, um das Boot aufrecht zu halten. Die nachfolgenden Punkte sollen nur Richtlinien für den Trimm geben.

Leichte Winde

Bei leichten Winden werden die Segel so bauchig wie möglich getrimmt, damit sie ihre volle Kraft entfalten. Bei sehr leichten Winden hat der Wind allerdings nicht genügend Energie, um die bauchigen Segel zu umströmen. Deshalb muss man die Segel flach trimmen, um den Luftstrom zu erhalten. Dazu erhöht man die Mastbiegung und zieht den Unterliekstrecker so weit wie möglich an. Cunningham und Niederholer lockerlassen und Großschot anpassen, so daß der Baum in die Nähe der Mittschiffslinie kommt und der oberste Windfaden am Achterliek kurz vor dem Abknicken ist. Die Fock ebenfalls flach trimmen, indem man die Fockschotleitösen nach achtern und außen versetzt und die Fockschot leicht fiert. Nimmt die Windstärke zu, wird sich der Mast noch mehr biegen. Nun muss die Mastbiegung wieder eingeschränkt werden, um die Kraft im Segel zu erhöhen.

Mittlere Winde

Bei mittleren Winden konzentriert man sich auf das Rigg, um das Boot auf maximale Leistung zu trimmen. Fockschotleitösen in mittlere Position bringen und Segel dichtholen, Mastkeile oder Mastklotz benutzen, damit der Mast in seiner voreingestellten Biegung bleibt und er sich nicht weiter biegt. Cunningham lockerlassen. Wenn die Großschot auf einem Traveller läuft, diesen zur Luvseite ziehen, bis der Baum fast mittschiffs steht. Das Boot sollte jetzt mit voller Leistung segeln, Rudergänger und Vorschoter reiten aus oder sind im Trapez. Wenn im Großsegel große Falten entstehen, die von der Mitte des Vorlieks aus zum Schothorn verlaufen, ist dies ein Zeichen dafür, dass die Mastbiegung zu stark ist, und der Zug auf den Salingen oder Wanten angepasst werden muss, um die Biegung einzuschränken.

Starke Winde

Segelt man bei starken Winden am Wind, muss man die Kraft in den Segeln eventuell reduzieren, um zu starke Krängung zu verhindern. Wenn man die Rigg bereits vor dem Segeln trimmen kann, ist es in der Regel angezeigt, den Mastfall und die Spannung der Wanten zu erhöhen. Außerdem bleibt es dem Segler überlassen, ob er den Winkel der Salinge verändern möchte, um einer zu starken Mastbiegung vorzubeugen.

Wird das Boot beim Segeln am Wind zu schnell, gibt man Zug auf den Cunningham und zieht den Unterliekstrecker stramm. Der Cunningham zieht die Wölbung des Segels nach vorne und hilft dabei, es flacher zu trimmen; der Unterliekstrecker trimmt den unteren Teil des Segels flacher. Mit dem Niederholer wird der Großbaum unten gehalten und die Biegung im unteren Mastteil erhöht, mit der Großschot das Segel trimmen. Nun kann man den Niederholer bei Nachlassen des Windes lockern, um die Kraft zu erhöhen, und ihn beim Einfallen von Böen anknallen, um die Kraft zu reduzieren. Die Fockschotleitösen nach achtern verschieben und Schot anziehen, um das Segel flacher zu trimmen, den Schlitz zu öffnen und den Segelkopf leicht twisten zu lassen.

Segeln bei rauem Wetter

Die Definition von rauem Wetter ist eine subjektive Sache – bei Bedingungen, die für einen Segelanfänger bereits zu schwer sind, kann eine erfahrene Crew so richtig auf ihre Kosten kommen. Der Bootstyp beeinflusst das Segelerlebnis, ebenso wie die Windrichtung im Verhältnis zum Ufer und die Gezeitenströmung. Winde mit Stärke 5–6 können als raues Wetter gelten, aber auch Windstärke 4 gegen eine starke Tidenströmung kann hohe Wellen aufwerfen und das Segeln schwieriger machen.

Erfahrung sammeln

Es ist wichtig, dass man lernt, sein Boot bei starkem Wind zu beherrschen. Oft ist es am besten, Erfahrungen bei Regatten zu sammeln, da diese auch bei rauem Wetter gefahren werden und stets Rettungsboote zur Verfügung stehen. Wenn man einfach nur so segelt, bleibt es natürlich einem selbst überlassen, ob man sich hinauswagt oder nicht.

Bevor man rausfährt, sollte man die gesamte Ausrüstung überprüfen, um sicherzugehen, dass alles in gutem Zustand ist und nichts reißen oder brechen kann. Bei rauem Wetter wirken beträchtliche Kräfte auf das Boot, die Segel und die restliche Ausrüstung ein, und es ist äußerst wichtig, dass alle Teile stark genug sind, um der Belastung standzuhalten.

Man sollte auch an eine angepasste Kleidung denken *(S. 54–55)*. Das Segeln bei solchen Bedingungen kann sehr anstrengend sein und erfordert Konzentration, Ausdauer und Durchhaltevermögen. Bemerkt man, dass man müde wird und der Körper auskühlt, sollte man unverzüglich umkehren. Man wird feststellen, dass das Boot bei rauem Wetter viel schneller und ungestümer reagiert als bei leichteren Winden. Je nach Jollentyp und Windstärke wird man auf fast allen Kursen zum Wind ins Gleiten kommen. Bei diesen Bedingungen ist die Geschwindigkeit ein wichtiger Verbündeter des Seglers – wenn das Boot aufrecht steht und schnelle Fahrt macht, ist es leichter zu kontrollieren und erfordert geringere Bewegungen der Pinne, um es auf Kurs zu halten.

Raumschots segeln

Man beginnt am besten raumschots zu segeln, damit man ein Gefühl für die Bedingungen entwickelt. Das Boot sollte gleiten, und Steuermann und Vorschoter sollten weit achtern sitzen, um den Bug oben und das Ruder im Wasser zu halten. Wenn das Boot krängt, beide Segel auffieren, um es aufrecht zu halten; wenn nötig, dürfen die Segel in den Vorlieks auch flattern. Hat das Boot zuviel Kraft, Fockschot-Leitösen nach hinten versetzen, damit die Spitze der Fock twisten kann, und Baumniederholer lockern, um das Großsegel twisten zu lassen. Nach Böen Ausschau halten: Fällt eine Bö ein, Segel auffieren und abfallen, um aufrecht zu bleiben.

Hart am Wind

Am Wind ist es wichtig, dass die Krängung minimal gehalten wird. Der Steuermann muss die Großschot

◁ **Raumschots segeln**
Dieser Laser fährt bei starkem Wind raumschots mit gelockertem Baumniederholer: Das Großsegel twistet und die Krängung wird verringert.

ständig trimmen, um dies zu erreichen. Bei besonders starken Böen muss er das Großsegel eventuell schnell auffieren, bis es fast über seine gesamte Breite killt (flattert). Die Fock stets dichtholen, außer bei besonders starken Böen, bei denen sie leicht aufgefiert werden sollte, bis die Bö vorbei ist.

Hochleistungsjollen gleiten luvwärts, und das Großsegel sollte so weit wie nötig aufgefiert werden, um das Boot aufrecht zu halten. Langsamere Jollen können die ›Nullsegelzone‹ nutzen, um Kraft aus den Segeln zu nehmen. Wenn eine Bö einfällt, fiert der Steuermann die Großschot ein wenig und steuert härter zum Wind, bis das Fock-Vorliek zu flattern beginnt. So wird die Kraft im Rigg verringert. Nicht zu hart am Wind segeln oder das Boot wird langsamer und krängt stärker, wenn man versucht, auf den korrekten Kurs abzufallen.

Durch hohe Wellen steuert man folgendermaßen: Anluven in der Bergaufphase, auf dem Wellenkamm abfallen und ins Wellental gleiten.

△ **Hart am Wind**
Hier bemühen sich Steuermann und Vorschoter, das Boot aufrecht und in luvwärtiger Gleitfahrt zu halten. Das Großsegel ist leicht gefiert, um zu starke Krängung zu vermeiden.

Vor dem Wind

Bei starkem Wind wird das Boot auf raumem Kurs fortwährend gleiten, womöglich sogar auf Vorwindkurs. Bei sehr starkem Wind ist es schwierig, auf Vorwindkurs zu segeln, da es keine Krängungskraft gibt, die man ausgleichen kann, so dass immer die Gefahr einer unvorhergesehenen Halse besteht. Auf raumachterlichem Kurs ist das Boot schneller und liegt stabiler. Dann gibt es auch eine ausreichend große Krängungskraft, die es sowohl dem Steuermann als auch dem Vorschoter ermöglicht, luvwärts auszureiten. Beim Segeln durch Wellen muss man jede Welle antizipieren und ins Wellental abfallen, sobald sich das Heck hebt. Das Boot beschleunigt, und man sollte leicht anluven, um die Welle so lange wie möglich zu reiten.

WENDEN UND HALSEN

Bei rauem Wetter ist das Boot bei langsamer Fahrt sehr empfindlich, insbesondere beim Wenden und Halsen. Steuermann und Vorschoter werden stark gefordert, um das Boot während dieser Manöver im Gleichgewicht zu halten.

Wenden

Vor der Wende muss der Steuermann sicherstellen, dass das Boot soviel Fahrt wie möglich macht, und er muss nach vorne schauen, um eine glatte Wasserfläche zwischen den Wellen zu finden. Die Wende beginnt, wenn der Bug durch einen Wellenkamm schneidet, damit man bereits auf dem neuen Kurs ist und wieder Fahrt aufgenommen hat, bevor die nächste Welle das Boot erfasst. Sowohl Steuermann als auch Vorschoter müssen so schnell wie möglich die Seite wechseln und sollten ihr Gewicht auf der neuen Seite nach außen bringen, bevor das Boot seinen vorgesehenen Amwindkurs erreicht hat und zu krängen beginnt.

Halsen

Die Halse muss schnell und fließend ablaufen. Sie sollte nur versucht werden, wenn das Boot seine Höchstgeschwindigkeit erreicht hat. Steuermann und Vorschoter müssen sich darauf konzentrieren, ihr Gewicht sehr schnell zur neuen Luvseite zu verlagern, um dem herumschlagenden Großsegel ein Gegengewicht zu bieten.

Körperliche Fitness

Gutes Segeln bei starken Winden erfordert körperliche Fitness von Steuermann und Vorschoter. Raues Wetter kann physisch wie mental sehr anstrengend sein und zehrt schnell an Kräften und Ausdauer. Für ein gutes Rennen muss man körperlich fit sein und viel Übung auf dem Wasser haben.

REGATTEN

Es gibt keinen besseren Weg, das Segeln richtig zu lernen und die bestehenden Fähigkeiten auszubauen, als gegen andere Jollen aus der gleichen Klasse in Regatten anzutreten. Beim Rennsegeln lernt man die Feinheiten des guten Bootsgefühls und wie man seine Jolle bei den unterschiedlichsten Bedingungen am besten trimmt. Treten Sie in einen Club ein, in dem auch Ihre Bootsklasse vertreten ist, oder denken Sie darüber nach, in einer gemischten Rennklasse mitzufahren.

DAS ERSTE RENNEN

Regatten werden auf lokaler Ebene von Segelclubs organisiert, von den jeweiligen Klassenvereinigungen auf nationaler und internationaler Ebene. Man muss der jeweiligen Klassenvereinigung beitreten, die das Boot, das man segeln will, nach den Regeln der Klasse vermessen und zertifizieren lässt. Die Klassenvereinigung stellt auch Trimmtipps zur Verfügung und hat Informationen darüber, in welchen Clubs welche Bootsklassen in Regatten gefahren werden.

Auf Clubebene hat jede Klasse einen Klassenkapitän, der den Rennkalender aufstellt und der in der Regel ein erfahrener Steuermann in der jeweiligen Klasse ist. Er ist ein guter erster Anlaufpunkt, wenn man Ratschläge für den Einstieg ins Regattasegeln braucht.

Man wird fast immer feststellen, dass andere Bootsbesitzer Neulinge willkommen heißen und einem am Anfang gern unter die Arme greifen.

Hat man kein eigenes Boot, kann man normalerweise ohne Probleme als Vorschoter mitsegeln. Gute Vorschoter sind immer gefragt, und außerdem ist dies eine der besten Gelegenheiten, das Bootshandling zu erlernen und Rennerfahrung zu sammeln.

SEGELCLUBS

Der weitaus beste Weg, andere Segler zu treffen und seine Fähigkeiten auf- oder auszubauen, ist es, in einen aktiven Segelclub einzutreten, entweder in einen reinen Jollenclub oder in einen offenen.

CLUBS UND REGATTEN

Um seine Fähigkeiten beim Jollensegeln zu verbessern, sollte man sich einen lokalen Segelklub aussuchen, der Jollensegeln aktiv betreibt. Ein solcher Club wird sicherlich verschiedene Rennklassen organisieren. Jollenklubs haben oft Junior- oder Kadettenabteilungen, die Segelkurse und Regatten für junge Mitglieder anbieten. Wenn man gegen andere Segler in der gleichen Klasse antreten möchte, sollte man sich vorher davon überzeugen, dass der Club eine starke Rennklasse zu bieten hat.

◁ **SEGELN IM CLUB**
Clubrennen sind die erste Anlaufstelle für alle, die Regatten segeln wollen. Ist ein Segler erst einmal gut genug, um die Spitze einer guten Clubflottille zu erreichen, kann er oder sie den nächsten Schritt machen.

TAKTIK ODER GESCHWINDIGKEIT?

Man muss nicht unbedingt die neueste Hochleistungsjolle segeln, um an guten Regatten teilnehmen zu können. Viele der größten und interessantesten Regattafelder findet man bei Klassen, die es schon seit Jahrzehnten gibt, und die – nach modernen Standards – ziemlich langsam sind. Diese Klassen bieten einem sicher nicht den ultima-

◁ Taktische Rennen
Für taktisch bestimmte Rennen sollte man eine Klasse wie den Laser wählen. Hier gibt es weltweit große und sehr interessante Regattafelder und das Segeln ist sehr anspruchsvoll. Außerdem ist der Laser relativ günstig in der Anschaffung und im Unterhalt.

▽ Geschwindigkeit
Wenn man die Geschwindigkeit sucht, sollte man sich mit Booten wie diesem 18-Füßer, dem Olympischen 49er oder dem Laser 5000 anfreunden. Diese Boote sind extreme Sportgeräte. Sie sind ziemlich teuer und verlangen Geschick und Beweglichkeit beim Segeln, bieten dafür aber im Gegenzug kräftige Adrenalinstöße und jede Menge Spaß.

tiven »Kick« bei der Geschwindigkeit, aber die Rennen werden oft sehr spannend und taktisch klug gefahren.

Für hohe Geschwindigkeiten sollte man sich auf die schnellen modernen Einrumpfjollen mit Mehrfachtrapez und großen asymmetrischen Spinnakern verlegen. Wenn man es vorzieht, keine der extremen Hochleistungsjollen zu segeln, aber dennoch hohe Geschwindigkeiten erreichen will, sollte man über einen Katamaran oder ein offenes Kielboot nachdenken. Wenn diese Boote auch keine echten Jollen mehr sind, so können sie doch aufregende Segelerlebnisse ermöglichen – letzere sogar ohne allzu große körperliche Anstrengung.

Wenn man sich nicht die Mühe machen will, eine Crew zu finden, bleibt nur die Einmannklasse. Segelt man ein Einhandboot, weiß man genau, dass das Ergebnis einzig und allein von den eigenen Fähigkeiten abhängt.

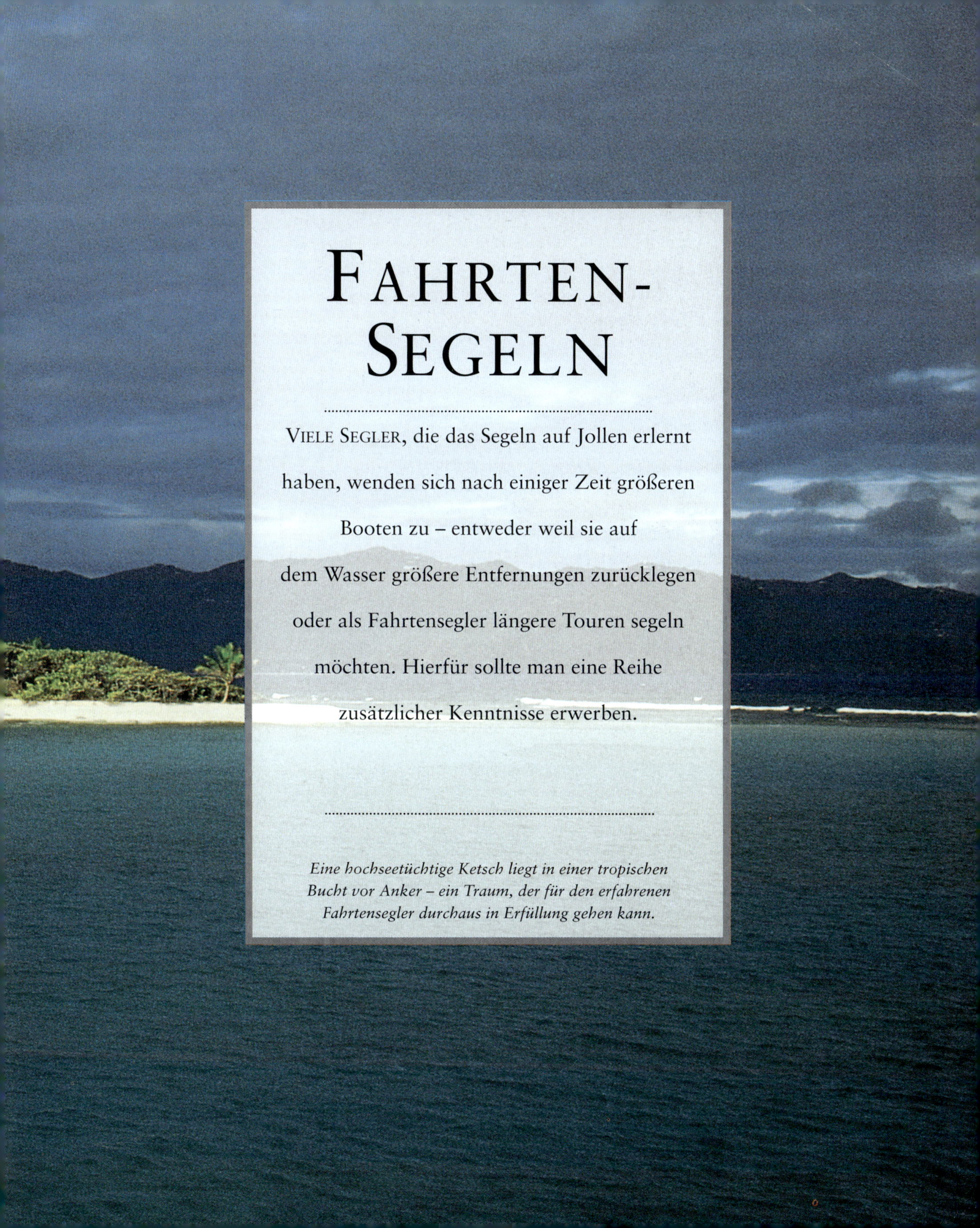

FAHRTEN-SEGELN

VIELE SEGLER, die das Segeln auf Jollen erlernt haben, wenden sich nach einiger Zeit größeren Booten zu – entweder weil sie auf dem Wasser größere Entfernungen zurücklegen oder als Fahrtensegler längere Touren segeln möchten. Hierfür sollte man eine Reihe zusätzlicher Kenntnisse erwerben.

Eine hochseetüchtige Ketsch liegt in einer tropischen Bucht vor Anker – ein Traum, der für den erfahrenen Fahrtensegler durchaus in Erfüllung gehen kann.

Grosse Fahrt

Wer seine ersten Schritte als Fahrtensegler unternehmen möchte, beginnt am besten auf dem Boot eines Freundes oder wendet sich an einen Skipper, der noch ein Crewmitglied braucht. Nach einigen Tagestörns und zumindest einer Nachtfahrt oder einer längeren Reise werden Sie wissen, ob Ihnen das Kreuzersegeln gefällt. Wenn dies der Fall ist, sollten Sie in einer Segelschule einen Kurs zur Seemannschaft, Handhabung und Navigation von »Dickschiffen« besuchen.

Was ist eine Fahrtenyacht?

Eine Fahrtenyacht muss nicht unbedingt groß sein – einige sind sogar kaum größer als eine große Jolle, obwohl sie über eine Kajüte verfügen. Die meisten Fahrtenyachten haben einen gewichteten Kiel (daher auch »Kielboot«); dies gilt jedoch nicht für Fahrtenkatamarane, deren Breite für ausreichende Stabilität sorgt. Zwischen den einzelnen Bootstypen bestehen teilweise gravierende Unterschiede im Verhalten unter Segel bzw. Motor – das gilt auch für Takelung, Segel und Ausrüstung sowie die Handhabung.

Es gibt große Unterschiede bei den verschiedenen Yachttypen. Das ist der Grund, warum es keinen Ersatz für praktische Erfahrung auf dem Wasser gibt und warum man versuchen sollte, so viele Bootstypen wie möglich zu segeln, bevor man sich entscheidet.

Bootsreisen

Das Führen einer Yacht auf einer längeren Reise erfordert eine große Zahl von Fertigkeiten. Ein Skipper benötigt Erfahrungen im Umgang mit dem Boot, um problemlos in Häfen an- und abzulegen. Er muss zumindest die Navigation nach Küstensicht beherrschen, um sein Boot sicher von einem Hafen zum nächsten bewegen zu können. Darüber hinaus sind auch seine organisatorischen Fähigkeiten gefragt: Letztendlich muss er dafür sorgen, dass sein Schiff samt Ausrüstung seetüchtig, sauber und segelklar ist und seine gut ausgeruhte und mit genügend Proviant versorgte Crew hochmotiviert ihre beste Leistung bringt. Ein guter Skipper verfügt über diese Fähigkeiten – und weiß vor allem, dass sich diese Schwerpunkte auf der Reise jederzeit verschieben können.

Kurse im Kreuzersegeln

Der Segelsport hat bis heute eine allzu ausufernde Bürokratisierung vermieden, aber die Anzahl der Vorschriften und Verordnungen nimmt ständig zu, und einige Länder, darunter auch Deutschland, verlangen von den Skippern amtliche Befähigungszeugnisse. Informationen, welche Prüfungen und Zeugnisse Sie für welche Gewässer benötigen, erhalten Sie bei den Segelschulen Ihrer Umgebung.

Wenn Sie sich mit dem Gedanken tragen, eine eigene Yacht anzuschaffen, sollten Sie versuchen, möglichst viel

◁ Kleiner Fahrtenkreuzer

Auf kleinen Fahrtenkreuzern lassen sich sehr gut erste Erfahrungen sammeln. Boote wie dieser traditionelle Yachtkreuzer aus Holz sind relativ preiswert und meist problemloser in Handhabung und Unterhalt als größere Yachten.

Zeit auf dem Wasser zu verbringen und auf den unterschiedlichsten Bootstypen und Gewässern Erfahrungen zu sammeln. Spezielle Theoriekurse an der Volkshochschule oder in der Segelschule sind im allgemeinen sehr nützlich – aber es geht nichts über Kenntnisse aus eigener Praxis und die eignen Sie sich am besten auf dem Wasser an.

Teamwork

Heute erlernen immer mehr Menschen das Segeln auf Yachten, anstatt, wie früher üblich, mit dem Jollensegeln zu beginnen – keine ideale Lösung, wenn man bedenkt, dass sich auf kleinen Booten die Grundlagen des Segelns leichter und sicherer erlernen lassen. Dazu kommt, dass die Durchschnittsgröße von Fahrtenkreuzern stetig zunimmt und immer mehr Menschen sich als erstes Boot eine Yacht von etwa elf Metern Länge anschaffen.

Die wenigsten dieser Kreuzer sind für das Einhandsegeln konzipiert, und viele Yachten benötigen eine Crew von drei oder vier Personen, um sie problemlos und ohne Überforderung der Besatzung segeln zu können. Aus diesem Grund erfordert Kreuzersegeln mehr Teamwork als Jollensegeln. Außerdem bedeutet dies, dass man über einen längeren Zeitraum mit mehreren Personen zusammen lebt, isst und schläft, und zwar unter sehr beengten Verhältnissen – die Fähigkeit mit anderen gut auszukommen ist also sehr wichtig. Störende Angewohnheiten, die leicht zu ertragen sind, wenn man sich nicht ständig sieht, können auf einem kleinen Boot zu Streit und Zerwürfnissen führen. Ein guter Skipper ist sich dieser Gefahr bewusst und wird versuchen, eine Besatzung zusammenzustellen, die gut zusammenpasst; aber letztendlich liegt es an jedem Crewmitglied selbst, um der Harmonie an Bord willen etwas Toleranz zu zeigen.

HANDHABUNG DES BOOTES

Die Handhabung einer Fahrtenyacht erfordert wesentlich größere Sorgfalt als bei einer Jolle. Darüber hinaus braucht man verschiedene Fertigkeiten, die sich nur in der Praxis erlernen lassen.

Grösse der Yacht

Wer beim Längsseitsgehen mit einer Jolle einen Fehler macht, kann mit einem richtig platzierten Fuß eine Kollision oft vermeiden. Das höhere Gewicht und der Schwung einer Yacht dagegen machen das Manövrieren auf engstem Raum sehr viel schwieriger und Fehler müssen oft teuer bezahlt werden.

Ein weiterer großer Unterschied zwischen einer Jolle und einem Dickschiff besteht im Gewicht des stehenden Guts und der Last auf Segel und Schoten. Während man bei einer Jolle die Fockschot leicht mit der Hand fahren oder ein Segel von Hand setzen kann, macht der beträchtliche Druck auf die Schoten und Fallen eines Fahrtenseglers den Gebrauch von Winschen erforderlich. Der richtige Umgang mit Tauen und Segeln unter Last ist daher ein wichtiger Bestandteil des Fahrtensegelns, und man braucht die passende Technik, um Verletzungen der Crew und Schäden am Schiff zu vermeiden.

Neue Fertigkeiten

Der an leichtgewichtiges Zeug gewöhnte Jollensegler muss sich auf einer Yacht an den Umgang mit wesentlich größeren und schwereren Segeln und Leinen gewöhnen. Dazu gehört die richtige Bedienung der Winschen *(S. 172)* und das Verständnis für die potenziellen Gefahren, die aufgrund der höheren Belastung der Takelage entstehen. Wer seine Yacht sicher segeln will, der muss neue seemännische Fertigkeiten erlernen und braucht Grundkenntnisse der Navigation.

Kleine Yachten

Selbst für eine weite Reise benötigt man nicht unbedingt ein großes Boot. Obwohl sich große Dickschiffe zunehmender Beliebtheit erfreuen, beträgt die Durchschnittslänge eines hochseetauglichen Fahrtenkreuzers auch heute noch knapp elf Meter, und viele deutlich kleinere Boote haben ihre Crews schon sicher um die ganze Welt gebracht. Die meisten Yachten auf großer Fahrt haben nur zwei Leute an Bord, manchmal ergänzt um ihre Kinder oder ein zusätzliches Crewmitglied – was bedeutet, dass sie fast immer mit zu wenig Händen an Bord segeln. Dagegen lässt sich ein kleineres Boot auch von einer kleinen Crew gut beherrschen, und die Betriebskosten sind deutlich geringer. Und wer sich mit einem einfachen und preiswerten Kielboot begnügt, der wird auch schneller segelklar sein als jemand, der lange auf das Boot seiner Träume sparen muss.

Kauf einer Yacht

Wenn Sie sich zum Kauf einer Yacht entschließen, sollten Sie sich aus verschiedenen Gründen für ein möglichst einfaches Modell entscheiden: Die Kosten sind geringer, ein solches Boot lässt sich leichter handhaben und die Wahrscheinlichkeit sinkt, dass Ihr seemännisches Gerät während der Fahrt ausfällt.

Häufig stellt der Kauf einer Yacht aus zweiter Hand eine gute Alternative dar – vor allem, wenn diese bereits einen Großteil der Einrichtung besitzt, die Sie an Bord haben wollen. Allerdings sollte man ein gebrauchtes Schiff vor dem Kauf sorgfältig begutachten.

DIE RICHTIGE WAHL

Alle Fahrtenyachten stellen einen Kompromiss dar – meist zwischen Kosten, Leistung und Komfort. Daher sollten Sie bei der Wahl Ihrer Yacht Ihre Ambitionen und Ihr Budget realistisch betrachten: Selbst eine kleine Yacht stellt eine beträchtliche Investition dar, und zwar nicht nur bei der Anschaffung, sondern auch in der Wartung und den laufenden Kosten. Vor dem Kauf sollten Sie unbedingt Erfahrungen sammeln.

FAHRTENSEGELN

Viele Menschen träumen von der großen Fahrt – aber nur die wenigsten unter uns sind in der Lage, ihre Verpflichtungen an Land hinter sich zu lassen und völlig aufs Wasser zu entfliehen. Wenn Sie zu den Glücklichen gehören, die einfach davonsegeln können, steht Ihnen eine große Auswahl von Booten offen, mit denen sich monatelange Reisen unternehmen lassen.

Allerdings sollten Sie realistisch sein, was Ihre Verpflichtungen an Land betrifft. Für die meisten von uns bleiben nur wenige Wochen im Jahr für das Fahrtensegeln, ergänzt vielleicht durch einige Wochenendtörns, und für ein solches Segeln benötigt man keine mit allem Luxus ausgestattete Hochseeyacht.

Außerdem sollten Sie überlegen, wieviele Personen in der Regel an Bord sein werden. Vor allem am Anfang sollte man die Dinge so einfach wie möglich halten. Ein kleines, mit der wichtigsten Ausrüstung ausgestattetes Boot ist preiswert in Anschaffung und Betrieb, hat nur geringe Liege- und Versicherungskosten, lässt sich einfach handhaben und bringt dennoch ebenso viel Vergnügen wie eine größere, wesentlich kompliziertere Yacht. Wahrscheinlich sorgt seine Schlichtheit sogar dafür, dass Sie mehr Zeit auf dem Wasser verbringen als mit jedem anderen Yachttyp!

SEGELREVIER

Das Revier und die Bedingungen, unter denen man meist segelt, sollten bei der Auswahl des geeigneten Typs ebenfalls bedacht werden. Wer viel in flachem Wasser segelt, für den kommt eine Yacht mit Kimmkiel oder Mittelschwert *(S. 152)* in Frage. Für lange Törns vor der Küste eignen sich dagegen viele der in Großserien hergestellten Yachten (eventuell mit kleineren Modifikationen und Ausstattungen). Und nur sehr erfahrene Segler sollten daran denken, ein Boot nach ihren eigenen Vorstellungen bauen zu lassen.

RENNSEGELN

Einige Segler verbinden das Fahrtensegeln gern mit gelegentlichem Renn- oder Regattasegeln. Wenn Sie sich auch zu dieser Gruppe zählen, sollten Sie sich die Yachttypen ansehen, die bei den Clubs in der Umgebung Ihres Segelreviers gesegelt werden. Einige Clubs haben Einheits-Rennflotten für beliebte Typen von Rennkreuzern. Denken Sie daran, dass Sie für Regatten eine größere Crew benötigen als für das Fahrtensegeln, und sorgen Sie dafür, dass Ihr Boot mit ausreichender Sicherheitsausrüstung für alle Personen an Bord ausgestattet ist. Darüber hinaus erhöhen sich durch das Rennsegeln die Kosten für Ausstattung und Unterhalt Ihrer Yacht.

Ein guter Rennkreuzer, mit dem Sie an Wochenenden den Reiz des Regattasegelns genießen können, der sich aber auch für entspanntes Fahrtensegeln in der Ferienzeit eignet, ist der ideale Bootstyp für fast jede Art von Küsten- und Hochseesegeln. Sie sollten beim Fahrtensegeln kleinere Segel verwenden.

PROBEFAHRTEN

Viele Menschen träumen von der großen Fahrt über die Weltmeere und sparen jahrelang auf das Boot ihrer Träume – um dann zu entdecken, dass dieses für sie vollkommen ungeeignet ist.

ERFAHRUNGEN SAMMELN

Bevor Sie sich ein eigenes Schiff zulegen, sollten Sie möglichst viel Erfahrung sammeln – am besten auf vielen verschiedenen Bootstypen und unterschiedlich langen Törns. Wenn Sie das passende Schiff gefunden haben, machen Sie eine Probefahrt.

BOOTSCHARTER

Man muss keine eigene Yacht besitzen, um die Freuden des Fahrtensegelns genießen zu können. Sie können auch als Crewmitglied auf dem Boot eines erfahrenen Skippers anheuern, um Erfahrungen zu sammeln, oder verschiedene Boote chartern, um deren Eigenschaften miteinander zu vergleichen. Chartern ist eine kostengünstige Möglichkeit, Erfahrungen zu sammeln; außerdem bietet es Ihnen die Chance, exotische Segelreviere kennen zu lernen.

Yachttypen

Der Begriff »Yacht« umfasst eine riesige Auswahl von Booten, von kleinen, trailerbaren Booten bis hin zu Hochseeyachten für lange Distanzen, die in der Lage sind, ihre Crew sicher über alle sieben Weltmeere zu bringen. Einige Yachttypen stellen eine Mischung aus Fahrten- und Rennyacht dar, aber es gibt auch traditionelle Segelboote, die vor hundert Jahren erbaut wurden und sich immer noch bester Gesundheit erfreuen, und eine riesige Zahl von Serien- und Familienkreuzern, oder Einzelkonstruktionen aus Holz, glasfaserverstärktem Kunststoff (GFK), Stahl, Aluminium und sogar Eisenbeton.

Traditionsyachten

Yawl

Der Ausdruck »Traditionsyachten« wird im allgemeinen für Yachten mit schwerer Verdrängung gewählt, meist mit Gaffeltakelung oder Bermudarigg und einem Langkiel. Ältere Boote bestehen meist aus Holz – während die neueren Typen einen GFK- oder Stahlrumpf haben.

Trailerbare Boote

8-Meter-Kreuzer

Aufgrund ihrer geringen Größe lassen sich diese Boote leicht auf einem Trailer (Bootsanhänger) über Land bewegen, ohne die Mühe einer langen Überführung auf dem Wasser auf sich zu nehmen. Mit ihnen gelangt man schnell zu neuen Segelrevieren. Die meisten trailerbaren Boote haben ein aufholbares oder Steckschwert.

Moderne Serienyachten

11-Meter-Kreuzer

Die meisten modernen Serienyachten werden aus glasfaserverstärktem Kunststoff (GFK) gebaut. Sie besitzen häufig ein Slupprigg mit Hochtakelung und einen Flossenkiel, oft mit Leitkopfruder. Einige, speziell für das Segeln im flachen Wasser entwickelte Entwürfe besitzen Kimmkiele oder Mittelschwerter.

Familienyachten

10-Meter-Kreuzer

Viele Bootsbauer entwickeln und produzieren Yachten für das Familiensegeln, da sich in diesem Marktsegment die meisten Boote verkaufen lassen. Familienkreuzer müssen besonders sicher sein und einen geräumigen Innenraum bieten. Der Komfort spielt eine wichtige Rolle.

Rennyachten

Rennyacht

Moderne Rennyachten verbinden schnelles, effizientes Fahrtensegeln mit der Wendigkeit und Schnelligkeit eines Regattabootes. Diese Konstruktionen sind im allgemeinen leichter als reine Fahrtenyachten und besitzen ein größeres, leistungsfähigeres Slupprigg mit Hochtakelung.

Einzelkonstruktionen

Moderner Kutter

Es gibt eine Unzahl individueller Konstruktionen für jeden seglerischen Geschmack. Aus der riesigen Auswahl von Baumaterialien, Takelungen und Kiel- und Ruderanordnungen lassen sich Boote für alle Anforderungen erbauen. Manche Menschen bauen ihr Boot sogar selbst.

YACHTDESIGN

Die Entwicklung großer Bootsbaufirmen mit eigenen Fertigungsstraßen hat dazu geführt, dass viele Yachten einander heute sehr ähnlich sind. Eine typische moderne Fahrtenyacht besitzt eine Hochtakelung, einen Flossenkiel und ein an einem Leitkopf befestigtes oder freistehendes Ruder (das sogenannte »Spatenruder«). Diese Anordnung wurde zuerst bei Rennyachten eingesetzt und hat besonders auf Amwindkursen große Vorzüge.

KIEL- UND RIGGFORMEN

Kein Thema wird unter Fahrtenseglern leidenschaftlicher diskutiert als die Vor- und Nachteile bestimmter Kiel- und Riggformen. Die Befürworter des traditionellen Designs behaupten unbeirrt, dass für einen Hochseekreuzer nur ein Langkiel in Frage kommt, und einige vertreten sogar die Meinung, dass dieser nur in Kombination mit einer Gaffeltakelung gefahren werden sollte. Tatsache ist jedoch, dass die traditionellen Kiel- und Riggformen entwickelt wurden, weil sie am besten zu den Baumaterialien passten, über die die damaligen Bootsbauer verfügten. Die neuen Materialien und Bautechniken bieten dagegen ganz andere Design- und Konstruktionsmöglichkeiten.

△ **DSCHUNKENSCHONER**
Das heute allgegenwärtige Sluprigg mit Hochtakelung ist nicht das einzige (oder unbedingt beste) Rigg für das Fahrtensegeln über große Distanzen. Auch das leicht zu bedienende Dschunkenrigg hat viele treue Anhänger.

KIELFORMEN

Kiele wurden im Laufe der Zeit immer weiterentwickelt und verbessert. Die meisten der heutigen Yachten besitzen eine Variation des Flossenkiels, obwohl auch andere Kielformen zur Auswahl stehen.

Ein Kiel dient zwei Zwecken: Er soll die Abdrift verhindern *(S. 87)* und für Stabilität sorgen. Der Tiefgang (die Tiefe eines Kiels) spielt häufig ebenfalls eine wichtige Rolle.

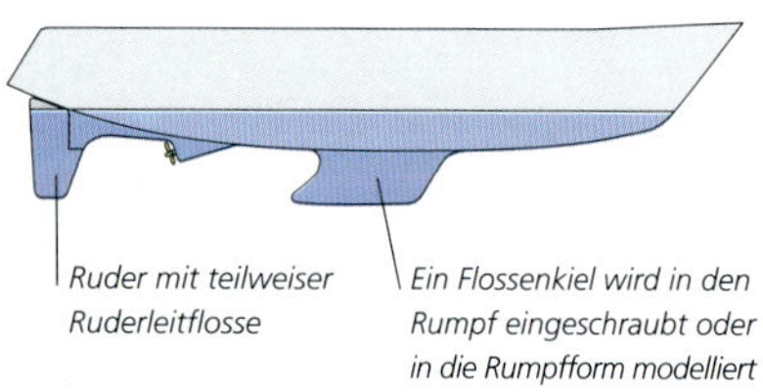

FLOSSENKIEL
Ein einzelner Ballastkiel wird Flossenkiel genannt. Diese Kielform fällt bei Rennyachten meist schlank aus (so dass das Unterwasserschiff wenig Widerstand bietet), kann bei Fahrtenkreuzern aber relativ breit sein. Einige Flossenkiele besitzen Wölbungen oder Flügel an der Spitze, um das Gewicht so tief wie möglich zu konzentrieren.

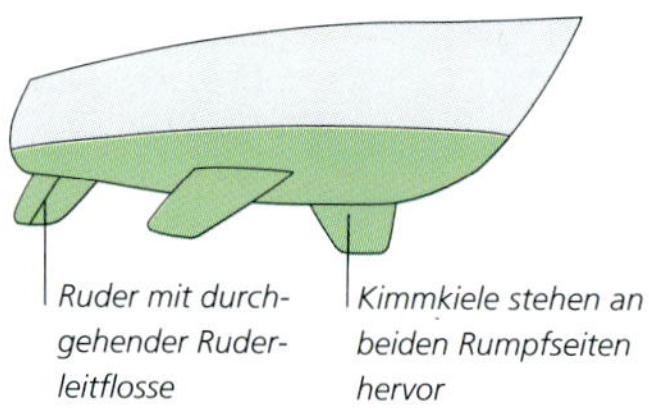

KIMMKIELE
Yachten, die so konstruiert wurden, dass sie aufrechtstehend trockenfallen können, besitzen zwei gleich große Kiele, bekannt als Kimmkiele (die manchmal noch durch einen Flossenkiel ergänzt werden). Kimmkiele sind weniger effektiv als Flossenkiele, aber sie ermöglichen einer Yacht, in flachen Gewässern zu segeln und in Tidenhäfen trockenzufallen.

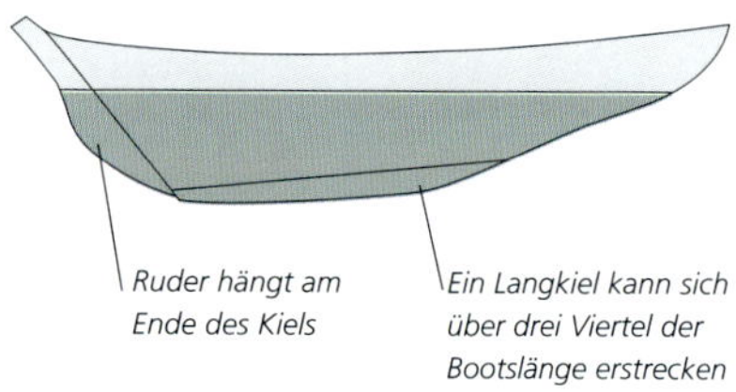

LANGKIEL
Die traditionelle Kielform ist relativ lang und erstreckt sich über die Hälfte bis drei Viertel der Bootslänge. Dabei hängt das Ruder am hervorstehenden Ende des Kiels. Der größte Vorzug eines Langkiels bei traditionellen Holzschiffen bestand in der Stabilität, die der Rumpf dadurch erhielt. Heute findet man Langkiele nur noch bei Yachten mit hoher Verdrängung.

RIGGVARIANTEN

Ein Rigg wird durch die Art des Großsegels und die Anzahl der Masten und Vorsegel definiert. Früher hatten die Schiffe häufig zwei Masten und eine Gaffeltakelung, mit der sich schwere Segel am besten bedienen ließen. Heute werden vor allem Yachten mit einem Mast und Hochsegeln gefahren.

Slup

Das Sluprigg ist das am weitesten verbreitete und einfachste Rigg. Es besteht aus einem Mast, einem Gaffel- oder Hochsegel als Großsegel und nur einem Vorsegel. Bei einem Sluprigg mit Hochtakelung unterscheidet man zwischen toppgetakeltem und 7/8-Rigg. Bei einem toppgetakelten Sluprigg ist das Vorstag am Masttopp befestigt, während es beim 7/8-Rigg unterhalb des Topps angreift, so dass hier das Vorsegel kleiner ausfällt. Ein 7/8-Rigg ermöglicht ein Biegen des Mastes und damit bessere Trimm-Möglichkeiten. Die meisten Jollen besitzen ein 7/8-Rigg, während man bei den Yachten eher toppgetakelte Slupriggs findet.

Kutter

Vor allem bei Fahrtenkreuzern für lange Distanzen erfreut sich das Kutterrigg immer noch großer Beliebtheit. Es hat einen Mast, aber zwei Vorsegel mit jeweils eigenem Stag. Diese Anordnung reduziert die Größe der Vorsegel und vereinfacht ihre Handhabung. Als Großsegel kann ein Gaffel- oder Hochsegel gefahren werden.

Zweimaster

Vor allem bei älteren Booten von mehr als elf Metern Länge findet man häufig Ketsch- oder Yawlriggs. Bei beiden Riggs steht ein Besanmast ein ganzes Stück hinter dem Großmast. Die Ketsch besitzt einen größeren Besanmast, der dichter zum Großmast steht als bei der Yawl. Beim Schoner ist der hintere Mast als Großmast und der kleinere vordere Mast als Fockmast ausgelegt.

Cat

Ein Catrigg hat einen weit vorn stehenden Mast.

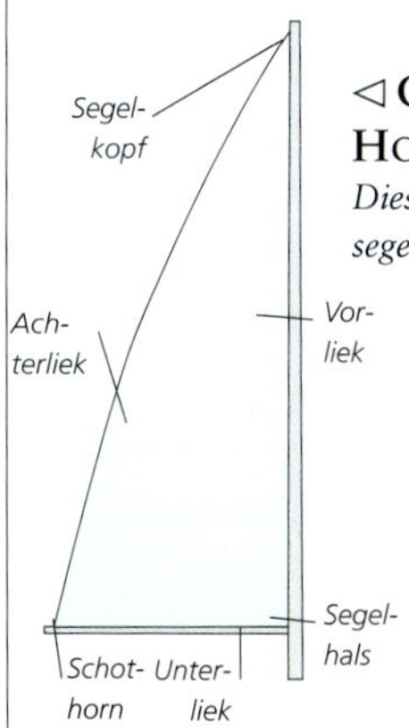

◁ **Grosssegel bei Hochtakelung**
Diese Großsegelform – auch Bermudasegel genannt – ist am weitesten verbreitet.

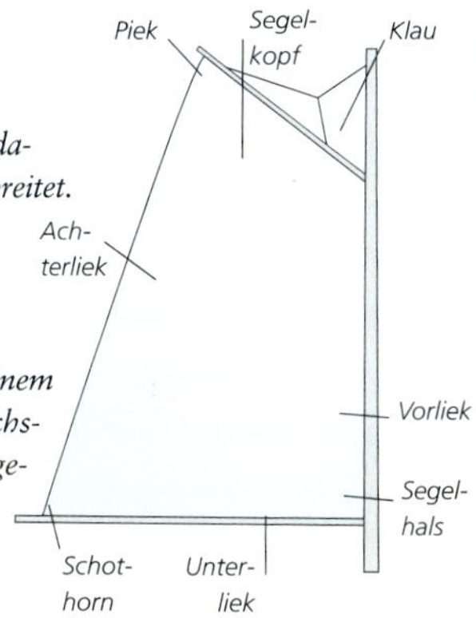

Grosssegel bei Gaffeltakelung ▷
Ein Gaffelsegel wird mit einem Großbaum an einen vergleichsweise kurzen Mast angeschlagen.

Slup mit Hochtakelung ▷
Das Sluprigg mit Hochtakelung besitzt ein dreieckiges Großsegel und nur ein Vorsegel.

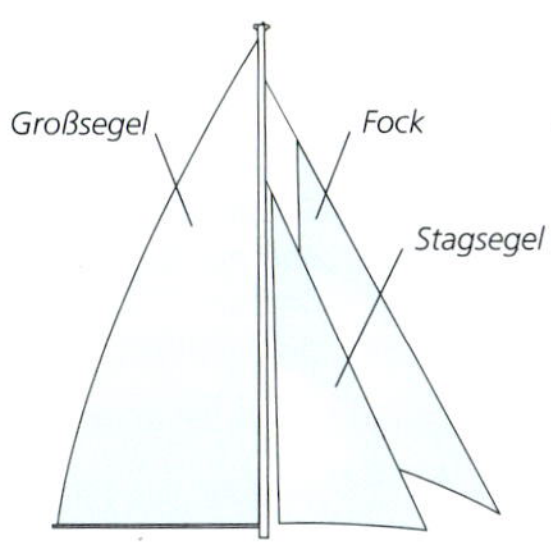

△ **Kutter mit Hochtakelung**
Kutter haben zwei oder mehr Vorsegel mit jeweils eigenem Stag.

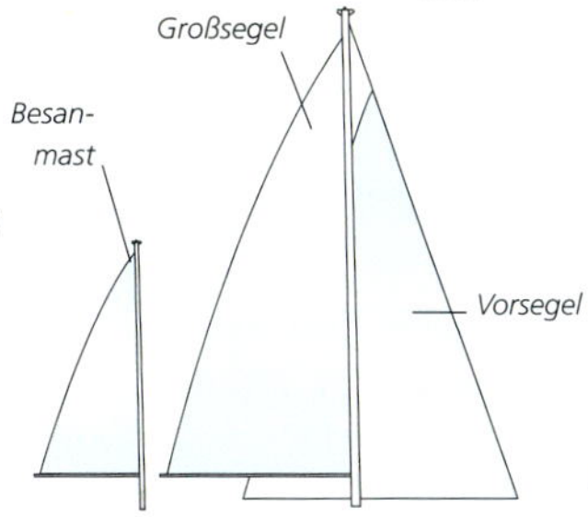

△ **Yawl mit Hochtakelung**
Typisch für eine Yawl ist der kleine, hinter dem Ruderstand platzierte Besanmast.

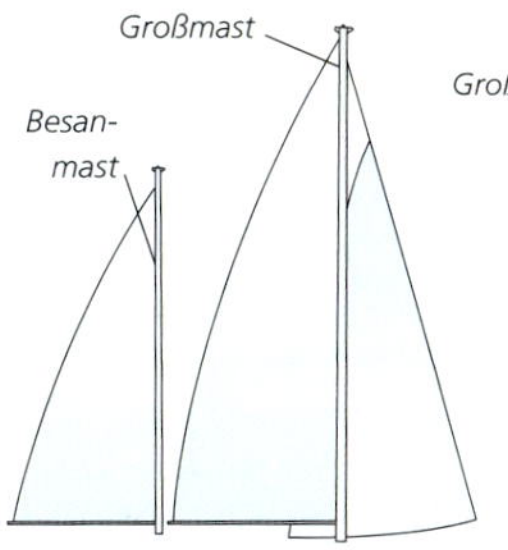

△ **Ketsch mit Hochtakelung**
Bei einer Ketsch steht der Besanmast hinter dem Großmast, aber vor dem Ruderstand.

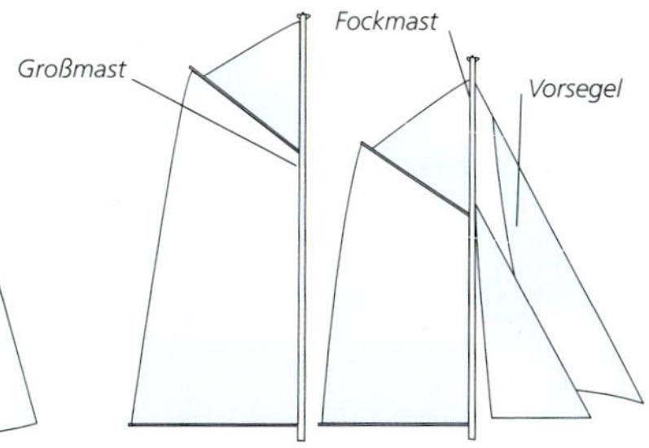

△ **Gaffelschoner**
Bei einem Schoner steht der Großmast hinter dem kürzeren Fockmast. Ein Gaffelschoner hat ein Großsegel mit Gaffeltakelung.

TAKELAGE

Obwohl das Sluprigg mit Hochtakelung im heutigen Groß-serien-Bootsbau am weitesten verbreitet ist, gibt es eine Vielzahl von Variationen dieser Anordnung. Die Anzahl der Segel ist bei einem modernen Sluprigg relativ begrenzt, aber ein Groß- sowie ein oder mehrere Vorsegel sind immer vorhanden. Der im allgemeinen aus Aluminium bestehende Mast wird von Drahttauwerk gehalten, dem sogenannten »stehenden Gut«.

TAKELAGE

Die meisten modernen Yachten haben ein toppgetakeltes Sluprigg mit einem Groß- und einem Vorsegel, das besonders bei Amwindkursen sehr leistungsfähig ist. Ein Spinnaker oder Gennaker (eine Mischung aus Genua und Spinnaker) sorgt bei Vorwindkursen für zusätzliche Segelfläche. Der Mast wird vom stehenden Gut gestützt. Das stehende Gut bleibt bei allen Manövern stehen und hält den Mast unter Segeln gerade.

Einige Yachten besitzen eine 7/8-Takelung, bei dem das Vorstag nicht bis zum Masttopp geführt ist, sondern auf etwa 7/8 der Masthöhe angreift. Ein solches Rigg wird häufig bei leistungsorientierten Rennyachten verwendet, da mit ihm der Mast unter Segeln gebogen werden kann. Dadurch ist es möglich, das Großsegel bei stärkerem Wind zu straffen. Außerdem haben Boote mit 7/8-Takelung kleinere Vor- und größere Großsegel als Yachten mit einer Topptakelung.

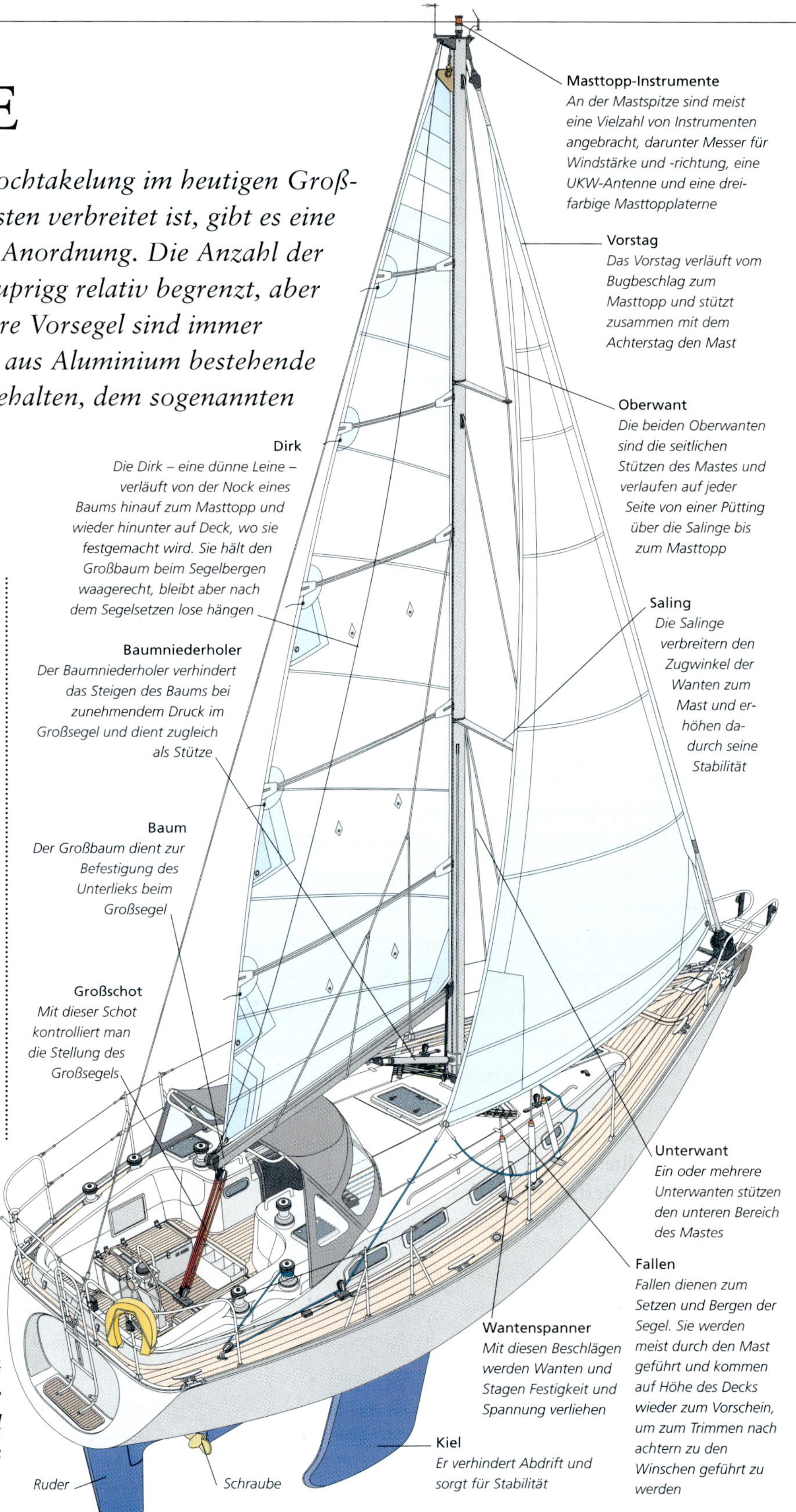

TOPPTAKELUNG

Ein toppgetakeltes Sluprigg hat oft eine Genua für leichten Wind. Der Mast wird von einer Reihe von Wanten und Stagen gehalten, die ihn gerade halten.

Segel

Jede Yacht sollte über genügend Segel verfügen, um unter allen Bedingungen – auch bei Starkwind – segelfähig zu bleiben. Die heutigen, meist mit einem toppgetakelten Sluprigg versehenen Fahrtenkreuzer besitzen ein Großsegel, das sich je nach Windstärke verkleinern (reffen) lässt. Darüber hinaus verfügen sie entweder über eine Auswahl unterschiedlich großer Vorsegel für alle Windverhältnisse oder über ein Rollreff-System am Vorstag, mit dem man die Segelfläche bei zunehmendem Wind verkleinern kann. Da das Sluprigg mit Hochtakelung bei Vorwindkursen nicht so leistungsfähig ist wie am Wind, haben viele Yachten einen Spinnaker oder Gennaker, um auf einem Vorwindkurs bei leichtem bis mäßigem Wind mehr Segelfläche aufziehen zu können.

Die meisten modernen Groß- und Vorsegel bestehen aus Dacron. Spinnaker und Gennaker werden meist aus leichtem Nylontuch hergestellt.

Großsegel

Das Großsegel ist das am meisten beanspruchte Segel auf einer Yacht. Es muss sehr robust, dabei aber nicht zu schwer sein, da es sonst bei leichtem Wind nicht gut steht. Ein Großsegel wird von der leichtesten Brise bis zur Sturmstärke gefahren, wobei seine Segelfläche dann durch ein Reff verkleinert sein sollte. Die meisten Großsegel haben drei Reffreihen, so dass das Segel je nach Windstärke schrittweise verkleinert werden kann.

Vorsegel

Ein Rollreff-System ist sehr praktisch, führt aber, wenn das Vorsegel teilweise eingerollt wurde, nicht immer zu einem gut stehenden Segel. Aus diesem Grund benutzen viele Segler lieber Vorsegel, die mit Stagreitern am Vorstag angeschlagen sind und sich je nach Windstärke auswechseln lassen. Als Vorsegeltypen unterscheidet man Genua und Fock. Eine Genua ist ein großes Vorsegel, das bis hinter den Mast reicht und meist mit dem Unterliek auf dem Deck schleift. Das Focksegel ist dagegen kleiner, reicht nur bis zum Mast und besitzt einen Schnitt mit höherem Schothorn und Unterliek.

Eine typische Yacht ohne Rollreff hat eine Auswahl von Vorsegeln an Bord – meist eine Genua für Leichtwind, eine Arbeitsfock für mäßigen Wind sowie mehrere kleinere Focksegel für höhere Windstärken. Jede Yacht sollte eine Sturmfock mitführen: Sie ist wesentlich kleiner als andere Focksegel und noch bei höchsten Windstärken zu fahren. Falls das Vorsegel über ein Rollreff-System verfügt, benötigt die Sturmfock ein eigenes, abnehmbares Vorstag.

Segelgarderobe ▷
Eine typische Segelgarderobe für ein Boot ohne Rollfock besteht aus einer Auswahl von Vorsegeln, einem Großsegel, Spinnaker, Trysegel und Sturmfock.

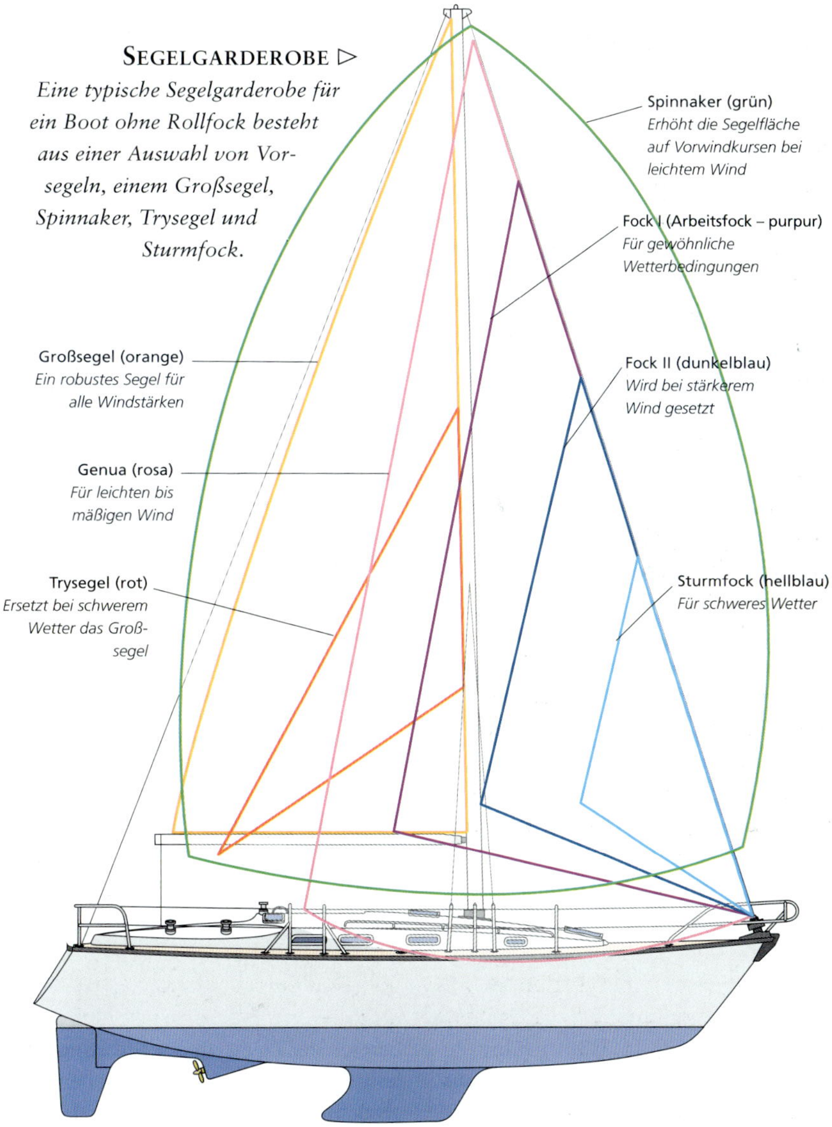

Über Deck

Das Deck und das Cockpit sind die Bereiche einer Yacht, auf und in denen die praktische Arbeit des Segelns und der Bootsführung stattfindet. Auch wenn die Decksausstattung bei vielen Yachten unterschiedlich ausfällt, ist die Anordnung der Ausrüstung meist ähnlich, und wer sich einmal an ein Boot gewöhnt hat, wird auch mit einem anderen schnell zurechtkommen. Man unterscheidet in der Hauptsache zwei Decksausstattungen – Boote mit Achterplicht oder mit Mittelplicht.

Die Decks

Das vor dem Mast gelegene Vordeck ist der vorderste Teil eines Bootes und der am wenigsten geschützte Arbeitsbereich auf Deck. Hinter dem Mast erhebt sich bei den meisten Yachten ein Kajütaufbau über das Niveau von Seiten- und Vordeck, damit unter Deck Stehhöhe erreicht wird. Bei einer solchen Anordnung verlaufen die Seitendecks längsschiffs zwischen Kajütaufbau und Deckskante. Bei einigen größeren Booten findet man ein sogenanntes Glattdeck (ohne Kajütaufbau), das mehr Platz und damit größere Sicherheit bei Decksarbeiten bietet.

Vor allem auf kleineren Yachten sind die Seitendecks oft sehr schmal und erfordern besondere Vorsicht, wenn man sich auf ihnen bewegt. Entlang beider Seitendecks sollten Jackstage verlaufen – entweder Gewebegurte oder ummantelte Drähte –, an denen die Crew bei Decksarbeiten ihre Sicherheitsgurte befestigen kann.

Kajütdeck

Das Kajütdeck ist das begehbare Dach des Kajütaufbaus in der Mitte des Kreuzers. Wenn der Mast auf dieses Dach aufgesetzt ist, wird er innen durch eine bis auf den Kiel führende Rohrstütze verstärkt. Häufig führt man die Fallen, die an dieser Stelle aus dem Mast austreten, über Umlenkrollen nach achtern zu den Winschen. Auch Rettungsflöße werden im allgemeinen auf dem Kajütdeck verzurrt. Darüber hinaus sollte es mit Handläufen ausgestattet sein, an denen sich die Crew über die Seitendecks bewegen kann. Am hinteren Ende des Kajütdecks, kurz vor dem Cockpit, befindet sich die Schiebeluke mit dem Niedergang zur Kajüte.

Cockpit

Das Cockpit – auch Plicht genannt – ist der wichtigste Arbeitsbereich und zugleich der sicherste Platz an Deck. Von hier aus wird eine Yacht gesteuert – kleinere Boote mit einer Ruderpinne, größere Yachten mit einem Steuerrad. Mittlerweile ist es Standard, sämtliche Segelkontrollen in den Bereich des Cockpits zu legen. Vor allem aber sollte die Plicht selbstlenzend sein.

Das Cockpit wird von der Kajüte durch das erhöhte, durchlaufende Brückendeck und das Setzbord (eine Holzplanke) getrennt, die den Niedergang zur Kajüte abschließen. Viele Yachten besitzen ein Spritzverdeck, das über dem Niedergang angebracht ist, den vorderen Teil des Cockpits gegen Spritzwasser sichert und der Crew bei rauem Wetter Schutz bietet. Eine im Bereich der Plicht an der Seereling festgezurrte Persenning dient ebenfalls als Schutz vor Wind und Regen.

Beschläge

Typische moderne Yachten werden für schnelle, sichere und komfortable Überfahrten entworfen. Sie sind sehr stabil konstruiert und besitzen eine robuste, gut befestigte Decksausrüstung; dazu kommen ein tiefes, komfortables Cockpit, das der Crew Sicherheit bietet, geschützt von einem großen Spritzverdeck. Die Plattform am Heck ermöglicht der Crew den schnellen Zugang zum Beiboot.

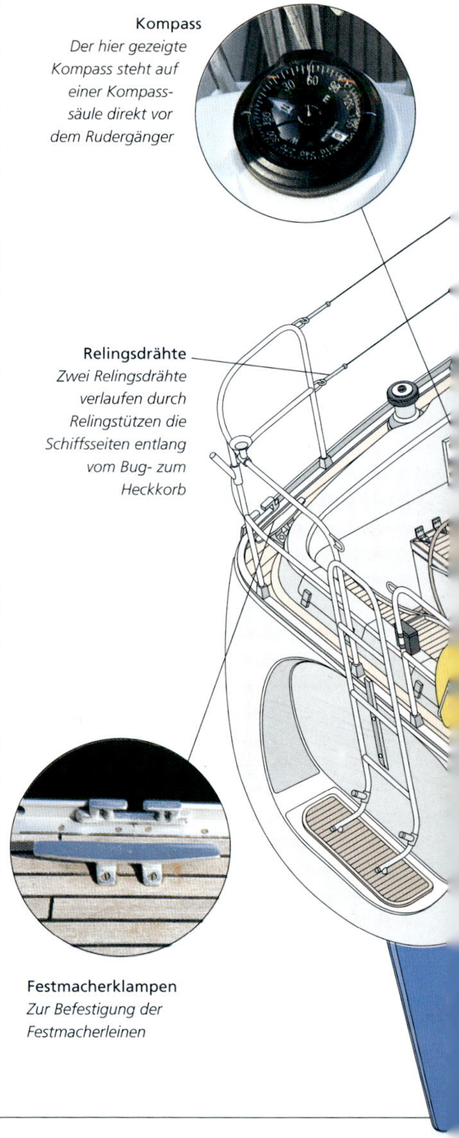

Kompass
Der hier gezeigte Kompass steht auf einer Kompasssäule direkt vor dem Rudergänger

Relingsdrähte
Zwei Relingsdrähte verlaufen durch Relingstützen die Schiffsseiten entlang vom Bug- zum Heckkorb

Festmacherklampen
Zur Befestigung der Festmacherleinen

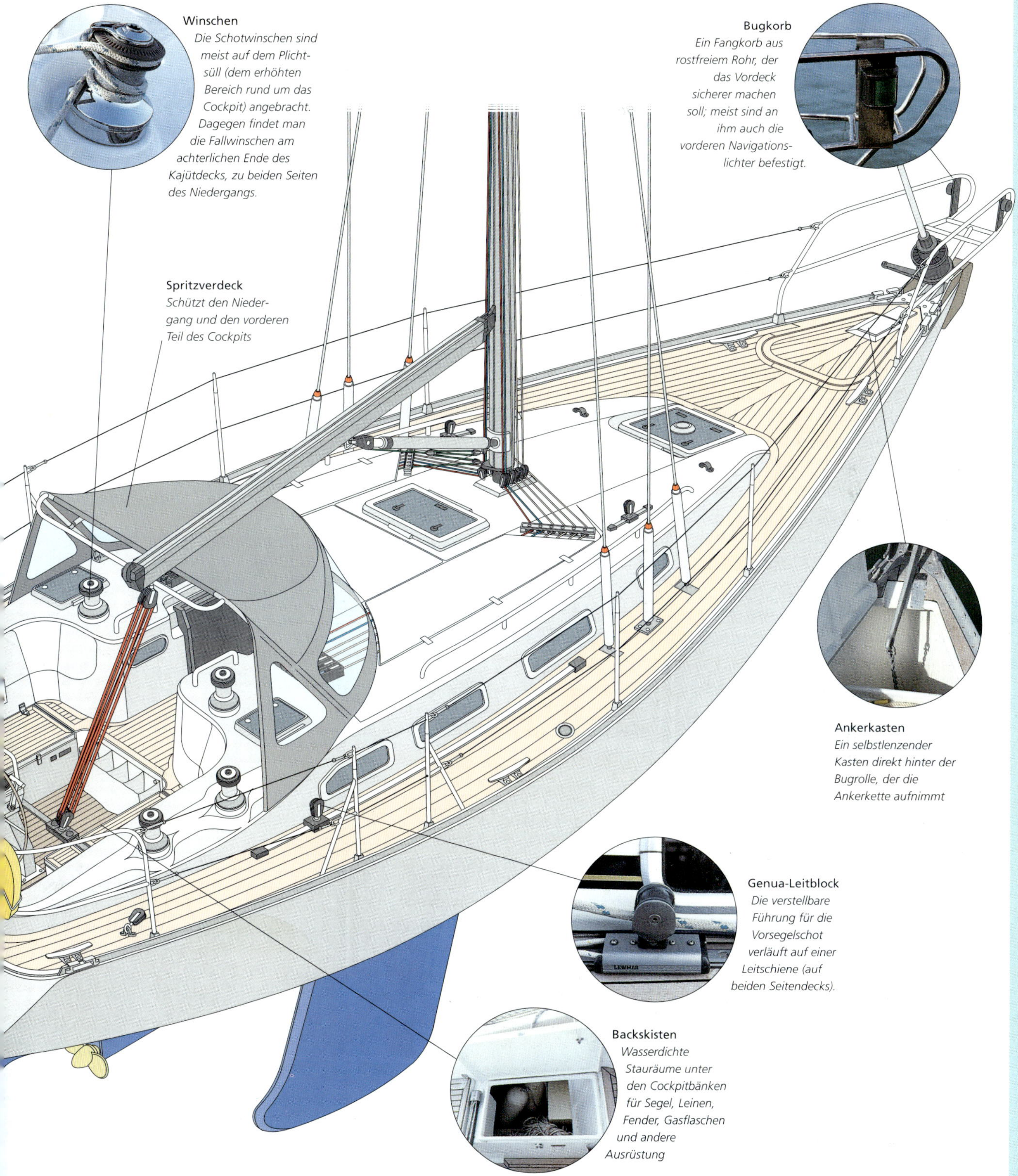

Winschen
Die Schotwinschen sind meist auf dem Plichtsüll (dem erhöhten Bereich rund um das Cockpit) angebracht. Dagegen findet man die Fallwinschen am achterlichen Ende des Kajütdecks, zu beiden Seiten des Niedergangs.

Bugkorb
Ein Fangkorb aus rostfreiem Rohr, der das Vordeck sicherer machen soll; meist sind an ihm auch die vorderen Navigationslichter befestigt.

Spritzverdeck
Schützt den Niedergang und den vorderen Teil des Cockpits

Ankerkasten
Ein selbstlenzender Kasten direkt hinter der Bugrolle, der die Ankerkette aufnimmt

Genua-Leitblock
Die verstellbare Führung für die Vorsegelschot verläuft auf einer Leitschiene (auf beiden Seitendecks).

Backskisten
Wasserdichte Stauräume unter den Cockpitbänken für Segel, Leinen, Fender, Gasflaschen und andere Ausrüstung

UNTER DECK

Die Inneneinrichtung einer Yacht wird von ihrer Länge, Breite und dem Freibord (Höhe über der Wasseroberfläche) bestimmt. Kleine Kreuzer – unter 10 Meter Länge – haben gerade genug Raum für das Allernötigste, während größere Yachten Platz für weitere Kojen, mehr Privatsphäre und etwas Luxus bieten können. Die meisten Einrichtungspläne basieren auf einer Anordnung mit separater Vorderkajüte, Salon, separater Toilette, Pantry und Kartentisch.

KOMFORT IM HAFEN

Der Einrichtungsplan einer Yacht muss danach beurteilt werden, welchem Zweck das Boot dienen soll. Viele Yachten verbringen den Großteil ihrer Zeit im Hafen – also werden die meisten modernen Yachtkreuzer mit einer Inneneinrichtung angeboten, die eher yachthafen- als hochseetauglich ist. Falls Sie kurze Törns bevorzugen, kommt für Sie eine Ausstattung in Frage, die besonders gut funktioniert, wenn Ihr Schiff aufrecht am Kai festgemacht liegt.

KOMFORT AUF SEE

Eine seefeste Inneneinrichtung bietet der Crew Sicherheit und Komfort durch Handläufe unter Deck, ausreichend sichere Kojen für die Freiwache und abgerundete Kanten auf und unter Deck, um Verletzungen vorzubeugen. Auch die Pantry muss für eine sichere Benutzung auf hoher See vorbereitet sein – mit Schlingerborden an den Rändern der Arbeitsflächen –, und der Navigationsplatz sollte dem Navigator die Möglichkeit zum Angurten bieten.

Die Pantry und der Kartentisch sind die wichtigsten Arbeitsbereiche unter Deck, und beide sollten so konstruiert sein, dass Koch bzw. Navigator auch bei einer Krängung und schwerer See sicher arbeiten können und Zugang zu allen wichtigen Ausrüstungsgegenständen haben. Eine solche Pantry benötigt eine besonders tiefe Spüle, und der Kocher sollte kardanisch aufgehängt sein, um bei Krängung in der Senkrechten ausschwingen zu können, und sich bei Bedarf mit einem Riegel in aufrechter Position fixieren lassen.

SEEFESTE INNENEINRICHTUNG

Eine typische seefeste Inneneinrichtung auf einer mittelgroßen Yacht umfasst spezielle Arbeitsbereiche für Pantry und Navigationsplatz, einen Salon, eine separate Toilette und zwei seefeste Kojen.

Navigationsinstrumente
Der Navigator benötigt Navigationsinstrumente, UKW-Radio und die Schalttafel für die Elektrik in unmittelbarer Reichweite des Kartentischs.

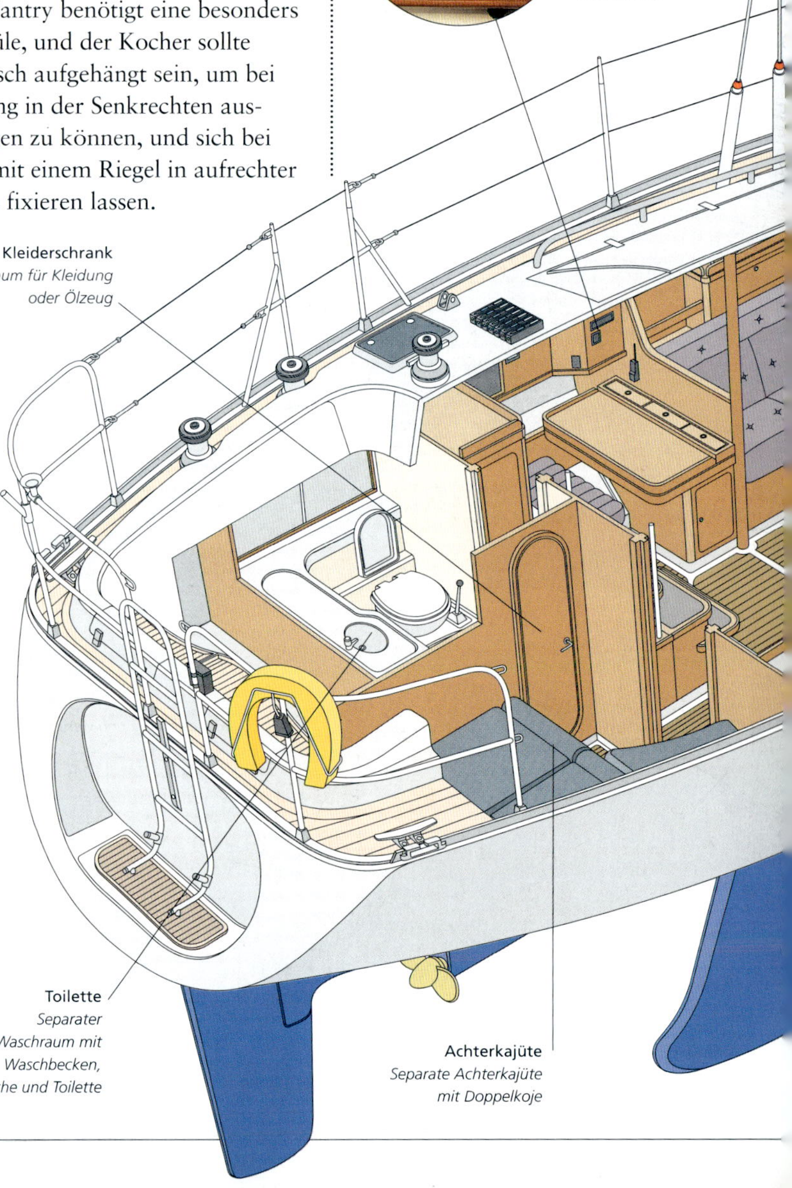

Kleiderschrank
Schrankraum für Kleidung oder Ölzeug

Toilette
Separater Waschraum mit Waschbecken, Dusche und Toilette

Achterkajüte
Separate Achterkajüte mit Doppelkoje

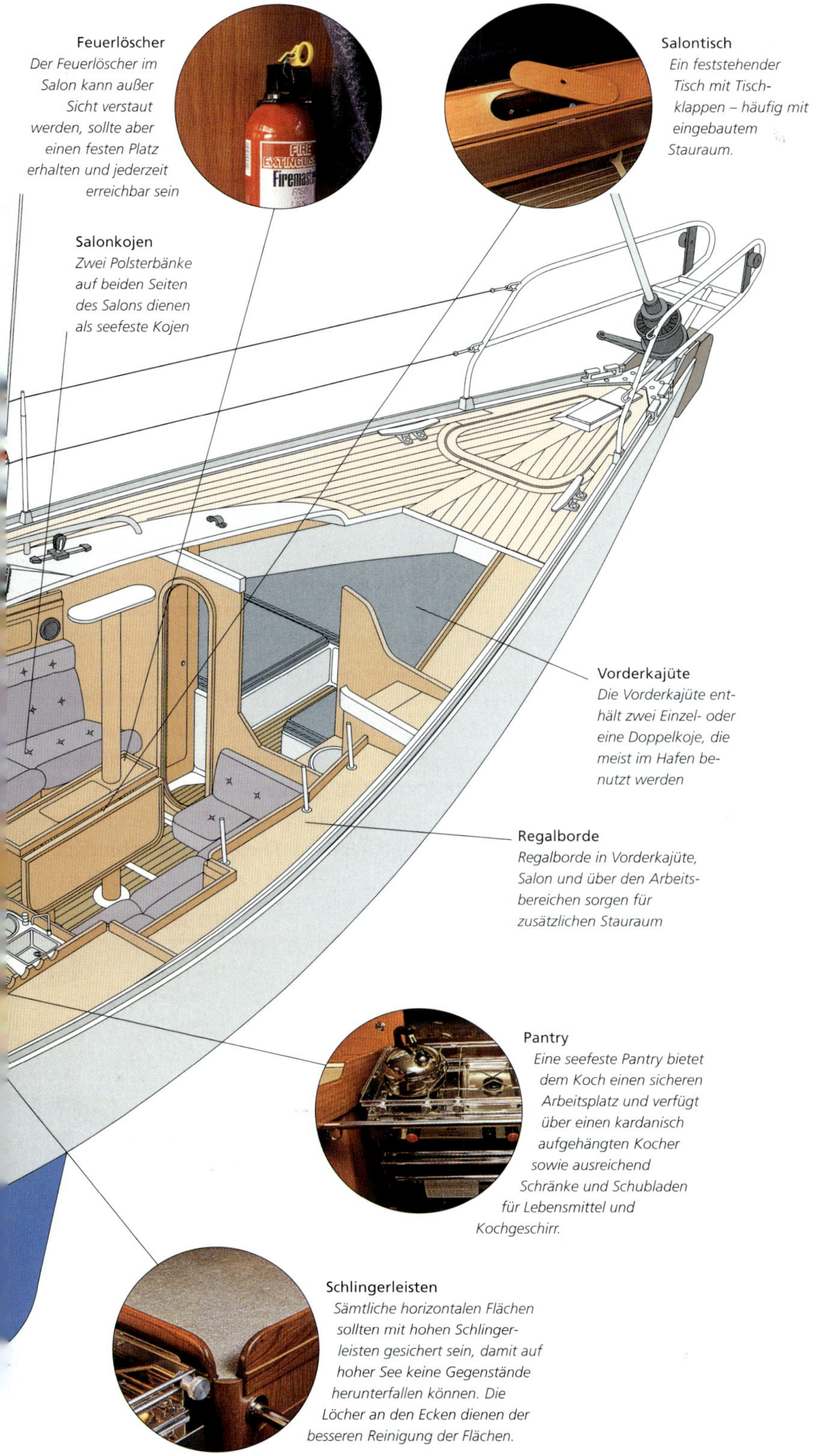

STAURAUM

Stauraum steht auf kleinen Booten immer nur begrenzt zur Verfügung. Dennoch sollte jedes Crewmitglied in der Nähe seiner Koje Platz für persönliche Dinge haben.

Verstauen der Ausrüstung

Eine gut aufgeteilte Yacht bietet eine breite Palette von Staumöglichkeiten für die enorme Vielfalt an Ausrüstung, die an Bord untergebracht werden muss. Dazu zählen Stauräume – häufig unter den Kojen – für sperriges Zeug sowie einzelne Schränke und Schubladen für kleinere Gegenstände. Sämtliche Schränke sollten mit Schnäppern versehen sein, damit die Türen auch bei einer Krängung des Bootes nicht aufspringen. Für Geschirr, Rettungsmittel und auch Kleidung sollten speziell ausgewiesene Staumöglichkeiten vorhanden sein. Hilfreich ist auch ein Stauplan, der auflistet, wo sich welcher Gegenstand befindet – damit man im Notfall nicht unnötig lange suchen muss.

△ Ordnung im Stauraum
Die meisten Yachten bieten nur begrenzten Stauraum. Daher sollte man darauf achten, dass jedes Crewmitglied seine persönlichen Sachen ordentlich verstaut – sonst kann sich bei rauer See schnell ein unansehnliches Durcheinander ergeben.

Pantry

Die Pantry sollte mit einem kleinen Kocher ausgestattet sein, der mit Flaschengas oder Petroleum betrieben wird. Dieser Kocher wird normalerweise an Kardanringen aufgehängt, aber man findet auch feststehende Herde mit hohen Schlingerleisten und Klammern zum Festklemmen der Töpfe. Kardanisch aufgehängte Kocher müssen in einem möglichst großen Winkel frei ausschwingen können und zusätzlich mit einem Feststellriegel für die aufrechte Benutzung im Hafen versehen sein. Idealerweise sollte sich der Kocher an einem Ort befinden, wo nichts überlaufen und auf den Koch fallen kann – aber dies ist auf einem kleinen Yachtkreuzer nicht immer möglich. Am besten wäre daher eine Art Manntau, an dem der Koch sich bei starker Krängung festhalten kann, sowie eine Stange vor dem Kocher, die verhindert, dass er auf die Flammen fällt.

Eine »seefeste« Spüle sollte tief und relativ schmal sein. Die Frischwasserversorgung erfolgt über eine mechanische oder elektrische Pumpe, wobei elektrische Pumpen zwar komfortabler sind, aber mehr Wasser verbrauchen.

△ **Pantry**
Eine Pantry sollte in der Nähe der Mittschiffslinie tiefe Spülen und Schlingerborde entlang der Arbeitsflächen besitzen. Die vor dem Kocher angebrachte Stange dient als Schutz für den Koch.

△ **Vorderkajüte**
Viele Vorderkajüten auf kleinen Yachten haben eine V-förmige Koje im Bug, die als Doppelkoje genutzt wird.

Falls eine elektrische Pumpe zur Ausstattung gehört, sollte eine Handpumpe als Ersatz mitgeführt werden. Einige Yachten verfügen auch über einen Warmwasservorrat, der in die Pantry oder den Toilettenraum gepumpt werden kann. Ein Meerwasserhahn in der Pantry ist vor allem auf hoher See sehr nützlich, weil sich klares Meerwasser gut zum Spülen und Gemüsekochen verwenden läßt.

Ein kleiner Eiskasten oder Kühlschrank in der Pantry ist ebenfalls wünschenswert. Löschdecke und Feuerlöscher gehören ebenfalls in Reichweite, da in der Pantry am ehesten ein Brand entstehen kann. Bei Flaschengas sollte die Gasflasche in einem eigenen, selbstlenzenden, gasdichten Schapp stehen. Wenn man die Flasche nicht benutzt, muss die Zuleitung verschlossen werden – dies kann von Hand geschehen oder bequemer mit Hilfe eines Magnetventils zwischen Flasche und Kocher, das von der Pantry aus zugänglich ist. Sie sollten es sich zur Regel machen, das Ventil zu schließen, sobald Sie mit dem Kochen fertig sind.

Kojen

Eine hochseetüchtige Yacht benötigt für jedes Mitglied der Freiwache eine Seekoje. Derartige Schlafplätze für die Reise auf hoher See sollten in Längsrichtung des Bootes ausgerichtet sein und nicht zu weit in Richtung Bug oder Heck liegen, wo das Stampfen der Wellen stärker spürbar ist als in der Mitte der Yacht.

Jede Seekoje benötigt ein Kojensegel aus Segeltuch oder ein hölzernes Kojenbrett, die dafür sorgen, dass auch bei rauem Wetter niemand aus der Koje fällt. Dabei sind Kojensegel komfortabler als Kojenbretter; außerdem lassen sie sich leicht entfernen und unter der Matratze verstauen.

Sie sollten stabil befestigt werden können, da sie im Ernstfall beträchtlichem Gewicht ausgesetzt sind.

Toilette

Die Toilette ist häufig in einem kleinen Raum zwischen Salon und Vorderkajüte untergebracht, obwohl manche Yachten genügend Platz für einen Toilettenraum in der Nähe des Niedergangs bieten. Dieser weiter achterlich gelegene Raum hat den Vorteil, dass

△ **Toilette**
Die Bedienungsanleitung eines Yacht-WCs muss genau befolgt werden, damit es nicht zu Verstopfungen kommt. Durch gute Lüftung und regelmäßige Reinigung reduziert man unangenehme Gerüche.

◁ SALON
Der Salon ist das Entspannungs- und Unterhaltungszentrum einer Yacht. Er sollte gemütlich, hell und gut belüftet sein und über sichere Handleisten verfügen.

▽ KOJENSEGEL
Wer bei Schräglage nicht aus seiner Koje fallen will, der sollte die offene Seite seiner Koje mit einem Kojensegel oder einem Kojenbrett sichern.

hier die Bewegungen des Schiffs weniger spürbar sind.

Die meisten Toilettenräume enthalten eine Seetoilette (mit Pumpe), ein kleines Waschbecken und Schränke für persönliche Gegenstände; einige Yachten verfügen sogar über eine Warmwasserdusche. Wenn nicht genügend Platz für einen Kleiderschrank sein sollte, ist der Toilettenraum auch der ideale Ort für das Verstauen von Ölzeug.

Die Seeventile für den Zu- und Abfluss der Toilette sollten leicht zugänglich und immer geschlossen sein, wenn das WC nicht benutzt wird. Dies ist absolut notwendig, wenn sich die Toilettenschüssel auf Höhe oder unterhalb der Wasserlinie befindet, da sonst Wassereinbruch droht.

Achten Sie darauf, dass jeder Benutzer mit der Bedienung des Yacht-WCs vertraut ist – Fehler können zu äußerst unangenehmen Situationen führen, vor allem für denjenigen, der die Toilette reparieren muss (also meist der Skipper). Am besten hängt man die Bedienungsanleitung in unmittelbarer Nähe der Toilette auf.

KARTENTISCH

Der ideale Platz für den Kartentisch ist nahe beim Niedergang, damit der Navigator sich leicht mit der Besatzung im Cockpit verständigen kann. Der Navigationsplatz sollte ein eigenständiger Bereich sein, von dem aus sämtliche Instrumente und Funkanlagen leicht zu erreichen und zu bedienen sind. Die meisten Navigatoren bevorzugen eine Anordnung, bei der sie – möglichst in Fahrtrichtung – am Kartentisch sitzen können. Die Tischfläche sollte so groß sein, dass eine einmal gefaltete Seekarte darauf Platz findet; dazu kommen sichere Staumöglichkeiten für Stifte, Zeichengerät und anderes Navigationsbesteck.

Die Seekarten werden im allgemeinen in einer Schublade unter der abnehmbaren Oberfläche des Kartentisches oder in einem Schapp darunter verstaut; weiter benötigt der Navigator Platz für Nachschlagewerke. Meistens befindet sich auch die Schalttafel für die Elektrik in diesem Bereich.

SALON

Der Salon liegt im allgemeinen in der Mitte der Kajüte und dient als Hauptwohnraum. Er sollte mit genügend Handleisten ausgestattet sein, so dass man sich auch bei Schräglage des Bootes auf See leicht darin bewegen kann. Wenn diese Leisten oder Griffe in unterschiedlichen Höhen platziert sind, können Erwachsene wie auch Kinder im Salon sicher sitzen und stehen. Das Mobiliar sollte abgerundete Kanten aufweisen, damit niemand sich in rauem Wetter daran verletzt.

Gute Beleuchtung und Belüftung tragen zur angenehmen, gemütlichen Atmosphäre des Raumes bei.

SICHERHEIT AN BORD

Wer aufs Wasser hinausfährt, sollte die richtige Bekleidung und Sicherheitsausrüstung an Bord haben – dies gilt vor allem für das Fahrtensegeln. Während sich ein Jollensegler nach Ende seines Segeltags auf eine heiße Dusche freuen kann, bleibt der Fahrtensegler auf See – Stunden, Tage, manchmal Wochen, teilweise unter schwersten Bedingungen. Nur das Tragen der richtigen Bekleidung ist der Garant dafür, dass eine lange Seereise einigermaßen komfortabel ausfällt.

BEKLEIDUNG

Da die Temperatur auf dem Wasser immer niedriger ist als an Land, gilt besonders für Segler in milden Klimazonen, dass Segelkleidung vor allem warm halten muss. Kälte wirkt sich negativ auf die Denk- und Handlungsfähigkeit aus und erhöht außerdem das Risiko der Seekrankheit. Wer nicht gerade unter perfekten äußeren Bedingungen segelt, der muss die richtige Kleidung tragen, um an Bord leistungsfähig zu bleiben.

Segelkleidung sollte genügend Isolierung bieten und am besten eine Dämmschicht aufweisen, die winddicht ist und gleichzeitig verhindert, dass die wärmende Schicht nass wird. Seide und Wolle zählen zu den am besten geeigneten Naturfasern, aber heute werden vor allem moderne Kunststoffasern benutzt – sie sind sehr leicht, trocknen schnell und absorbieren Schweiß.

Viele Hersteller von Yachtbekleidung bieten spezielle, mehrschichtige Bekleidungs-»Systeme« an. Sie bestehen meist aus einer dünnen, leichten Unterwäsche, über der eine dickere, wärmende Schicht getragen wird (je nach Temperatur kann auch nur eine von beiden Schichten angezogen werden). Eine wasserdichte Außenhaut hält den Träger trocken.

Relativ neu auf dem Markt ist wasserdichte Kleidung aus atmungsaktivem Material. Diese schützt nicht nur vor Wasser, sondern lässt den auf der Haut gebildeten Schweiß verdunsten, wodurch der Träger trockener bleibt als in herkömmlichem Ölzeug. Viele Segler entscheiden sich für dieses relativ teure Material, weil sie damit die leichteste, bequemste und wärmste Segelbekleidung bekommen, die zur Zeit erhältlich ist.

HÜTE UND HANDSCHUHE

Mit einem Hut kann man sich an heißen Tagen vor der Sonne und an kalten Tagen vor der Kälte schützen – und eine Thermohaube sorgt selbst bei tiefsten Temperaturen für einen warmen Kopf. Aber achten Sie bei der Wahl Ihrer Kopfbedeckung immer darauf, dass diese bequem unter die Kapuze Ihrer wasserdichten Jacke passt.

Segelhandschuhe schützen die Hände vor Verbrennungen durch Kunststofftaue und halten sie bei kühlem Wetter warm.

◁ **UNTER SÜDLICHER SONNE**
Shorts und T-Shirts sind die beste Bekleidung an heißen Tagen – allerdings sollten Sie sich gegen Sonnenbrand schützen und Sonnenbrille und Hut tragen.

Wasserdichte Kleidung

Es gibt eine riesige Auswahl an wasserdichter Kleidung für sämtliche Wetterbedingungen. Die Hauptunterschiede in der Bekleidung für das Jollen- und das Kreuzer- oder Hochseesegeln liegen im Gewicht und der Strapazierfähigkeit des Materials. »Ölzeug« für die hohe See ist nicht nur teurer als »Jollenzeug«, sondern hat meist eine bessere Kapuze und Sturmverschlüsse an Manschetten, Gelenken, Hals und Reißverschlüssen. Treffen Sie Ihre Auswahl mit Bedacht, je nachdem, welches Revier Ihnen vorschwebt.

△ Wasserdichte Kleidung

Wer sich Segelbekleidung aus wasserdichtem, aber atmungsaktivem Material leisten kann, wird schnell seine Vorteile zu schätzen lernen. Aber auch konventionelles Ölzeug erfüllt seinen Zweck.

△ Stiefel

Man bekommt Stiefel mit hohem oder niedrigem Schaft, wobei letztere leichter sind und das ganze Jahr über getragen werden können.

Thermowäsche ▷

Diese leichte, mehrschichtige Wäsche wird unter wasserdichter Kleidung getragen. Sie hält ihren Träger trocken und warm.

Sicherheitsausrüstung

Jede Yacht sollte eine ausreichende Sicherheitsausrüstung an Bord haben, um auf alle Notfälle vorbereitet zu sein. Gefahren können überall lauern: Ein Crewmitglied verletzt sich oder fällt über Bord; auf dem Schiff bricht Feuer aus; die Yacht schlägt leck und nimmt Wasser auf. Die Sicherheitsausrüstung sollte an einem Platz verstaut sein, wo sie im Notfall sofort zur Hand ist, und die Crew muss in der Wirkungsweise und der richtigen Bedienung der Rettungsmittel geübt sein.

Gefahr erkannt, Gefahr gebannt

Es ist sehr wichtig, dass alle Besatzungsmitglieder sich der potenziellen Gefahren über und unter Deck bewusst sind und wissen, wie man sich sicher an Bord einer Yacht bewegt. Der sicherste Platz auf See ist das Cockpit, denn nur hier ist die Wachmannschaft richtig geschützt. Ein Cockpit muss genügend Befestigungspunkte für die Sicherheitsgurte der Crew bieten, und die Mitglieder der Besatzung sollten sich darin einklinken, bevor sie aus dem Niedergang treten.

Die Seitendecks müssen mit Jackstagen (Strecktauen) ausgestattet sein, so dass es den Crewmitgliedern möglich ist, vom Cockpit zum Bug zu gehen, ohne ihre Sicherheitsleinen (Sorgleinen) ausklinken zu müssen. Diese persönlichen Befestigungsleinen sollten so kurz sein, dass sie ein Überbordgehen verhindern, wenn jemand bei der Arbeit an Deck fällt. Da Jackstage und Strecktaue in diesem Moment ein beträchtliches Gewicht tragen müssen, sollten sie ausreichend stark dimensioniert sein.

Man sollte sich nie im Weg einer Schot unter Last befinden; wenn irgend etwas schiefgeht, wird sie wie eine Peitsche losschnellen und Verletzungen verursachen. Stellen Sie sich beim Herumgehen auf Deck nie auf Taue oder Segel, da diese sich unter Ihren Füßen bewegen und Sie aus der Balance bringen könnten.

Bei Sturm sollte man das Cockpit nur verlassen, wenn es unbedingt nötig ist. Planen Sie Ihre Bewegungen zuvor und benutzen Sie möglichst das Seitendeck in Luv, um zum Bug oder Heck zu gelangen. Da eine Yacht bei schwerem Wetter sehr stark »tanzen« kann, halten Sie Ihren Schwerpunkt möglichst tief. Es gibt keinen Grund, sich zu schämen, wenn man über das Deck kriecht oder auf dem Vordeck sitzt – Hauptsache, man geht nicht über Bord.

Das Leben unter Deck ist bei Sturm besonders schwierig, und die Kajüte sollte über Handgriffe in verschiedensten Höhen verfügen, damit jedes

Persönliche Sicherheitsausrüstung

Das eigene Schiff ist immer noch der sicherste Platz auf See und der Sicherheitsgurt der wichtigste Bestandteil jeder Schutzausrüstung. Eine Rettungsweste hält Sie zwar über Wasser – aber zuallererst sollte man versuchen, an Bord zu bleiben.

Sicherheitsgurte und Rettungswesten

Es gibt verschiedene Arten von Sicherheitsgurten. Manche wasserdichten Jacken haben eingebaute Sicherheitsgurte und schützen ihren Träger, solange er dieses Ölzeug trägt. Andererseits ist ein separater Sicherheitsgurt praktisch, weil er zu jeder Zeit getragen werden kann – sogar, wenn man eigentlich keine Wetterjacke benötigt. Man findet auch Sicherheitsgurte mit eingebauter Rettungsweste, die sich großer Beliebtheit erfreuen, weil sie sich leicht anlegen lassen, relativ bequem sind und man nicht zwei Ausrüstungsgegenstände kaufen muss. Wer sich für eine separate Rettungsweste entscheidet, wählt meist ein Modell, das entweder mit dem Mund oder automatisch aufgeblasen wird. Wenn Sie Weste und Sicherheitsgurt separat anschaffen, probieren Sie beide über der Schlechtwetterkleidung an, die Sie an Bord anziehen.

◁ **Sicherheitsgurt**

Aufblasbare Rettungsweste ▷

Crewmitglied sich sicher bewegen kann. Wenn das Boot stark stampft, hangelt man sich am besten von Handgriff zu Handgriff und versucht, die Bewegungen des Bootes vorauszuahnen, um nicht das Gleichgewicht zu verlieren.

Rettungsbojen verstauen

Rettungsbojen sollten sich immer in Griffweite befinden, für den Fall, dass jemand über Bord geht. Am besten verstaut man sie – die meisten Yachten haben zwei an Bord – in Rettungsschlingen am Heckkorb. Eine Rettungsboje sollte mit einem Blitzlicht versehen sein, das Signale gibt, sobald die Boje aufrecht im Wasser treibt (die Batterien müssen regelmäßig überprüft und gegebenenfalls gewechselt werden).

△ **Rettungsbojen**
Eine Rettungsboje treibt mit dem Wind und der Strömung und ist daher mit einem Treibanker gegen zu starken Abtrieb ausgerüstet. Die Markierungsboje, ein leuchtendbunter Stab mit Auftriebskörper (an dem hier die Flagge O – Mann über Bord – hängt), ist im Wasser besser zu sehen als eine Person oder Boje.

FEUERLÖSCHER UND LEUCHTSIGNALE

Bei einem Schaden an der Maschine oder der Elektrik kann leicht Feuer ausbrechen; daher sollte jede Yacht über Feuerlöscher verfügen. Leuchtsignale werden in Notfällen eingesetzt, um Aufmerksamkeit zu erregen.

Feuerlöscher

Feuer ist eine der größten Gefahren an Bord und darf unter keinen Umständen außer Kontrolle geraten. Feuerlöscher sollten dort platziert sein, wo man sie am ehesten benötigt: nahe der Pantry und der Maschine, im Salon und am Vorluk. Öl- oder Fettbrände löscht man mit einem Schaumlöscher, während Maschinen- oder Elektrobrände mit Pulverlöschern bekämpft werden; ein Pulverlöscher ist universell einsetzbar. Eine Löschdecke in Griffweite der Pantry eignet sich zum Löschen von Pfannenbränden. Achten Sie darauf, dass Ihre Besatzung weiß, wo sich die Feuerlöscher befinden und wie man sie bedient *(S. 300)*.

Leuchtsignale

Je nachdem, wo Sie segeln, sollten Sie eine bestimmte Art und Anzahl von Leuchtsignalen an Bord mitführen. Für einen Tagestörn in Küstennähe genügen mehrere rote Fallschirmlichter, einige rote Handfackeln und eine orangefarbene Rauchfackel. Für die Hochsee werden zusätzliche Fallschirmlichter und ein schwimmendes Farbzeichen benötigt. Achten Sie darauf, dass Ihre Besatzung weiß, wie und wann man die Leuchtsignale bedient *(S. 303)*.

Verbandskasten

Jede Yacht muss einen gut ausgestatteten Verbandskasten an Bord haben, falls sich ein Crewmitglied verletzt. Bei den meisten Verletzungen an Bord handelt es sich um kleinere Schnitte und blaue Flecken, aber es kann jederzeit auch zu Knochenbrüchen, Verbrennungen oder schweren Stoßverletzungen kommen. Auch Ihr Verbandszeug sollte der Art von Segeln angepasst sein, die Sie bevorzugen: Für Tagestörns genügt ein kleiner Erste-Hilfe-Kasten mit einigen Pflastern und Bandagen, längere Törns erfordern jedoch einen umfangreicher ausgestatteten Verbandskasten, mit dem sich sämtliche Verletzungen versorgen lassen.

Rettungsinsel

Eine Hochseeyacht sollte entweder eine spezielle Rettungsinsel oder ein als Rettungsboot geeignetes Beiboot an Bord haben. Rettungsinseln müssen jährlich inspiziert werden, damit sie den aktuellen Sicherheitsstandards entsprechen. Außerdem sollte man vor Fahrtantritt einen »Panikbeutel« mit Proviant, Wasser, Notraketen und Überlebensausrüstung packen und ihn an einer Stelle aufbewahren, wo er in einer Notsituation schnell zur Hand ist.

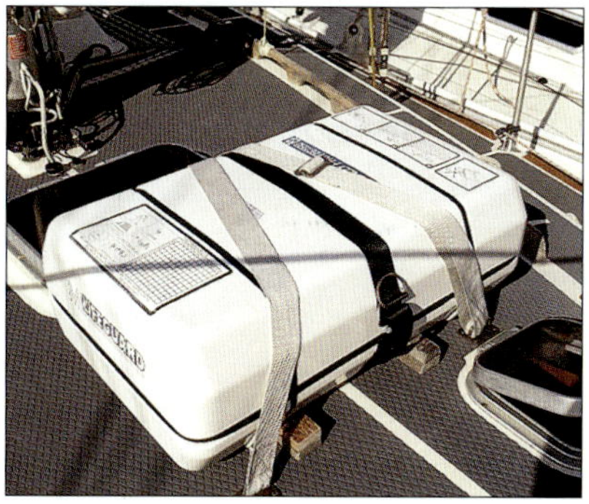

△ **Rettungsinsel auf Deck**
Eine Rettungsinsel wird einsatzklar in einem Kunststoffbehälter oder Tragesack verpackt und auf Deck verzurrt.

DER TAKLING

Der Takling dient dazu, einen Tampen vor dem Aufdröseln zu sichern. Bei modernem Kunststofftauwerk kann man die Tampen über offener Flamme verschweißen, aber ein Takling mit Takelgarn ist haltbarer.

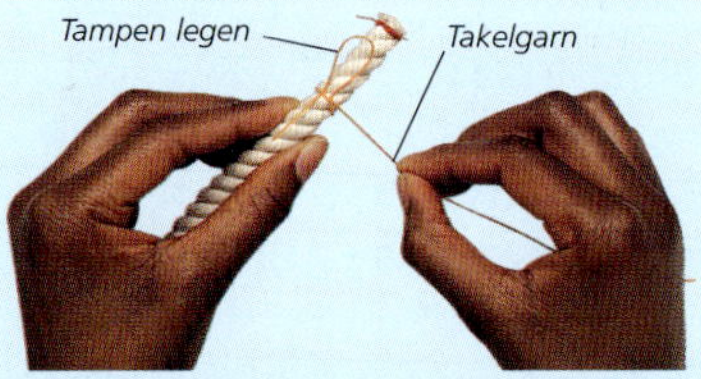

① Ein Ende des Takelgarns zur Bucht und an den Tampen legen. Die Bucht sollte zum Tauende weisen.

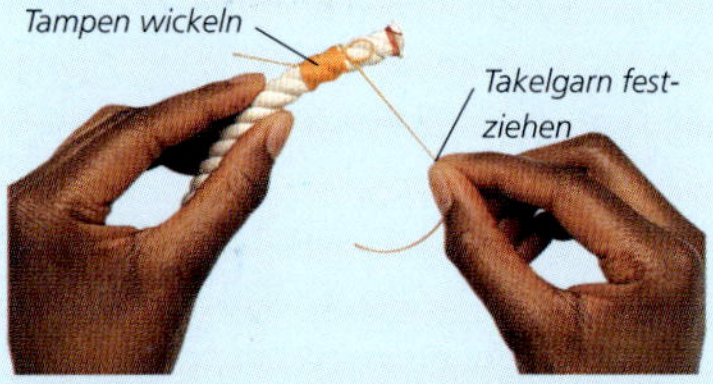

② Das längere Ende des Takelgarns um den Tampen wickeln; dabei zum Tauende hinarbeiten.

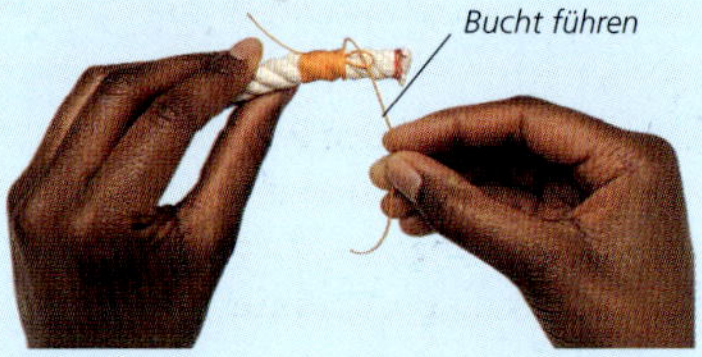

③ Am Tauende angekommen, führt man das Ende des Takelgarns durch die Bucht.

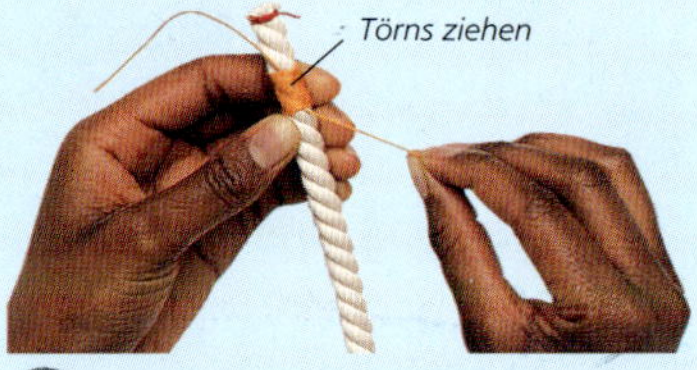

④ Jetzt kräftig am kurzen Ende der Bucht ziehen, so dass diese unter den Törns verschwindet.

TAUWERK

Der richtige Umgang mit Tauwerk ist ein wichtiger erster Schritt für jeden, der sich zu einem guten Seemann entwickeln will. Ein erfahrener Segler beherrscht diese Fertigkeiten wie selbstverständlich, da der perfekte Umgang mit Tauwerk die Grundlage für einen Großteil der Arbeiten beim Yachtsegeln bildet. Zwar muss man kein Experte im Knoten Knüpfen sein, um ein guter Seemann zu werden – aber man sollte die wichtigsten Knoten kennen.

DER UMGANG MIT TAUWERK

Auf einer Yacht findet man die unterschiedlichsten Arten von Tauwerk – von dünnen Leinen über Muringleinen zu schweren Ankertrossen. Das Tauwerk ist dicker und schwerer als das einer Jolle und aufgrund seiner Masse und Länge schwieriger zu handhaben. Jede Leine hat ihren Zweck und Platz an Bord und erfordert eine Handhabung, die Größe und Einsatzzweck entspricht. Am besten üben Sie die wichtigsten Knoten sowie das Aufschießen, Belegen, Verstauen und Einholen stärkerer Leinen, denn die Beherrschung dieser Fähigkeiten kann beim Festmachen – und anderen Manövern – von entscheidender Bedeutung sein. Sie sollten in der Lage sein, diese Aufgaben selbst bei Dunkelheit schnell und effektiv zu erledigen.

Wenn Sie die auf S. 36–39 beschriebenen wichtigsten Knoten und Fertigkeiten im Umgang mit Tauwerk »wie im Schlaf« beherrschen, sollten Sie Ihre Kenntnisse um die auf der folgenden Seite beschriebenen Knoten erweitern. Achten Sie darauf, dass Leinen ordentlich aufgeschossen und verstaut werden und sich nicht verheddern, und lassen Sie nie eine Muringleine auf Deck oder dem Schwimmsteg liegen, wo jemand darüber fallen könnte. Sämtliche Leinen sollten einmal jährlich mit mildem Geschirrspülmittel abgewaschen und von Salz und Fett befreit werden.

WERFEN EINER LEINE

Manchmal werden Sie eine Leine zum Kai werfen müssen. Falls dann ein Knoten im Seil ist, wird der Wurf zu kurz ausfallen. Verlassen Sie sich nicht auf ein zuvor aufgeschossenes Ende, sondern schießen Sie es vor dem Wurf neu auf und achten Sie darauf, dass es lang genug ist.

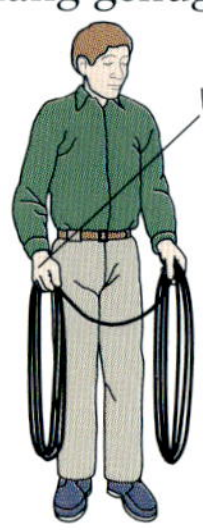

◁ **KLAR ZUM WURF** *Die Leine ordentlich aufschießen und teilen, wobei eine Hälfte in der Wurfhand, die andere in der anderen Hand bleibt.*

VORBEREITUNG

Der Wurf
Geworfen wird aus dem Unterarm, leicht über das Ziel hinweg. Dabei müssen die Buchten aus der anderen Hand ungehindert auslaufen. Das Leinenende festhalten

WURF

KNOTEN

Viele der auf Yachten verwendeten Knoten werden auch auf Jollen benutzt – also sehen Sie sich diese am besten noch einmal an *(S. 36–39)*. Darüber hinaus gibt es noch zwei weitere Knoten – Roringstek und Stopperstek –, die an Bord einer Yacht vor allem beim An- und Ablegen gebraucht werden.

Roringstek

Dieser Knoten ähnelt dem Rundtörn mit zwei halben Schlägen *(S. 38–39)*, bietet aber mehr Sicherheit. Mit ihm befestigt man eine Ankertrosse am Anker oder eine Festmacherleine an einem Ring.

Rundtörn

① Einen Törn um eine Spiere oder Leine legen, dabei die holende Part auf die rechte Seite der festen Part führen. Dann das freie Ende über die stehende Part bringen.

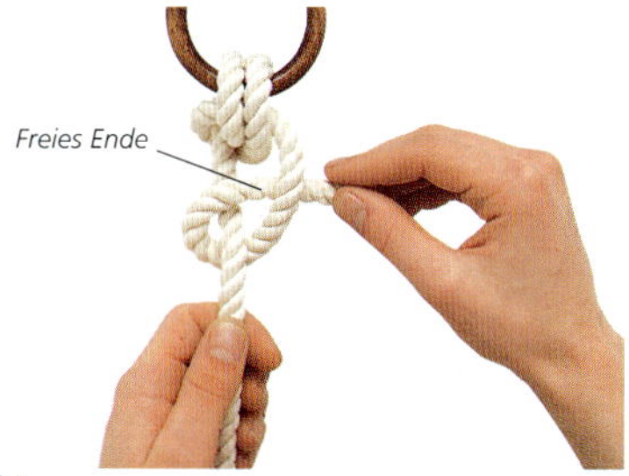

② Den zweiten Törn identisch zum ersten Törn machen und das freie Ende zwischen der festen Part und dem zweiten Törn hindurchziehen.

Stopperstek

Der Stopperstek ist immer dann nützlich, wenn man eine Leine um eine Spiere binden oder den Zug von einer anderen Leine nehmen will. Er zieht sich sehr fest und ist auch in Notfällen wertvoll, da er nicht verrutscht.

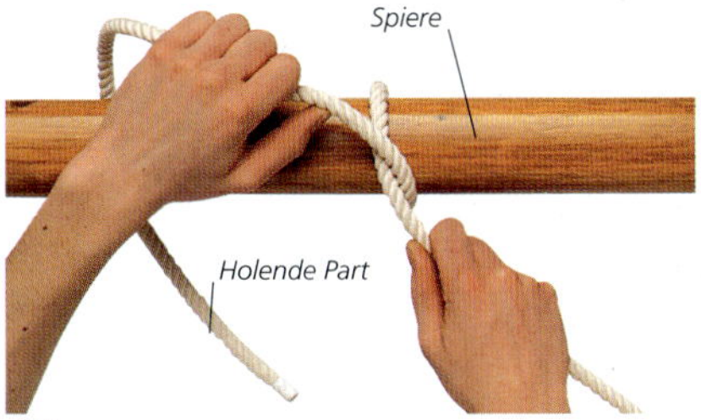

① Einen Törn um eine Spiere oder Leine legen, dabei das freie Ende auf die rechte Seite der stehenden Part führen. Nun das freie Ende über die stehende Part bringen.

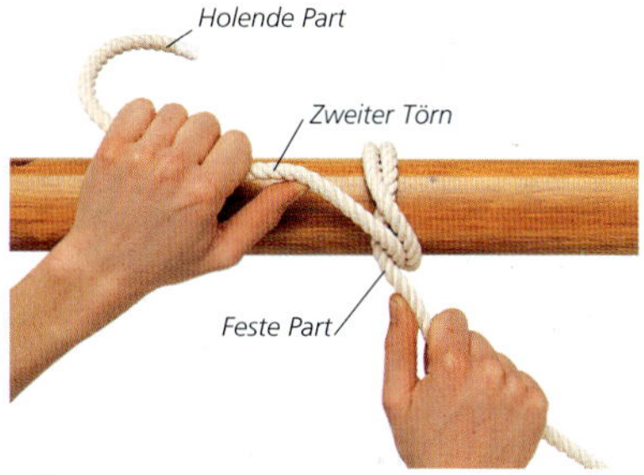

② Den zweiten Törn identisch zum ersten Törn machen und das freie Ende zwischen der stehenden Part und dem zweiten Törn hindurchführen.

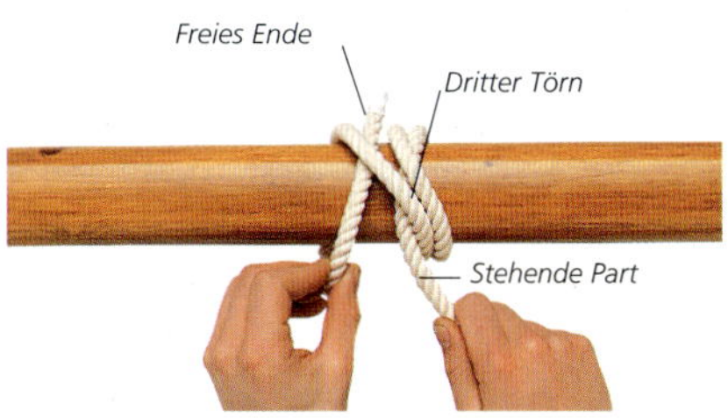

③ Einen dritten Törn machen und das freie Ende auf die linke Seite der festen Part bringen. Den Tampen durch den dritten Törn stecken.

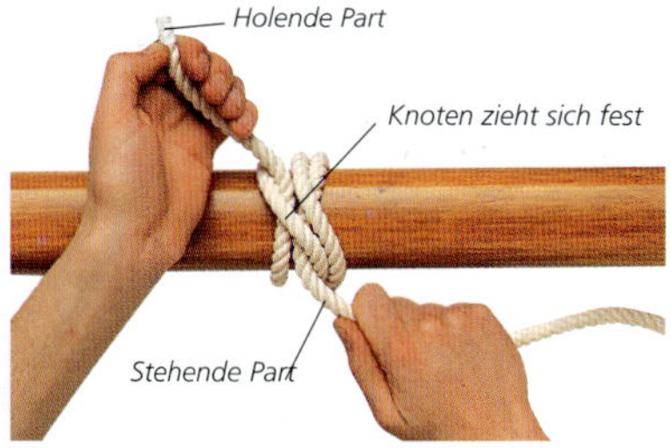

④ An beiden Enden gleichzeitig fest ziehen. Die stehende Part über die beiden ersten Törns ziehen, bevor die Leine belastet wird.

Festmacher

Festmacher sind Leinen, mit denen ein Boot an einem Schwimmsteg, Kai, einer Muringboje, Pfählen oder einem anderen Boot befestigt wird. Die Arbeit mit Festmachern gehört zu den Grundkenntnissen des Fahrtensegelns. Das Maß eines Festmachers ist natürlich abhängig von der Größe und vor allem dem Gewicht eines Bootes. Alle Festmacher an Bord Ihrer Yacht sollten kräftig genug sein, Ihr Boot zu halten, und lang genug, um in Tidengewässern ein Heben und Senken des Schiffes zu ermöglichen.

Die heutigen Festmacher bestehen meist aus Nylon – zum einen aufgrund der Belastbarkeit des Materials, zum anderen, weil es sich gut ausreckt und dadurch plötzliche Schläge absorbiert. Nicht gebrauchte Festmacher sollten immer aufgeschossen und sofort verstaut werden; am besten hängt man sie in einen Schrank, wo sie jederzeit zugänglich sind.

Mit Leinen wenden

An manchen Tagen wäre das Ablegen – vor allem unter Segel – viel einfacher, wenn das Boot mit dem Bug in die umgekehrte Richtung zeigen würde. Dies lässt sich mit Hilfe von Leinen erreichen.

Der Gebrauch von Leinen

Am einfachsten lässt sich ein Boot mit Leinen wenden, wenn Wind oder Strom stehen. Zunächst Fender auf die ablandige Seite sowie am Bug und Heck des Bootes platzieren, um Schäden vorzubeugen. Die hier gezeigte Yacht liegt mit dem Heck zum Strom; also sollte das Heck vom Steg abgedrückt werden, damit die Yacht dreht. Im anderen Falle (Bug zum Strom) würde der Bug zuerst gedreht.

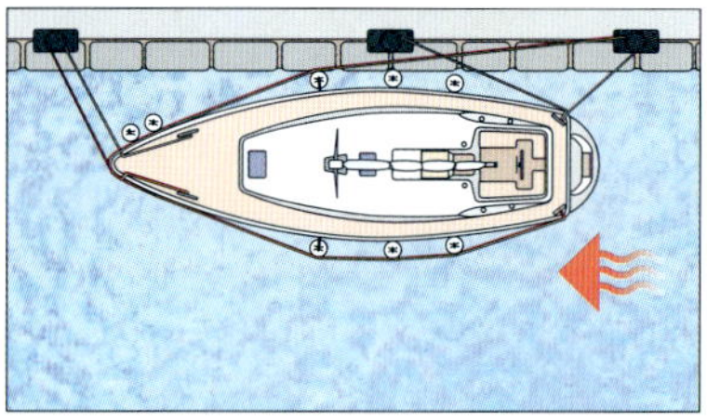

① Extraleine vom Heck über den Bug zum Landpoller bringen. Vorspring auf ablandige Vorklampe verlegen, Uferseite dieser Spring festmachen.

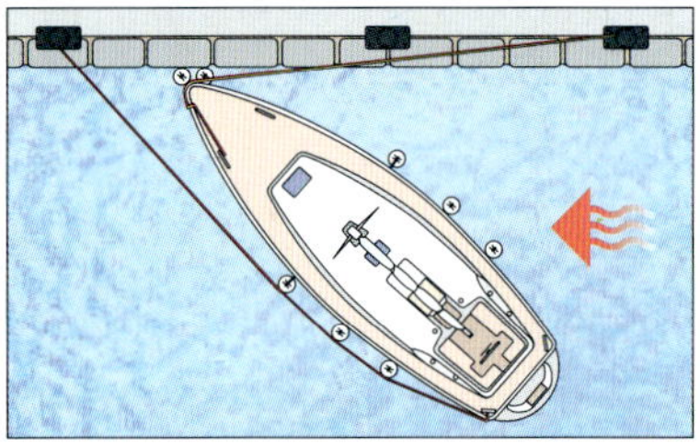

② Vorleine und Achterspring los; dann Heckleine lösen und das Heck abdrücken oder die Vorspring holen. Die Strömung wird das Boot weiter herum drücken.

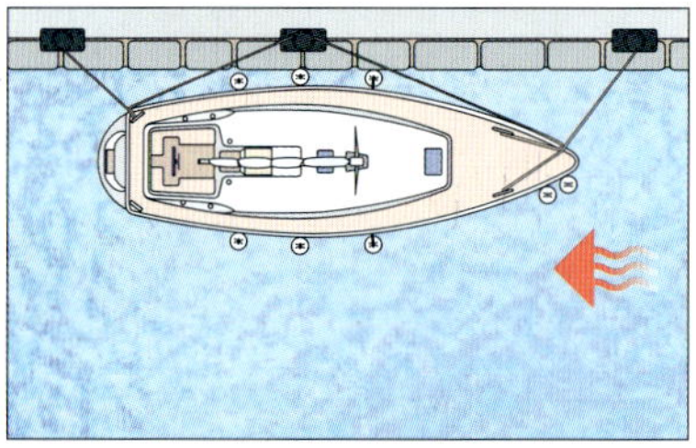

③ Das Boot wird langsamer drehen, je mehr der Bug zum Strom liegt. Die neuen Vor- und Achterleinen festmachen und neue Springs setzen.

Wer längsseits festmachen will, benötigt eine Reihe von Festmacherleinen, um sein Boot so zu belegen, dass es nicht mehr vor und zurück wandern kann. Die richtige Anordnung der Leinen hängt davon ab, ob man an einer Kaimauer anlegt (und mit Tidenhub rechnen muss) oder an einem anderen Boot bzw. einem Schwimmsteg festmacht, die mit der Tide steigen oder fallen.

Probleme vermeiden

Probleme beim Anlegen mit Festmachern lassen sich am ehesten vermeiden, wenn man für jede Aufgabe eine eigene Leine und eine eigene Klampe bereithält. Wenn das andere Ende an einer Klampe am Ufer, am Steg oder auf dem Nachbarboot fest-

▽ Muringleinen

Jede Muringleine hat eine andere Funktion und als Skipper sollte man wissen, welche Leine wozu dient. Wenn Sie mit Ihrem Boot in Tidengewässern längsseits festmachen, achten Sie darauf, den Leinen genügend Lose zu lassen, damit Ihre Yacht bei Niedrigwasser nicht an ihren Festmachern an der Kaimauer hängt.

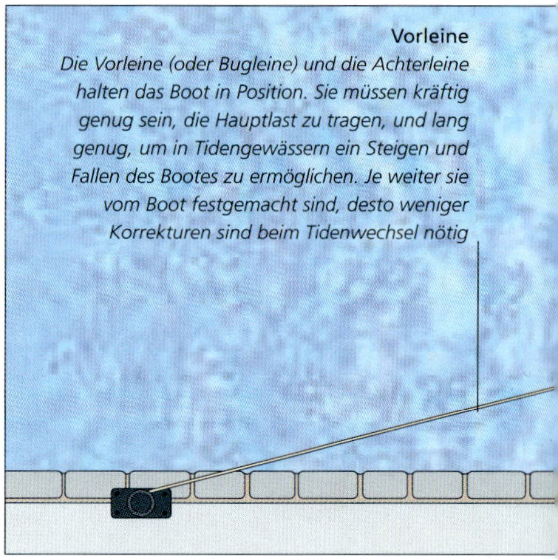

gemacht ist, muss die überschüssige Leine an Bord aufgeschossen werden. Dadurch bleiben keine Taue am Ufer liegen und die Position des eigenen Bootes lässt sich leichter korrigieren. Manchmal kann man seine Leinen auch auf Slip legen, indem man sie am Ufer durch einen Ring oder um eine Klampe führt, aber beide Tampen an Bord belegt *(rechts)*. Diese Art des Festmachens eignet sich aber nur für kurze Aufenthalte, da eine so belegte Leine auf Dauer am Ring oder an der Belegklampe durchscheuern würde. Wenn ein langer Festmacher in der Mitte langsam durchscheuert, wird er unbrauchbar. Man kann ihn dann nur noch durchschneiden und zwei kurze Festmacher daraus anfertigen.

Klampen

Alle Belegklampen und Klüsen müssen die richtige Größe aufweisen. Sie sollten sicher mit dem Deck verschraubt sein und glatte, abgerundete Kanten haben. Im Allgemeinen gilt: Je größer die Klampe, desto weniger nutzt sie die Leinen ab und desto leichter lässt sich an ihr ein Tau mit genügend Törns festmachen. Einige Yachten haben einen zentralen Poller auf dem Vordeck, ein Paar Klampen rechts und links am Bug sowie Klampen auf jeder Seite des Hecks.

SLIPLEINE

Eine Slipleine ist eine Leine, die am Ufer durch einen Ring, um eine Klampe oder um einen Poller führt, deren beide Tampen aber an Bord belegt sind. Dies ermöglicht der Crew, ihre Festmacher von Bord aus loszuwerfen. Ein Festmacher sollte nie dauerhaft auf Slip gelegt werden, da die Leine in der Mitte durchscheuern kann.

Ringe

Wenn eine Leine durch einen Ring am Ufer auf Slip gelegt werden soll, muss man darauf achten, dass sie auch wirklich auslaufen kann. Liegt der Ring auf dem Kai, wird der auf dem Ring liegende Teil des Festmachers losgeworfen und die untere Part geholt; hängt der Ring an der Kaimauer, wirft man den unteren Teil los und holt die obere Part ein. Auf diese Weise hebt der Festmacher beim Einholen den Ring vom Kai und kann sich nicht einklemmen. Achten Sie darauf, dass der Festmacher nicht durch Knoten behindert wird.

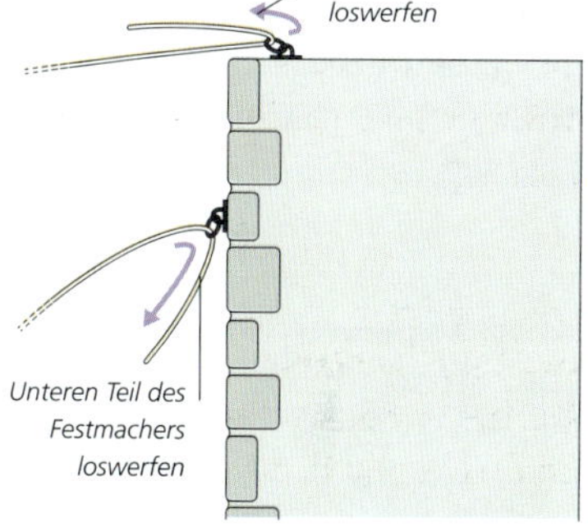

Leinen durch Ringe auf Slip gelegt

Klüsen

Klüsen zur Führung der Festmacher sollten an jeder Seite des Bugs, des Hecks und – falls vorhanden – neben den Klampen mittschiffs angebracht sein. Sämtliche Festmacher sollten durch Klüsen geführt werden, damit sie sich nicht an der Deckskante oder einem anderen Hindernis durchscheuern. Festmacher scheuern an einigen Stellen besonders leicht durch. Dies kann man verhindern, indem man ein kurzes Stück Plastikschlauch über die Leine schiebt und an möglichen Scheuerpunkten in Position bringt.

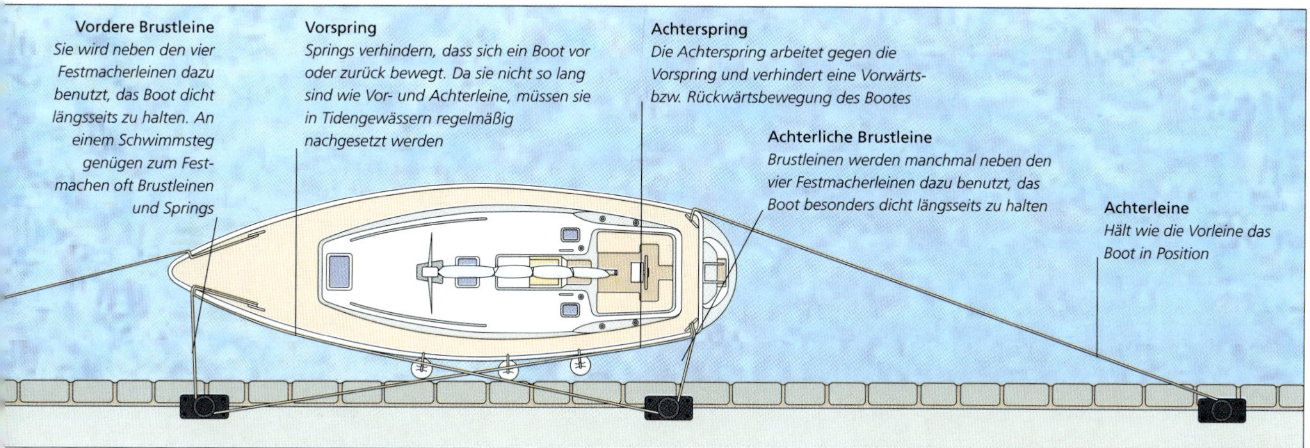

Segelführung

Die Segel einer modernen Fahrtenyacht ähneln in vieler Hinsicht denen einer Jolle – allerdings sind sie größer und schwerer. Darüber hinaus ist die Segelgarderobe einer Yacht umfangreicher als die einer Jolle, weil man passende Segel für alle Wetterbedingungen benötigt. Viele moderne Yachten verfügen über ein Rollreffsystem für das Vorsegel, das es erlaubt, ein und dasselbe Segel bei fast allen Windstärken einzusetzen, andere Segler haben unterschiedliche Segel für verschiedene Windstärken an Bord.

Segel anschlagen

»Anschlagen« ist der traditionelle Ausdruck für das Befestigen des Großsegels am Großbaum. Im allgemeinen wird das Großsegel nur einmal, zu Beginn der Segelsaison, angeschlagen und bleibt dann auf den meisten Yachten bis zum Ende der Saison am Großbaum. Vorsegel schlägt man meist nach Bedarf an und verstaut sie nach Gebrauch wieder; aber viele Yachten haben eine Rollreffanlage, bei der das Vorsegel eng um das Vorstag eingerollt wird. Bei einem solchen System kann auch das Vorsegel die ganze Saison über angeschlagen bleiben.

Unterliek

Die meisten Großsegel werden am Baum befestigt, indem man – wie auf einer Jolle *(S. 60)* – entweder das Liektau in die Nut des Baums einführt oder am Segel befestigte Rutscher in die Nut schiebt. Dann wird der Segelhals mit einem Schäkel oder einer Zurring am Lümmelbeschlag befestigt und das Schothorn mit dem Ausholer zum äußeren Ende des Baums – der Baumnock – hin getrimmt.

Vorliek

Das Vorliek des Großsegels wird meist mit Rutschern am Mast gehalten, die in der Mastnut verlaufen. Bei einem durchgelatteten Großsegel verlaufen die Latten vom Achter- zum Vorliek. Solche Segel besitzen spezielle Rutscher mit geringer Reibung, damit sie sich trotz des Druckes durch die Latten leicht setzen und bergen lassen.

Reffleinen

Leinen zum Reffen des Großsegels *(S. 185)* führen im Allgemeinen von der Baumnock durch die Reffkauschen im Achterliek. Von dort werden sie zurück zum Baum und dann nach vorn zu einer Winsch des Baums oder über Umlenkblöcke nach achtern geleitet. Manchmal findet man solche Leinen auch am Vorliek, sofern die Reffkauschen in Reffhaken am Lümmel eingehakt werden können.

Grosssegel heissen ▽

Zum Heißen des Großsegels muss der Wind vorlich einfallen. Auf allen anderen Kursen füllt sich das Segel beim Heißen mit Wind, was die Arbeit erschwert oder sogar unmöglich macht.

① Überprüfen, ob das Großfall klar ist. Dann die Zeisinge lösen, die das verstaute Segel am Baum festhalten, die Großschot loswerfen und das Großfall anholen. Beim Heißen darauf achten, dass das Segel nicht durch irgend etwas behindert wird.

② Wenn das Fall nach achtern zu einer Winsch geführt wird, kann man am Mast kräftig am Fall ziehen, um das Segel schnell zu heißen. Die Winsch setzt man nur zum Durchsetzen des Falls ein.

③ Das Fall so steif durchsetzen, dass parallel zum Vorliek eine kleine Falte im Segel erscheint, die verschwindet, wenn es sich mit Wind füllt. Nun das Fall belegen und aufschießen, der Dirk Lose geben und den Baumniederholer straffen.

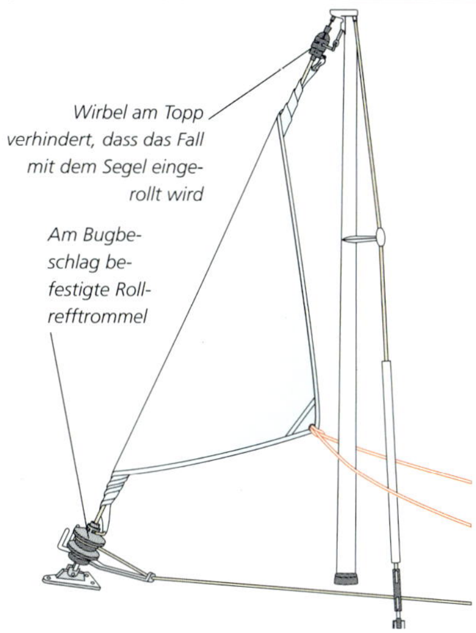

△ **Vorsegel mit Rollreff**
Das Vorliek des Segels verläuft durch ein am Vorstag befestigtes Profil. Der Segelhals wird an einer Refftrommel befestigt.

Vorsegel mit Rollreffsystem

Bei Rollreffsystemen für Vorsegel wird ein Profilstag über das Vorstag geführt. Dieses Profilstag hat eine Nut am hinteren Ende, in die das Vorliek des Vorsegels eingeführt wird. Dann schäkelt man den Segelhals an die Rollrefftrommel am unteren Ende des Profilstags und befestigt den Segelkopf mit einem Schäkel an einem Fallwirbel. Die Schoten werden auf übliche Weise mit einem Palstek am Schothorn befestigt und dann über Umlenkblöcke oder Klüsen nach achtern geleitet.

Nachdem das Segel gesetzt ist, kann man es mit Hilfe der um die Refftrommel gewundenen Trimmleine bewegen: Durch die Trommel dreht sich das Profilstag und rollt das Segel ein bzw. aus.

Andere Vorsegelsysteme

Wenn kein Rollreffsystem benutzt wird, verfügt eine Yacht meist über eine Anzahl von Vorsegeln unterschiedlicher Größe, die je nach Windstärke Verwendung finden. Diese Segel lagern im Segelstauraum und werden bei Bedarf angeschlagen.

Vorsegel heissen

Ein Vorsegel mit Rollreffsystem ist im eingerollten Zustand bereits geheißt und gleichzeitig verstaut. Um es zu entrollen, wirft man einfach die Trimmleine los und holt die Fockschot an. Bei Vorsegeln, die mit Stagreitern angeschlagen werden, heißt man das Segel mit Hilfe der Fallen und der Fallwinsch. Im Gegensatz zum Großsegel lassen sich Vorsegel auf jedem Kurs zum Wind heißen.

Dabei muss man darauf achten, dass die Schoten frei liegen, damit das Vorsegel killen kann, bis man bereit ist, die Schot anzuholen. Vor dem Segelheißen die Beschlagzeisinge entknoten, die das Segel sichern *(S. 174)*, und darauf achten, dass sich das Fall nicht in der Takelage verwickelt. Das Fall mit einem Törn um die Winsch legen *(S. 172)* und das Segel von Hand heißen (die Kurbel wird nur im Notfall benötigt). Es sollte so steif geholt werden, dass parallel zum Vorliek eine kleine Falte erscheint, die verschwindet, wenn sich das Segel mit Wind füllt. Nun das Fall belegen und den Tampen aufschießen.

FALLEN AUFSCHIESSEN

Wenn Ihre Fallwinschen am Mast angebracht sind, liegen nach dem Heißen der Segel besonders lange Fallen auf Deck. Am besten lassen sich diese Tampen nach dem Belegen *(S. 36)* verstauen, indem man sie aufschießt und auf ihre Klampen hängt. Falls Ihre Fallen nach achtern zu Winschen im Cockpit geführt sind, sollte man die Tampen in Säcken verstauen, die zu diesem Zweck auf dem Schott befestigt sind.

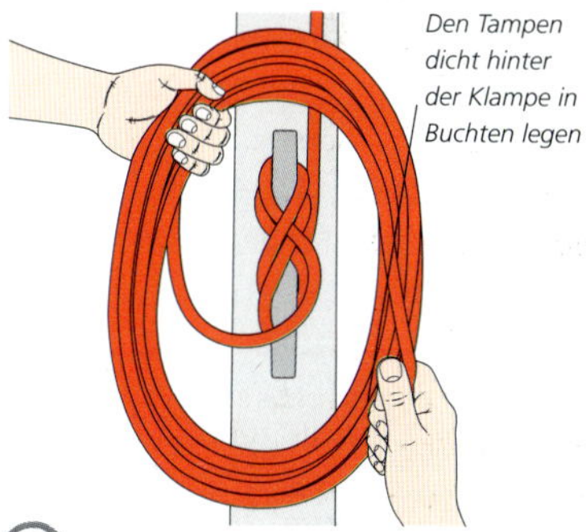

① Sobald das Fall belegt ist, den Tampen zum losen Ende hin in Buchten legen (aufschießen).

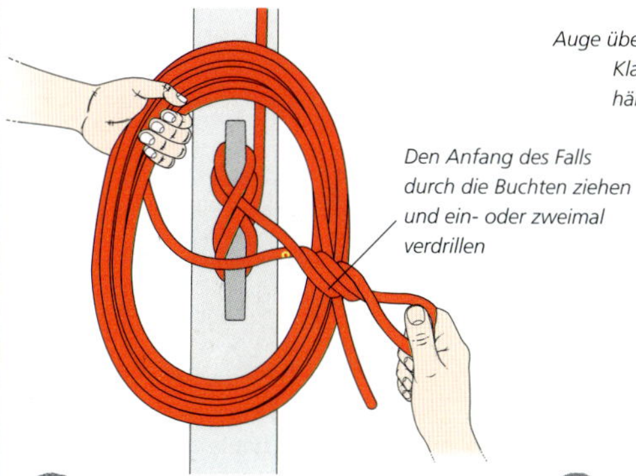

② Den dicht hinter der Klampe liegenden Teil des Falls greifen und durch die Buchten ziehen.

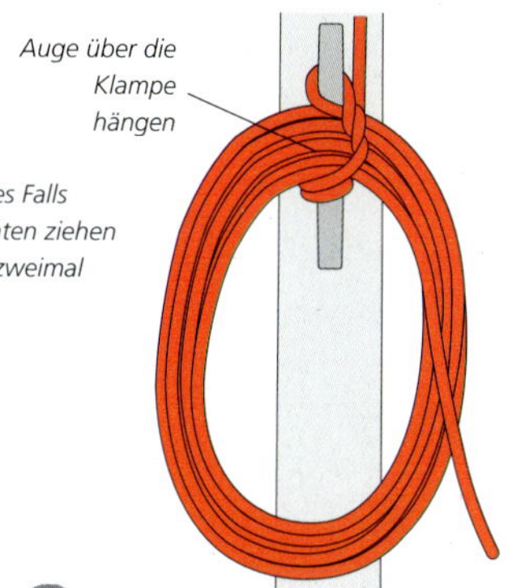

③ Das so gewonnene »Auge« um die Buchten führen und auf das obere Horn der Klampe hängen.

Winschen

Die Segel auf einem Kreuzer sind größer als die einer Jolle und üben daher wesentlich mehr Kraft auf ihre Schoten und Fallen aus. Winschen sind ein wichtiges Element der Segelführung auf Yachten, da sie den Umgang mit der Last auf diesen Leinen erleichtern. Auf traditionellen Schiffen werden für die gleichen Aufgaben dagegen häufig Taljen eingesetzt. Im Cockpit positionierte Winschen dienen dem Umgang mit Schoten, Trimmleinen und nach achtern geführten Fallen; dagegen verwendet man Mastwinschen für sämtliche Fallen und Reffleinen, die nicht nach achtern umgelenkt sind.

Winschen gibt es in zwei Arten, als Standardwinsch und als selbstholende Winsch. Für den richtigen Einsatz einer Standardwinsch sind zwei Crewmitglieder erforderlich. Eine selbstholende Winsch besitzt am oberen Ende eine eingekerbte, kreisrunde Klemme, in die der Tampen der Schot oder des Falls eingelegt wird. Solche Winschen können von nur einer Person bedient werden; manche von ihnen haben zwei oder drei Gänge, mit deren Hilfe sich die jeweiligen Aufgaben schneller und leichter erledigen lassen.

Eine Winsch belegen

Eine Winsch belegt man, indem man ein oder mehrere Törns einer Leine darumlegt. Man benötigt mindestens drei volle Törns, um genügend Rei-

△ **Selbstholende Winsch**
Viele moderne Yachten haben selbstholende Winschen für den Einmannbetrieb. Dazu wird die Winsch belegt und der Tampen zwischen die Klemmbacken geschoben.

Einholen mit der Standardwinsch

Bei einer Standardwinsch belegt ein Crewmitglied die Winsch und hält die Leine, während ein anderer die Winschkurbel einsteckt und die Leine dichtholt. Falls die Schot oder das Fall unter Last steht, sollte man unbedingt darauf achten, nicht mit den Fingern zwischen Leine und Trommel zu kommen. Am besten schützt man die Hand nahe der Winsch, indem man immer mit dem Handgelenk zur Winschtrommel arbeitet. Um effektiv winschen zu können, benötigt man einen festen Stand, möglichst mit den Schultern über der Winsch. Die Kurbel möglichst immer mit beiden Händen bedienen, da man nur so seine volle Kraft einsetzen kann. Aber Vorsicht: Ein zu steifes Durchsetzen von Schoten und Fallen kann ein Segel beschädigen.

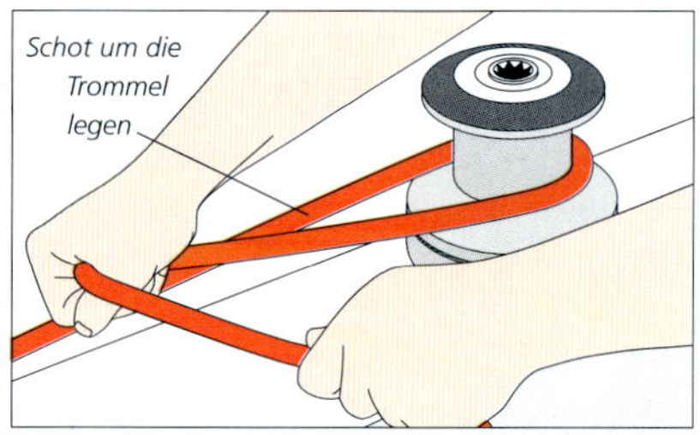

(1) Wenn die Schot unter Last steht, beide Hände nehmen. Winsch in Drehrichtung der Trommel belegen.

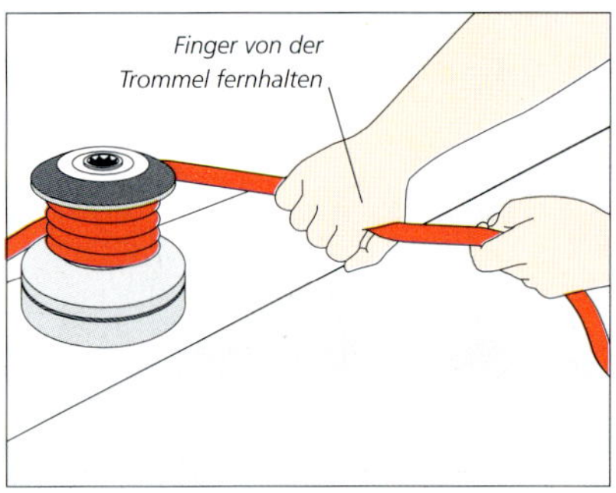

(2) Mindestens drei volle Törns um die Trommel legen. Immer mit dem Handgelenk zur Winsch arbeiten, um die Finger von der Trommel fern zu halten.

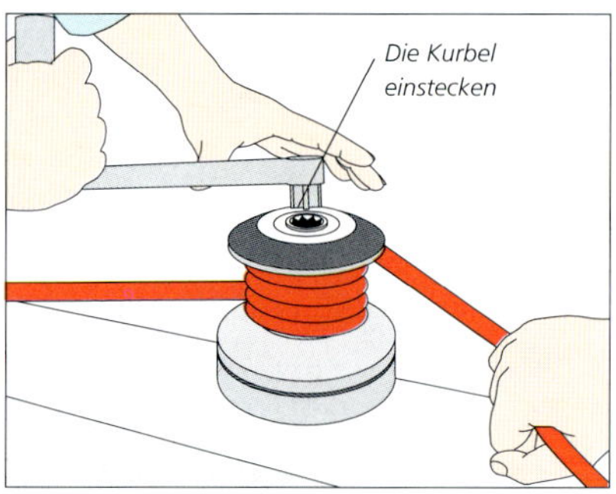

(3) Die Kurbel ganz in die Muffe einstecken, sobald die Törns um die Winsch geschlungen sind.

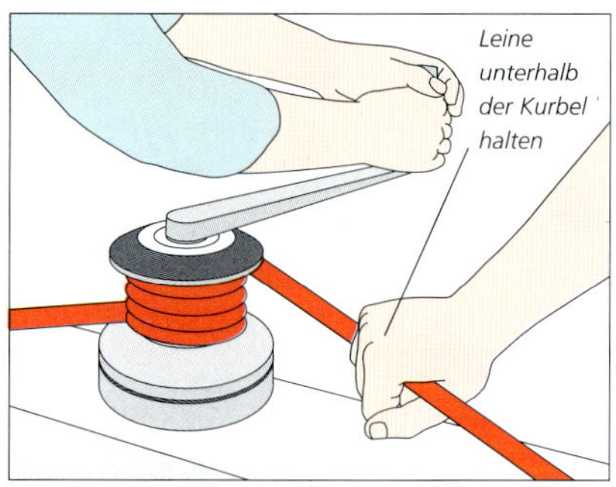

(4) Die Kurbel für schnelles Heißen im Uhrzeigersinn, zum langsamen Dichtholen gegen den Uhrzeigersinn drehen.

bung zwischen der Leine und der Winschtrommel zu erhalten. Dabei muss die Leine in der gleichen Richtung um die Winsch gelegt werden, in der die Winschtrommel dreht. Fast alle Winschen drehen rechtsherum, aber man sollte es überprüfen.

Gebrauch der Winschkurbel

Sobald die Winsch belegt ist, wird von oben eine Kurbel hineingesteckt, um die Leine einwinschen zu können. Um die Kurbel in die Muffe stecken oder wieder herausziehen zu können, muss man meist erst einen kleinen Hebel auf der Kurbel umlegen.

Eine dichtgeholte Leine sollte sofort auf einer Klampe belegt werden. Dies gilt nicht unbedingt für eine selbstfassende Winsch, da bei dieser die Leine am oberen Rand der Winschtrommel belegt wird. Wichtig: Lassen Sie nie eine Kurbel in einer Winsch stecken, wenn sie nicht benutzt wird.

Schot fieren

Vorsegelschoten übertragen große Kräfte auf ihre Winschen und verlangen daher beim Fieren oder Loswerfen besondere Vorsicht. Um eine Schot zu fieren, nimmt man den Tampen von der Belegklampe und hält ihn straff zwischen Hand und Trommel, um ein vorschnelles Abrutschen zu verhindern. Dann presst man die Handfläche der anderen Hand gegen die Törns auf der Winsch, wodurch sich die Reibung des Seils auf der Trommel verstärkt, lockert vorsichtig die Tampenspannung und fiert die Schot kontrolliert auf.

Schot loswerfen

Zum Loswerfen einer belegten Schot löst man nicht die Törns einzeln von der Trommel, da sich die Schot sonst knickt und bekneift. Stattdessen zieht man die Schot schnell senkrecht hoch und läßt den Tampen los, wenn alle Törns abgewickelt sind.

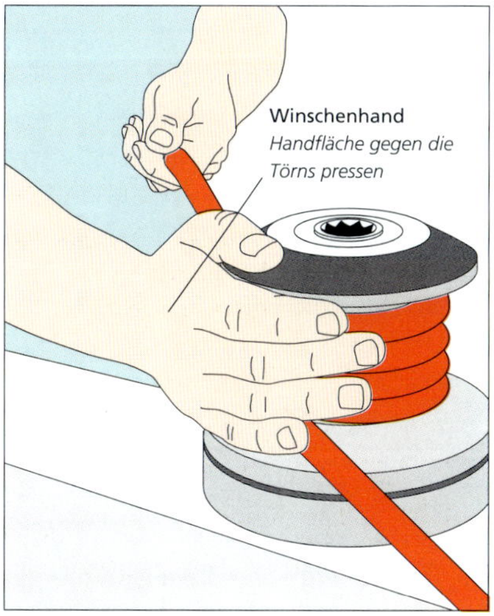

△ **Schot fieren**
Zum Fieren einer Schot nimmt man den Tampen, hält aber mit einer Hand die Spannung aufrecht. Die andere Hand gegen die Törns auf der Winsch pressen und vorsichtig die Schot lockern.

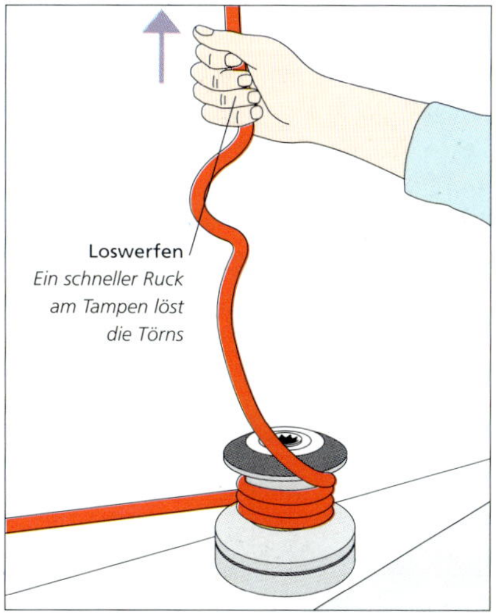

△ **Schot loswerfen**
Um die Schot loszuwerfen, nimmt man den Tampen von der Belegklampe und zieht ihn ruckartig nach oben über die Winsch, so dass die Törns sich ohne Verdrehen oder Verklemmen von der Trommel lösen.

Kneiftörns

Der Ausdruck »Kneiftörn« bezeichnet das Überkreuzen zweier Seilwindungen auf der Winsch. Dadurch verklemmt sich die Schot und kann nicht mehr losgeworfen werden. Kneiftörns entstehen, wenn man zu viele Törns um eine Trommel legt und die lose Schot nicht genügend anholt.

Kneiftörns lösen

Um einen Kneiftörn in einer Schot oder einem Fall zu lösen, das unter Last steht, muss man zuerst die Last von der Winsch nehmen. Dazu setzt man vor der Winsch mit einem Stopperstek *(S. 167)* eine zweite Leine auf die Schot und führt diese zu einer anderen Winsch. Diese Winsch mit der zweiten Leine belegen und die Leine so weit anholen, bis die Last vom Kneiftörn genommen ist. Nach dem Lösen des Kneiftörns die ursprüngliche Schotwinsch wieder neu belegen; danach kann der Stopperstek und die zweite Leine gelöst werden.

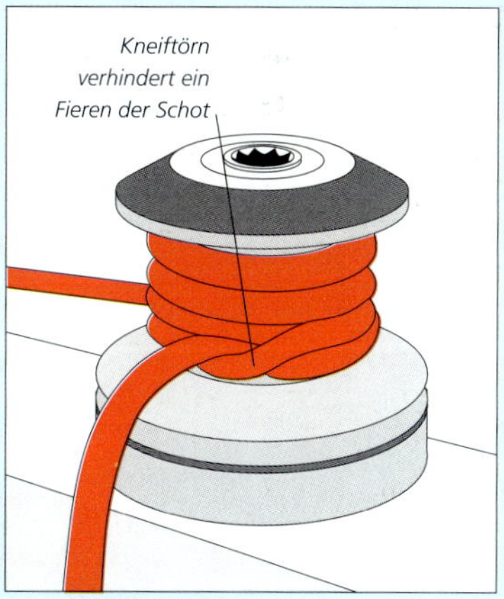

△ **Kneiftörn**
Ein Kneiftörn entsteht, wenn zwei Törns einander überkreuzen. Die Last auf der Schot blockiert die Törns und verhindert ein Fieren oder Loswerfen. Wenn die Last gering ist, kann ein Kneiftörn auch von Hand gelöst werden.

SEGEL NIEDERHOLEN

Segel holt man nieder, indem man das Manöver des Segelsetzens umkehrt. Vor dem Niederholen des Großsegels muss – falls das Boot keinen starren Baumniederholer hat – die Dirk angezogen werden, um das Gewicht des Großbaums aufzufangen. Andernfalls könnte der Baum aufs Deck fallen und jemanden verletzen. Zum Niederholen unbedingt in den Wind drehen, damit kein Druck mehr im Segel lastet; erst dann fiert man die Großschot auf und läßt das Segel flattern. Beim Niederholen des Großsegels muss das Großfall kontrolliert aufgefiert werden, damit es nicht ausrauscht. Wenn das Segel geborgen ist, belegt man das Fall und zieht die Großschot an, um ein Ausschwingen des Großbaums zu verhindern. Jetzt kann das Großsegel verstaut werden.

Hat das Vorsegel ein Rollreffsystem, können Sie es um das Vorstag einrollen, indem Sie einfach die Schot loswerfen und die Trimmleine anholen. Ein mit Stagreitern angeschlagenes Vorsegel holt man durch Fieren des Falls nieder. Dieses Manöver kann bei jedem Kurs zum Wind durchgeführt werden. Ein Crewmitglied sollte nach vorn gehen, um das Segel auf dem Vordeck zu bergen, damit es nicht ins Wasser fällt; dann belegt man das Fall und verstaut das Segel.

GROSSSEGEL VERSTAUEN

Während der Segelsaison bleibt das Großsegel normalerweise auf dem Baum aufgetucht und angeschlagen, wobei eine Persenning es vor den Elementen schützt. Da Segeltuch leidet, wenn es zu lange der UV-Strahlung ausgesetzt ist, sollte man sofort eine Persenning über das Großsegel ziehen, wenn es nicht mehr gebraucht wird.

Ein durchgelattetes Großsegel legt sich beim Niederholen fast von selbst ordentlich auf den Baum. Solange die Auffangleinen (auch »Faulenzer« genannt) korrekt vom Mast zum Baum geschoren sind, wird es wie eine Jalousie zusammenfallen und nur die Beschlagzeisinge zum Festmachen benötigen.

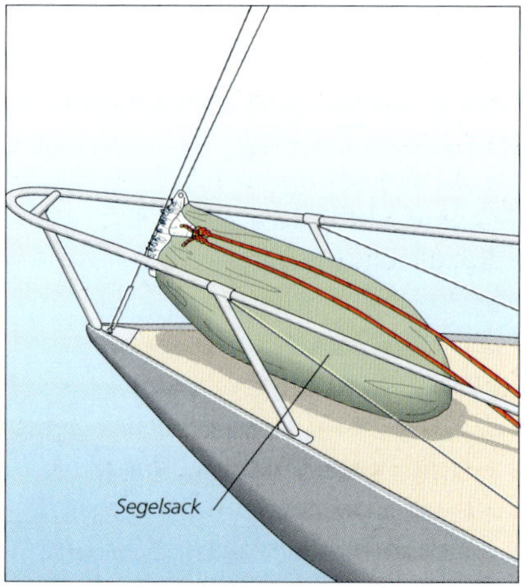

△ **VORÜBERGEHENDES VERSTAUEN**
Mit Stagreitern angeschlagene Vorsegel können in ihrem Segelsack vorübergehend auf dem Vordeck verstaut werden. Dabei bleibt das Segel angeschlagen und klar zum Setzen, ebenso die Schoten.

VORSEGEL VERSTAUEN

Eine »Rollfock« lässt sich einfach verstauen – sie wird einfach um das Vorstag gerollt. Ein Vorsegel, das um das Vorstag eingerollt verstaut wird, benötigt einen Schutz vor der UV-Strahlung, da diese auf Dauer sämtliche ungeschützten Teile des Segels beschädigen würde. Viele Segelmacher arbeiten aus diesem Grund einen »Opferstreifen« aus Segeltuch entlang der Achterlieks ihrer Segel ein. Ist dieser nicht vorhanden, können Sie auch eine Schutzhülle über das eingerollte Segel heißen.

Je nach der herrschenden Wetterlage kann es vorkommen, dass Segel während eines Törns

◁ **DURCHGELATTETES GROSSSEGEL**
Ein durchgelattetes Großsegel legt sich selbst ordentlich auf den Baum, wenn die »Faulenzer« korrekt vom Mast zum Baum geschoren sind.

gewechselt werden müssen. Dabei sollte man das niedergeholte Segel möglichst sofort in seinem Sack im Segelschrank verstauen.

Wenn jedoch abzusehen ist, dass das Segel in Kürze wieder gebraucht wird, genügt es, das Segel kurz auf dem Vordeck zu verzurren. Dazu legt man es der Länge nach auf einem Seitendeck aus, rollt es zu einer Rolle zusammen und zurrt diese mit Stopps an den Relingstutzen fest, damit das Segel nicht über Bord geht. Ein mit Stagreitern angeschlagenes Vorsegel kann in einem Segelsack verstaut werden, so dass nur noch Hals, Kopf und Schothorn aus dem Sack ragen. Die Schoten können angeschlagen bleiben, aber das Fall sollte abgenommen und am Bugkorb verzurrt werden, wo es niemand behindert.

Ein niedergeholtes Segel sollte man allerdings nie bei Sturm auf deck lassen.

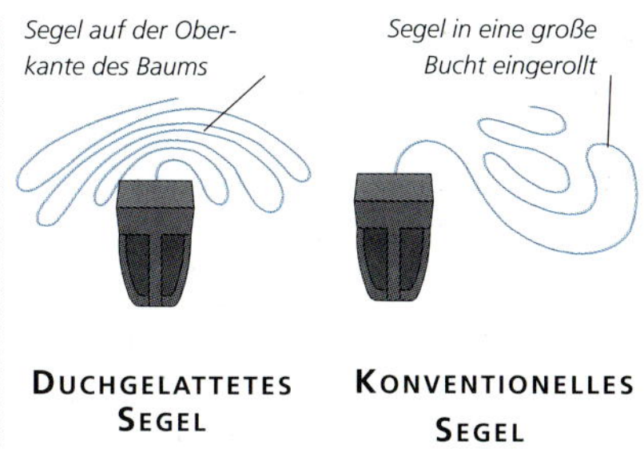

△ **GROSSSEGEL VERSTAUEN**
Ein durchgelattetes Großsegel faltet sich beim Niederholen zusammen. Ein konventionelles Großsegel wird auf eine Seite des Baums gezogen und sauber in eine große Bucht eingerollt.

DAS GROSSSEGEL VERSTAUEN

Konventionelle Großsegel erfordern beim Verstauen mehr Arbeit als durchgelattete Segel. Großsegel auf Rennyachten bestehen häufig aus besonders steifem Material, das nicht eingerollt werden sollte; daher werden sie entweder komplett abgenommen oder auf dem Baum zusammengefaltet. Normale Großsegel lassen sich dagegen problemlos zu einer engen Rolle eindrehen.

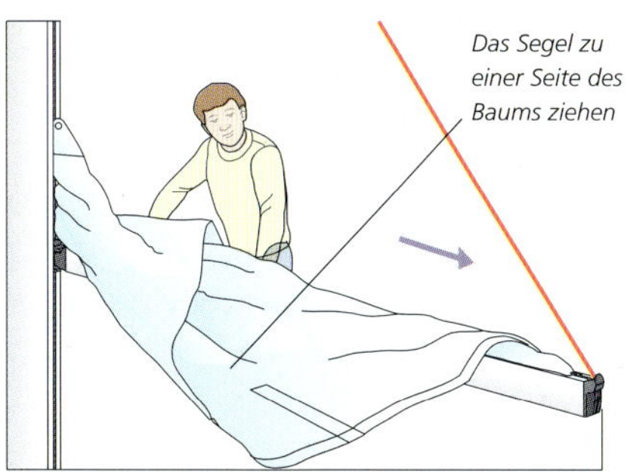

① Das niedergeholte Großsegel zur Leeseite des Baums ziehen; dann wechselt die Crew zum besseren Verstauen auf die Luvseite. Vor dem Verstauen die Großschot einholen und belegen.

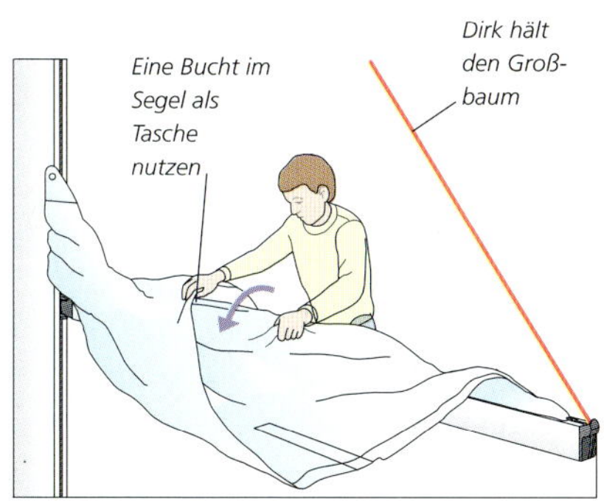

② Nun fasst man über den Baum, greift das Achterliek ein Stück oberhalb des Unterlieks und zieht es etwas auf sich zu und straff nach achtern, so dass sich eine Tasche bildet. Wenn zwei Crewmitglieder zur Verfügung stehen, sollte einer an der Baumnock stehen.

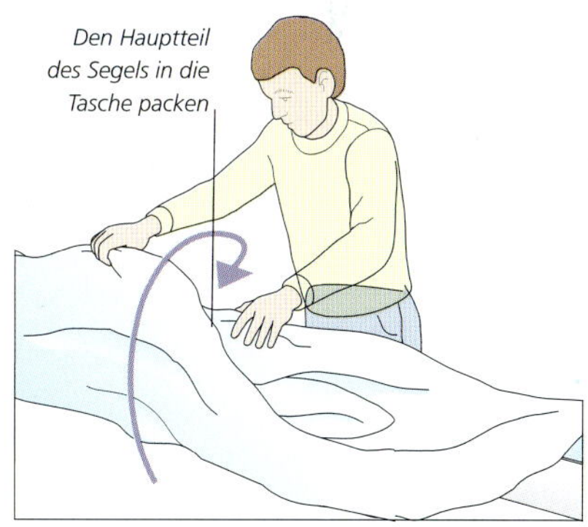

③ Nun den Rest des Segels in die Tasche packen; dabei immer das Achterliek nachziehen, damit ein sauberes Bündel entsteht. Wenn das Segel vollständig eingepackt ist, rollt man die Tasche leicht um das Segel und verzurrt sie mit Zeisingen am Baum.

CHECKLISTE

Überprüfen Sie vor jedem Segeltörn, ob die wichtigste Ausrüstung an Bord ist und alle Teile gut funktionieren.

NOTWENDIGE PUNKTE

- Wenn Sie eine Maschine an Bord haben, müssen Treibstoff, Öl und Wasser überprüft werden. Die Maschine vor dem Ablegen gut warm laufen lassen.
- Sind die Batterien geladen?
- Sind passendes Werkzeug und genügend Ersatzteile für Maschine, Schoten und andere wichtige Ausrüstung an Bord?
- Ist der Erste–Hilfe–Kasten vollständig und auf dem neuesten Stand?
- Haben Sie ausreichend Sicherheitsgurte und Rettungswesten für jedes Crewmitglied an Bord, und sind diese funktionstüchtig?
- Ist das Rettungsfloß wie vorgeschrieben inspiziert worden und sicher verzurrt?
- Sind genügend Leuchtsignale an Bord? Ist deren Verfallsdatum noch nicht überschritten?
- Ist ein Nebelhorn an Bord?
- Ist eine wasserdichte Taschenlampe mit Ersatzbatterien an Bord?
- Sind alle Segel, Schoten und Fallen unbeschädigt und in gutem Zustand?
- Ist das Deckshandwerksmaterial funktionsfähig?
- Sind alle Reparaturen erledigt?
- Ist eine aktuelle Karte des Segelreviers an Bord?
- Sind die lokalen Gezeitentafeln, der Gezeitenstromatlas und die lokalen Segelanweisungen an Bord?
- Sind alle Navigationshilfen und Instrumente funktionsfähig?
- Funktionieren die Positionslichter und das UKW-Radio?
- Sind alle Luken und Lüfter geschlossen, durch die auf dem Törn Wasser eindringen könnte?
- Sind genügend Vorräte und Wasser an Bord, inklusive einiger Reserven?

VORBEREITUNGEN

Bevor Sie Segel setzen, sollten Sie – selbst bei einem kurzen Törn – immer überprüfen, ob Ihr Boot segelklar, alle Ausrüstung an ihrem Platz und funktionsfähig und Ihre Crew im Umgang damit vertraut ist. Ein Skipper darf nie überheblich werden, denn selbst auf einem Tagestörn bei bestem Wetter können Probleme auftreten. Informieren Sie daher vor dem Ablegen immer jemanden an Land über Ihre Pläne und den ungefähren Zeitpunkt Ihrer Rückkehr.

VOR DEM SEGEL SETZEN

Selbst wenn Sie nur ein paar Stunden in Ihrem Heimatrevier verbringen wollen, sollten Sie einige Minuten für die Planung des Törns und die Einweisung der Crew opfern. Legen Sie in groben Zügen die ungefähre Route und den Zeitpunkt Ihrer Rückkehr fest, werfen Sie einen Blick auf die Wettervorhersage und überlegen Sie sich einen Ausweichplan, falls das Wetter wechselhaft erscheint. Vergessen Sie nicht den Stand der Gezeiten und deren Verlauf im Zeitraum Ihres Törns – es ist immer günstiger, den Strom bei Ausfahrt und Rückkehr für anstatt gegen das Boot arbeiten zu lassen. Außerdem sollten genügend Vorräte für die Crew an Bord sein – inklusive einiger Reserven für einen unerwartet langen Aufenthalt auf dem Wasser.

Wenn Sie auf eine längere Reise gehen wollen, sollte Ihre Törnplanung etwas umfassender sein.

Vor dem Segel Setzen sollten Sie die Crew in groben Zügen über die Törnplanung informieren und die Sicherheitsausrüstung und ihren Gebrauch erklären. Achten Sie darauf, dass jeder an Bord passende Kleidung und seinen eigenen Sicherheitsgurt sowie eine Rettungsweste dabei hat. Falls ein Crewmitglied an Seekrankheit leidet, sollte es vor Fahrtantritt seine Medikamente nehmen.

Überlegen Sie, wie Sie Ihren Liegeplatz verlassen wollen, und weisen Sie die Crew kurz in das geplante Manöver ein, so dass alle wissen, was sie zu tun haben und was nach dem Verlassen des Liegeplatzes getan werden muss. Wenn Sie für mehr als nur ein paar Stunden aufs Wasser gehen, stellen Sie vor dem Ablegen einen Imbiss und warme Getränke in der Thermoskanne bereit. Bei rauem Wetter ist es nicht einfach, eine Mahlzeit zuzubereiten, und das Leben an Bord erscheint für die Crew viel einfacher, wenn dies bereits vor Fahrtantritt geschehen ist.

STAUGUT

Die Bewegungen an Bord einer kleinen Yacht können bei Seegang sehr stark sein – und das bedeutet, dass nur sorgfältig verstaute Ausrüstung an ihrem Platz bleibt. Daher sollten Sie vor dem Ablegen überprüfen, ob alles Gut sicher verstaut ist und sich auch bei stärkster Krängung der Yacht nicht bewegen kann. Schärfen Sie Ihrer Crew die Bedeutung von Ordnung unter und auf Deck ein, halten Sie ihnen etwas Stauraum für persönliche Dinge frei und sorgen Sie dafür, dass jeder an Bord weiß, wo die wichtigste Ausrüstung an Bord verstaut ist und wie sie gesichert sein muss. Und bevor Sie Ihren Liegeplatz verlassen, lohnt sich ein abschließender Blick unter und auf Deck.

DAS BEIBOOT

Ein Beiboot wird immer dann benötigt, wenn Sie einen Liegeplatz an einer Muringboje oder vor Anker haben und an Land gehen wollen. Die meisten Kreuzeryachten führen ein Schlauchboot als Beiboot mit, weil man es – nicht aufgeblasen – leicht verstauen kann. Allerdings lässt sich ein Schlauchboot selbst bei besten Bedingungen nur schwer und bei kräftigem Wind und kabbeligem Wasser manchmal überhaupt nicht rudern. Aus diesem Grund haben viele Yachten einen kleinen Außenborder für das Beiboot an Bord. Wenn genügend Platz vorhanden ist, eignet sich ein kleines, solides Dingi wesentlich besser als Beiboot; als weitere Alternative bietet sich auch ein Beiboot mit starrem Boden und aufblasbaren Seitenschläuchen an. Manche Yachten führen ihr Beiboot (auch Tender genannt) in Davits am Heck mit; aufblasbare Boote können auch mit kurzen Trippleinen am Heckkorb verzurrt werden.

Ein- und Aussteigen

Bei der Benutzung des Beiboots kommt es zu mehr Segelunfällen als auf Yachten selbst. Daher sollte man im Dingi immer eine Schwimmweste tragen und bei Nacht eine Taschenlampe mitführen, um andere Boote auf sich aufmerksam machen zu können. Vor allem beim Ein- und Aussteigen ist größte Vorsicht geboten: Schlauchboote, vor allem mit starrem Boden, wirken zwar recht stabil, können aber wie jedes andere Beiboot kentern, wenn Sie sie falsch belasten. Außerdem reagieren sie besonders kippelig auf Gewichtsverlagerung. Manche Yachten besitzen eine Badeplattform am Heck, von der aus das Beiboot bei ruhigem Wasser problemlos bestiegen werden kann. Wenn Ihr Kreuzer darüber verfügt, binden Sie Ihr Dingi mit seiner Fangleine und der Heckleine achtern fest, damit es gut gesichert ist. Nehmen Sie beim Längsseitsgehen unbedingt den zur Yacht weisenden Riemen und die Dolle heraus, da Sie sich sonst die Seiten beschädigen.

Rudern in Tidengewässern

Beim Rudern in Tidengewässern sollten Sie sich an der Richtung und Stärke des Stroms orientieren, da sonst die Gefahr besteht, dass Sie mit der Tide abtreiben. Falls Sie Höhe gegen die Tide errudern müssen, suchen Sie möglichst flaches Wasser auf, weil dort der Strom am schwächsten ist.

① Der Ruderer sollte als Erster einsteigen, dabei in die Mitte treten und sich sofort auf die mittlere Ruderducht setzen, um den Schwerpunkt im Boot niedrig zu halten. Dann reichen die anderen Crewmitglieder die Riemen hinunter, bevor sie selbst ins Boot steigen.

② Riskieren Sie keinen Unfall durch Überladung des Beiboots – fahren Sie lieber zweimal, wenn nötig. Sobald der Ruderer den Riemen an der Wasserseite eingelegt hat, macht man die Leinen los und drückt das Boot ab, damit auch der andere Riemen in die Dolle eingelegt werden kann. Beim Aussteigen muss die Reihenfolge umgekehrt werden.

Auf Fahrtenyachten

Die Segeleigenschaften einer Yacht sind abhängig von einer Reihe von Faktoren, etwa von der Rumpf- und Kielform und vom Rigg. Jede Klasse und jedes Boot reagiert unterschiedlich unter Segel und Motor. Diese Unterschiede sind schon bei normaler Geschwindigkeit zu spüren, treten aber umso deutlicher hervor, wenn ein Boot langsam segelt oder – wie bei der Ein- und Ausfahrt in einen Hafen bzw. beim An- und Ablegen – nur begrenzter Raum zur Verfügung steht. Um den Umgang mit Ihrer Yacht wirklich zu erlernen, sollten Sie ihr Verhalten bei jeder Geschwindigkeit kennen lernen – vom Segeln im Sturm bis hin zur langsamen Fahrt unter Motor.

Drifteigenschaften

Am besten lernt man das eigene Boot kennen, indem man damit auf eine freie Wasserfläche hinausfährt, es dort einfach treiben lässt und sein Verhalten überprüft. Fahren Sie unter Motor hinaus und lassen Sie die Segel verstaut. Sind keine anderen Boote mehr in der Nähe, legen Sie den Leerlauf ein, drehen die Yacht in den Wind und halten den Kurs, bis sie stoppt. Dann lassen Sie die Pinne los und warten ab. Mit Sicherheit wird der Bug Ihres Bootes vom Wind weggedrückt werden, und es wird sich um seinen eigenen Kiel drehen, bis es seine natürliche Driftposition erreicht. Achten Sie darauf, wie schnell der Bug Ihrer Yacht abdreht – Sie sollten dieses Verhalten kennen, wenn Sie bei geringer Geschwindigkeit manövrieren müssen.

Einige Yachten legen sich von selbst quer zum Wind, aber bei den meisten wird der Bug weiter leewärts zeigen. Ist der Wind stark genug, werden Sie sehen, dass Sie Ihr Boot vor dem Wind steuern können, weil es durch die Windangriffsfläche von Rigg und Rumpf genügend steuerfähige Fahrt macht. Lernen Sie, wie breit der Winkel ist, den Ihr Boot zu beiden Seiten eines reinen Vorwindkurses unter Topp und Takel noch steuerfähig bleibt, und wie schnell es sich dabei durch das Wasser bewegt. Als nächstes sollten Sie überprüfen, wie schnell Ihre Yacht zum Stillstand kommt, wenn man sie in den Wind dreht: Steuern Sie unter Motor gegen den Wind und legen Sie den Leerlauf ein. Das Boot wird langsamer werden und schließlich stoppen. Überprüfen Sie, wie viel Weg das Schiff zurücklegt, bevor Sie die Ruderkontrolle verlieren und der völlige Stillstand erreicht wird. Sie sollten diese »Übungen« mit verschiedenen Anfangsgeschwindigkeiten und bei unterschiedlichen Wind- und Wasserverhältnissen wiederholen, um sich einen möglichst vollständigen Eindruck von den Eigenschaften Ihrer Yacht zu verschaffen.

Verhalten unter Großsegel

Sobald Sie wissen, wie Ihre Yacht stoppt und driftet, sollten Sie das Großsegel setzen und versuchen, damit auf allen Kursen zum Wind zu segeln. Viele moderne Yachten lassen sich unter Großsegel allein sehr gut steuern; dies gilt vor allem für Kreuzer mit 7/8-Rigg, bei denen das Großsegel im Verhältnis größer ist als bei Yachten mit toppgetakeltem Rigg, und die dadurch weniger vom Vorsegel abhängig sind.

Wahrscheinlich werden Sie feststellen, dass Ihr Boot nur unter Großsegel auf Vorwindkursen problemlos segelt, aber bei raumem Wind oder am Wind Schwierigkeiten auftreten. Das Fehlen eines Vorsegels sorgt dafür, dass das Boot auf Raumschotskursen an Fahrt verliert; darüber hinaus werden Sie wahrscheinlich eine hohe Luvgierigkeit der Yacht feststellen, die sich nur mit starkem Gegenruder neutralisieren lässt.

Noch schwieriger dürfte es sein, allein unter Großsegel einen Amwind-

◁ **Unter Vorsegel**
Manche gut ausbalancierten Yachten lassen sich nur unter Vorsegel windwärts segeln. Lernen Sie, wie Ihr Boot reagiert.

UNTER GROSSSEGEL ▷
Das Wissen darum, wie sich ein Boot nur unter Großsegel verhält, kann vor allem bei Sturm sehr nützlich sein. Der kleine Yachtkreuzer auf diesem Bild fährt mit einem stark verkleinerten Großsegel und ist dadurch auch bei stürmischen Bedingungen noch gut zu steuern.

kurs zu steuern. Versuchen Sie eine Wende und stellen Sie fest, wie Ihr Boot durch den Wind dreht und auf den neuen Bug abfällt. Wenn sich ein Schiff nur unter Großsegel wenden und langsam windwärts segeln lässt, ist dies für das langsame Segeln auf beengten Wasserflächen ein großer Vorteil. Danach sollten Sie versuchen, einen möglichst engen Kreis zu segeln.

Das Vertrauen in die eigene Fertigkeit, ein Boot nur unter Großsegel langsam und kontrolliert zugleich segeln zu können, ist eine sehr wertvolle Fähigkeit. Sie erlaubt dem Skipper, die Fock niederzuholen und das Vordeck aufzuklaren, noch bevor er an die Boje geht, Anker wirft oder längsseits geht, und macht das Leben für die Vordeckscrew sehr viel leichter.

VERHALTEN UNTER VORSEGEL

Jetzt sollten Sie versuchen, Ihr Schiff nur unter Vorsegel zu fahren: Setzen Sie das unter den aktuellen Wetterbedingungen größtmögliche Vorsegel und segeln Sie es auf den verschiedenen Kursen zum Wind. Ihre Yacht dürfte vor dem Wind und bis zu einem raumseitlichen Kurs problemlos segeln, mit raumem Wind etwas langsamer laufen als unter vollen Segeln und wahrscheinlich Leegierigkeit zeigen. Sie sollten nun versuchen, einen raumvorlichen und danach einen Amwindkurs zu steuern; aber seien Sie nicht zu überrascht, wenn sich Ihr Boot nur unter Vorsegel äußerst schwer windwärts segeln läßt. Setzen Sie nun ein kleineres Vorsegel und beobachten Sie die Unterschiede, und testen Sie danach all Ihre Vorsegel auf diese Weise. Je mehr Vorsegelgrößen Sie bei verschiedenen Windstärken und unterschiedlichem Seegang kennen lernen, desto genauer werden Sie wissen, wie sich Ihr Boot verhält. Was bei idealem Segelwetter gut funktioniert, muß nicht für Leichtwind, Sturm oder raue See geeignet sein.

Zum Schluss sollten Sie versuchen, nur unter Vorsegel mit Ihrem Boot einen möglichst engen Kreis zu segeln. Die Yacht sollte schnell abfallen, aber das Anluven dürfte sich schwieriger gestalten, da das Vorsegel versuchen wird, die Kraft des Ruders zu neutralisieren. Das Boot sollte möglichst schnell in das Anluven übergehen; dazu die Fockschot langsam einholen und das Unterliek killen lassen, um den Gegeneffekt auf das Ruder zu reduzieren. Wahrscheinlich werden Sie gar nicht in der Lage sein, einen vollen Kreis zu segeln, da das Boot nicht über Stag gehen dürfte. Aber zumindest finden Sie auf diese Weise heraus, wie hoch Sie an den Wind gehen können, ohne die Kontrolle über Ihre Yacht zu verlieren.

Wenden und Halsen

Eine Yacht wendet und halst im Grunde genau wie eine Jolle (S. 78–85). Der Hauptunterschied besteht darin, dass sie viel größer und schwerer ist, weshalb mehr Druck auf den Segeln und den Schoten bewältigt werden muss.

Wendemanöver

Wenn man eine Yacht wendet, sollte man versuchen, den Bug mit möglichst geringem Geschwindigkeitsverlust durch den Wind zu drehen und das Boot auf den neuen Kurs zu bringen. Im Normalfall wendet man beim Aufkreuzen gegen den Wind, wenn vom Amwindkurs auf einem Bug zum Amwindkurs auf dem anderen Bug gewechselt werden muss.

Vorschoter und Steuermann

Aufgrund ihrer Größe und ihres Gewichts wendet eine Yacht viel langsamer als eine Jolle – allerdings gibt es mehr Arbeit für den Vorschoter, weil die Segel größer sind. Doch selbst wenn die Crew aus mehr als zwei Personen besteht und sich das Manöver auf diese Weise erleichtern kann, sollte der Steuermann sie anleiten, um ihre Handgriffe effektiv zu koordinieren. Ein guter Skipper weist seine Crew vor dem Manöver ein, um Verwirrung zu vermeiden. Falls beispielsweise die Konstruktion einer Yacht das Wenden erschwert (etwa bei Katamaranen oder einigen Kreuzern mit hoher Verdrängung und Langkiel), kann es sinnvoll sein, die Fock backzuhalten, damit der Bug schneller durch den Wind dreht.

Drehung verzögern

Der Steuermann kann dem Vorschoter beim Anholen der Fock helfen, indem

Wenden

Eine Wende wird normalerweise auf einem Amwindkurs eingeleitet. Der Skipper muss sich vergewissern, dass der neue Kurs klar ist. Sind genügend Crewmitglieder vorhanden, sollte je ein Mann eine Fockschotwinsch übernehmen. Andernfalls muss der Vorschoter die neue Winsch vorbereiten, bevor er die alte Fockschot loswirft.

(1) Der Steuermann ruft: »Klar zum Wenden!« Ein Crewmitglied legt zwei Törns der neuen Schot um seine Winsch und holt die Lose ein. Der andere nimmt die Arbeitsfockschot von der Klampe, hält sie aber noch straff.

(2) Die Crew antwortet: »Ist klar!«, worauf der Steuermann „Ree!“ ruft und die Wende einleitet, indem er die Pinne nach Lee drückt. Die Crew an der Fockschot beobachtet das Vorliek der Fock und fiert und löst die Schot.

(3) Wenn der Wind die Fock zur anderen Seite drückt, wird die neue Schot angeholt. Hierzu legt der betreffende Vorschoter ein oder zwei weitere Törns um die Winsch, steckt die Kurbel ein und trimmt das Segel.

er die Drehung auf den neuen Bug etwas verzögert, so dass das Vorsegel sich nicht gleich mit Wind füllt. Ist der Mann an der Pinne unvorsichtig oder unaufmerksam, fällt das Boot zu weit auf den neuen Kurs ab, was ein Steifholen der Fock für die Crew zusätzlich erschwert.

Winschen

Bei selbstholenden Winschen *(S. 172)* benötigt man nur ein Crewmitglied, um die Schot nach der Wende dichtzuholen. Die Schot wird einfach in die Klemmbacken am oberen Rand der Winsch eingelegt und mit der Kurbel um die Winsch gedreht. Bei einer Standardwinsch holt ein Mann die Schot, während ein anderer die Kurbel dreht. Falls ein Crewmitglied die Schot allein mit Hilfe einer Standardwinsch steifholen will, muss er gleichzeitig holen und winschen, was die Aufgabe erschwert und verlangsamt.

Halsemanöver

Bei einer Halse mit einer Yacht sollte man versuchen, das Heck möglichst ruhig und sicher durch den Wind zu drehen. Obwohl die Technik der Halse bei Jollen und Yachten gleich ist, wirken auf einer Yacht schwerere Kräfte. Daher ist es wichtig, den Großbaum im Verlauf der Halse unter Kontrolle zu halten – nur bei leichten Winden darf es zu einer »Patenthalse« kommen, bei der der Baum von der einen zur anderen Seite schwingt. Falls die Fock ausgebaumt wurde, entfernt man den Baum vor Beginn der Halse; außerdem sollte der Großschotwagen in der Mitte der Leitschiene belegt sein. Bei kleineren Kreuzern – oder auf großen Yachten bei Leichtwind – kann das Anholen der Schot von Hand geschehen. Größere Yachtkreuzer besitzen jedoch im Allgemeinen eine Winsch für die Großschot, um die hohen Lasten auf den Segeln zu bewältigen. Die Großschot muss belegt sein, bevor Sie mit der Halse beginnen.

Sobald der Baum kontrolliert die Seite gewechselt hat, muss man die Großschot schnell auffieren, bis das Großsegel und der Baum richtig stehen. Außer bei sehr kleinen Yachten ist es immer günstiger, wenn die Großschot von einem Crewmitglied bedient wird.

Halsen

Eine Halse wird normalerweise auf einem Vorwindkurs eingeleitet. Bei starkem Wind muss der Großbaum ganz dichtgeholt werden, damit er nicht im Verlauf der Halse plötzlich zu einer Seite ausschlägt und Schäden oder Verletzungen verursacht.

① Der Steuermann informiert die Crew durch den Ruf »Klar zum Halsen!« und holt die Großschot ein. Läuft die Schot auf einem Großschotwagen, muss der Traveller vor Beginn der Halse in der Mitte sein.

② Während ein Crewmitglied die neue Fockschot vorbereitet, indem es ein oder zwei Törns um die Winsch legt und die Lose einholt, nimmt der andere die Arbeitsfockschot von der Klampe und macht sie zum Loswerfen klar.

③ Der Steuermann ruft „Rund achtern!“ und zieht die Pinne luvwärts. Während der Wind die Fock zur anderen Seite drückt, wirft die Crew die alte Schot los und holt die neue an. Der Steuermann fiert schnell die Großschot auf.

SEGELTRIMM

Der richtige Segeltrimm ist für eine Yacht ebenso wichtig wie für eine Jolle. Ein schlechter Segeltrimm zeigt sich bei einer Jolle sofort – das Boot krängt, wird langsamer und ist deutlich stärker luv- oder leegierig (S. 112). Yachten reagieren ähnlich; allerdings lässt sich aufgrund der Größe, des Gewichts und der relativ langsamen Reaktion schwerer feststellen, ob eine Yacht gut im Trimm liegt oder nicht. Nur wer sein Schiff wirklich kennt, findet den besten Segeltrimm für alle Wetterbedingungen.

BOOTSTRIMM

Viele Fahrtensegler vertreten die Ansicht, dass guter Bootstrimm nur für Rennsegler interessant ist – das ist ein Irrtum! Ein gut getrimmter Yachtkreuzer segelt schneller, krängt weniger und zeigt deutlich weniger Luvgierigkeit als ein schlecht getrimmtes Boot. Auch wenn die reine Geschwindigkeit für den Fahrtensegler nicht die höchste Priorität hat, sorgt eine Verbesserung der Geschwindigkeit bei geringerer Krängung dafür, dass die Törns komfortabler werden. Ein guter Segeltrimm ist darüber hinaus auch von größter Bedeutung für die Sicherheit, da sich ein gut getrimmtes Boot bei schlechtem Wetter leichter steuern lässt. Rigg und Segel einer Yacht werden nach den gleichen Prinzipien getrimmt wie bei einer Jolle *(S. 138–141)*. Falls Sie sich wegen des Trimms Ihrer Yacht unsicher sind, bitten Sie Ihren Segelmacher, Sie wegen möglicher Veränderungen von Mastfall, Mastbiegung und Segelform zu beraten.

LUV- UND LEEGIERIGKEIT

Die meisten Yachten neigen zu geringer Luvgierigkeit, die allerdings nie so stark werden sollte, dass man ständige Ruderkorrekturen braucht, um das Boot auf Kurs zu halten. Ähnliches gilt auch für die Leegierigkeit, da diese das Kurshalten sehr erschwert und darüber hinaus noch gefährlich werden kann: Falls bei einem leegierigen Boot das Steuerrad oder die Pinne aus irgendwelchen Gründen losgelassen

▽ **GUTER SEGELTRIMM**
Dieser Kreuzer segelt auf einem Amwindkurs trotz des starken Windes schnell und mit geringer Krängung. Das Großsegel ist gerefft, das Vorsegel teilweise eingerollt.

△ **Abfallen**
Diese Crew setzt gekonnt die Segel dazu ein, die Yacht sanft und ohne Krängung abfallen zu lassen. Ein Vorschoter fiert die Großschot auf, während der Rudergänger abfällt; dabei bleibt das Vorsegel dichtgeholt.

werden muss, fällt es ab, segelt weiter und nimmt dabei noch Fahrt auf, anstatt – wie eigentlich wünschenswert – mit dem Bug in den Wind zu drehen und zu stoppen. Dies kann zu Unfällen führen und sollte daher vermieden werden.

Am besten testen Sie Ihr Boot auf einem Kreuzkurs bei drei bis vier Windstärken. Wenn die Yacht auf einem guten Amwindkurs läuft, sollte sie eine geringe Luvgierigkeit zeigen. Falls sich eine zu starke Luvgierigkeit – oder, schlimmer noch, Leegierigkeit – bemerkbar macht, müssen Sie den Trimm Ihres Bootes dementsprechend verändern.

Drehkräfte

Die Segel auf einer Yacht entwickeln die gleichen Drehkräfte wie auf einer Jolle *(S. 66–69)*, aber nur wenige Fahrtensegler machen sich diese Kräfte zu Nutze. Man sollte immer versuchen, die Segel zur Unterstützung einer Kursänderung zu nutzen – dies gilt vor allem für das Abfallen bei Starkwind.

BEIDREHEN

Die Technik des Beidrehens kann sehr nützlich sein. Dadurch lässt sich ein Boot stoppen, wenn man auf See in Ruhe eine Mahlzeit zubereiten und essen will oder bei zunehmendem Wind reffen oder wenn man einen Sturm abwettern möchte.

Richtiges Beidrehen

Beigedreht wird auf Yachten wie auf Jollen gleich *(S. 88)*: Man schotet das Vorsegel nach Luv, um das Drehmoment des Großsegels und des Ruders auszugleichen. Das genaue Arrangement hängt dabei vom Bootstyp ab: Traditionelle Langkieler beispielsweise lassen sich sehr gut beidrehen und zwischen 45° und 60° am Wind halten. Moderne Yachten mit flacheren Rümpfen und kürzeren Kielen liegen dagegen nicht immer so ruhig bei, aber man sollte in der Lage sein, sie im Winkel von etwa 60° am Wind zu halten.

Am besten fahren Sie mit Ihrem Boot hinaus und testen verschiedene Kombinationen von Großsegel- und Ruderpositionen. Vielfach ist es am sinnvollsten, die Fock hart backzusetzen, während das Großsegel leicht aufgefiert ist und die Pinne in Lee festgesetzt wird. Wenn das Boot nicht hoch am Wind beigedreht liegen will, sollten Sie ein kleineres Vorsegel versuchen.

△ **Beigedreht**
Eine Yacht wird beigedreht, indem man wendet, aber die Fockschot nicht loswirft. Die Pinne sollte in Lee (oder das Steuerrad in Luv) festgesetzt werden, so dass das Boot automatisch in den Wind dreht und stoppt, wenn es Fahrt aufzunehmen versucht.

Reffen

Für alle Segelboote gibt es eine bestimmte Windstärke, in der sie ihren stärksten Vortrieb erreichen. Über diesen Punkt hinaus krängen sie jedoch stärker, verlieren Geschwindigkeit und lassen sich schwerer steuern. Die Windstärke, bei der dieser übermäßige Vortrieb erreicht wird, variiert je nach Bootstyp, Größe, Rigg und Kielform, und auch Faktoren wie Seegang und Lufttemperatur spielen eine Rolle. Kaltluft ist schwerer und übt mehr Kraft auf die Segel aus und höhere Wellen werfen das Boot umher und machen das Segeln nasser und das Steuern schwieriger. Aber unabhängig von den Bedingungen sollten Sie wissen, ab wann Ihr Boot nicht mehr alles Tuch tragen kann und eine Verringerung der Segelfläche nötig wird.

Lernen Sie Ihr Boot kennen

Eine relativ schmale Yacht mit mäßiger oder starker Verdrängung und Langkiel wird sich auf Amwindkursen mit einiger Krängung komfortabel segeln lassen, auch wenn die Leereling durchs Wasser zieht. Eine breite Yacht mit geringer Verdrängung dagegen ist so entworfen, dass sie wesentlich aufrechter segelt und schon bei einer Krängung von über 20° schlecht im Ruder liegt. Lernen Sie die Eigenarten Ihres Bootes genau kennen, damit Sie rechtzeitig die Segel reffen, bevor Ihr Boot zu kämpfen beginnt.

Vorsegel verkleinern

Wie man die Segelfläche verkleinert, hängt von der Riggform der einzelnen Yacht ab. Bei den meisten Slups mit Hochtakelung wird als erster Schritt das Großsegel gerefft. Falls Sie ein Vorsegel mit Rollreffsystem besitzen, rollen Sie das Segel einfach um einige Drehungen ein, indem Sie die Fockschot auffieren und die Trimmleine einholen. Wenn genügend Segelfläche eingerollt ist, belegt man die Trimmleine und holt das Segel wieder an. Das Hauptproblem dieses Systems besteht darin, dass sich ein teilweise eingerolltes Vorsegel nur selten gut trimmen läßt. Vorsegel mit Rollreffsystem nehmen meist ausgebeulte Formen an, sind auf Amwindkursen weniger effektiv und verstärken die Krängungskräfte einer Yacht (also genau das Gegenteil von dem, was ein Reff eigentlich anstrebt). Dennoch entscheiden sich viele Fahrtensegler für dieses System, da das Segel hierbei mit Leichtigkeit gerefft werden und – um das Vorstag gerollt – ständig angeschlagen bleiben kann.

Vorsegel wechseln

Die Alternative zu einem Rollreffsystem besteht in einer Auswahl von Vorsegeln in verschiedenen Größen. Wenn Sie einen Hochseetörn planen oder regelmäßig mit Stürmen rechnen müssen, bietet dieses System mehrere Vorteile: Es ist einfach, effektiv und weniger anfällig für Verklemmen oder Materialfehler.

Um ein mit Stagreitern befestigtes Vorsegel zu wechseln, holt man das alte Vorsegel nieder, hakt die Stag-

VORSEGEL REFFEN

Einige, für schlechtes Wetter entworfene Focksegel besitzen eine Reihe von Reffbändseln, mit deren Hilfe man die Segelfläche schnell und bequem verkleinern kann. Zum Reffen holt man das Segel teilweise nieder und befestigt den neuen Halsbeschlag am Bug.

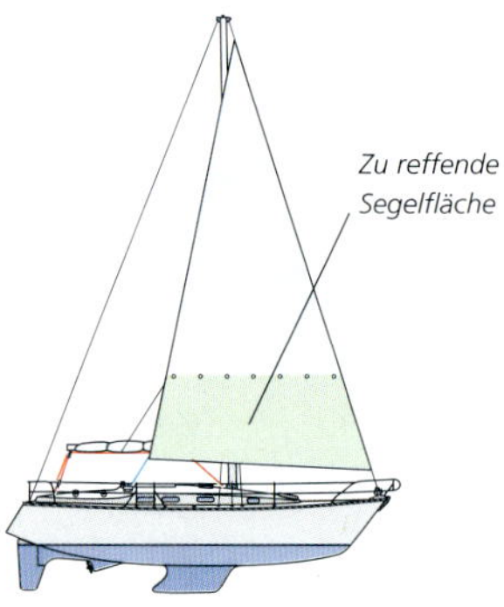

△ **Ungerefft**
Ein Vorsegel mit Reffmöglichkeit besteht aus etwas schwererem und robusterem Material als ein herkömmliches Segel.

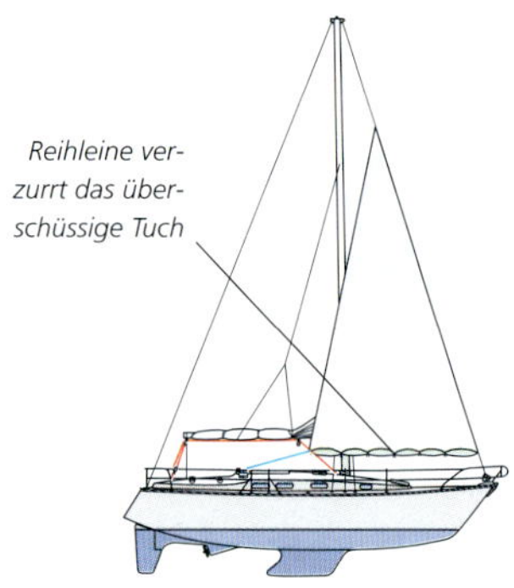

△ **Gerefft**
Für ein Reff werden die oberen Hals- und Schothornbeschläge benutzt und das überschüssige Tuch gezurrt.

△ **Sturmreff**

Diese Yacht segelt mit stark gerefftem Großsegel und kleiner Fock bei schwerem Wetter hoch am Wind.

reiter aus und pickt die Fockschot aus dem Schothorn aus. Dann wird das alte Segel in seinem Sack verstaut, das neue Segel am Vorstag befestigt und geheißt. Um ein herkömmliches Vorsegel zu wechseln, ist es erforderlich, dass zumindest ein Crewmitglied nach vorn geht und auf dem Vordeck arbeitet, was bei rauem Wetter eine feuchte und gefährliche Angelegenheit sein kann. Einfacher ist es, wenn zwei Crewmitglieder für diese Aufgabe zur Verfügung stehen, wobei der eine das Fockfall bedient und der andere das Segel am Bug wechselt.

Wenn Sie gegen den Wind aufkreuzen und das Vorsegel wechseln müssen, sollten Sie das Boot verlangsamen, bevor Sie jemand nach vorn schicken, um dessen Aufgabe einfacher und sicherer zu machen. Dies erreichen Sie durch Beidrehen oder Auffieren der Segel. Sie können aber auch auf einen Vorwindkurs gehen, der das Boot aufrichtet und die Kraft des scheinbaren Windes verringert.

Grosssegel reffen

Sobald das Vorsegel verkleinert ist, muss als nächstes das Großsegel gerefft werden. Auf manchen Yachten kann diese Arbeit aus dem sicheren Cockpit heraus erledigt werden. Das bekannteste System ist das sogenannte Schlappreff, aber man findet auch andere Systeme, bei denen das Großsegel z. B. in den Mast oder den Großbaum eingerollt bzw. um den Baum herum aufgerollt wird. Allerdings benötigen solche Systeme eine zusätzliche mechanische Ausrüstung und erzielen keine gute Segelform.

① Zuerst die Großschot auffieren, bis das Segel killt, um alle Windenergie aus dem Tuch zu nehmen. Dann den Baumniederholer lösen. Das Gewicht des Baumes durch die Dirk auffangen.

② Das Großfall fieren, bis das erste Reff auf Baumhöhe steht. Das vordere Reffgatt mit einer Reffleine am Baum befestigen; dann das Fall wieder durchsetzen und belegen.

③ Mit einem Reffstander am Achterliek das achtere Reffgatt nach unten und achtern in Richtung Baumnock ziehen.

④ Den Reffstander am Achterliek dichtholen, bis das achtere Reffgatt eng am Baum anliegt. Die Dirk fieren, die Großschot trimmen und den Niederholer spannen.

⑤ Das überschüssige, frei unter dem Großbaum hängende Segel entweder hängen lassen oder sauber zusammenrollen und mit einer Reihleine verzurren.

Das Segel vergrössern

Das moderne toppgetakelte Sluprigg ist vor allem auf Amwindkursen äußerst effektiv, neigt aber auf Vorwindkursen bei leichter oder mäßiger Brise zu mangelndem Vortrieb. Unter diesen Wetterbedingungen ist es nötig, die Segelfläche zu vergrößern, um das Boot leistungsfähiger zu machen. Dies lässt sich durch durch das Setzen eines konventionellen oder asymmetrischen Spinnakers oder eines Gennakers erreichen. Viele Fahrtensegler zögern allerdings, einen Spinnaker zu verwenden.

Vorwindsegel

Spinnaker für Yachten sind größer, kräftiger und aus schwererem Tuch gearbeitet als ihre Gegenstücke für das Jollensegeln. Derartige Vorwindsegel sind in einer breiten Palette von Formen, Materialstärken und Segelschnitten erhältlich. Viele Yachtkreuzer haben einen einzigen Allzweck-Spinnaker an Bord (meist ein Triradialspinnaker, *S. 122–127*), der auf Raumschots- und Vorwindkursen eingesetzt wird. Andere Yachten benutzen bei Leichtwind leichtere Vorsegel mit Querbahnen oder mit Strahlenschnitt.

Rennkreuzer führen eine Anzahl verschiedener Spinnaker mit, die je nach Windstärke auf Raumschots- und Vorwindkursen eingesetzt werden.

Asymmetrische Segel

Manche modernen, schnellen Yachten ziehen asymmetrische Spinnaker den konventionellen Schnitten vor. Bei einem asymmetrischen Spinnaker benötigt man keinen Spinnakerbaum, sondern ein Bugspriet – aus Gewichtsgründen häufig aus Kohlefaser – an dem der Segelhals weit vor den Bug gezogen werden kann. Im allgemeinen lässt sich das Bugspriet mit Hilfe von Trimmleinen ein- und ausfahren. Weil kein Baum benötigt wird, sind asymmetrische Spinnaker leichter zu bedienen als konventionelle Typen. Man fährt dieses Segel wie ein Vorsegel mit zwei Schoten, wobei die lose Schot allerdings außen um das Vorstag herum und nicht zwischen Vorstag und Mast geführt wird.

Ein asymmetrischer Spinnaker ist vor allem auf raumseitlichen bzw. raumachterlichen Kursen effektiv, eignet sich aber weniger für das Segeln platt vor dem Wind, da er dann im Windschatten des Großsegels verschwindet. Rennkreuzer mit asymmetrischen Spinnakern an Bord vermeiden aus diesem Grund reine Vorwindkurse; aufgrund ihres geringen Gewichts und ihrer Gleitfähigkeit sind sie schneller, wenn sie auf raumachterlichen Kursen mit dem Wind segeln.

◁ **Spinnaker**
Ein konventioneller Spinnaker vergrößert die Segelfläche beträchtlich und erhöht auf Vorwindkursen die Geschwindigkeit und Leistungsfähigkeit einer Yacht.

GENNAKER ▷
Mit Hilfe des Gennakers kann man auf Vorwindkursen die Geschwindigkeit einer Yacht erhöhen. Er lässt sich leichter bedienen als ein Spinnaker, ist aber vor allem vor dem Wind weniger effektiv.

GENNAKER

Wie der asymmetrische Spinnaker wird auch der Gennaker ohne Spinnakerbaum und mit Hilfe zweier Schoten bedient. Allerdings ist dieses Segel nicht so groß und kraftvoll wie ein »echter« Spinnaker. Ein Gennaker eignet sich auch nicht für Kurse platt vor dem Wind, da ihm das Großsegel den Wind wegnimmt. Um dies zu vermeiden, kann man das Schothorn des Gennakers mit einem Baum nach Luv ausbaumen.

SPINNAKERAUSRÜSTUNG

Ein konventioneller Spinnaker wird »fliegend« an einem Spinnakerbaum gefahren, der seinerseits an einem Beschlagrutscher am Mast befestigt ist.

Ein Spinnakerbaum wird mit Hilfe von Auf- und Niederholern in der Waagerechten gehalten. Bei kleinen Yachten ist der Spinnaker-Niederholer in der Mitte der Baumunterseite geführt.

Der konventionelle Spinnaker wird mit Hilfe einer an seinem Schothorn angeschlagenen Schot und einem Achterholer gefahren, der am Segelhals befestigt ist. Dabei leitet man den Achterholer durch den Endbeschlag des Spinnakerbaums. Außer auf kleinen Yachten werden meist doppelte Schoten und Achterholer benutzt, paarweise auf jeder Seite. Dabei fährt man immer nur ein Paar gleichzeitig. Der Luv-Achterholer führt vom Spinnakerhals durch den Endbeschlag zu einem Block vor dem Cockpit und einer Winsch. Die Lee-Schot verläuft vom Spinnaker-Schothorn durch einen Block am Heck ebenfalls zu einer Winsch.

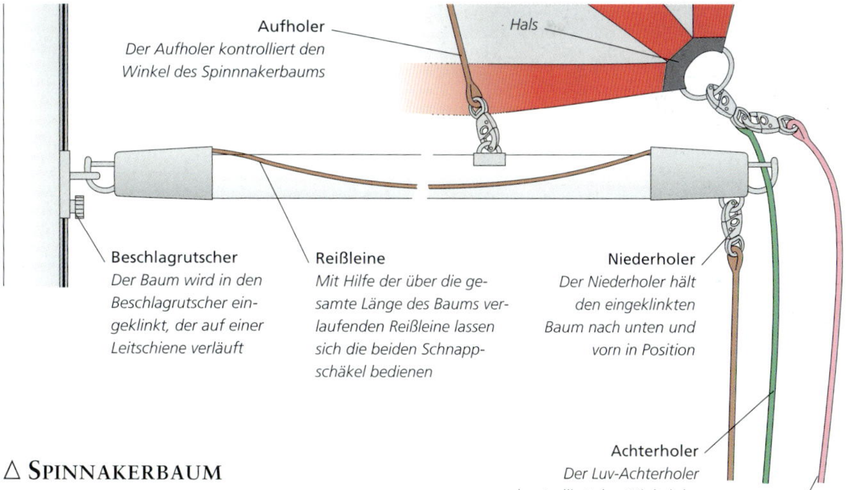

△ SPINNAKERBAUM
Der Spinnakerbaum dient zum Ausbaumen des Spinnakers an der Luvseite. Er wird von einem Aufholer und einem Niederholer gehalten, die mit dem Mastbeschlag verbunden sind. Eine Reißleine dient dazu, den Achterholer vom Baum abzunehmen.

Umgang mit Vorwindsegeln

Vorbereiten eines konventionellen Spinnakers

Bevor man einen Spinnaker aus seinem Sack setzt, sollte man überprüfen, ob das Segel ordentlich und unverdreht in diesen Sack gepackt wurde.

Wenn der Spinnaker klar zum Setzen ist, befestigt man den Sack am Bugkorb oder der Leereling und das Spinnakerfall am Spinnakerkopf. Nun wird an jedes Schothorn ein Achterholer und an jeden Achterholerschäkel (nicht an die Schothörner!) eine Schot angeschlagen. Dann führt man jeden Achterholer außen um die Wanten herum durch einen Block an der Fußreling zum Cockpit. Die Schoten leitet man außen um die Wanten durch einen Block hinter dem Cockpit und von dort zu einer Winsch. Nach dem Segelsetzen bleiben Luvschot und Lee-Achterholer lose, während der Spinnaker durch den »Arbeits«-Achterholer nach Luv bzw. die Schot nach Lee gefahren wird. Der Spinnakerbaum muss vor dem Segel Setzen klar sein. Dazu befestigt man das innere Ende am Mastbeschlag und den Auf- und Niederholer am äußeren Ende.

Vorbereiten eines asymmetrischen Spinnakers oder Gennakers

Falls das Segel aus einem Sack heraus geheißt werden soll, befestigt man den Sack am Bugkorb oder der Leereling. Das Setzen erfolgt wie beim Spinnaker, nur wird der Segelhals am Stevenbeschlag (beim Gennaker) oder am Bugspriet (bei einem asymmetrischen Spinnaker) befestigt. Falls ein ausziehbares Bugspriet benutzt wird, muss dieses ausgefahren und der Segelhals an der Leine befestigt werden, mit der man das Segel zur Nock des Bugspriets zieht.

Spinnaker setzen

Um ein beliebiges Vorwindsegel aus einem Sack heraus zu setzen, steuert man bei noch gesetztem Vorsegel einen Raumschotskurs. Dann heißt man das Segel und belegt dessen Fall. Bei einem Spinnaker holt man den Achterholer an, um das Schothorn zur Baumnock zu führen, wenn das Segel geheißt wird, lässt aber die Schot lose. Dann holt man den Achterholer an und bringt den Baum in die richtige Position. Den Achterholer belegen und die Schot holen, bis der Spinnaker voll steht.

(1) Den Spinnakersack wie hier am Bugkorb oder an der Leereling befestigen und mit seinen Gurten in Position festzurren.

(2) Das Fall am Kopf des Segels anschäkeln und je eine Schot und einen Achterholer an den Schothörnern befestigen.

(3) Den Spinnakerbaum am Mast einhängen und den Luv-Achterholer durch den äußeren Endbeschlag führen.

(4) Das Fall anholen und das Segel möglichst schnell bis zum Masttopp heißen.

(5) Sobald der Spinnaker durchgesetzt ist, das Vorsegel einrollen oder bergen und so verstauen, dass es einsatzbereit ist.

Spinnaker bergen

Beim Bergen eines Spinnakers sollte das Segel unter voller Kontrolle sein, bis es in seinem Sack oder unter Deck verstaut ist. Am sichersten birgt man ihn auf raumachterlichem Kurs oder platt vor dem Wind, wo das Segel im Windschatten des Großsegels steht. Dann wird durch Ziehen der Reißleine der Schnappschäkel geöffnet und so der Segelhals vom Achterholer gelöst. Mit Hilfe des losen Achterholers holt man das Segel unter den Großbaum ein, während gleichzeitig das Spinnakerfall gefiert wird. Am schnellsten geht es, wenn man das Segel direkt in den Niedergang ziehen kann. Ein Spinnaker darf nicht schneller niedergeholt werden, als man ihn bergen kann, da sonst die Gefahr sehr groß ist, daß das Segel im Wasser landet.

(1) Den Achterholer auffieren, damit der Baum nach vorn schwenkt; dann den Aufholer auffieren, bis der Baum in Reichweite der Vordeckscrew ist. Dann zieht man an der Reißleine des Schnappschäkels, die den Achterholer mit dem Spinnakerhals verbindet, und löst damit das Segel.

(2) Sobald der Spinnaker in Lee ausweht, holt die Crew im Cockpit den losen (Lee-) Achterholer ein und zieht das Segel über die Reling und unter den Großbaum. Das Fall nur so schnell auffieren, wie die Crew das Segel einholen und im Niedergang bergen kann.

SPINNAKER-STRUMPF

Das Wichtigste im Umgang mit allen leichten Vorwindsegeln ist es, sie beim Setzen und Bergen jederzeit unter Kontrolle zu halten. Am einfachsten lässt sich dies mit Hilfe eines Spinnaker-Strumpfes erreichen. Dabei handelt es sich um eine leichte, ringgewebte Nylonhülle mit einer glockenförmigen Öffnung am unteren Ende. Ein solcher Strumpf umhüllt das Segel beim Heißen oder Niederholen und kann nach oben gezogen werden, wenn das Segel gesetzt ist.

Heissen

Bei einem im Strumpf verstauten Segel wird der Kopf des Strumpfes an ein Fall angeschäkelt und die Schoten und Achterholer des Segels angeschlagen. Dann heißt man den Kopf des Strumpfes zum Masttopp. Sobald das Fall belegt ist, zieht man den Strumpf mit Hilfe seines Aufholers nach oben und setzt das Segel.

Niederholen

Um das Segel niederzuholen, geht man zuerst auf raumachterlichen Kurs und heißt das Vorsegel. Dann versucht man, das Vorwindsegel in Lee des Großsegels zusammenfallen zu lassen. Dazu fiert man den Achterholer und zieht den Strumpf mit Hilfe seines Niederholers nach unten, bis er das ganze Segel umschließt. Sobald das Segel komplett eingehüllt ist, kann man das Fall auffieren und die lange Röhre auf dem Vordeck bergen. Anschließend die Schoten, Fallen und Achterholer abnehmen und belegen. Der Strumpf wird mitsamt Segel verstaut.

Spinnaker-Strumpf ▷
Mit einem Spinnakerstrumpf lassen sich sämtliche Vorwindsegel wesentlich leichter setzen und bergen, da das Segel während der schwierigen Manöver in dieser Tuchröhre immer unter Kontrolle bleibt. Achten Sie darauf, dass das Segel sicher am Kopf des Strumpfes befestigt ist.

Vorwindsegel trimmen

Das Geheimnis beim Trimmen aller Vorwindsegel besteht darin, die Schot so weit wie möglich aufzufieren, ohne dass das Luvliek des Segels zusammenfällt. Bei einem Gennaker oder asymmetrischen Spinnaker wird der Segelhals am Bug oder Bugspriet angeschlagen und nur mit den Schoten getrimmt. Ein konventioneller Spinnaker erfordert einen komplexeren Trimm, da er mit den Achterholern und den Schoten gefahren wird.

Einstellen des Spinnakerbaums

Bei einem konventionellen Spinnaker wird der Baum durch Holen des Achterholers nach achtern getrimmt. Dabei muss man auch den Niederholer auffieren, da der Baum sonst vorne gehalten wird. Nun stellt man den Achterholer so, dass der Baum im rechten Winkel zum scheinbaren Wind steht, belegt den Achterholer, setzt den Niederholer fest und trimmt das Segel mit Hilfe der Schot. Wenn der scheinbare Wind nach vorn oder achtern wandert, muss der Winkel des Baumes zum Mast dementsprechend angepasst werden. Bei Starkwind setzt man den Baum höher, um das Unterliek des Spinnakers weiter vom Großsegel wegzubringen.

Die Spinnakerschot fahren

Um eine optimale Leistung zu erreichen, sollte die Schot bei allen Vorwindsegeln ständig gefahren werden, um das Segel so weit wie möglich aufgefiert zu halten, ohne dass es einfällt. Die meisten gut geschnittenen Vorwindsegel kann man auffieren, bis sich das Luvliek etwas einrollt – ein Zeichen dafür, dass das Segel in perfektem Trimm steht. Selbst an diesem Punkt kann man noch etwas Schot geben, bevor das Segel endgültig zusammenfällt. Wenn dies eintritt, muss die Schot sofort weit eingeholt werden, damit sich das Segel wieder mit Luft füllen kann. Steht das Segel erneut, kann man das meiste der gerade eingeholten Schot wieder auffieren. Andernfalls bleibt das Segel vertrimmt, und das Boot wird langsamer, krängt mehr und lässt sich schwerer steuern; bei starkem Wind droht sogar ein Querschlagen *(unten)*.

In den meisten Fällen wird eine Fahrtencrew nicht davon begeistert sein, ständig mit der Schot »spielen« zu müssen. Statt dessen sollte die Schot belegt werden, sobald der Spinnaker gut steht.

Schiften mit Gennaker oder asymmetrischem Spinnaker

Das Schiften mit einem Gennaker oder einem asymmetrischem Spinnaker ist relativ einfach, weil beide, wie ein Vorsegel, von zwei Schoten kontrolliert werden. Die lose Luvschot des Gennakers – das gleiche gilt auch für den asymmetrischen Spinnaker – führt vom Schothorn zunächst nach vorn, außen um die Rückseite des Segels und das Vorliek herum und dann nach achtern zu ihrer Verholklampe und Winsch. Es wird geschiftet, indem man im Moment der Halse die alte Schot loswirft und die neue anholt.

Querschlagen

Das sogenannte »Querschlagen« kann auftreten, wenn ein Boot unter Vorwindsegeln die Segel zu dichtholt. Das Boot krängt, läuft aus dem Ruder und luvt extrem an.

Querschlagen verhindern

Am besten lässt sich ein Querschlagen durch rechtzeitiges Verkleinern der Segelfläche vermeiden. Dieses Phänomen tritt immer dann auf, wenn ein Boot auf einem Vorwindkurs zu sehr vorwärts getrieben wird und die auftretenden Drehkräfte stärker sind als die Gegenwirkung durch das Ruder. Zum Querschlagen kommt es besonders häufig bei hohen Wellen, die ein Ausbalancieren des Bootes erschweren. Beim Querschlagen verliert der Steuermann die Kontrolle über das Ruder, während das Boot in den Wind schießt und dabei extrem krängt. Holen Sie den Spinnaker sofort nieder, wenn durch zunehmende Winde ein mögliches Querschlagen droht, und segeln Sie unter Großsegel und Fock weiter *(rechts)*.

△ **Kontrolle wiedererlangen**
Diese Rennyacht ist unter Spinnaker quergeschlagen: Sie liegt quer zum Wind, krängt extrem und zieht den Großbaum durchs Wasser. Um die Kontrolle wiederzuerlangen, muss die Crew Baumniederholer und Spinnakerschot schießen lassen.

Schiften mit dem Spinnaker

Das Schiften eines konventionellen Spinnakers ist kompliziert, weil dazu der Spinnakerbaum von der alten auf die neue Luvseite gebracht werden muss und sowohl der Spinnaker als auch der Baum nie unkontrolliert bleiben dürfen. Auf kleinen Yachten findet man oft einen Spinnakerbaum, der an beiden Enden die gleichen Beschläge besitzt; in diesem Fall wird wie bei einer Jolle geschiftet (S. 120–121). *Größere Yachten haben dagegen häufig einen Spinnakerbaum mit nur einem Endbeschlag. Bei diesem System muss mit gesenktem Baum geschiftet werden.*

(1) Die Vordeckscrew löst durch das Ziehen der Reißleine den Achterholer vom Baum. Dann fällt das äußere Ende des Spinnakerbaums nach unten und kann innen ums Vorstag geführt werden.

(2) Der Vorschoter führt den Baum innen ums Vorstag herum. Dann klinkt er den Achterholer in den Baumendbeschlag ein.

(3) Das innere Ende des Baums wird wieder auf normale Höhe abgelassen und das äußere Ende mit dem Aufholer angehoben.

(4) Das Großsegel war während des Spinnaker-Schiftens fast bis zur Mittschiffslinie angeholt, um ein Abdecken des Spinnakers zu vermeiden.

(5) Wenn das Boot auf neuem Kurs ist, fiert man das Großsegel auf und Spinnakerbaum und Spinnaker werden auf den neuen Kurs getrimmt.

GROSSSEGEL UND VORSEGEL

Die meisten Yachten benutzen bei mäßigem bis starkem Wind keine zusätzlichen Vorwindsegel, sondern nur Großsegel und Vorsegel. Wenn diese jedoch nicht richtig stehen, entstehen leicht heftige Rollbewegungen.

Großsegel-Kontrolle

Das Großsegel sollte so weit aufgefiert sein, dass der Baum kurz vor der Want steht, sie aber nicht berührt. Dann zieht man den Niederholer an – dies verhindert ein Hochsteigen des Baumes, sorgt dafür, daß das Großsegel sich nicht am Topp verdreht, und verringert die Rollbewegung. Mit einem so genannten »Bullenstander« lässt sich bei starkem Wind die Gefahr einer Patenthalse abwinden. Es handelt sich um eine Leine, die von der Baumnock zu einem Block auf dem Vordeck gesetzt wird und von dort nach achtern zu einer Klampe im Cockpit führt.

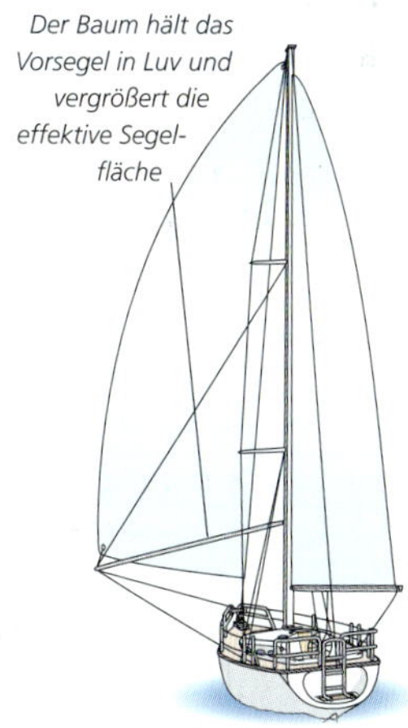

△ **Ausbaumen**
Wenn der Wind für einen Spinnaker zu stark ist, kann man auf Raumschotskurs oder platt vor dem Wind das Vorsegel ausbaumen.

MOTOR-MANÖVER

Zeitdruck, vielbefahrene Segelreviere und überfüllte Yachthäfen haben dafür gesorgt, dass die meisten Yachten heutzutage mit Motoren ausgestattet sind. Moderne Schiffsmotoren sind wesentlich zuverlässiger als früher und arbeiten meist fehlerfrei, wenn es darauf ankommt. Allerdings darf auch heute ein mögliches Versagen nie ganz ausgeschlossen werden: Wann immer es zu Problemen kommen könnte, sollte der Anker klar zum Fallen und die Segel angeschlagen sein.

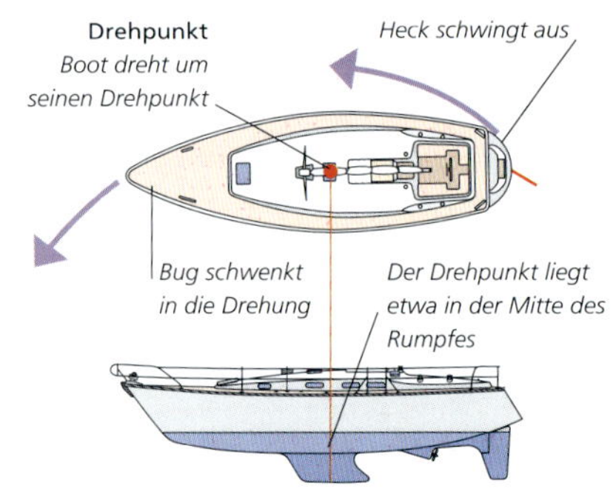

△ **WIE EIN BOOT DREHT**
Wenn ein Boot gedreht wird, folgt das Heck nicht dem Bug in die Drehung hinein, sondern schwingt aus.

MANÖVRIEREN

Viele Segelanfänger sind der irrigen Auffassung, dass sich ein Boot auf die gleiche Weise steuert wie ein Auto. Dabei dreht ein Boot um einen Punkt nahe der Bootsmitte, während das Heck gleichzeitig von der Drehungsrichtung weg ausschwingt. Beim Manövrieren mit einem Boot auf beengtem Raum sollte man sich dieses Ausschwingens bewusst sein.

PROPELLERWIRKUNG

Der Schlüssel zum problemlosen Manövrieren unter Maschine ist das Verständnis eines als »Radeffekt« bekannten Propellereffekts. Da die Wasserdichte mit größerer Tiefe zunimmt, befindet sich das untere Blatt eines sich drehenden Propellers immer in dichterem Wasser als das obere. Dadurch entsteht eine Art Schaufelrad-Effekt, der dazu führt, dass das Heck seitwärts in die gleiche Richtung »wandert«, in die auch der Propeller rotiert. Ein typischer rechtsgängiger, also im Uhrzeigersinn rotierender Propeller neigt dazu, das Heck bei Vorwärtsfahrt nach Steuerbord zu verschieben. Bei den meisten Getrieben kehrt sich die Rotationsrichtung der Schraube im Rückwärtsgang um, so dass das Heck bei Rückwärtsfahrt nach Backbord auswandert.

Bei Vorwärtsfahrt ist das Ruder sehr effektiv und gleicht den Radeffekt problemlos aus, sobald das Boot steuerfähige Fahrt erreicht. Im Rückwärtsgang – und vor allem bei den langsamen Geschwindigkeiten, die normalerweise bei Rückwärtsfahrt erreicht werden – tritt der Radeffekt dagegen viel stärker in Erscheinung. Sie können noch vor dem Ablegen Ausmaß und Richtung des Radeffekts bei Rückwärtsfahrt feststellen, indem Sie bei einem sorgfältig am Liegeplatz vertäuten Boot den Rückwärtsgang einlegen und die Maschine auf halbe Fahrt bringen. Ein Blick über die Seiten zeigt Ihnen, in welcher Richtung Turbulenzen auftauchen – dies ist der

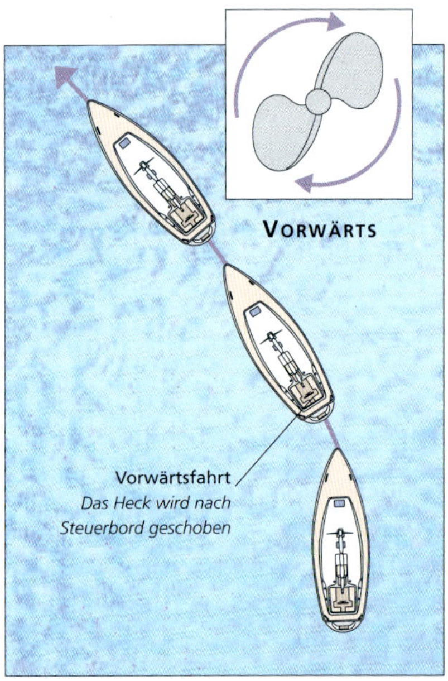

△ **RADEFFEKT BEI VORWÄRTSFAHRT**
Bei einem rechtsgängigen Propeller wird das Heck bei Vorwärtsfahrt nach Steuerbord versetzt.

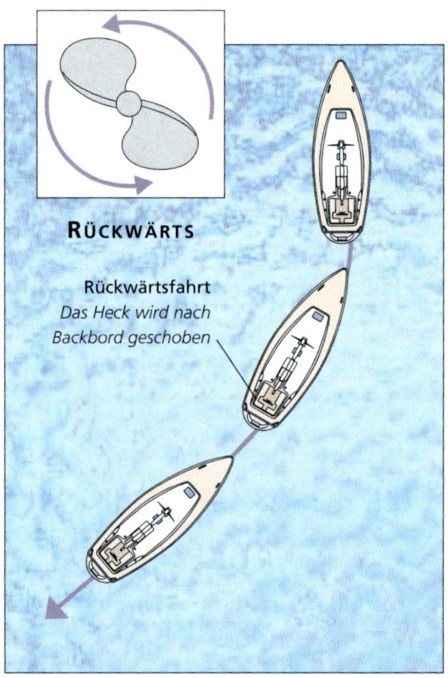

△ **BEI RÜCKWÄRTSFAHRT**
Bei den gängigen Motoren dreht der Propeller im Rückwärtsgang andersherum und schiebt das Heck nach Backbord.

Strom weg vom Propeller. Wäre das Heck frei, würde es von diesem Strudel wegschwingen.

Bootseigenschaften

Wie sich ein Boot unter Motor verhält, hängt von einer Reihe von Faktoren ab. Dazu gehören die Maschinengröße, Position und Rotationsrichtung des Propellers, Kieltyp, Ruderanlage und die Windangriffsfläche über Deck. Ein Langkielruder, das am Ende des Kiels hängt, lässt sich im Allgemeinen bei Rückwärtsfahrt sehr schwer steuern und in manchen Fällen überhaupt nicht in gerader Linie achteraus bewegen. Daher ist es wichtig, die Grenzen des eigenen Bootes zu kennen – nur so können Sie Ihre Manöver so planen, dass derartige Situationen vermieden werden. Auch der Winddruck auf Ihr Boot kann bei Manövern behindernd oder unterstützend wirken. Ein seitlich einfallender Wind wird den Bug eines langsam fahrenden Bootes leewärts verschieben. Wenn dieser Effekt die Auswirkungen des Radeffekts ausgleicht, ist es vielleicht möglich, in gerader Linie rückwärts zu fahren. Trägt der Wind dagegen zum Radeffekt bei, werden Sie nicht verhindern können, dass der Bug Ihrer Yacht schnell nach Lee abfällt.

Steuern mit Maschine

Viele moderne Kreuzer mit Flossenkiel, vor allem solche mit Schweberuder, lassen sich selbst bei langsamer Geschwindigkeit gut rückwärts steuern.

Mit Maschine manövriert man meist auf begrenztem Raum – daher sollten Sie lernen, wie Ihre Yacht sich bei unterschiedlichen Bedingungen verhält. Am besten fährt man auf ein Stück freies Wasser hinaus und testet die Manövrierfähigkeit seines Schiffes. Versuchen Sie, bei verschiedenen Geschwindigkeiten in gerader Linie achteraus zu fahren, testen Sie die Stärke des Radeffekts und prüfen Sie, wie groß der Wendekreis Ihrer Yacht bei voller Kraft, halber Kraft und langsamer Kraft ist. Der Radeffekt führt dazu, dass der Wendekreis in eine Richtung enger ausfällt – und zwar meist, wenn man vorwärts oder rückwärts nach Backbord wendet. Am besten testen Sie sich und die Manövrierfähigkeit Ihres Bootes, bis Sie in der Lage sind, problemlos auf engem Raum wenden zu können. Und selbst dann sollten Sie immer mit dem Unerwarteten rechnen und Anker und Segel bereithalten.

WENDEN MIT MASCHINE

Das Wenden auf engem Raum zählt zu den schwierigsten Manövern unter Motor. Wenn Sie sicher wenden wollen, Ihnen aber nicht genügend Platz bleibt, eine Wende unter Vollgas mit der Pinne hart über zu fahren, müssen Sie sich auf Ihre Manövrierkünste, auf den Wind und auf die Hilfe des Radeffekts verlassen.

Radeffekt

Wenn das Heck Ihrer Yacht im Rückwärtsgang durch den Radeffekt nach Backbord wandert, beginnen Sie die Wende nach Steuerbord. Legen Sie die Pinne hart Backbord und fahren Sie kurz und kräftig im Vorwärtsgang an: Der Propellerstrom wird durch das Ruder abgelenkt, so dass das Heck in die andere Richtung ausschwenkt. Wenn das Boot voraus fährt, den Rückwärtsgang einlegen und kurz Gas geben. Der Radeffekt schiebt das Heck im Rückwärtsgang nach Backbord. Wenn das Boot rückwärts fährt, den Vorwärtsgang einlegen und erneut Gas geben.

▽ Wenden mit Radeffekt
Mit abwechselnden Gasschüben im Vorwärts- und Rückwärtsgang kann ein Boot bei hart über gelegter Pinne gewendet werden. Hierbei wird der Propellerschub zum Wenden ausgenutzt.

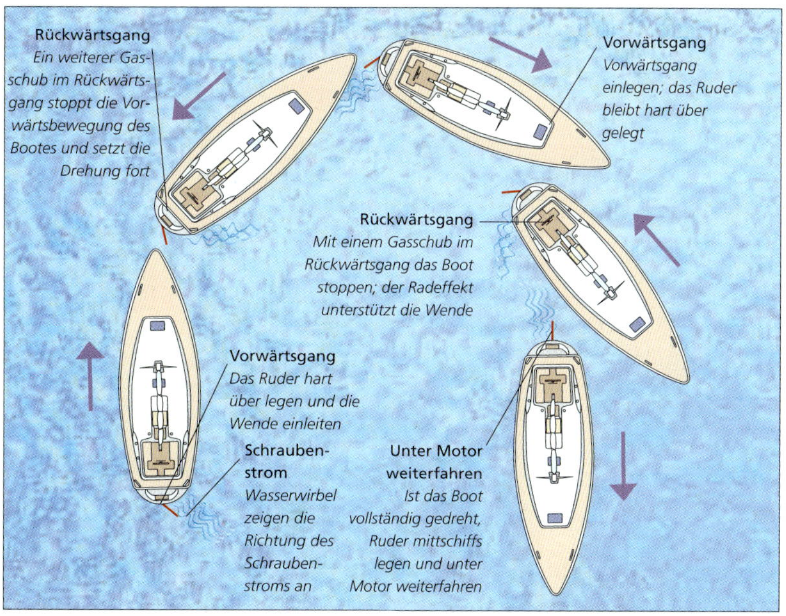

Festmachen

Sehr häufig kommt es vor, dass man mit einer Yacht längsseits an einem Schwimmsteg oder Kai festmachen muss. Schwimmstege oder Pontons sind vor allem in Tidengewässern zu empfehlen, da sie auf dem Wasser treiben und daher mit Ebbe und Flut fallen oder steigen – was bedeutet, dass man seine Festmacher bei einer Veränderung des Wasserstandes nicht nachsetzen muss. An einer Kaimauer wird sich ein längsseits festgemachtes Boot dagegen je nach Tidenhub auf oder ab bewegen, und in einem Flachwasserhafen kann es sogar trockenfallen. Darüber hinaus herrscht an Hafenkais häufig viel Verkehr durch andere Boote und es kann vorkommen, dass Yachten aus Platzgründen nebeneinander – im sogenannten »Päckchen« – festmachen müssen.

Wahl eines Liegeplatzes

Die Wahl eines Liegeplatzes entscheidet über die Qualität Ihres Aufenthaltes. Wenn möglich, sollten Sie sich für einen vor Wind und Dünung geschützten Platz entscheiden – falls nämlich Ihr Liegeplatz der in den Hafen einkommenden Dünung ausgesetzt ist, könnte sogar Ihr Boot Schaden nehmen. Legen Sie sich möglichst immer auf die Leeseite eines Schwimmstegs oder Kais, damit die Yacht durch den Wind nicht gegen den Steg geschoben wird. Falls auf der Leeseite eines Liegeplatzes nichts mehr frei sein sollte, empfiehlt es sich, mit dem Bug zum Wind anzulegen, damit es nicht durch den Niedergang in die Kajüte zieht. Wenn Starkwind vorhergesagt wurde und Sie nötigenfalls schnell ablegen wollen, sollten Sie die Luvseite eines Anlegestegs meiden.

Liegeplätze längsseits haben offensichtliche Vorzüge, aber häufig ist es sicherer, komfortabler und preiswerter, den Anker zu werfen oder irgendwo an die Boje zu gehen.

Der Einfluss von Wind und Strom

Beim längsseits An- oder Ablegen an einen Liegeplatz spielt der Einfluss, den Wind und Strom auf ein Boot ausüben, eine entscheidende Rolle. Wenn man mit einem Boot auf begrenztem Raum manövrieren muss, sollte man unbedingt versuchen, in Richtung des jeweils stärksten Elementes an- und abzulegen – im Zweifelsfall kann man davon ausgehen, dass der Strom den größten Effekt ausübt.

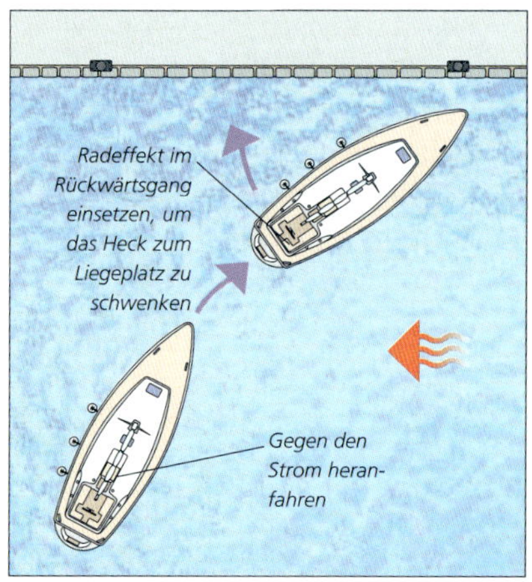

△ Gegen den Strom
Am besten nähert man sich einem Liegeplatz gegen den Strom, so dass das Boot vor der Kaimauer gestoppt werden kann.

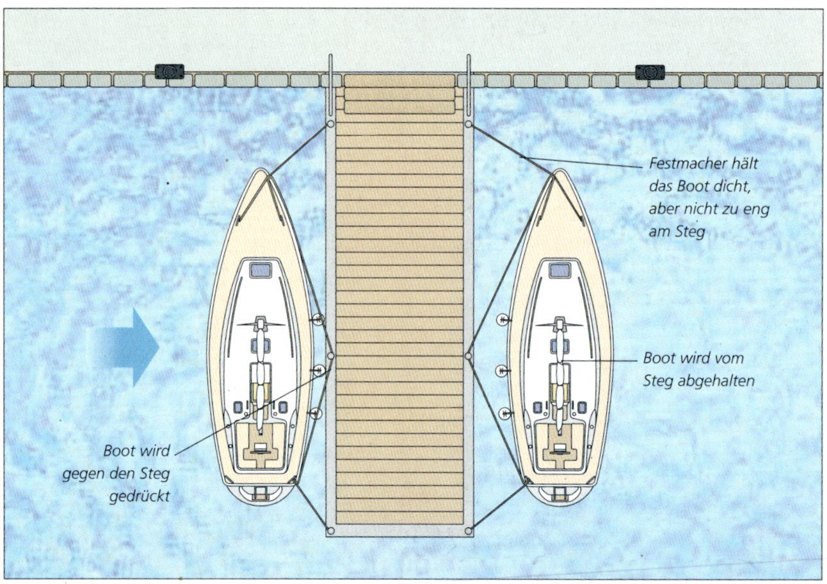

◁ Liegeplatz in Lee
Ein Liegeplatz auf der Leeseite eines Stegs ist immer komfortabler als auf der Luvseite, weil das Boot hier durch die Naturkräfte vom Steg abgehalten wird.

Das Ziel beim Annähern an einen Liegeplatz unter Segel oder Motor besteht darin, das Boot in der gewünschten Position längsseits zum Liegeplatz zum Stillstand zu bringen, so dass die Crew sicher an Land gehen – nicht springen – und die Leinen festmachen kann.

Versuchen Sie nie, mit einem starken Strom längsseits anzulegen – selbst mit einem kräftigen Motor wird sich Ihr Boot kaum am gewünschten Platz zum Stillstand bringen lassen. Das gleiche gilt für das Verlassen eines Liegeplatzes: Legen Sie möglichst immer gegen das stärkste Element ab. Und sollte es vorkommen, dass Sie an einem Steg mit dem Heck zum Strom liegen, werden Sie entweder rückwärts ablegen oder das Boot mit Verholleinen an seinem Liegeplatz wenden müssen *(S. 168)*.

FENDER

Fender dienen zum Schutz eines Bootes vor dem Kontakt mit einem Steg, einer Mauer oder einem anderen Boot. Sie sollten rund um die breiteste Stelle des Schiffes und entlang des Rumpfs platziert werden.

Fendertypen

Fender aus Plastik sind in einer Vielzahl von Formen und Größen erhältlich. Man benötigt mindestens vier Stück, um längsseits festzumachen, sowie einige in Reserve, falls ein anderes Boot ohne genügend eigene Fender längsseits gehen will. Die Bewegung der Fender kann für die Deckschicht oder den Anstrich eines Bootsrumpfes schädlich sein; dies lässt sich durch eine Fenderschürze vermeiden, die zwischen Rumpf und Fender gehängt wird. An unebenen Kaimauern bleiben Fender nur schwer in Position; hier hilft ein Fenderbord.

△ **Fender befestigen**
Fender werden an den Handläufen des Kajütdecks oder der Fußreling befestigt, nicht aber an Relingdrähten oder -stützen, da diese Schaden nehmen können.

LÄNGSSEITS TROCKENFALLEN

Manchmal ist es nötig, ein Boot trockenfallen zu lassen – beispielsweise wenn Arbeiten am Rumpf nötig sind oder wenn ein Hafen bei Niedrigwasser austrocknet. Wie gut ein Boot diese Situation übersteht, hängt von seiner Kiel- und Rumpfform ab. So bleiben Mehrrumpfboote problemlos auf ihren Rümpfen stehen, und Langkieler ruhen, an die Kaimauer gelehnt, ohne weiteres auf ihrem Kiel.

Vorbereitungen

Informieren Sie sich vor dem Trockenfallen beim Hafenmeister über die Beschaffenheit des Grundes – Trümmer oder Felsen könnten Ihren Rumpf oder Kiel beschädigen. Fällt der Meeresgrund von der Kaimauer aus steil ab, kann der Kiel nach außen abrutschen, was zu Schäden am Rumpf führt.

Der richtige Winkel

Am Liegeplatz sollten Sie dafür sorgen, dass sich das Boot leicht zum Wall hin neigt, während es durch das ablaufende Wasser immer tiefer sinkt. Dies erreichen Sie, indem Sie schweres Zeug, wie Anker und Ankerkette, auf die Anlegeseite schaffen oder ein Fall an einem soliden Haltepunkt am Ufer festmachen. Bei ablaufendem Wasser wird dieses Fall leicht angeholt, so dass das Boot immer etwas zur Landseite krängt. Achten Sie darauf, dass die Festmacherleinen so gesetzt sind, dass Ihre Yacht sich beim Trockenfallen nicht zu weit von der Kaimauer entfernt und dabei Schaden nimmt. Je weiter man seine Vor- und Achterleinen vom Boot entfernt ausbringen kann, desto weniger muss man sie beim Steigen und Fallen des Wassers nachsetzen.

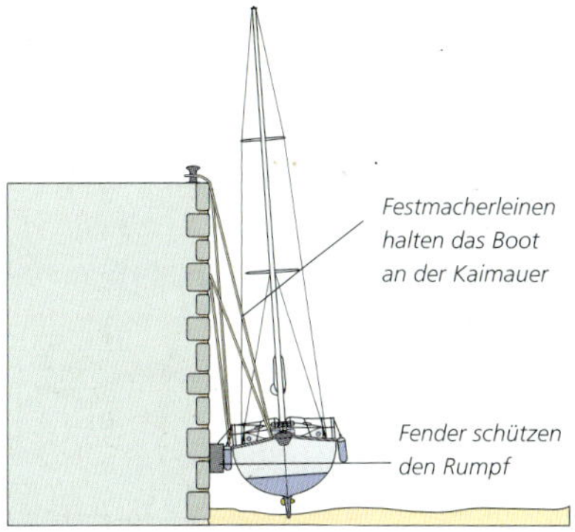

△ **Trockener Liegeplatz**
Machen Sie Ihr Boot eng an der Kaimauer mit Leinen fest und schützen Sie den Rumpf vor dem Trockenfallen mit Fendern.

Ablegen

Wenn Sie längsseits am Kai oder Steg liegen und ablegen wollen, sollten Sie zuvor sorgfältig alle Faktoren abschätzen, die dieses Manöver beeinflussen können. Prüfen Sie die Stärke und Richtung von Wind und Strom und versuchen Sie, deren jeweiligen Einfluss auf Ihr Boot einzuschätzen. Sehen Sie sich nach möglichen Hindernissen in der näheren Umgebung um und stellen Sie fest, wie Sie sich von ihnen freihalten können. Außerdem sollten Sie auch die Stärke und Erfahrung Ihrer Crew in Ihre Überlegungen mit einbeziehen. Bei leichtem Wind, geringem Strom und ohne Hindernisse in der Nähe wirft man einfach die Leinen los, drückt das Boot ab und fährt unter Segel oder Motor davon. Leider sind die meisten Situationen jedoch etwas komplizierter und erfordern eine sorgfältige Vorbereitung und Durchführung, wenn man sein Boot nicht beschädigen will.

Vorbereitungen zum Ablegen

Nachdem Sie alle Faktoren in Betracht gezogen haben, sollten Sie einen Plan zum Verlassen des Liegeplatzes festlegen und Ihre Crew einweisen.

Vielfach ist es am einfachsten und sichersten, unter Motor abzulegen, weil Sie dann größere Kontrolle über Ihr Boot haben. Das heißt aber nicht, dass Sie immer den Motor benutzen müssen: Viele Liegeplätze kann man auch unter Segel sicher verlassen, und ein Ablegen unter Segel ist wesentlich lehrreicher und befriedigender für den Skipper. Falls Sie Ihre Maschine benutzen müssen, lassen Sie sie nach dem Starten erst im Leerlauf warm laufen. Stellen Sie beim Ablegen fest, welche Festmacher am meisten unter Spannung stehen, und werfen Sie diese als letzte los.

Ablegen unter Motor

Wenn der Strom den stärksten Einfluss ausübt und auf den Bug Ihres Bootes steht, sollten Sie mit dem Bug voraus ablegen. Falls das Heck zum Strom liegt, muss man entweder rückwärts ablegen oder das Boot mit Leinen wenden. Spielt der Strom keine Rolle, legt man am besten in den Wind ab: mit dem Bug voraus, wenn der Wind vorlicher als querab einfällt, oder mit dem Heck zuerst, wenn er achterlicher als querab einkommt. Allerdings verhält sich jedes Boot anders.

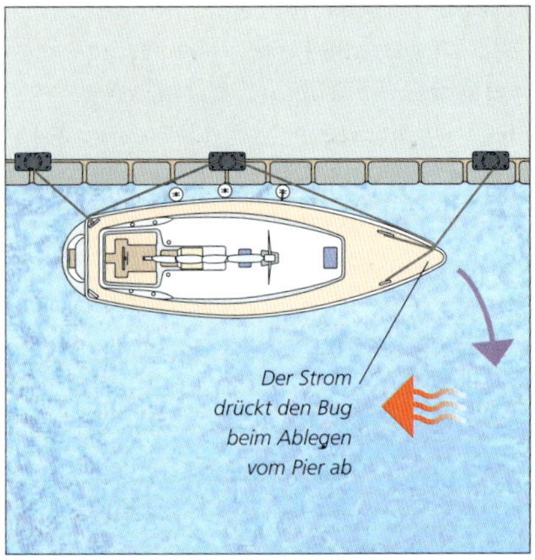

△ **Bug zum Strom**
Wenn das Boot mit dem Bug zum Strom liegt, legt man mit dem Bug voraus ab. Vorleine und Achterspring halten das Gewicht des Bootes; Heckleine und Vorspring sind lose und können als erste losgeworfen werden.

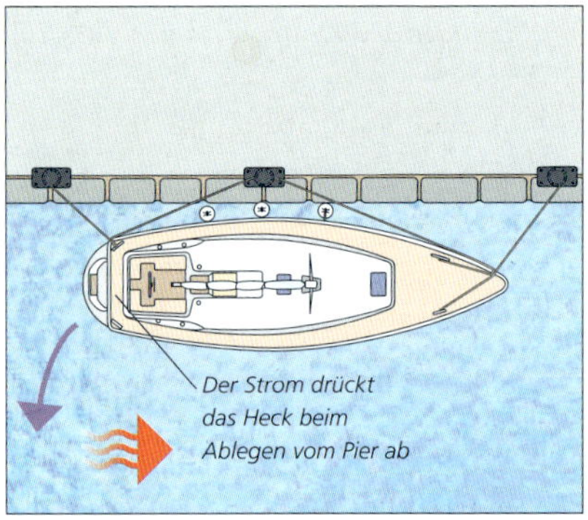

◁ **Heck zum Strom**
Wenn das Boot mit dem Heck zum Strom liegt, legt man mit dem Heck zuerst ab. Falls sich das Boot im Rückwärtsgang nur schlecht steuern lässt, wendet man es mit Leinen (S. 168) *und legt dann – wie oben – mit dem Bug voraus ab.*

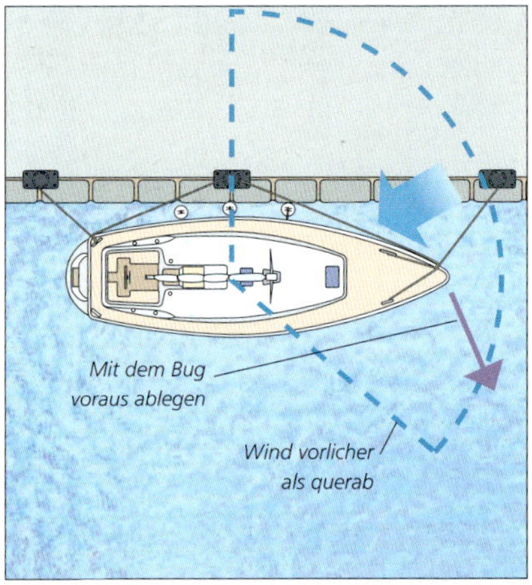

△ **Vorlicher Wind**
Wenn der Wind der dominierende Faktor ist und vorlicher als querab einfällt, legt man mit dem Bug voraus ab.

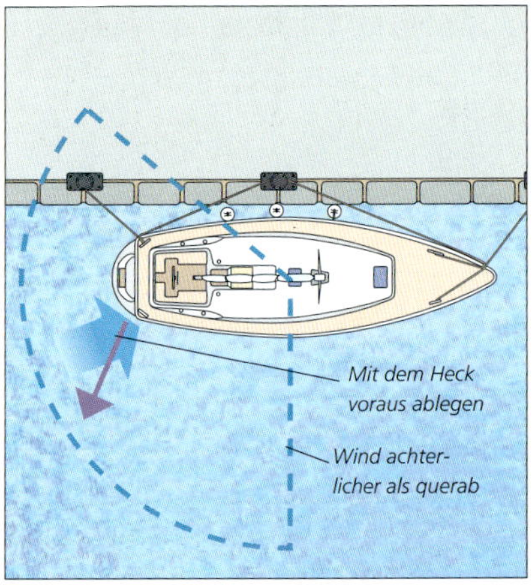

△ **Achterlicher Wind**
Wenn der Wind achterlicher als querab einfällt, legt man mit dem Heck voraus ab oder – falls dies unmöglich ist – wendet das Boot mit Leinen.

Abstossen

Wenn man alle Leinen loswerfen und versuchen würde, mit Maschine voraus abzulegen, würde das Heck – selbst ohne Einflüsse von Wind und Strom – immer gegen die Kaimauer schlagen. Dies lässt sich vermeiden, indem man vor dem eigentlichen Ablegen ein Ende des Schiffs von der Pier abstößt. Bei kleineren, leichten Booten genügt es oft, wenn man Bug oder Heck einfach mit dem Bootshaken abstößt. Auch ein starker ablandiger Wind drückt das Boot vom Kai weg, sobald die Leinen losgeworfen sind – so dass man danach einfach unter Motor abfahren kann.

Ablegen mit Spring

Kontrollierter legt man ab, indem man mit Hilfe einer Spring das Boot dreht und mit dem Bug oder Heck voraus ablegt. Achten Sie darauf, ins Wasser gefallene Leinen schnell einzuholen, bevor sie in die Schraube geraten.

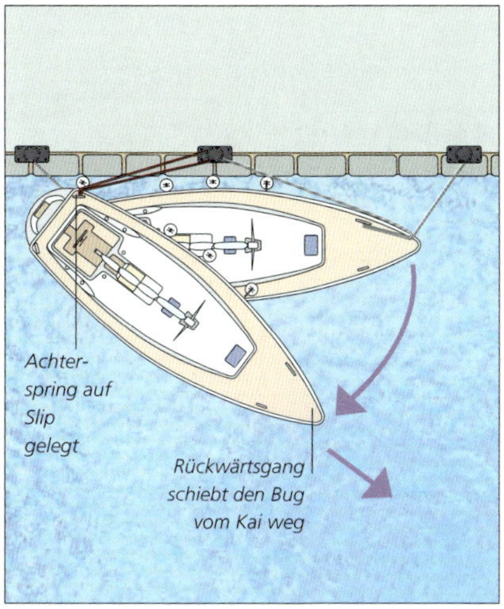

△ **Mit dem Bug ablegen**
Die Achterspring auf Slip legen (S. 169) und einen Fender ans Heck platzieren. Dann die anderen Leinen loswerfen und mit der Maschine ganz langsam rückwärts fahren; dabei das Heck gegen den Kai lenken, so dass der Bug ausschwenkt. Sobald der Bug freigekommen ist, die Spring loswerfen und unter Motor voraus abfahren.

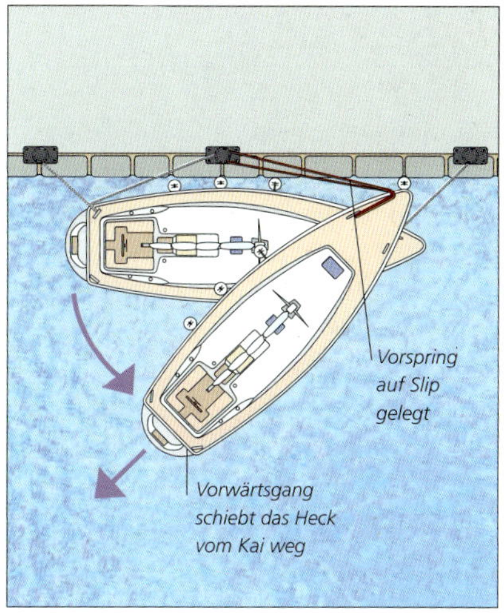

△ **Mit dem Heck ablegen**
Die Vorspring auf Slip legen, einen Fender an den Bug platzieren und die anderen Leinen loswerfen. Unter langsamer Fahrt voraus vorsichtig auf den Kai zusteuern. Wenn das Heck weit genug in die Fahrrinne geschwenkt ist, die Spring loswerfen und unter Motor langsam rückwärts ablegen.

Ablegen unter Segel

Unter den meisten Voraussetzungen kann man einen Liegeplatz unter Segel verlassen – nur bei leichtem Wind und starkem Strom hat man das Boot kaum unter Kontrolle und sollte besser unter Motor ablegen. Auflandiger Wind macht dagegen ein Ablegen unter Segel völlig unmöglich. In Tidengewässern legt man immer am besten mit dem Bug zum Strom ab.

Liegen Sie mit dem Bug zum Strom und der Wind kommt querab oder achterlich ein, sollten Sie nur unter Fock absegeln; fällt der Wind vorlicher als querab ein, benutzen Sie nur das Großsegel oder setzen Sie – bei Leichtwind – Groß- und Vorsegel. Kommt der Wind genau von vorn, heißt man das Großsegel und legt es back, um dann den Bug abzustoßen.

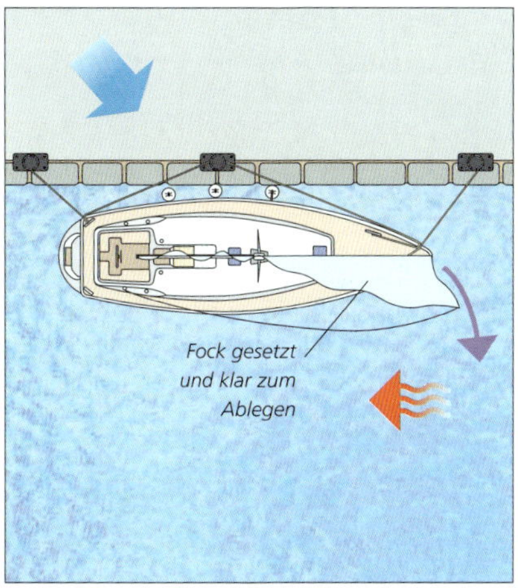

△ **Wind ablandig vom achtern**
Die Fock setzen und killen lassen. Zuerst die Leinen loswerfen, die nicht unter Spannung stehen, dann alle anderen. Das Vorsegel dichtholen und nur unter Vorsegel ablegen.

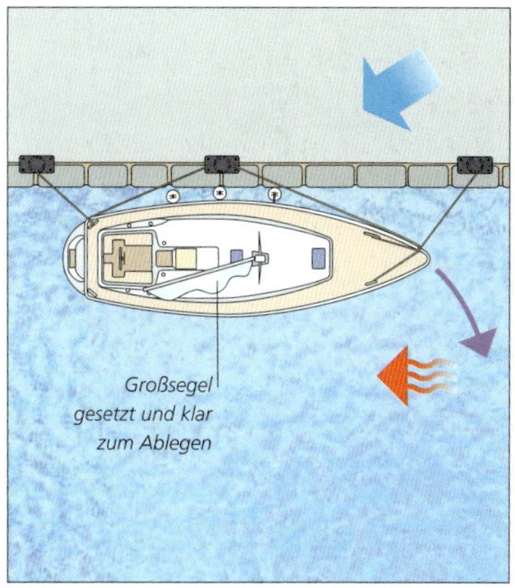

△ **Wind ablandig von vorn**
Das Großsegel setzen und killen lassen. Vorsegel klarmachen, aber noch nicht heißen. Zuerst die Leinen loswerfen, die nicht unter Spannung stehen, dann alle anderen; anschließend den Bug abdrücken und das Großsegel dichtholen.

Anlegen

Die Annäherung an einen Liegeplatz längsseits kann sich zu einem komplizierten Manöver entwickeln, das Überlegung, Planung und eine gut eingewiesene Crew erfordert. Machen Sie möglichst einen Versuchsanlauf, um sich ein Bild von der Situation am Liegeplatz zu verschaffen; prüfen Sie Wind- und Stromverhältnisse und sehen Sie sich nach möglichen Gefahrenstellen um, die Sie beim Anlegen umgehen müssen. Legen Sie sich auch eine Ausweichroute für Ihr Boot zurecht, für den Fall, dass im letzten Augenblick Schwierigkeiten auftauchen, und überlegen Sie, welche Bootsseite die landnahe Seite sein wird. Falls Sie im Päckchen an ein anderes Boot anlegen müssen, sollten Sie vorher um Erlaubnis fragen.

Sobald Sie sich Ihren Plan zurechtgelegt haben, weisen Sie die Crew ein. Wenn Sie unter Segel in einen Hafen gekommen sind, aber unter Motor längsseits gehen wollen, starten Sie die Maschine rechtzeitig, damit sie warm laufen kann. Die Segel sollten vor der Annäherung an den Liegeplatz niedergeholt und provisorisch verzurrt sein.

Anlegen unter Motor

Wenn der Einfluss von Wind und Strom keine Rolle spielt, sollte man auf der Seite anlegen, wo der Radeffekt das Anlegen unterstützt *(S. 192)*. Auf diese Weise kommt das Boot parallel zum Liegeplatz zum Stillstand, und die Crew kann an Land gehen und die Leinen festmachen. Bei starkem Wind oder Strom sollte man dagegen mit dem Bug gegen den stärkeren Einfluss anlaufen. Dadurch hat man bessere Kontrolle bei langsamer Fahrt und kann punktgenau anlegen. Vermeiden Sie, wenn möglich, ein Anlaufen mit dem Strom oder einem starken achterlichen Wind.

Vorbereitungen

Legen Sie die Festmacher auf Deck bereit: An einem Liegeplatz benötigt man gewöhnlich vier Stück *(S. 168–169)*. Bringen Sie die Fender aus und bereiten Sie die Vor- und Achterleinen vor, indem Sie je einen Tampen an den Decksklampen belegen und den anderen durch die Klüsen außenbords und um alles andere Zeug herum kurz hinter den Wanten wieder über die Reling ziehen. Vor- und Achterspring werden erst ausgebracht, wenn man längsseits liegt und die Vor- und Achterleinen festgemacht sind. Dagegen kann eine Stopperspring (ganz rechts) beim Anlegen sehr nützlich sein, vor allem, wenn Ihre Yacht sich unter Motor rückwärts nicht gut steuern lässt. Sobald Sie angelegt haben, müssen die Vor- und Achterleinen belegt werden. Als nächstes folgt meist die Achterspring – zumindest wenn Wind oder Strom auf den Bug stehen –, weil dieser Festmacher einen Großteil der Last trägt und das Boot parallel zum Liegeplatz hält. Zum Schluss legt man die andere Spring und schießt alle Festmacher auf.

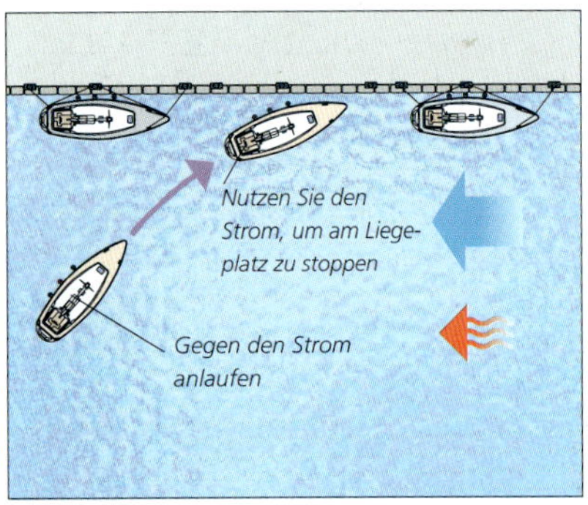

△ **Wind und Strom zusammen oder gegeneinander**
Nutzen Sie den Strom, um das Boot zu stoppen, indem Sie die Maschine beim Anlaufen auskuppeln. Sie können das Boot auch mit dem Rückwärtsgang zum Stehen bringen, wenn der Radeffekt das Heck Richtung Liegeplatz schiebt.

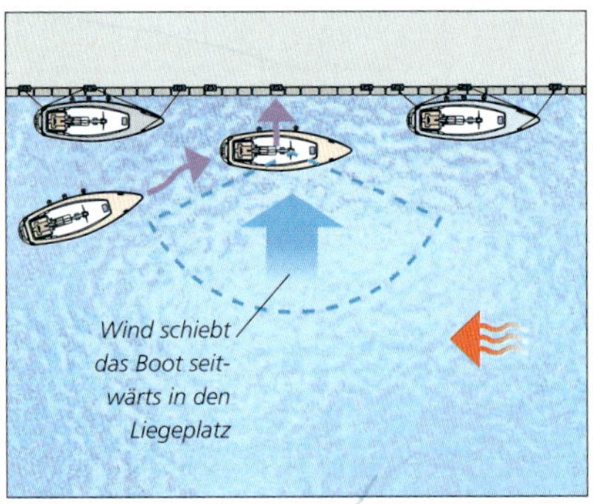

△ **Auflandiger Wind**
Laufen Sie so gegen den Strom an, dass das Boot parallel zum Ufer stoppt und mit dem Wind auf Land treibt. Wenn der Bug zu schnell vom Wind weggedrückt wird, drehen Sie das Boot leicht gegen den Wind, damit es langsam an den Liegeplatz driftet.

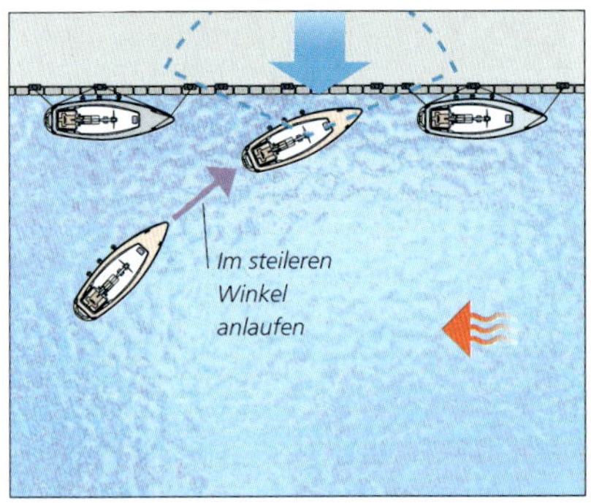

△ **Ablandiger Wind**
Bei starkem ablandigem Wind wird der Bug vom Wind weggedrückt, wenn Sie parallel längsseits gehen. Dies kann man ausgleichen, indem man die Achterleine weiter vorn belegt als üblich und in einem steileren Winkel anläuft. Die Crew muss die Leinen schnell an Land bringen.

Anlegen unter Segel

Das Anlegen mit einer Yacht unter Segeln erfordert vor allem in engen Häfen Übung und ein gutes Auge. Ob ein solches Manöver gelingt, hängt davon ab, wie gut Sie die Manövrierfähigkeit Ihres Bootes kennen und wie schnell und effektiv Ihre Crew arbeitet. Das Anlaufen unter Segel geschieht genau wie das Anlaufen unter Motor – immer gegen das stärkste Element, so dass Sie beim Stoppen des Bootes Unterstützung haben. Haben Sie beim Anlaufen in Ihren Liegeplatz zuviel Fahrt, legen Sie das Großsegel back (falls Sie gegen den Wind anlaufen) oder holen Sie das Vorsegel sofort nieder (falls Sie mit dem Wind anlegen wollen).

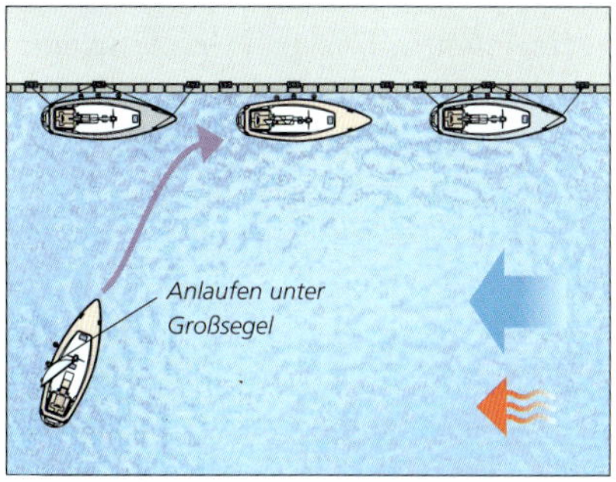

△ Wind mit Strom oder Starkwind gegenan

Wenn Wind und Strom zusammenkommen oder ein starker Wind gegen einen schwachen Strom steht, läuft man nur unter Großsegel an. Dann Großschot auffieren, um langsamer zu werden, und Boot bei der Anlegestelle in den Wind drehen.

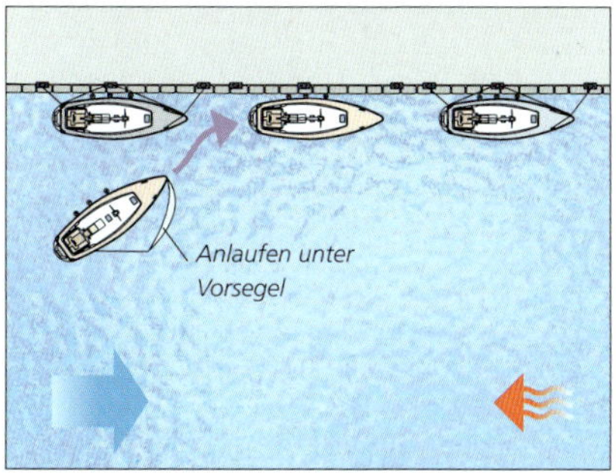

△ Starker Strom gegen leichten Wind

Unter Vorsegel mit gefierter Schot mit dem Wind anlaufen. Genügt das Vorsegel allein nicht gegen den Strom, den oberen Teil des Großsegels heißen, um mehr Fahrt aufzunehmen. Das Boot durch Auffieren des Vorsegels verlangsamen.

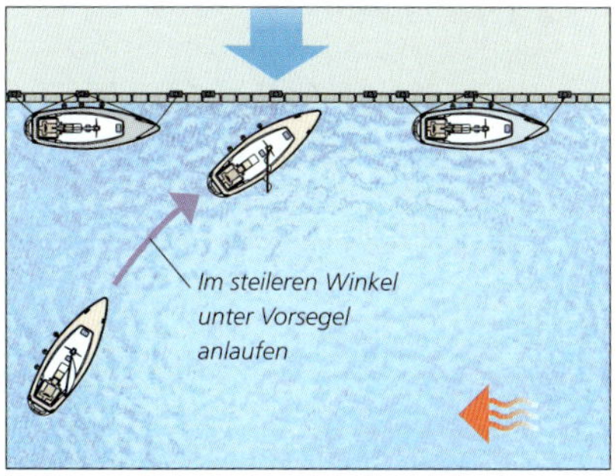

△ Ablandiger Wind

Fällt der Wind vorlicher als querab ein, muss man unter Großsegel gegen den Strom anlaufen; kommt er querab oder achterlicher ein, legt man unter Vorsegel an. Im steilen Winkel anlaufen und das Ende der Achterleine weiter nach vorn bringen, so dass die Crew vor den Wanten an Land gehen kann.

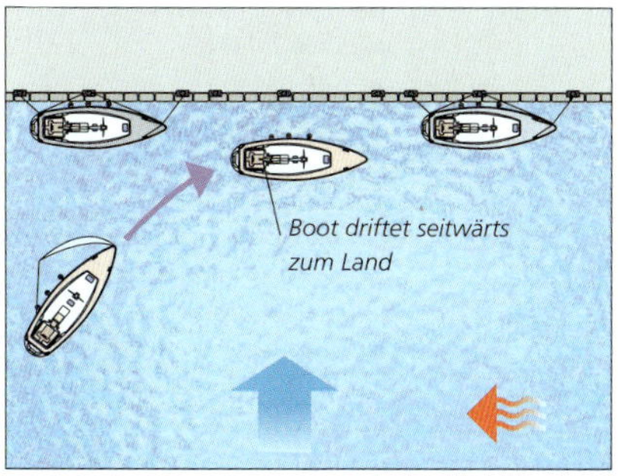

△ Auflandiger Wind

Vor dem Wind unter Vorsegel anlaufen und in den Strom drehen, so dass das Boot parallel in Luv des Liegeplatzes stoppt und seitwärts hineindriftet. Das Boot mit dem Bug etwas in Luv stoppen, damit er schneller nach Lee driften kann als das Heck. Dann das Vorsegel niederholen und die Festmacher an Land bringen.

Techniken für kleine Crews

Das Anlegen an einem Liegeplatz ist relativ einfach, wenn man genügend Crewmitglieder an Bord hat, zu zweit birgt dieses Manöver allerdings einige Tücken.

Mittschiffs-Spring

Die Mittschiffs-Spring ist ein probates Mittel, um bei einem Anlegemanöver mit kleiner Crew ein Boot unter Kontrolle zu halten. Dazu wird eine Leine von einer Klampe auf dem Seitendeck kurz hinter der Mitte des Schiffes zu einer Klampe an Land geführt, die auf Höhe oder achtern hinter dem Heck liegt. Wenn der Skipper nun langsam unter Motor vorausfährt, kann er das Boot parallel zum Liegeplatz in Position halten. Falls die Yacht zum Land oder vom Land weg schwenkt, läßt sich dies mit der Pinne korrigieren. Wenn das Boot längsseits stoppt, geht der Vorschoter nur mit der Spring an Land und belegt sie an einer Klampe oder einem Poller.
Der Rudergänger lässt die Maschine langsam voraus laufen und legt das Ruder so, dass das Boot parallel zur Landestelle steht. Dadurch liegt das Boot sicher und der Mann am Ufer kann in aller Ruhe die anderen Festmacher belegen.

Stopperspring

Die Mittschiffs-Spring kann auch als Stopperspring benutzt werden, wenn das Boot beim Anlegen noch zuviel Fahrt hat. Zu diesem Zweck legt der Mann am Ufer einen vollen Törn um eine Klampe oder einen Poller, bevor die Spring unter Last steht. Wenn die Leine zu straff wird, fiert er sie langsam und kontrolliert auf (»schricken«), um das Boot abzubremsen. Das Schricken einer Leine ist ein effektives Mittel, um selbst größere Boote zu stoppen. Eine Vorspring eignet sich dagegen nicht als Stopperspring.

MARINAS

Marinas (reine Yachthäfen) sind in vielen beliebten Segelrevieren ein bekannter Anblick. Sie bieten eine große Zahl geschützter Liegeplätze auf engem Raum, meist in Kombination mit guten Serviceeinrichtungen an Land, wie etwa Treibstoff- und Frischwasserversorgung, Duschen, Geschäften, Restaurants, Kneipen, Läden für Schiffszubehör und Reparaturwerften. Aus diesen Gründen erfreuen sich Marinas größter Beliebtheit. Die Yachten liegen in solchen Häfen dicht an dicht, getrennt durch ein Netzwerk von Schwimmstegen, was kaum Platz zum Manövrieren lässt und eine gute Seemannschaft erfordert. Das Ein- und Auslaufen in eine Marina sollte immer mit äußerster Vorsicht geschehen

DER RICHTIGE LIEGEPLATZ

Wer in eine Marina einlaufen will, muss die Manövriereigenschaften seiner Yacht bei langsamer Geschwindigkeit kennen und außerdem in der Lage sein, mit Hilfe des Radeffekts auf engstem Raum *(S. 192)* zu wenden. Wenn Ihr Boot im Rückwärtsgang nur schwer steuerbar ist, sollten Sie besonders enge oder schwierige Liegeplätze meiden. Die meisten Yachthäfen bieten eine Reihe von Anlegern in der Nähe der Fahrrinne und zusätzlich eine große Zahl von Liegeplätzen, die durch ein Netz von Schwimmstegen unterteilt sind. Man erreicht seinen Liegeplatz im Allgemeinen durch enge Fahrrinnen zwischen den Stegen hindurch. Wenn Sie sich in einer Marina nicht gut auskennen oder Ihr Boot nur schwer zu manövrieren ist, sollten Sie sich möglichst für einen Anleger entscheiden, von dem aus man später immer noch mit Hilfe von Verholleinen an einen anderen Liegeplatz wechseln kann. Fast alle Yachthäfen haben reservierte Plätze für Dauermieter sowie eine Reihe von Gastliegeplätzen. Wenn Sie eine Marina zum ersten Mal besuchen, achten Sie darauf, einen Gastliegeplatz anzulaufen. Aufgrund der beengten Platzverhältnisse ist davon abzuraten, unter Segel in eine Marina einzufahren; bestenfalls außen liegende Anleger erlauben es, unter Segel anzulegen.

VORBEREITUNG ZUM ANLEGEN

Schon vor dem Einlaufen sollte man sich über Funk an den Hafenmeister der Marina wenden und sich seinen Liegeplatz anweisen lassen.

Wenn Sie genügend Fender haben, hängen Sie sie auf beide Seiten des Bootes, so dass Ihre Yacht gut geschützt ist. Außerdem können Sie so auch mit der anderen Bootsseite festmachen, wenn die Situation sich im letzten Moment ändert oder sich ein Anlegen am vorgesehenen Liegeplatz als zu schwierig erweist.

Marinas werden meist außerhalb der Tidenströme errichtet, so dass Stromeinflüsse beim Anlegen nur selten eine Rolle spielen.

◁ **BELEBTE MARINA**
Marinas erfreuen sich großer Beliebtheit, weil sie sichere Liegeplätze und zahlreiche nützliche Serviceeinrichtungen bieten.

WENDEN IN EINER ENGEN FAHRRINNE

Manchmal ist man gezwungen, in einer engen Fahrrinne zwischen zwei Stegen zu wenden. In den meisten Fällen hilft der Radeffekt, das Boot auf einem Raum von etwa der eigenen Länge zu drehen *(S. 193)*, aber starker Wind oder schlechte Manövrierfähigkeit unter Motor können dies unmöglich machen.

Mit Anker wenden

Wer auf der Suche nach dem geeigneten Liegeplatz durch eine Marina fährt, dem kann es passieren, dass er mit dem Bug voran in eine enge Fahrrinne einbiegt, die sich als Sackgasse herausstellt. Unter solchen Umständen sollte man in der Lage sein, sein Boot zu wenden oder rückwärts den gleichen Weg zurückzufahren. Leider lassen sich viele Segelyachten unter Motor nur schlecht rückwärts steuern. Wenn Sie dann auch den Radeffekt nicht zu Hilfe nehmen können, sollten Sie versuchen, Ihren Anker als Wendehilfe zu benutzen. Laufen Sie langsam die Fahrrinne entlang, überprüfen Sie mit dem Echolot die Wassertiefe und bereiten Sie den Anker vor. Wenn Sie den Punkt erreichen, an dem Sie drehen wollen, lassen Sie den Anker fallen, fahren aber weiter unter Motor langsam voraus. Die Ankerkette sollte frei auslaufen, bis Sie etwa das Doppelte der Wassertiefe ausgelassen haben. Dann legt man den Leerlauf ein und dreht das Boot in die gewünschte Richtung und sichert die Ankerkette mit einem Törn um eine Vordecksklampe oder einen Poller. Die Ankerkette wird sich daraufhin straffen und den Bug um etwa 180° herumziehen. Jetzt können Sie langsam unter Motor vorwärts laufen, den Anker lichten und weiterfahren.

▽ Wenden mit Anker
Wenden mit Hilfe des Ankers ist ebenso einfach wie effektiv. Da die meisten Marinas regelmäßig ausgebaggert werden, dürfte der Anker problemlos Halt finden.

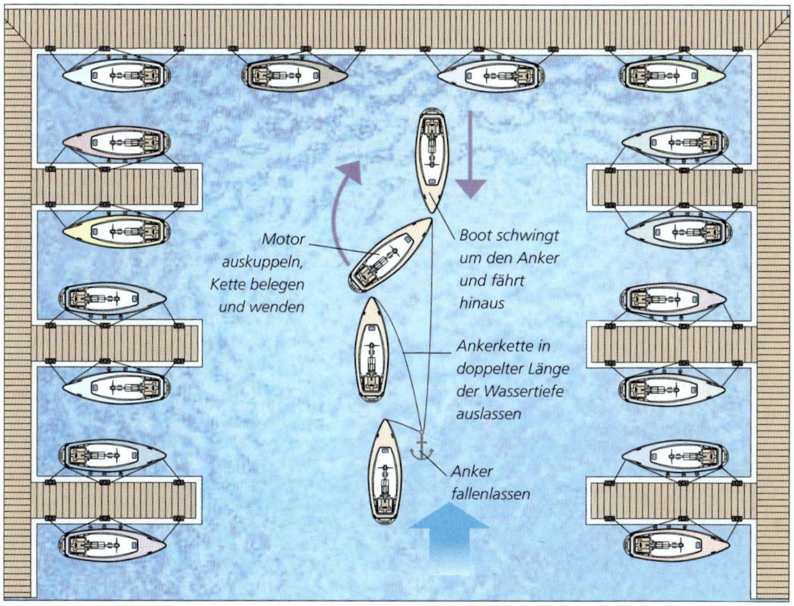

ENGE MANÖVER

Unter bestimmten Wind- und Stromverhältnissen ist das Ablegen aus Marina-Liegeplätzen auf engstem Raum sehr schwierig. Wenn Ihnen nicht genug Manövrierraum bleibt, sollten Sie sich für ein Ablegen mit Hilfe von Leinen entscheiden.

Mit Leinen manövrieren

Das passende Manöver mit Leinen hängt von der jeweiligen Situation am Liegeplatz und vom Boot ab. Der Skipper muss die Auswirkungen von Radeffekt, Wind und Strom auf das Boot richtig einschätzen, während es sich langsam auf den Liegeplatz zu oder von ihm weg bewegt. Er sollte die passenden Verholleinen bereithalten, mit denen er seine Yacht je nach Bedarf wenden oder stoppen kann.

In den Wind

Häufig stellt man beim Verlassen eines Liegeplatzes fest, dass man rückwärts gegen einen starken Wind ablegen muss: Der Winddruck verhindert, dass der Bug nach Luv gedreht werden kann. In solchen Fällen sollte man auf eine Spring zurückgreifen.

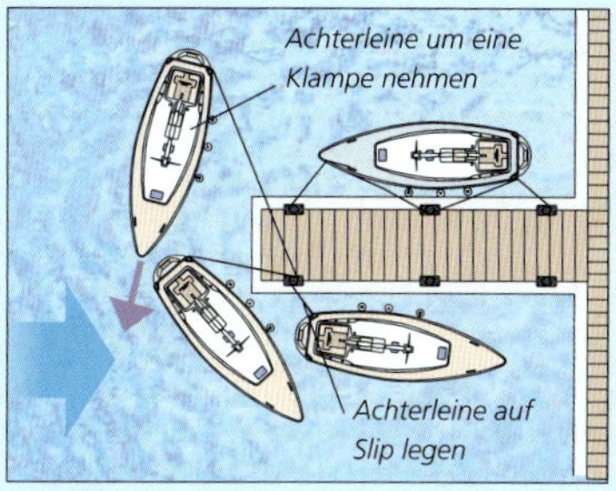

△ Rückwärts ausfahren
Die Achterleine mit genügend Lose auf Slip legen und unter Motor langsam rückwärts ausfahren. Die Achterleine um eine Klampe nehmen und das Heck damit festhalten, während der Bug herumschwenkt.

Ablegen in einer Marina

Vor dem Verlassen des Liegeplatzes sollte man den Motor starten und im Leerlauf warm laufen lassen, während man die Situation einschätzt und das Ablegemanöver plant. Stellen Sie fest, welchen Einfluss Wind und Strom auf das Ablegen haben werden; dann weisen Sie die Crew gründlich ein und lassen sie genügend Slipleinen bereitlegen. Die Crew sollte wissen, in welcher Reihenfolge die Leinen losgeworfen werden müssen, und sie muss darauf achten, ins Wasser gefallene Leinen schnell einzuholen, bevor sie in den Propeller geraten.

▽ Verlassen des Liegeplatzes

Ihr Ablegemanöver wird von Ihrer Position zum Wind und Strom sowie von der Tatsache bestimmt, ob Sie mit dem Bug oder dem Heck zum Steg liegen. Achten Sie auch auf andere Yachten an Nachbarstegen und auf Boote, die gleichzeitig mit Ihnen die Marina anlaufen oder verlassen.

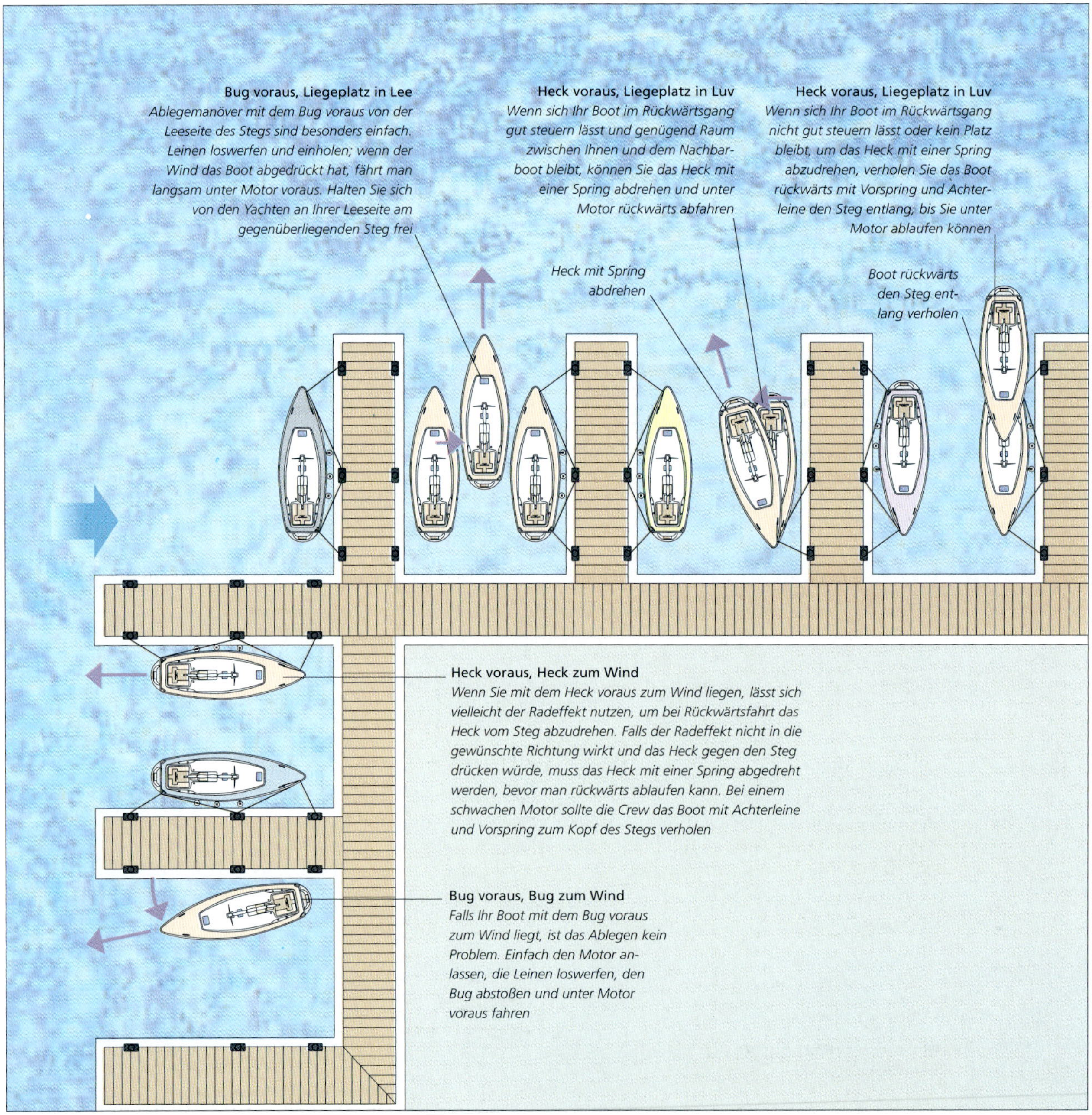

Anlegen in einer Marina

Lassen Sie sich bei der Wahl Ihres Liegeplatzes ruhig Zeit und segeln Sie im Zweifelsfall ein paar Mal an der Marina vorbei, bis Sie sich ein Bild von deren Aufbau und der Lage der in Frage kommenden Liegeplätze verschafft haben. Falls die Gastliegeplätze nicht deutlich gekennzeichnet sind, sollten Sie auf anderen Yachten um Rat fragen. Haben Sie einen Liegeplatz gefunden, sollten Sie die Crew instruieren und Leinen und Fender vorbereiten. Ihre Besatzung muss wissen, welche Festmacher zuerst belegt werden sollen.

▽ Den Liegeplatz anlaufen

Die Windrichtung und der Winkel, in dem Ihr Liegeplatz zum Wind steht, sind für die Auswahl eines Liegeplatzes und das Anlegemanöver ebenso bestimmend wie die Manövrierfähigkeit Ihrer Yacht bei langsamer Fahrt und der Radeffekt.

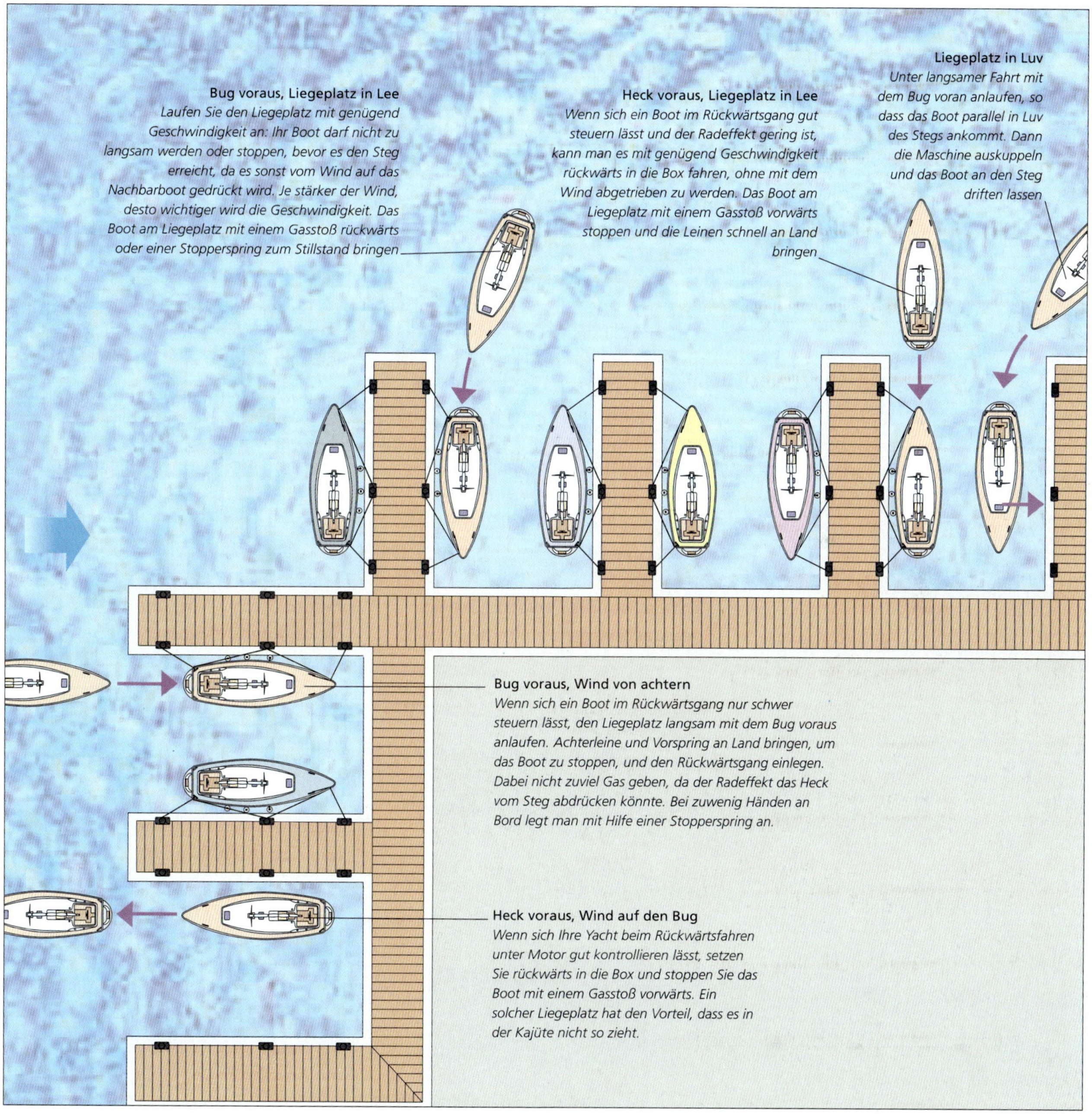

Festmachen im Päckchen

Mit »Festmachen im Päckchen« bezeichnet man das nebeneinander Legen von Booten an einem Steg oder Kai, zwischen Pfählen oder rund um eine Muringboje – eine beliebte Methode, mit der sich in stark frequentierten Häfen der Platz am besten ausnutzen lässt. Obwohl es nicht die ideale Art des Anlegens ist, stellt das Festmachen im Päckchen häufig die einzige Möglichkeit dar, in einem überfüllten Hafen noch einen Liegeplatz zu ergattern. Daher sollten Sie als Skipper das Festmachen im Päckchen beherrschen, denn nur so ist gesichert, dass Sie weder die eigene noch eine fremde Yacht beschädigen. Dazu gehört auch, dass Sie erlernen, wie man als »Innenlieger« oder »Außenlieger« ein Päckchen verlässt.

Päckchen-Regeln

Machen Sie Ihr Boot immer mit Vor- und Achterleinen am Ufer, Steg oder Pfahl fest, und bringen Sie Springs und Querleinen (Brustleinen) zum Nachbarboot aus. Verlassen Sie sich nicht darauf, dass die Uferleinen Ihrer Nachbarn auch Ihr Boot halten – dies ist gefährlich und außerdem unhöflich. Ein Päckchen ist stabiler, wenn das größte Boot innen und das kleinste außen liegt, also machen Sie möglichst nicht an einer Yacht fest, die kleiner ist als Ihr Schiff. Wenn Sie sich auf ein Päckchen »draufpacken«, vertäuen Sie Ihr Boot so, dass Ihr Mast sich nicht auf einer Höhe mit dem Ihres Nachbarn befindet. Dadurch wird verhindert, dass beide Takelagen aufeinanderprallen und beschädigt werden, wenn die Boote in der Dünung rollen. Zum Landgang und bei der Rückkehr geht man immer über die Vorschiffe der anderen Yachten, um die Privatsphäre der Bootsnachbarn zu wahren.

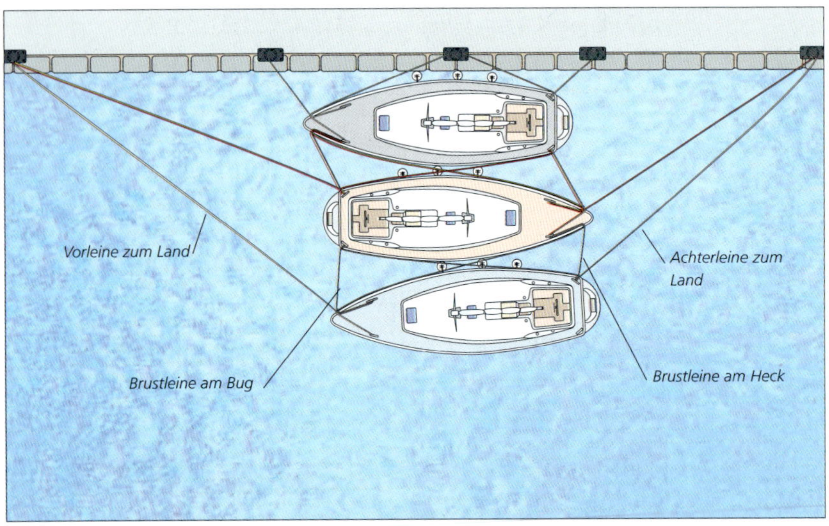

Nachteile des Päckchens

Einer der größten Nachteile eines Päckchens besteht darin, dass man nicht einfach ablegen kann, wann man will. Für Sie als Außenlieger kann es sehr unbequem sein, wenn ein Boot innen im Päckchen vor Ihnen ablegen will. Und wenn Ihr Boot der Innenlieger ist, müssen Sie sich damit abfinden, dass Crews der anderen Yachten über Ihr Deck laufen, um an Land oder auf ihr Schiff zu gelangen.

Festmachen im Päckchen

Obwohl Sie beim Festmachen im Päckchen an einem anderen Boot festmachen, ist die Methode die gleiche wie beim Längsseitsgehen an einem Kai oder Steg *(S. 194–195)*. Planen Sie Ihr Anlegemanöver und beziehen Sie dabei den Effekt von Wind und Strom mit ein. Laufen Sie immer gegen das Element an, das beim Längsseitsgehen den stärksten Einfluss auf Ihr Boot hat. Weisen Sie die Crew ein und legen Sie Fender und Leinen bereit. Für ein Päckchen benötigen Sie drei Sätze von Festmachern – Vor- und Achterleinen, die an Land belegt werden, sowie Brustleinen und Springs, mit denen Sie am Nachbarboot festmachen.

Längsseits an einem anderen Boot festmachen ist für Ihre Crewmitglieder schwieriger als das Anlegen an einem Steg oder Kai: Sie müssen über die Seerelings von zwei Booten klettern und sich ihren Weg über die Seitendecks des anderen Bootes suchen, um geeignete Belegklampen für die Brust-

◁ Ein typisches Päckchen
Die im Päckchen liegenden Boote sind mit Vor- und Achterleinen zum Land sowie mit Brustleinen und Springs untereinander gesichert.

leinen vorn und achtern zu finden. Diese Festmacher sollten so schnell wie möglich belegt werden, damit das Boot unter Kontrolle ist und die anderen Leinen ausgebracht werden können.

Dieses Manöver lässt sich viel einfacher gestalten, wenn die Crew des anderen Bootes auf Deck ist. Als erstes sollte man um Erlaubnis bitten, längsseits gehen zu dürfen. Wenn sich die andere Crew dazu bereit erklärt, kann Ihre Besatzung ihnen die Tampen der beiden Brustleinen hinüberreichen. Sobald sie belegt sind, sollten Sie die Leinen von Ihrem Boot aus trimmen –, ohne dass Ihre Crew auf das andere Boot hinüberklettern muss. Setzen Sie so schnell wie möglich die Springs; dann bringen Sie die Vor- und Achterleinen zum Land, und zwar außen um alle Boote zwischen Ihnen und dem Kai oder Steg herum. Die Leinen sollten so straff vertäut sein, dass sie nicht ins Wasser hängen, aber immer noch etwas Lose haben.

Ein Päckchen verlassen

Liegt man außen im Päckchen, wird genauso abgelegt wie von einem Steg *(S. 196–197)*; allerdings müssen Sie zuerst die Uferleinen loswerfen und einholen. Abgelegt wird wie von einem Liegeplatz längsseits.

Um Schwierigkeiten zu vermeiden, sollte beim Ablegen ein Crewmitglied die Festmacher der anderen Boote kontrollieren, während Sie Ihre Yacht herausfahren; Sie können nach dem Ablegen wenden und es vom Außenboot abholen. Manchmal kommt es vor, dass ein benachbartes Päckchen Sie vom Ablegen abhält, bis die außen liegenden Boote Ihr Päckchen verlassen haben. Wenn Sie sich nicht sicher sind, ob Sie alle Hindernisse in Ihrer Umgebung umschiffen können, bitten Sie entweder Ihre Außenlieger, das Päckchen zu wechseln, oder warten Sie ab, bis die anderen abgelegt haben.

Ablegen als Innenlieger

Wenn Sie innen oder in der Mitte eines Päckchens liegen, sollten Sie mit dem stärksten Element herausfahren – in diesem Fall mit dem Strom –, um die Sicherheit der anderen zu wahren.

(1) Prüfen Sie, ob Wind oder Strom den größten Einfluss ausüben und planen Sie Ihr Ablegemanöver dementsprechend mit dem Wind oder Strom. Als nächstes die Vor- und Achterleinen loswerfen und einholen, so dass Ihr Boot nur noch an den Nachbarbooten belegt ist.

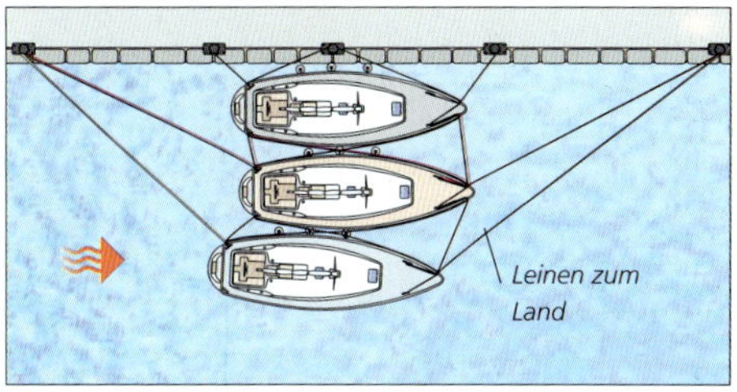

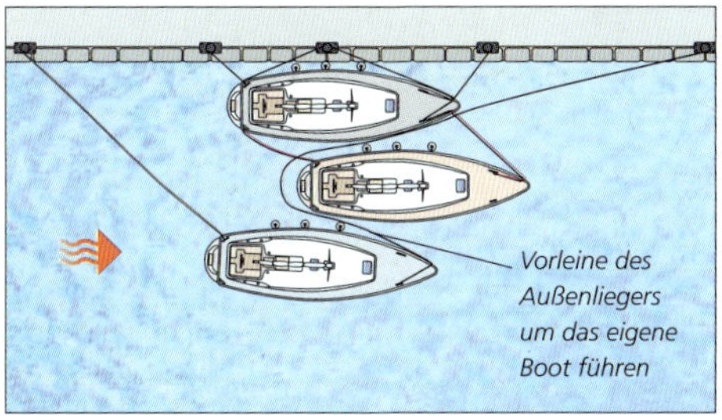

(2) Die Festmacher am außen liegenden Boot lösen und an Bord bringen. Die Vorleine des äußeren Bootes lösen und achtern um das eigene Boot herum zum Land bringen. Nun die Brustleinen und Springs zum Boot auf der Innenseite lösen, so dass Ihr Boot langsam ausschert.

(3) Während die eigene Yacht mit dem Strom aus dem Päckchen driftet, die Uferleine des Außenliegers holen und festmachen und das Boot mit Brustleinen und Springs am Innenlieger sichern. Falls die eigene Crew beim Festmachen der anderen Boote geholfen hat, holt man sie jetzt ab.

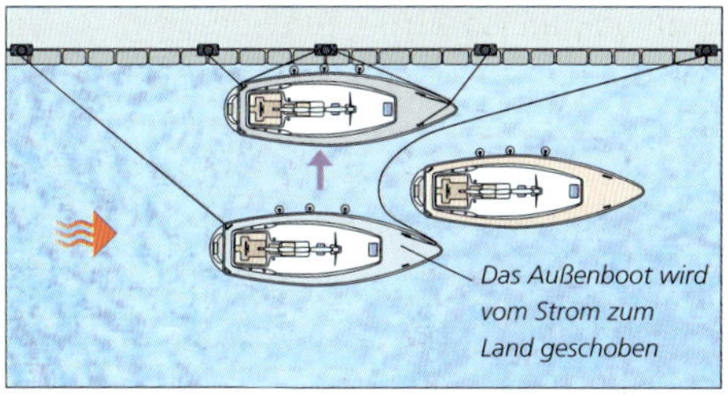

Päckchen um eine Festmachertonne

In manchen Häfen ohne Tidenstrom findet man große Verholtonnen zum Festmachen im Päckchen.

Festmachen an der Tonne

Die Boote machen direkt an der Tonne fest und bringen Springs und Brustleinen zu ihren Nachbarn aus. Ein solches Päckchen verlässt man mit dem Heck zuerst, durch Loswerfen der Leinen. Falls nötig, hilft ein Crewmitglied auf dem Päckchen.

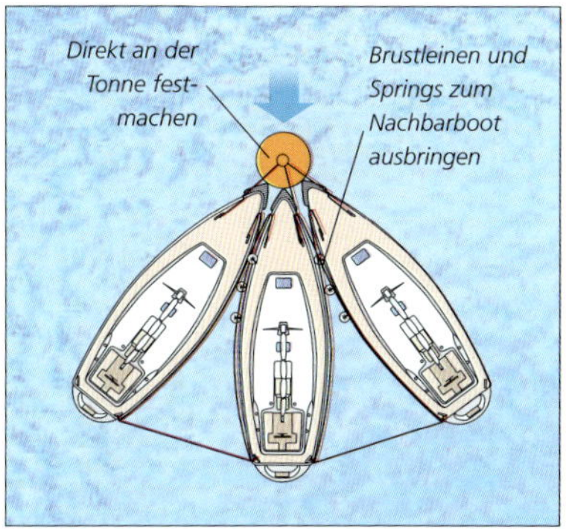

Bootspäckchen an einer Tonne

Liegeplätze an der Pier

In Segelrevieren ohne Tidenstrom ist es üblich, mit dem Bug oder Heck an einem Schwimmsteg oder Kai festzumachen, während die andere Seite des Bootes durch einen Anker (oder gelegentlich ein Paar kleiner Pfähle) gesichert wird – eine Anlegemethode, die nicht nur Platz spart, sondern auch das An- und Ablegen der einzelnen Yachten vereinfacht. Im Allgemeinen lässt sich leichter mit dem Bug voraus anlegen; außerdem schafft man so mehr Privatsphäre im Cockpit und in der Kajüte.

Anlaufen mit dem Bug zur Pier

Bevor Sie Ihren Liegeplatz anlaufen, sollten Sie die Crew instruieren und Festmacher, Fender und Anker bereitlegen. Hängen Sie Fender auf beide Seiten des Bootes. Für das Anlegen mit dem Bug zur Pier benötigt man zwei Vorleinen und den Warpanker *(S. 210)* mit langer Ankertrosse oder -kette, der am Heck bereitliegen sollte. Falls Anker und Trosse durch ein Stück Kette miteinander verbunden sind, sollte diese in einem Eimer verstaut sein, damit sie nicht beim Auslaufen über das Deck rutscht und es beschädigt. Achten Sie darauf, dass der Anker unbedingt von den Ankern anderer Yachten freigehalten werden muss. Dies lässt sich am ehesten erreichen, indem man mit seinem Boot aus einiger Entfernung langsam in gerader Linie auf seinen Liegeplatz zu läuft.

Wenn Sie etwa drei bis fünf Bootslängen vom Liegeplatz entfernt sind, lassen Sie den Anker über das Heck fallen und die Ankertrosse frei auslaufen. Laufen Sie weiter geradeaus, bis Sie etwa eine halbe Bootslänge vom Liegeplatz entfernt sind, und stoppen Sie dann ruckartig die Ankertrosse, indem Sie sie mit einem Törn

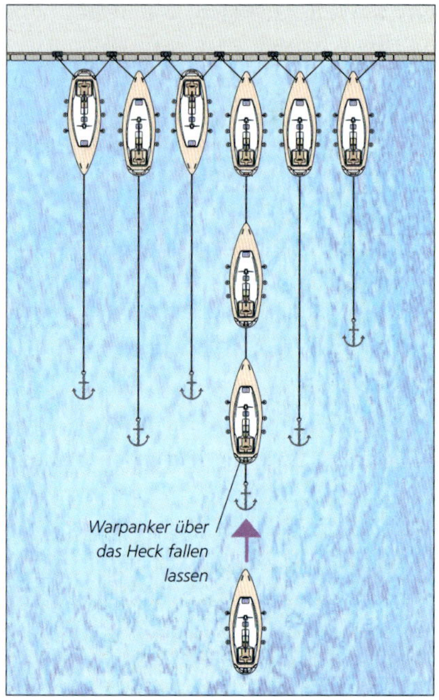

△ **Anlegen mit dem Bug zur Pier**
Aus einiger Entfernung in gerader Linie anlaufen. Etwa drei bis fünf Bootslängen vor dem Liegeplatz den Warpanker über das Heck fallen lassen. Das Boot kurz vor dem Kai zum Stillstand bringen.

Mit Trosse und Leine wenden

Wenn Sie mit dem Heck zuerst festmachen wollen, aber Ihre Yacht sich im Rückwärtsgang nicht gut steuern lässt, sollten Sie zunächst mit dem Bug voraus anlegen und Ihre Yacht danach mit Hilfe des Ankers und der Vorleine kontrolliert wenden. Informieren Sie Ihre Crew genau über den geplanten Ablauf des Manövers, und achten Sie besonders auf Querwinde.

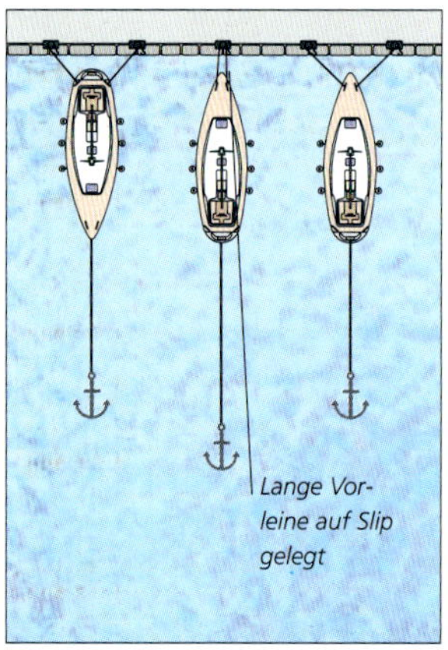

① Legen Sie die Vorleine lang auf Slip und achten Sie darauf, dass genügend Leine vorhanden ist.

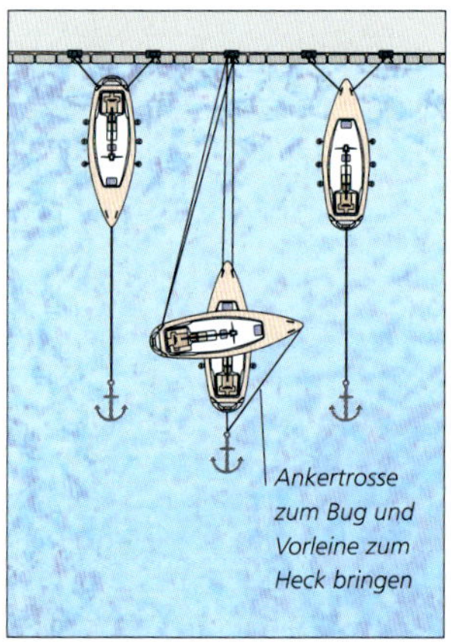

② Die Ankertrosse anholen, dann die Ankertrosse zum Bug und die Vorleine zum Heck bringen.

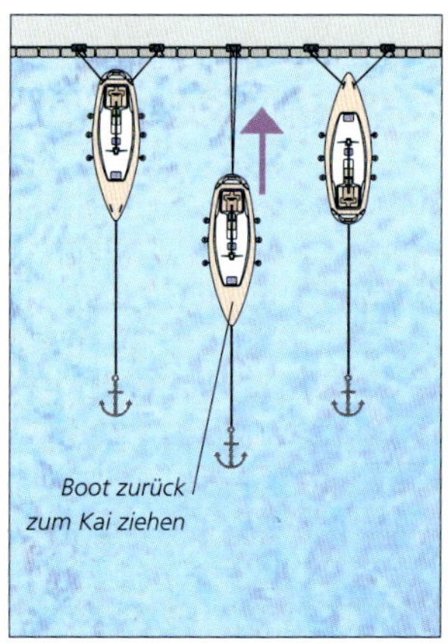

③ Das Boot mit Hilfe von Trosse und Leine wenden und mit dem Heck voraus an den Kai verholen.

um eine Klampe oder Poller legen und das Ende straff genug halten, damit Spannung auf die Trosse kommt. Danach lassen Sie die Trosse leicht um die Klampe rutschen, bis sich der Anker eingräbt und das Boot abbremst. Anschließend den Rückwärtsgang einlegen, wenn nötig, so dass das Boot kurz vor dem Steg oder Kai zum Stillstand kommt und die Crew mit den Vorleinen an Land gehen kann, um die Yacht festzumachen.

Anlaufen mit Heck zur Pier

Wenn Sie mit dem Heck voraus anlegen wollen, bieten sich Ihnen zwei Möglichkeiten – je nachdem, wie gut sich Ihr Boot unter Motor rückwärts steuern lässt. Ist dies problemlos möglich, laufen Sie aus einiger Entfernung rückwärts in gerader Linie auf Ihren Liegeplatz zu, lassen in etwa drei bis fünf Bootslängen Entfernung zum Kai den Buganker fallen und die Trosse auslaufen. Wenn sich das Heck dem Kai oder Steg nähert, stoppen Sie den Buganker ruckartig auf Poller oder Klampe und geben einen kurzen Gasschub vorwärts, um das Boot zum Stehen zu bringen. Die Crew kann nun mit den Achterleinen an Land gehen und sie festmachen. Lässt Ihr Boot sich im Rückwärtsgang nicht gut steuern, und wollen Sie dennoch mit dem Heck voraus anlegen, sollten Sie zunächst mit dem Bug voraus anlegen und Ihre Yacht dann mit Vorleine und Ankertrosse drehen *(links)*.

Ablegen

Das Ablegen von einem Liegeplatz mit Bug oder Heck voraus ist im Allgemeinen unkompliziert. Werfen Sie einfach die Uferleinen los und holen Sie die Ankertrosse an, um das Boot aus dem Liegeplatz zu ziehen; notfalls können Sie den Motor zur Unterstützung benutzen. Dann wird der Anker eingeholt und an Bord gebracht *(S. 214)*, und Sie können abfahren. Falls starke Dwarswinde eine gerade Ausfahrt des Bootes aus der Box erschweren, sollten Sie eine lange Leine auf Slip zum Land legen, um das Boot besser kontrollieren zu können.

Wenn Sie einen Liegeplatz mit Pfählen und Stegen verlassen, können Sie mit dem Heck voraus ablegen, indem Sie einfach Ihre Vorleinen loswerfen und unter Motor langsam rückwärts fahren.

Bei starkem Dwarswind sollte man jedoch nur die leewärtigen Vor- und Achterleinen loswerfen und die beiden übrigen Festmacher auf Slip legen.

Lässt sich ein Boot unter Motor nicht gut rückwärts steuern, legt man beide Pfahlleinen auf Slip und führt sie nach vorn zur Bootsmitte. Dann werden die Vorleinen losgeworfen und das Boot an den Achterleinen nach achtern verholt. Wenn die Pfähle querab liegen, Leinen loswerfen, einholen und unter Motor abfahren.

LIEGEPLÄTZE ZWISCHEN PFÄHLEN UND STEGEN

Manche Häfen bieten als Liegeplätze eine Kombination von Pfählen und Stegen, zwischen die man sich mit Bug oder Heck voraus legen kann. Wer in solch einer Anlage seinen Heimathafen hat, lässt die für sein Boot maßgeschneiderten Festmacher für gewöhnlich an den Pfählen und Stegen zurück.

Anlegen

Obwohl es möglich ist, einen Liegeplatz mit dem Heck voraus anzulaufen – wenn Sie mit Ihrem Boot rückwärts gut manövrieren können –, lassen sich die meisten Yachten in einer solchen Situation besser mit dem Bug voraus anlegen. Legen Sie zwei Vor- und zwei Achterleinen bereit; Letztere sollten als Springs gesetzt werden, wobei die Backbordspring zum Steuerbordpfahl geht und umgekehrt. Dann laufen Sie langsam unter Motor an. Achten Sie dabei auf Dwarswinde, die Ihr Boot seitlich abtreiben.

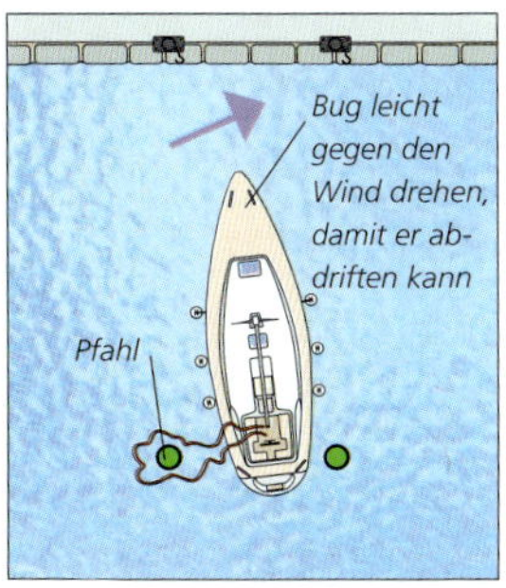

① Bei Dwarswind unter Motor in Richtung des Luvpfahls anlaufen. Die Achterleine zur Bucht über den Pfahl werfen und lose geben.

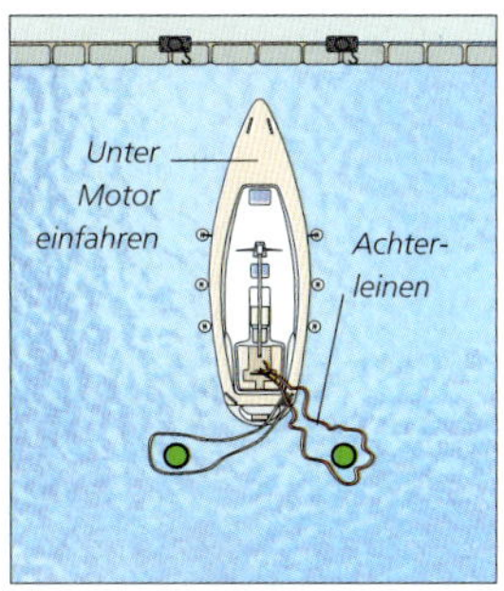

② Die andere Achterleine über den zweiten Pfahl werfen. Dann unter Motor in den Liegeplatz einfahren.

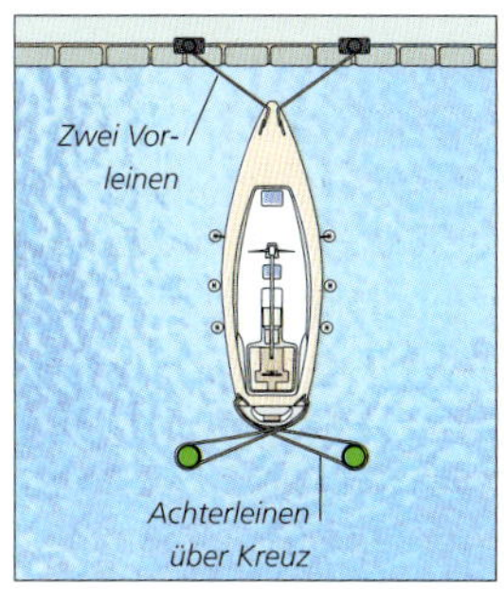

③ Das Boot kurz vor dem Steg stoppen und mit zwei Vorleinen so an Land belegen, dass das Boot kurz vor dem Steg gehalten wird.

Pfahlmurings

In manchen Tidenhäfen dienen Pfähle am Rande der Fahrrinne zum Festmachen vorn und achtern. Bei diesen Pfählen handelt es sich um große, in den Grund gerammte Holz- oder Metallpflöcke mit Beschlägen, an denen eine Muringleine vertäut werden kann. Häufig legen sich Boote im Päckchen zwischen Pfahlmurings, obwohl natürlich nur eine begrenzte Zahl von Booten an jedem Pfahlpaar erlaubt ist.

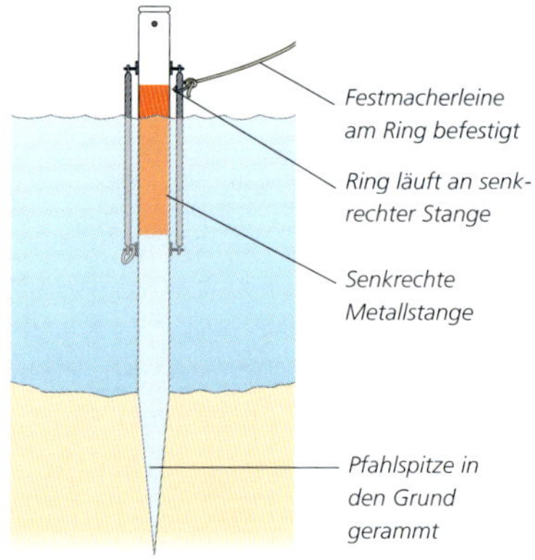

Pfahlmuring

Unter Motor

Das Ablegen von einer Pfahlmuring ist im Allgemeinen sehr unkompliziert. Man sollte nur darauf achten, daß man nicht in Richtung möglicher Gefahrenstellen ablegt.

Ablegen unter Motor

Wenn Sie allein zwischen einem Pfahlpaar liegen, legen Sie immer – ob mit Bug oder Heck – gegen den Strom ab. Liegen Sie in einem Päckchen, müssen Sie zuerst die Festmacher bergen und danach wie von einem Liegeplatz längsseits ablegen *(S. 202–203)*.

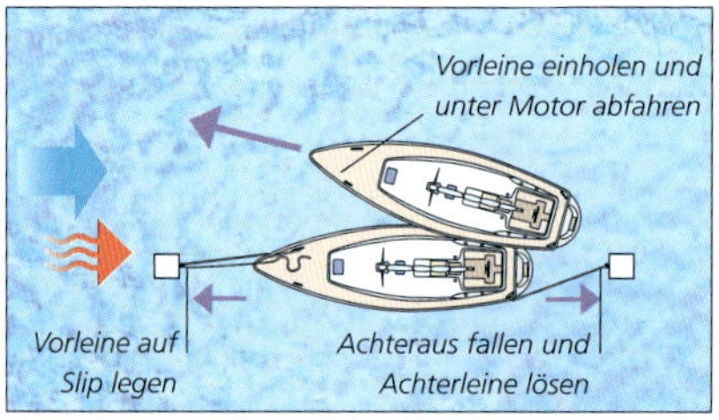

△ Ablegen gegen den Strom
Das Boot unter Fieren der Achterleine zum höher am Strom gelegenen Pfahl ziehen. Um mit dem Bug zuerst abzulegen, die Vorleine auf Slip legen, dann zum hinteren Pfahl achteraus fallen lassen und die Achterleine lösen.

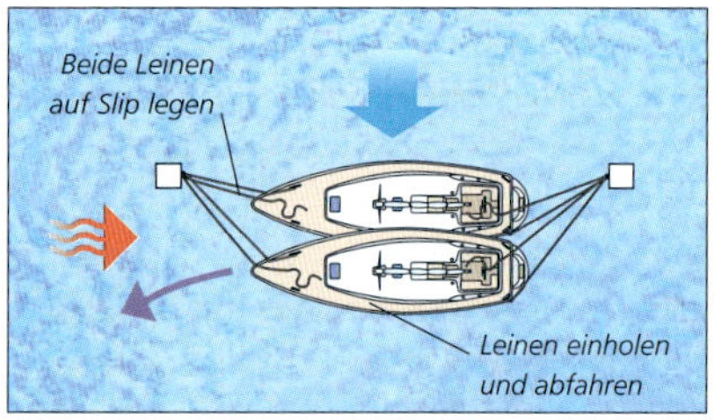

△ Seitenwind
Bei starkem Seitenwind Vor- und Achterleine auf Slip legen und auffieren, bis der Wind das Boot nach Lee getrieben hat. Ist das Boot frei, Maschine langsam voraus und beide Leinen einholen.

Festmachen unter Motor

Das Anlegen an einem Pfahl ist relativ einfach. Wenn Sie sich zwei leere Pfähle aussuchen, brauchen Sie nur zwei Muringleinen und können das Manöver von Deck aus erledigen. Falls Sie an einem anderen Boot längsseits gehen wollen, gelten die gleichen Regeln wie bei einem Liegeplatz längsseits. Sie benötigen sechs Festmacher sowie Fender und das Beiboot, um die Pfahlleinen auszubringen. Der Skipper sollte gegen das stärkste Element anlaufen und die Crew zuvor instruiert haben. Halten Sie den Bootshaken und die Muringleinen bereit.

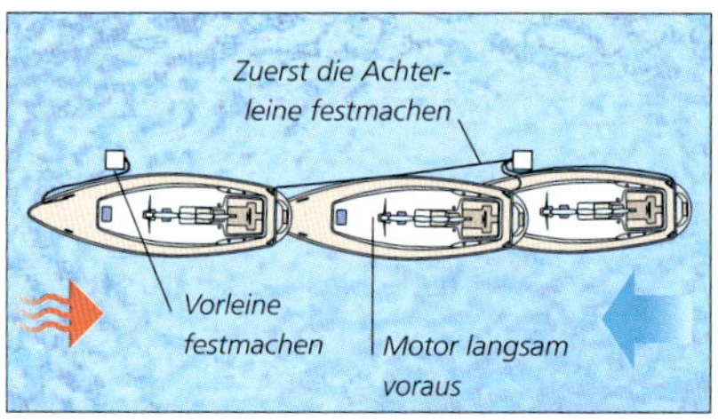

△ Festmachen
Gegen den stärksten Einfluss anlegen. Das Boot beim hinteren Pfahl stoppen, so dass der Pfahl leicht vor den Wanten liegt, und die Achterleine festmachen. Maschine langsam voraus zum vorderen Pfahl und die Vorleine festmachen. Anschließend beide Leinen trimmen.

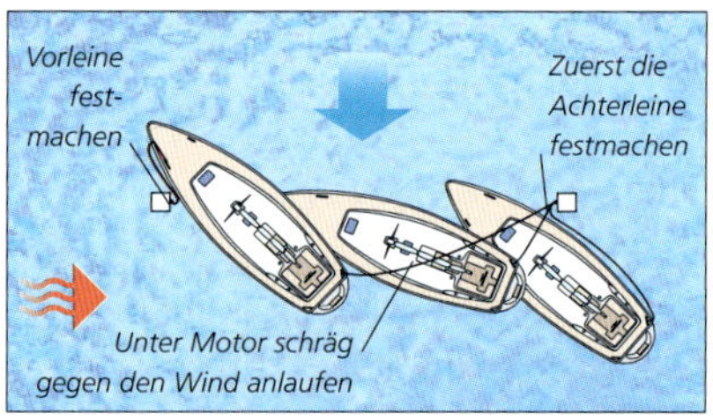

△ Seitenwind
Den hinteren Pfahl auf der Leeseite anlaufen und das Boot so stoppen, daß das Luvwant auf Höhe des Pfahls liegt. Dann Achterleine festmachen und schräg gegen den Wind zum anderen Pfahl fahren. Vorleine festmachen und das Boot zwischen die Pfähle verholen.

Unter Segel

Solange die unmittelbare Umgebung nicht mit zu vielen anderen Booten bevölkert ist, kann man eine Pfahlmuring auch unter Segel verlassen.

Ablegen unter Segel

Wenn man allein an einer Pfahlmuring liegt, ist ein Ablegemanöver unter Segel recht einfach. Falls Sie das Außenboot eines Päckchens sind und auf der Leeseite liegen, ist ein Ablegen unter Segel ebenfalls möglich, nachdem Sie Ihre Pfahlleinen mit dem Beiboot geborgen und an Bord geholt haben.

Da man Pfahlmurings meist in Tidengewässern findet, sollte man am besten immer mit dem Bug zum Strom ablegen, weil man so Fahrt und Ruder besser unter Kontrolle hat. Wenn Sie also mit dem Heck zum Strom liegen, müssen Sie Ihr Boot vor dem Ablegen zuerst mit Leinen drehen. Mit dem Bug zum Strom wird Ihr Ablegemanöver von der Windrichtung bestimmt. Wie auch bei anderen An- und Ablegemanövern unter Segel benutzt man je nach Windrichtung nur das Großsegel oder Groß- und Vorsegel.

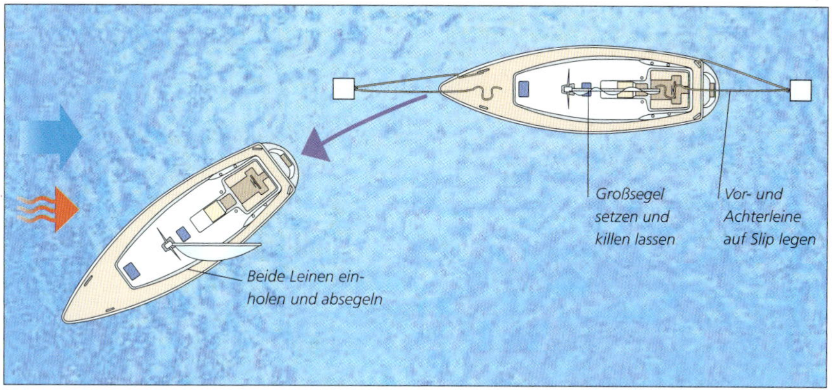

△ **Wind vorlicher als querab**
Beide Pfahlleinen auf Slip legen und das Großsegel zum Setzen fertig machen. Den Kurs planen und die Crew einweisen. Das Großsegel setzen und killen lassen, dann die Achterleine loswerfen. Die Vorleine holen, um dem Boot steuerfähige Fahrt zu geben, dann Leinen los und absegeln.

Festmachen unter Segel

Wenn Sie eine Pfahlmuring unter Segel anlaufen wollen, sollten Sie immer gegen das stärkste Element anlegen – also meist gegen den Strom. Falls jedoch ein sehr starker Wind gegen einen schwachen Strom steht, müssen Sie Ihren Anlauf gegen den Wind planen.

Legen Sie Vor- und Achterleinen bereit und einen Bootshaken in Reichweite. Ihr eigentliches Anlegemanöver wird von der Windrichtung vorgegeben: Fällt der Wind vorlicher als querab ein, legt man nur unter Großsegel an. Dazu läuft man auf einem Amwindkurs an und stoppt das Boot neben dem Bugpfahl. Die Vorleine festmachen, dann das Großsegel niederholen und das Boot achteraus fallen lassen, bis man die Achterleine am Heckpfahl vertäuen kann. Anschließend das Boot auf Mitte verholen. Fällt der Wind quer oder achterlicher als querab ein, fährt man nur unter Vorsegel an und kontrolliert durch Holen und Fieren der Fockschot die Geschwindigkeit. Die Fock auf Höhe des hinteren Pfahls killen lassen und die Achterleine festmachen; dann zum vorderen Pfahl weitersegeln und die Vorleine vertäuen.

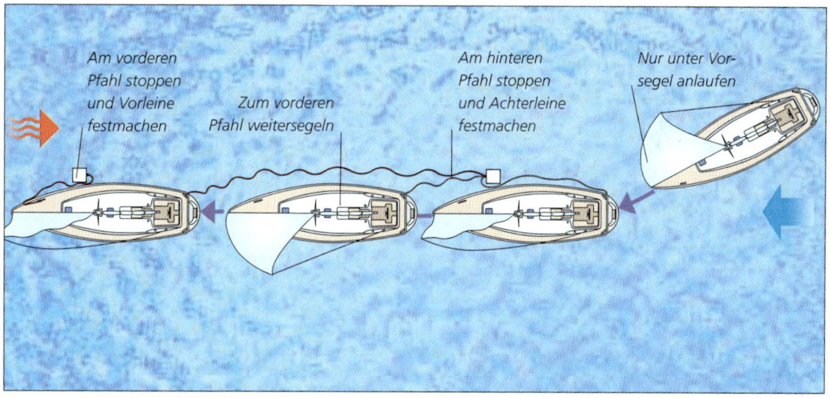

△ **Wind quer oder achterlicher als querab**
Wenn man bei seitlichem bis achterlichem Wind gegen den Strom anlegen will, sollte man mit niedergeholtem Großsegel in Lee der Pfeiler anlaufen. Angelegt wird nur unter Vorsegel. Zuerst die Achterleine festmachen, dann zum vorderen Pfahl weitersegeln und die Bugleine befestigen.

Muren und Ankern

Wenn man ein Boot ständig festmachen will, ohne dabei an einem Kai oder Steg längsseits zu gehen, bleiben zwei Möglichkeiten – muren oder ankern. Muringbojen findet man häufig in Häfen, Flüssen und Buchten als bequeme Befestigungspunkte für Gäste oder ständige Benutzer. Das Ankern dagegen ermöglicht es einem Skipper, einen entlegenen Platz für eine ruhige Übernachtung aufzusuchen, eine Gegenströmung abzureiten oder sicher einen Sturm abzuwettern.

Murings

Eine Muring besteht aus einer auf dem Wasser treibenden Muringboje, die über eine Trosse oder Kette an einer schweren Ankerkette befestigt ist. Diese Kette wiederum wird von einem oder mehreren schweren Ankern oder Gewichten auf dem Grund gesichert. Murings für leichte Wasserfahrzeuge besitzen häufig noch eine kleine Boje, die aus dem Wasser genommen (aufgepickt), an Bord über eine Klüse geführt und an einer Klampe belegt werden kann. Andere Murings haben eine größere Boje mit einem Ring oder Auge darauf, an dem das Boot mit einer Muringleine festgemacht werden kann. Murings sind häufig in Reihen am Rand von Flüssen oder Fahrrinnen angeordnet und meist nach dem Tidenstrom ausgerichtet.

Wahl einer Muring

Wenn Sie einen Hafen mit Muringbojen für Besucher anlaufen, wählen Sie eine Muring, die für Ihre Yacht geeignet ist. Sie muss die richtige Größe besitzen, weit genug vom Ufer entfernt sein, so dass Ihr Boot bei Ebbe immer noch Wasser unter dem Kiel hat, und ausreichend frei liegen, damit Ihre Yacht mit Wind und Strom um die Boje schwojen (kreisen) kann. Und wenn Sie an der Boje übernachten wollen, sollte die Muring vor Wind und Dünung geschützt sein. Zusätzlich sollten Sie überprüfen, ob »Ihre« Muring auch frei ist – andernfalls besteht die Gefahr, dass der Besitzer plötzlich zurückkommt und seinen Liegeplatz einfordert. Falls Sie dennoch an einem festen Liegeplatz festmachen müssen, lassen Sie Ihr Boot nie unbeaufsichtigt, für den Fall, dass der Besitzer zurückkehrt. Am besten fragen Sie vorher den Hafenmeister oder einen ortsansässigen Segler um Rat.

Anker und Trossen

Jede Yacht sollte zumindest zwei Anker in passender Größe an Bord haben sowie Ankerketten oder -trossen in ausreichender Länge. Die Wahl des Ankers und der Kette bzw. Trosse hängt von den Eigenschaften Ihres Bootes und dem Revier ab. Eine typische Kombination besteht aus einem Hauptanker, dem so genannten »Buganker«, und einem leichteren

Zwischen zwei Bojen

Vor- und Achterbojen zum Festmachen liegen oft in Reihen am Rande von Tidengewässern oder Flüssen. Die Methode zum Festmachen ist im Prinzip die gleiche wie zwischen Pfählen.

An die Boje gehen

Das Festmachen zwischen Vor- und Achterboje verläuft genau wie das Festmachen zwischen Pfählen *(S. 208–209)*; bevor man anläuft, sollte man jedoch überprüfen, ob die Bojen auch groß genug sind, dass sie das Boot halten können. Manchmal ist es schwierig, eine Boje vom Deck eines Kreuzers aus zu erreichen, so dass man einen Bootshaken braucht. Einige Vor- und Achterbojen sind mit kleinen Greifbojen versehen, die man mit dem Bootshaken mühelos an Deck holen kann. Zum Anlegen geht man längsseits an die Greifbojen und bringt die vordere Boje zum Bug und die andere zum Heck. Ist der Zustand der Leinen schlecht, sollte man eigene Leinen zum Festmachen verwenden.

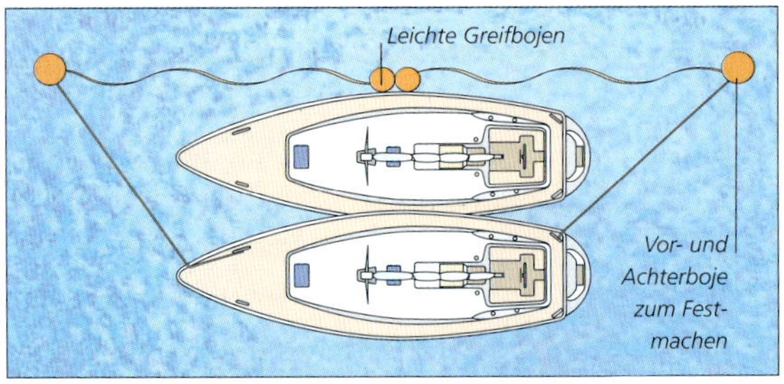

◁ *Viele Vor- und Achterbojen zum Festmachen sind mit kleinen Greifbojen an Leinen versehen, mit denen man sein Boot vertäut.*

Anker, dem Warpanker. Der Warpanker wird für kurze Aufenthalte bei gutem Wetter benutzt oder zum Verholen eingesetzt, wenn die Yacht auf Grund gelaufen ist. Als Anker eignen sich Bruce-, Pflugschar-, Danforth- oder Fortress-Anker, die allesamt so konstruiert sind, dass sie sich selbst in einen Grund aus Geröll, Sand oder Schlick eingraben. Der Bruce-Anker ist besonders als Buganker sehr beliebt, und ein Fortress-Anker aus Aluminium bietet sich als Warpanker an. Der klassische Stockanker eignet sich dagegen besonders für steinige Untergründe. Als echter Hochseesegler sollte man immer den schwersten Anker mitnehmen, den man an Bord unterbringen kann, denn nur so kann man an ungeschützten Ankerplätzen in Ruhe ankern.

Eine Ankerkette ist zwar sehr schwer – deutlich schwerer als eine Ankertrosse –, aber besser als alles andere, da sie extrem viel Last hält und sich nicht durchscheuern kann. Für den Warpanker empfiehlt sich dagegen eine Nylontrosse.

Die Haltekraft eines Ankers ist abhängig von der Länge der Trosse – was wiederum von der Wassertiefe und der Trossenlänge abhängt, die Sie an Bord nehmen können. Die Mindestlänge für Ankerketten beträgt drei, die für Ankertrossen fünf, bei Sturm sogar zehn Wassertiefen.

Und vergessen Sie beim Ankern während der Ebbe nicht, den Tidenhub einzurechnen!

△ **Bruce-Anker**

Der Bruce-Anker ist ein beliebter Anker, der sich mit seinen großen Ankerschaufeln (Flunken) selbst in den Grund eingräbt. Je mehr Zug auf den Anker wirkt, desto tiefer gräbt er sich ein.

△ **Stockanker**

Der klassische Stockanker ist unübertroffen auf steinigem oder verkrautetem Grund. Allerdings wiegt er wesentlich mehr als moderne Anker und lässt sich aufgrund seiner Form schlecht verstauen.

▽ **Länge der Ankertrosse**

Wenn Ihr Anker an einer Ankerkette hängt, müssen Sie mindestens die dreifache Wassertiefe an Kette auslassen; bei einer Ankertrosse sind sogar fünf Wassertiefen nötig.

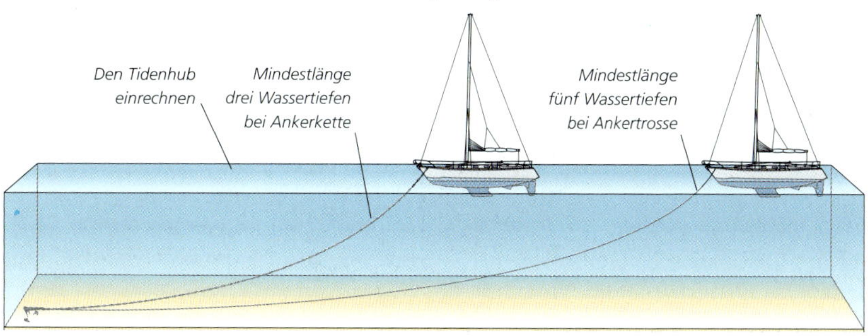

Wahl des Ankerplatzes

Bei der Wahl seines Ankerplatzes muss man verschiedene Dinge bedenken – Schutz vor Wind und Wellen, Wassertiefe, Grundbeschaffenheit und den Raum zum An- und Ablegen unter Segel oder Motor.

Wechselnde Bedingungen

Ein Ankerplatz, der beim Festmachen noch Windschutz bot, kann unhaltbar werden, sobald der Wind dreht. Das Gleiche gilt auch, wenn ein Wechsel des Tidenstroms eine Veränderung des Seegangs zur Folge hat.

Daher sollte man sich vor dem Ankern den Wetterbericht anhören und versuchen, mögliche Veränderungen der Windrichtung und -stärke einzuplanen. Falls Sie in flachem Wasser vor Anker gehen, achten Sie darauf, dass Sie bei Ebbe noch genügend Wasser unter dem Kiel haben und den Ankerplatz jederzeit sicher verlassen können.

Grundbeschaffenheit

In der Karte des Reviers finden Sie Hinweise zur Beschaffenheit des Grundes. Beim Ankern auf Stein, Kraut oder Korallenboden sollte man vorsichtig sein, da diese Untergründe den meisten Ankern nur wenig Halt bieten. Suchen Sie sich möglichst einen Ankergrund aus Sand oder festem Schlick.

Andere Boote

Zum Schluss sollten Sie noch feststellen, ob andere Boote in der Nähe Ihres Ankerplatzes liegen. Halten Sie genügend Abstand zwischen sich und den anderen Booten, damit Sie problemlos um Ihren Anker schwojen können, wenn Wind oder Strom sich drehen. Am besten geht man neben artgleichen Yachten vor Anker, da sie auf die gleiche Weise auf Wind und Strom reagieren.

An- und Ablegen

Die Methode, mit der das Boot an die Boje oder einen Ankerplatz gebracht wird, ist für den Skipper die gleiche – Unterschiede bestehen nur in der verwendeten Ausrüstung und den Manövern der Crew. Beim Anlaufen an einen Muring- oder Ankerplatz sollte man Kurs und Anlegemanöver planen – Ziel ist es, das Boot genau dort zum Stillstand zu bringen, wo der Anker liegen soll, oder wo man die Boje aufpicken kann.

Dabei werden beim Ankern nicht so hohe Ansprüche an die Präzision gestellt wie beim Anlegen an eine Muringboje: Versuchen Sie, das Boot in der vorgesehenen Position zu stoppen, und lassen Sie das Boot nach dem Fallenlassen des Ankers achteraus treiben. Das verhindert, dass die Trosse direkt auf den Anker fällt und ihn unklar macht. Häufig sind gesprochene Kommandos nur schwer zu verstehen; daher sollten Sie einige Handzeichen festlegen, um die Kommunikation zwischen Vordeck und Cockpit sicherzustellen.

Annähern

Wenn Sie unter Segel anlegen wollen, müssen Sie zunächst entscheiden, wie Ihr Boot an der Boje oder vor Anker liegen soll. Schauen Sie sich um, wie die anderen Boote in der Umgebung liegen, und stellen Sie fest, ob Wind oder Strom den stärksten Einfluss auf den Liegeplatz haben. Man sollte immer gegen das stärkste Element anlegen, damit man die Kontrolle über das Boot behält und es zum Stillstand bringen kann. Im Zweifel gilt: immer gegen den Strom anlegen.

Als Nächstes müssen Sie entscheiden, ob Sie Ihren Liegeplatz nur unter Großsegel oder unter Vorsegel anlaufen wollen. Die Regel lautet: Kommt der Wind vorlicher als querab ein, benutzt man das Großsegel; fällt er quer oder achterlich ein, legt man nur unter Vorsegel an.

Dann segelt man langsam rund um den potenziellen Liegeplatz, um sich ein Bild von der Situation zu verschaffen, den Kurs zum Anlaufen zu planen und eine Ausweichroute festzulegen; gegebenenfalls lohnt sich ein Probelauf. Anschließend weist man die Crew ein und lässt ihr genug Zeit, die Muringleinen oder Anker und Trosse klarzumachen.

Wenn Sie unter Motor anlegen wollen, sollten Sie rechtzeitig alle Segel bergen und verstauen. Dann fahren Sie langsam in Richtung Muring oder Ankerplatz, planen Ihr Anlegemanöver und überprüfen die Wassertiefe. Bei einem Revier mit Tidenstrom läuft man die letzten Meter gegen den Strom an und geht langsam unter Motor voraus an die vorher ausgewählte Muringboje oder auf den Platz, an dem der Anker fallen soll.

Anlegen unter Segel

Fällt der Wind vorlicher als querab ein, läuft man nur unter Großsegel an, damit das Vordeck frei bleibt. Warten Sie, bis das Boot stilliegt, bevor Sie den Anker fallen lassen, und holen Sie das Großsegel erst nieder, wenn das Boot weggetrieben ist und der Anker hält.

Kommt der Wind von achterlicher als querab, nähert man sich dem Muring- oder Ankerplatz mit dem Wind und läuft nur unter Vorsegel langsam auf Muringboje oder Ankerplatz zu. Ist die Yacht bei Starkwind zu schnell, holt man das Vorsegel ein und läuft vor Topp und Takel an. Bei zu leichtem Wind kann es vorkommen, daß man das Großsegel teilweise heißen muß, um gegen den Strom anzukommen.

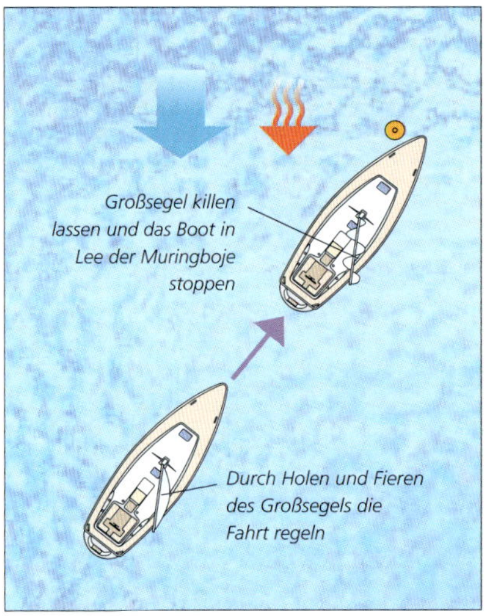

△ **Wind vorlicher als querab**
Auf Amwindkurs nur unter Großsegel anlaufen. Das Segel auf den letzten Metern flattern lassen, um das Boot zu stoppen.

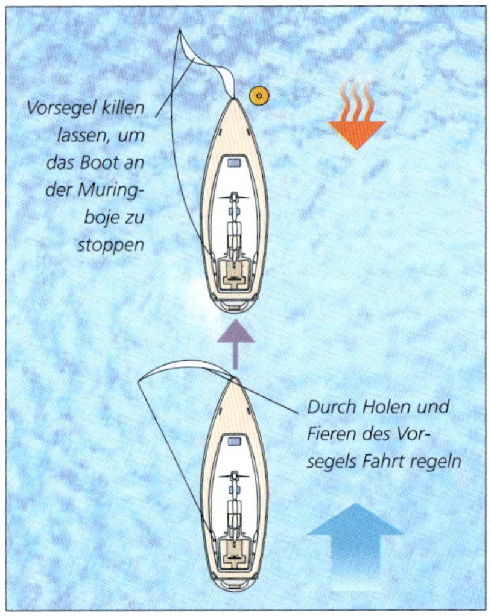

△ **Wind achterlicher als querab**
In Luv der Muring oder des Ankerplatzes anlaufen, Großsegel niederholen und langsam nur unter Vorsegel auf die Muring zusegeln.

Ablegen unter Segel

Für das Ablegen unter Segeln gelten die gleichen Regeln wie für das Anlegen. Die Art des Ablegens wird von der Windrichtung bestimmt. Wenn der Wind vorlicher als querab einfällt, legt man nur unter Großsegel bzw. Groß- und Vorsegel ab; fällt er quer oder achterlich ein, heißt man nur das Vorsegel. Planen Sie Ihren Kurs, schauen Sie sich nach möglichen Hindernissen um und weisen Sie die Crew ein.

Wenn Sie an einer Muringboje festgemacht haben, kann man dem Boot Fahrt verleihen und es in die gewünschte Richtung drehen, indem man die Boje an der entgegengesetzten Seite des Bootes entlangzieht und die Leinen erst dann loswirft. Falls ein Anker eingeholt und geborgen werden muss, holt man einfach die Ankertrosse an und nimmt so Fahrt auf.

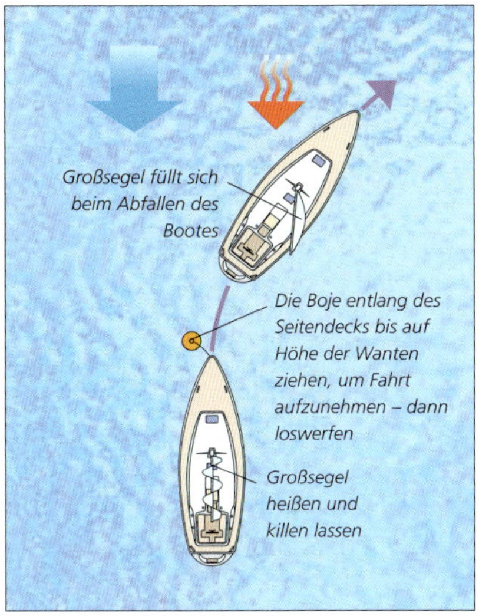

△ **Wind vorlich**
Großsegel heißen und Vorsegel klarmachen. Bei leichtem Wind oder schlechter Manövrierfähigkeit unter Großsegel beide Segel setzen. Muringleinen loswerfen und auf Kurs abfallen.

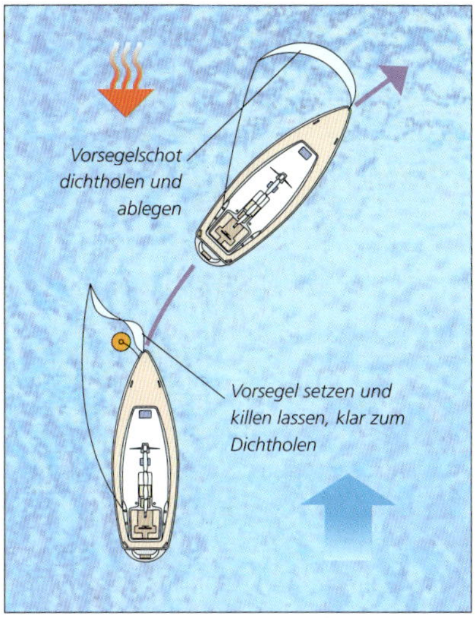

△ **Wind achterlich**
Vorsegel heißen; wenn das Boot klar zum Ablegen ist, die Vorschot dichtholen und ablegen. In freies Wasser segeln, dann in den Wind drehen, Großsegel setzen und auf Kurs gehen.

An- und Ablegen unter Motor

Unter Motor läuft man eine Muring oder einen Ankerplatz immer gegen das stärkste Element an – Wind oder Strom – und kann so kontrolliert manövrieren. Wenn Sie sich nicht sicher sind, sehen Sie sich artgleiche Yachten an, die in der Nähe an der Boje oder vor Anker liegen. Halten Sie sich beim Anlaufen von anderen Booten oder möglichen Hindernissen frei und legen Sie eine Ausweichroute fest, falls unvorhergesehene Umstände auftreten. Dann weisen Sie die Crew ein und lassen ihr genug Zeit, die Muringleinen oder Anker und Trosse klarzumachen.

Beim Ablegen wird Ihre Yacht mit dem Bug von selbst in Richtung des stärksten Einflusses liegen. Dies ist die Richtung, in der Sie ablegen sollten, sofern kein Hindernis den Kurs versperrt.

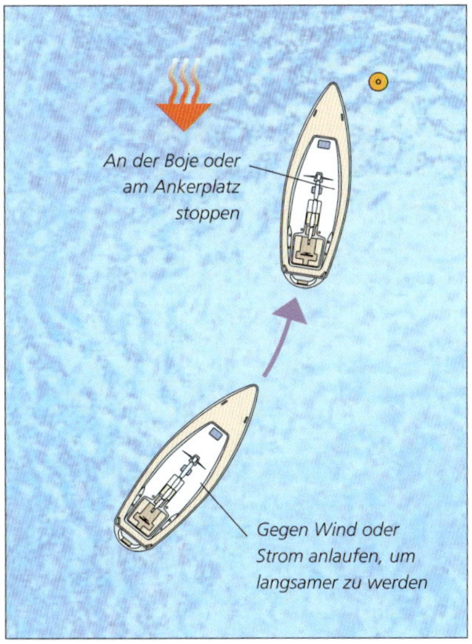

△ **Annähern unter Motor**
Unter Motor langsam voraus gegen Wind oder Strom auf die Muringboje oder den Ankerplatz zulaufen. Fahrt drosseln, bis das Boot neben der Boje oder am Ankerplatz stoppt.

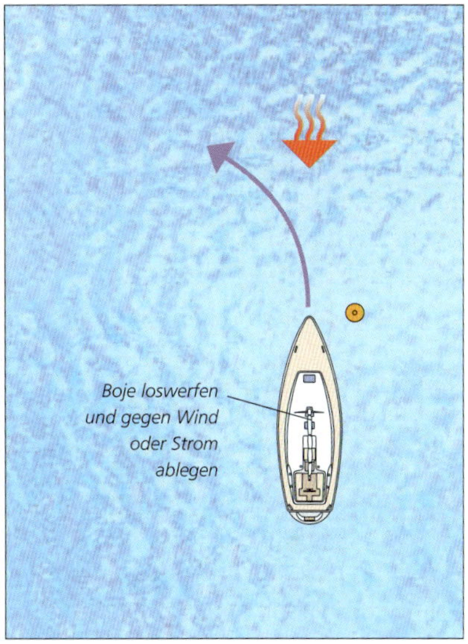

△ **Ablegen unter Motor**
Muringboje loswerfen oder Motor langsam voraus, um den Anker aufzunehmen. Zum kontrollierten Ablegen zunächst gegen das stärkste Element (Wind oder Strom) steuern, bevor man auf Kurs geht.

Festmachen an Muring oder Anker

Das Festmachen an einer Muringboje ist einfacher als das Längsseitsgehen an einem Steg oder Kai. Stellen Sie ein oder zwei Crewmitglieder mit Muringleine und Bootshaken ab, um die Muringboje aufzupicken, und machen Sie einen Probelauf an die Muring, um sich die Boje und ihre Leinen genauer anzusehen.

Gerade bei größeren Yachten ragt der Bug oft hoch aus dem Wasser, was das Aufpicken einer Greif- oder Muringboje erschwert. In diesem Fall sollte man sein Boot so stoppen, dass sich die Boje auf Höhe der Wanten befindet, wo das Freibord etwas niedriger ist. Dabei gibt der Vorschoter auf den letzten Metern durch Handsignale Position und Entfernung der Boje an, da dem Steuermann meist die Sicht versperrt ist.

Sobald die Boje längsseits liegt, kann die Vordeckscrew entweder die Greifboje an Bord holen oder die Muringleine am Ring auf der Boje oder an der Kette unter der Boje festmachen. Am Ring belegt man mit einem Rundtörn mit anschließendem Palstek *(S. 39)*. Achten Sie darauf, dass Ihre Muringleine durch eine Klüse außenbords geführt wird.

Um von der Boje zu gehen, muss die Vordeckscrew gut vorbereitet sein, um die Boje auf Befehl sofort loswerfen zu können. Falls eine Boje an Bord gebracht wurde, darf sie dann nur noch mit einem Törn um die Klampe gehalten werden. Wenn eine Muringleine an der Boje oder Kette festgemacht war, sollte man sie durch eine auf Slip gefahrene Leine ersetzen, die sich leicht von Bord aus loswerfen und einholen lässt. Ist die Boje losgeworfen, muss dem Skipper mitgeteilt werden, wann das Boot frei liegt.

Anker fallen lassen

Vor dem Anlaufen an den Ankerplatz müssen Anker und Trosse klar sein. Ist der Anker an seinem Bugroller verstaut, löst man alle Verzurrungen oder Sicherungsstifte – aber achten Sie darauf, dass der Anker nicht fällt, bevor Sie klar sind! Dann prüft man die Wassertiefe und rechnet eine Trossenlänge von mindestens dreifacher Wassertiefe, die auf Deck aufgeschossen – damit sie später ohne Verdrehen auslaufen kann – und belegt wird. Liegt das Boot gestoppt über dem Ankerplatz oder driftet langsam achteraus, gibt man den Befehl zum Fallenlassen. Der Anker sollte nie ins Wasser geworfen werden, und die Trosse muss kontrolliert auslaufen, bis der Anker den Grund erreicht. Dann wird der Rest der Trosse ausgegeben, während das Boot achteraus driftet, und die Trosse auf Poller oder Klampe gestoppt. Kommt die Trosse auf Spannung, nimmt man eine Reihe von Peilungen an zwei oder mehr Fixpunkten am Ufer, um sicherzugehen, dass die Yacht nicht vor Anker treibt.

Anker lichten

Wie problemlos ein Anker gelichtet werden kann, hängt vom Gewicht des Ankers und der Trosse, der Wassertiefe, Wind- und Wasserverhältnissen und der Stärke der Crew oder der Ankerwinde ab. Als erstes verholt man das Boot an der Trosse genau über den Anker; bei rauerem Wetter kann dazu die Unterstützung durch Motor oder Segel nötig sein. Wenn das Boot über dem Anker liegt, informiert die Crew den Skipper, dass der Anker klar zum Ausbrechen ist. Dann holt man die Trosse per Hand oder mit der Winde ein, bis der Anker aus dem Grund bricht.

Anschließend langsam unter Motor oder Segel Fahrt aufnehmen, bis die Vordeckscrew Anker und Trosse geborgen und verstaut hat. Falls sich der Anker weder von Hand noch mit der Winde ausbrechen lässt, holt man die Trosse so straff wie möglich, belegt sie und bricht den Anker mit der Kraft des Motors oder der Segel aus.

▽ Eine Boje aufpicken

Die Vordeckscrew sollte mit Bootshaken und Muringleine bereitstehen. Die Boje mit dem Bootshaken heranziehen und die Muringleine daran festmachen.

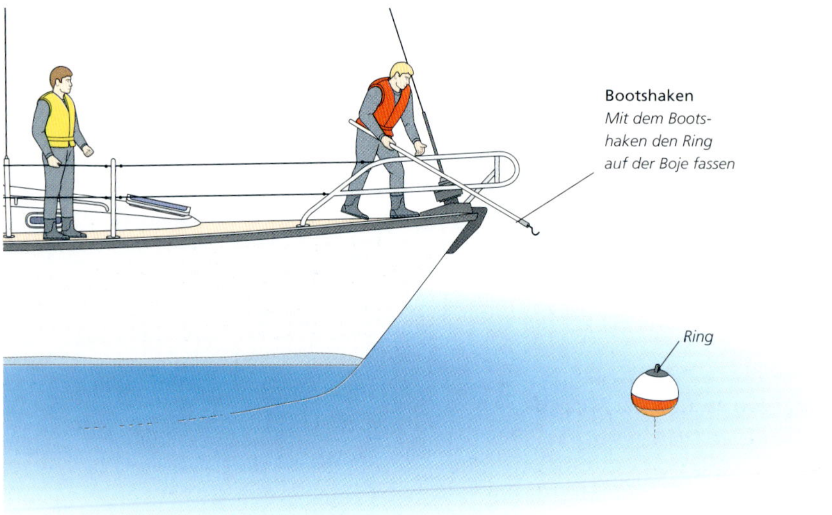

Vermuren

Für einen besonders sicheren Ankerplatz sollte man sein Boot vor zwei Anker legen (vermuren) und sie entweder an einer Trosse hintereinander oder an zwei Trossen, im Winkel von 30°–45° zueinander, setzen. Wenn Sie den Schwojkreis Ihres Bootes beim Tidenwechsel klein halten wollen, legen Sie einen Anker vor dem Bug und einen hinter dem Heck aus. Dazu Hauptanker fallen lassen und die doppelte Länge der eigentlich benötigten Trosse ausgeben. Anschließend Warpanker fallen lassen und die Trosse des Hauptankers wieder anholen. Beide Trossen mit einem Schäkel verbinden.

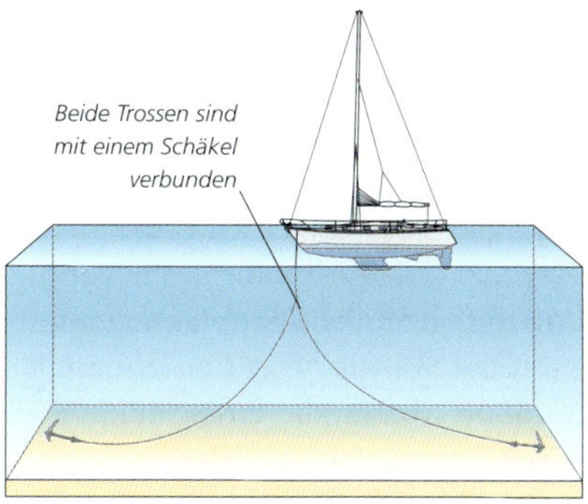

△ **Kleinerer Schwojkreis**
Je ein Anker vor und hinter dem Boot verkleinern den Schwojkreis einer Yacht bedeutend stärker als ein einzelner Anker.

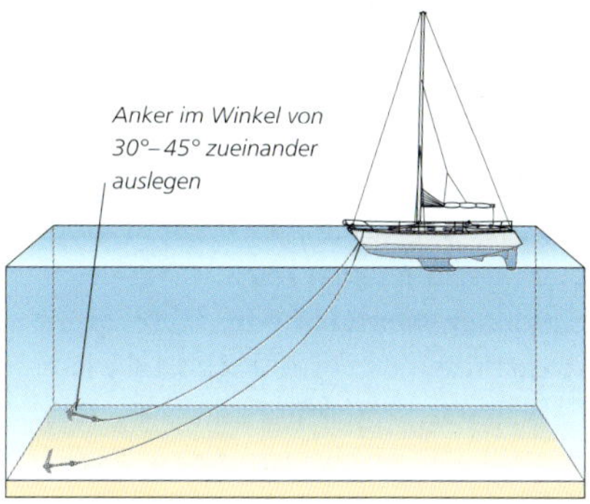

△ **Zusätzliche Sicherheit**
Wenn Sie starke Winde aus einer bestimmten Richtung abwettern wollen, legen Sie zwei Anker in diese Windrichtung aus.

TRIPPLEINEN

Es kann vorkommen, dass sich ein Anker wegen eines Hindernisses auf dem Grund nicht mehr ausbrechen lässt. In einem solchen Fall umkreist man unter Motor den Ankerplatz und zieht aus verschiedenen Richtungen an der Ankertrosse oder nutzt eine Trippleine.

Verwendung einer Trippleine

Unter einer Trippleine versteht man eine dünne Leine, die mit einem Ende am Ankerkreuz befestigt wird. Das andere Ende belegt man – mit genügend Lose dazwischen – entweder an Bord an einer Klampe oder macht es an einer kleinen Boje fest, die über dem Anker treibt. Bojen an der Trippleine eignen sich allerdings nicht für belebte Ankerplätze, da sich die Leine im Propeller eines anderen Bootes verfangen oder für eine Muringboje gehalten und aufgepickt werden könnte.

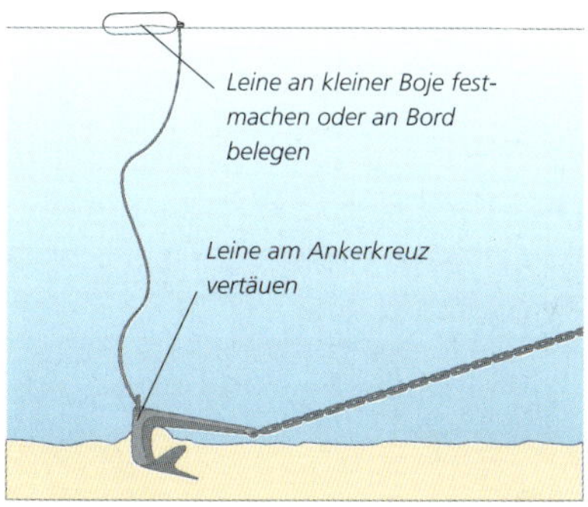

△ **Anker ausbrechen**
Zieht man an der Leine, kippt der Anker um und wird mit den Flunken zuerst aus dem Wasser geborgen.

DAS BEIBOOT NUTZEN

In manchen Situationen bietet es sich an, den Anker mit dem Beiboot auszubringen bzw. zu bergen und an Bord zu holen – was mit einem soliden Dingi besser zu bewältigen ist als mit einem Schlauchboot.

Anker ausbringen

Zum Ausbringen des Ankers mit dem Beiboot längsseits an der Yacht festmachen, die erforderliche Ankertrosse in das Beiboot bringen und am Heck des Tenders aufschießen, damit sie später glatt ausläuft. Das andere Ende durch eine Klüse führen und an Bord belegen. Der Anker lässt sich viel einfacher transportieren, wenn man ihn an einer Leine über das Heck des Beibootes hängt (den Tampen mit einem Slipstek an der Ruderbank befestigen). Auf diese Weise kann man den Anker im Sitzen fallen lassen, was wesentlich sicherer ist, als ihn im Stehen über das Dollbord zu heben. Das Beiboot in die Richtung rudern oder fahren, in der man den Anker legen will. Wenn die Trosse komplett ausgelaufen ist, die restliche Leine auf Slip legen, um den Anker loszuwerfen. Jetzt kann die Crew an Bord die Lose einholen, um den Anker einzugraben.

Anker bergen

Es gibt Situationen – wenn Sie beispielsweise zwei Anker ausgelegt haben –, in denen man den Anker mit dem Tender bergen muss. Ein solches Manöver kann mit einem Schlauchboot sehr gefährlich sein; ein festes Dingi ist dafür wesentlich besser geeignet. Ziehen Sie das Beiboot entlang der über das Boot verlaufenden Ankertrosse, bis es senkrecht über dem Anker liegt. Ein kräftiger Ruck sollte genügen, den Anker auszubrechen, der dann eingeholt und in den Tender gelegt wird.

TÖRNPLANUNG

Es gibt kaum etwas Schöneres für einen Fahrtensegler als ein gut geplanter Törn, der in einer sicheren Ankunft am Zielort gipfelt. Selbst wenn man dabei in einen Hafen zurückkehrt, den man wie seine Westentasche kennt – keine andere Art des Reisens schenkt einem ein derartiges Gefühl der Befriedigung. Der Skipper ist allein verantwortlich für die sichere Führung der Yacht und das Wohl der Besatzung. Daher sollte man als unerfahrener »Jungskipper« mit kurzen Tagestörns beginnen.

DER SKIPPER

In den Verantwortungsbereich des Skippers fällt alles, was mit der Führung der Yacht, ihrer Sicherheit und dem Wohl der Crew zusammenhängt. Er muss jeden Aspekt des Segelns kennen, seiner Crew Vertrauen einflößen und Ansprechpartner für alle sein.

Daher sollte man als angehender Skipper keine Törns planen, die über den eigenen Grad an Erfahrung hinausgehen. Obwohl die letztendliche Verantwortung immer beim Skipper liegt, gestaltet sich seine Aufgabe einfacher, wenn ein oder mehrere Crewmitglieder über Erfahrung im Fahrtensegeln verfügen. Ein Törn mit einer unerfahrenen Crew stellt an jeden Skipper hohe Anforderungen, und dieser Druck lässt sich nur mindern, wenn man ein erfahrenes Crewmitglied an Bord hat, das einige Aufgaben übernehmen kann. Wenn Sie keine »befahrene Hand« für Ihren Törn finden können, müssen Sie Ihre Reisepläne dem Können Ihrer Crew anpassen.

DIE CREW

Gute Crewmitglieder sind Gold wert – denn man muss eine positive Einstellung, Sinn für Humor und die Fähigkeit mitbringen, auf beengtem Raum mit anderen auszukommen, will man als Besatzungsmitglied auf einen längeren Törn gehen. Und wenn die Crew dazu noch über gute Segel- oder Navigationskenntnisse verfügt, kann ein Skipper sich glücklich schätzen. Die Besatzung sollte von Anfang an an der Törnplanung und der Bootsführung beteiligt sein, und der Skipper muss ein offenes Ohr für ihre Meinung haben. Allerdings sollte an Bord auch klar sein, dass eine Yacht auf See keine demokratische Einrichtung sein kann – letztendlich ist der Skipper für alles verantwortlich und trifft die Entscheidungen.

TÖRNPLANUNG

Die Planung für einen Törn oder eine Reise beginnt einige Zeit vor dem Tag der Abfahrt. Der Skipper stellt einen genauen Navigationsplan auf *(S. 258–259)*, aus dem hervorgeht, wie viele Stunden man ungefähr segelt und ob der Törn eine Nachtfahrt umfasst. Natürlich braucht man auch einen Ausweichplan, falls das Wetter oder andere Faktoren einen Strich durch die Rechnung machen. Außerdem sollte man Ruhetage sowie Urlaubstage an Land einplanen, vor allem, wenn man mit Kindern segelt. Anhand dieses Törnplans lässt sich

◁ **BESPRECHUNG DES TÖRNPLANS**
Planen Sie Ihren Törn so detailliert wie möglich, bevor Sie die Leinen loswerfen, und beteiligen Sie die Crew an der Planung.

WACHE GEHEN

Bei einem langen Törn ist es unbedingt notwendig, dass die gesamte Crew, einschließlich Skipper, genügend Schlaf bekommt, damit alle fit bleiben. Wenn man zu einem Törn von mehr als ein paar Stunden Länge ausläuft, empfiehlt sich ein Wachsystem für sämtliche Crewmitglieder.

Einteilung der Aufgaben

Seetage sind körperlich und geistig ermüdend, besonders bei schlechtem Wetter. Damit jeder die Reise genießen und zur Führung der Yacht beitragen kann, muss sichergestellt werden, dass die Crew den ganzen Törn über ausgeruht, wachsam und gut ernährt ist. Ein Wachsystem teilt die Crew in zwei oder mehr Wachen ein, von denen eine die Führung des Schiffes übernimmt, während die andere ausruht oder die Mahlzeiten vorbereitet.

Traditionelles System

Eine traditionelle Wacheinteilung sieht vier Stunden Dienst vor, gefolgt von vier Stunden Ruhe. Um zu verhindern, dass jede Wache immer zur gleichen Zeit auf Wache ist, werden die Wachzeiten um zwei so genannte »Hundewachen« von je zwei Stunden versetzt angeordnet, die am Spätnachmittag bzw. frühen Abend liegen. Zu diesen Zeiten ist jeder auf dem Boot wach.

Improvisiertes System

Die oben beschriebene Wacheinteilung ist natürlich nicht zwingend vorgeschrieben: Viele erfahrene Skipper arbeiten ihre eigene Wacheinteilung aus, die den besonderen Bedürfnissen ihrer Crew und den Anforderungen des Törns angepasst ist. Letztendlich kommt es nur darauf an, dass jeder an Bord genügend Schlaf bekommt und dass Licht und Geräusche auf ein Minimum begrenzt werden, wenn die Freiwache in der Koje liegt.

Pünktlichkeit

Jeder Skipper sollte seiner Crew einschärfen, dass Pünktlichkeit für die Einhaltung eines Wachsystems unerlässlich ist. Auf dem engen Raum einer kleinen Yacht, wenn alle vom Törn ermüdet sind, können sich die Gemüter schnell erhitzen, wenn die Deckswache nicht abgelöst wurde, da die neue Wache verschlafen hat.

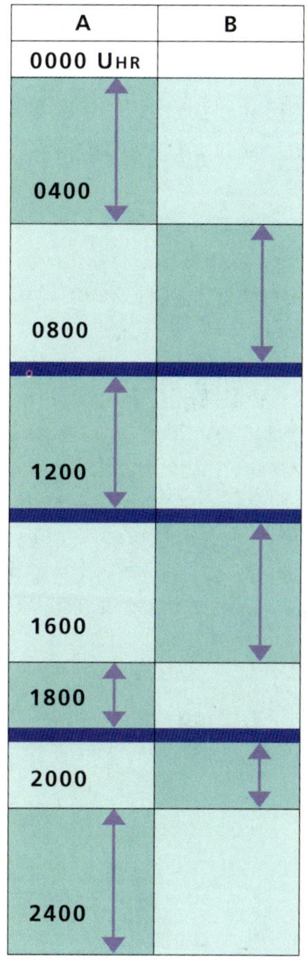

Traditionelles Wachsystem ▷
Wachsysteme werden von Mitternacht bis Mitternacht eingeteilt und gliedern die 24 Stunden in Dienst- und Ruhephasen. Das traditionelle System sieht pro Tag vier vierstündige Wachen vor, bei schlechtem Wetter jedoch kürzere.

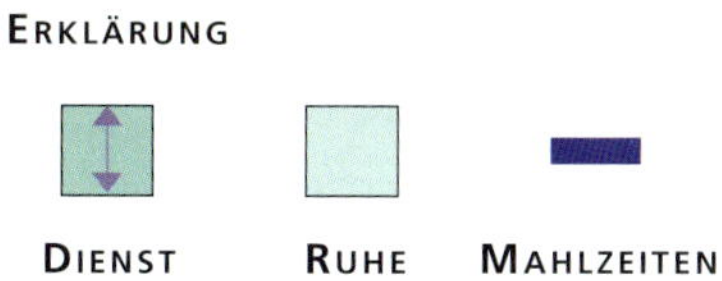

berechnen, wie hoch der Bedarf an Treibstoff, Nahrungsmitteln und Trinkwasser sein wird, so dass Sie gegebenenfalls weitere Landgänge zum Auffüllen Ihrer Vorräte einplanen können.

Such- und Rettungsdienste

Im Gegensatz zum deutschen Seeraum – wo die Deutsche Gesellschaft zur Rettung Schiffbrüchiger operiert – ist in vielen anderen Ländern die Küstenwache für Such- und Rettungsoperationen auf See verantwortlich. Viele Küstenwachen arbeiten nach einem System, bei dem eine Yacht vor ihrer Ausreise die Küstenwache über ihre voraussichtliche Route, den Zielort, das geschätzte Ankunftsdatum und die Ankunftszeit informiert. Im Zielhafen informiert der Skipper die Küstenwache dann sofort über die sichere Ankunft. Auf diese Weise weiß die Küstenwache, wann und wo sie eine Such- und Rettungsaktion einleiten muss. Falls die Küstenwache in Ihrem Segelrevier einen solchen Service unterhält, sollten Sie unbedingt darauf zurückgreifen und Ihre Informationen immer rechtzeitig mitteilen – bei Abfahrt, Ankunft, eventuellen Reiseänderungen usw.

VERKEHRSREGELN

Die Internationalen Regeln zur Verhütung von Zusammenstößen auf See (kurz Kollisionsverhütungsregeln oder KVR genannt) legen genau fest, welche Verantwortung welche Art von Wasserfahrzeug trägt. Sie gelten für sämtliche Schiffe auf hoher See und den damit verbundenen Gewässern, und jeder Skipper muss die Regeln beherrschen – denn am Steuer einer kleinen Yacht tragen Sie genau die gleiche Verantwortung wie der Kapitän eines großen Schiffes.

EIN SEGELBOOT IN FAHRT SOLLTE SICH KLAR HALTEN VON:

- manövrierunfähigen Schiffen
- manövrierbehinderten Schiffen
- fischenden Fahrzeugen
- tiefgangbehinderten Schiffen

VERKEHRSREGELN

Neben den KVR können einzelne Staaten und lokale Behörden ihre eigenen Verordnungen in Bezug auf Häfen, Flüsse oder Binnenschifffahrtsstraßen erlassen. Genauere Angaben finden Sie in den Seehandbüchern der jeweiligen Reviere. Als Skipper sollten Sie unbedingt die grundlegenden »Verkehrsregeln« *(S. 44–45)* beherrschen und darüber hinaus auch die wichtigsten nationalen Verordnungen vollständig durchgearbeitet haben.

In bestimmten Situationen kann Verwirrung über die Frage entstehen, ob ein Boot das Wegerecht hat oder ausweichpflichtig ist. Unter Motor lässt sich dieses Problem durch einen Blick auf die Sektoren der wichtigsten Positionslichter klären. Wenn man allerdings windwärts auf Steuerbordbug segelt, kann man vor allem bei Nacht nur sehr schwer erkennen, ob ein in Luv auf Vorwindkurs befindliches Boot auf Backbord- oder Steuerbordbug unterwegs ist.

In allen Zweifelsfällen sollte man einfach davon ausgehen, das ausweichpflichtige Boot zu sein, und rechtzeitig ein Ausweichmanöver einleiten, bevor die Gefahr einer Kollision entsteht.

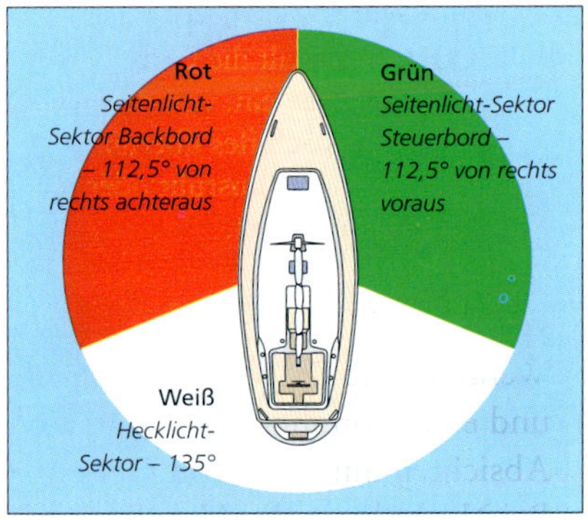

△ **SEKTOREN FÜR POSITIONS-LICHTER**
Unter Motor kann man die Lichtsektoren eines anderen Bootes nutzen: Sieht man weiß oder rot, besteht Ausweichpflicht; bei Grün hat man Wegerecht.

VERKEHRSTRENNUNGSZONEN

Verkehrstrennungszonen werden in Gebieten mit sehr dichtem Verkehr eingerichtet, um den örtlichen Verkehr vom Durchgangsverkehr zu trennen, der seinerseits wieder in zwei Einbahnstraßen geleitet wird. Die Trennungszonen dürfen nur beim Kreuzen der Wege befahren werden.

SCHIFFFAHRTSWEGE

Boote, die auf einen Schifffahrtsweg einbiegen, sollten dies möglichst am Anfang des Schifffahrtsweges tun oder sich im flachen Winkel in den Verkehrsfluss eingliedern. Der örtliche Verkehr muss die Küstenverkehrszone benutzen und sich von den Schifffahrtswegen klar halten. Falls Sie ein Verkehrstrennungsgebiet kreuzen müssen, sollten Sie dies immer so schnell wie möglich tun. Steuern Sie dabei im rechten Winkel zum Schifffahrtsweg und behalten Sie einen rechtwinkligen Kurs bei.

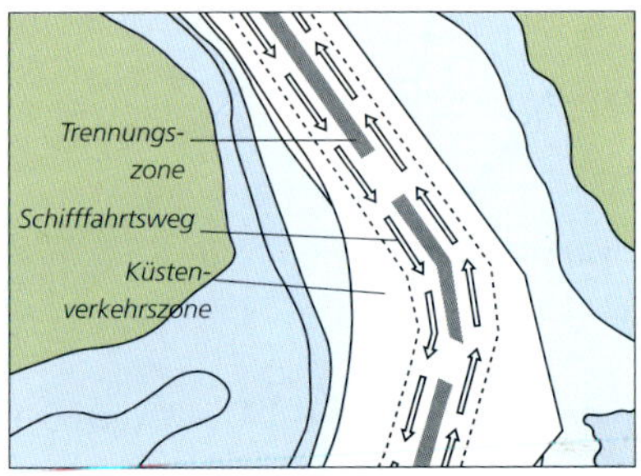

TRENNUNGSZONEN ▷
Verkehrstrennungszonen findet man in Gebieten mit sehr dichtem Schiffsverkehr oder in beengten oder gefährlichen Revieren.

Ausweichmanöver

Auch wenn eine Kreuzercrew klein und unerfahren ist, sollte immer ein Mann als Ausguck auf Deck sein. Schärfen Sie Ihrer Crew ein, Sie sofort zu informieren, wenn ein sich näherndes Schiff gesichtet wird. Falls Sie ausweichpflichtig sind oder eine Situation nicht genau einschätzen können, sollten Sie rechtzeitig ein Ausweichmanöver einleiten, um einer möglichen Kollision aus dem Wege zu gehen. Wenn Sie den Weg eines größeren Schiffes kreuzen wollen und sich unsicher sind, ob die Gefahr eines Zusammenstoßes besteht, peilen Sie das andere Schiff in kurzen Abständen mit dem Handpeilkompass an. Wenn die Peilung gleich bleibt, befinden Sie sich auf Kollisionskurs und sollten sofort Maßnahmen ergreifen.

Sobald Sie sich zum Ausweichen entschlossen haben, sollten Sie eine deutliche Kursänderung vornehmen, so dass Ihre Absichten dem anderen Schiff völlig klar sind. Den Kurs eines anderen Schiffes sollte man möglichst nicht vor dessen Bug kreuzen – vor allem große Schiffe sind oft viel schneller, als man denkt. Im Zweifelsfall sollten Sie auf Parallelkurs gehen.

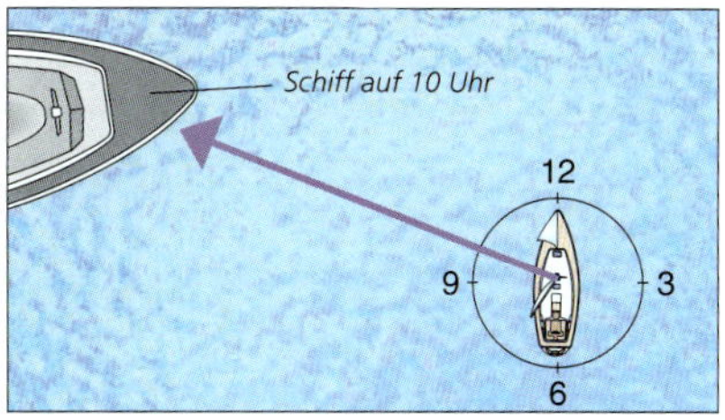

△ **Uhrzeigermethode**
Mit Hilfe der Uhrzeigermethode kann die Crew dem Skipper mitteilen, auf welcher Position sich das näher kommende Schiff befindet – in diesem Fall würde »Schiff auf 10 Uhr« gemeldet werden. Falls möglich, sollte man auch die ungefähre Entfernung und die Fahrtrichtung angeben.

Schallsignale und Signalkörper

Schallsignale werden bei klarer Sicht benutzt und geben an, dass ein Schiff ein Manöver ausführt. Wenn Schiffe unter Motor einander in Sicht haben und eines von ihnen den Kurs ändert, muss es seine Absichten mit Hilfe von Hornsignalen angeben. Bei Nacht kann die Absicht durch ein weißes Rundumlicht entsprechend der Tonfolge signalisiert werden. Tagsüber müssen Schiffe Signalkörper benutzen, die eine Identifikation erleichtern. Die folgende Tabelle enthält nur die wichtigsten Signale; eine vollständige Liste finden Sie in den KVR.

Schallsignale	(■ = kurzer Ton; ▬▬ = langer Ton)
■	Ich ändere meinen Kurs nach Steuerbord.
■ ■	Ich ändere meinen Kurs nach Backbord.
■ ■ ■	Meine Maschine geht rückwärts. Große Schiffe brauchen viel Zeit, bis sie zum Stillstand kommen (und fahren teilweise sogar noch vorwärts, wenn ihre Maschine schon rückwärts läuft).
■ ■ ■ ■ ■	Ich habe Ihre Absicht nicht verstanden und mache auf Ihre Ausweichpflicht aufmerksam.
▬▬ ▬▬ ■	Ich möchte an Ihrer Steuerbordseite überholen (in engem Fahrwasser).
▬▬ ▬▬ ■ ■	Ich möchte an Ihrer Backbordseite überholen (in engem Fahrwasser).
▬▬ ■ ▬▬ ■	Überholen Sie.

Signalkörper	
	Schiff unter Segel und Motor
	Schiff liegt vor Anker
	Fischer oder Schleppnetzfischer
	Tiefgangbehindertes Schiff
	Manövrierbehindertes Schiff

Festkommen auf Grund

Es gibt kaum einen erfahrenen Segler, der nicht schon einmal auf Grund gelaufen wäre. In der Theorie lässt sich jede Grundberührung durch sorgfältige Navigation und gute Seemannschaft verhindern, aber in der Praxis gehört es einfach zum Berufsrisiko jedes Seglers. Obwohl die meisten Grundberührungen keine größeren Schäden anrichten, als den Stolz des Skippers zu verletzen, birgt eine solche Situation einige Gefahren. Läuft ein Boot auf Grund, ist schnelles und effektives Handeln gefordert.

Einschätzung der Situation

Wenn man auf Grund gelaufen ist, hängt der Grad der Gefahr für das Boot von der Grundbeschaffenheit und vom Seegang ab: Ein Festkommen auf felsigem Untergrund bei hohen Wellen wird über kurz oder lang die solideste Yacht zerstören, während von einem Festkommen auf Sand oder Schlick bei ruhiger See kaum eine Bedrohung ausgeht. Werfen Sie einen Blick in Ihre Seekarten und prüfen Sie mit dem Bootshaken oder Spinnakerbaum die Grundbeschaffenheit rund um das Boot. Wenn das Wetter sich laut Vorhersage verschlechtert, sollte man alles versuchen, sein Boot schnellstmöglich wieder frei zu bekommen.

Massnahmen

Die ersten Maßnahmen nach dem Festkommen sind entscheidend, um das Boot schnell wieder vom Grund abzubringen. Zuerst sollte man feststellen, ob das Wasser steigt oder fällt. Steigt es, kann man warten, bis die Tide dem Boot genügend Auftrieb verleiht, und absegeln. Allerdings muss man aufpassen, dass der Flutstrom das Boot nicht noch weiter auf die Untiefe treibt. Fällt das Wasser jedoch, bleibt meist nur noch kurze Zeit, um freizukommen, bevor man endgültig bis zur nächsten Flut festsitzt. Wenn Sie unter Segel auf Grund laufen, müssen Sie sofort entscheiden, ob Sie mit Hilfe der Segel wieder freikommen oder nicht. Liegt Ihr Boot an einer Leeküste fest, wird der Wind es weiter auf die Untiefe drücken, so dass Ihnen keine Möglichkeit bleibt, unter Segel freizukommen. Falls die Segel keine Hilfe sind, sollten sie geborgen werden, damit Sie unter Motor im Rückwärtsgang versuchen können, sich zu befreien. Bei schlammigem Boden wird der Kiel eine Furche gezogen haben, durch die Sie rückwärts abfahren können.

Festkommen in Fahrrinnen

Häufig läuft ein Boot auf Grund, wenn es versucht, gegen den Wind eine Fahrrinne mit flachen Ufern aufzukreuzen. Wer dann zu spät wendet, ist in Gefahr, den Grund zu berühren. Wenden Sie und versuchen Sie, Ihre Yacht mit dem Bug in Richtung Fahrrinne zu drehen. Gelingt dies, und füllen sich die Segel auf dem neuen Bug, holt man sie so dicht wie möglich, damit das Boot stark krängt und Sie das tiefe Wasser erreichen.

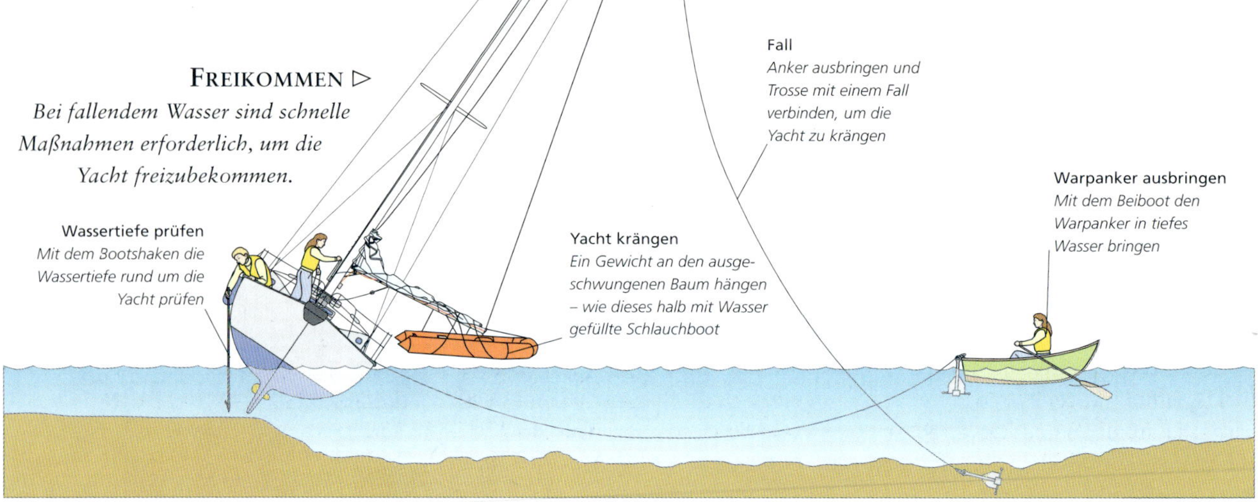

Freikommen ▷
Bei fallendem Wasser sind schnelle Maßnahmen erforderlich, um die Yacht freizubekommen.

Den Bug drehen

Bei einem kleinen Boot mit geringem Tiefgang ist es möglich, ein Mitglied der Besatzung außenbords zu schicken, das den Bug herumdrückt. Bevor jemand ins Wasser steigt, müssen Sie jedoch erst mit dem Bootshaken oder Spinnakerbaum die Wassertiefe prüfen und das Crewmitglied mit einer Leine sichern.

Tiefgang verringern

In manchen Fällen bietet sich die Möglichkeit, den Tiefgang des Bootes zu verringern und unter Segel oder Motor freizukommen. Falls Ihr Boot ein Schwert besitzt, sollten Sie es sofort hochziehen und tieferes Wasser aufsuchen. Bei einem Boot mit tiefem Kiel kann man versuchen, das Boot zu krängen, um den Tiefgang zu verringern. Falls der Wind von der Flachstelle weg bläst, holt man die Segel möglichst dicht an, um die Krängungskraft zu erhöhen. Es besteht auch die Möglichkeit, ein Crewmitglied auf das Ende des Großbaums zu setzen und den Baum auszuschwingen oder ein schweres Gewicht an der Baumnock über die Seite zu schwingen.

Viele Yachten haben ihren größten Tiefgang am Ende des Kiels. In diesem Fall lässt sich eine leichte Verringerung erreichen, indem Sie alle Crewmitglieder zum Bug schicken, damit sich das Heck etwas hebt. Ein Kimmkieler erreicht dagegen aufgrund seiner Konstruktion den größten Tiefgang im gekrängten Zustand – daher sollte er möglichst gerade liegen, um einen geringen Tiefgang zu erreichen.

Einkommende Flut

Wenn Sie festsitzen, bis die Flut zurückkommt, krängen Sie das Boot am besten so auf die Seite, dass der Mast zur Untiefe zeigt. Sollten Sie auf abfallendem Grund festgekommen sein, und das Boot krängt zum tieferen Wasser, besteht die Gefahr, dass es bei der nächsten Flut durch die Decksöffnungen wie Luken und Lüfter vollläuft, bevor der Rumpf vom auflaufenden Wasser angehoben wird. Sitzt das Boot bereits zum tieferen Wasser fest, sollten Sie versuchen, möglichst viel Gewicht auf die andere Seite zu bringen, um die Krängung umzukehren oder Bug oder Heck mit einer Ankertrosse herumziehen, bis der Bug in die richtige Richtung weist. Ist der Grund felsig oder uneben, sollte man den Rumpf an der Außenseite mit Kissen oder Segelsäcken polstern, bevor er sich auf die Seite legt, damit die Außenhaut beim Steigen oder Fallen des Wassers keinen

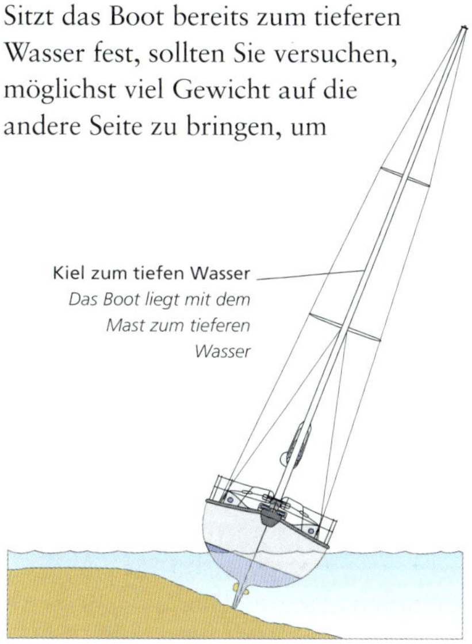

△ **Falsche Krängung**
Falls der Mast zum tieferen Wasser liegt, besteht die Gefahr, dass das Boot bei auflaufender Flut vollläuft.

△ **Richtige Krängung**
Falls der Mast zur Untiefe liegt, den Anker ausbringen und warten, bis das Boot von der auflaufenden Flut gehoben wird.

ABWARPEN MIT ANKER

Falls das Wasser nicht allzu schnell fällt, bleibt Ihnen die Möglichkeit, den Anker per Beiboot in tieferes Wasser auszubringen und die Ankertrosse einzuwinschen, um Ihre Yacht frei zu bekommen.

Anker ausbringen

Den Anker an der längsten Trosse ausbringen, die Sie an Bord haben. Zurück an Bord wird die Trosse zum Bug oder Heck auf eine Winsch gebracht – je nachdem, in welcher Richtung Sie die Yacht ins freie Wasser verholen wollen. Falls Ihr Material stabil genug ist, können Sie Ihre Yacht auf diese Weise in tiefes Wasser ziehen, den Anker einholen und bergen und unter Motor oder Segel losfahren. Falls der Kiel im Schlick steckt, sollte die Crew, die nicht beim Einwischen gebraucht wird, versuchen, das Boot zu krängen oder rhythmisch in Rollschwingungen zu bringen, um die Saugwirkung des Untergrundes zu verringern.

Festsitzen

Wenn Sie endgültig festsitzen, bringen Sie den Anker so weit wie möglich in tiefes Wasser aus, damit das Boot durch den Wellengang nicht noch weiter auf die Untiefe gedrückt wird und Sie bei auflaufender Flut sofort freikommen.

Mann über Bord

Einen Mann über Bord zu verlieren, ist das Schlimmste, was einem Skipper passieren kann. Sobald jemand über Bord gefallen ist, befindet er oder sie sich in größter Gefahr, und nur das schnelle und entschlossene Handeln der an Bord verbliebenen Crew kann einen tödlichen Unfall verhindern. Daher sollte man zuallererst zu verhindern versuchen, dass überhaupt jemand über Bord gehen kann – sorgen Sie als Skipper dafür, dass in bestimmten Situationen Sicherheitsgurte Pflicht sind.

Sofortmassnahmen

Ist jemand über Bord gefallen, muss als erstes der Rest der Crew mit dem Ruf »Mann über Bord!« informiert werden. Versuchen Sie, den Schwimmer nicht aus den Augen zu verlieren und werfen Sie ihm sofort den Rettungsring mit Markierungsboje zu. Dabei sollte der Rettungsring möglichst in Luv des Schwimmers landen, damit er auf ihn zutreibt. Falls Sie ein Farbzeichen an Bord haben, werfen Sie es ebenfalls über Bord, um die Position der Person im Wasser zu markieren. Jede Verzögerung führt dazu, dass das Boot sich weiter von dem Schwimmer entfernt und sich seine Chancen verschlechtern, den Rettungsring zu erreichen. Bei einem Boot mit voller Bemannung sollte ein Crewmitglied dazu abgestellt werden, den Mann über Bord ständig im Auge zu behalten. Im nächsten Schritt muss der Skipper sich für ein Bergungsmanöver entscheiden und die Crew schnell darauf vorbereiten. Wenn genug Hände an Bord sind, sollte ein Besatzungsmitglied die genaue Zeit und Position im Logbuch festhalten und die Mann-über-Bord-Funktion am GPS einschalten *(S. 240–241)*. Diese Informationen werden benötigt, wenn der Schwimmer außer Sicht gerät.

Vorbeugung

Besser als jedes Manöver ist es, eine Mann-über-Bord-Situation zu vermeiden. Daher sollte der Skipper unbedingt dafür sorgen, dass die entsprechende Sicherheitsausrüstung an Bord ist.

Sicherheitsgurte

Auf jeder Yacht sollten für alle Crewmitglieder ausreichend Sicherheitsgurte vorhanden sein, die sich jeder passend einstellt und leicht zugänglich verstaut. Der Skipper hat die Pflicht, je nach Bootsgröße, Stärke der Crew und Wetterbedingungen verbindliche Sicherheitsregeln aufzustellen. Zwar gibt es keine unumstößlichen Gesetze, aber in den folgenden Situationen empfiehlt sich das Tragen von Sicherheitsgurten in jedem Fall:

- Segeln bei Nacht oder im Nebel
- Wenn unter Reff gesegelt wird oder ein Reff nötig wird
- Segeln bei hohem Wellengang
- Wenn ein Crewmitglied allein auf Deck arbeitet

Bergung unter Segel

Es gibt keine feste Regel, ob man eine über Bord gegangene Person unter Segel oder unter Motor bergen sollte. Die Art der Bergung ist abhängig von der Größe der Yacht, der Anzahl und Erfahrung der Besatzungsmitglieder und der Wetterlage. Wenn Sie unter Segel bergen wollen, sollten Sie immer auch die Maschine starten und den Leerlauf einlegen, so dass Sie im Zweifelsfall schnell auf den Motor zurückgreifen können.

Häufig wird das Mann-über-Bord-Manöver für Jollen *(S. 102–103)* auch für Kreuzer gelehrt, und auch hier kann es – vor allem bei Yachten mit voller Bemannung – seinen Zweck erfüllen. Da man aber zunächst vom Schwimmer wegsegelt, um Seeraum zu gewinnen, erhöht dies die Gefahr, die Person im Wasser aus den Augen zu verlieren. Bei schlechtem Wetter oder in der Nacht ist es praktisch unmöglich, den Schwimmer zwischen den Wellen im Auge zu behalten, und auch die Manövrierfähigkeit des Bootes wird stark eingeschränkt sein.

Notstopp

Der Notstopp ist eine Bergungsmethode, die den Vorteil bietet, dass das Boot dicht beim Schwimmer bleibt. Bei diesem Manöver drückt der Steuermann, sobald die Person über Bord gegangen ist, die Pinne hart nach Lee. Diese Aktion führt dazu, dass die Yacht wendet – egal, auf welchem Kurs zum Wind sie sich vorher befunden hat. Die Fockschot bleibt belegt, auch wenn das Boot über Stag geht, so dass das Boot schließlich beidreht. Dann drückt man die Pinne auf die neue Leeseite, damit das Boot keine neue Fahrt aufnimmt. Natürlich werden die Segel killen und kurzfristig für

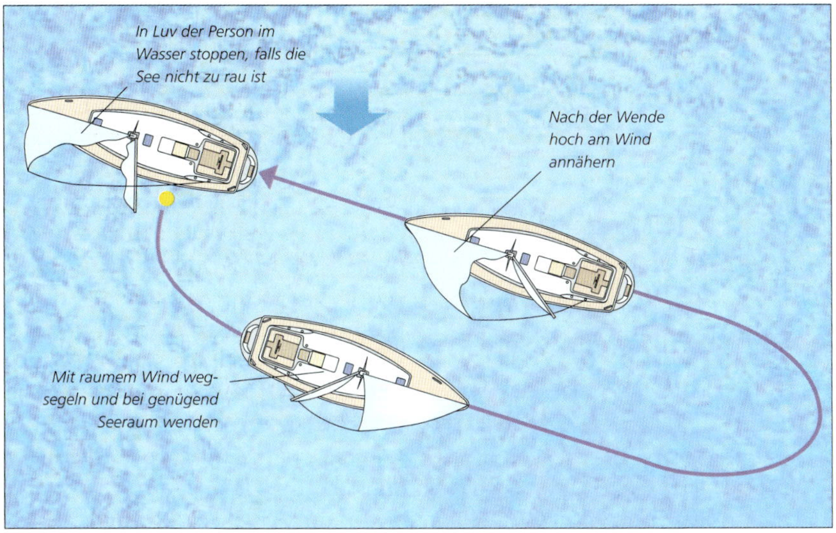

gehörige Unordnung sorgen, aber auf diese Art liegt das Boot still und relativ stabil. So bleibt Ihnen Zeit, sich ein Bild von der Situation zu verschaffen und Ihre nächsten Schritte zu planen, ohne dass Sie sich dabei weiter vom Schwimmer entfernen. Dieses Manöver funktioniert sogar, wenn der Spinnaker gesetzt ist.

Nach einem Notstopp ist man manchmal noch so nahe beim Schwimmer, das man ihm eine Leine zuwerfen kann. Andernfalls sollten Sie versuchen, das Boot mit Hilfe der Schoten und der Pinne näher heranzubringen.

Welches Bergungsmanöver unter Segel Sie auch wählen – versuchen Sie immer, den Schwimmer auf einem Kurs hoch am Wind anzulaufen, denn nur dann können Sie durch Fieren oder Holen des Großsegels Ihre Fahrt problemlos kontrollieren. Bei mäßigem Wind stoppt man die Yacht am besten mit dem Bug in Luv des Schwimmers. Bei schwererem Wetter sollte man sich in Lee des Schwimmers halten, damit die Wellen das Boot nicht über ihn hinwegtreiben. Halten Sie eine Leine wurfbereit, falls es Ihnen nicht gelingt, längsseits des Schwimmers zu gehen; und sobald Sie einmal Kontakt haben, benötigen Sie eine weitere Leine, um ihn ans Boot zu binden.

△ **Umkehr unter Segel**
Auf raumseitlichem Kurs von der Person im Wasser wegsegeln und wenden; dann auf raumvorlichem Kurs zurücklaufen und das Boot in Luv des Schwimmers stoppen.

Bergung unter Motor

Wenn bei Maschinenfahrt eine Person über Bord geht, sollte man das Boot sofort auf ihn zu drehen. Dadurch schwenkt man das Heck vom Schwimmer weg, während er seitlich achteraus treibt, und verhindert, dass er in den Propeller gerät. Sobald die Person achteraus vorübertreibt, legt man die Pinne hart auf die andere Seite und läuft zurück in Richtung des Schwimmers. Lassen Sie den Mann nicht aus dem Auge, nähern Sie sich ihm gegen den Wind und stoppen Sie das Boot so, dass sie ihn kurz vor den Wanten aufnehmen können, soweit wie möglich vom Propeller entfernt. Sobald Sie den Schwimmer vom Boot aus mit einer Leine gesichert haben, stoppen Sie die Maschine, bis er an Bord geholt ist.

Jemanden an Bord holen

Sobald Sie längsseits des Schwimmers liegen, sollten Sie ihn sofort sichern, indem Sie eine Vorleine unter seinen Armen hindurchziehen *(S. 39)*.

Was Sie bedenken müssen

Auf welche Weise Sie jemanden an Bord holen, hängt ebenso von dessen Fähigkeit ab, sich selbst zu helfen (falls er oder sie bei Bewusstsein ist), wie von der Höhe des Freibords und der Anzahl der Crewmitglieder an Bord. Es ist immer wesentlich einfacher, eine Person auf der Leeseite über Bord zu hieven, wo die Krängung des Bootes die Höhe des Freibords reduziert.

Bergetalje

Es ist nahezu unmöglich, einen nassen, schweren, bewusstlosen Menschen aus dem Wasser zu ziehen. Daher sollten Sie entweder eine spezielle Bergetalje anschaffen oder sich aus einer Schlinge und einer Talje selbst eine anfertigen, die Sie im Notfall schnell zur Hand haben. Die Talje kann an einem freien Fall oder am Ende des Großbaums befestigt werden, und Sie sollten den Umgang damit üben.

△ **Schlinge und Talje**
Eine spezielle Bergetalje, bestehend aus Hebeschlinge und Talje, ist die beste Lösung, wenn man jemanden aus dem Wasser heben will.

Segeln bei Nacht

Bei guten Bedingungen kann eine Nachtfahrt sehr aufregend und spannend sein: Sie verstärkt das Gefühl der Einsamkeit auf dem Wasser und bringt dem Skipper seine alleinige Verantwortung für Schiff und Crew besonders nahe. Mondlicht und Phosphoreszenz machen aus jeder Nachtfahrt ein einmaliges Erlebnis, und die Morgendämmerung auf dem Meer gehört zu den schönsten Momenten jedes Seglerlebens. Um diese Erfahrung jedoch wirklich genießen zu können, müssen Sie und Ihre Crew vor Einbruch der Dunkelheit einige Vorbereitungen treffen. In der Nacht sind alle Schiffe verpflichtet, Positionslaternen zu führen, die ihre Größe und den Schiffstyp angeben.

Vorbereitungen

Jedes Crewmitglied, das bei Nacht an Deck arbeitet, sollte sich mit der Ausrüstung auskennen und in der Lage sein, sie auch im Dunkeln zu bedienen. Es ist wichtig, dass volle Nachtsicht erhalten bleibt – dies lässt sich erreichen, indem man in der Pantry und im Navigationsbereich rotes oder ganz schwaches weißes Licht benutzt. Als Nächstes muss eine Wacheinteilung *(S. 216–217)* erstellt und eingehalten werden, damit jeder in der Crew genügend Schlaf bekommt. Die Wachgänger müssen warme Kleidung und gegebenenfalls Ölzeug tragen. Prinzipiell werden an Deck Sicherheitsgurte getragen und benutzt, auch bei ruhiger See.

UMGANG MIT DER DUNKELHEIT

Das Segeln bei Nacht hat seine ganz besonderen Eigenheiten. Zwar ändert sich am Verhalten des Bootes nichts, aber die Wahrnehmung der Crew ist anders: Das Wetter erscheint rauer, als es tatsächlich ist, und Entfernungen sind schwer zu schätzen.

Crew und Steuermann

Unerfahrene Crewmitglieder werden sich auf ihrer ersten Nachtfahrt nervös und kurzzeitig desorientiert fühlen und sollten daher möglichst zusammen mit einem erfahrenen Segler auf Wache gehen. Anstatt nur auf den Kompass zu starren, sollte der Steuermann sich einen Stern oder einen anderen Bezugspunkt als Steuermarke wählen und den anliegenden Kurs mit kurzen, regelmäßigen Blicken auf den Kompass überprüfen. Außerdem muss bei Nacht besonders gut Ausschau gehalten werden, auch achteraus.

Segelstellung

Das Prüfen der Segelstellung bereitet nachts wesentlich mehr Probleme als am Tag. Am besten leuchtet man mit einer Taschenlampe regelmäßig das Vorliek der Segel ab.

Vor Einbruch der Dunkelheit

Vor Einbruch der Dunkelheit sollte man noch eine warme Mahlzeit zubereiten und essen. Danach überprüft man das Deck, ob dort noch unnötige Ausrüstung herumliegt. Legen Sie auch eine Taschenlampe griffbereit ins Cockpit.

Sämtliche Segelwechsel sollten ebenfalls vor Einbruch der Dunkelheit erfolgen, da dies bei Nacht sehr viel problematischer ist. Im Zweifelsfall entscheidet man sich besser für ein kleineres Vorsegel oder rollt die Fock etwas ein, um die Sicht für den Rudergänger zu verbessern – aber segeln Sie nicht zu untertakelt bei leichtem Wind. Nur eine erfahrene Crew sollte nachts mit Spinnaker segeln, da diese Segel sich bei Dunkelheit besonders schwer niederholen lassen.

In der Abenddämmerung werden alle Positionslaternen eingeschaltet und überprüft, die aktuelle Position auf der Seekarte eingetragen und der Kurs für die Nachtstunden festgelegt. Der Skipper sollte seine Anweisungen für die Nachtwache – genauer Kurs, voraussichtlich zu sichtende Lichtzeichen im Laufe der Nacht – in das Logbuch eintragen oder auf eine Tafel im Cockpit schreiben.

Lichtzeichen

Die Internationalen Regeln zur Verhütung von Kollisionen auf See (die KVR) geben genau an, welche Art, Größe, Aufteilung, Sektoren und Tragweite die Lichter der verschiedenen Schiffstypen haben müssen. Aus den verschiedenen Kombinationen lässt sich unter anderem erkennen, ob ein Boot vor Anker liegt, unter Segel oder Motor unterwegs ist oder ob es sich um einen Fischer bzw. Schleppnetzfischer handelt. Als Skipper sollte man die gebräuchlichsten Positionslichter kennen.

Positionslichter

Alle Schiffe sind verpflichtet, Positionslichter zu führen. Diese Lichter zeigen Antrieb, Fahrtrichtung und die ungefähre Größe eines Schiffes, oft auch seine Tätigkeit. Die folgende Tabelle zeigt die wichtigsten Positionslichter und ihre Sektoren.

Segelfahrzeuge

Weisses Licht

Ein kleines Boot (unter 7 m Länge) unter Segel oder Ruder muss eine Taschenlampe als Licht mitführen.

Weisses Rundumlicht

Kleine Boote (bis zu 7 m Länge) unter Motor müssen ein weißes Rundumlicht führen.

Hecklicht und Seitenlichter

Ein Segelboot über 7 m Länge muss rote und grüne Seitenlichter mit einem Sektor von je 112,5° führen. Bei unter 20 m Länge können beide Lichter in einer Laterne am Bug kombiniert sein. Das Hecklicht muss über einen Sektor von 135° zu sehen sein. Statt der Seitenlichter darf auch eine Dreifarbenlaterne im Topp geführt werden.

Dreifarbenlaterne im Masttopp

Segelyachten unter 20 m Länge dürfen ihre Seiten- und Hecklichter als Dreifarbenlaterne im Masttopp führen. Die Höhe des Mastes sorgt für bessere Sichtbarkeit. Allerdings müssen auch ein separates Hecklicht sowie (kombinierte) Seitenlichter montiert sein, falls die Dreifarbenlaterne ausfällt.

Separate Lichter

Segelyachten über 20 m Länge sind verpflichtet, zwei separate Seitenlichter und ein Hecklicht zu führen. Sie dürfen zusätzliche Segellichter *(rechts)* zeigen, die häufig von großen Segelschiffen geführt werden.

Maschinenfahrzeuge

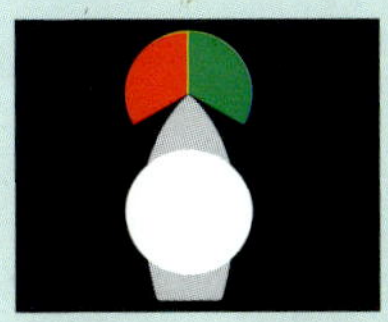

Kombinierte Lichter

Motorfahrzeuge unter 12 m Länge können statt Heck- und Topplicht ein weißes Rundumlicht zeigen. Die Seitenlichter dürfen am Bug kombiniert werden.

Einzelnes weisses Topplicht

Motorschiffe unter 50 m Länge müssen ein weißes Topplicht mit einem Sektor von 225° führen, das über den Seitenlichtern liegt. Dazu kommt ein Hecklicht. Bei Schiffen von über 20 m Länge müssen die Seitenlichter getrennt sein.

Zwei weisse Dampferlichter

Motorschiffe über 50 m Länge müssen zwei weiße Dampferlichter mit einem Sektor von je 225° im Masttopp führen, wobei das vordere Licht niedriger angebracht sein sollte als das Licht achtern. Dazu kommen separate Seitenlichter und ein Hecklicht.

Zusätzliche Rundumlichter

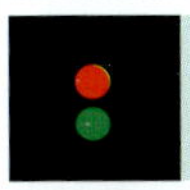
Zusatzlichter unter Segel

Fischereifahrzeug

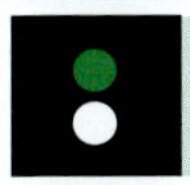
Schleppnetzfischer

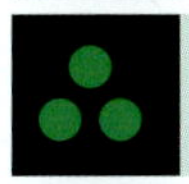
Minensucher

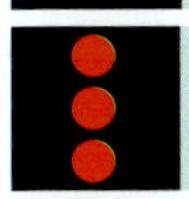
Tiefgangbehindertes Schiff

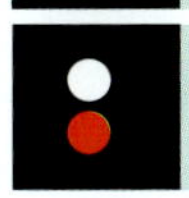
Lotsenboot

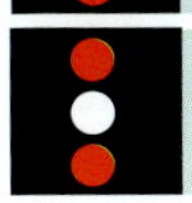
Manövrierbehindertes Schiff

Segeln im Nebel

Nebel kann für ein kleines Schiff gefährlicher sein als ein starker Sturm. Die eigene Sicht verschlechtert sich extrem und erhöht so die Gefahr des Festkommens auf Grund oder einer Kollision mit anderen Schiffen. Laufen Sie bei Nebel niemals aus. Falls Sie auf See vom Nebel überrascht werden, ergreifen Sie sofort Maßnahmen zu Ihrer eigenen Sicherheit: Verbessern Sie die Sichtbarkeit Ihrer Yacht, machen Sie mit Schallsignalen auf sich aufmerksam.

Sofortmassnahmen

Kommt Nebel auf, wenn Sie sich auf See befinden, hat die Sicherheit Ihres Schiffes und Ihrer Crew absoluten Vorrang. Bestimmen Sie sofort den wahren Schiffsort und halten Sie Ihre Position auf der Karte fest – ist das nicht mehr möglich, halten Sie Ihre ungefähre Position fest *(S. 254–255)*. Als Nächstes muss ein Radarreflektor möglichst hoch in die Takelage geheißt werden – sofern Sie nicht ständig einen im Masttopp führen. Jeder Berufsschiffer und viele Yachten sind heutzutage mit Radar ausgerüstet – daher sollten Sie dafür sorgen, dass Ihr Boot ein gut erkennbares Radarecho wirft. Anschließend schalten Sie alle Positionslichter ein und stellen ein Crewmitglied dazu ab, die passenden Schallsignale zu geben. Ein zusätzlicher Ausguck lohnt sich ebenfalls. Falls Sie unter Motor fahren, postieren Sie einen Ausguck auf das Vordeck, und zwar so weit wie möglich vom Lärm der Maschine entfernt.

◁ **Nebel auf See**
Im Nebel lassen sich Größe, Geschwindigkeit und Fahrtrichtung eines anderen Schiffes nur sehr schwer einschätzen. Daher besteht bei schlechter Sicht erhöhte Kollisionsgefahr.

Persönliche Sicherheit

Sorgen Sie dafür, dass jeder an Bord seine Rettungsweste anzieht. Im Nebel eine über Bord gegangene Person zu bergen ist nahezu unmöglich; dennoch sollte man es sich gut überlegen, bevor man die Crew die Sicherheitsgurte einklinken lässt, da die Besatzung in der Lage sein muss, im Falle einer Kollision schnell das Boot zu verlassen. Allerdings ist bei schlechtem Wetter die Gefahr des Überbordgehens zu groß, um auf Sicherheitsgurte zu verzichten. Auch die Crew unter Deck muss Rettungswesten tragen und vollständig bekleidet sein, damit sie im Notfall sofort an Deck kommen kann. Die Rettungsinsel sollte einsatzbereit liegen, ebenso wie die weiße und rote Signalmunition. Bei ruhiger See kann man auch das Beiboot zu Wasser bringen und am Heck festmachen, so dass es im Fall einer Kollision einsatzbereit ist. Um sich ein Bild von den Sichtverhältnissen zu verschaffen, sollte man nach Bojen oder anderen Objekten Ausschau halten oder ein Papierknäuel seitlich über Bord werfen und die Zeit stoppen, bis es außer Sicht ist. Aus der Zeit mal Fahrt des eigenen Bootes ergibt sich die Sichtweite (nach der Formel: Knoten x 0,514 x Sekunden = Meter).

Falls Ihre Yacht über Radar verfügt, stellen Sie das Gerät an, sobald sich die Sicht verschlechtert, und setzen Sie ein erfahrenes Crewmitglied zur Beobachtung davor. Allerdings sollte man sich nie völlig auf das Radar verlassen und immer einen Ausguck an Deck behalten.

△ **Radarreflektor**
Ein fest montierter oder möglichst hoch geheißter Radarreflektor verbessert die Sichtbarkeit.

Verhalten auf See

Ist man allein auf hoher See, behält man seinen Kurs bei, stellt einen Ausguck auf und macht mit den vorgeschriebenen Schallsignalen auf sich aufmerksam. Fahren Sie möglichst unter Segel weiter, da der Lärm Ihrer Maschine dazu führt, dass Sie andere Schiffe nicht hören können. Falls kein Wind herrscht und Sie unter Motor fahren, sollten Sie regelmäßig die Maschine stoppen, um sich nach anderen Schiffen oder Schallsignalen umzuhören.

Schifffahrtsstrassen

Falls Sie sich auf oder nahe einer vielbefahrenen Schifffahrtsstraße befinden, sollten Sie dieses Gebiet möglichst schnell verlassen. Setzen Sie einen Kurs in Richtung der Küste ab, da große Schiffe das Flachwasser meiden. Falls Sie dazu ein Fahrwasser kreuzen müssen, laufen Sie mit aller Kraft im rechten Winkel dazu ab. Sobald Sie flaches Wassser erreicht haben, sollten Sie entweder beidrehen oder vor Anker gehen, bis der Nebel sich lichtet. Aber lassen Sie einen Ausguck auf Deck und geben Sie regelmäßig die vorgeschriebenen Schallsignale ab.

Falls Sie sich in der Nähe eines sicheren Hafens befinden und genug Vertrauen in Ihre Fähigkeiten als Navigator haben, sollten Sie versuchen, den Hafen anzulaufen. Aber verlassen Sie sich dabei nicht ausschließlich auf elektronische Helfer wie das GPS.

Schallsignale

Schiffe im Nebel setzen Schallsignale ein, um andere Boote auf ihre Anwesenheit aufmerksam zu machen. Viele Hilfsmittel zur Standortbestimmung, wie Bojen und Leuchttürme, sind mit Schallsignalgeräten ausgestattet und lassen sich anhand ihrer jeweiligen Schallsignale identifizieren, die auf Karten und in Seehandbüchern verzeichnet sind. Die meisten Yachten benutzen ein Kompressor- oder Spraydosen-Nebelhorn. Boote über 12 m Länge müssen zusätzlich eine Glocke an Bord führen.

Schallsignale

Bei Nebel muss man mit den vorgeschriebenen Schallsignalen zu erkennen geben, ob man unter Segel oder Motor fährt, auf Grund oder vor Anker liegt. Nebelhornsignale sind entweder lang (vier bis sechs Sekunden) oder kurz (eine Sekunde). Eine Glocke kann als einzelner Schlag oder als schnelles, etwa fünf Sekunden langes Läuten ertönen, und beim Gong gibt es nur den Einzelschlag. Als Skipper sollte man ein Handbuch mit der Liste sämtlicher Signale an Bord haben, die die Internationalen Regeln zur Verhütung von Zusammenstößen auf See (KVR, *S. 218–219*) vorschreiben.

▬▬▬ ■ ■	Unter Segel (und einige andere Fahrzeuge): Ein langer und zwei kurze Töne alle zwei Minuten
▬▬▬	Mit Motor Fahrt durchs Wasser: Ein langer Ton alle zwei Minuten
▬▬▬ ▬▬▬	Treibend (in Fahrt): Zwei lange Töne alle zwei Minuten
▲▲▲ ▲▼▲▼▲▼ ▲▲▲	Auf Grund – unter 100 m Länge: Drei Einzelschläge, schnelles Läuten, drei Einzelschläge
▲▲▲ ▲▼▲▼▲▼ ▲▲▲ ○	Auf Grund – über 100 m Länge: Drei Einzelschläge, schnelles Läuten, drei Einzelschläge, ein Gong
▲▼▲▼▲▼▲▼	Vor Anker – unter 100 m Länge: Schnelles Läuten auf dem Vorschiff, dann eine Minute Pause
▲▼▲▼▲▼▲▼ ○	Vor Anker – über 100 m Länge: Schnelles Läuten auf dem Vorschiff, danach Gong auf dem Achterschiff
■ ■ ■ ■	Lotsenboot im Dienst: Vier kurze Töne (nach der Fahrt oder treibend) alle zwei Minuten

Zeichen	▬▬▬ ■	▲	▲▼▲▼▲▼	○
	Nebelhorn	Glocke	Schnelles Läuten	Gong

SEGELN IM STURM

Was als Sturm empfunden wird oder nicht, hängt weniger von der Windstärke als von der Erfahrung der Crew, dem Bootstyp, dem Seegang und dem Kurs zum Wind ab. Während ein Amwindkurs bei Windstärke fünf von einer Anfängercrew auf einem kleinen Kreuzer als »Sturmfahrt« empfunden wird, fühlt sich eine erfahrene Crew selbst bei wesentlich höheren Windstärken immer noch pudelwohl. Letztendlich kommt es darauf an, dass man seine Yacht genau kennt.

VORBEREITUNG DES BOOTES

Sobald Sturm angesagt worden ist, sollte man sofort Vorbereitungsmaßnahmen ergreifen – selbst wenn man noch vor Eintreffen der Wetterfront einen Hafen anlaufen will. Bereiten Sie Ihre Yacht für schwere See vor, indem Sie alles Überflüssige unter Deck verstauen und die Zurrings von Beiboot und Rettungsinsel überprüfen. Danach werden alle Lüfter verschlossen und der Niedergang mit Steckschotten gesichert. Die Bilge muss vor dem Einsetzen des Sturms einmal und während des Sturms regelmäßig gelenzt werden. Bei schlechtem Wetter fällt auch das Navigieren schwerer – bringen Sie also Ihr Logbuch auf den neuesten Stand, tragen Sie Ihre Position auf der Karte ein und setzen Sie mit Hilfe von Karten und Seehandbuch einen Kurs ab. Wenn sich die Sicht verschlechtert, schaltet man die Positionslichter ein. Heißen Sie auch Ihren Radarreflektor. Wenn die Windstärke zunimmt, muss die Segelfläche verkleinert werden.

VORBEREITUNG DER CREW

Eine warme, trockene und ordentliche Kajüte, in der man ausruhen, kochen, navigieren und schlafen kann, ist bei Sturm lebenswichtig. Verstauen Sie sorgfältig alles Zeug und überprüfen Sie Luken, Lüfter und Niedergang, damit möglichst wenig Wasser in die Kajüte dringt. Die Crew sollte warme Thermowäsche, Ölzeug und Stiefel anziehen und bei kaltem Wetter auch

▽ **SCHWERE SEE**
Bei Sturm stellen hohe Wellen meist ein größeres Problem dar als die Windstärke. Diese Yacht mit gerefftem Großsegel und kleiner Fock kämpft sich auf einem Amwindkurs gegen die Wellen vor.

△ SICHERHEITSGURT
Sicherheitsgurte dienen als Schutz der Crew bei rauem Wetter. Sie sollten passend eingestellt sein und dürfen mit ihrer Sorgleine nur an besonders stabilen Haltepunkten eingeklinkt werden.

Südwester und Handschuhe tragen. Sicherheitsgurte sind Pflicht, und die Sorgleinen müssen eingeklinkt sein, wenn man sich im Cockpit oder auf Deck aufhält. Am besten ist ein starker Haltepunkt in der Nähe des Niedergangs, in den man sich einklinken kann, noch bevor man an Deck geht.

Nehmen Sie möglichst vor dem Eintreffen des Sturms noch eine warme Mahlzeit zu sich und bereiten Sie ein paar Thermosflaschen mit Suppe oder heißen Getränken sowie eine nahrhafte Zwischenmahlzeit vor. Wer einen empfindlichen Magen hat, sollte jetzt Tabletten gegen Seekrankheit nehmen.

DIE RICHTIGE TAKTIK

Ihre Maßnahmen bei Sturm sollten sich an den Fähigkeiten der Yacht und der Crew, der Stärke des zu erwartenden Sturms und an der Tatsache orientieren, ob Sie sich in Küstennähe befinden oder nicht. Vor allem gilt: Halten Sie sich unbedingt von Leeküsten frei, und nehmen Sie nur dann Kurs auf einen Hafen, wenn Sie sicher sind, dass Ihr Zufluchtsort sich auch bei Starkwind und hohen Wellen problemlos ansteuern lässt.

Eine Luvküste mit einem geschützten Ankerplatz wäre optimal, aber Sie müssen absolut sicher sein, dass der Wind nicht dreht und eine Leeküste daraus macht. Häufig ist es am besten, wenn man freies Wasser aufsucht und den Sturm mit genügend Abstand zur Küste abreitet: Laufen Sie von der Küste weg und bringen Sie so viel Seeraum wie möglich zwischen Ihr Boot und jede mögliche Leeküste.

MASSNAHMEN

Wenn die Bedingungen zu schlecht werden, um den eingeschlagenen Kurs beizubehalten, sollten Sie unter stark gerefftem Großsegel und Sturmfock beidrehen *(S. 183)*. Viele Yachten liegen beigedreht im Winkel von 60° zum Wind, wodurch sich ihre Bewegungen reduzieren und sie mit den Wellen langsam nach Lee driften.

Je nach Wetterbedingungen und Bootstyp kann man beigedreht liegen, bis das Boot in den Wellen überzulegen beginnt. Ist genügend Leeraum vorhanden, empfiehlt sich möglicherweise ein Ablaufen vor dem Wind – entweder vor Topp und Takel oder mit einer Sturmfock. Viele moderne Yachten mit flachem Rumpf und Flossenkiel gleiten in den Händen eines erfahrenen Steuermanns gut vor dem Wind und liegen dabei relativ ruhig. Falls dieser Kurs Ihnen entgegenkommt, ist diese Methode auch recht sicher. Falls Sie allerdings ein massiveres Boot haben, das nur schwer oder überhaupt nicht gleitet, sollten Sie aus Sicherheitsgründen die Fahrt so weit wie möglich mindern *(unten)*.

FAHRT MINDERN

Um die Fahrt eines Bootes zu mindern, kann man entweder eine Leine nachschleppen oder beilegen. Dies geht, solange sich die Wellen nicht brechen; dann besteht die Gefahr, dass das Boot sich überlegt oder kentert.

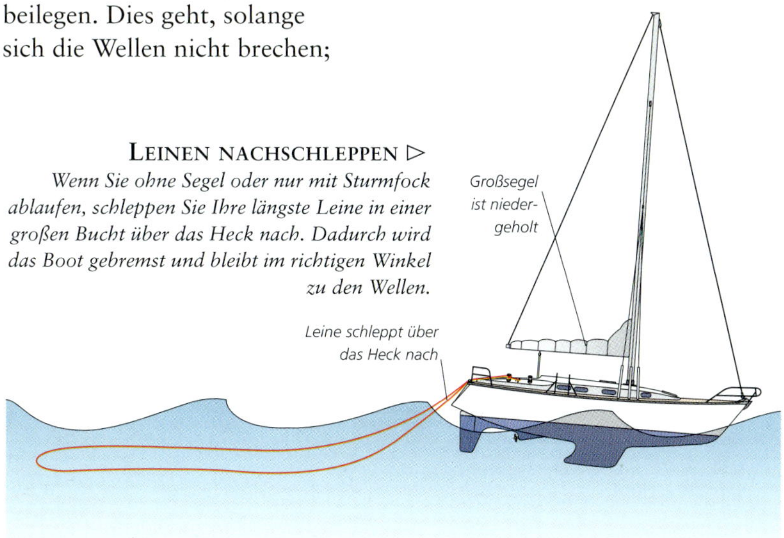

LEINEN NACHSCHLEPPEN ▷
Wenn Sie ohne Segel oder nur mit Sturmfock ablaufen, schleppen Sie Ihre längste Leine in einer großen Bucht über das Heck nach. Dadurch wird das Boot gebremst und bleibt im richtigen Winkel zu den Wellen.

NAVIGATION

UM DIE FREIHEIT DER MEERE erleben zu können, muss ein Segler die Kunst der Navigation erlernen. Dies mag zunächst kompliziert erscheinen, aber jeder, der einen Kassenzettel nachrechnen kann, besitzt die mathematischen Voraussetzungen zum Navigieren. Wenn am Ende des ersten Tages auf hoher See das angepeilte Ziel am Horizont erscheint, ist die Mühe schnell vergessen.

Eine kleine Segelyacht weitab vom Land über die See navigieren zu können, ist einer der lohnendsten Aspekte des Hochseesegelns.

ANFÄNGE DES NAVIGIERENS

Um mit dem Navigieren beginnen zu können, muss man sich nur einige grundlegende Begriffe erschließen. Hat man einmal die Bedeutung einiger Fachausdrücke erfasst, so wird man in der Lage sein, sie in der Navigationspraxis anzuwenden.

DER ORT

Die Lage jedes beliebigen Ortes auf der Erde wird durch die Längen- und Breitengrade bestimmt. Die von Ost nach West parallel zum Äquator verlaufenden Linien des Gitters sind die Breitenparallelen. Die Linien, die von Nord nach Süd zwischen dem Nordpol und dem Südpol verlaufen, nennt man die Meridiane. Der Nullmeridian (mit der Länge von 0°) läuft durch die Sternwarte von Greenwich in Großbritannien. Die Breiten- und Längenlinien werden durch den Winkel bestimmt, den sie, bezogen auf den Erdmittelpunkt, bilden. Die Winkel werden in Graden (°), Minuten (') und Sekunden ('') gemessen. Jeder Grad (°) hat 60'. Die 360° bilden einen (Breiten- oder Längen-) Kreis.

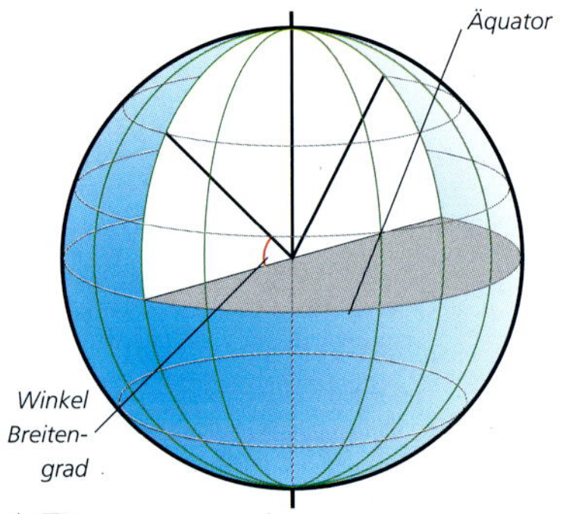

△ BREITE
Der Winkel der Breite wird am Erdmittelpunkt parallel zum Großkreis Äquator (0°) gemessen und reicht von 0° bis 90° Nord oder Süd.

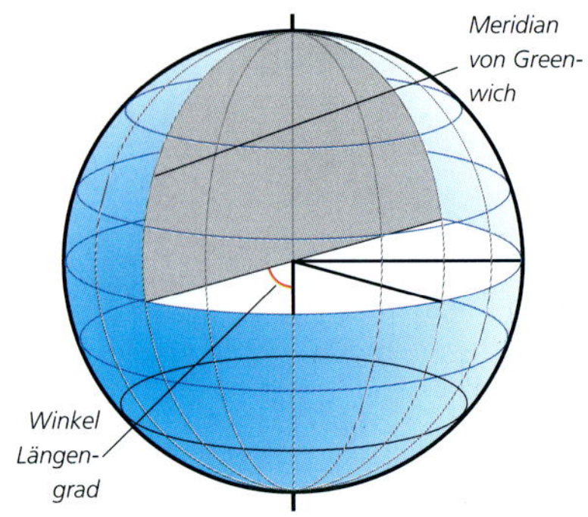

△ LÄNGE
Der Winkel der Länge wird an der Erdachse am Äquator entlang gemessen, und zwar beginnend am Nullmeridian von 0° bis 180° Ost oder West.

LÄNGE UND BREITE AUF SEE

An den Rändern der Seekarten befinden sich die Skalen für die Breiten- und Längengrade, mit einem rechtwinkligen Netz von Linien der Meridiane. Dies vereinfacht die Bestimmung des Ortes.

Ortsbestimmungen werden zunächst in Breitengraden als °N oder °S angegeben; an zweiter Stelle folgen die Längengrade als °O oder °W.

KURS

Beim Segeln in küstennahen Gewässern ist es einfacher, den Schiffsort nach festen Objekten an Land oder durch Seezeichen zu bestimmen als nach Breiten- und Längengrad. Die Richtung wird im Uhrzeigersinn als ein Winkel zur Nordrichtung gemessen. Das nennt man Peilen. Die Richtung, in der das Schiff fährt, nennt man den Kurs.

NORD

»Nord« kann drei unterschiedliche Bedeutungen haben. Die »rechtweisende« Nordrichtung richtet sich nach dem geographischen Nordpol. Mit magnetisch Nord bezeichnet man die Richtung auf den magnetischen Nordpol, der jedoch nicht mit dem geographischen Nordpol übereinstimmt. Der Unterschied zwischen rechtweisend und magnetisch Nord ist die Miss-

▽ BREITEN- UND LÄNGENSKALA
Der Punkt auf einer Seekarte wird an Hand der Breiten- und Längenskalen an den Rändern der Seekarte mit Hilfe eines Stechzirkels gemessen.

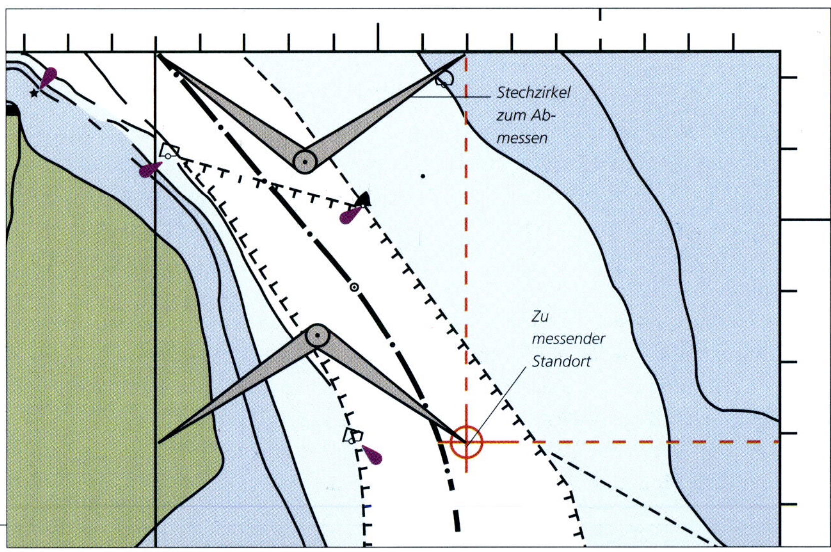

Begriffe der Navigation

In den Seekarten stößt man auf Begriffe, die Informationen über Peilung, Kurs und andere navigatorische Daten enthalten. Diese Angaben werden einheitlich benutzt, um – so weit als möglich – Missverständnisse auszuschalten, und es jedem Segler zu ermöglichen, die Berechnungen zu verstehen. Um erfolgreich navigieren zu können, muss man diese Begriffe kennen.

Zeichen	Masseinheit	Erläuterung
°T/rwN	wahre Gradzahl, rwNord	Zusätzliche Bezeichnung für einen zu berechnenden Kurs in Relation zum geographischen Norden, z. B. 095 °
°M/mwN	missweisend Nord	Zusätzliche Bezeichnung für einen gemessenen Kurs, den ein unabgelenkter Kompass zeigt, z. B. 135 ° mw.
°C/mgN	Magnetkompass Nord	Bezeichnung für gemessenen Kurs, den ein von Eisenteilen abgelenkter Kompass zeigt.
sm	Seemeile	Maßeinheit für Entfernungen auf See. Die Seemeile entspricht einer Bogenminute des Äquators (festgelegt auf 1852 m). Sie ist unterteilt in 10 Kabellängen, jede entspricht dem Zehntel einer Seemeile, das sind 185,2 m.
Kn	Knoten	Maßeinheit für die Geschwindigkeit auf See. Ein Knoten ist eine Seemeile pro Stunde.
m	Meter	Die Standard-Maßangabe für Höhen und Tiefen in Seekarten.
fm	Faden	Älteres Längenmaß, entspricht 6 ft (= 1,8288 m). Man findet diese Bezeichnung in älteren oder in englischen Seekarten.

weisung. Diese kann von Jahr zu Jahr leichte Unterschiede aufweisen, je nachdem wie sich der magnetische Pol bewegt. Kompaß-Nord ist die vom Kompaß angezeigte Nordrichtung. Sofern es keine örtliche Ablenkung gibt, zeigt die Kompaßnadel auf den magnetischen Nordpol. Auf See muß man daher die Angaben von rechtweisend, magnetisch und Kompaß-Nord umwandeln.

Entfernung und Tempo

Die auf See gebräuchliche Maßeinheit für die Entfernung ist die Seemeile, definiert als eine Bogenminute (1') des Äquators. Sie wurde auf 1852 m festgelegt. Die Maßeinheit für die Geschwindigkeit auf See ist der Knoten. Ein Knoten entspricht einer Seemeile pro Stunde.

Tiefe und Höhe

Die Tiefen und Höhen werden in Metern gemessen. Die Tiefenangaben in den Seekarten beziehen sich auf das sog. Kartennull (KN). In gezeitenfreien Gewässern fällt es mit Normalnull (NN) zusammen; in Tidengewässern liegt es so tief, daß der Wasserstand nur selten unter dieses Niveau fällt. Durch die Höhe der Tide wird das Wasser meist also tiefer sein als in der Seekarte angezeigt. Die Angaben über die Höhe von Landmarken hängen von der Art des gemessenen Objektes ab.

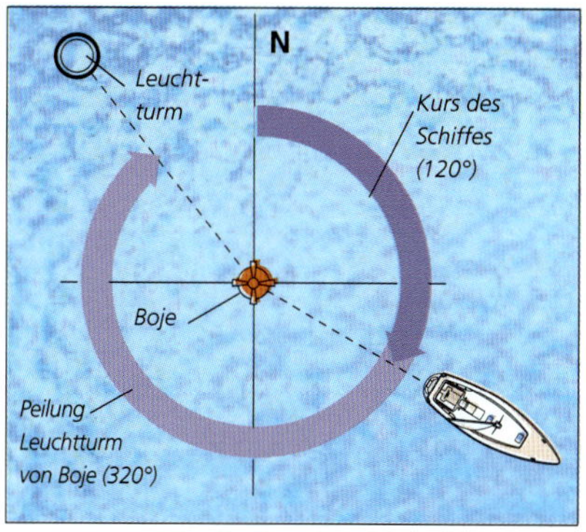

△ **Kurse und Peilungen**
Kurs ist die Richtung, in der man sein Schiff steuert. Peilen ist das Feststellen der Richtung auf ein Objekt vom Schiff aus oder zwischen zwei Objekten. Beide werden in bezug auf Nord gemessen.

SEEKARTEN

Ein wesentliches Hilfsmittel für die Navigation auf See sind Seekarten. Sie werden von den hydrographischen Instituten herausgegeben. In früheren Zeiten wurden sie von alten Fahrensleuten gezeichnet. Heute gibt es auch spezielle Seekarten für die Sportschifffahrt. Diese sind zumeist als ganze Kartensätze, die die hauptsächlich genutzten Segelgebiete abdecken, zu beziehen. Viele dieser Spezialkarten enthalten auch Hafenpläne und sonstige Informationen.

PROJEKTION EINER SEEKARTE

Bei einer (See-)Karte ist entscheidend, wie die Krümmung der Erde am besten dargestellt bzw. auf die Karte projiziert werden kann, wobei die auftretenden Verzerrungen bei der Darstellung der Form und Größe der Landmassen so gering wie möglich gehalten werden sollten. Die Mercatorprojektion ist die gebräuchlichste Art der Darstellung von Seekarten. Sie zeigt, dass die Parallelen der Breitengrade in der Nähe der Pole einen weiteren Abstand aufweisen, während die Meridiane parallel zueinander und stets mit gleichem Abstand dargestellt werden. Einige Seekarten nutzen die gnomonische Darstellung. Auf den gnomonischen Karten mit kleinem Maßstab laufen die Meridiane an den Polen zusammen, während das Gebiet, das die großmaßstäbigen Karten abdecken, so klein ist, dass die Meridiane parallel erscheinen. Die Art der Projektion wird auf jeder Seekarte in der Nähe der Überschrift angegeben.

MASSSTAB

Seekarten mit kleinem Maßstab decken große Meeresflächen oder Ozeane ab. Sie werden zum Planen längerer Seereisen oder zur Standortbestimmung auf langen Strecken benötigt. Seekarten mit mittlerem Maßstab werden hauptsächlich für die küstennahe Seefahrt eingesetzt. Karten mit großem Maßstab (Pläne) zeigen kleine Meeres-Teilflächen mit vielen Detailangaben. Sie sind von größter Wichtigkeit, um in einen fremden Hafen einlaufen oder in schwierigen Gewässern navigieren zu können. Der Maßstab einer Seekarte und andere Angaben sind in der Nähe der Überschrift zu finden.

ZEICHEN/SYMBOLE

Lernen Sie die gebräuchlichsten Zeichen in Ihren Seekarten und führen Sie eine vollständige Liste aller Zeichen, die von den verschiedenen Herausgebern von Seekarten benutzt werden, stets mit an Bord.

KARTENBERICHTIGUNGEN

Die Seekarten werden nach Vermessungen, die in regelmäßigen Abständen durchgeführt werden, hergestellt. Die Abstände der Überarbeitungen richten sich nach der Wichtigkeit des betreffenden Seegebietes für die Schifffahrt. Regelmäßig werden neue Seekarten herausgebracht. Die hydrographischen Institute veröffentlichen die Änderungen, so dass jeder Segler seine Karten selbst auf den neuesten Stand bringen kann. Will man die Karten nicht selbst berichtigen, kann man diese Arbeit von einem Seekartenberichtigungsinstitut durchführen lassen.

DIE SEEKARTE

Eine aktuelle Seekarte ist unentbehrlich für sicheres Navigieren. Das hier abgebildete Gebiet ist eine sehr befahrene Fahrrinne, sowohl von der Handelsschifffahrt als auch von Sportbooten.

Symbole/Zeichen

Die Zeichen, die auf den Seekarten benutzt werden, beschreiben Gefahrengebiete oder Landmarken von besonderer Bedeutung. Die gebräuchlichsten sollte man sich einprägen und eine Liste an Bord haben.

- Gefahrenzone mit Begrenzungslinie
- Stromwirbel
- 16₈ Obstn — Hindernis, geringste Tiefe bekannt
- 16₈ Obstn — Hindernis, geringste Tiefe abgesucht
- Stromkabbelung
- Fels in Höhe des Kartennulls
- Felsenriff, genaue Tiefe nicht bekannt
- Verkehrstrennungsgebiet: vorgeschriebene Richtungen
- 20 Wk — Wrack, geringste Tiefe bekannt
- 20 Wk — Wrack, geringste Tiefe nur geschätzt
- 6₄ Wk — Wrack, geringste Tiefe abgesucht
- Wrack mit Teilen über Kartennull
- Gefährliches Wrack, Tiefe unbekannt
- Ungefährliches Wrack, Tiefe unbekannt

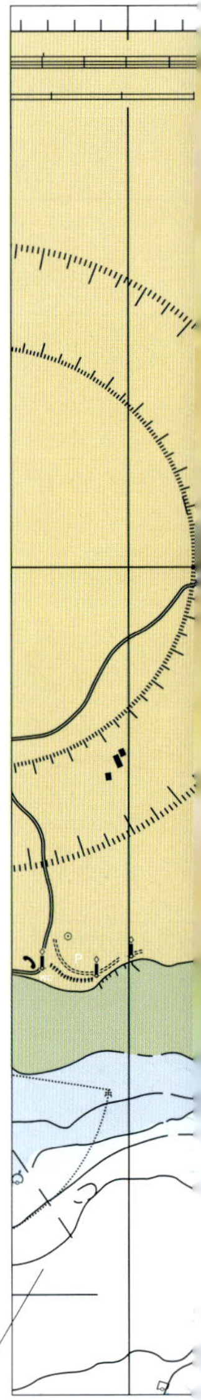

Gelotete Wassertiefe

Die Tiefenangaben beziehen sich auf das Kartennull. Konturen begrenzen Gebiete mit gleichen Tiefenangaben. Die hier grün gefärbten Gebiete sind Wattgebiete, die bei Ebbe trockenfallen, Wasserflächen mit einer Tiefe von 0–5 m sind blau und Wassertiefen von 5–10 m sind hellblau gezeichnet. Eine unterstrichene Zahl in Gebieten, die bei Ebbe trockenfallen, gibt die Trockenfallhöhe über Kartennull an.

Breiten- und Längengrade
Die horizontalen Linien für Breitengrade und vertikalen Linien für Längengrade benutzt man, um Standorte zu bestimmen. Die Entfernung wird an den Seitenskalen gemessen. Das aus Breiten- und Längengraden gebildete Liniengitter, das über die Karte gezogen ist, kann man zum Bestimmen von Kursen nutzen.

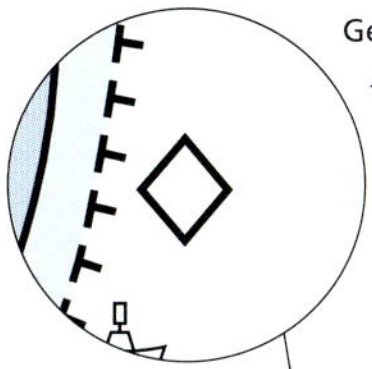

Gezeitenstromangabe
Jeweils an einer Schlüsselposition in der Karte findet man den »Gezeitenstrom-Rhombus«, der sich auf die Informationstafel in der Karte bezieht.

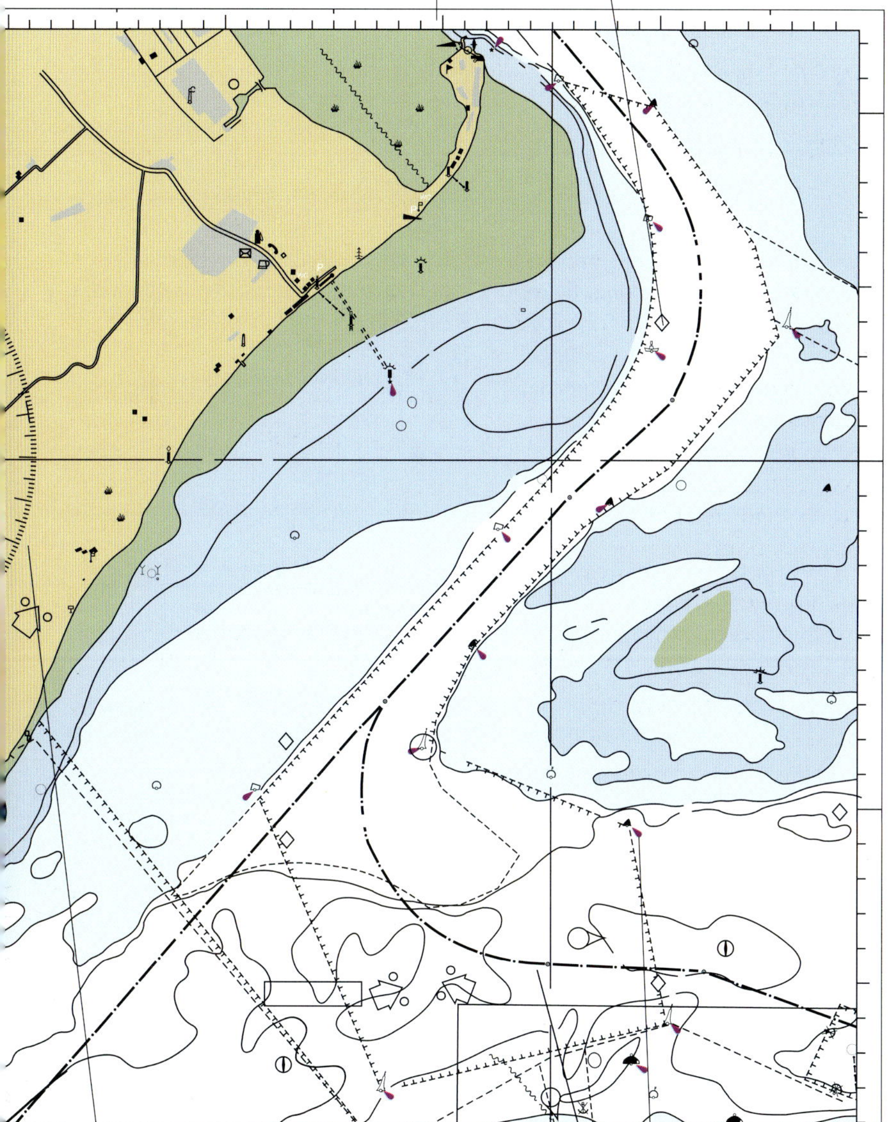

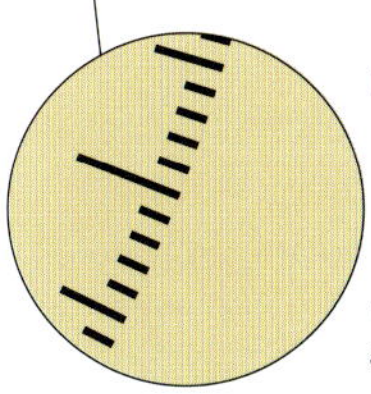

Die Kompassrose
Es gibt meist mehrere Kompassrosen in den Seekarten. So können rechtweisende (°T) und magnetische (°M) Peilungen direkt von den Kompassrosen abgelesen werden. Die Angaben darin beziehen sich auf die magnetische Missweisung.

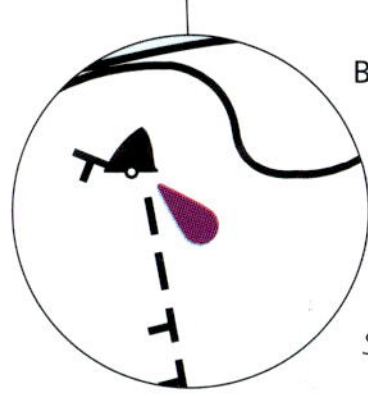

Betonnung
Tonnen werden in den Seekarten zusammen mit ihren Lichtkennungen bezeichnet. Die Richtung der Betonnung ist ebenfalls eingetragen; das ist besonders wichtig, wo zwei Schifffahrtswege sich kreuzen.

COMPUTERKARTEN

Es gibt auch Seekarten in elektronischer Form. Sie ermöglichen die Navigation auf dem Bildschirm in Verbindung mit Daten von anderen Instrumenten.

DIE VORZÜGE:
Der Chart Plotter zeigt die nautischen Informationen aus der Seekarte auf dem Bildschirm und gestattet gleichzeitig dem Benutzer, die Standortbestimmung sowie Kurse und Entfernungen durch Bewegungen mit dem Cursor zu erkennen. Der Benutzer kann z. B. einen Kartenausschnitt vergrößern oder ausschneiden und so ein anderes Gebiet aus der Seekarte erhalten. Die Positionsbestimmung aus dem GPS kann direkt in die Karte eingelesen und sichtbar gemacht werden, das Radarbild kann mit Einzelheiten aus der Karte verglichen werden.

DIE NACHTEILE:
Elektronische Systeme sind teuer und anfällig für Stromausfälle, besonders auf kleinen Yachten. Der Navigator muss sie erlernen. Obwohl digitale Systeme den Eindruck größter Genauigkeit erwecken, sollte man diese nicht voraussetzen, vielmehr kann nur ein Gegencheck verlässliche Genauigkeit bringen. Die elektronischen Systeme zu nutzen ist keine Alternative zum Erlernen der Navigation mit einfachsten Hilfsmitteln und Technik. Herkömmliche Seekarten müssen in jedem Fall an Bord sein, falls das elektronische System ausfällt.

Der Kompass

Für die Navigation auf einer Yacht ist der Kompass das wichtigste Instrument. Er hilft, die Richtung zu bestimmen, er ermöglicht das Steuern eines Kurses oder das Bestimmen einer Position durch Peilen. Der Kompass wird auch zum Peilen der Kurse anderer Fahrzeuge benutzt, um Kollisionen zu verhindern. Zwei Kompass-Arten werden verwendet: zum einen der Kompass, nach dem gesteuert wird, und zum anderen ein Handkompass zum Peilen anderer Objekte oder Fahrzeuge.

Herkömmliche Kompasse

Konventionelle Kompasse haben unterhalb einer runden Kompassrose mit Gradeinteilungen am Rand Magnetstäbe. Die Kompassrose ist auf einen drehbaren Zapfen montiert und in ein Gehäuse eingeschlossen, das mit einer bewegungshemmenden Flüssigkeit gefüllt ist. Eine kardanische Aufhängung hält die Kompassrose auch bei starker Krängung des Schiffes immer waagerecht. Die Magnetnadel richtet sich nach dem magnetischen Norden oder Süden aus. Als Markierungszeichen sind Steuerstriche auf der Innenseite des Kompasses angebracht. Kurs oder Peilung wird gegen diese Steuerstriche abgelesen. Der Kompass sollte mit einer Rotlichtbeleuchtung ausgestattet sein, um das Ablesen bei Nacht zu ermöglichen.

Die Missweisung

Zwischen der magnetischen und der rechtweisenden Nordrichtung gibt es eine Abweichung, die Mißweisung. Ihre Stärke und Richtung hängen vom jeweiligen Standort ab.

Die Kompensation

In Seekarten steht eine Kompassrose, die sowohl den rechtweisenden Norden als auch die magnetische Nordrichtung zeigt. Die örtliche Missweisung zusammen mit der jährlichen Änderung werden auf den Seekarten eingedruckt. Will man einen Kurs bestimmen oder eine Peilung durchführen, muss man zwischen rechtweisend und magnetisch umwandeln. Man macht dies unter Benutzung der Kompassrose.

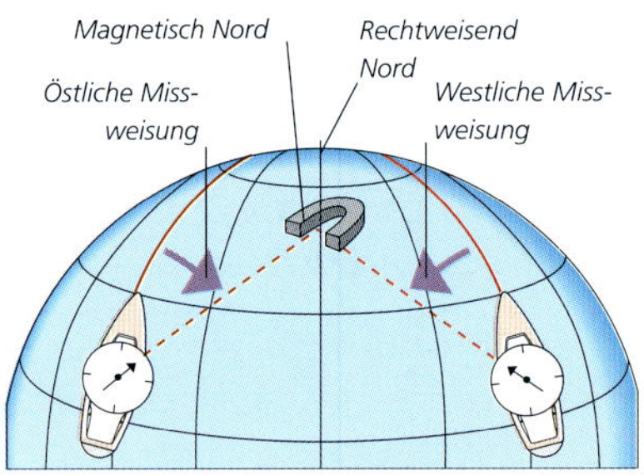

△ **Magnetische Missweisung**
Die magnetischen Pole sind Änderungen unterworfen, die man jedoch leicht berücksichtigen kann.

Rechtweisend zu Magnetisch Nord
westliche Missweisung: Addieren
östliche Missweisung: subtrahieren

Magnetisch zu Rechtweisend Nord
östliche Missweisung: addieren
westliche Missweisung: subtrahieren

Zurückfinden zum Kurs

Hierfür gibt es eine einfache Regel: Ist die Gradzahl auf dem Kompass höher als der zu steuernde Kurs, steuert man nach Steuerbord. Bei niedrigerer Gradzahl steuert man nach Backbord.

Der Fluxgate-Kompass

Der Fluxgate-Kompass hat eine elektronische Spule, um die magnetischen Kraftfelder abzutasten. Seine digitalen Zahlenangaben verleiten dazu, große Genauigkeit vorauszusetzen. Fluxgate-Kompasse müssen jedoch absolut waagerecht gehalten werden; die sonst auftretenden Fehler werden bei der digitalen Anzeige nicht sichtbar. Fluxgate-Kompasse werden oftmals zum Peilen und in Verbindung mit anderen elektronischen Navigationsinstrumenten genutzt.

Der Steuerkompass

Jedes Schiff sollte mit dem besten Kompass ausgerüstet werden. Er sollte eine große Kompassrose mit gut lesbaren Gradzahlen oder leicht ablesbarer Anzeige haben. Der Kompass muss so angebracht werden, dass er für den Rudergänger mühelos abzulesen ist. Er sollte mit einem Steuerstrich ausgestattet sein, der in Richtung auf die oder parallel zur Längsachse des Schiffes zeigt. Schiffe mit Radsteuerung haben den Kompass meist in einem Kompassgehäuse direkt am Steuerstand. Schiffe mit Pinnensteuerung sind häufig mit zwei Kompassen an

△ **Der konventionelle Steuerkompass**

Ein konventioneller Steuerkompass zum Anbringen an der Schottwand, jeweils zu beiden Seiten des Niederganges.

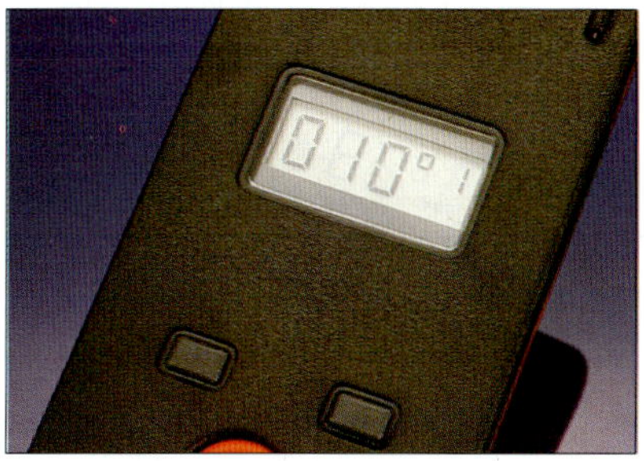

△ **Der Fluxgate-Handpeilkompass**

Ein Fluxgate-Handpeilkompass, der waagerecht auf Armlänge gehalten wird. Er zeigt das Ableseergebnis gradzahlgenau in Digitalzahlen an.

KOMPASSMISSWEISUNG

Die Nordmarke eines Kompasses wird auch von an Bord befindlichen metallischen Gegenständen beeinflusst. Das nennt man Deviation oder Missweisung. Sie verändert sich je nach gefahrenem Kompasskurs.

Die Missweisung

Die Deviation sollte mindestens einmal pro Saison kontrolliert werden. Weist der Kompass eine Missweisung auf, kann man eine Ablenkungstabelle erstellen. Beträgt die Missweisung pro Kurs mehr als 6°, sollte ein Fachmann Kompensiermagneten anbringen. Beim Benutzen eines Handpeilkompasses muss darauf geachtet werden, möglichst weit entfernt von ablenkenden Materialien zu stehen. Zur Sicherheit vergleicht man eine bekannte missweisende Peilung mit der an Bord beobachteten Kompasspeilung eines Objektes.

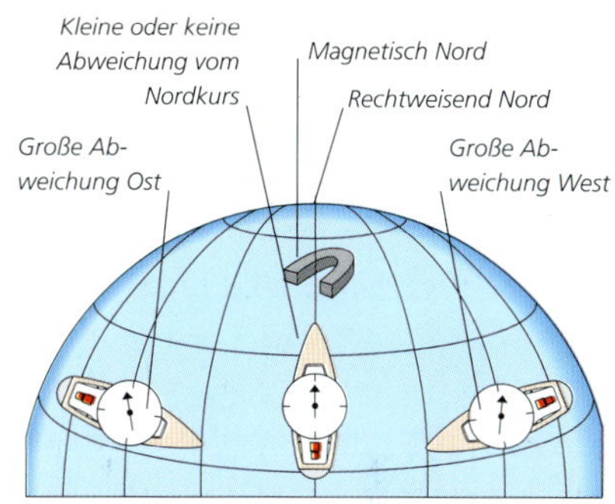

△ **Magnetische Missweisung**

Der Grad der Abweichung hängt von der Kursrichtung des Schiffes, Ablenkungen des Kompasses und magnetischer Nordrichtung ab. Er ist auf östlichen und westlichen Kursen am größten.

Magnetisch zu Kompass

ADDIERE bei WESTLICHER Missweisung, SUBTRAHIERE bei ÖSTLICHER Missweisung

Kompass zu Magnetisch

ADDIERE bei ÖSTLICHER Missweisung, SUBTRAHIERE bei WESTLICHER Missweisung

beiden Seiten des Niederganges ausgestattet. Um die Ablenkung des Kompasses so gering wie möglich zu halten, muss der Kompass mindestens 2 m vom Motor entfernt angebracht werden. Darüber hinaus muss er so weit wie möglich von anderen eisenhaltigen Metallgegenständen und von elektrischen Kabeln entfernt sein. Bewegliche Metallgegenstände, wie z. B. Metallbecher, sollten ebenfalls nicht in unmittelbarer Nähe vom Kompass sein.

Der Handpeilkompass

Die meisten Kompasse sind fest angebracht. Daher benötigt man einen tragbaren Handpeilkompass. Hier muss man den Steuerstrich des Peilscheibenfensters mit dem anzupeilenden Objekt in Deckung bringen und dann die Gradzahl ablesen.

Es gibt drei Arten von Handkompassen, den herkömmlichen Kugelkompass, den man um eine Armlänge entfernt hält, einen kleinen Kompass, den man dicht vor das Auge hält, und den Fluxgate-Kompass.

Man sollte verschiedene Modelle in der Praxis ausprobieren, ehe man sich zum Kauf entscheidet. Immer aber sollte man einen festen, bequemen Stand einnehmen, wenn man den Handkompass benutzt.

Das Ablenkungsdiagramm

Man lässt den Rudergänger einen genauen Nordkurs (000°) steuern und benutzt den Handpeilkompass, über den Bug in Längsrichtung des Schiffes peilend, während man selbst am Heck steht, möglichst entfernt von ablenkenden Eisenteilen. Man vergleiche dann den gesteuerten Kurs und die gelesene Gradzahl vom Handkompass. Man drehe sich um 30° und wiederhole den Vorgang alle 30°, bis der volle Kreis von 360° durchgeführt ist. Übertrage dann die Ergebnisse auf ein Zeichenblatt; die entstehende Kurve wird den Grad und die Richtung der Deviation von den gesteuerten Kursen zeigen.

Arbeitsmittel

Für die Arbeit mit der Seekarte braucht man einige Arbeitsgeräte. Die Praxis mit diesen Grundwerkzeugen bringt Ihnen Sicherheit in der Arbeit mit Seekarten und genauer Navigation.

Der Kartentisch

Am besten ist ein fest installierter Kartentisch, der groß genug ist, dass eine einmal gefaltete Seekarte darauf gelegt werden kann. Ein typischer Kartentisch hat entweder einen Pultdeckel, mit dem Stauraum für Karten unmittelbar darunter, oder eine Schublade unter dem Tisch, die die Karten aufnimmt.

Sitzen am Kartentisch

Manche Segler ziehen es vor, an einem Kartentisch zu stehen, besonders wenn er in Längsrichtung des Schiffes angebracht ist. Meist jedoch sind die Kartentische quer zur Längsrichtung des Schiffes installiert und mit einem Sitz für den Navigator versehen. Am günstigsten ist ein Platz neben dem Niedergang, wo die Schiffsbewegungen am geringsten sind. Sitzt man, sollte man vorwärts zum Bug schauen. So ist die Kommunikation mit dem Rudergänger leicht und der Zugang zum Cockpit ebenfalls. Es sollten Borde für die Unterbringung der wesentlichen Handbücher und Verzeichnisse vorgesehen sein sowie an der Stirnwand Halterungen für die Instrumente und die Funksprechanlage. Ein kleiner Kompass mit Steuerstrichen voraus und nach achtern zum Kontrollieren des gesteuerten Kurses ist nützlich.

Ist das Schiff zu klein für den Einbau eines festen Tisches, kann man ein Brett benutzen, das nach Gebrauch weggestaut wird. Die Karte sollte mit einem Clip am Brett befestigt werden, das auf den Knien liegt.

Die Beleuchtung

Die Beleuchtung am Kartentisch sollte so sein, dass der Navigator in den Karten arbeiten kann, aber weder schlafende Crew-Mitglieder stört noch den Rudergänger blendet. Eine kleine, mit einem beweglichen Arm ausgestattete Lampe kann zum Ausleuchten ausreichend sein. Ein Rotlicht mit niedriger Spannung erleichtert den Wechsel von Nachtsicht auf Lampenlicht.

Lineale

Zum Übertragen einer Kursrichtung von der Kompassrose der Karte verschiebt man diese parallel mit Linealen oder Dreiecken. Es können dann Linien gezogen werden, um die Kursrichtung oder die Peilrichtung zu einem Objekt zu bestimmen.

Nutzt man ein Lineal, so ist es am besten, man probiert die verschiedenen Arten aus – entweder eines zum »Rollen« oder eines zum Verschieben, was immer man für sich selbst als zweckmäßig empfindet. Zumeist sind die Arten zum Rollen auf einer Yacht unpraktisch.

Stechzirkel

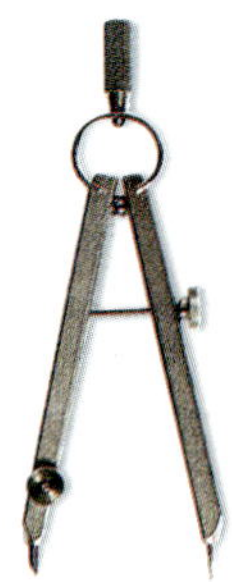

Zirkel

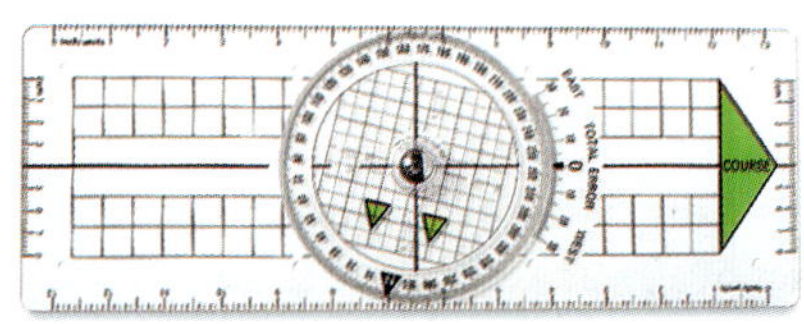

Plotter-Lineal

◁△ **Kartentisch**
Der Kartentisch sollte ein sicherer Platz zum Arbeiten sein, mit ausreichendem Platz zum Ausbreiten einer Seekarte und Halterungen für Instrumente in bequemer Reichweite.

DAS LOGBUCH

Ein Logbuch (Schiffstagebuch) hält Position, Kurse, zurückgelegte Entfernung und anderes fest. Für den Fall eines Unfalls ist man gesetzlich verpflichtet, ein Logbuch zu führen.

Wie sieht ein Logbuch aus?

Man muß kein vorgedrucktes Logbuch kaufen. Es gibt keine Formatvorschriften, eine Reihe der vorgedruckten Bücher enthalten Platz für relativ überflüssige Informationen. Erfahrene Segler stellen sich ihr eigenes Journal her, indem sie ein paar Spalten in ein Heft oder eine Kladde zeichnen oder sogar lose Blätter in einen Ringhefter legen. Die Spaltenüberschriften kann man nach den eigenen Erfordernissen wählen.

Notizen aufbewahren

Man sollte das Logbuch so ordentlich wie möglich führen. Auf küstennahen Kursen sollten die Eintragungen halbstündlich gemacht werden, auf hoher See weniger oft. Eine Kladde für Notizen und Berechnungen sollte zur Hand sein. Einige Skipper führen ein Decks-Logbuch, das von den auf Wache befindlichen Crewmitgliedern geführt wird, die Daten werden in regelmäßigen Abständen in das Schiffstagebuch übertragen.

Das Kursdreieck

Die meisten Segler finden es unter den beengten Platzverhältnissen an Bord einfacher, mit einem Kursdreieck zu arbeiten.

Die verschiedenen Modelle von Kursdreiecken werden überwiegend mit dem Netz von Breiten- und Längengraden in der Seekarte benutzt, weniger mit denen der eingedruckten Kompassrose. In das Kursdreieck ist ein Kompasskreis mit 360°-Zahlen eingraviert sowie ein viereckiges Netz von geraden Hilfslinien, die man mit den Breiten- oder Längengraden in der Karte in Deckung bringt, um sich nach rechtweisend Nord orientieren zu können. Die Hypothenuse des Kursdreiecks wird an den gewünschten Kurs/Peilung angelegt, die Gradzahl des Winkels wird dann von der im Dreieck enthaltenen Kompassrose abgelesen. Einige Kursdreiecke erlauben sogar das Einsetzen von Missweisung oder Ablenkung in ihrem Winkelmesser, was das direkte Ablesen von magnetischen Kursen gestattet.

Stechzirkel

Zum Abmessen von Entfernungen auf der Seekarte werden Messing-Stechzirkel mit Stahlspitzen angeboten. Kaufen Sie sich einen Stechzirkel, der mindestens 15 cm lang ist, um eine genügend große Spannweite zu haben. Der Einhand-Stechzirkel, dessen oberes Ende gebogen ist, ist am leichtesten zu handhaben.

Öffnen Sie den Stechzirkel, um die entsprechende Gegend abzugreifen, dann lesen Sie die Entfernung an der Breitenskala am Kartenrand ab. Reicht die Spannweite des Zirkels für die ganze Länge der zu messenden Entfernung nicht aus, nehmen Sie eine bequeme Weite in den Zirkel und stechen die Gesamtlänge in Teilen ab.

Bleistifte

Benutzen Sie weiche Bleistifte, wie z. B. der Stärke 2B, um die Karten nicht dauerhaft zu beschädigen. Mehreckige Bleistifte rollen weniger leicht, wenn das Boot krängt. Ein weicher Radiergummi und ein Anspitzer gehören unbedingt zur Ausrüstung.

HANDBÜCHER

Jeder Segler braucht eine Reihe von Handbüchern, die Angaben enthalten, die nicht in den Seekarten aufgeführt sind. Diese Handbücher sollten in Reichweite des Navigationstisches zum schnellen Nachsehen sein. Sie müssen ständig aktualisiert werden.

Nautischer Almanach

Der nautische Almanach ist das angloamerikanische »nautische Jahrbuch«. Es diente lange Wissenschaft und Seefahrt gemeinsam.

See- und Hafenhandbücher

Handbücher für die Küstennavigation, die die Angaben in den Seekarten ergänzen sollen und ständig aktualisiert werden müssen. In den Hafenplänen werden Service-Einrichtungen für Segler bekannt gegeben. Eine wichtige Ergänzung bilden die »Nachrichten für Seefahrer (NfS)«.

Lotsenhandbücher

Für bestimmte Seegebiete und Fahrstrecken werden zur Sicherheit der Schifffahrt ständig Lotsendienste bereitgestellt. Für diese Gebiete gibt es sowohl Veröffentlichungen speziell für Yachten als auch für die allgemeine Schifffahrt.

Gezeitenstromatlas

Er enthält Darstellungen der Stärke und Richtung der Gezeitenströme. Diese bildliche Darstellung kann nützlich sein.

Allgemeine Handbücher

Für elektronische Navigationsinstrumente sollte man einen kompletten Satz der Einführungshandbücher parat haben.

Leuchtfeuer und Signalstationen

Für längere Seereisen braucht man die jährlich neu herausgegebenen Verzeichnisse für Leuchtfeuer und Signalstellen.

NAVIGATIONSINSTRUMENTE

Für das erfolgreiche Navigieren benötigt man ein Log, um die gesegelte/gefahrene Strecke messen zu können. Zusammen mit dem Kompass wird dies die grundlegenden Informationen liefern; es ist jedoch ratsam, ein Lot (zum Messen der Wassertiefe unterhalb des Kiels) mitzuführen. Moderne Geräte sind zwar nützlich, können jedoch niemals grundlegende Kenntnisse ersetzen. Man sollte immer darauf vorbereitet sein, die abgelesenen Anzeigen zu überprüfen und gegebenenfalls auch ganz ohne sie auszukommen.

DAS LOG

Das einfachste und zuverlässigste Log ist ein mechanisches Schlepplog oder Patentlog. Es besteht aus einem Schwimmkörper mit schraubenartigen Flossen, der am Ende einer langen Leine hinterhergezogen wird. Ein Messgerät zählt die Anzahl der Umdrehungen. Die gesegelte Entfernung wird in Seemeilen und in Zehnteln einer Seemeile angezeigt. Die meisten modernen Yachten sind bereits mit elektronischen Logs, so genannten Sumlogs ausgerüstet. Sie sind unter dem Schiffskörper angebracht, die Anzeige kann am Instrumentenbrett abgelesen werden. Das Instrument zeigt zumeist die Geschwindigkeit und die gesegelte Entfernung an, hat zusätzlich einen Törnzähler, der jeweils neu eingestellt werden kann; z. T. wird auch die gesegelte Zeit angezeigt, das ist bei Regatten wichtig.

DAS GEEICHTE LOG

Jedes Log sollte geeicht werden. Man sucht sich auf der Seekarte eine gemessene Distanz und fährt diese zweimal unter Motor bei möglichst geringer Tidenströmung. Man addiert beide gemessenen Entfernungen, teilt sie durch zwei, um den Durchschnitt zu erhalten. Der Unterschied zwischen dieser Durchschnittszahl und der auf der Karte eingetragenen Entfernung ist die Abweichung des Logs. Elektronische Logs können zumeist korrigiert werden, indem die Abweichung mit eingegeben wird, oder man notiert die Abweichung und berücksichtigt sie bei jedem Ablesen vom Log.

DAS LOT

Eine Lotleine von ungefähr 15 m Länge ist die einfachste Form zum Messen der Wassertiefe. Man kann die elektronischen Messzahlen überprüfen und darüber hinaus die Wassertiefe von jeder Stelle des Schiffes oder von einem Beiboot aus messen. Selbst wenn ein elektronisches Lot an Bord ist, sollte man immer ein einfaches Handlot dabeihaben.

Gewöhnlich ist die Lotleine mit verschiedenen Farben und unterschiedlichem Material für die verschiedenen Tiefenangaben markiert. Der Lotkörper aus Blei hat am unteren Ende eine Aushöhlung, die mit Talg oder Fett gefüllt werden kann, um eine Probe vom Meeresboden zu erhalten, was nützlich für die Wahl eines Ankerplatzes sein kann.

Die meisten Yachten sind mit einem elektronischen Echolot ausgerüstet, das Impulse zum Meeresgrund sendet und die Zeit misst, bis sie von dort reflektiert werden. Die Anzeige erfolgt entweder in Fuß, Metern oder Faden. Viele dieser Geräte sind zusätzlich mit einem Tiefenalarm ausgestattet. Das Lot sollte für den Rudergänger gut sichtbar im Cockpit angebracht sein.

WINDMESSINSTRUMENTE

Windmesser sind im Masttopp angebracht und mit einer Anzeige am Instrumentenbrett im Cockpit verbunden. Allein zeigt ein Windmesser Stärke und Richtung des scheinbaren Windes an, in Bezug auf den Kurs des Schiffes. In Verbindung mit einem elektronischen Log zeigt er den wahren Wind und seine ungefähre Richtung an; gekoppelt mit einem Fluxgate-Kompass zeigt er die genaue Windrichtung, sowohl des wahren als auch des scheinbaren Windes an.

INSTRUMENTE ▷
Eine typische Auswahl von Instrumenten enthält Tiefenmesser, Speedometer und Windmesser. Integrierte Instrumente wie diese tauschen ihre Daten aus.

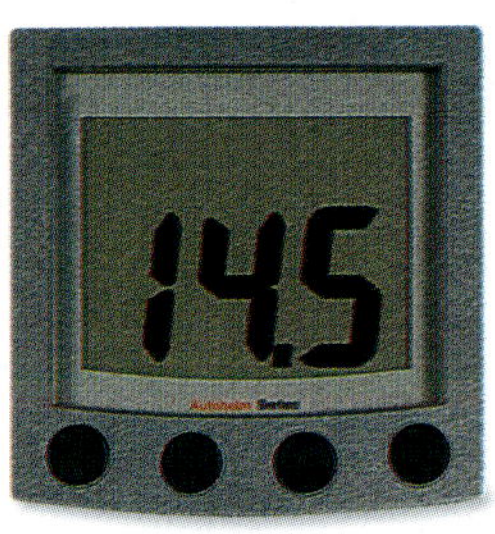

TIEFENMESSER

SPEEDOMETER

WINDMESSER

△ **Ein Loran-C-Empfänger**

In Verbindung mit einem GPS-Empfänger kann der Loran-C-Empfänger Wegepunkte und den Schiffsort sowie den gefahrenen Kurs auf dem Kartenbild des Bildschirms anzeigen.

GPS

Das *Global Positioning System* empfängt zuverlässige Positionsangaben, indem es die Informationen von einem Netz von Satelliten erhält. Sie sind in der Regel auf 100 m genau. Verbesserte, differentiale GPS (DGPS) sind bis auf 10 m genau. Sie liefern eine digitale Anzeige von Breiten- und Längengraden sowie den Kurs und die Entfernung von einer gegebenen Position. Das Letztere ist zumeist leichter zu benutzen, um den Standort zu bestimmen. In GPS-Empfänger können 100 oder mehr Wegepunkte eingegeben werden – Standorte von Objekten aus den Seekarten oder Wendemarken auf dem zu segelnden Kurs. Ganze Törnrouten mit vielen Wegepunkten können im GPS gespeichert werden.

Das Radar

Auf Yachten von mehr als 11 m Länge kann die Installation von Radar eine nützliche elektronische Hilfe sein, die einzige mit der Fähigkeit, den Standort zu bestimmen und Kollisionen zu vermeiden. Empfehlenswert ist, an einem Kursus teilzunehmen, in dem die richtige Nutzung des Radars gelehrt wird. Das Radar-Gerät zeigt Richtung und Entfernung zwischen einer Yacht und anderen Objekten, die auf dem Bildschirm sichtbar werden, an. Falls das Objekt auf der Seekarte bezeichnet ist, kann man mit Hilfe des Radars peilen. Das Radar benutzt drei Arten von Kartenobjekten. Ist das Objekt ein anderes Fahrzeug, kann man den Kurs und die Geschwindigkeit ermitteln und daraus ablesen, ob Kollisionsgefahr gegeben ist. Dies ist ganz besonders hilfreich bei schlechter Sicht und in überfüllten Fahrwassern.

Der Loran-C-Empfänger

Der Loran C zeigt eine elektronische Karte auf einem Bildschirm. Ein Loran C und ein GPS können mit der Selbststeueranlage verbunden werden, so dass das Schiff auf dem auf der elektronischen Karte vorgegebenen Kurs segelt. Mit Hilfe des GPS bleibt das Schiff auf Kurs und führt notwendige Kurskorrekturen »selbstständig« aus.

Funksprechanlage

Die meisten Yachten haben einen UKW-Empfänger für den Sprechfunkverkehr mit Küstenstationen oder mit anderen Schiffen. Fahrtenyachten auf großer Fahrt haben ein Schiffsradio für Mittel- bis Langwellen-Empfang oder eine Amateur-Funkanlage, um ständigen Funkkontakt zu ermöglichen. Es gibt auch Satelliten-Systeme, die Stimmen-, Daten- und Fax-Übertragungen gestatten, wie auch für GMDSS Notrufsignale. Auch Navtex- und Wetterfax-Geräte sind oft in einem Gerät zusammengefasst. Navtex liefert aktuelle Navigations- und Sicherheitsnachrichten für ein ausgewähltes Gebiet, und Wetterfax liefert Wettervoraussagen und Wetterkarten. Schließt man das Radio mit einem PC zusammen, können die Informationen direkt in den PC eingespeist werden, ohne dass man dafür extra Geräte hat.

INTEGRIERTE SYSTEME

Der Trend zu elektronischen Hilfsmitteln gibt dem Segler die Möglichkeit, Informationen zu sammeln, die sonst Berechnungen, Wissen und Kenntnisse erfordern. Integrierte elektronische Systeme können Geschwindigkeit und Kurs und vieles mehr berechnen.

Unbegrenzte Möglichkeiten

Die meisten Hersteller bieten Geräte an, die sowohl das Log als auch den Windmesser und das Lot einschließen. Man kann ohne weiteres einen Fluxgate-Kompass, ein GPS, einen Loran-C-Empfänger und ein Radar-Gerät zusammenkoppeln, so dass sämtliche Informationen von allen Einzelgeräten dort zusammenlaufen. Man kann auch einen PC mit größerer Speicherkapazität anschließen. Den begeisterten Regatta-Segler wird die Fülle solcher Daten erfreuen, für den Freizeit-Skipper sind die meisten jedoch überflüssig.

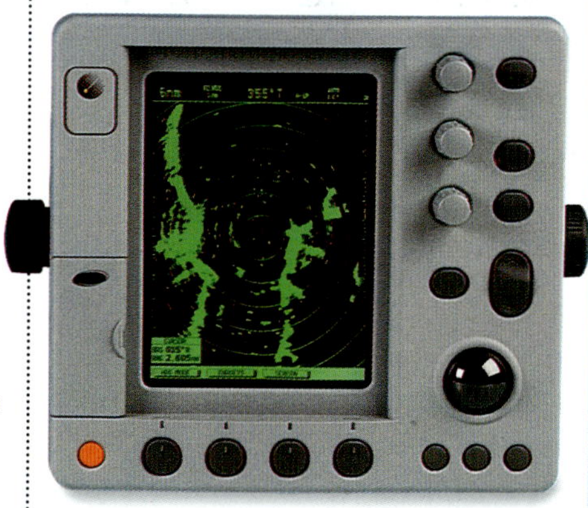

△ **Radar**

Der Radarschirm zeigt seine Informationen in Form eines Bildes, dessen Interpretation man erlernen muss.

Betonnung

Ein System von schwimmenden Seezeichen, Tonnen, bestimmt Gefahren und sichere Durchfahrten. Es wird vom Internationalen Verband für Seezeichenwesen (IALA) eingerichtet. Das IALA-Betonnungssystem A findet in Europa, Afrika, Australien, Indien und weiten Teilen Asiens Anwendung; IALA-Betonnungssystem B wird in Nord-, Mittel- und Südamerika, Japan, Korea und den Philippinen benutzt.

Das Lateralsystem

Die Begrenzung eines Fahrwassers wird durch das Lateralsystem (Seitenbezeichnung) entsprechend der Fahrwasserrichtung gekennzeichnet. In Flüssen und Flussmündungen gilt die Fahrwasserrichtung von See her zum Hafen; fährt man also flussaufwärts, sind (nach IALA-Betonnungssystem A) die Backbordtonnen rot und die Steuerbordtonnen grün. Die Tonnen des Lateralsystems sind meistens nummeriert; von See beginnend tragen die roten Backbordtonnen gerade Zahlen und die grünen Steuerbordtonnen ungerade.

An Küsten wird die Betonnung für die Richtung in der Regel im Uhrzeigersinn angebracht. Falls die Richtung durch die Betonnung unklar ist, gibt ein Blick in die Seekarte Klarheit: Die Richtung des Fahrwassers wird durch einen Pfeil und zwei Punkte angezeigt *(S. 234–235)*

Bei Fahrwasserverzweigungen wird das durchgehende Fahrwasser durch etwas veränderte Tonnen des Lateralsystems gekennzeichnet, sie bezeichnen das Hauptfahrwasser.

Das Kardinalsystem

Allgemeine und einzelne Gefahrenstellen werden durch die kardinalen Zeichen nach den vier Quadranten des Kompasses gekennzeichnet. An einer Nord-Tonne muss man sich nordwärts halten oder eine Süd-Tonne südlich passieren, um dem Hindernis auszuweichen. Die Kardinaltonnen haben die Form von Baken-, Spieren- oder Stangentonnen mit gelb-schwarzem Anstrich. Alle haben zwei schwarze Toppzeichen; nachts kann eine Kombination von weißen Blitzen als Lichtkennung verwendet werden, deren Folge den Quadranten bestimmt, dem die Tonne zugeordnet ist.

Sonstige Zeichen

Einzelgefahrzeichen sind Tonnen über kleinen Gefahrenstellen in sicherem (Fahr-)Wasser. Mitte-Fahrwasser-Zeichen können auch als Ansteuerungstonnen verwendet werden.

Sonderzeichen dienen nicht in erster Linie der Navigation, sondern bezeichnen besondere Gebiete. Die Sonderzeichen sind gelb. Tragen sie Kegel, Zylinder oder Bälle als Toppzeichen, zeigen sie die Richtung an, in der sie passiert werden müssen.

Befeuerung

Navigieren in der Nacht wird durch Leuchtfeuer an Land, Leuchttürme, Richtfeuer, Feuerschiffe oder Leuchttonnen erleichtert. Besonders in der Nähe von anderen Lichtern an der Küste kann es schwierig sein, diejenigen von Seezeichen herauszufinden. Um dies zu erleichtern und die Seezeichen auch voneinander unterscheiden zu können, zeigen Lichtfrequenz und Farbe die Kennung für jedes Seezeichen. Diese Kennungen sind in den Seekarten in Fahrtrichtung aufgeführt. In der Regel gibt es weiße, rote, grüne oder gelbe Feuer.

Leuchtsequenzen

Seezeichen sind durch verschiedene Lichtsequenzen und die Zeit, die eine Sequenz dauert, gekennzeichnet. Mit einer Stoppuhr nimmt man die Zeit der Lichterscheinungen durch drei volle Folgen, um sicherzugehen, das Feuer richtig erkannt zu haben.

Einige der gebräuchlichsten Leuchtfolgen sind rechts dargestellt. Die in der Zeichnung dargestellten Abkürzungen finden sich auch in den Seekarten. Einige der Ausdrücke sind vielleicht unbekannt, so bedeutet »isophase« (Iso) Gleichtaktfeuer (Glt.), d. h. weiße oder farbige Lichtscheine abwechselnd mit Verdunklungen in gleicher Zeitdauer; »occulting« (Oc) unterbrochenes Feuer mit Einzelunterbrechungen, die kürzer als die Lichtscheine sind.

Steuert man in der Dunkelheit einen Hafen an, peilt man mit Hilfe des Handkompasses in die Richtung des Feuers, um es leichter zu finden. Niemals sollte man voraussetzen, dass das Feuer, das man sieht, auch das gesuchte Feuer ist; eine doppelte Kontrolle ist daher unerlässlich.

Leuchttürme und Richtfeuer zeigen farbige Sektoren-Kennungen, um sichere Einfahrt oder freien Seeraum zwischen Untiefen zu bezeichnen. Die Seekarte zeigt die Einzelheiten der Farben und Sektorenwinkel. In den Handbüchern werden die Ränder der Lichtsektoren oft als Peilungslinien angegeben. Sie sind stets von See her zum Leuchtturm berechnet und werden in rechtweisenden Kursen (°rwt) angegeben.

Betonnung und Leuchtfeuer-Kennungen

Tonnen haben verschiedene Formen und Farben und meistens ein oder zwei Toppzeichen. Nicht alle Tonnen sind auch Leuchttonnen, doch können diese aufgrund ihrer Kennung leichter gesehen und identifiziert werden. So zeigt ein weißes Blitzfeuer mit einer Gruppe von zwei Blitzen eine Einzelgefahr an.

Lateral-Tonnen (IALA »A«)

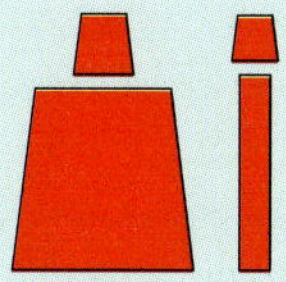

Backbordbordseite
rot, jede Frequenz

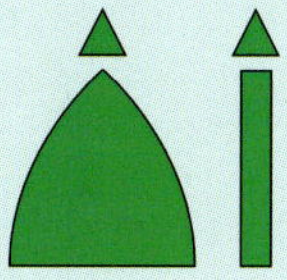

Steuerbordbordseite
grün, jede Frequenz

Mitte-Fahrwasser-Tonnen

nach Steuerbord
rotes Feuer, Fl (2+1)

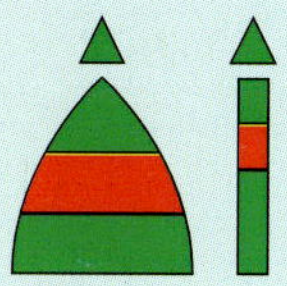

nach Backbord
grünes Feuer, Fl (2+1)

Kardinalsystem

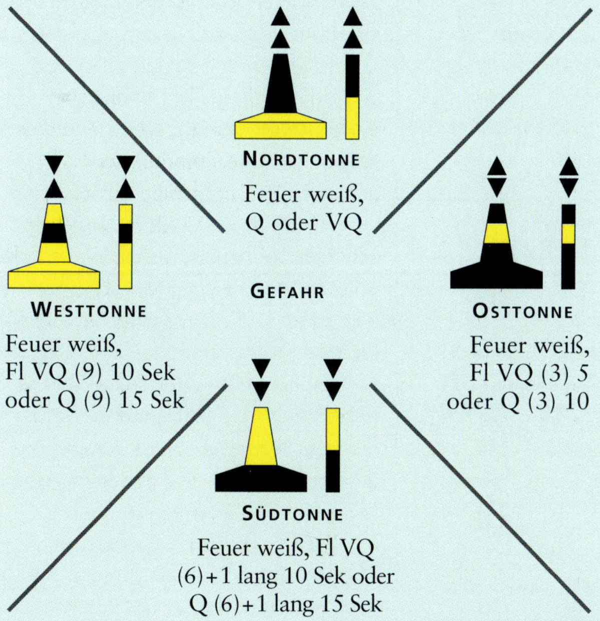

Sonstige Zeichen

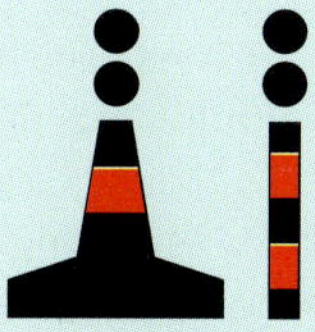

Einzelgefahrzeichen
weißes Feuer, Fl (2)

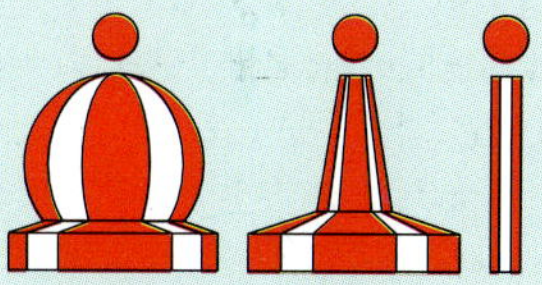

Fahrwasserzeichen
weißes Feuer, Iso, Oc oder langer Fl 10s

Sonderzeichen

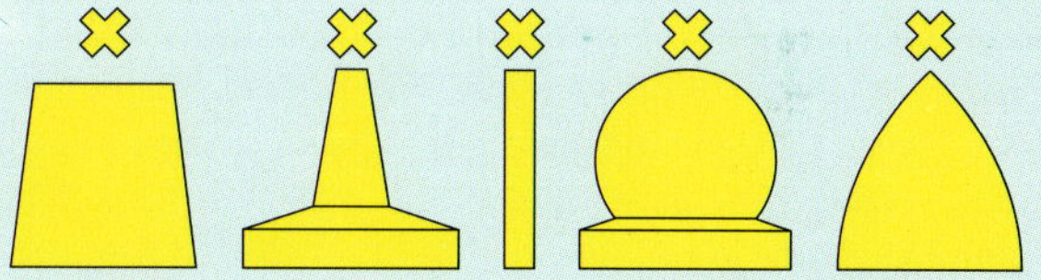

Backbord **Steuerbord**
gelbes Feuer, verschiedene Frequenzen, aber von anderen Bojen mit weißem Feuer unterschieden

Wichtigste Leuchtfeuererkennung

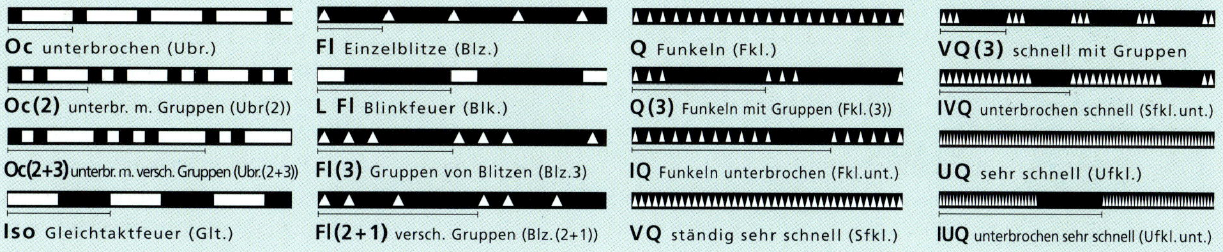

In Küstennähe

Navigieren auf Sicht in küstennahen Gewässern nennt man terrestrische Navigation. Kenntnisse im Navigieren auf Sicht sind erforderlich, wenn man einen Hafen anläuft oder ihn verlässt, in Augenblicken also, in denen keine Zeit ist, erst lange die Seekarten zu studieren und Ortsbestimmungen vorzunehmen, und in denen ein Schätzfehler von ein paar Schiffslängen schon eine kritische Situation herbeiführen kann.

Das Peilen

Das Peilen eines sicheren Kurses zwischen Gefahrenstellen bis zum Ziel und die Peilung für ein Fahrwasser braucht man für die terrestrische Navigation. Die Abstandsmessungen mit Gefahrenwinkel definieren in der Fahrrinne die Grenzen der tiefen Wasserfläche. Hat man sie einmal auf der Seekarte oder den Hafenplänen identifiziert, können Peilungen für einen sicheren Kurs oder die Gefahrenwinkel mit Handkompass oder Steuerkompass vorgenommen werden. In Sichtweite der Objekte (Land- oder Seemarken) ist eine Deckspeilung einfacher und genauer als die Peilung nach dem Steuerkompass *(S. 236–237)*.

Die Deckspeilung

Zwei Objekte, die genau hintereinander in einer Linie liegen, sind in Deckung miteinander gebracht worden. Sieht man vom Schiff aus zwei Objekte genau in Deckung miteinander, muss der Kurs des Schiffes auf einer gedachten Verlängerung dieser Deckungslinie liegen. Kann man diese beiden Objekte auf der Seekarte finden, hat man eine terrestrische Standlinie. Standlinien können auch gemessen werden, wenn zwei Objekte fast in Deckung sind bzw. weiter auseinander liegen.

Welche Deckspeilung?

Ansteuerungspunkte sind meistens Objekte von Menschenhand, z. B. Masten oder Pfähle bzw. Leitfeuer, die einen sicheren Kurs im Bereich einer Hafeneinfahrt bezeichnen. Natürliche oder geographische Landmarken, wie z. B. Felsen und Landzungen, können auch für Standlinien benutzt werden, so lange sie deutlich sichtbar und in der Seekarte eingezeichnet sind. Sie müssen sowohl in einem deutlichen Abstand voneinander liegen als auch nicht zu dicht zum eigenen Schiff.

Wählt man Landmarken, die im Wasser liegen, wie z. B. Felsen oder Pfähle, muss man ihr unterschiedliches Erscheinungsbild bei Hoch- oder Niedrigwasser berücksichtigen.

Das Vorausplanen

Der Schlüssel zu genauer und sicherer Küstennavigation ist die gründliche Vorbereitung. Bevor man also das Gebiet erreicht, das durchfahren werden soll, studiert man Seekarte und Hafenpläne genau, um den sicheren Kurs und passende Standlinien nahe

DAS FERNGLAS

Ein gutes Fernglas ist ein wichtiges Hilfsmittel, wenn man in engen Fahrwassern fahren muss, denn hier ist das Navigieren auf Sicht dem Navigieren nach Karte vorzuziehen.

Die Auswahl eines Fernglases

Man sollte immer das bestmögliche Fernglas erwerben, das man sich leisten kann. Für den Einsatz an Bord sind starke, wasserdichte Gläser mit einer Gummi-Ummantelung am besten geeignet. Ferngläser sind klassifiziert nach dem Grad ihrer Vergrößerung und der Stärke des Linsenobjektivs, das den Lichteinfall begrenzt. Ein Fernglas mit einer Stärke von 7 x 50 ist eine gute Wahl. Eine Vergrößerung von über 7 macht das Fernglas unhandlich.

Es gibt Ferngläser mit eingebautem Peilkompass, die die Richtungsbestimmung und – in manchen Fällen – auch die Entfernungsbestimmung von Objekten erleichtern.

FERNGLAS

Der Gebrauch des Fernglases

Auf einem schaukelnden Schiff, lehnt man den unteren Teil des Körpers fest gegen eine Schiffswand, Reling o.ä., während man mit dem Oberkörper den Bewegungen des Schiffes folgt, um das Fernglas so ruhig wie möglich zu halten.

DIE NUTZUNG VON DECKSPEILUNGEN BEI HINDERNISSEN

Standlinien dienen dazu, an Gefahrenstellen vorbei zu navigieren. Zunächst sucht man in der Seekarte nach Landmarken, die für eine Standlinie angepeilt werden können. Achtung: Die Umrisse von Felsen und Landzungen ändern sich mit den Gezeiten; man muss dies bei Deckspeilungen immer berücksichtigen.

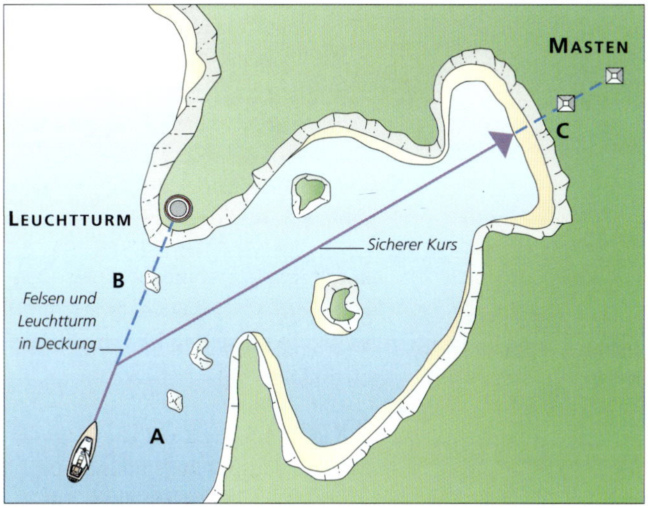

△ **DEM SICHEREN KURS FOLGEN**
Um von den Felsen am Eingang der Ankerbucht (A) freizukommen, bringt man den Felsen (B) mit dem Leuchtturm in eine Linie und fährt auf diesem Kurs, bis sie an Steuerbord in Deckung stehen (C); dann nimmt man den sicheren Kurs.

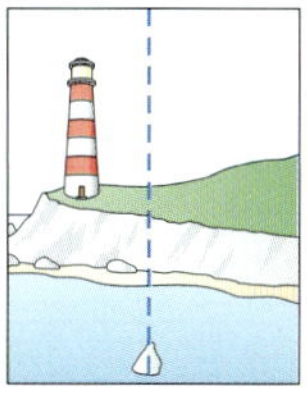

◁ **NAHE DECKUNG**
Der Felsen wird als nahe beim Leuchtturm beschrieben. In der Zeichnung wird deutlich, dass die Yacht guten Abstand von den Felsen am Eingang der Bucht halten muss.

◁ **IN LINIE ODER NULL-DECKUNG**
Der Felsen und der Leuchtturm sind völlig in Deckung miteinander. Wenn die Yacht so lange auf dieser Standlinie fährt, bis sie in die Bucht eindrehen kann, wird sie in sicherem Abstand von den Felsen sein.

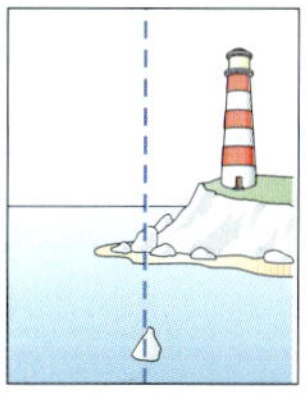

◁ **OFFENE DECKUNG**
Der Felsen wird als offen (= ohne Deckung mit dem Leuchtturm) beschrieben. Die Zeichnung macht klar, dass die Gefahr besteht, auf die Felsen am Eingang der Bucht aufzulaufen.

am Kurs zu finden. Man bezeichnet alle Land- und Seemarken, die auf der Strecke passiert werden, zeichnet den beabsichtigten Kurs ein und überprüft, ob etwaige Gefahrenzonen oder Hindernisse in der Nähe liegen. Fährt man nachts, notiert man sämtliche Leuchttonnen und ihre Kennungen. Es empfiehlt sich dabei, sich nicht auf das Gedächtnis zu verlassen, sondern die Einzelheiten zu notieren.

NAVIGATIONSPLANUNG

Während des Törns sollte man die Seekarten nicht an Deck benutzen; bei plötzlich auftretendem Wind sind sie kaum zu kontrollieren, bei schlechtem Wetter werden sie meist in Mitleidenschaft gezogen. Darüber hinaus ist es schwierig, wenn der Kurs in einer Nord-Süd-Richtung liegt, die Karte umgekehrt zu lesen. Am besten bereitet man einen Törnplan in einem Heft zur Benutzung an Deck vor. Der Törnplan sollte sich an der individuellen Arbeitsweise orientieren und sämtliche Kurse, auch die der Teilstrecken an den einzelnen Wendemarken oder Wegepunkten, sowie die zu passierenden Landmarken und Seezeichen enthalten. Der Plan sollte am Ende der Seite beginnen und sich nach oben arbeiten. Auf diese Weise werden die Informationen über den Kurs, die Seezeichen und andere wichtige Einzelheiten in genau der Reihenfolge aufgeführt, in der man fährt und sie sieht. Man beschreibt sämtliche Besonderheiten, die man zu sehen erwartet, und notiert ihre Kurspeilung. Die Peilungen etwaiger Stand- oder Leitlinien sollten ebenfalls notiert werden. Für die Nachtfahrt müssen die Kennungen sämtlicher in Erscheinung tretender Feuer notiert werden.

Man kann niemals sorgfältig genug planen. Unterwegs sollte man alle Angaben immer wieder überprüfen und jede Art der Information kontrollieren. Jegliche Selbstgefälligkeit sollte ausgeschlossen werden, und man darf keinesfalls der Versuchung erliegen, die Wirklichkeit den Erwartungen anzupassen. Es ist ratsam, stets nur von einem sicheren, bekannten Standort den nächsten anzusteuern und den sicheren Kurs nicht zu verlassen.

Die Gezeiten

Für das Segeln in Tidengewässern muss man die Höhe der Gezeit und die Richtung des Gezeitenstroms kennen. Es gibt Gegenden, die einen enorm großen Tidenhub von 11 m oder mehr haben, während andere nur eine geringe Wasserhöhe zwischen den Gezeiten aufweisen. Gewässer mit einem hohen Tidenhub können abschrecken, sie sind jedoch nicht schwer zu befahren, wenn man einmal das einfache Verfahren begriffen hat, wie die Gezeitenhöhen und die -ströme berechnet werden.

Informationen über Gezeiten

Gezeiten sind vertikale Höhenunterschiede der Wasseroberfläche, hervorgerufen durch die Schwerkraftanziehung von Mond und Sonne.

Die Umdrehung der Erde verursacht in den meisten Teilen der Welt halbtäglich eine Gezeit. Mit anderen Worten: Es gibt alle 24 Stunden, 50 Minuten (Dauer eines Mond-Tages) eine Gezeit mit zwei Hochwassern und zwei Niedrigwassern.

Es gibt auch eintägige Gezeiten in den Tropen. Sie weisen geringe Niveauschwankungen des Meeres auf. In einigen Gegenden der Erde gibt es sowohl eintägige als auch halbtägliche Tiden, so genannte gemischte Gezeiten, bei denen die Höhen der beiden täglich auftretenden Hochwasser bzw. Niedrigwasser stark voneinander abweichen.

Veränderungen der Wassertiefe sind auf der offenen See von geringerer Bedeutung, aber in der Nähe von Küsten sind sie von entscheidender Wichtigkeit, denn große Gezeitenschwankungen erzeugen starke Gezeitenströme.

Informationsquellen

Auskünfte über die Höhe der Gezeiten, ihren Umfang und die Zeiten von Hoch- und Niedrigwasser findet man in Gezeitentafeln. Die örtlichen werden von den Hafenbehörden herausgegeben und geben die Zeiten der Tiden sowie Informationen über deren Höhen für jeden Tag des Jahres an. Am nützlichsten ist jedoch ein Nautischer Almanach bzw. eine Gezeitentafel. Sie decken größere Gebiete ab und geben Tideninformationen für jeden dort befindlichen Hafen. Es gibt ausführliche Vorausberechnungen für eine Auswahl von Häfen und für eine große Anzahl von Orten, die in der Umgebung dieser Bezugshäfen liegen. Die Gezeitentafeln enthalten die täglichen Hoch- und Niedrigwasserzeiten und die dazugehörigen (voraussichtlichen) Wasserstände von Ebbe und Flut jeweils für das ganze Jahr. Aus der ebenfalls darin enthaltenen, als Diagramm dargestellten Gezeitenkurve kann man die Wassertiefe für jeden Zeitpunkt zwischen Hoch- und Niedrigwasser berechnen.

Die Tideninformationen für die kleineren, weniger wichtigen Häfen werden als Gezeitenunterschiede veröffentlicht.

Tidenrechner

Es gibt elektronische Rechner und Software für PCs, um die Tidenzeiten und -höhen für Tausende von Häfen in der Welt berechnen zu können. Be-

▽ **Gezeitentafel**
Hier sieht man die Gezeitenunterschiede, die zu den Zeiten und Höhen des Bezugshafens (Dover) zu addieren bzw. zu subtrahieren sind.

TIDEN

0000 Dover; ML 3.7; Dauer 0505; Zone 0 (UT)

Bezugshafen DOVER

Zeiten

Hochwasser		Niedrigwasser		MHWS	MHWN	MLWN	MLWS
0000	0600	0100	0700	6.8	5.3	2.1	0.8
1200	1800	1300	1900				
Gezeitenunterschiede							
+0010	+0020	+0010	+0005	–0.6	–0.3	0.0	0.0

nutzt man diese, findet man die Zeiten und Höhen jeder Gezeit zu jeder Zeit und an jedem Ort, ohne Gezeitentafeln und Kurven benutzen zu müssen. Diese Berechnungen sind genau genug für fast alle Gegebenheiten.

Zeitzonen

Die Gezeitentabellen geben die Zeiten für Hoch- und Niedrigwasser in der Zeitzone des jeweiligen Hafens oder in der Standardzeit (UT) an, obwohl auch einige der lokal begrenzten Gezeitentafeln die Gesetzliche Zeit (GZ) in Sommer- bzw. Winterzeit angeben. Man muss sich also vergewissern, welches System die benutzte Gezeitentafel verwendet, und muss gegebenenfalls die Zeitangaben in Ortszeit (GZ) umrechnen, vor allem, wenn man zwischen zwei Ländern segelt, die zu verschiedenen Zeitzonen gehören.

Gezeitentafeln zeigen die benutzten Zeitangaben auf jeder Seite. Sie zeigen ebenfalls die Zeitunterschiede, die man bei der Umrechnung in Ortszeit berücksichtigen muss. Bei der Tidenberechnung für Anschlussorte nach den Angaben für Bezugshäfen richtet man sich nach den Zeitzonenangaben und verwandelt dann in Ortszeit, da sonst gravierende Fehler auftreten können.

GEZEITENHÖHE UND KARTENNULL

Den Angaben über Wassertiefen in den Seekarten und Höhenangaben liegt das Kartennull zugrunde, das sich nach der niedrigst möglichen Tide richtet (für die Deutsche Bucht und ihre Flussgebiete).

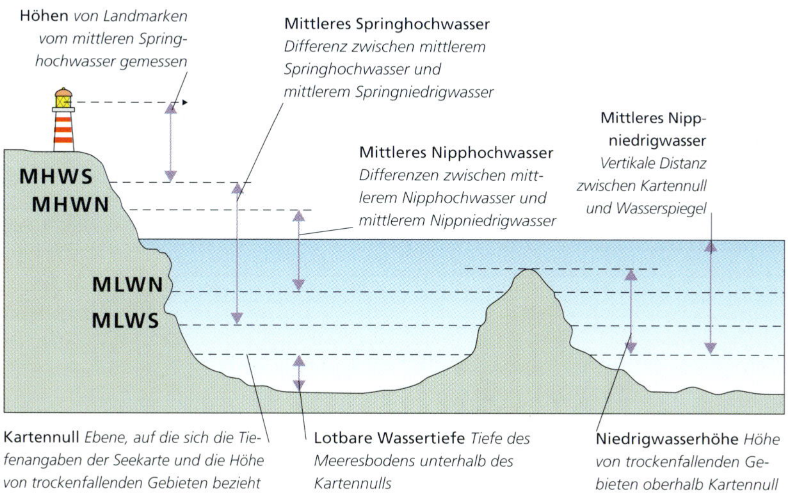

Höhen und Tiefen

In den Seekarten sind die Angaben über Höhen – trockenfallende Gebiete – und die Wassertiefen auf das Kartennull bezogen. Die Gezeitentafeln geben Zahlen für mittlere Springhoch- oder Springniedrigwasser an. Sie geben entsprechende Höhen für mittlere Nipphoch- und Nippniedrigwasser an. Die Größe eines an Land stehenden Objektes wird von der Meeresoberfläche bei mittlerem Springhochwasser gemessen. Bei niedrigeren Gezeiten ist zu berücksichtigen, dass die Höhen von Landmarken größer als in der Karte angegeben sind.

DIE VORAUSBERECHNUNG VON GEZEITENHÖHEN

Die Gezeitentafeln zeigen die Höhe einer Gezeit immer nur bei Hochwasser und Niedrigwasser an. Für weitere Berechnungen benutzt man die Gezeitenkurve, für eine schnelle Überschlagsschätzung des Wasserstandes kann man auch die Zwölfer-Regel anwenden:

Die Zwölfer-Regel

Die Zwölfer-Regel teilt eine Gezeit (vom Hochwasser zum Niedrigwasser und umgekehrt) durch zwölf und nimmt an, dass die Tide wie folgt steigt oder fällt:

1. Stunde = $^{1}/_{12}$ der Tidenhöhe
2. Stunde = $^{1}/_{12}$ der Tidenhöhe
3. Stunde = $^{2}/_{12}$ der Tidenhöhe
4. Stunde = $^{2}/_{12}$ der Tidenhöhe
5. Stunde = $^{3}/_{12}$ der Tidenhöhe
6. Stunde = $^{3}/_{12}$ der Tidenhöhe

Ein Beispiel

Um den Wasserstand einer Tide um 15.15 Uhr oder drei Stunden nach Hochwasser herauszufinden, wenn in der Gezeitentafel als Zeit für das Hochwasser 12.15 Uhr und 4,8 m, für das Niedrigwasser 18.20 Uhr und 1,2 m angegeben wird, berechne man zunächst die Differenz der beiden Wasserstände, 4,8 – 1,2 m = 3,6 m, diese teile man durch zwölf.

- In der ersten Stunde (bis 13.15 h) fällt der Wasserstand um $^{1}/_{12}$ von 3,6 m = 0,3 m.
- In der zweiten Stunde (bis 14.15 h) fällt der Wasserstand um $^{2}/_{12}$ von 3,6 m = 0,6 m.
- In der dritten Stunde (bis 15.15 h) fällt der Wasserstand um $^{3}/_{12}$ von 3,6 m = 0,9 m.
- Um 15.15 h wird der Wasserstand um 1,8 m (0,3 + 0,6 + 0,9 m) gefallen sein, somit beträgt der Wasserstand (über Kartennull) bis 15.15 h 4,8 – 1,8 m = 3,0 m.

Gezeitenkurven

Will man z.B. eine im flachen Wasser gelegene Sandbank überqueren, muss man genau wissen, wann die Wassertiefe für den Tiefgang des Schiffes ausreicht, so dass man keine Grundberührung fürchten muss. Um die Wassertiefe zu ermitteln, benutzt man die in den Gezeitentafeln veröffentlichten Gezeitenkurven. Hier kann alternativ auch ein elektronischer Gezeitenrechner verwendet werden.

Wie funktionieren Gezeitenkurven?

Die Gezeitenkurve wird auf einem Schaubild dargestellt und zeigt den Fortgang der Tide über einen vollständigen Tidenzyklus. Nipp- und Springtiden verursachen unterschiedliche Kurven. Die Springtide in dem Beispiel ist durch eine durchgezogene Linie dargestellt, die Nipptide hat eine gestrichelte Linie. Man kann die entsprechende Kurve benutzen, um herauszufinden, innerhalb welcher Zeit die Tide ihren höchsten Stand erreicht haben oder wie hoch der Wasserstand zu einer bestimmten Zeit sein wird.

An einigen Orten kann die Zeit für Niedrigwasser genauer vorausgesagt werden als die für Hochwasser. Für diese Gegenden gibt es Gezeitenkurven, die auf dem Niedrigwasserstand basieren.

Anschlusshäfen

Die Gezeiten in Anschlusshäfen ermittelt man, indem man deren Tidendaten in das Diagramm einsetzt.

Zunächst berechnet man die Zeit des Hochwassers und die Wassertiefe bei Hoch- und Niedrigwasser für den Anschlusshafen. Dann setzt man diese in das Kurvendiagramm ein und verfährt genauso wie bei den Angaben für die Bezugshäfen.

Das Benutzen einer Gezeitenkurve

Vor dem Benutzen der Gezeitenkurve schaut man in die Gezeitentafeln, um die Tidenzeiten und -höhen für den Tag abzulesen. Dann kann man die Wassertiefe zu einer bestimmten Zeit exakt ermitteln oder die Zeit herausfinden, zu der die Tide einen bestimmten Wasserstand erreicht. Hierzu folgt man den nachfolgend dargestellten Schritten.

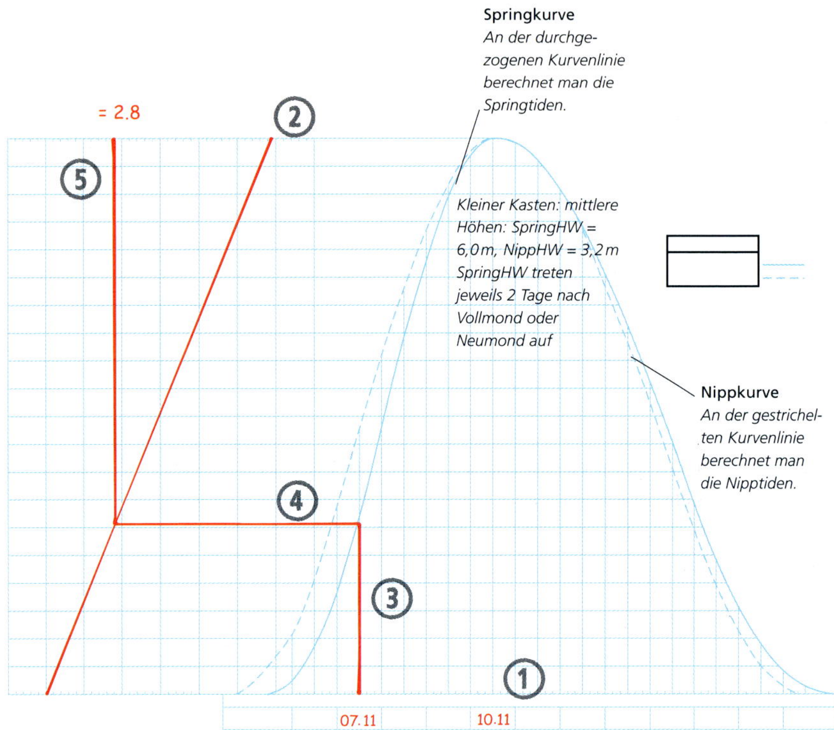

(1) Zeiteintrag des nächsten Hochwassers (aus der Gezeitentafel) in die Zeitskala, bezeichnet als HW.

(2) Eintrag der Niedrigwasserhöhe auf der unteren Skala, bezeichnet als NWH, und der Höhe des Hochwassers, bezeichnet als HWH, auf der oberen Skala. Eine gerade Linie verbindet diese beiden Punkte miteinander.

(3) Um die Höhe einer Tide zu einer bestimmten Zeit zu finden, trägt man die entsprechende Zeit auf der Zeitmarke ein und zählt dann herauf oder herunter vom Zeitpunkt des Hochwassers (HWZ). Dann zieht man eine Linie vom Zeitpunkt zur Kurve. Ist das Tageshochwasser nahe an einer Springtide, zieht man die Linie zur Springkurve. Ist der Tag näher an der Nipptide, ziehe man die Linie zur Nippkurve. Liegt der Tag zwischen Spring- und Nippzeit, ist es in der Regel ausreichend, nach Augenmaß zu interpolieren.

(4) Vom Schnittpunkt der Kurve mit der vertikalen Linie ziehe man eine waagerechte Linie zur Diagonale, die unter (2) gezeichnet wurde.

(5) Von dort zieht man eine Linie nach oben zur Gradeinteilung für HWH. Die Zahl, die man dort abliest, ist der Wasserstand der Tide oberhalb Kartennull zum gewünschten Zeitpunkt. Um die Gesamt-Wassertiefe zu bekommen, muss man diese Zahl zu den Tiefenangaben aus der Gezeitentafel hinzuaddieren.

Tidenströme

Das Steigen und Fallen von Tiden verursacht einen ständigen, die Richtung ändernden Strom im Wasser, Gezeiten- oder Tidenstrom genannt. Gezeitenströme sind während der Springtiden besonders stark. Den Verlauf eines Tidenstroms zu irgendeiner Zeit nennt man die Richtung, seine Stärke bestimmt die Strömung. Der Navigator, der seinen Kurs in Tidengewässern plant, muss beide kennen, Richtung und Stärke des Tidenstroms. Tidenkalender, Gezeitentafeln und Gezeitenstromatlanten für die zu bereisenden Seegebiete geben über beide Auskunft.

Zum Gebrauch der Seekarte

In den Seekarten werden Orte, an denen Tidenströme gemessen wurden, durch einen Buchstaben in einem Rhombus markiert, diese sind bekannt als Gezeitenstromangabe *(S. 234–35)*. Eine Tabelle in der Gezeitentafel zeigt die Richtung und die Stärke für Spring- und Nipptiden an jeder durch den Rhombus gekennzeichneten Gezeitenstromangabe für jeweils eine Stunde vor und nach Hochwasser im Bezugshafen.

Bezieht man seine Informationen aus dem Tidenkalender, muss man die Zeit für Hochwasser am Bezugshafen für den bestimmten Tag wissen oder den zum Schiffsort am nächsten eingezeichneten Gezeiten-Rhombus kennen. In der Gezeitentafel wird das Hochwasser mit null angegeben. Will man den Stand eine Stunde vor oder nach Hochwasser wissen, so liest man in der Gezeitentafel in der Kolonne, an deren Kopf der Gezeiten-Rhombus steht, die entsprechenden Informationen ab. Man wählt die Angabe für Spring- oder Nipptide aus, oder man hat zwischen beiden zu interpolieren.

Liegt der Schiffsort auf der Karte zwischen zwei Gezeitenangaben (Rhomben), muss man die Berechnungen für beide durchführen und dann das Mittel zwischen beiden »über den Daumen« festsetzen.

Der Gezeitenstromatlas

In einem Gezeitenstromatlas werden auf jeweils einer Seite für jede Stunde vor und nach Hochwasser die Richtung des Tidenstroms und die Stärke bei Spring- und Nipptiden in Zahlen angegeben. Die Stärke der Strömung wird in Knoten oder Zehntelknoten angegeben (1,1 Knoten wird mit 1,1 oder 11 bezeichnet).

Zum Gebrauch des Gezeitenstromatlasses

Im Gezeitenstromatlas ist die Seite für Hochwasser gekennzeichnet mit der Zeit für das tägliche Hochwasser für den Bezugshafen, während jede vorherige und die folgende Seite mit der zugehörigen Zeit bezeichnet ist. Man sucht nun die Seite, die man braucht, und findet einen Tidenpfeil in der Nähe des Schiffsortes. Die Richtung kann mit einem Plotterlineal gemessen werden. Liegt der Tidenkurs zwischen Spring- und Nipptide, muss man zwischen den beiden interpolieren *(oben)*.

Spring- und Nippkurse

Um den Kurs der Strömung in der Zeit zwischen Spring- und Nipptiden zu finden, ist die folgende Formel anzuwenden: (Kurs der täglichen Tide (Höhe des HW – NW): Springkurs der Tide) x Springkurs der Strömung.

▽ **Gezeitenatlas**
Der Gezeitenatlas zeigt Gezeitenströme im Bild; Pfeile geben die Richtung, Zahlen die Stromstärke an.

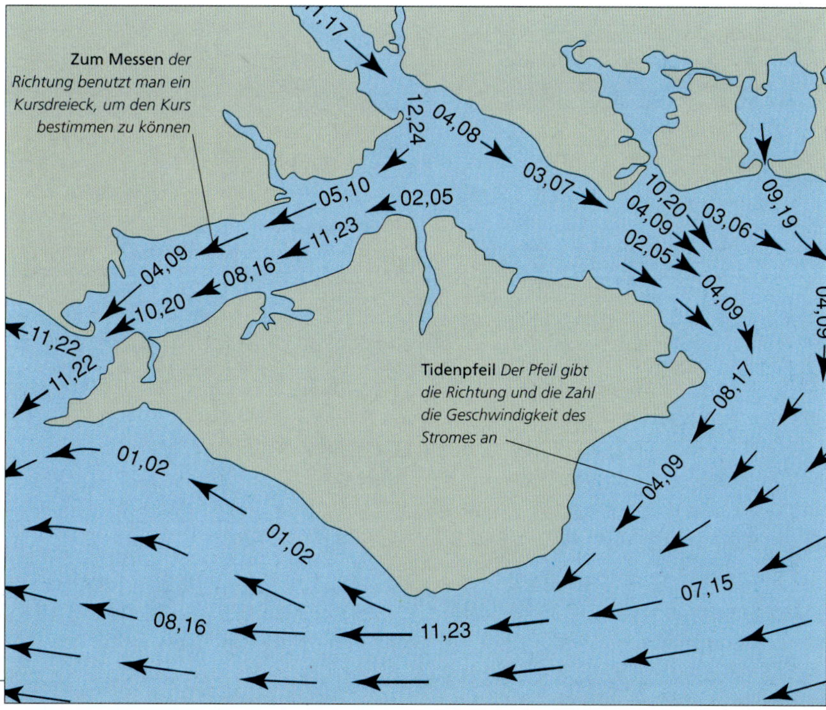

Der Steuerkurs

Das Wesen der Navigation ist, einen Kurs festzulegen, der das Schiff zum Ziel führt. Zum Steuern des Kurses benötigt der Navigator eine Seekarte des entsprechenden Gebietes, Instrumente zum Plotten, Informationen über Gezeitenströme und einen Kompass. Er benutzt die Instrumente zum Plotten, um den gewünschten Kurs auf der Seekarte einzutragen, und misst die zu segelnde Distanz unter Berücksichtigung von Versetzungen durch Gezeitenstrom und Wind.

Symbole

Beim Festlegen von Kursen und Schiffsorten in der Seekarte benutzt man – um Platz zu sparen und Irrtümer auszuschließen – bestimmte Zeichen. Die wichtigsten Symbole sind nachfolgend aufgeführt und erläutert. Es können auch eigene Symbole verwendet werden, wenn jeder, der die Seekarte benutzt, diese versteht und richtig anwendet. Die Zeit wird in der Regel in 24-Stunden-Einheiten angegeben.

X	Loggeort
△	Koppelort
→	Kurs durch das Wasser
→→	Kurs über Grund
→→→	Gezeitenstrom oder Strömung
⊙	Festpunkt
↔	Standlinie
↞↠	Versegelte Standlinie

Die Regeln der Abdrift

Bei Abdrift durch Wind von Backbord sollten die folgenden Regeln beachtet werden: Die Fahrt durchs Wasser minus Winkel der Abdrift ist der zu steuernde Kurs; Seitenwind von Steuerbord: Fahrt durchs Wasser plus Winkel der Abdrift ist der zu steuernde Kurs.

Kurs über Grund

Der erste Schritt zur Bestimmung eines Kurses ist das Ziehen einer Linie, die den Punkt der Abfahrt mit dem der Ankunft verbindet. Dies ist der Kurs über Grund, gekennzeichnet durch eine Linie mit doppelten Pfeilspitzen. Man verfolge die Strecke auf der Karte, um zu sehen, ob sie nicht über flache Gebiete oder sonstige Hindernisse bzw. durch Sperrgebiete verläuft. Als Nächstes misst man die Länge der Kurslinie, indem man mit dem Stechzirkel die Länge abgreift und auf die Breitenskala an der Seite der Seekarte überträgt *(S. 238–39)*. Ist die zu messende Strecke länger als die Griffweite des Stechzirkels, nimmt man eine bequeme Weite an der Randskala der Seekarte in den Stechzirkel und zählt, wie oft man diese Strecke entlang der Kurslinie mit dem Stechzirkel abgreifen kann.

Die Länge der Linie von A nach B *(rechts)* entspricht der Entfernung zum Zielort. Teilt man diese Linie durch die voraussichtlich gefahrene Geschwindigkeit, erhält man die zu erwartende Dauer der Reise und eine voraussichtliche Ankunftszeit (ETA).

Ist weder eine Gezeitenströmung noch Abdrift (durch den Wind) gegeben, entspricht der in der Karte eingetragene Kurs dem gesteuerten Kurs. Man kann die Richtung des Kurses in der Karte messen, indem man ein Dreieck mit Winkelmesser oder ein Plotter-Lineal *(S. 238–239)* benutzt. Der Kurs kann entweder mit rwN oder mwN gemessen werden, man muss jedoch bei einer Kursangabe bleiben und sicher gehen, dass alle, die ebenfalls mit der Seekarte arbeiten, genau wissen, für welche Angabe man sich entschieden hat. Die Entfernung und Kursrichtung zwischen A und B sollte dann an der Linie eingetragen werden.

Der zu steuernde Kurs

Um die Wirkung irgendwelcher Gezeitenströme vorhalten zu können, muss man deren Richtung und Stärke aus dem Gezeitenatlas entnehmen *(S. 249)*. Man trägt diese in der Karte ein in ein so genanntes Vektor-Diagramm *(rechts)*. Bezeichnet durch einen einfachen Pfeil, gibt dies die Strömungsrichtung und deutet den Kurs an, dem man durch das Wasser folgen will. Man muss dabei jedoch bedenken, dass das Schiff nicht in die gleiche Richtung fährt, wie die Strömung verläuft; es fährt – in Bezug auf den Meeresgrund – auf dem Kurs von A nach B, während es die Richtung der Wasserströmung von C nach D einhält. Ohne Abdrift durch den Wind ist der Kurs von C nach D der Steuerkurs.

Die Abdrift

Segelt man am Wind oder mit starkem Seitenwind, muss man die

Abdrift einkalkulieren. Um den Abdriftwinkel des Schiffes kalkulieren zu können, nimmt man eine Peilung des Kielwassers mit dem Handkompass vor *(S. 237)*. Man vergleicht diesen Peilungswert mit dem umgekehrten Steuerkurs (indem man 180° addiert oder davon subtrahiert). Die Differenz ist der Winkel der Abdrift. Man korrigiert nun die Linie von C nach D entsprechend dem Windeinfall und dem zu erwartenden Abdriftwinkel. Der Winkel beträgt in der Regel zwischen 5° und 10°. Er kann aber auch, durch verschiedene Faktoren beeinflusst, unterschiedlich ausfallen. Nach Berücksichtigung der Windabdrift sind die Korrekturen für Missweisung und Deviation einzubringen.

Die Berücksichtigung von Gezeitenströmen und Windabdrift

Es gibt eine Reihe von Gegebenheiten, die Kursvorhaltungen für Gezeitenströme notwendig machen. Gezeitenströme, die parallel zum eigenen Kurs verlaufen, werden diesen nicht beeinflussen, aber dafür die Geschwindigkeit über Grund. Fährt das Schiff z.B. mit 5 kn Fahrt gegen einen Tidenstrom von 2 kn, so wird sich die Schiffsgeschwindigkeit über Grund auf 3 kn verringern. Oft wird die Tide in einem Winkel zur eigenen Fahrtrichtung verlaufen, dann muss man den Kurs entsprechend der zu erwartenden Stromversetzung verändern.

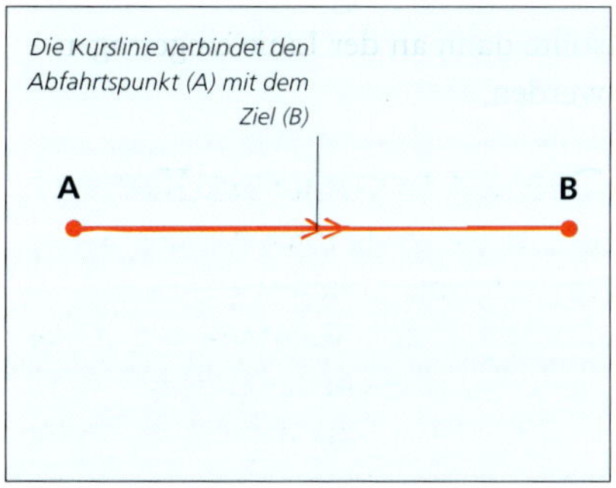

(1) Man zieht eine Linie vom Punkt der Abfahrt (A) zum Zielpunkt (B). Diese wird durch zwei Pfeilspitzen markiert. Diese Kurslinie ist die gewünschte Fahrtrichtung über Grund. Die Entfernung zwischen A und B misst man mit Hilfe des Stechzirkels.

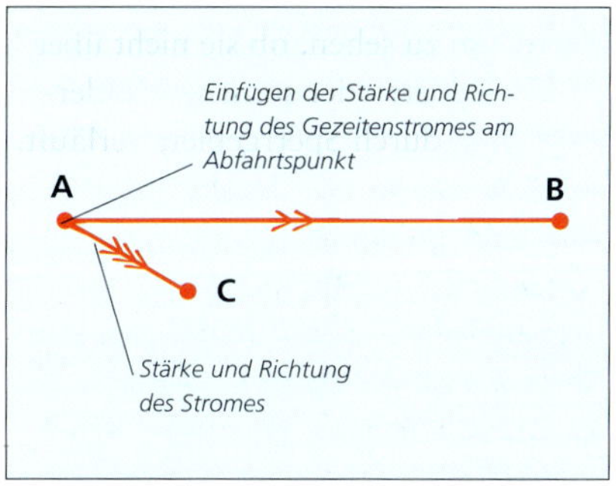

(2) Aus dem Gezeitenatlas kann man die Stärke und Richtung des Gezeitenstromes in die Zeichnung einfügen. Mit dem Stechzirkel misst man (entlang der Linie zum Punkt C) die Strecke der Strömung, die diese innerhalb einer Stunde zurücklegt.

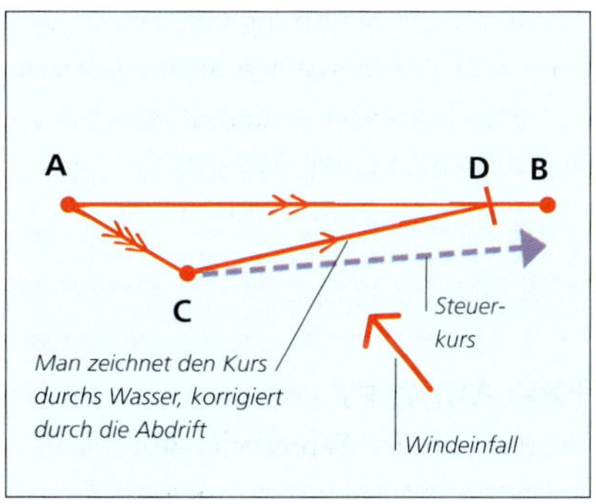

(3) In den Stechzirkel nimmt man die Entfernung, die man erwartungsgemäß während der ersten Stunde nach dem Ablegen segeln wird. Vom Punkt C schlägt man einen Bogen durch die Linie zwischen A und B und erhält Punkt D. Die Verbindungslinie zwischen C und D ist der Kurs durchs Wasser unter Berücksichtigung der Stromversetzung durch den Einfluss des Gezeitenstroms während der nächsten Stunde. Dabei muss noch die Abdrift durch den Wind berücksichtigt werden.

Lange Wegstrecken

Auf einem längeren Törn durch Gezeitengewässer wird man auf Gezeitenströme treffen, die stündlich ihre Stärke und Richtung ändern können.

Wechselnde Gezeiten

Wenn es keine Gefahren in der Nähe des Kurses gibt, kann man einen relativ einfachen Vorgang zur Kursplanung wählen. Zunächst schätzt man, wie lange man für die gewählte Wegstrecke benötigen wird. Vom Abfahrtspunkt A legt man nun die erste Stunde des Tidenverlaufs an, sodann vom Ende dieser Linie die nächste Stunde des Tidenverlaufs. Dies wird für die geschätzte Dauer der Reise fortgesetzt. In den Stechzirkel nimmt man nun die Entfernung, die man segeln wird. Vom Punkt C schlägt man einen Bogen durch die gezogene Linie zwischen A unf B. Die Linie zwischen C und B ist der Kurs durchs Wasser für die gesamte Reise. Dieser kann entsprechend der zu erwartenden Abdrift sowie gemäß Missweisung und Deviation wie üblich korrigiert werden.

Gibt es Gefahrenzonen innerhalb des Reisekurses, muss man versuchen, das Schiff so nahe wie möglich an der gewünschten Kurslinie zu halten.

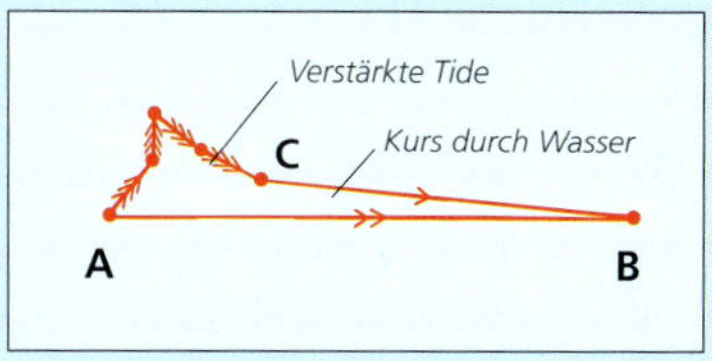

Ohne Hindernisse

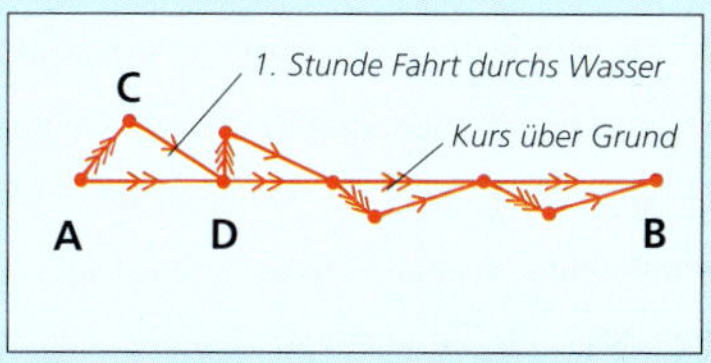

Mit Hindernissen

Das Koppeln

Auf jeder Fahrt außerhalb der örtlich begrenzten und bekannten Reviere muss der Navigator genau notieren, welche Kurse gefahren wurden, welche Entfernungen gesegelt wurden, wie oft der Kurs geändert wurde und welche Abdrift man erfahren hat. Diese Notizen werden dazu benutzt, um daraus den geschätzten (gegissten) Schiffsort (Koppelort) in der Seekarte zu ermitteln, und zwar in regelmäßigen halbstündlichen oder stündlichen Abständen.

Der Einsatz des Logbuches

Das Logbuch *(unten)* enthält die wesentlichsten Aufzeichnungen und muß während der Reise stets vollständig up to date gehalten werden. Auf keinen Fall sollten die Eintragungen im Logbuch und, daraus folgend, das Koppeln von Schiffsorten vernachlässigt werden, auch dann nicht, wenn man sich darauf verlässt, durch Elektronik Festorte zu ermitteln.

Das Logbuch muss regelmäßig auf dem neuesten Stand (der Reise) gebracht werden; die gesegelte Distanz, den errechneten und den tatsächlich gefahrenen Kurs, die geschätzte Versetzung durch Abdrift, der Zeitpunkt von Kursänderungen und alle Einzelheiten über den letzten bekannten Schiffsort müssen darin enthalten sein. Gegebenenfalls kann man auch Barometerwerte, Windrichtungen und -stärke sowie generelle Bemerkungen eintragen. Das Logbuch muss zwei Kolonnen für den Kurs – nämlich den ermittelten und den tatsächlich gefahrenen Kurs – enthalten, weil es oftmals nicht möglich ist, den idealen Kurs zu einem Zielpunkt einzuhalten. Zu jeder Logbucheintragung sollte der Rudergänger befragt werden, eine wahrheitsgemäße Einschätzung des gesteuerten Durchschnittskurses abzugeben. Liegt das Ziel in der Windrichtung, ist es ohnehin nicht möglich einen direkten Kurs zu steuern. In diesem Fall muss man den erzielten Kurs festhalten, den Zeitpunkt des Kurswechsels beim Wenden eintragen und diese Technik bei jedem Kreuzschlag anwenden.

▽ Das Logbuch

Ein einfaches Linienheft gibt in jedem Fall ein adäquates Logbuch ab. Man macht im Verlauf der Fahrt alle Eintragungen sauber und gut leserlich in regelmäßigen Zeitabständen.

Zeit
Log-Eintragungen in regelmäßigen Zeitabständen

Kurs
Genaue Eintragungen über den ermittelten und den tatsächlich gesteuerten Kurs

Bemerkungen
Sollten nützliche Informationen und Beobachtungen enthalten

Zeit	*Log*	*Ermittelter Kurs*	*Steuerkurs*	*Wind*	*Barom.*	*Bemerkungen*
2230	*574*	*060°C*	*065°C*	*SW2*	*1005*	*Sehr dunstig u. feucht*
0000	*582*	*060°C*	*060°C*	*SW4*	*1005*	*Sechs Kn. Regelgeschwindigkeit*
0045	*588*	*060°C*	*060°C*	*SW4*	*1005*	*Yacht gesichtet Steuerbord voraus*
0200	*594*	*060°C*	*060°C*	*SW4*	*1005*	*Wachwechsel*

Log
Das Log muss abgelesen werden, um die gesegelte Entfernung ermitteln zu können

Wind
Angaben über Windrichtung und -stärke

Barometer – Luftdruck
Kann zur Wettervorhersage mit herangezogen werden

Gissen

Ein gegisster Ort wird auf der Karte ermittelt, indem man von der letzten bekannten Position nach dem ermittelten Kurs eine Linie zieht und die zurückgelegte Distanz nach Logmessung darauf absteckt.

Arbeitet man mit mwN in der Karte, muss der gesteuerte Kurs (MgK) entsprechend der Deviation *(S. 237)* um-

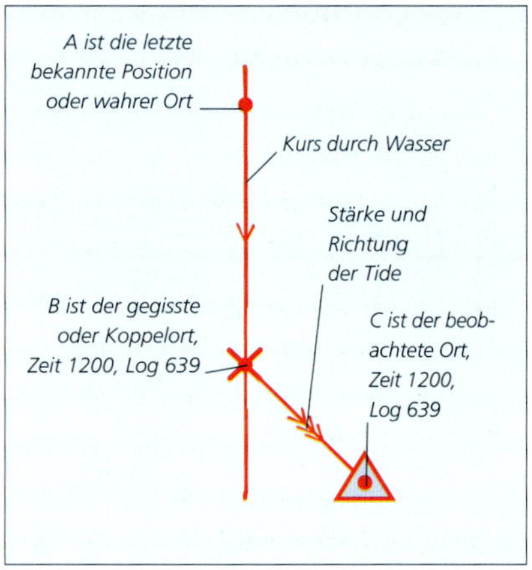

△ Gegisster u. beobachteter Ort

Von einem bekannten Standort (A) wird der Kurs durchs Wasser eingezeichnet und die zurückgelegte Distanz abgelesen. Dies ergibt den gegissten Ort (B). Die Stromversetzung durch Gezeitenströme wird eingezeichnet. Dies ergibt den beobachteten Ort (C).

gewandelt werden, bevor man damit Berechnungen beginnt. Falls man in der Karte mit rwN arbeitet, muss dieser wegen der Kompassmissweisung korrigiert werden *(S. 236)*.

Theoretisch sollte der gegisste Ort eingesetzt werden, bevor Vorhaltungen für Abdrift vorgenommen werden *(S. 251)*.

Beobachteter Ort

Ein beobachteter Ort wird – ausgehend vom gegissten Ort – ermittelt, indem man die möglichen Einflüsse von vorausgesagten Gezeitenströmen auf den Kurs berücksichtigt.

Mittels der Gezeitentafel oder des Gezeitenatlasses ermittelt man die Richtung und Geschwindigkeit der Tide vom letzten bekannten Schiffsort (A, *links unten*). Vom Koppelort (B) bestimmt man die Kursrichtung des Gezeitenstroms und markiert die gezeichnete Linie durch drei Pfeilspitzen. Mit Hilfe des Stechzirkels und der Breitenskala misst man die Geschwindigkeit der Tide (C). Der damit gefundene Ort ist der beobachtete Ort (O(b)) zu diesem Zeitpunkt.

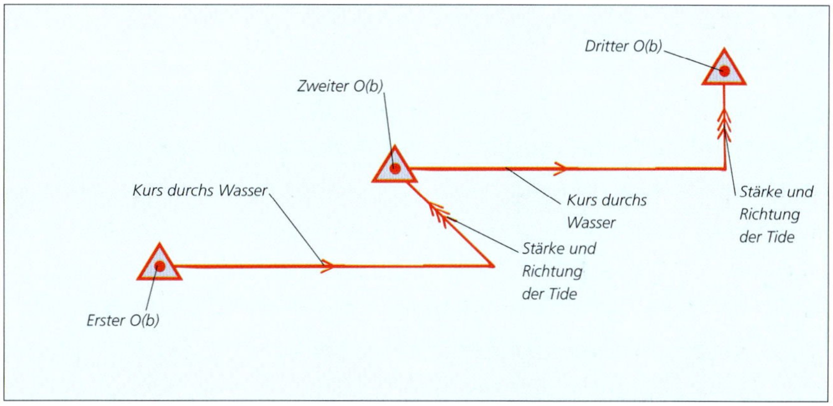

△ **Koppeln einer Folge**
Nachdem man den ersten beobachteten Ort ermittelt hat und überzeugt ist, mögliche Versetzungen berücksichtigt zu haben, kann man von ihm ausgehend weitere beobachtete Orte ermitteln. Man setzt dabei den Kurs vom letzten beobachteten Ort ab.

FEHLER

Fehler können in der Navigation aus einer Reihe von Gründen auftreten – die Schwierigkeit, einen genauen Kurs zu steuern, zu niedrige Logangaben in ruhigen Gewässern oder zu hohe in rauer See, nicht ausreichend kalibrierte Instrumente oder ein unerfahrener Rudergänger sind mögliche Fehlerquellen.

Schätzfehler

Je länger ein Schiff fährt, ohne den Anhaltspunkt eines bekannten Ortes zu haben, um so mehr muss man mit Fehlern rechnen *(S. 254–255)*. Anderenfalls können die errechneten beobachteten Punkte ziemlich unzuverlässig sein.

Man kann sich eine Liste der möglichen Fehler machen, ihre größtmögliche Wirksamkeit schätzen, wobei man sich auf den gesteuerten Kurs, die gesegelte Distanz, Abdrift und Gezeitenstrom konzentrieren sollte. Man trägt mit Bleistift die Fehler ein, von denen man annimmt, dass sie vielleicht auftreten, und erhält so eine Art möglichen Schiffsort.

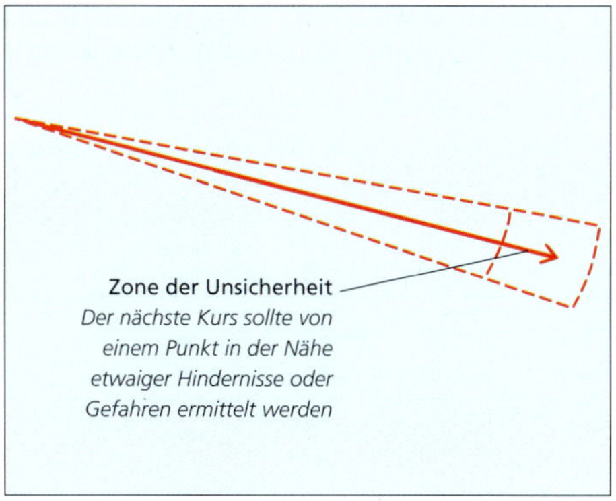

△ **Koppelfehler**
Man plant mögliche Fehler ein, um eine Zone des wahrscheinlichen Schiffsortes zu bekommen. Ein Kursfehler verursacht ein Verlassen der Kurslinie, während ein Fehler beim Log die gemessene Distanz auf der Kurslinie beeinträchtigt.

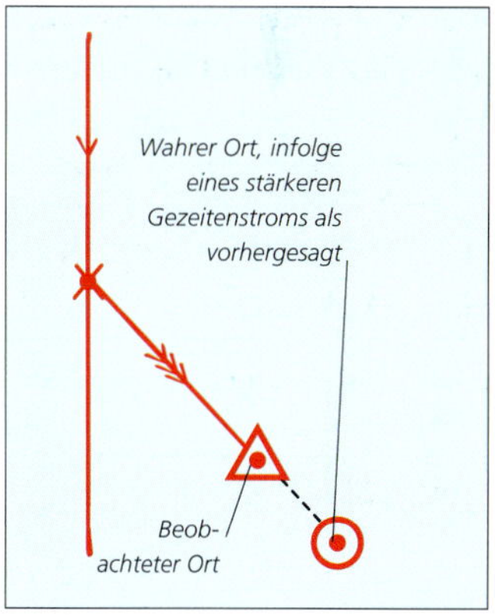

△ **Wahrer Ort**
Der Festpunkt macht deutlich, dass die Tide stärker ist als vorhergesagt. Man benutzt diese Kenntnis, um den Kurs entsprechend zu ändern.

PEILUNG

Um den Schiffsort sicher zu wissen, muss ein Navigator immer wieder den Standort der Yacht durch Anpeilen eines bekannten Objektes bestimmen. Das ist am einfachsten, wenn man nahe genug an einer in der Seekarte eingetragenen See- oder Landmarke ist, um durch Augenschein den Standort zu ermitteln. Unter anderen Umständen kann man Festpunkte mit Hilfsmitteln durch Peilung bestimmen, nämlich durch den Handkompass und das Echolot.

STANDLINIEN

Hält man sich in Sichtweite eines in der Seekarte eingezeichneten Objektes auf, so weiß man genau, wo man sich befindet, und kann sicher einen Festpunkt in der Karte bestimmen. Gelegentlich muss der Navigator einen Festpunkt durch wenigstens zwei gepeilte Standlinien ermitteln. Um das zu erreichen, muss man entweder die Richtung oder die Entfernung eines bekannten Objektes anpeilen und das Ergebnis in die Seekarte übertragen. Misst man die Richtung eines Objektes, erhält man eine gerade Standlinie, während das Messen der Entfernung eines Objektes eine Kurvenlinie ergibt *(S. 256)*.

Es gibt verschiedene Wege für den Navigator, zu Standlinien zu kommen. Dazu gehört der Handpeilkompass, mit dem man eine Standlinie bestimmt *(S. 244–245)*, das Beobachten eines Leuchtfeuers, das gerade über dem Horizont sichtbar wird, die Nutzung des Echolots *(S. 257)*, oder man benutzt das GPS bzw. das Radar *(S. 257)*.

DIE STANDLINIE

Eine Standlinie allein reicht nicht aus, um einen Festpunkt genau zu bestimmen. Man muss sie mit einer weiteren oder vorzugsweise, um einen Fehler auszuschließen, mit einer dritten Standlinie kreuzen. Jedoch gibt eine einzelne Standlinie immerhin darüber Auskunft, dass das Schiff irgendwo entlang dieser Linie steht.

Bildet die Standlinie einen rechten Winkel zur Kurslinie, kann man feststellen, wie weit man auf dieser gefahren ist. Einzelne, durch Peilung entstandene Standlinien sind nützlich, wenn man in einen Hafen einläuft oder im Fahrwasser fährt *(S. 244)*.

DIE AUSWAHL VON SEE- UND LANDMARKEN

Bevor man einen Festpunkt durch Augenschein ermittelt, muss man zwei oder drei See- oder Landmarken in der Karte ausfindig machen, die vom Schiff aus gesichtet werden können. Vorzugsweise nimmt man drei Objekte, da dann Fehler sehr viel klarer erkennbar werden. Peilt man nur zwei Objekte an, sollten sie mindestens 90° auseinander liegen, benutzt man drei Objekte, mindestens 60°. Peilobjekte, die ziemlich dicht am Schiff liegen, werden die Genauigkeit der Peilung steigern, größere Entfernungen von den Objekten lassen leicht Fehler entstehen. Schon ein Abweichen von 3° verursacht einen erheblichen Fehler bei der Ortsbestimmung. Ist man näher am Objekt, würde auch ein solcher Peilfehler weniger gravierend sein. Ganz wichtig ist das exakte Wiedererkennen der Objekte in der Seekarte, sonst ist der Festpunkt ohne Wert.

EINZELNE STANDLINIE ▷

Eine einzelne Standlinie sagt nur, dass das Schiff an irgendeiner Stelle der Peillinie steht.

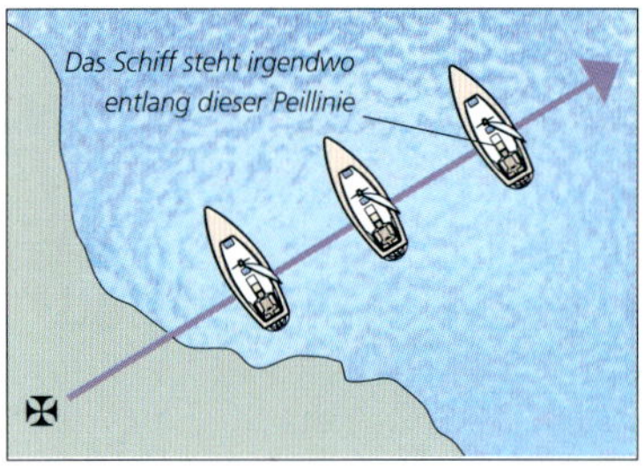

FESTPUNKTERMITTLUNG AUS DREI PUNKTEN ▷

Die Peillinien ergeben einen exakten Schiffsort (Festpunkt) am besten, wenn sie mindestens 60° weit auseinander liegen. Die Größe des entstehenden Dreiecks (Fehlerdreieck) am Schnittpunkt der drei Standlinien gibt Auskunft über die Genauigkeit der Peilung.

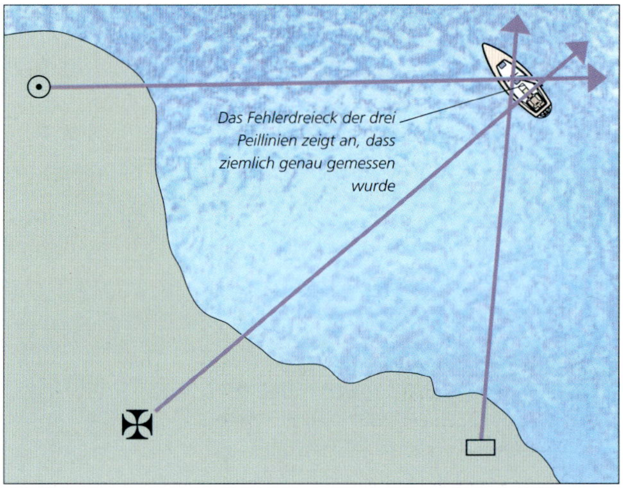

Kompass-Peilungen

Man nimmt Peilungen von irgendeinem Punkt des Schiffes, der bekanntermaßen frei von Ablenkungen sein sollte, am besten mit dem Handkompass vor *(S. 237)*. Bevor man die Standlinie ermittelt, muss man aus diesen drei Ergebnissen die Durchschnittspeilung zu dem Objekt errechnen. Arbeitet man mit rwN in der Seekarte, muss man die Kompasspeilung um die Missweisung korrigieren *(S. 236)*. Die Standlinie wird ermittelt, indem man mit der genauen Peilung eine Linie durch das angepeilte Objekt zieht. Man addiert oder subtrahiert 180°, um den reziproken Wert zu erhalten.

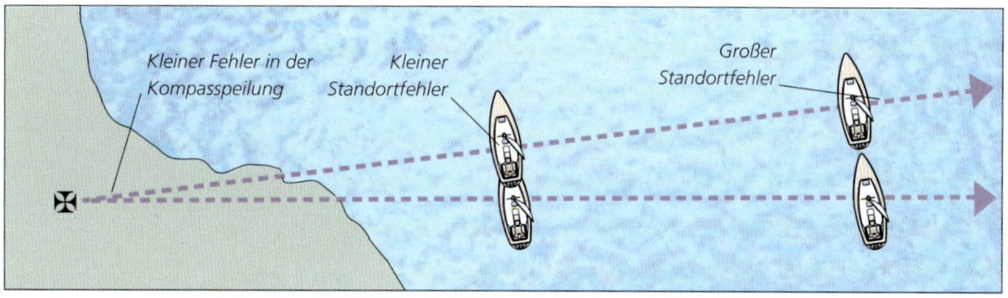

Das Fehlerdreieck

Nimmt man die Peilungen auf drei Objekte an Land, ensteht fast immer – aufgrund von Messungenauigkeiten – ein Dreieck, das so genannte Fehlerdreieck. Die Größe dieses Dreiecks ist ein guter Anhaltspunkt zur Genauigkeit der Messung – je kleiner das Dreieck ist, desto besser.

△ Peilungsfehler

Peilt man mit dem Kompass ein Objekt an, ist die Möglichkeit von fehlerhaften Messungen durch die Schwierigkeit, den Handkompass bei den Bewegungen des Schiffes gerade zu halten, sehr leicht gegeben. Kleinere Fehler sind daher fast unvermeidbar.

DOPPELPEILUNG

Es gibt Gelegenheiten, z.B. wenn man an einer Küste entlangsegelt, bei denen es nur eine sichtbare Land- oder Seemarke gibt. In solchen Fällen kann man einen brauchbaren Schiffsort durch zwei Standlinien erhalten, nachdem man zweimal zu verschiedenen Zeiten das Objekt angepeilt hat.

Koppeln und Genauigkeit

Die Genauigkeit der ermittelten Schiffsorte wird immer von der Geschicklichkeit im Peilen abhängen sowie davon, wie genau die Kurs-, Geschwindigkeits- und Gezeiteninformationen sind, und wie gut der Rudergänger zwischen den beiden Peilungen den Kurs hält. Man nimmt die erste Peilung, wenn man sich dem Objekt nähert, und die zweite, wenn man es passiert hat und der Winkel zwischen Peillinie und Kurs 90° beträgt. Zeit und Logmessung müssen bei jeder Peilung notiert werden.

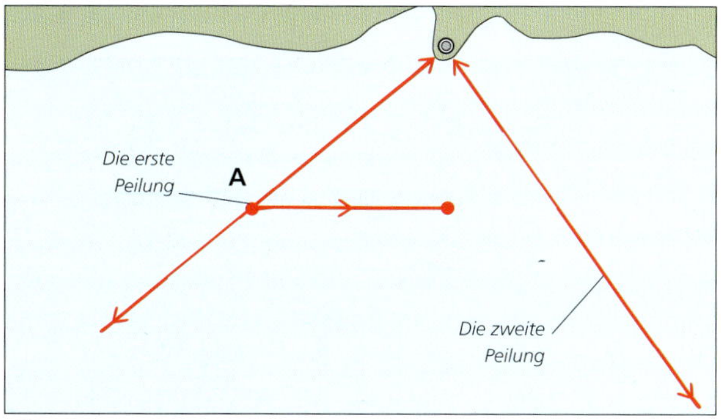

① Man nimmt die erste Peilung vor und notiert Zeit und Logmessung. Wenn sich der Winkel zwischen Peillinie und Kurs von 60° zu 90° verändert hat, nimmt man die zweite Peilung vor. Von irgendeinem Punkt auf der ersten Peillinie (A) setzt man nun den Kurs durchs Wasser.

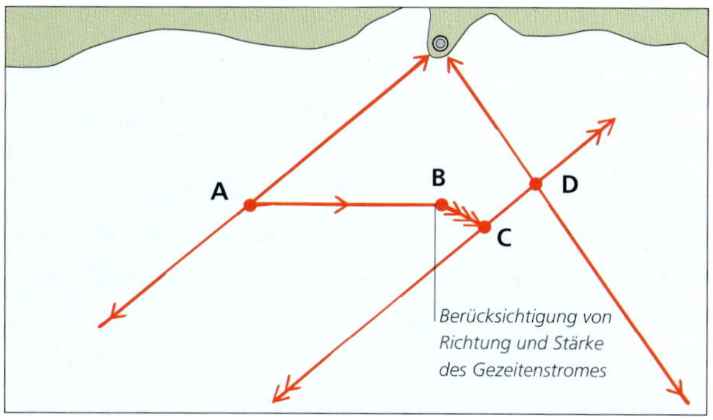

② Man misst die gesegelte Distanz. Am Punkt B legt man die erfahrene Stromversetzung durch die Tide an (B nach C). Dann verschiebt man die erste Standlinie zum Punkt C. Im Schnittpunkt der (verschobenen) Standlinie mit der zweiten Peillinie (Punkt D) erhält man den Schiffsort.

Abstandsbestimmung

Kennt man den Abstand zwischen Schiff und einer Land- bzw. Seemarke, kann man daraus eine Standlinie konstruieren. Während die Peilung zu einem Objekt eine gerade Standlinie ergibt, ist die Standlinie bei Abstandsmessung von einem Objekt eine gebogene (oder Teil eines Kreisbogens). Man kann gebogene Standlinien mit anderen geraden oder gebogenen Standlinien, die man mit unterschiedlichen Methoden ermittelt hat, kombinieren, um einen Schiffsort zu erhalten.

Den Abstand kann man durch das Radar messen, durch einen Entfernungsmesser oder mit dem Sextanten ermitteln. In der Nacht kann man die Entfernung zu einem Leuchtturm durch Beobachtung des Feuers ermitteln, wenn es noch hinter der Kimm ist oder gerade in der Kimm erscheint.

Abstandsbestimmung durch Höhenwinkelmessung

In den Seekarten sind die Höhen von Leuchttürmen und anderen Landmarken in Höhen über dem mittleren Hochwasser der Springtide (MHWS, *S. 247*) angegeben. In den meisten Fällen, in denen man die Höhe einer Landmarke herausfinden möchte, wird die Tide niedriger sein als der Wasserstand des mittleren Spring-Hochwassers.

Um die Höhe eines Objektes über dem Wasserspiegel zu jeder Zeit herauszufinden, muss man die Tidenhöhe zu dem Zeitpunkt mit einkalkulieren. Hierzu benutzt man die Gezeitentafel für den dem Schiffsort zunächst gelegenen Bezugshafen.

Der Gebrauch des Lotes

Das Tiefenlot ist eine zweckmäßige, jedoch oft vergessene Einrichtung, den gegissten Ort, den man durch andere Hilfsmittel festgestellt hat, zu überprüfen. Gelegentlich kann man sich auch mit dem Lot eine Standlinie verschaffen. Benutzt man ein Lot für diesen Zweck, muss man daran denken, dass es die Wassertiefe unterhalb des Kiels oder des Echogebers misst.

Kontrollieren eines Schiffsortes durch Loten

Bevor man mit Hilfe des Lotes einen Schiffsort (wahren Ort) überprüft, muss man in der Lage sein, die beobachtete Tiefe in die Tiefenangaben auf Kartennull umzuwandeln *(S. 247)*. Dies ist bekannt unter Umwandlung der Tiefenmessung. Um dies tun zu können, nimmt man die Gezeitenkurve *(S. 248)* für den nächsten Bezugsort zur Hand, um die aktuelle Höhe der Tide über Kartennull herauszufinden. Man zieht die gegenwärtige Tidenhöhe von den beobachteten Tiefenangaben ab, um die auf Kartennull bezogenen Tiefenangaben zu erhalten. Nun vergleicht man diese mit den Tiefenangaben in der Seekarte an dem Schiffsort. Stimmen sie überein, hat man eine brauchbare Bestätigung des gegissten Ortes. Weichen sie ab, muss man seine Berechnungen überprüfen und den Standort gegebenenfalls mit anderen Mitteln überprüfen.

Mit Hilfe von Tiefenmessungen einen Schiffsort schaffen

Tiefenmessungen können auch dazu dienen, einen Schiffsort festzulegen. Obwohl dieser Festpunkt nicht sehr genau ist, kann er bei Nebel, wenn andere Hilfsmittel zur Ortsbestimmung nicht zur Verfügung stehen, recht wertvoll sein. Diese Methode lässt sich am besten anwenden, wenn man in flacheres oder tieferes Wasser über die in der Karte angegebenen Tiefenkonturen fährt.

Abstandsmessung aus Feuer hinter oder in der Kimm

Ein Feuer, das in der Kimm erscheint oder das hinter der Kimm verschwindet, kann in der Nacht dazu benutzt werden, eine Standlinie zu ziehen oder einen Schiffsort zu ermitteln, indem man den Zeitpunkt festhält, wann es sichtbar wird.

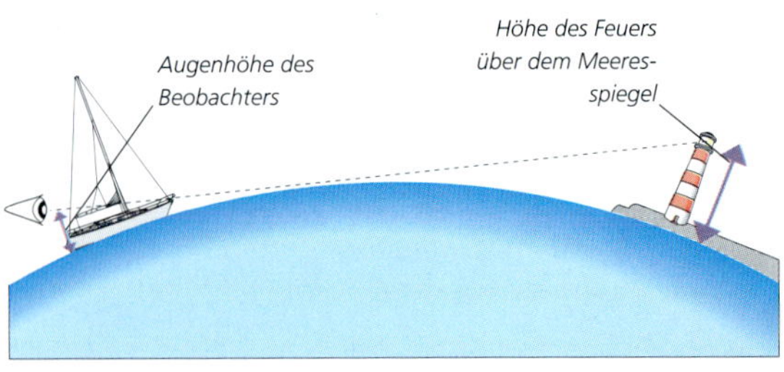

① Mit der bekannten Augenhöhe des Beobachters und der Höhe des Feuers kann man aus dem Leuchtfeuerverzeichnis den Abstand zum Leuchtfeuer bestimmen.

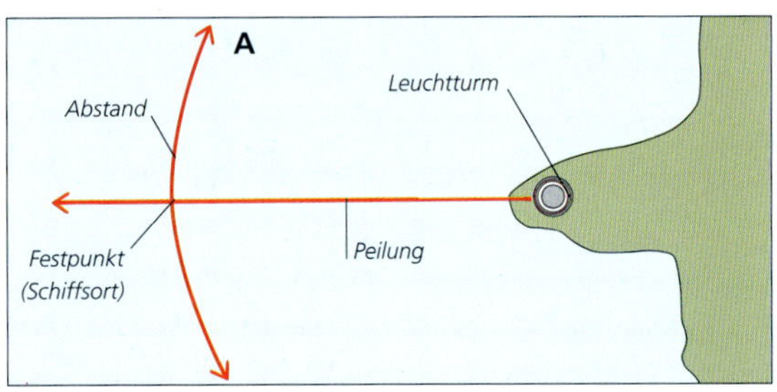

② In der Seekarte zeichnet man die Peillinie zum Leuchtturm ein, mit dem Stechzirkel greift man die Entfernung und schlägt vom Leuchtturm aus einen Bogen, um die Peillinie zu kreuzen (A). Das ist der Schiffstandort.

Zeit	Log	Entfernung zwischen Lotungen	Lotmessung in Metern
0640	55,1	–	46 m
0650	56,0	0,9	38 m
0700	56,9	0,9	25 m
0710	58,0	1,1	17 m
0720	59,1	1,1	10 m

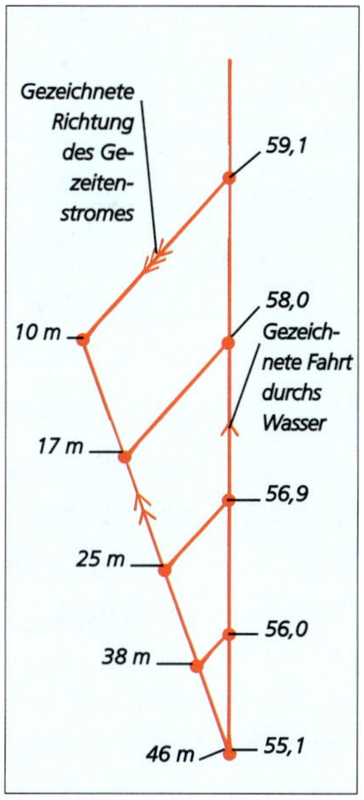

△ ▷ **Schiffsortbestimmung durch Reihenlotungen**
Man zeichnet auf Pauspapier den Kurs durchs Wasser und die Richtung des Tidenstromes, um den Kurs über Grund zu ermitteln. Man markiert den Kurs durchs Wasser mit den Lotmessungen. Schließlich vergleicht man diese Kurslinie mit den Tiefenangaben in der Karte und erhält so den gegissten Ort (Koppelort).

Man schreibt die Zeit, den Kurs, die Logmessungen und die gemessenen Wassertiefen auf. Bei genau gefahrenem Kurs nimmt man die Lotungen in regelmäßigen Abständen vor, die Zeit und die Logangaben werden jeweils notiert. Hat man eine Reihe von Lotungen, vergleicht man sie mit den Tiefenangaben in der Seekarte, wie bei der Schiffsortkontrolle. Die Resultate dienen dazu, einen Koppelort zu finden.

Plotten von Lotungen

Am einfachsten wertet man Lotungen zeichnerisch aus, indem man ein Stück Pauspapier auf die Seekarte legt und dessen Ränder mit Linien für Breiten- und Längengrade einrichtet. Man zeichnet nun die Fahrt durchs Wasser *(S. 250–251)* zwischen der ersten und der letzten Lotung auf das Pauspapier. Dann zeichnet man den Kurs über Grund unter Berücksichtigung von Richtung und Stärke des Tidenstromes. Die einzelnen Lotungsmessungen werden auf der Kurslinie durchs Wasser markiert. Von diesen Punkten zieht man nun Parallelen zur vektorischen Tidenkurslinie, die den Kurs über Grund unterteilen. An diesen Punkten auf der Kurslinie über Grund schreibt man die auf das Kartennull gebrachten Tiefenlotungen. Jetzt schiebt man die Zeichnung über die Seekarte, bis die erste Tiefenangabe und der Koppelort zum Zeitpunkt der ersten Lotung übereinander liegen.

Das Benutzen des GPS

Ein GPS-Gerät bietet die denkbar genaueste Standortbestimmung, mit 95 %iger Genauigkeit auf ca. 100 m bei Standard-Geräten bzw. auf 10 m mit einem DGPS. Ein GPS-Gerät misst die genaue Position über mindestens vier Satelliten und berechnet die Schnittpunkte der erhaltenen Standlinien-Kurven. Ein DGPS-Gerät bietet noch mehr Genauigkeit, weil es Funk-Signale von einer (Orbital-)Basis empfängt, die die satellitengesendeten noch verbessert, und Fehler reduziert.

Ein GPS-Standort ist fast immer verfügbar, daher ist jeder Navigator versucht, sich ausschließlich auf dieses System zu verlassen. Davon muss man sich jedoch frei machen, besonders wenn Gefahrenstellen oder Hindernisse in der Nähe sind, denn jedes Gerät enthält ein Fehlerrisiko bzw. das System fällt aus diesem oder jenem Grund aus. Ein umsichtiger Navigator wird die einfache Handhabung und Genauigkeit eines GPS begrüßen, aber er wird die Angaben über einen Koppelort oder wahren Ort mit anderen Mitteln stets überprüfen.

Ein GPS-Gerät zeigt den Schiffsort in Graden, Minuten und Sekunden für Breite und Länge an. Dennoch ist es nicht immer die beste Art der Darstellung für den Navigator auf kleinen Schiffen. Besser ist es, eine passende See- oder Landmarke nahe beim Kurs zu finden und deren Koordinaten in den GPS als Wegepunkt einzugeben. Der GPS kann dann so programmiert werden, dass er den Schiffsort in Richtung und Entfernung von diesem Wegepunkt angibt, was dann wieder leichter auf der Karte zu finden ist.

Der Gebrauch des Radars

Ein Radar-Gerät ermöglicht dem Navigator das Messen von Richtung und Entfernung von Erscheinungen, die auf dem Radarschirm dargestellt und zugleich auf der Karte identifiziert werden können. Das Radar effektiv nutzen zu können, erfordert besondere Kenntnisse und Erfahrungen *(S. 241)*. Die Wiedergaben von Küstenlinien auf dem Radar können verwirrend sein, so dass eindeutiges Erkennen von Objekten auf dem Bildschirm schwierig ist. Echozeichen von Tonnen kann man kaum vom Wirrwarr, der durch raue See hervorgerufen wird, unterscheiden.

Richtungspeilungen durch das Radar sind nicht so genau wie Abstandsmessungen; darum erhält man einen wahren Ort im Radar durch zweifache oder besser noch dreifache Abstandsmessung zu Objekten.

Langfahrt

Nachdem man nun die navigatorischen Fähigkeiten für terrestrische Navigation und Kenntnisse über das Ermitteln des Kurses und die Bestimmung des Schiffsortes erworben hat, ist man für das Navigieren auf einem längeren Hochseetörn bereit. Lange vor Beginn der Fahrt beginnt bereits die Arbeit des Navigators: Die Reise muss sorgfältig geplant sein, alle notwendigen Seekarten, Pläne, Handbücher und anderen Nachschlagewerke müssen vorhanden sein.

Ein kompletter Törn

Die Navigation von einem Hafen zu einem anderen beginnt damit, das Schiff aus dem Hafen zu bringen. Dieser Startpunkt kann auf der Seekarte eingetragen werden, und von hier aus werden die Kurse berechnet, die zum Erreichen des Zielhafens führen. Der Navigator ermittelt regelmäßig Koppelorte *(S. 253)*, erreichte wahre Orte *(S. 254)*, schätzt gefundene Fehler ein und kontrolliert, dass das Schiff so genau wie möglich auf dem gewünschten Kurs fährt. Sobald das Schiff den Zielhafen erreicht, kehrt der Navigator zur terrestrischen Navigation zurück, um das Schiff sicher zu seinem Liegeplatz zu führen.

Törnplanung

Am Beginn der Planung für einen längeren Törn nimmt man zunächst eine Übersichtskarte mit kleinem Maßstab zur Hand, die sowohl den Startpunkt als auch den Zielhafen zeigt. Mit dem Bleistift werden die benötigten Kurse eingezeichnet und die Wegepunkte markiert, an denen eine Kursänderung vorgenommen werden muss. Falls ein GPS-Gerät *(S. 240)* zur Hand ist, programmiert man diese Wegepunkte ein. Man geht sicher, dass diese nicht in der Nähe von Gefahrenstellen liegen und kontrolliert ihre Breiten- und Längengrade.

Die Gewährleistung für sichere Fahrt

Man kontrolliert sorgfältig den Kurs, um sicher zu sein, dass er frei von Gefahrenstellen ist. Wenn nötig, muss der Kurs berichtigt werden, um gut von jeglichen, in der Seekarte bezeichneten Gefahren freizukommen. Man beachtet alle Verkehrswege; falls man einen zu queren hat, muss man dies im rechten Winkel zur Verkehrsrichtung tun.

Fahrtnotizen

Sobald man einen zufrieden stellenden Kurs gefunden hat, sollte man sämtliche ihn betreffende Notizen in eine Kladde übertragen. Man berechnet die Gesamtentfernung der Reise und die Entfernungen zwischen den Wege- oder Wendepunkten. Alle Kurse zwischen den einzelnen Wendepunkten müssen notiert werden, ebenso Einzelheiten über Seezeichen, die man auf der Fahrt zu sehen erwartet. Außerdem müssen die Zeiten für Hoch- und Niedrigwasser an den Segeltagen aufgeschrieben werden. Dann schlägt man den Gezeitenatlas mit den richtigen Zeiten auf jeder Seite auf, beginnend mit der Seite für Hochwasser. Schließlich macht man sich

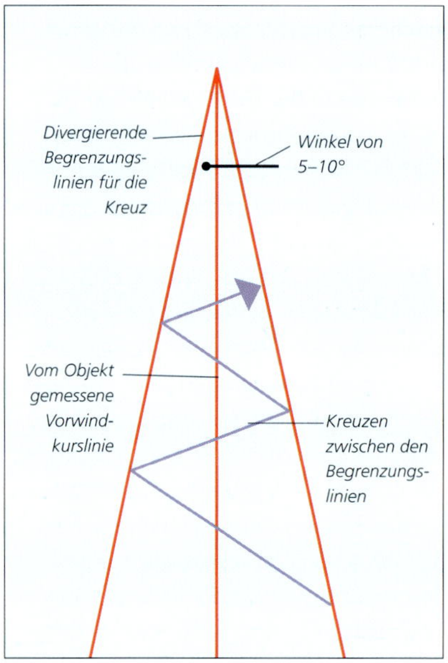

△ **Divergierende Kreuz-Begrenzung**
Für kurze Entfernungen zieht man eine vom Objekt gemessene Vorwindlinie, dann zwei Linien mit einem Winkel von 5–10°. Man wendet (auf der Kreuz), wenn man die Begrenzungslinie erreicht.

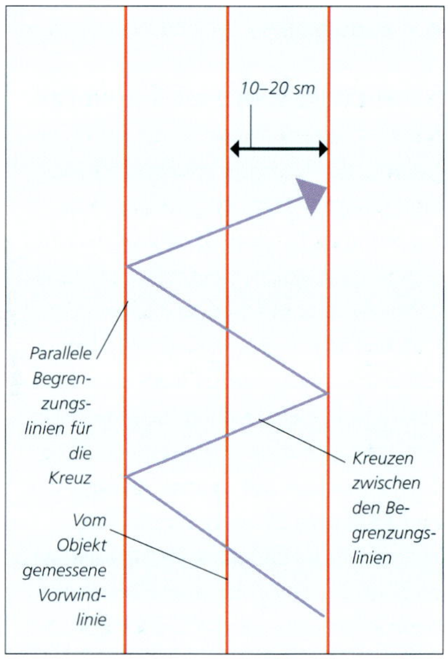

△ **Parallele Kreuz-Begrenzung**
Für längere Strecken zieht man eine vom Objekt gemessene Vorwindlinie, dann zwei seitliche Parallelen. Man wendet (auf der Kreuz), wenn man die Begrenzungslinie erreicht.

Notizen über den Zielhafen, die man dem entsprechenden Hafenhandbuch entnimmt. Man sollte versuchen, sich vor Fahrtantritt mit allen Gegebenheiten des Seetörns vertraut zu machen.

Navigieren gegen den Wind

Wenn das Ziel der Reise in der Richtung liegt, aus der der Wind kommt, ist es für den Navigator unmöglich, einen Steuerkurs direkt auf das Ziel zu zu ermitteln. Das Schiff muss kreuzen. In diesem Fall konzentriert sich der Navigator darauf, die gesteuerten Kurse zu notieren und in regelmäßigen Zeitabständen Koppelorte zu ermitteln.

Dreht der Wind, kann das bedeuten, dass die Kreuzschläge zu weit vom ursprünglichen Kurs abweichen. Um dieses Risiko einzuschränken und doch den Vorteil der Windänderung voll ausnutzen zu können, zeichnet man Begrenzungslinien *(links)* in die Seekarte ein und kreuzt innerhalb dieser Begrenzungen.

Schlechtwetter-Fahrten

Bei schlechtem Wetter muss der Navigator unter Deck arbeiten, während das Schiff stampft und rollt. Erfahrungen und Seefestigkeit sind unter diesen Umständen von großem Vorteil. Man sollte versuchen, die Zeit am Kartentisch so kurz wie möglich zu halten und lieber viel Planungsarbeit vor dem In-See-Stechen zu absolvieren. Schlechtes Wetter steigert die Müdigkeit, was wiederum ein erhöhtes Fehlerrisiko zur Folge hat. Daher müssen alle Informationen kontrolliert werden. Steuerfehler und Fehler aus den Logangaben kann man nicht ausschließen, zumal sie unter Schlechtwetterbedingungen noch an Bedeutung gewinnen. Plant man einen Seetörn, muss man möglichst sichere Häfen ermitteln und alternative Routen planen, falls das Wetter schlechter wird.

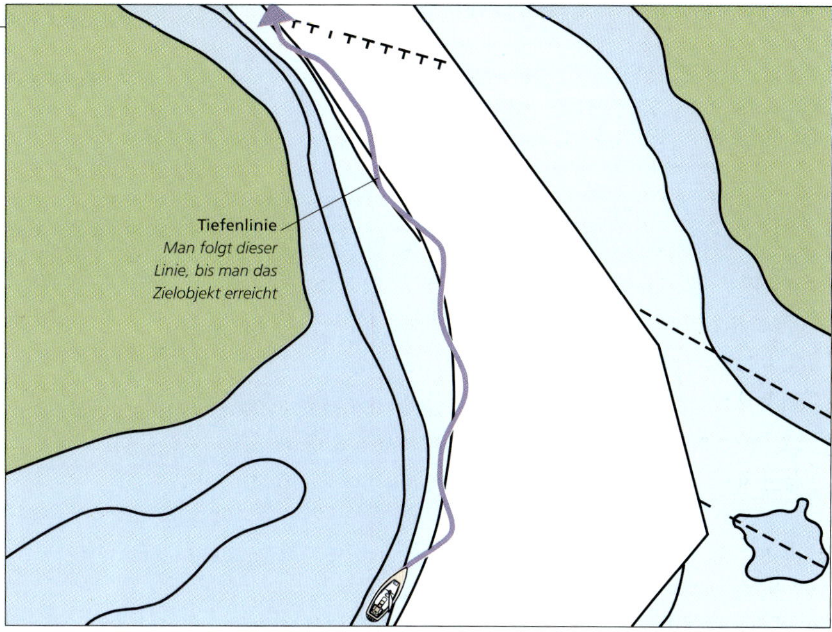

△ **Navigieren mit dem Lot**
Nutzen Sie Tiefenlinien zur Ansteuerung, indem sie dem Lot folgend eine aus der Karte gewählte Linie immer wieder kreuzen.

Navigieren im Nebel

Das Einsetzen von Nebel nimmt einem augenblicklich die Chance, auf Sicht zu segeln und den Schiffsort durch Sicht zu bestimmen. Wenn möglich, wird der Skipper versuchen, in flacheres Wasser auszuweichen, um das Kollisionsrisiko mit größeren Schiffen so klein wie möglich zu halten, darum muss der Navigator bereit sein, das Schiff zu sicheren Ankerplätzen oder Häfen zu navigieren. Ein GPS wird zwar fortlaufend Ortsangaben liefern, jedoch müssen diese Daten mit anderen Mitteln überprüft werden. Niemals darf man sich allein auf das GPS verlassen, um das Schiff zu einem Hafen zu führen. Wahrscheinlich die beste elektronische Hilfe unter den gegebenen Umständen ist das Radar, denn es liefert sowohl Standortbestimmungen als auch Informationen, um Kollisionen zu vermeiden.

Nebel und Tiefenlotungen

Das Tiefenlot liefert sehr wertvolle Informationen, wenn man im Nebel navigieren muss. Wenn man die Lotangaben auf das Kartennull berichtigt *(S. 256)*, kann man durch Tiefenlotungen zu einem wahrscheinlichen Ort (Koppelort) oder einem wahren Ort kommen.

Mit Tiefenlotungen kann man auch einer Tiefenlinie in der Seekarte folgen. Wenn man z.B. versucht, eine Tonne in einer Hafeneinfahrt zu finden, kann sie in der Nähe einer Tiefenlinie liegen. Man wählt eine passende Tiefenlinie und vergewissert sich, dass entlang dieser Linie keine Hindernisse oder Gefahrenstellen auftreten. Man berechne die Höhe der Tide und addiere sie zu den Tiefenangaben der Seekarte bei Kartennull, um den aktuellen Wasserstand zu erhalten. Dann steuert man einen Zickzackkurs, die Tiefenlinie ständig kreuzend und die Lotangaben ständig im Auge behaltend. Dieser Kurs führt sicher zum Zielobjekt.

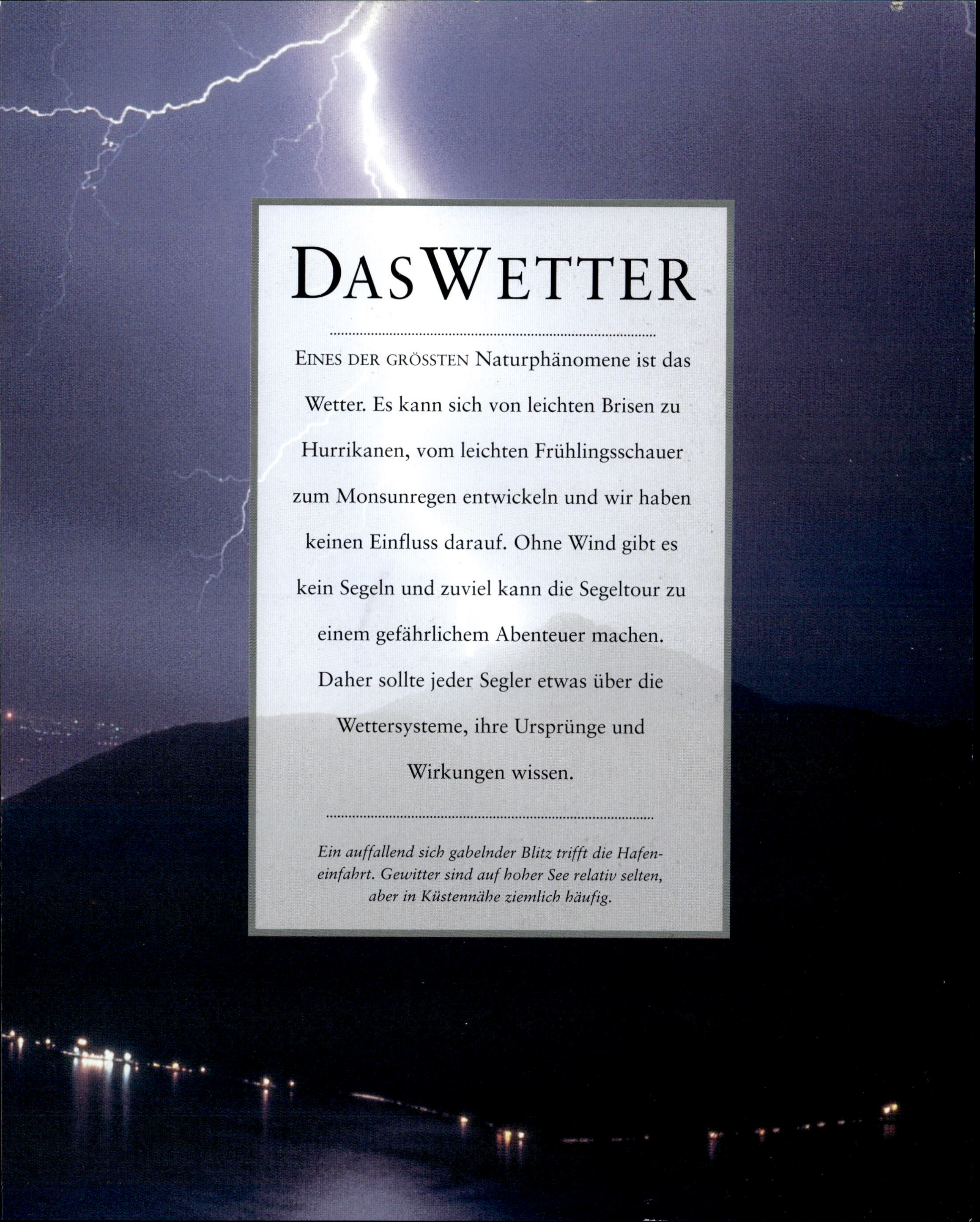

Das Wetter

Eines der grössten Naturphänomene ist das Wetter. Es kann sich von leichten Brisen zu Hurrikanen, vom leichten Frühlingsschauer zum Monsunregen entwickeln und wir haben keinen Einfluss darauf. Ohne Wind gibt es kein Segeln und zuviel kann die Segeltour zu einem gefährlichem Abenteuer machen. Daher sollte jeder Segler etwas über die Wettersysteme, ihre Ursprünge und Wirkungen wissen.

Ein auffallend sich gabelnder Blitz trifft die Hafeneinfahrt. Gewitter sind auf hoher See relativ selten, aber in Küstennähe ziemlich häufig.

Wetterentstehung

Das Wetter ist ein Phänomen in einer verhältnismäßig schmalen Zone der Atmosphäre, genannt die Troposphäre. Diese erstreckt sich bis zu ungefähr 16 km (10 Meilen) über der Erdoberfläche am Äquator, eine Schicht, die sich an den Polen auf die Hälfte reduziert. Wenn die Sonne die Erdoberfläche erwärmt, erwärmt sich auch die Atmosphäre. Warme Luft hat die Tendenz aufzusteigen, während kalte Luft sinkt; so entstehen vertikale Luftbewegungen und auch die Veränderungen des Luftdruckes. Diese Luftbewegungen und Druckunterschiede transportieren die überschüssige Hitze vom Äquator zu den Polen und stabilisieren auf diese Weise die Temperaturen.

Luftdruck

Unter dem Einfluss der Schwerkraft übt die Luft eine nach unten ausgerichtete Kraft aus. Diese Kraft, bekannt als Luftdruck, wird in Hectopascal (hPa) oder Millibar (mb) gemessen. Der atmosphärische Druck, dem wir ständig ausgesetzt sind, entspricht dem Gewicht einer Luftsäule über uns. Der Durchschnittsdruck an der Meeresoberfläche ist ungefähr 1013 mb, der Druck auf der Erdoberfläche weicht jedoch aufgrund der Unterschiede der Lufttemperatur erheblich von diesem Durchschnittswert ab. Kalte Luft ist dicht und schwer, mit der Tendenz zum Sinken, was hohen Luftdruck zur Folge hat. Warme Luft ist weniger dicht, hat die Tendenz zum Steigen, was niedrigen Druck erzeugt. So entwickeln sich um die ganze Erde herum gewaltige Kreisläufe durch aufsteigende Warmluft und kältere Luft.

Wechselnde atmosphärische Drucksysteme sind Anzeichen für Veränderungen der Wetterbedingungen. Dafür sind Barometer oder Barograph (ein Barometer, das kontinuierlich den Luftdruck auf einer Papiertrommel aufschreibt) wichtige Hilfsmittel zur Wettervorhersage an Bord einer Yacht. Steigt der Luftdruck, kann gutes Wetter im Anzug sein. Fällt er, drohen starke Winde und schlechtes Wetter.

Isobaren

In Wetterkarten wird die Luftdruckverteilung durch Linien, genannt Isobaren, dargestellt, die Orte jeweils gleichen Druckes miteinander verbinden, so dass sich geschlossene Kurven bilden. Die Isobaren umschließen Gebiete von relativ hohem oder niedrigem Druck, bekannt als Hochdruck- und Tiefdruckgebiete *(S. 264–267)*. Die Zwischenräume zwischen den Isobaren in Wetterkarten repräsentieren die Druckunterschiede zwischen hohem und niedrigem Druck, ähnlich den Geländekonturen in Landkarten. Je enger die Isobaren und je stärker die Druckunterschiede sind, desto stärker werden die Winde in der betreffenden Gegend sein.

Der Taupunkt

Von der Erdoberfläche steigt Feuchtigkeit als Wasserdampf auf. Luft kann große Mengen von Wasser aufnehmen, bis sie schließlich gesättigt ist. Warme Luft kann mehr Wasserdampf aufnehmen als kalte Luft. Wenn warme Luft sich abkühlt, kondensiert das überschüssige Wasser zu Tröpfchen, es entstehen Wolken, Dunst oder Nebel. Die Temperatur, bei der dies auftritt, nennt man den Taupunkt.

Wolken

Es gibt drei hauptsächliche Entstehungsarten für Wolken: Die Luft erwärmt sich durch von der Erde abgestrahlte Wärme von Land oder See und steigt durch Konvektionsströme, oder die Luft wird zum Steigen gezwungen, wenn sie auf Hindernisse, wie z.B. Berge, trifft, oder sie lagert sich über kalte, dichte Luftmassen. Während die Luft aufsteigt, kühlt sie sich ab, und wenn der Taupunkt erreicht ist, bilden sich Wolken.

Wolken erscheinen in drei Hauptschichten in der Atmosphäre: Hohe Wolken reichen bis zu 6.000 m hoch, die mittlere Wolkenschicht erreicht zwischen 2.100 und 6.000 m, und die unteren Wolkenschichten sind bis zu 2.100 m hoch. Wolken sind die beste sichtbare Hilfe für Vorhersagen.

Regen, Hagel und Schnee

Wasserdampf kann sich zu Tropfen verbinden und als Regen, Hagel oder Schnee fallen. Tröpfchen, die sich in großen Höhen in hoch reichenden Wolken bilden, gefrieren zu Schneeflocken oder Hagelkörnern. Sie fallen auch in dieser Form zur Erde nieder, falls die Luft in niedrigen Schichten kalt genug ist.

Luftmassen

Eine Luftmasse ist ein riesiges Luftvolumen mit besonderen Eigenschaften. Seine Art hängt davon ab, ob es warm oder kalt, trocken oder nass ist. Beginnt eine Luftmasse sich wegen globaler Luftdruckunterschiede zu bewegen, so nennt man das Luftstrom. Kommt ein Luftstrom aus einer polaren Region, ist er kalt. Bewegte er sich über Wasser, bis er seine gegenwärtige Position erreicht hat, wird er relativ feucht sein; wanderte er hingegen über Land, ist er verhältnismäßig trocken.

Warme und kalte Luftströme

Wandert ein kalter Luftstrom über wärmeres Land oder See, so nimmt er in seinen unteren Schichten Wärme auf. Diese bildet Konvektionsströme, die als Luftsäule aufsteigen. Ist eine solche Luftsäule wärmer als die sie umgebende Luft, werden unbeständige Bedingungen geschaffen, die in der Regel große Haufenwolken und klare Sicht bringen.

Das Gegenteil passiert, wenn ein warmer Luftstrom über kälteres Land oder See zieht. Die Luft, die der Erdoberfläche am nächsten ist, kühlt ab, und steigende Luftansammlungen warmer Luft kühlen sich schnell ab und unterbrechen die Aufwärtsbewegung. Dieses ist ein stabiler Luftstrom, der dünne Schichtwolken und stetige Winde bei reduzierter Sichtweite erzeugt.

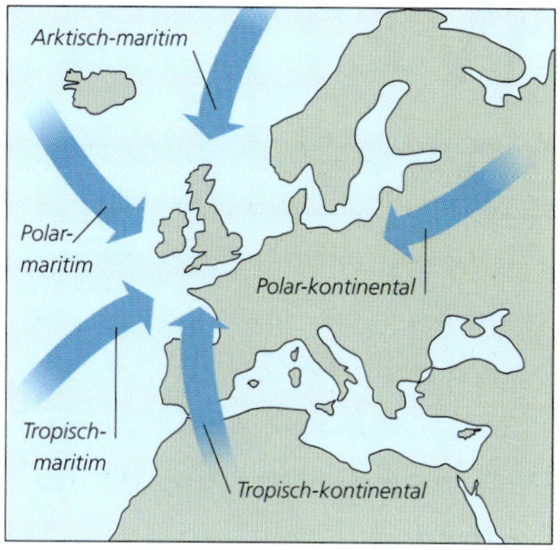

△ Europäische Luftströme

WELTWETTER

Als Folge der zwischen den Polen und dem Äquator existierenden Temperaturunterschiede und durch die Erdumdrehung wird Druck in Zonen um die Erde verteilt. Diese Druckzonen von verhältnismäßig niedrigem oder höherem Druck verursachen relativ stabile Windsysteme über den Ozeanen.

Druckverteilung

Zonen niedrigen Drucks finden sich am Äquator und den mittleren Breitengraden; Zonen höheren Drucks an den Polen und über den Subtropen. Über dem Meer bringen diese Druckzonen halbwegs beständige Windsysteme hervor.

Windrichtungen

Luft hat die Tendenz, direkt von einem Gebiet höheren Druckes zu einem Niedrigdruckgebiet zu strömen; diese Luftbewegung empfinden wir als Wind. Die Erdumdrehung lenkt die Winde auf der nördlichen Halbkugel rechtsherum, und auf der südlichen Halbkugel linksherum.

Winde und Druckzonen ▷

Die Erdumdrehung lenkt Wind auf der nördlichen Halbkugel nach rechts ab und auf der südlichen Halbkugel nach links.

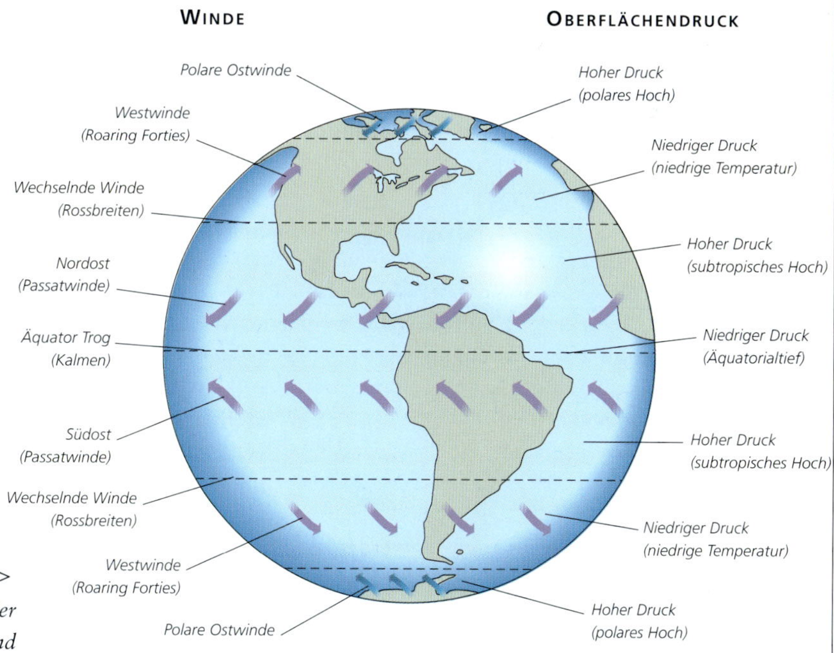

Luftzirkulation, Winde und Oberflächendruck

WETTERSYSTEME

Die lokalen Wetterbedingungen, die wir unmittelbar erleben, sind Teil eines großen Wettersystems – das Muster des Wetters, das über den ganzen Planeten gezogen ist. In den Tropen herrschen die Passatwinde vor. Das Wetter ist in der Regel schön, es können aber lokale Gewitter auftreten. Die westlichen Winde herrschen in den gemäßigten Zonen vor, dennoch ist das Wetter durch die durchziehenden Tiefdruckgebiete und Antizyklonen sowie durch den Einfluss polarer Fronten wechselhaft.

HOCHDRUCKGEBIETE (ANTIZYKLONEN)

Antizyklonen sind Hochdruckgebiete. Sie werden auf Übersichtskarten durch Druckzahlen, die höher liegen als die sie umgebenden Gebiete, und durch ziemlich weit auseinander liegende Isobaren gekennzeichnet *(S. 262)*.

Antizyklonen können sehr große Gebiete abdecken und bewegen sich in der Regel recht langsam. Es kann vorkommen, dass sie über Tage ortsfest bleiben.

Charakteristisch für Antizyklonen ist, dass sie gutes Wetter bringen, mit leichten bis moderaten Winden und wolkenlosem Himmel. Eine gut ausgebildete, große Antizyklone kann vorüberziehende Tiefdruckgebiete beeinflussen und sie an ihrer Randzone von ihren Bahnen ablenken. Die Windstärken werden zwischen der Antizyklone und einem Tiefdruckgebiet zunehmen, wo enggezogene Isobaren, eingezwängt zwischen den beiden Wettersystemen, ein steiles Luftdruckgefälle anzeigen. Unter diesen Bedingungen kann man auf starke Winde unter einem wolkenlosen Himmel treffen.

TIEFDRUCKGEBIETE

Tiefdruckgebiete (Zyklonen) sind Gebiete mit relativ niedrigem Druck. Sie werden auf den Wetterkarten durch Druckanzeigen, die sehr viel niedriger als die sie umgebenden Flächen sind, und durch Isobaren, die zum Kern des Tiefs hin immer enger werden, angezeigt.

Die stärksten Winde finden sich nahe dem Zentrum des Tiefs, leichtere Winde hingegen am äußeren Rand. Zyklonen unterscheiden sich erheblich in Größe, Geschwindigkeit und Intensität, aber sie ziehen in der Regel von West nach Ost.

Tiefdruckgebiete bringen zumeist unbeständiges Wetter, starke Winde und schwere Regengüsse, mit dem schlechtesten Wetter nahe dem Zentrum des Tiefdruckgebietes. Viele Zyklonen haben ihren Ursprung durch die Tätigkeit polarer Fronten *(rechts)*, obwohl sie sich auch unter anderen Umständen bilden können, z. B. als Gewittertief.

WIND- UND DRUCKSYSTEME

Die Luft hat immer das Bestreben, sich direkt von Hochdruck- zu Tiefdruckgebieten zu bewegen, dies funktioniert jedoch nur am Äquator. An anderen Orten wird die Luft durch die Erdumdrehung zu einer Rechtsdrehung in der nördlichen und zu einer Linksrichtung in der südlichen Hemisphäre abgelenkt *(links)*. Diese Ablenkung bringt den Wind dazu, kreisförmig um die Druckgebiete herum zu wehen.

WINDRICHTUNGEN

Die Windrichtung wird immer nach den Himmelsrichtungen der Kompassrose bestimmt.

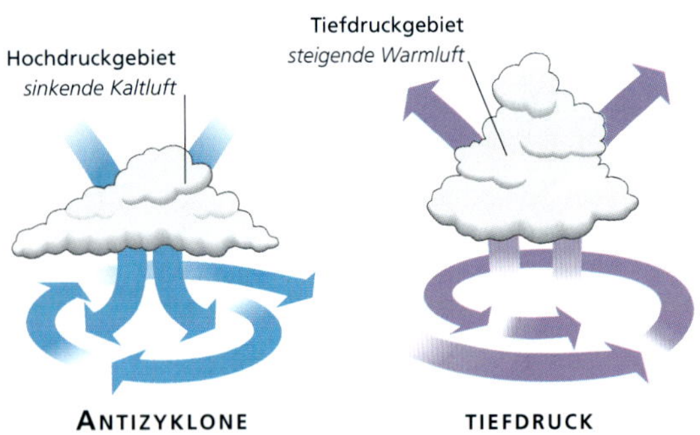

◁ NÖRDLICHE HEMISPHÄRE
Auf der nördlichen Halbkugel weht der Wind im Uhrzeigersinn um die Antizyklonen und gegen den Uhrzeigersinn um die Zyklonen. Dies geschieht aufgrund der Erdumdrehung.

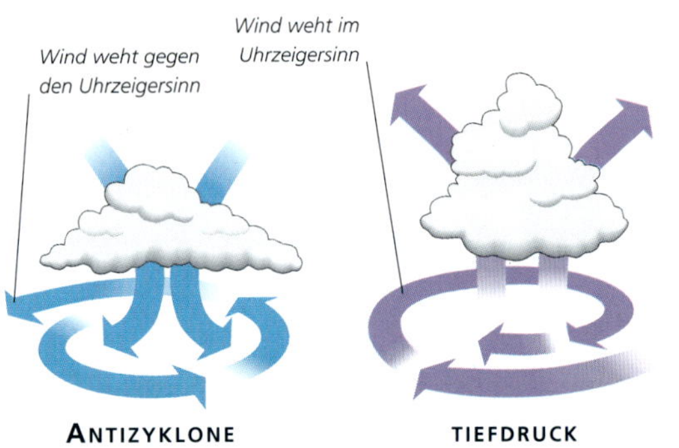

◁ SÜDLICHE HEMISPHÄRE
Auf der südlichen Halbkugel weht der Wind in entgegengesetztem Uhrzeigersinn um Antizyklonen und im Uhrzeigersinn um Tiefdruckgebiete. Auch hier beeinflusst die Erdumdrehung die Winde.

In der nördlichen Halbkugel dreht der Wind im Uhrzeigersinn um die Antizyklonen und entgegen dem Uhrzeigersinn um die Tiefdruckgebiete.

Um zu bestimmen, in welcher Richtung sich ein Tiefdruckgebiet auf der nördlichen Erdhalbkugel befindet, muss man sich mit dem Rücken zum Wind stellen: In diesem Fall befindet sich das Tief links vom Beobachter. Auf der südlichen Halbkugel wird es sich rechts von einem befinden. Das Gegenteil trifft für die Hochdruckgebiete zu.

Winde, die in einer Höhe von über 600 m wehen, wehen mehr oder weniger parallel zu den Isobaren. Auf der Erdoberfläche jedoch wird die Reibung den Wind nicht nur verlangsamen, sondern auch ablenken: in einer einwärts gedrehten Spirale bei einem Tiefdruckgebiet und auswärts bei einem Hoch.

Die Zwischenräume zwischen den Isobar-Kurven bezeichnen das graduelle Gefälle zwischen dem hohen und dem niedrigen Druck und daher auch die Geschwindigkeit des Windes. Diese kann also vorhergesagt werden, indem man die Isobar-Abstände auf der Wetterkarte misst. Man muss dabei jedoch berücksichtigen, dass die Windgeschwindigkeit größer als die Isobar-Abstände ist, die sich um eine Antizyklone ziehen, als bei den Isobarkurven um ein Tiefdruckgebiet.

Auf den Wetterkarten sind Gradeinteilungen angegeben, um die Windgeschwindigkeit von den Isobar-Abständen messen zu können.

Polare Fronten

Eine polare Front ist eine Grenzlinie zwischen zwei starken, unterschiedlichen Luftströmungen – einem warmen Luftstrom, der aus einem subtropischen Hoch kommt, und einem kalten, polaren Ursprungs. Wenn diese beiden Luftströmungen aufeinander treffen, bildet die kalte, dichte Luft einen Keil unter der warmen Luft und schiebt sie nach oben. Die Bewegungen einer Front sind der Ursprung für Tiefs *(S. 266)*. Polare Fronten schlängeln sich auf ihrem Weg um die Erde, indem sie sich – je nach Jahreszeit – zwischen 35° und 60° Nord und Süd bewegen.

▽ **Satelliten-Fotografie**
Satelliten-Fotos von Wettersystemen können über Satelliten-Kommunikations-Geräte oder über das Internet empfangen werden. Solche Bilder sind ein nützlicher Weg, Wetterbedingungen vorherzusagen.

Der Durchzug von Fronten

Es ist wichtig für den Hochsee-Segler, etwas über den Durchzug von Tiefdruckfronten und die damit verbundenen Veränderungen der Witterungsbedingungen zu wissen. Tiefdruckgebiete werden oft im Voraus vorhergesagt, jedoch sind ihre Geschwindigkeit und Richtung nicht vorhersagbar. Es ist ein Vorteil, wenn man die Wettersituation durch Eigenbeobachtungen selbst beurteilen kann. Das Wetter, das man erwarten kann, hängt vom Standort in Bezug auf das Tief ab.

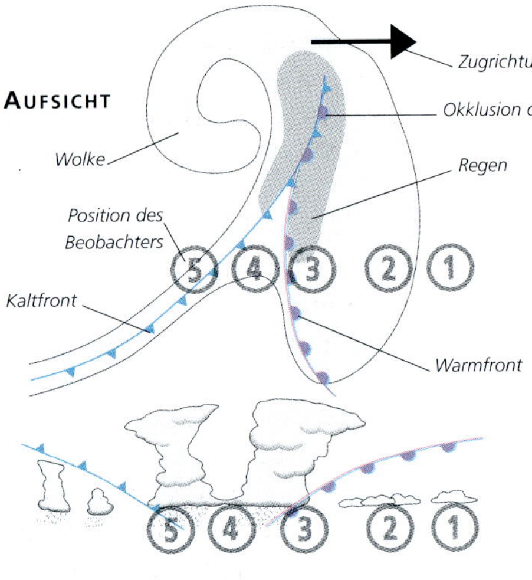

◁▽ **Durchzug eines Tiefdruckgebietes**
Auf der nördlichen Halbkugel wandert ein Tief von West nach Ost, dabei sieht der Beobachter die Warmfront, den Warm-Sektor und die Kaltfront nacheinander an sich vorbeiziehen.

Tiefdruckfront

Entlang einer Polarfront trifft ein warmer, westlicher Luftstrom auf einen kalten, östlichen. Der warme, westliche Luftstrom wird nach oben gehoben, während der kalte unter ihn gleitet, wodurch die Lage unbeständig wird.

Tiefs entstehen am Rande einer Polarfront, wenn die Warmluftmasse in die Kaltluftmasse eindringt. Die sich bildende Tasche formt eine kleine Front in Wellenform, mit ihrem Kamm auf der polaren Seite. In der Mitte der Welle ist die Luft am wärmsten und steigt am schnellsten auf, wobei niedriger Druck entsteht, während statt ihrer kalte Luft von der polaren Seite von hinten eindringt. Während sich das Tiefdruckgebiet auf dem Wellenkamm vertieft, erscheinen klar begrenzte Fronten vor und hinter dem zentralen Trog von tiefem Druck, die bogenförmig aus dem Kern des Tiefs ziehen. Diese

① Die Gegenwart von dünnen, hohen Zirruswolken, die aus Eiskristallen bestehen, deuten das Nahen eines Tiefs an, das noch ca. 12–24 Stunden entfernt ist. Die Geschwindigkeit und Ausdehnung der Zirruswolken sind ein Anhaltspunkt für die Stärke des Tiefs. Ein anderer deutlicher Hinweis auf ein herannahendes Tief ist das Fallen des Barometers.

② In der Nähe einer Warmfront verdichten sich die Zirruswolken in Zirrostratus (hohe Wolkenschichten). Ein Hof um Sonne oder Mond kann sich bilden, hervorgerufen durch Feuchtigkeit in der oberen Atmosphäre. Das Barometer wird den Druckabfall weiterhin messen. Der Wind ist rückdrehend (entgegen dem Uhrzeigersinn).

③ Beim Herannahen der Warmfront verdichten sich die Wolken in Altostratus und danach Nimbostratus mit einer niedrigen Wolkenschicht. Die Stärke des Windes nimmt weiter zu, und häufig ist er weiterhin rückdrehend; das Barometer fällt schneller, während sich der Kern des Tiefs nähert. Die Sicht ist begrenzt, und es beginnt zu regnen.

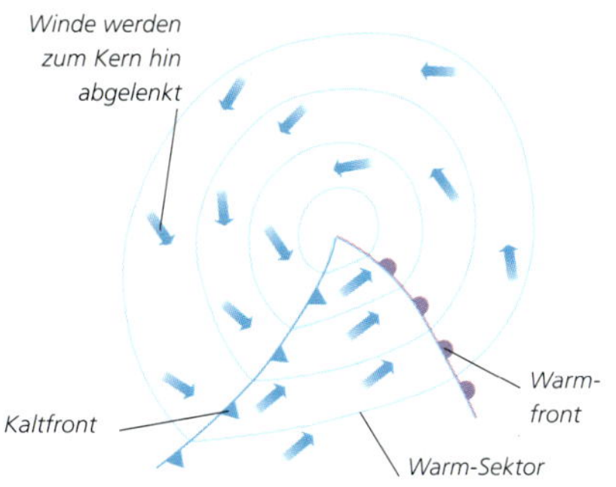

Nördliche Halbkugel

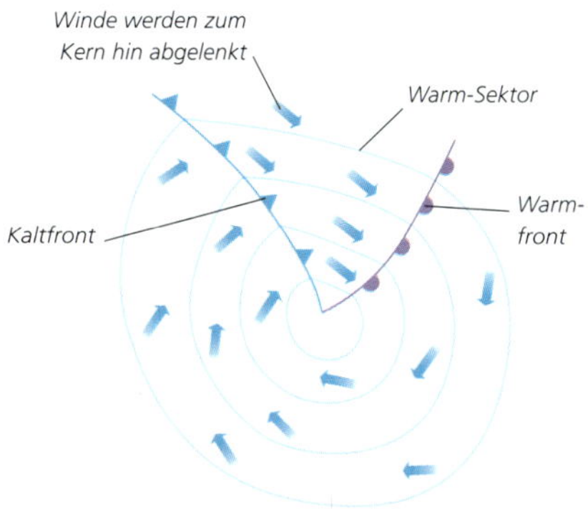

Südliche Halbkugel

◁ Tiefdruckfront

Chrakteristisch für das Entstehen eines Tiefdruckgebietes ist, wenn am Rande einer Kaltfront ein Trog warmer Luft in die benachbarte Schicht kalter Luft eindringt. Die Front schlängelt sich in Form einer Welle um den Trog.

Fronten bilden die Grenzlinie zwischen den angrenzenden Gebieten warmer und kalter Luft.

Warme und kalte Fronten

Die führende Front wird die Warmfront genannt, weil ihr warme Luftmassen folgen, die über die kühlere Luft geschoben werden. Die nachfolgende Front ist die Kaltfront, da sie kalte Luft hinter sich hat. Die Kaltfront schiebt sich unter die warme Luft im davor liegenden Warm-Sektor, weil sich die kalte Luft schneller bewegt als die warme.

Okklusion der Front

Während die Kaltfront die Warmfront einholt, schiebt die Kaltfront die Luft aus dem Warm-Sektor nach oben; die beiden Fronten bilden eine okkludierte Front. Je nachdem, ob die Luft hinter der okkludierten Front kälter oder wärmer als die vor ihr liegende ist, wird es ein Warmfront- bzw. ein Kaltfront-Typus sein. Eine kalte okkludierte Front ist aktiver als eine warme, sie bringt heftigen Regen und starke Windböen.

Die Lebensdauer eines Tiefs

Weil Kaltfronten sich schneller bewegen und Warmfronten einholen, haben Kaltfronten eine begrenzte Lebensdauer. Am Rande der Kaltfront eines absterbenden Tiefs können jedoch nachgeordnete Tiefs entstehen. Diese sind meistens kleiner, entwickeln sich aber schneller und können intensiver sein als das Ursprungstief.

Die Richtung eines Tiefs

Frontale Tiefs in gemäßigten Breitengraden beider Hemisphären haben die Tendenz, von West nach Ost zu ziehen.

Im frühen Entstehungsstadium eines frontalen Tiefs besteht die Tendenz, sich in der gleichen Richtung wie der Höhenluftstrom zu bewegen. Dies entspricht ungefähr der gleichen Richtung wie die Isobaren im Warm-Sektor (dem Gebiet zwischen den Fronten). Im Verlauf des Reifeprozesses eines Tiefs erstreckt es sich hoch hinauf bis in die Schicht der Höhenwinde und beginnt, sich in ihre Richtung zu bewegen.

Gegen Ende seiner Lebensdauer wird das Tiefdruckgebiet langsamer. Es kann auch seine Richtung ändern – in der Regel nach Nord in der nördlichen Hemisphäre, in der südlichen zieht es nach Süden.

④ Während die Warmfront über den Beobachter hinwegzieht, springt der Wind um und kommt meistens aus Südwest oder West, das Barometer hört auf zu fallen. Der Regen lässt nach oder hört gänzlich auf, aber die Sicht ist schlecht mit niedrigen Wolken oder Dunst.

⑤ Eine Kaltfront wird oft gekennzeichnet durch Kumulus- oder Kumulonimbus-Wolken (gewaltige Haufenwolken). Der Druck wird wieder fallen, weil ein Trog niedrigen Druckes vor der Front durchzieht. Es kann zu starken Regenfällen, heftigen Windstößen und Böen und gelegentlich zu Gewittern kommen.

Wetterwechsel

Wer in küstennahen Gewässern unter gewohnten Witterungsbedingungen segelt, wird während des Tages Veränderungen in der Wetterlage beobachten können. Dieser tägliche Wetterwechsel wird durch die Sonneneinstrahlung und Erwärmung der Landmasse und – in einem weit geringeren Umfang – der des Meeres verursacht. Erkenntnisse über diese täglichen Erscheinungen sind wichtig für die kurzfristige Törnplanung.

Vom Morgen bis zum Nachmittag

Während das Land sich mit der steigenden Sonne erwärmt, wird gleichzeitig auch die darüber liegende Luft mit erwärmt. Die erwärmte Luft wird durch Konvektionsströme emporgehoben. Indem sie bis in die Troposphäre aufsteigt, kühlt sie sich ab und sinkt wieder. Die Konvektionsströme sind durch Kumuluswolken erkennbar. Die herabsinkenden Luftströmungen nehmen Mengen der Höhenluft mit nach unten, was ein Ansteigen der Windgeschwindigkeiten und möglicherweise auch der Windrichtung an der Erdoberfläche zur Folge haben kann. Konvektionsströme erreichen den Höhepunkt ihrer Wirkung etwa am frühen bzw. späten Nachmittag, wenn die Wolken am höchsten sind und die Winde am stärksten wehen.

Vom Abend bis zur Nacht

Gegen Spätnachmittag und Abend kühlt das Land weiter ab, die Konvektionsströme hören auf, und der Wind lässt an Stärke nach. In klaren Nächten kann sich ein Umkehreffekt bilden *(rechts)*. Hierdurch kündigt sich beständiges Wetter an.

Ratschläge für Segler

Bevor man in See sticht, sollte man die Wettervorhersage studieren. Sind die Bedingungen beständig und beeinflusst durch ein herannahendes Hoch, beobachte man die Wolken, wenn man das Segelrevier erreicht hat. Sie liefern den Schlüssel, örtliche Erwärmung über dem Land zu erkennen. Wenn am Morgen kleine Kumuluswolken sichtbar werden, kann man einen Wetterwechsel erwarten, der stärkere Winde am frühen oder späten Nachmittag bringen wird.

Während des Tages

Indem man die Wolkenarten, die während des Tages aufziehen, beobachtet, kann man eine Reihe von Feststellungen ableiten, wie sich das Wetter entwickeln wird und welche Windbedingungen zu erwarten sind.

△ **Kumuli**
Frühe Konvektionsströme bringen kleine Kumuluswolken und wechselnde Winde hervor. Niedrige Wolken zeigen oft an, dass sich das Wetter verschlechtern wird.

△ **Vergrösserte Kumuli**
Die Kumuli können an Größe zunehmen. Große Wolken, die hoch hinaufreichen, können Regenschauer und stärkere Böen hervorbringen.

△ **Gemischte Kumuli**
Größere Kumulonimbusse können sich unter kleineren Kumuli entwickeln. Deren Wirkung kann erheblich sein und schwere Regenschauer hervorbringen.

INVERSIONEN BEGREIFEN

Es ist ganz normal, dass die Luft sich abkühlt, wenn sie steigt. Bei schönem Wetter jedoch kann eine Umkehr dieser Erscheinungsform auftreten. Inversionen treten auf, wenn kältere Luft unter warmer Luft eingefangen wird. Dieses geschieht sehr oft am Abend oder in der Nacht, wenn das Land und damit die bodennahe Luft sich unter einem wolkenlosen Himmel sehr schnell abkühlen.

Der Inversionseffekt

Wenn sich eine Inversion gebildet hat, trennt sie den Wind in niedrigeren Höhenschichten von dem in hohen Luftschichten und verhindert eine Vermischung der beiden Windarten. Dies unterbindet auch, dass die Höhenwinde die Winde nahe der Erdoberfläche beschleunigen. Zudem verlangsamt sich der Wind über der Erdoberfläche noch durch Reibung.

Die Inversion bricht ab

Wenn die Sonne aufgeht, erwärmt sie das Land und bildet Konvektionsströme. Diese Säulen warmer Luft durchdringen die Inversionsschicht, so dass sich der Oberflächenwind und der Höhenwind wieder vermischen können.

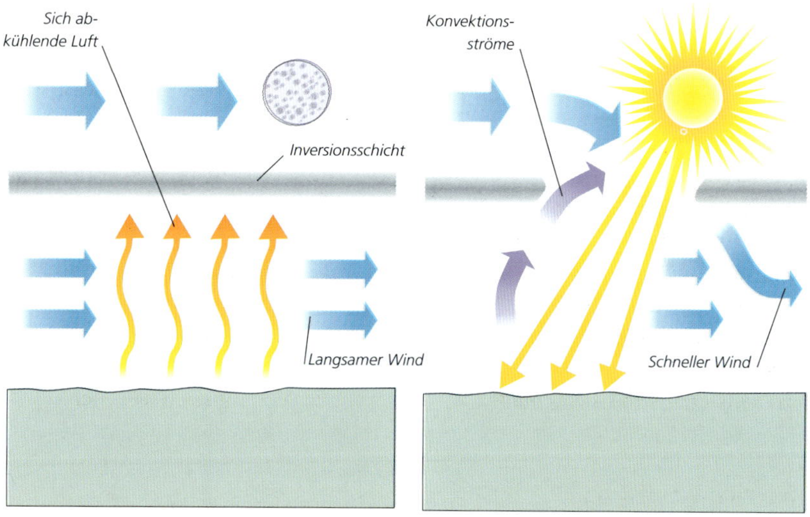

Eine Inversion ensteht | Eine Inversion bricht ab

△ **Gewitter**
Eine steigende Luftmasse unter einer großen Kumulus- oder Kumulonimbuswolke kann ein Gewitter hervorbringen.

△ **Wolkenloser Himmel**
Während das Land abkühlt, sterben die Konvektionsströme ab. Mit dem Beginn der Nacht kühlt das Land noch schneller aus, es kann zu einer Inversion kommen.

△ **Morgendunst**
Im Morgengrauen, wenn nur ganz wenig oder kein Wind weht, kann sich Nebel bilden. In Landnähe verflüchtigt sich der Nebel, wenn die Sonne die Erde erwärmt.

Land-Einflüsse

Wenn man Wettervoraussagen treffen muss, sind Kenntnisse über die Wettererscheinungen der Erde, über Tiefdruckgebiete und Antizyklonen eine große Hilfe; der Segler küstennaher oder Binnengewässer muss aber auch wissen, wie die Wettersysteme durch die Landmassen beeinflusst werden. In Küstennähe werden die lokalen Wirkungen in die bestehenden Witterungserscheinungen eingreifen und lokal begrenzte Änderungen der Wetterlage verursachen.

Das Land und das Wetter

Das Land beeinflusst Wind und Wetter in verschiedenster Weise. Täglicher Wetterwechsel *(S. 268–269)*, See- und Landbrisen verdanken ihre Existenz den Konvektionsströmen, die sich über dem Land ausbilden. Die Erscheinungen sind im Sommer größer, wenn klarer Himmel die Erde sich schnell erwärmen oder abkühlen lässt.

Land und Hitze

Die Luft wird nicht durch die Sonne erwärmt, sondern durch Meer oder Land, über die sie sich bewegt. Das Erwärmen und Abkühlen von Landmassen geht wesentlich schneller als das der See. Die Topographie und Beschaffenheit der Landmassen bestimmen, wie viel Wärme das Land aufnehmen oder abgeben kann. Flache Strände und Felder nahe der Küste erwärmen sich schnell am Morgen. Steile Hügel und tiefe Täler bleiben länger kühl, während ausgedehnte, mit Städten bebaute Flächen, sehr viel Hitze aufnehmen können.

Land und Wind

Der Landeinfluss kann sowohl die Stärke als auch die Richtung des Windes beeinflussen. Trifft der Wind in einem flachen Winkel auf eine steile, hohe Küstenlinie, wird er abgelenkt und weht dann parallel zur Küste. In Flusstälern wird der Wind ebenfalls abgelenkt. Wind hingegen wird an Geschwindigkeit zunehmen, sobald er die Küstenlinie verlässt und über die glatte See weht.

Windschatten

Segelt man in der Nähe der Küstenlinie, muß man um die Einflüsse von Windschatten wissen (Gebiete mit reduzierter Windgeschwindigkeit). Der Hochseesegler wird große Windschatten auf der Leeseite einer Insel bemerken, während der Küstensegler bereits durch weitaus kleinere Objekte in Häfen oder Flüssen beeinträchtigt wird. Bäume, Gebäude, Schiffe und höher gelegenes Gelände können sämtlich den Lauf des Windes unterbrechen und Windstille, Böen oder Winddrehungen verursachen. Regattasegler auf Binnengewässern müssen solche Windschatten-Flächen und mikroklimatische Störungen besonders beachten.

Seewind

Der bekannteste Wind, der durch lokal begrenzte Erwärmung verursacht wird, ist der Seewind in Küstennähe, den man bei guter Wetterlage im Sommer antrifft. Sobald das Küstenland von der Morgensonne erwärmt wird, bauen sich große Konvektionsströme auf. Während sich die Luft über dem Land erwärmt und aufsteigt, fällt der Luftdruck. Über der See bleibt die Luft verhältnismäßig kühl und bewegt sich auf die Niederdruck-Zone zu, um die

◁ **Seewind**
Während des Tages steigt die erwärmte Luft vom Land aus auf, wobei niedriger Druck entsteht, der durch nachströmende Luft von See aufgefüllt wird: So entsteht der Seewind. Die Spitzen der Konvektionsströmungen über dem Land sind durch Kumulus-Wolken gekennzeichnet.

FALLWINDE ▷
In Gegenden, in denen steile Felsküsten oder gebirgige Küstenlinien zu finden sind, können Fallwinde auftreten. Sie entstehen zumeist in wolkenlosen Nächten, wenn das Land schnell abkühlt. Die Luft, die sich über dem kalten Erdboden bewegt, wird ebenfalls kühler und strömt, noch gezogen durch Schwerkraft, sehr schnell.

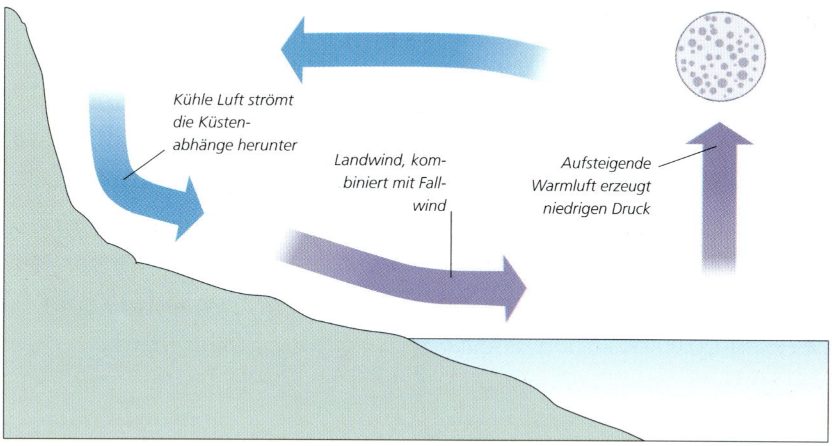

aufgestiegene Luft zu ersetzen. Schnell entsteht ein Kreislauf, angetrieben von den Konvektionsströmen.

SEE- UND GRADIENT-WINDE

Ein Seewind weht normalerweise direkt auf die Küstenlinie zu, wird aber durch Gradient-Winde verändert (Winde, die durch die Drucksysteme verursacht werden). Weht der Gradient-Wind in Richtung auf die Küste, wird der Seewind ihn noch verstärken, indem der Wind gegen Mittag stärker zunimmt. Wenn der Gradient-Wind ablandig weht, können die beiden gegensätzlichen Windströmungen sich gegenseitig aufheben. Ein gut ausgebildeter Seewind wird bis zu fünf bis zehn Meilen auf See spürbar sowie auch einige Meilen im Innern des Landes, kann jedoch im frühen Stadium seiner Entwicklung eine Ausdehnung von nur wenigen hundert Metern von der Küstenlinie haben.

Die Erscheinung von Kumulus-Wolken entlang der Küste ist ein sicheres Anzeichen für die Entwicklung einer Seebrise. Selbst wenn der Tag wolkenlos und windstill heraufdämmert, kann sich die Seebrise gegen Mittag zu einem kräftigen, auflandigen Wind entwickeln. Der Seewind schläft ein, wenn das Land sich im späteren Verlauf des Tages abkühlt.

LANDWINDE

Ein Landwind ist das Gegenteil einer Seebrise. Am Abend unter einem wolkenlosen Himmel kühlt das Land sehr schnell ab. Die Luft über dem Land kühlt sich ebenfalls ab und sinkt, wobei der Druck steigt, während die See ihre Wärme behält. Wieder entstehen Konvektionsströme, aber in diesem Fall weht der Wind von der Küste. Landwinde sind zumeist leichter als Seebrisen, ihre Wirkung jedoch kann noch etliche Meilen weit draußen auf See spürbar werden.

FALLWINDE

Von den Bergen sinkende Luftströme (Abwinde) sind bekannt unter dem Namen Fallwinde. Man begegnet ihnen in der Nähe gebirgiger Küstenlinien, wo kalte Luft durch Schwerkraft von den Berghängen herabgezogen und auf die See hinausgeweht wird.

Fallwinde entstehen meistens während der Nacht und können bis auf einige Meilen hinaus auf die See wehen.

ZEPHIR-WINDE (SANFTE WINDE)

Die Zephir- oder sanften Winde bilden sich, wenn die über dem Land erwärmte Luft aufsteigt und das Nachströmen kühlerer Luft von Seen oder Flüssen gestattet.

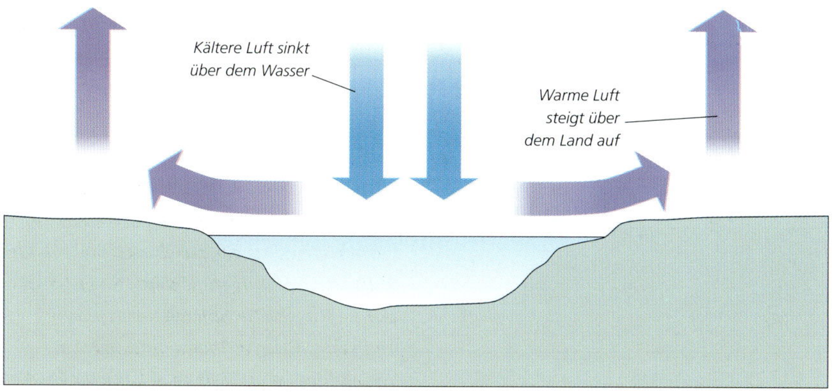

◁ ZEPHIR- (SANFTER) WIND
Unter fast windstillen Witterungsbedingungen steigt erwärmte Luft von den Ufern eines Flusses oder Rändern eines Sees auf und erzeugt niedrigen Druck, der durch die nachströmende kühlere Luft vom Fluss oder See aufgefüllt wird. So entsteht der Zephirwind, ein sanfter Wind.

Stürme

Schlechtes Wetter wird durch Tiefdruckgebiete, also durch aufsteigende Luftmassen hervorgerufen. Wenn große Massen feuchter Luft schnell nach oben gedrängt werden, ruft dies eine heftige Wirkung hervor, und ein Luftkreislaufwirbel entsteht. Tiefdruckfronten (S. 266) können eine große Ausdehnung erreichen und ziemlich starke Winde hervorbringen, jedoch sind oftmals kleinere Tiefs wie Gewittertiefs und Wirbelstürme wesentlich gefährlicher.

Gewitter

Ein Gewitter entsteht durch ein sehr intensives, aber örtlich begrenztes Tiefdruckgebiet, das starke Winde, heftigen Regen oder Hagel hervorbringen kann. Donner und Blitz tragen noch zur Dramatik der Situation bei. In tropischen Regionen sind Gewitter ziemlich häufig, meistens während der Nacht. Auf See entstehen Gewitter in der Regel entlang einer Kaltfrontlinie.

Gewitterwolken

Ein Gewitter beginnt, wenn eine große Masse Luft durch eine lokal begrenzte Erwärmung hinaufgedrückt wird. Die großen Konvektionsströme bilden riesige Wolkenbänke von Kumuluswolken, die nach oben drängen und größer werden. Bei entsprechender Aktivität bilden sich Kumulonimbus-Wolken. Diese turmhohen, dunklen und bedrohlichen Wolken erreichen große Höhen und haben die charakteristische ambossartige Form in der Höhe, deren Spitzen in die Richtung zeigen, in die der Sturm zieht. Je höher die Wolkenspitzen sind, desto heftiger wird das Gewitter. Eiskristalle bilden sich in der Höhe des Ambosses. Sie kollidieren im Innern der Wolke und erzeugen elektrische Aufladung, die sich zur Erde hin als Blitz entlädt. Tief liegende Wolken, die durch kräftige innere Luftströme entstehen, bilden sich am Anfang eines Gewitters, mit dem Ergebnis heftiger Regenfälle oder Hagelschauer. Zum gleichen Zeitpunkt treten auch die stärksten Winde und Winddrehungen auf. Nach dem Gewitter flaut der Wind wieder ab, und die Temperatur fällt.

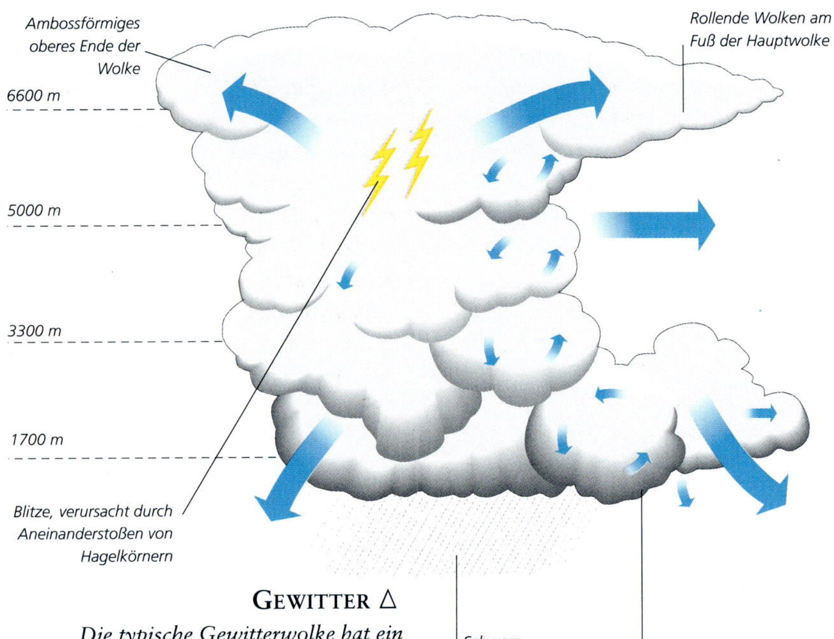

Gewitter △
Die typische Gewitterwolke hat ein ambossförmiges oberes Ende, mit einer Spitze in die Zugrichtung des Gewitters weisend.

Sicherheit auf See

Ist man auf See und ein Gewitter ist im Anzug, sollte man versuchen, dem Gewitter auszuweichen. Ist dies jedoch nicht möglich, und das Gewitter zieht sich bereits zusammen, ist es empfehlenswert, direkt darauf zuzuhalten, um es so schnell wie möglich hinter sich zu bringen.

Wirbelstürme

Tropische Wirbelstürme haben je nach der Gegend, in der sie auftreten, verschiedene Namen: Auf dem Atlantik heißen sie Hurrikane, im westlichen Pazifik sind es Taifune und im Indischen Ozean werden sie Wirbelstürme (Zyklon) genannt. Sie entstehen in niedrigen Breitengraden und zeichnen sich durch riesige Wolkenbänke, die bis an die Grenze der Atmosphäre vorstoßen, aus, ein Anzeichen für besonders niedrigen Druck. Das Tiefdruckgebiet erstreckt sich über ein weitaus kleineres Gebiet als eine Tiefdruckfront, aber das Gefälle der Druckgrade ist sehr viel steiler, wodurch sich Stürme von zwölf und mehr Windstärken entwickeln, die eine schwere und steile See aufbauen.

Besonderheiten der Winde

Während eines Wirbelsturms bläst der Wind in einer einwärtsgedrehten Spirale zum Kern des Tiefs, und zwar in voller Höhe und während der gesamten Dauer des Sturms, anstatt – wie in normalen Tiefs – an den Isobaren mit höheren Graden entlangzustreichen. Solche Stürme drehen sich im entgegengesetzten Uhrzeigersinn in der nördlichen Hemisphäre und im Uhrzeigersinn auf der südlichen Halbkugel. Im Zentrum des Sturms ist das »Auge«, in dem der Wind vorübergehend fast völlig zum Erliegen kommt, aber die See geht hoch und, ohne den kontrollierenden Einfluss des Windes, durcheinander.

Die Ursprünge der Stürme

Tropische Stürme entwickeln sich meistens auf der östlichen Seite der Ozeane; sie reifen, während sie auf der Nordhalbkugel westwärts oder nach Nordwesten ziehen, bzw. nach Westen oder Südwesten im Süden. Im ersten Stadium bewegen sie sich langsam mit nur 10–15 Knoten, beschleunigen jedoch später auf bis zu 25 Knoten oder mehr.

Sturmvoraussagen

Die meisten tropischen Wirbelstürme treten zu verhältnismäßig bekannten Jahreszeiten auf, so z.B. von Juli bis September im Atlantik, können sich jedoch auch zu anderen Zeiten bilden. Das Entstehen, Wachstum und die Entwicklung eines tropischen Sturms wird von Wetterstationen mit Hilfe von Wettersatelliten überwacht, und Segler können die über Radio herausgegebenen Sturmwarnungen anhören oder sie über Wetterfax empfangen.

Sichere Zuflucht

Segler, die die Befürchtung haben, in die Zugrichtung eines tropischen Wirbelsturms zu geraten, sollten versuchen, wenigstens den gefährlichsten Halbkreis zu vermeiden, der auf der Nordhalbkugel nördlich vom Zentrum des Sturms, und auf der Südhalbkugel südlich vom Zentrum liegt. Ein tropischer Sturm kann für alle Seeschiffe gefährlich werden, speziell aber für kleine Yachten. Sichere Zufluchtsorte, bekannt als Hurrikan-Schlupflöcher, finden sich oft an den Küsten der betroffenen Gegenden.

Tornados (Wirbelstürme)

Ein Tornado ist eigenlich viel häufiger über Land anzutreffen als auf See, da er überwiegend über den östlichen Ebenen von Nordamerika entsteht. Tornados bilden sich unter heißen, feuchten und gewittrigen Bedingungen aus und entstehen durch starke Konvektionsströme, die in großen Kumulonimbus-Wolken entstehen. Der Durchmesser eines Tornados beträgt normalerweise nur einige hundert Meter, und er bewegt sich auch nicht mehr als einige wenige Meilen.
Auf dieser kurzen Strecke jedoch kann er mit Windgeschwindigkeiten von 200 Knoten mehr Zerstörungen anrichten als jedes andere Naturphänomen.

Wasserhosen

Eine Wasserhose ist eine Tornado-Art, der man auf See begegnet. Sie bildet sich unter schweren Kumulonimbus-Wolken, die starke Konvektionsströme enthalten. Beim Ausbilden einer Wasserhose dehnt sich eine röhrenförmige Wolke von der untersten Schicht der Kumulonimbus-Wolke bis hinunter zur Meeresoberfläche. Ihre Wirbelbewegung verursacht eine sich drehende Spiralröhre von Gischt, die aus dem Meer aufsteigt. Wenn die Wasserhose fortfährt, sich zu entwickeln, trifft das Ende der Röhre mit der Gischtwolke zusammen und bildet eine sich drehende Säule zwischen Unterwolke und Meer. Die Spitze und das Unterteil der Säule bewegen sich mit unterschiedlichen Geschwindigkeiten; darum nimmt die Säule sehr bald eine Schräglage ein, bis sie schließlich zusammenfällt. Eine Wasserhose ist eine örtlich begrenzte und kurzlebige Erscheinung, kann aber für kleine Schiffe in unmittelbarer Nähe eine große Gefahr bilden. Eine Wasserhose ist nicht so heftig wie ein Tornado und ist im Durchmesser auf höchstens 30 Meter begrenzt. Wasserhosen bewegen sich zwar langsam, können aber unberechenbar sein und sind häufiger in tropischen Breiten anzutreffen.

△ **Wasserhose**
Starke Konvektionsströme bringen eine röhrenförmige Verlängerung am unteren Rand einer Kumulonimbus-Wolke hervor. Diese kräftige Wirbelbewegung von Wind in dieser Wolke zieht Wasser von der Meeresoberfläche an.

NEBEL

Nebel auf See kann ein bedeutendes Problem sein. Obwohl es vier hauptsächliche Arten von Nebel gibt, stammen sie doch im Grunde alle von Wolken ab, die sich über der Erdoberfläche gebildet haben. Drei Arten von Nebel gründen sich auf Luft, die sich bis zu dem Punkt abkühlt, dass sie die Feuchtigkeit in Form von Wasserdampf nicht länger halten kann. Die vierte Art wird durch Luft verursacht, die ihre Temperatur hält, aber so viel Feuchtigkeit aufnimmt, bis sie den Sättigungsgrad erreicht hat, und einen Teil des Wassers kondensiert. Es ist hilfreich, die Arten und Entstehungsgründe für Nebel zu kennen, um seine Intensität und Dauer voraussagen zu können.

STRAHLUNGSNEBEL

Wird auch oft Landnebel genannt; Strahlungsnebel bildet sich in wolkenlosen Nächten über dem Land. Während der Nacht kühlt das Land sehr schnell ab und gibt gleichzeitig seine Wärme nach oben hin ab. Da keine Wolken da sind, um die Wärme einzufangen, kühlt die mit dem Land verbundene Luft ab. Fällt die Temperatur der Erdoberfläche unter den Taupunkt der sie umgebenden Luft, wird der Sättigungsgrad erreicht, Wasserdampf kondensiert und wandelt sich in Nebel.

Strahlungsnebel bildet sich nur dann, wenn die Erde sehr schnell unter einem warmen, feuchten Luftstrom, der möglicherweise von See kommt, abkühlt. Er bildet sich vorwiegend unter Hochdruckbedingungen, die beständiges Wetter und wolkenlosen Himmel bringen. Strahlungsnebel bildet sich zunächst als Dunst in Tälern und verdichtet sich allmählich, je kälter die Luft wird.

Während der frühen Morgenstunden kann der Nebel sich auch bis auf einige Meilen auf See ausdehnen, wird sich jedoch auflösen, wenn die Wassertemperatur höher ist als die über der Erde. Im Allgemeinen bringt Strahlungsnebel verhältnismäßig wenig Gefahren für den Segler, mit Ausnahme von Flüssen und Flussmündungen, wo er sich über einige Stunden halten kann. Strahlungsnebel löst sich schnell auf, wenn die Sonne steigt. Ist es beim Morgengrauen jedoch bewölkt, braucht die Erde länger, um sich zu erwärmen, der Nebel kann sich länger halten.

ADVEKTIONSNEBEL

Auch Seenebel genannt, ist der Advektionsnebel die Nebelart, die man hauptsächlich auf See antrifft. Er wird durch einen warmen, feuchten Luftstrom verursacht, der über kühleres Wasser streicht. Hauptsächlich entsteht er im Winter und Frühling, kann sich aber auch im Sommer bilden.

Ein warmer, feuchter Luftstrom, der sich in gemäßigten bis polaren Breiten bewegt, kann große Nebel-

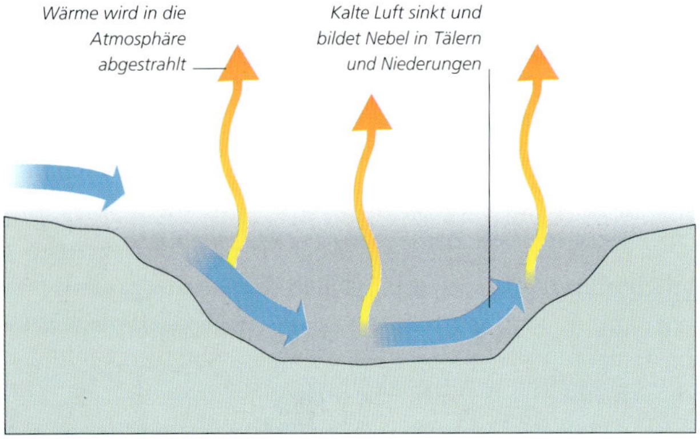

△ STRAHLUNGSNEBEL
Strahlungsnebel bildet sich in klaren Nächten, wenn die schnell abkühlende Erde die darüber liegende Luft mit abkühlt und Wasserdampf sich in Tröpfchenform kondensiert. Der Nebel bildet sich zunächst als Dunst in Tälern und breitet sich dann aus.

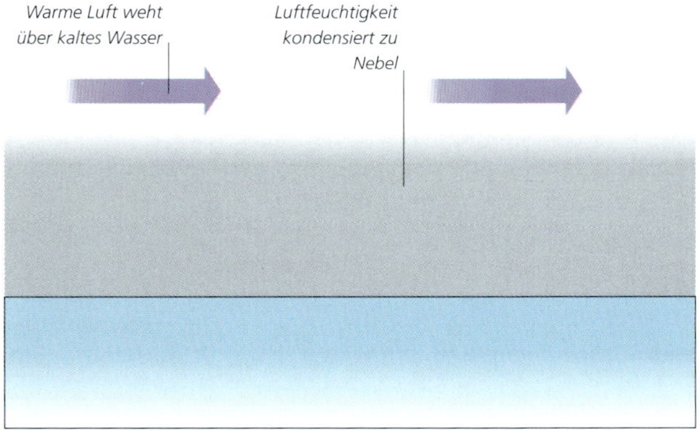

△ ADVEKTIONSNEBEL
Wenn warme, mit Feuchtigkeit angereicherte Luft über kaltes Wasser weht, kühlt sie bis auf den Taupunkt ab, und es bildet sich Nebel. Dieser kann länger andauern und braucht einen trockenen Wind, um sich aufzulösen.

NEBEL ENTSTEHT ▷
Eine Nebelbank des Advektionsnebels bildet sich, indem ein warmer und feuchter Luftstrom über kaltes Wasser weht. Während die Luft sich abkühlt, kondensiert die Feuchtigkeit.

bänke von Seenebel auf breiter Front bilden, während er allmählich über dem kalten Wasser abgekühlt wird. Ein Beispiel hierfür ist die Neufundland-Bank, an deren Ostrand der warme Luftstrom, der Feuchtigkeit vom warmen Golfstrom aufgenommen hat, nunmehr auf das kalte Wasser des Labrador-Stroms trifft.

Advektionsnebel stellt daher die größte Gefahr für Segler dar. Er kann sehr dick und andauernd sein, selbst bei starkem Wind. Seenebel löst sich nur dann auf, wenn ein Wechsel der Windrichtung trocknere Luft bringt. Unter diesen Umständen ist es vor allem wichtig, den Schiffsstandort so genau wie möglich zu bestimmen.

FRONTEN-NEBEL

Wie der Name schon andeutet, entsteht Fronten-Nebel an der Warmfront eines Tiefdruckgebietes. Warme Luft steigt über kalte Luft *(S. 264)* und kühlt sehr schnell bis unter den Taupunkt ab. Fronten-Nebel erscheint zumeist als niedrige Wolke, die bis auf die Meeresoberfläche sinkt. Er kann sich aber auch als Hochnebel über sonst klarer Sicht ausbilden und damit die Sicht auf Berge und steile Landzungen nehmen.

Fronten-Nebel ist nicht besonders anhaltend, kann aber für den Navigator beim Anpeilen von Landmarken, wie Leuchttürme oder Masten *(S. 244–245)*, Schwierigkeiten bereiten.

FROSTRAUCH

Frostrauch auf See findet sich normalerweise in arktischen und polaren Gewässern. Anders als die übrigen Nebelarten entsteht Frostrauch, wenn kalte Luft Feuchtigkeit aufnimmt, während sie über die wärmere See streicht. Die überschüssige Feuchtigkeit kann von der kalten Luft nicht aufgenommen werden und kondensiert unmittelbar als Nebel. Frostrauch birgt keine besonderen Gefahren für den Segler. Er dauert nur kurz, bis die Luft durch die See genügend erwärmt ist, worauf die Erscheinung wieder verschwindet.

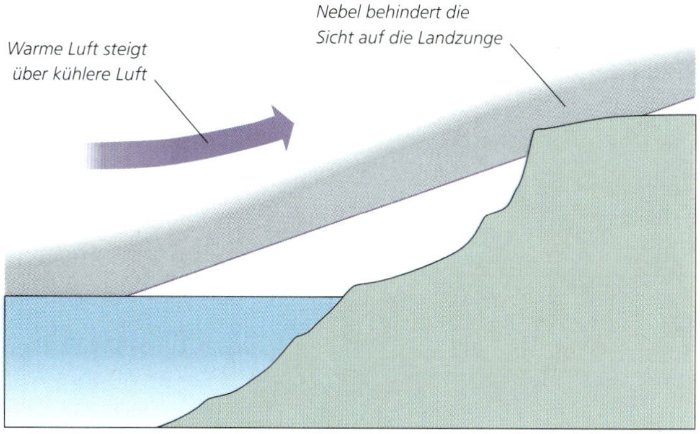

△ FRONTEN-NEBEL
Fronten-Nebel entwickelt sich, wenn warme, feuchte Luft aus der Tiefdruckfront über kältere Luft steigt. Dabei fällt die Temperatur der warmen Luft unter den Taupunkt. Fronten-Nebel kann die Sicht auf Landmarken verhindern.

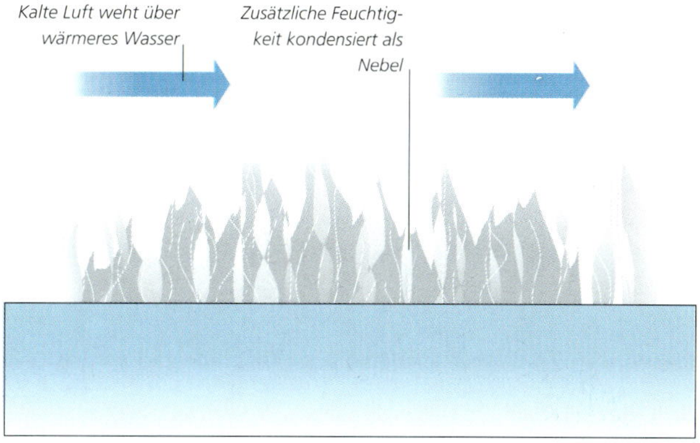

△ FROSTRAUCH
Kalte Luft weht über wärmeres Wasser und kondensiert sofort die aus der See aufgenommene Feuchtigkeit: Nebel bildet sich. Das Wasser erwärmt die Luft, der Taupunkt steigt, und der Nebel löst sich auf.

Vorhersagen

Die Wettervorhersage ist ein ziemlich schwieriges Thema. Das generelle Einschätzen des Wetters und verhältnismäßig gute Voraussagen dessen, was den Segler ungefähr erwartet, kann man erlernen. Trotzdem sollte der Segler zusätzlich die zur Verfügung stehenden Wettervorhersagen nutzen. Diese Vorhersagen werden dann mit den eigenen Beobachtungen verglichen, um sich einen Gesamteindruck zu verschaffen, der einem bei der Törnplanung für einen Segeltrip hilft.

Wettervorhersagen

Man kann die Wettervorhersagen aus verschiedenen Quellen beziehen. Fernsehen, Radio, Zeitungen und das Internet sind gute Informationsquellen. Einige dieser Quellen bieten detailliertere Wetterkarten, die Drucksysteme, Isobare, Fronten und Windstärken angeben. Spezielle Seewetterberichte werden durch Radiostationen in vielen Ländern verbreitet. Diese können Einzelheiten über Wind- und Sturmwarnungen enthalten. Seewetterberichte kann man auch von den Küstenfunkstationen beziehen.

Wetterfax und Navtex liefern Wettervorhersagen speziell für Seeleute. Um diese zu empfangen, braucht man ein entsprechend eingestelltes Gerät oder entsprechende Software. Zusätzlich zu den Wetterinformationen liefert der Navtex-Empfänger noch eine Reihe von See- und Sicherheitswarnnachrichten. Einige dieser Geräte liefern die Information auf einem Bildschirm, die meisten jedoch haben einen eingebauten Drucker.

Wetterkarten

Eine Wetterkarte ist das zweckmäßigste Mittel, sich Informationen über Wettersysteme, ihre Zuggeschwindigkeit und Richtung sowie über die mit ihnen verbundenen Winde zu verschaffen. Eine von Fachleuten herausgegebene Wetterkarte ist eine gute Basis für Wettervoraussagen; sie bietet auch die Möglichkeit, die eigenen Vorhersagen während der Beobachtungen abzuwandeln.

Wetterkarten und Wettersatellitenbilder sind aus mehreren Quellen erhältlich. Als Alternative kann man auch seine eigene Wetterkarte nach dem über Rundfunk veröffentlichten Seewetterbericht zeichnen.

Barometer

Das gebräuchlichste Hilfsmittel für Wettervoraussagen auf kleinen Yachten ist ein gutes Barometer. Der aktuelle Stand des Druckes (Barometerstand) ist nicht so wichtig, vielmehr muss man die Bewegungsrichtung und ihre Geschwindigkeit beobachten, d. h. der steigende oder sinkende Druck und die Geschwindigkeit der Bewegung sind Anzeichen für unmittelbar bevor-

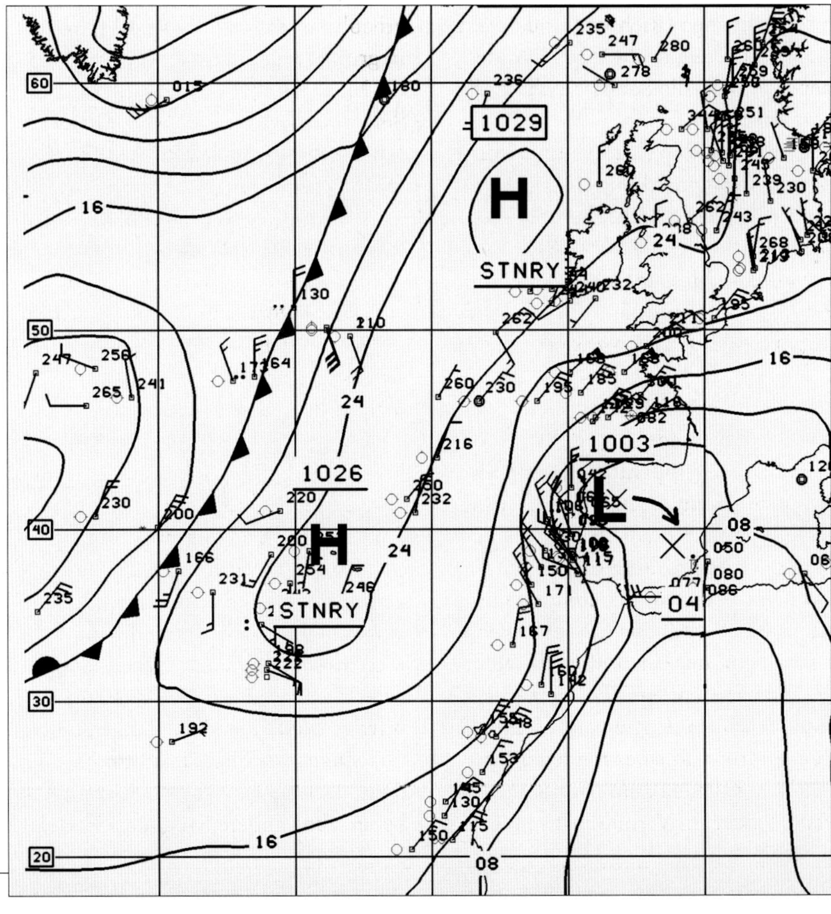

Wetterkarte ▷
Die synoptischen Karten, wie sie für Wettervoraussagen benutzt werden, mit Frontenbewegungen, Drucksystemen, Windstärken und -richtungen.

stehende Wetterveränderungen. Der Barometerstand sollte alle Stunde kontrolliert und die Werte im Logbuch vermerkt werden.

Ein Barometer, das den Luftdruck kontinuierlich auf einer Papierrolle aufzeichnet, ist der Barograph; seine Informationen sind stets präsent, wenn man sie benötigt.

Anemometer

Es ist nützlich, die Windgeschwindigkeit und -richtung messen zu können. Dies kann zum einen elektronisch, mit einem im Masttopp installierten Flügelinstrument und Anemometer geschehen oder mit einem Handmessgerät zusammen mit dem Handkompass.

Benutzt man Handinstrumente, sollte die Messung in Luv des Schiffes erfolgen. Es ist zu beachten, dass Sie jeweils nur den scheinbaren Wind messen können (Richtung und Stärke); zum Berechnen des wahren Windes benötigt man die Schiffsgeschwindigkeit und den Kurs.

In Verbindung mit einem elektronischen Kompass können installierte Geräte auch die Richtung und Geschwindigkeit des wahren Windes zeigen. Die Messung des wahren Windes sollte stündlich vorgenommen und im Logbuch vermerkt werden.

Psychrometer

Viele elektronische Logs haben einen eingebauten Temperaturfühler. Dieser gibt dem Benutzer Auskunft über die Wassertemperatur, die ein guter Hinweis für Nebelbildung sein kann. Noch mehr Bedeutung erhalten die Angaben über Wassertemperatur in Verbindung mit einem Psychrometer. Dieses Gerät hat ein Thermometer mit einer trockenen Kugel zum Messen der Temperatur und eines mit einer stets feucht gehaltenen zum Messen der Feuchtigkeit. In Verbindung mit Tafeln kann man so den Taupunkt der Lufttemperatur ermitteln. Vergleicht man die Angaben über den Taupunkt und die Wassertemperatur, gewinnt man eine ziemlich genaue Einschätzung über die Gefahr durch Nebelbildung. *(S. 274–275).*

Beobachtungen benutzen

Wenn es keine Möglichkeit gibt, auf See ausführliche Wettervorhersagen zu bekommen, muss man sich auf seine eigenen Wetterbeobachtungen verlassen. Hat man einmal ein gewisses Gefühl für das Durchziehen von Wettersystemen entwickelt, kann man sehr gut selbst die Geschwindigkeit und Heftigkeit einer sich nähernden Tiefdruckfront voraussagen.

In tropischen Breiten muss man das Barometer sehr genau beobachten und kann häufig tägliche Wetterwechsel erwarten. Fällt der Druck erheblich, und man sieht, dass Wolken in großen Höhen entstehen, sich dazu die Meeresdünung aufbaut, steht ein Sturm zu erwarten. Der Kern des Tiefs wird in der Richtung liegen, aus der die Wellen kommen.

Auch in gemäßigten Breiten kündigt sich ein Tief durch den fallenden Luftdruck sowie durch rückdrehenden Wind an.

Wo auch immer man sich auf der Erdkugel befindet, stets sind die Wolken ein gutes Mittel zur Wettervorhersage. Hohe Wolken sind mit Wettersystemen verbunden, die noch bis zu sechs Stunden entfernt sind. Sind sie weiß und ausgefranst, kommt schönes Wetter. Aufsteigende und sich verteilende Wolken sind ebenfalls ein Anzeichen für sich näherndes gutes Wetter. Wolken in einer niedrigeren Schicht beziehen sich auf das gegenwärtige Wetter. Sind sie dunkel, schwer und sinken, werden die Wetterbedingungen schlechter und Regen zieht heran. Eine andere Möglichkeit, Regen

△ **Barograph**
Ein Barograph zeichnet in Form einer Linie die Veränderung des Luftdrucks auf. Es gibt auch elektronische Barographen, die ein Display haben.

vorauszusagen, ist, wenn sich um Sonne oder Mond ein Hof gebildet hat. Dieser Dunstschleier entsteht durch Lichtbrechung der Eiskristalle, die in mit Feuchtigkeit beladenen Wolken mitgeführt werden.

Die Beaufort-Skala

Vor der Einführung von Messinstrumenten wurde die Windgeschwindigkeit immer nach der Beaufort-Skala angegeben. Diese wurde von Admiral Francis Beaufort im Jahre 1805 erdacht, um die Wirkungen des Windes zu beschreiben. Zunächst bezog sich die Beaufort-Skala *(S. 278–279)* auf die Windstärke und die Menge der Segel, die die Großsegler noch heißen konnten. Die Beaufort-Skala wird noch immer benutzt, um Windgeschwindigkeiten auf See zu beschreiben. Die Darstellungen sind heute noch genauso nützlich wie zur Zeit ihrer Entstehung, gestatten sie doch dem Beobachter, die Windgeschwindigkeit auf See oder auf dem Land zu beurteilen, ohne ein Messgerät benutzen zu müssen.

Beaufort-Skala

Kraft	Tempo	Art	Land	Jollensegeln
0	Weniger als 1 kn	Windstille	Rauch steigt vertikal auf.	Zustand des Treibens. Boot krängen für beste Segelstellung, kleine Bewegungen.
1	1–3 kn	Leiser Zug	Windrichtung nur am Rauch erkennbar.	Sanfte Vorwärtsbewegung. Segel flach. Boot ausbalancieren, Bug nach unten.
2	4–6 kn	Leichte Brise	Flaggen und Windräder bewegen sich ein wenig.	Mäßige Fahrt ist möglich. Aufrecht segeln, volle Segel für optimale Fahrt.
3	7–10 kn	Schwache Brise	Leichte Wimpel wehen gestreckt.	Rumpfgeschwindigkeit möglich. Ideal für Anfänger.
4	11–16 kn	Mäßige Brise	Papier wird hochgeweht, kleine Zweige rascheln.	Schiff liegt flach, Crew nach außen gelehnt; Anfänger zurück an Land.
5	17–21 kn	Frische Brise	Kleine Bäume biegen sich, Baumwipfel bewegen sich.	Ideal für erfahrene Crews.
6	22–27 kn	Starker Wind	Große Bäume bewegen sich.	Sturmstärke für Jollensegler. Nur erfahrene Crews mit guter Sicherheitsausrüstung.
7	28–33 kn	Steifer Wind, fast Sturm	Ganze Bäume sind in Bewegung. Es ist schwierig, gegen den Wind zu gehen.	Die meisten Jollen bleiben an Land. Segelt man doch, werden sie umschlagen und beschädigt.
8	34–40 kn	Stürmischer Wind	Zweige brechen ab. Beim Gehen erhebliche Behinderung.	Jollensegeln nicht möglich, Boote an Land sicher vertäuen.
9	41–47 kn	Sturm	Kaminkappen und Dachziegel werden heruntergeweht. Zäune werden umgeweht.	Jollensegeln nicht möglich.
10–12	48 + kn	Schwerer Sturm, Orkanartiger Sturm, Orkan	Bäume entwurzelt, erhebliche Beschädigungen an Gebäuden. Selten im Binnenland.	Jollensegeln nicht möglich.

Fahrtensegeln	**Wellenhöhe**	**Seegang – Auswirkungen auf offener See**
Windstille. Maschine benutzen.	0 m	Spiegelglatte See.
Am Wind nur sehr langsames Segeln möglich. Spinnaker füllt sich kaum.	Weniger als 0,1 m	Kleine Kräuselwellen bilden sich.
Langsames Am-Wind-Segeln, Spinnaker vor Wind gut gefüllt.	Bis 0,3 m	Kleine Wellen, die Kämme brechen sich nicht.
Angenehmes Segeln. Spinnaker gut gefüllt, zieht gut auf Vorwindkurs.	Bis 0,9 m	Wellen werden länger, Kämme beginnen, sich zu brechen.
Rumpfgeschwindigkeit bei Yachten erreicht. Leichte Yachten beginnen zu krängen.	Bis zu 1,5 m	Kleine Wellen und häufige Schaumköpfe.
Mittelgroße Yachten beginnen zu krängen. Crew trägt Sicherheitsausrüstung.	Bis zu 2,5 m	Mäßige Wellen und viele weiße Schaumköpfe.
Die meisten Yachten reffen die Segel. Sicherheitsausrüstung unerlässlich.	Bis zu 4 m	Bildung großer Wellen beginnt, Kämme brechen, hinterlassen weiße Schaumflächen.
Schutz aufsuchen oder von der Küste wegsegeln und vorhergesagten Sturm abreiten. Schwierige Lage für Familien-Crews. Stark gereffte, kleine Segelfläche.	Bis zu 6 m	Die See türmt sich, und Wellen brechen, Gischt beginnt, sich in Windrichtung zu legen.
Ganz gerefftes Großsegel und kleine (Sturm-)Fock. Luken sichern und schließen, Niedergang abschotten; nur notwendige Crew an Deck.	Bis zu 8 m	Mäßig hohe Wellenberge mit Kämmen von beträchtlicher Länge, die häufig brechen, Schaum weht in Streifen in Windrichtung.
Gefahr des Umschlagens. Wenige Crews werden noch segeln, andere drehen bei oder reiten ab. Je nach Wellengang sollte das Trysegel gesetzt werden.	Bis zu 10 m	Hohe Wellenberge mit brechenden Kämmen. Gischt kann Sicht beeinträchtigen.
Großen Abstand von der Küste halten. Überlebensbedingungen. Gefahr, im 90°-Winkel aufs Wasser gedrückt zu werden oder zu kentern.	10–16 m	Sehr hohe Wellenberge, See türmt sich auf, weiß von Gischt und Spray, die Sicht ist herabgesetzt, keine Fernsicht.

19

PRAKTISCHE BOOTSPFLEGE

DER AUFWAND, DEN DIE INSTANDHALTUNG eines Bootes erfordert, hängt von seinem Alter, seiner Größe und dem Umfang seiner technischen Ausrüstung ab. Während der Besitzer einer Jolle diese nur gelegentlich waschen und überprüfen sollte, muss der Eigner einer Fahrtenyacht eine Fülle von Bordsystemen warten.

Schiffe, die an Land aufgebockt gelagert werden, müssen sorgfältig aufgepallt werden, damit sie bei Starkwind nicht umfallen.

DER RUMPF

Art und Umfang der Instandhaltung, die ein Rumpf erfordert, hängen vom Material und der Konstruktion ab. GFK (glasfaserverstärkter Kunststoff) bietet Stärke, geringe Instandhaltung und einfache Vervielfältigungsmöglichkeiten von Rumpfformen. Holz kombiniert mit Epoxidharz ergibt starke, leichte Rümpfe, die schön aussehen. Traditionell gebaute hölzerne Rümpfe erfordern ausgesprochen regelmäßige Instandhaltung. Stahl- oder Aluminiumrümpfe sind stark, elastisch und widerstandsfähig.

ALLGEMEINE INSTANDHALTUNG

Jedesmal, wenn man das Boot trockenfallen lässt oder es aus dem Wasser gehoben wird, überprüft man die Unterwasser-Oberflächen und repariert Schäden sofort. Man überprüft auch die Oberseiten regelmäßig und repariert auch dort kleinere Schäden so schnell wie möglich. Alle im Wasser schwimmenden Schiffe benötigen mindestens einmal im Jahr eine Schicht von Antifoulingfarbe, um Unterwasserfäulnis durch Tang und Muscheln zu verhindern. Für jedes Segelrevier gibt es verschiedene Zusammensetzungen für Antifoulings.

GFK-RÜMPFE

Serien-GFK-Boote werden mit einem glatten Gelcoat versehen, der das darunter liegende Laminat schützt und eine glänzende Oberfläche bildet. Der Gelcoat kann leicht durch Stöße beschädigt werden, Reparaturen müssen daher schnell vorgenommen werden, damit nicht Wasser in das Laminat eindringen kann.

STAHL- UND HOLZRÜMPFE

Sowohl Stahl- als auch Holzrümpfe sind durch eine Farbschicht geschützt. Kleinere Kollisionen verursachen meistens nur eine Beschädigung der Farbschicht, die leicht repariert werden kann. Wenn ein Stahlrumpf Rost aufweist, ist das ein Anzeichen dafür, dass die Farbschichten verwittert sind, und daher Feuchtigkeit und Luft den Stahl angreifen können. Dies kann Sandstrahlen erforderlich machen, um die alte Farbe und Oberflächenrost zu entfernen. Die modernen Farben sind sehr gut dafür geeignet, einen dauerhaften Überzugslack auf dem Stahl zu erhalten, es ist jedoch unerlässlich, dass die Oberfläche vollständig präpariert wird und die Vorschriften des Farbherstellers peinlichst genau befolgt werden.

ALUMINIUMRÜMPFE

Aluminium ist stark und leichter als Stahl. Rümpfe, die aus diesem Material hergestellt werden, brauchen die Farbe nur aus kosmetischen Gründen. Zur leichten Instandhaltung ist es daher vernünftig, einen Aluminiumrumpf ohne Deckschicht zu lassen, da sich an der Oberfläche eine oxidierte Schicht bildet, die in ein mattes Grau übergeht. Wird Farbe aufgetragen, muss die Oberfläche sehr genau nach den Vorschriften des Farbherstellers vorbereitet werden.

RUMPFDURCHBRÜCHE

Viele moderne Yachten haben eine große Anzahl von Rumpfdurchlässen für Motorkühlwasser, Toiletteneinlass und -auslass sowie die abgepumpten Abwässer von Pantry und Dusche. Alle diese Löcher im Rumpf bergen potenzielle Gefahren für ein Sinken des Schiffes, daher müssen die Beschläge regelmäßig geprüft werden. Beschädigungen an metallenen Rumpfdurchlässen werden oft durch einen Prozess verursacht, der als Elektrolyse bezeichnet wird *(unten)*. Die Metallbeschläge sind zu überprüfen, indem man die Befestigungen entfernt. Falls sich irgendein Anzeichen von Korrosion an der Befestigung zeigt, muss der gesamte Beschlag überprüft und gegebenenfalls erneuert werden. Sämtliche Seeventile sind mindestens einmal pro Saison zu fetten sowie regelmäßig durch Öffnen und

◁ **ANTIFOULING-FARBANSTRICH**
Antifouling aufzutragen ist sehr mühsam, aber als Schutzmaßnahme vor Unterwasserbewuchs ist sie sehr wichtig.

Schließen auf Gangbarkeit zu prüfen. Plant man den Erwerb eines neuen Schiffes, sollten die Rumpfdurchbrüche auf ein Minimum reduziert werden, indem man Röhren benutzt, mit denen alle Ein- und Auslässe verbunden sind.

Reparaturen von Schäden

Segelt man mit einer GFK-Yacht, sollte man immer etwas Epoxyfüller und Gelcoat der passenden Farbe an Bord mitführen, um kleinere Risse und Kratzer reparieren zu können. Wenn die Beschädigung richtig tief ist, füllt man sie mit Epoxyfüller bis eben unter die Oberfläche, wartet, bis er ausgehärtet ist, und trägt dann Gelcoat auf, der etwas höher sein sollte als die umgebende Oberfläche. Zur Beseitigung kleiner, flacher Kratzer nimmt man nur Gelcoat. Zum Abschluss der Arbeit wird die Oberfläche poliert. Auch größere Schäden können von einem geschickten Eigner unter Benutzung einer Glasfasermatte oder eines Glasfasergewebes selbst behoben werden; aber es ist in der Regel besser, wenn man dafür fachmännische Hilfe in Anspruch nimmt.

Hat das Schiff eine lackierte Oberfläche, führt man zweckmäßigerweise etwas Lack mit an Bord, um kleine Schäden sofort beheben zu können. Vor dem Anstrich müssen tiefere Risse mit Epoxyfüller gefüllt werden. Harte Zweikomponentenfarben können wie Gelcoat poliert werden. Kleinere Beulen in Aluminium- und Stahlrümpfen können ebenfalls gefüllt und übergemalt werden, größere Schäden bedürfen meist der Hilfe durch den Fachmann.

DER ELEKTROLYSE VORBEUGEN

Elektrolyse tritt auf, weil unterschiedliche Metalle in enger Nachbarschaft miteinander im Seewasser dazu tendieren, eine elektrische Zelle zu bilden. Ein Strom fließt, und das unedlere der beiden Metalle wird zerfressen.

Zinkanoden

Viele Boote haben Beschläge im Unterwasserteil des Rumpfes, die aus mehreren unterschiedlichen Metallen hergestellt sind. Um diese vor Elektrolyse zu schützen, muss man ein oder mehrere Opferanoden anbringen. Zink wird durch Elektrolyse vor allen anderen Metallen angegriffen und schützt sie daher vor Korrosion. Zinkanoden dürfen keine Farb- oder Lackschichten haben und sollten ersetzt werden, wenn die Hälfte ihres Volumens zerfressen ist.

Jedes Strom-Leck im elektrischen System des Schiffes verstärkt das Problem der Elektrolyse, daher muss auch das elektrische System von einem Fachmann überprüft und repariert werden, wenn die Anoden schneller als gewöhnlich zerfressen werden.

Anode mit Lasche zum Verbolzen mit dem Rumpf

△ **Opferanode**
Dies sind Beschläge aus Zink. Sie werden in der Nähe von Beschlägen und Einlässen an der Außenhaut angebracht, um diese Beschläge vor Korrosion zu schützen.

BESCHLÄGE

Die Konstruktion des Kiels variiert mit der Schiffsform. Viele aus GFK hergestellte Yachten haben ihren Kiel in die GFK-Form eingearbeitet. Dabei wird Eisen oder Blei in die Kielhöhlung gegossen. Andere Fahrzeuge haben Flossen- oder Bilgekiele, die an den Rumpf angebolzt sind; diese Bolzen sind gelegentlich auf Korrosion zu überprüfen. Die Lager von Ruder und Propellerwelle müssen einmal pro Saison auf Abnutzung überprüft werden.

Der Kiel

Ist der Kreuzer mit einem unter dem Rumpf angebolzten Kiel ausgerüstet, zieht man alle paar Jahre ein oder zwei Bolzen, um sie auf Korrosion zu überprüfen. Wenn an der Verbindung zwischen Kiel und Rumpf Lecks auftreten, muss der Kiel abgebaut und in neue Dichtungsmasse gebettet werden.

Befestigung des Ruders

Ruderfittings sollten einmal im Jahr untersucht werden. Dazu wackelt man am Ruderblatt. Bewegung (Spiel) zeigt an, dass die Lager abgenutzt sind und so schnell wie möglich ersetzt werden müssen.

Lager der Propellerwelle

Die Lager der Propellerwelle kontrolliert man, indem man sie kräftig von Seite zu Seite drückt. Gibt es auffallende Bewegungen (Spiel), kann es sein, dass die Lager ersetzt werden müssen. Den Propeller selbst überprüft man nach Korrosions- oder Stoßschäden. Ist ein Flügel beschädigt, muss er unverzüglich ersetzt oder repariert werden. Ein unausbalancierter Propeller kann verstärkte Vibrationen verursachen, die zum Bruch der Lager führen können.

Deck und Rigg

Unabhängig von der Größe des Schiffes ist der Zustand von Deck und Rigg entscheidend für leistungsfähige Führung des Schiffes und seine Sicherheit. Die meisten Ausrüstungsgegenstände benötigen nicht übermäßig viel an Instandhaltung, aber regelmäßige Checks auf Abnutzung und sichtbare kleine Risse, die belastungsbedingte Beschädigungen vermuten lassen, sind unerlässlich. Alle Decks- und Riggbeschläge aus Metall müssen sicher befestigt sein.

Decksbeschläge

Mit Decksbeschlägen bezeichnet man die gesamte Ausstattung, die fest mit dem Deck verbunden ist. In der Regel werden alle Teile einer qualitativ guten Schiffsausrüstung viele Jahre verlässlichen Dienst erweisen. Die Schwachpunkte sind meistens an den Verbindungsstellen zum Deck. Bei Schiffen mit einem Aluminium-Rumpf kann ein Großteil des stehenden Gutes direkt mit dem Deck verschweißt werden; bei anderen Bootstypen ist es verbolzt oder einlaminiert, um Leckagen zu vermeiden. Mit der Zeit können sich die Beschläge lockern, oder die Dichtungsmasse härtet sich und bricht. Man prüft die Beschläge auf Bewegung und – falls notwendig – erneuert man die Befestigungen.

Niro-Beschläge

Viele Beschläge und Befestigungen sind aus nichtrostendem Stahl gefertigt, der durch eine oxidierte Oberflächen-Schutzschicht widerstandsfähig gegen Rostbefall ist. Ist eine Niro-Befestigung von der Luft abgeriegelt, kann Korrosion innerhalb kleiner Risse auftreten. Qualitativ hochwertige Schiffsbeschläge werden nach dem Schweißen poliert, um Unebenheiten der Oberfläche zu entfernen. Beginnen sie zu rosten, können sie aufpoliert werden, um die Oberflächenbeschädigungen am Ursprung der Korrosion zu entfernen. Salzwasser beschleunigt den Zerfall.

Das laufende Gut aus Drahttauwerk

Fallen sind oft aus Drahttauwerk gefertigt, mit einem Ende aus Fasertauwerk. Wahlweise kann auch Kunstfasertauwerk, das sich nicht oder kaum reckt, wie z.B. Spectra und Vectran, verwendet werden. Sie sind teurer, aber nicht so schwer und leichter zu handhaben.

Fallen aus Drahttauwerk können aus flexiblem, verzinktem oder Nirosta-Stahl hergestellt werden. Nirosta-Stahl ist gebräuchlicher, weil er weniger rostanfällig ist. Beschädigungen am Tauwerk aus Draht treten in der Regel dort auf, wo das Material über Fallscheiben (Rollenblöcke) im Mast läuft. Auf gebrochene Drahtfaserstränge muss man sehr genau achten, sie zeigen Bruch an; die Spleißverbindung zwischen Draht- und Fasertauwerk muss ebenfalls regelmäßig überprüft werden.

Laufendes Gut aus Tauwerk

Fallen aus Tauwerk, Schoten und alles übrige Tauwerk muss auf Schamfilschäden kontrolliert werden. Die meisten Schäden treten auf, wenn ein stark belastetes Tau sich leicht gegen ein anderes reibt. Man vergewissert sich, dass alle Schoten und Fallen durch Leitösen laufen und sich an nichts reiben können, speziell, wenn sie unter Belastung sind.

Die Leinen von Zeit zu Zeit umzudrehen (das Ende an den Anfang und umgekehrt), verlängert die Lebensdauer des Tauwerks. Man vergewissert sich auch, dass alle Tauenden versiegelt sind oder ein Takling haben. Sämtliches Tauwerk sollte von Zeit zu Zeit in warmer Seifenlauge gewaschen werden, um Schmutz und Salz zu entfernen.

Das stehende Gut des Riggs

Wanten sowie Vor- und Backstage sind in der Regel aus Niro-Draht oder verzinktem Draht hergestellt. Das stehende Rigg-Gut benötigt wenig Instandhaltung, außer gelegentlichen Checks auf gebrochene Stränge. Findet man einen solchen, muss das gesamte Teil ausgetauscht werden, denn eine solche Schwachstelle setzt die Stabilität des gesamten Riggs aufs Spiel. Alle Wantenspanner müssen Toggles (Gelenkstücke) zwischen sich und den Püttings haben, damit sie sich frei nach allen Richtungen bewegen können, ohne sich zu verbiegen. Auch diese Teile müssen vorsorglich auf Haarrisse untersucht werden, die eine Folge von zu großer Belastung sind.

Spieren

Die meisten Schiffe haben heute Aluminiumspieren. Aluminiumspieren haben anodisierte Oberflächen, die allmählich durch Salzkristalle und Schadstoffe aus der Luft aufgeraut werden. Man kann sie abwaschen und durch Wachspolitur schützen. Sie sollten jährlich im Hinblick auf Korrosion (insbesondere wenn rostfreie Befestigungen benutzt wurden) und auf Haarrisse überprüft werden. Man achtet besonders auf die Fläche um den Mastfuß, die Salingsbefestigungen und die Übergänge zum Rigg. Holzmaste erfordern Lack-, Öl- oder Farbbeschichtung, die mindestens einmal jährlich wiederholt werden muss. Man achtet auf Risse im Holz und Anzeichen von Verrottung. Kohlefasermasten werden gewöhnlich mit einem harten Zweikomponenten-Polyurethan lackiert, sie sollten wie Aluminium überprüft und gereinigt werden.

Segel

Man muss immer ein Auge auf Schäden bei den Nähten, insbesondere entlang der Säume, Lattentaschen und an den hochbelasteten Flächen – etwa in den Ecken – haben. Bei jedem Segelsetzen oder -einholen sollte man sich diese Stellen besonders ansehen.

Die meisten Schäden treten an den Nähten auf, sie werden gewöhnlich durch Scheuern verursacht, oft an den Wanten und Salingen. Wenn der Ursprung des Scheuerns nicht beseitigt oder das Segel anders getrimmt werden kann, kann das Anbringen von Schutzflicken hier Abhilfe schaffen. Ein kleiner Riss kann sich in einer Bö sehr schnell zu einem großen erweitern. Größere Schadstellen können vorübergehend mit Klebeband und durch Nähen behoben werden, müssen aber dann so schnell wie möglich zum Segelmacher. Wenn sie nicht gebraucht werden, müssen Segel abgedeckt lagern, da sie durch Sonnenlicht und seine UV-Strahlung geschädigt werden.

Segelschaden auf See

Reisst ein Segel während des Segelns, muss es unverzüglich geborgen werden, damit der Schaden nicht noch schlimmer wird. Handelt es sich um das Großsegel, birgt man es vollständig, es sei denn, die beschädigte Fläche verschwindet beim Reffen.

EIN SEGEL FLICKEN

Man sollte kleine Segelreparaturen auf See vornehmen können. Das bedeutet, entweder Nähte zuzunähen oder Risse in der Segelfläche zu flicken.

Nähzeug

Ein Segelmacherhandschuh, ein Satz Nadeln, gewachstes Garn und Segeltuch.

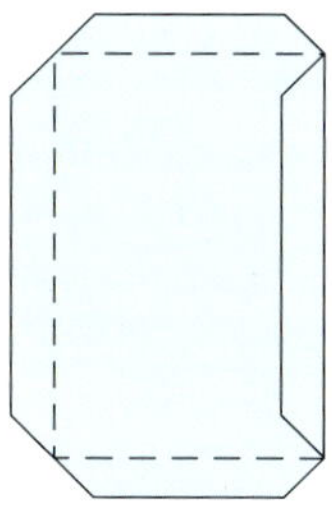

(1) Flicken zuschneiden, die Ecken abschneiden und die Ränder umschlagen.

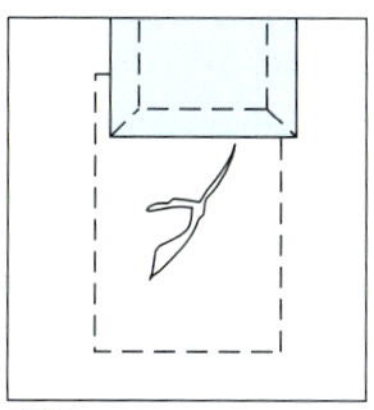

(2) Platzieren Sie den Flicken auf dem Riss.

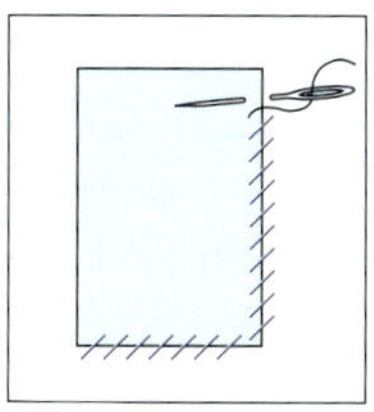

(3) Dann genau entlang der untergeschlagenen Ränder des Flickens nähen.

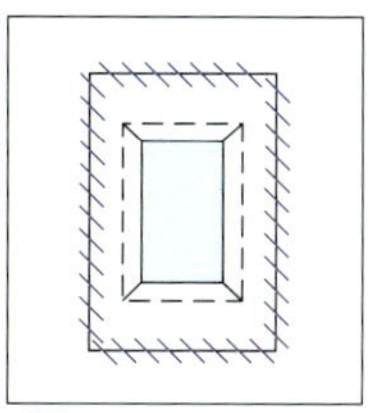

(4) Das Segel umdrehen und zerrissene Fläche zu einem Rechteck schneiden.

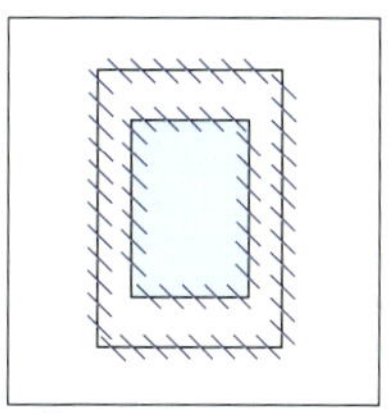

(5) Zum Abschluss der Reparatur die Seiten des Rechtecks vernähen.

HOLZPFLEGE

Holz erfordert ein hohes Maß an Pflege. Man kann natürlich sämtliche Holzteile auf Deck entfernen, jedoch rechtfertigt für viele Segler der ästhetische Anblick die vielen Stunden, die die Instandhaltung erfordert.

Holz lackieren

Im gemäßigten Klima unserer Breiten ist Lackieren mindestens einmal pro Jahr notwendig, in den Tropen sogar alle paar Wochen. Einkomponenten-Polyurethan-Lack ist geeignet für die tradionelle Holzbauweise, ein härterer Zweikomponenten-Lack ist besser auf Oberflächen aus formverleimtem Holz. Mindestens zehn Lackschichten sind aufzutragen, beginnend mit ein oder zwei Schichten verdünnten Lacks. Die Oberfläche muss zwischen den einzelnen Schichten immer wieder leicht aufgeraut (geschliffen) werden, um ein Maximum an Haltbarkeit und Glanz zu erzielen.

Holz beschichten

Eine Alternative zum Lackieren ist eine Öl- oder Polymerbeschichtung, die Holz wirksam versiegelt und wenig Pflege erfordert.

Das nackte Teakdeck

EINRICHTUNG

Viele verschiedene Materialien werden für die Inneneinrichtung einer Yacht verwandt. Diese reichen vom Holz und weichen Polstern bis zur elektrischen und mechanischen Ausrüstung für das Führen des Bootes. Alle diese Gegenstände sind in einer Umgebung, die oft schlecht belüftet und extremen Bedingungen ausgesetzt ist. Dies erfordert große Sorgfalt und regelmäßige Checks, da sie sonst schnell verderben.

HOLZOBERFLÄCHEN

Holz ist das traditionelle Material für Inneneinrichtungen. Es ist sehr verbreitet, weil es leicht zu bearbeiten ist und ein warmes, natürliches Aussehen besitzt; auch Schiffe mit GFK- oder Metallrümpfen haben meist Holz unter Deck.

Es gehört ebenfalls zur Tradition, dass das Holz der Inneneinrichtung lackiert ist. Eine gelackte Oberfläche sieht sehr gut aus. Aber auch hier gilt: Lack muss in einer genügenden Anzahl von Schichten aufgetragen werden, um einen intensiven Glanz zu erzeugen. Auf harten Oberflächen wie Sperrholz oder Holzfurnieren gibt ein Zweikomponenten-Polyurethan-Lack die härtesten und dauerhaftesten Oberflächen, die mindestens fünf Jahre halten sollten. Holz in älteren Booten wird wahrscheinlich mit Öl oder mit Einkomponenten-Polyurethan-Lack behandelt worden sein. Diese erfordern jährliches Überlackieren, damit sie in einem erstklassigen Zustand bleiben.

LACKPLFEGE

Das Überlackieren wird am besten im Frühling oder Herbst erledigt, wenn es weder zu kalt noch zu feucht ist, aber auch nicht zu heiß. Kälte und Feuchtigkeit ergeben ein sehr viel schlechteres Finish. Während der Segelsaison wischt man die gelackten Flächen gelegentlich ab und betupft kleine Kratzer, um das Eindringen von Feuchtigkeit zu verhindern, da Feuchtigkeit unter dem Lack in das Holz eindringt und es verrotten lässt.

GEMALTE UND GFK-OBERFLÄCHEN

Obwohl gemalte Oberflächen leichter zu erhalten sind als lackierte, sind sie auf Yachten nicht so verbreitet. Aber sie sind preiswerter und einfacher in der Anwendung, besonders wenn man nur kleine Schäden beseitigen will. Farbanstriche kann man am besten in warmem, trockenem Wetter auftragen.

Viele GFK-Schiffe haben eine vorgeformte Inneneinrichtung, entworfen, um glatte Oberflächen zu gewinnen, die leicht zu reinigen sind und keine Farbanstriche benötigen. Obwohl dies etwas steril aussehen kann, sind sie doch praktisch, besonders in den Toilettenräumen.

AUSSTATTUNG MIT POLSTERN

Kojenpolster auf Schiffen stellen zumeist einen Kompromiss dar, denn die

◁ **VERSCHIEDENE MATERIALIEN**
Bei den Inneneinrichtungen auf Fahrtenyachten kommen verschiedene Materialien mit unterschiedlichem Aufbau und Ausstattung zum Einsatz, wie hier Laminat und Edelstahl.

meisten Kojen dienen während des Tages auch als Sitzfläche. Kojenpolster, die zum Schlafen bequem genug sind, sind zu weich zum Sitzen, und gute Sitze sind in der Regel zu schmal, um als Liegeflächen dienen zu können. Viele Serienschiffe werden im Rahmen eines schmalen Budgets gebaut, daher wird bei den Polstern gelegentlich gespart. Wenn die Zeit kommt, ein älteres Schiff zu renovieren oder auf neueren Stand zu bringen, können gerade hier Verbesserungen vorgenommen werden.

Im Allgemeinen wird offenzelliges Schaumstoffmaterial für Kojenpolster verwendet, während Schaumstoff mit geschlossenen Zellen (der keine Feuchtigkeit aufnimmt, aber viel härter ist) für Cockpitpolster eingesetzt wird, die auch einmal nass werden können. Für die Polsterbezüge gibt es eine große Auswahl an Geweben. Vinyl wird manchmal benutzt, weil es wasserdicht ist, aber man sitzt ungemütlich darauf, besonders bei heißem Wetter. Auf kleinen Yachten, bei denen die Gefahr besteht, dass Wasser unter Deck gelangt, kann Vinyl auf der Unterseite der Polster verwendet werden, während die Oberseite mit herkömmlichem Stoff bezogen wird. Falls Kojenpolster nass werden, müssen sowohl der Schaumstoff als auch die Bezüge gründlich gereinigt werden, um das Salz zu entfernen, weil sonst die Polster niemals richtig austrocknen werden.

Viele Eigner verschönern die Inneneinrichtung ihrer Yacht mit Gardinen, Teppichen und losen Kissen. Diese müssen unbedingt entfernt werden, wenn man das Schiff ins Winterlager bringt, weil sie sonst feucht und schimmelig werden können. Teppiche können im Hafen angenehm sein, sollten jedoch auf See aufgenommen werden, wenn es vorkommen kann, dass Wasser unter Deck gelangt.

Decken und Rumpfseiten

Viele Kajütdecken und Rumpfinnenseiten sind mit Sperrholzpaneelen verkleidet, die eine Extra-Isolierung aus Schaumstoffgewebe haben und die Bauteile verdecken. Da sie gewöhnlich abnehmbar sein müssen, um Zugang zu Befestigungen, Verkabelung oder Leitungen zu erhalten, werden sie häufig durch einige Klettbänder befestigt. Es ist nicht ungewöhnlich für diese Paneele, dass sie sich nach einer Reihe von Jahren setzen oder lösen. Sie sind leicht zu ersetzen oder können aufgearbeitet werden und dann mit sehr vielen Klettbändern oder Druckknöpfen erneut befestigt werden.

Schlafkajüten ▷
Mittelgroße und große Yachten haben oft separate Schlafkajüten, meistens vorne oder achtern neben oder hinter dem Cockpit. Einige haben obere und untere Kojen, wie hier in einer Achterkajüte.

Lüftung

Angemessene Belüftung ist für den Komfort an Bord unter allen Umständen wichtig. Sie kann durch Luken, Öffnungen, Lüfter oder besondere Ventilatoren gewährleistet sein. Schiffe ohne ausreichende Belüftung werden innen leicht Schimmel ansetzen.

Luken
Luken können bei Hitze einen willkommenen Luftzug bringen, auf See müssen sie jedoch in den meisten Fällen geschlossen bleiben.

Lüftungsöffnungen
Lüftungsöffnungen oder zu öffnende Fenster können nützlich sein, besonders wenn sie von der Achterkajüte in das Cockpit gehen, wo sie geschützt sind.

Ventilatoren
Die besten Ventilatoren sind Dorade-Lüfter, die Luft durchlassen, jedoch alles Wasser wieder zurück an Deck leiten. Sie können die meiste Zeit über offen gelassen werden.

Ausschnitte und Durchbrüche
Durchbrochene Türen und Lamellen-Ausschnitte bei der Möblierung bringen Luftzirkulation in die Schränke.

BORDELEKTRIK

Die meisten Yachten hängen erheblich von ihren elektrischen Systemen ab. Elektrizität wird zum Betreiben von Navigations-, Kommunikationsgeräten, Beleuchtung, Unterhaltungsgeräten und der Kühlung benötigt. Entsprechend groß ist der Bedarf an Energie, um diese Geräte zu betreiben. Obwohl moderne Schiffe unter normalen Bedingungen verhältnismäßig trocken bleiben, muss die elektrische Ausrüstung von besonders guter Qualität sein, auch sollte sie sehr gut installiert und gewartet werden. Wenn man mit einem kleinen Schiff segelt, sollte man sich nicht ausschließlich auf die Elektrizitätsversorgung verlassen. Es sollte immer ein stromloses Ersatzsystem vorhanden sein.

GLEICHSTROMSYSTEME

Yachten benutzen gewöhnlich 12- oder 24-Volt-DC-Systeme (Gleichstrom), wobei die Energie von einer Batteriebank geliefert wird. Diese wird häufig in der Bilge gestaut, um das Gewicht so tief wie möglich zu halten. Man braucht auf Schiffen aber spezielle Batterien.

Eine Starterbatterie liefert einen kurzen Stromstoß hoher Energie, um den Motor eines Autos zu starten. Wenn die Maschine läuft, sorgt eine Lichtmaschine für den Bedarf des elektrischen Systems. An Bord eines Schiffes starten Batterien die Maschine, sie müssen jedoch auch Energie für die elektrischen Geräte liefern, wenn die Maschine nicht läuft.

BATTERIEN

Die besten Batterien für den Einsatz auf Schiffen sind Tiefentlade- oder Traktionsbatterien. Beide Schwerlasttypen sind für Tiefentladung entwickelt worden. Das bedeutet, dass sie bis zu einem geringen Prozentsatz ihrer Kapazität entladen und entsprechend wieder aufgeladen werden können, wenn die Maschine läuft. Eine gute Schiffsbatterie wird viele Lade- und Entladevorgänge überstehen, die eine Starterbatterie schnell zerstören würden.

Es ist zweckmäßig, eine Batterie zum Starten der Maschine und eine andere für den sonstigen Bedarf einzusetzen. Wenn die Batterien tief unten in der Bilge gestaut werden, ist es überlegenswert, eine kleinere etwas höher zu stellen, um im Notfall die Funkgeräte betreiben zu können, wenn die Hauptbatterien unter Wasser stehen.

BATTERIEPFLEGE

Die meisten Batterien müssen gelegentlich mit destilliertem Wasser aufgefüllt werden, um Batterieflüssigkeit zu ersetzen, die beim Laden der Batterie verdunstet. Sie entwickeln Wasserstoff, wenn sie geladen werden, daher sollte das Batteriefach gut belüftet sein. Gelbatterien, in denen der Elektrolyt ein Gel anstelle einer Flüssigkeit ist, erfordern keine Wartung und können keine Batterieflüssigkeit verschütten; sie sind vollständig versiegelt und geben keinen Wasserstoff ab. Sie sind teurer als herkömmliche Batterien, haben aber klare Vorteile für den Einsatz auf Schiffen. Alle Batterien müssen sicher am Boden befestigt sein, damit sie sich im Falle einer extremen Schräglage nicht lösen können. Die herkömmlichen Batterien sollten in einem spritzwassergeschützten Batteriekasten untergebracht sein, um etwaige Spritzer des Elektrolyts aufzufangen. Der Ladezustand kann mit einem Säureheber geprüft werden, der das spezifische Gewicht des Elektrolyts misst. Wird das Schiff für einige Zeit unbeaufsichtigt verlassen, muss sichergestellt sein, dass die Batterien voll geladen sind. Man soll sie nicht für längere Zeit im tief entladenen Zustand lassen, weil das ihre Lebensdauer verkürzt.

> **DIE AUSWAHL DER AUSRÜSTUNG**
> Es ist äußerst wichtig, nur Ausrüstungsgegenstände für die Bordelektrik auszuwählen, die von höchster Qualität und speziell für den Einsatz auf Schiffen entworfen wurden.

LADESYSTEME

Das am meisten verbreitete Ladesystem an Bord kleiner Schiffe besteht aus einer Lichtmaschine, die mit dem Motor verbunden ist. Immer, wenn der Motor läuft, liefert die Lichtmaschine Ladestrom, wobei die Menge durch einen Regler gesteuert wird.

In den letzten Jahren sind so genannte »intelligente Regler« entwickelt worden, die sehr viel effizienter sind. Sie erfassen den Zustand der Batterie, ihre Temperatur, den Ladezustand und die Spannung, die von der Lichtmaschine geliefert wird; darüber hinaus liefern sie automatisch die beste Ladung für die Batterie. Der Einsatz eines intelligenten Reglers verbessert sichtbar die Leistung der Batterie und verkürzt die Ladezeiten.

Kabel

An Bord eines Schiffes sollten nur Kabel für Schiffsausrüstung eingesetzt werden. Die besten Kabel haben eine qualitativ hochwertige Isolierung, die Mehrfachadern ummanteln, die durch ein Verzinnungsbad gezogen wurden. Unverzinntes Kupfer in einer marinebedingten Umgebung entwickelt schnell einen grünen Belag, der sich innerhalb der Isolierung ausbreitet, den elektrischen Widerstand erhöht und die Kabel brüchig macht. Alle Kabel sollten befestigt werden, am besten in Plastikkanälen geführt, und hinter der Decken- oder Seitenverkleidung versteckt werden. Die Kabel müssen imstande sein, den maximalen durch sie fließenden Strom auszuhalten und dabei einen möglichst geringen Spannungsabfall zwischen Batterie und Gerät zu verursachen. Kabel für starke Ströme, wie z.B. die zwischen Batterie und Anlasser, sollten einen entsprechenden Querschnitt haben und so kurz wie möglich sein, um den Spannungsabfall zu minimieren. Wenn man ein Boot erwirbt, das älter als fünf Jahre ist, muss man sich das elektrische System sehr genau ansehen.

Wechselstromsysteme

Auf größeren Yachten findet man häufig AC-Generatoren (Wechselstromgeneratoren), die es gestatten, an Bord Haushaltsgeräte in der gleichen Weise wie an Land zu betreiben. Die meisten kleinen oder mittelgroßen Fahrtenyachten benötigen jedoch keine solche Wechselstromerzeugung. Das am meisten verbreitete Wechselstromsystem ist eine Steckverbindung mit einer Landversorgung, wenn das Schiff in einer Marina liegt. Sie wird oft benutzt, um am Liegeplatz ein Batterieladegerät zu betreiben und Strom für den Einsatz von Haushaltsgeräten zu nutzen.

ALTERNATIVE ENERGIE

Einige Fahrtenyachten nutzen alternative Formen der Stromerzeugung. Windgeneratoren, Solarpaneele und Wassergeneratoren sind die verbreiteten Arten, Batterien ohne Einsatz der Maschine zu laden. Alle haben ihre Vor- und Nachteile und ihr Einsatz hängt davon ab, wo gesegelt wird und wie man sein Boot nutzt.

Windkraft

Viele Yachten nutzen einen Windgenerator, um elektrischen Strom für das Laden der Batterien zu haben, ohne dass die Maschine laufen muss. Windgeneratoren variieren in Größe und Wirksamkeit. Kleine Modelle geben wenig Strom ab, können aber die Batterien geladen halten.

Windgenerator ▷

Ein Windgenerator wird normalerweise auf einem Gestell am Heck frei vom Rigg angebracht.

DAS SYSTEM ERWEITERN

Wenn man keine umfassenden Kenntnisse über das elektrische System des eigenen Schiffes hat, ist es besser, einen Fachmann zu konsultieren, bevor man etwas ändert oder neues Zubehör hinzufügt. Die meisten Probleme mit der Bordelektrik entstehen, weil das System schlecht oder zusätzliche Geräte installiert wurden, ohne an die zusätzliche Belastung des Systems zu denken.

Installation

Wenn an der Schalttafel gearbeitet wird, Geräte angebracht oder entfernt werden, müssen die Batterien immer abgeklemmt werden. Wenn Geräte installiert werden, die einen hohen Stromverbrauch haben, sollte überlegt werden, ob die Kapazität der Batteriebank oder des Ladesystems erhöht werden muss. Darüber hinaus muss sichergestellt werden, dass Kabel und Verbindungen von passender Größe benutzt werden, und dass Sicherungsschalter in der richtigen Größe in den neuen Stromkreis eingebaut werden. Alle Geräte sollten mit den positiven und negativen Verteilerschienen auf der Schalttafel mit einer Sicherung oder vorzugsweise mit einem Sicherungsschalter für jedes Teil verbunden werden.

Schalttafel

INSTALLATIONEN

Auf Schiffen können Installationsarbeiten sehr komplex sein; die Ausstattung muss speziell für den Einsatz auf Schiffen konstruiert sein. Die sachgemäße Installation und regelmäßige Wartung sind äußerst wichtig. Frischwassersysteme speichern Wasser für die Spülen in der Pantry, für die Toiletten und Duschen. Häufig schließen sie eine Warmwasserversorgung mit ein. Getrennte Systeme werden für das Lenzen der Bilge, die Kühlung, den Motor und die Spülung der Toiletten eingesetzt.

FRISCHWASSERSYSTEME

Wassertanks können aus GFK, rostfreiem Stahl oder Polyäthylen hergestellt sein. Sie sollten gewichtsparend angebracht werden.

Ist das Platzangebot des Schiffes für den Einbau von festen Tanks nicht ausreichend, so können auch flexible Tanks eingesetzt werden, sie müssen jedoch vor Abrieb geschützt werden. Tanks sollten Inspektionsluken zum Zugang und zur Reinigung haben. Sie müssen Ventile haben, damit bei Befüllung die Luft entweichen kann. Wenn möglich sollte die Ventilation in einer großen Schleife unter Deck geführt werden und dann in der Bilge enden. Das verhindert das Überlaufen des Wassers, wenn der Tank voll ist.

SCHLÄUCHE UND HANDPUMPEN

Verschiedene Arten von Installationsleitungen stehen zur Verfügung. Solche aus durchsichtigem Plastik sollten vermieden werden, da Algen innerhalb der Leitungen wachsen werden, wenn das Licht hindurchscheint. Starre Kunststoffleitungen sind ideal, sie bieten eine Reihe von Ventilen, Kupplungen und Verbindungen, die Wartung und Einbau des Leitungssystems erleichtern.

Das einfachste Frischwassersystem benutzt eine Handpumpe in der Kombüse und den Waschbecken und Toiletten. Sie erfordern keinen Strom, sind sehr verlässlich und begrenzen hohen Wasserverbrauch.

DRUCKPUMPEN

Zunehmend gibt es selbst auf kleinen Yachten ein Druckwassersystem für Heiß- und Kaltwasser. Obwohl es bequem ist, erhöht es sowohl den Wasserverbrauch als auch die laufenden Kosten und die Wartung.

Druckpumpen erkennen den Druckabfall, wenn ein Hahn geöffnet wird. Wenn ein Speichertank in das System eingebaut ist, gleicht sein Druckreservoir die Arbeit des Systems aus und verhindert, dass sich die Pumpe pausenlos ein- und ausschaltet, um den Druck zu halten. Eine Handpumpe sollte eingebaut sein für den Fall, dass die Elektrik oder das Drucksystem ausfallen.

BILGEPUMPEN

Eine Yacht sollte mindestens zwei Bilgepumpen haben, von denen eine handgetrieben sein muss und in der Nähe des Rudergängers eingebaut ist. Hat das Schiff ein Leck unter Wasser bekommen, können Bilgepumpen lebenswichtige Sekunden gewinnen, während notwendige Reparaturen ausgeführt

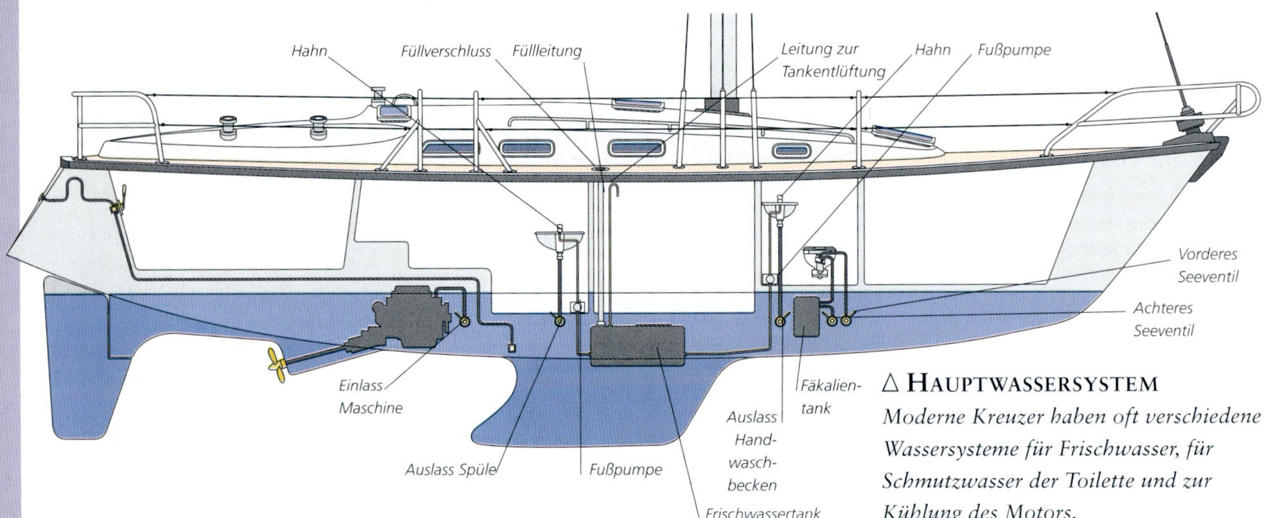

△ **HAUPTWASSERSYSTEM**
Moderne Kreuzer haben oft verschiedene Wassersysteme für Frischwasser, für Schmutzwasser der Toilette und zur Kühlung des Motors.

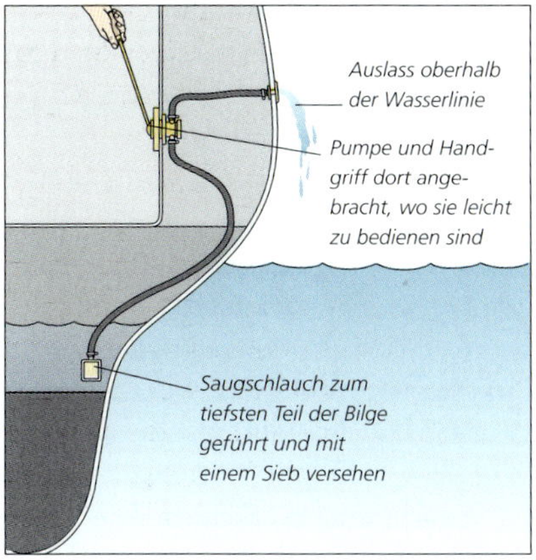

△ **Bilgepumpe**

Die Bilgepumpe kann im Falle eines Lecks lebenswichtig sein, daher muss sie gut gewartet werden, und der Schlauch muss mit einem Sieb versehen sein.

werden. Hauptsächlich werden sie jedoch eingesetzt, um Wasser, das sich in der Bilge gesammelt hat, herauszupumpen. Der Saugschlauch muss zum tiefsten Punkt der Bilge führen; ein darin enthaltenes Sieb hält Schmutz, der die Pumpe verstopfen könnte, von dieser fern. Alle separaten wasserdichten Abteilungen müssen ihre eigenen Pumpen haben oder eine Schlauchverbindung zur Hauptpumpe.

Elektrische Bilgepumpen dienen der Unterstützung der handbetriebenen Einheit, und sie können mit Schwimmschaltern versehen sein, die automatisch die Pumpe in Gang setzen, wenn das Bilgewasser steigt. Alle Pumpen sollten regelmäßig auseinander gebaut und gereinigt werden, damit sie jederzeit betriebsbereit sind.

Yacht-Toiletten

Eine Einweisung für jedes Crewmitglied für die Benutzung der Bord-Toilette ist wichtig, vor allem, dass man nie etwas hineinwirft, was zu sperrig ist, um durchgespült zu werden, und was sofort eine üble Verstopfung erzeugt. Idealerweise kommt in die Toilette nur das, was vorher gegessen und getrunken wurde. Die meisten Yacht-Toiletten sind handbedient, wobei eine Pumpe Seewasser ansaugt, um das Becken zu spülen, und das Schmutzwasser auspumpt. Einige Länder verbieten das Beseitigen von Abfall der Yachten ins Wasser. In diesem Fall wird ein Fäkalientank, in den alles Schmutzwasser gepumpt wird, benötigt. Wenn der Fäkalientank voll ist, wird er in der Pumpstation einer Marina entleert, oder, wenn man weit genug auf See ist, mit der eigenen Toilettenpumpe.

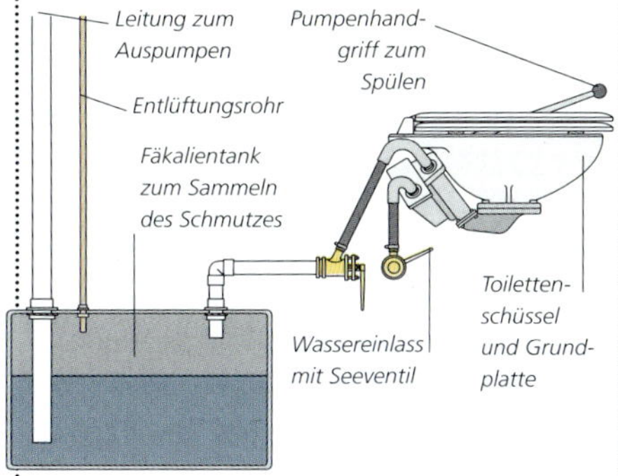

△ **Yacht-Toilette**

Die Bord-Toilette ist ein wichtiger Teil der Ausrüstung und muss gut gewartet werden, damit sie verlässlich funktioniert.

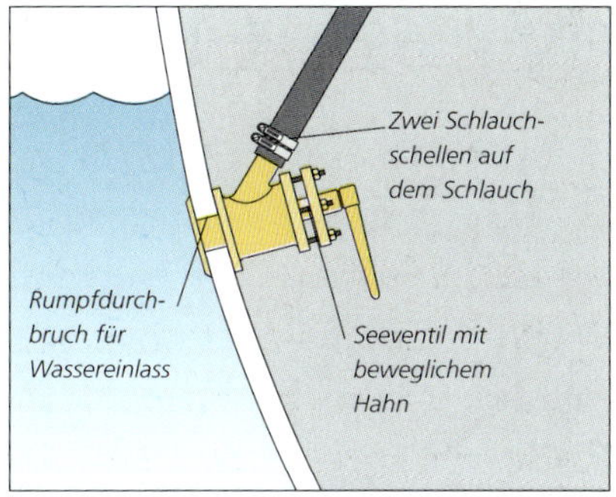

△ **Seeventil**

Ein Seeventil ist eine Vorrichtung zum Schließen eines Rumpfdurchbruches.

Seeventile

Obwohl ein Schiff so wenig Rumpfdurchbrüche wie möglich haben sollte, sind einige unerlässlich. Sie sollten mit Seeventilen guter Qualität versehen werden. Seeventile können mit Hähnen, Ballventilen oder Schiebern versehen sein. Sämtliche Ventile müssen regelmäßig geöffnet und geschlossen werden, damit sie sich nicht in einer Stellung festsetzen und gangbar bleiben.

GASSYSTEME

Gas in Flaschen ist der am meisten verbreitete Brennstoff für Kochherde und wird manchmal auch für den Betrieb von Heizgeräten genutzt. Das Gassystem muss aus besten Materialien hergestellt sein und regelmäßig (vom Fachmann) geprüft und zertifiziert werden.

Sicherheitsvorschriften für Gassysteme

Gasflaschen müssen in einem abgeschotteten Kasten mit Entlüftung nach außen untergebracht werden, so dass sich bei Lecks kein Gas in der Bilge sammeln kann. Es sollten ausschließlich Gasleitungen für Schiffsbedarf oder flexible Schläuche eingesetzt werden, und es ist sicherzustellen, dass nirgendwo das Risiko des Schamfilens besteht. Bei einem kardanisch aufgehängten Herd sollte darauf geachtet werden, dass etwas Lose im Schlauch ist, damit er frei schwingen kann. Alle Verbindungen sollten mit Seifenwasser auf Lecks geprüft werden. Ein Gasdetektor ist eine vernünftige Vorsichtsmaßnahme.

MOTOREN

Die Mehrzahl der Fahrtenyachten ist mit einem Hilfsmotor ausgerüstet, der die Möglichkeit bietet, neben dem Antrieb für das Schiff auch die Batterien zu laden. Moderne Bootsmotoren sind leicht und verhältnismäßig zuverlässig. Neben der Benutzung zum Motoren, wenn nicht genügend Wind ist, oder als Motorsegler, ziehen viele Segler den Motor dem Segeln beim Einlaufen in den Hafen und zum An- und Ablegen vor. Segler, die sich auf ihren Motor beim Manövrieren und für den Betrieb eines komplexen elektrischen Systems verlassen, müssen die gesamte Maschinenanlage vollständig verstehen und in der Lage sein, sie in gutem Zustand zu erhalten.

DIESELMOTOREN

Die meistverbreitete Art von Schiffsmotoren sind Dieselmotoren, die ein Schiff über ein Getriebe und eine Propellerwelle antreiben. Dieselmotoren sind teurer in der Anschaffung als Benzinmotoren, sind jedoch preiswerter im Betrieb.

WARTUNG

Wenn sie gut in Stand gehalten werden, sind Dieselmotoren sehr zuverlässig; es ist jedoch unerlässlich, dass sie sauberen Kraftstoff erhalten. Mindestens zwei Filter müssen in der Brennstoffleitung vorhanden sein, einer von ihnen sollte Wasser abscheiden können. In Brennstofftanks sammelt sich Kondenswasser, das das Wachstum von Dieselbakterien fördert, die Kraftstoffpumpe und Einspritzdüsen verderben. Es ist daher empfehlenswert, den Tank so oft wie möglich aufzufüllen, um die Kondensation so gering wie möglich zu halten; die Filter sind regelmäßig zu reinigen und zu wechseln, die Verwendung von Antibiotika und wasserbindenden Zusätzen, um den Kraftstoff so sauber wie möglich zu halten, ist ebenfalls anzuraten.

BENZINMOTOREN

Schiffsbenzinmotoren sind Automotoren ähnlich, und sie sind auf Hochgeschwindigkeits-Motorbooten gebräuchlich. Sie benötigen einen elektrischen Stromkreis, um eine Zündkerze zu versorgen, die den Kraftstoff zündet. Benzinmotoren arbeiten mit geringerer Verdichtung als Dieselmotoren und sind leichter. Anders als Diesel ist Benzin ein explosiver Kraftstoff, aber solange die Maschine sorgfältig installiert und bedient wird, ist die Explosionsgefahr gering.

BEDIENEN VON BENZINMOTOREN

Ist ein Benzinmotor eingebaut, muss der Kraftstofftank ein Absperrventil haben, das geschlossen bleibt, solange der Motor nicht in Betrieb ist. Ein Absaugeventilator, an der tiefsten Stelle des Motorenraumes angebracht, ist nötig, um Benzindämpfe abzusaugen. Er sollte etwa fünf Minuten bevor die Maschine gestartet wird und die ganze

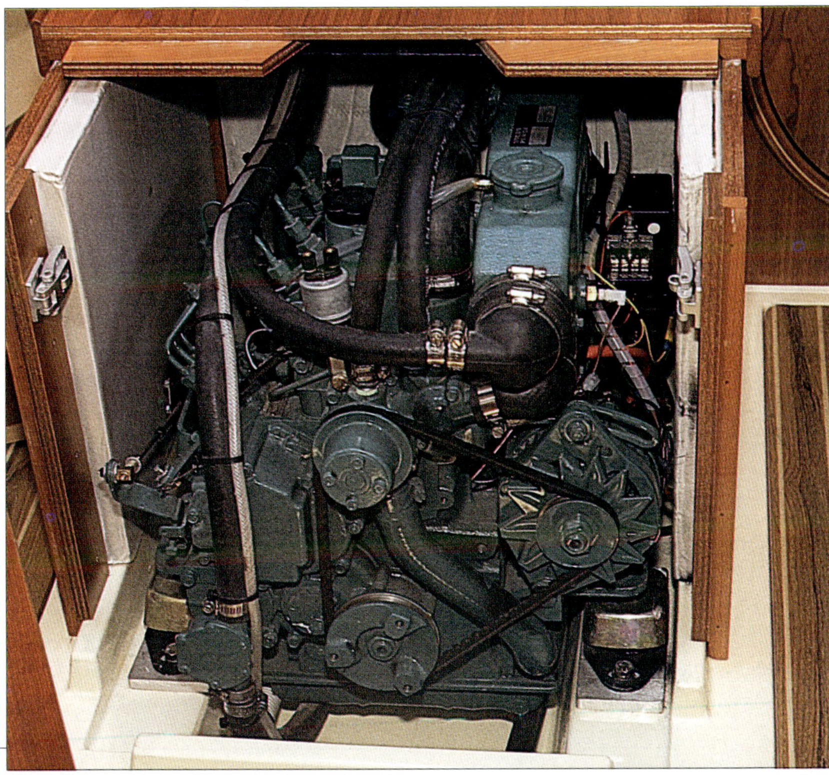

EINBAU-DIESELMOTOR ▷
Die meisten kleinen Yachten haben einen Einbau-Dieselmotor, der oft unter den Stufen des Niederganges untergebracht ist.

Startprobleme

Wenn ein Dieselmotor nicht anspringen will, ist sicherzustellen, dass sauberer Kraftstoff die Einspritzdüsen erreicht und das System entlüftet ist. Man lerne, wie die Einspritzdüsen zu lösen sind, um eingeschlossene Luft entweichen zu lassen. Ferner muss die Batterie überprüft werden, ob sie ausreichend geladen ist.

Zeit während des Maschinenbetriebes laufen.

Kühlsysteme

Die meisten Innenborder (Benzin- oder Dieselmotoren) sind wassergekühlt. In den einfachsten Systemen wird unvermischtes Salzwasser durch die Maschine gepumpt und benutzt, um das Auspuffsystem zu kühlen sowie die Geräusche zu dämpfen. Dies kann gelegentlich zu Korrosion in den Wasserkanälen des Motors führen. Große Motoren nutzen Frischwasser mit einem Ausgleichstank, um die Maschine zu versorgen. Ein Wärmetauscher kühlt dabei das Frischwasser.

Der Einsatz einer Impellerpumpe lässt das Wasser zirkulieren. Tritt eine Verstopfung ein, wird der Wasserfluss reduziert oder unterbrochen, der Motor wird überhitzt. Die Impellerpumpe wird dabei ebenfalls beschädigt. Ein ausreichender Wasserstrom durch das Kühlsystem muss sichergestellt werden, indem der Auspuff kontrolliert wird und der Durchlass durch das Seeventil regelmäßig gereinigt wird.

Ölkontrolle

Vor jedem Betrieb des Motors muss der Ölstand kontrolliert werden, und auch alle drei bis vier Stunden während des Dauerbetriebes. Die Gebrauchsanleitung des Motors gibt an, welche Art Öl zu nutzen ist und wie oft es gewechselt werden muss. Wird die Maschine nicht oft benutzt, sollte das Öl öfter als empfohlen gewechselt werden. Die Installation von überdimensionierten Ölfiltern zur Reinhaltung des Öls wird empfohlen. Es trägt zur Verlängerung der Lebensdauer des Motors bei, der durch kurze Laufzeiten mit niedriger Last und lange Zeiten von Stillstand belastet wird.

Das Getriebe benötigt ein Spezialöl, das in der Gebrauchsanleitung spezifiziert ist. Der Ölstand im Getriebe sollte in die Motorenkontrollen vor dem Start eingeschlossen werden.

Aussenborder

Die meisten Außenborder sind Zweitakt-Benzinmotoren, jedoch sind auch Viertakter erhältlich. Dieselaußenborder sind ebenfalls auf dem Markt, sie sind allerdings relativ schwer. Außenborder kommen auf kleineren Yachten zum Einsatz, werden aber meistens zum Gebrauch des Beibootes mitgeführt. Dafür sind sie ideal, da sie leicht, tragbar und pflegeleicht sind, und sie können in flachem Wasser hoch genommen werden. Ihre hauptsächlichen Nachteile liegen darin, dass sie relativ teuer im Unterhalt sind und leicht gestohlen werden.

Wartung

Obwohl sie meistens auf ein Brett am Heck des Schiffes geklammert werden, wenn sie nicht im Einsatz sind, werden Außenborder besser dort gestaut, wo sie nicht den Elementen ausgesetzt sind.

Zweitakt-Außenborder benötigen ein Benzin-Öl-Gemisch. Es ist wichtig, dass das richtige Öl benutzt wird und das Mischungsverhältnis genau eingehalten wird. Die meisten Außenborder sind wassergekühlt. Der freie Fluss des Kühlwassers muss daher regelmäßig kontrolliert werden, da sich die Maschine sonst überhitzt und Schaden nimmt.

AUFLEGEN EINES MOTORS

Wenn das Schiff im Winter an Land gelagert wird, sind Maßnahmen zu treffen, um die Maschine vor Schaden zu bewahren.

Einen Motor winterfest machen

- Motoren- und Getriebeöl wechseln (die Maschine vorher einige Minuten laufen lassen, um das alte Öl zu verflüssigen; das erleichtert das Auspumpen).
- Ölfilter wechseln.
- Säubern der Wasserabscheider in der Kraftstoffleitung.
- Auffüllen der Kraftstofftanks, um die Kondensationsmöglichkeit im Tank zu verringern.
- Entfernen der Einspritzdüsen (wenn es sich um einen Dieselmotor handelt) oder der Zündkerzen (bei einem Benzinmotor) und Einspritzen von Öl in die Öffnungen, während die Maschine von Hand gedreht wird.
- Gründliche Reinigung der Oberflächen des Motors, des Anlassers und der Lichtmaschine.
- Leichtes Einfetten aller beweglichen Teile oder Einsprühen mit einer wasserabweisenden Flüssigkeit wie WD40.
- Entwässern des Kühlwassersystems und Spülen mit einer Frostschutzmischung.
- Entfernen des Impellers aus der Wasserpumpe.
- Abklemmen der Batterie und Fetten der Pole.
- Lagern der Batterie an einem warmen, trockenen Ort; gelegentliches Aufladen während des Winters.
- Anbringen einer Notiz am Motor mit Hinweisen, was erledigt sein muss, ehe der Motor gestartet werden kann.
- Während des Winters gelegentlich den Motor von Hand durchdrehen und die Öffnungen ölen.

Reparaturen

Jede Fahrtenyacht sollte ausreichend Werkzeug und Ersatzteile an Bord haben, um Grundreparaturen auf See ausführen zu können. Die Auswahl der mitzuführenden Ersatzteile hängt vom Bootstyp ab, den man besitzt, und von den zu segelnden Distanzen. Es passiert leider oft, dass sich aus einem ursprünglich kleinen Defekt ein Notfall entwickelt, daher ist es unumgänglich, dass der Skipper laufende Reparaturen ausführen kann, sobald sie notwendig werden.

Ersatzteile

Für Tagestouren nahe dem Heimathafen braucht man nur wenige Teile. Wenn aber Reisen über große Distanzen unternommen werden, müssen ausreichend Ersatzteile mitgeführt werden, um alle wesentlichen Systeme arbeitsfähig zu erhalten. Einige Geräte können nicht auf See repariert werden, etwa ein elektronischer Autopilot. Wenn ein Defekt einer solchen Einheit einen wesentlichen Einfluss auf die Reise hat, ist es ratsam, einen vollen Satz Austauschteile mitzuführen.

Wesentliche Ersatzteile

Die Ansichten darüber, welche Ersatzteile zwingend sind, werden entsprechend den Erfahrungen von Skipper und Crew variieren. Ein frisch gebackener Skipper mag die Maschine für einen lebenswichtigen Teil der Ausrüstung halten, andere dagegen sind weniger beunruhigt über den Ausfall des Motors. Das trifft besonders zu, wenn das Schiff ein alternatives System zum Laden der Batterien hat oder wenn Petroleumlaternen an Bord sind, so dass man auf elektrische Energie verzichten kann.

Jeder Skipper muss genau wissen, welche Teile der Ausrüstung lebenswichtig für die Sicherheit seiner Crew und seines Schiffes sind, und er muss die Ersatzteile bestimmen können, die als Grundausstattung entscheidend für das Durchführen einer Reise sind.

Werkzeug

Eine Auswahl an Werkzeug zum Reparieren aller wesentlichen Systeme muss an Bord sein, zusammen mit den Benutzerhandbüchern, sofern es sie gibt. Man sehe also das Schiff durch und überprüfe jedes einzelne Teil der Ausstattung, und wie es gesichert ist. Falls man es irgendwann abmontieren muss, überprüfe man (vorher) die Größe und Art der Befestigungen, und ob man wirklich den passenden Schraubenzieher, Schraubenschlüssel bzw. Inbusschlüssel für diese Art von Arbeiten hat. Auch beim Motor überprüft man, ob man auch hierfür alle notwendigen Schraubenschlüssel, Flansche und Inbusschlüssel dabei hat, um an der Maschine arbeiten zu können. Man vergewissere sich auch, ob passende Schrauben- und Bolzenschlüssel für Reparaturen an den Seeventilen an Bord sind, und dass genügend Platz an den Seeventilen ist, diese auch benutzen zu können.

Werkzeug verstauen

Die beste Art für das Verstauen von Werkzeug sind Kunststoffkästen. Sie haben Fächer unterschiedlicher Größe und sie sind leicht zu sichern. Ein vollständiger Satz Werkzeug kann

GRUNDAUSSTATTUNG EINES WERKZEUGKASTENS

Das Werkzeug für den Gebrauch an Bord sollte qualitativ hochwertig sein, weil es sonst unter den auf See herrschenden, feuchten Bedingungen rasch verdirbt. Man verwahre es möglichst leicht gefettet und sicher verstaut. Die nachfolgende Liste ist ein Beispiel für den Inhalt eines Werkzeugkastens.

- Schraubenzieher – alle hauptsächlichen Größen und Arten, einschließlich elektrischer Schraubenzieher
- Schraubenschlüssel bzw. Zangen – ebenfalls ein Durchschnittssortiment, einschließlich Kombi-Zangen
- Inbus-Kit
- Rohrzange
- Elektrische Quetschverbindungen
- Drahtschere
- Metall- und Holzsäge
- Elektrischer Bohrer (12 V)
- Handbohrer
- Bohrwinde
- Zangen, Elektro- und Spezialzangen
- Hammer und Holzhammer
- Satz Stemmeisen
- Feilen
- Taschenlampe
- Spiegel, für versteckte Ecken
- Bolzenschneider

zwischen verschiedenen Kästen aufgeteilt werden, entsprechend der Art der Werkzeuge und wie häufig sie gebraucht werden. Das beschleunigt das Auffinden von benötigtem Werkzeug und hilft bei der Stauordnung. Kästen mit vielfältiger Unterteilung für Kleinteile können für häufig benutzte Ersatzteile wie Tape, Splintringe, Schäkel oder sonstige Befestigungen nützlich sein.

Reparaturen auf See

Reparaturen sind im Hafen sehr viel leichter auszuführen, aber es kann schon vorkommen, dass man auf See reparieren muss. In diesem Fall erleichtert es die Arbeit, wenn man eine kleine Werkbank baut, indem man ein starkes Holzbrett so zuschneidet, dass es quer über das Cockpit zwischen die Sitze passt. Hieran kann ein kleiner, tragbarer Schraubstock befestigt werden.

Nützliche Ersatzteile

Einige der wichtigsten und zweckmäßigsten Ersatzteile und -sortimente sind unten aufgelistet. Es ist zu überlegen, ob man für wichtige, nicht reparierbare Teile gleich Ersatzeinheiten mitnimmt.

Motorersatzteile

- Ersatzzündkerzen und Draht
- Einspritzdüsen (Dieselmotor)
- Reparatursätze für Kraftstoff- und Wasserpumpen mit Dichtungen und Impellern
- Satz Schläuche
- Ölfilter
- Kraftstofffilter
- Sätze Unterlegscheiben, Dichtungen und O-Ringe
- Kraftstoff
- Öl, Fett
- Antibakterielles Additiv
- Ersatzzündschlüssel

Ersatzteile Elektrik

- Sicherungen, alle an Bord benutzten Typen
- Glühlampen, einschl. für Navigationslichter
- Anschlussstücke
- Lüsterklemmen
- Lötkolben und Lötzinn
- Kabel, verschiedene Arten
- Tape, isolierend und selbstklebend
- Batterien (für Taschenlampen etc.)
- Destilliertes Wasser (zum Auffüllen der Batterien)
- Säureheber (für Batteriekontrollen)

Sortiment an Ersatzteilen

- Reparatursatz für Segelreparaturen
- Segeltape, selbstklebend
- Kolbenringe
- Segelgarn
- Großsegelrutscher
- Tauwerk, Ersatzenden unterschiedlicher Länge
- Schäkel, sortiert
- Gewinderohr
- Scharnierpin für Großbaum
- Splinte
- Splintringe
- Bügelklemmen
- Wantendraht
- Marine Dichtungsmasse
- Unterwasser-Epoxy
- Wasserfestes Fett
- Vaseline
- Farben und Lacke (für kleine Reparaturen)
- Epoxy-Kleber und -Füller
- Glasfasermatte und -gewebe
- Nägel, Schrauben und Bolzen, sortiert
- Holz, Sortiment verschiedener Stücke

Wartungs-Planung

Man sollte eine Kladde anlegen, in der alle Teile und Ausrüstungsgegenstände, die repariert werden müssen, und alle routinemäßig durchzuführenden Wartungsarbeiten aufgeführt sind.

Zeitplanung für Reparaturen

Wartungsarbeiten sind bei gutem Wetter viel leichter und angenehmer durchzuführen. Die normalen Wartungsintervalle sollten zeitlich so geplant werden, dass die Liste der Reparaturen während der Segelsaison so kurz wie möglich ist.

Eine Liste erstellen

Man sollte alle möglichen Ursachen für Probleme feststellen und dabei eine Liste der Reparaturen aufstellen.

Worauf zu achten ist

- Kontrollen der strukturellen Teile, um sicherzustellen, dass ihre Befestigungen sich nicht gelockert haben. Segeln hoch am Wind bei hohem Wellengang kann zu einer hohen Belastung der vorderen Teile des Schiffes und Schotten (bzw. Luken) führen. Wenn das Schiff hart arbeitet, sollte einem ein Blick unter Deck zeigen, ob sich am Rumpf oder den Luken irgendwelche Bewegung zeigt.
- Kontrollieren der Flächen, an denen Püttings durch das Deck kommen, auf Zeichen von Wasser.
- Nachsehen, ob um Beschläge, Fenster und Luken Lecks sind.
- Kontrollieren, ob Zeichen von Leckage an der Rumpf-Deck-Verbindung auftreten.
- Wenn in der Bilge eines Schiffes mit GFK- oder Stahl-Aluminium-Rumpf ständig Wasser auftritt, muss nach der Ursache hierfür gesucht werden und das eventuell bestehende Leck gedichtet werden.
- Auf GFK-Schiffen ist das Deck auf Rissbildung zu prüfen.

Sicherheit an Bord

Segeln ist im allgemeinen ein sicherer Sport, auch auf hoher See. Alle Beteiligte müssen jedoch die Risiken sehen, die Verantwortung für ihr Boot übernehmen und ihre eigenen Grenzen kennen. Letztendlich hängt die Sicherheit ebenso vom Verhalten der Seemannschaft wie von der Ausrüstung ab.

Mit Fackeln signalisiert man einen Seenotfall. Hier wird mit einer roten Handfackel auf sich aufmerksam gemacht.

NOTREPARATUREN

Hat man erst einmal abgelegt und Kurs auf See genommen, muss die Crew einer Fahrtenyacht darauf vorbereitet sein, allen Eventualitäten begegnen zu können. Obwohl die meisten Reisen erfreulich und ohne besondere Vorkommnisse verlaufen, wird die Crew gelegentlich mit unwillkommenen Herausforderungen, wie einem Leck im Schiff, Mastbruch, Verlust der Steuerfähigkeit, einem blockierten Propeller (der die Maschine unbrauchbar sein lässt) oder sogar Feuer, konfrontiert werden.

LÖCHER UND LECKS

Wird das Schiff oberhalb der Wasserlinie durch ein Loch beschädigt, vielleicht nach einer Kollision, hat man etwas Zeit, um sich mit der Situation vertraut zu machen und zu handeln. Ist der Schaden unterhalb der Wasserlinie, ist unter allen Umständen unverzügliches Handeln angesagt, um das Schiff vor dem Sinken zu bewahren. Die Prioritäten müssen darauf gerichtet sein, das Eindringen von Wasser zu unterbinden oder zu minimieren, und durch Pumpen das Schiff schwimmfähig zu halten.

Zunächst sind sämtliche elektrischen Bilgepumpen und, wenn vorhanden, die Schadenskontrollpumpe einzuschalten. Zusätzlich sollte ein Crewmitglied die manuelle Pumpe bedienen. Steht das Wasser schon über den Bodenbrettern, sollten alle unbeschäftigten Mannschaftsmitglieder mit Eimern das Wasser durch den Niedergang in das Cockpit schöpfen. Man kann versuchen, die Pumpenkapazität dadurch zu erhöhen, dass man den Schlauch der Motorkühlung vom Einlass löst und das Ende in die Bilge hält (bei laufendem Motor – Seeventil-Einlass schließen!).

Nicht immer ist der Ursprung des Wassereinbruchs sofort feststellbar. Ist ein gebrochener Schlauch die Ursache für das Leck, ist das Seeventil zu schließen. An allen Seeventilen sollte ein Holzpflock befestigt sein, so dass beim Versagen eines Seeventils, sofort der Pflock das Loch stopfen kann. Wenn der Wassereinbruch von einem Loch in der Außenhaut herrührt, sollte es leicht zu lokalisieren sein, es sei denn, es liegt hinter einer Verkleidung. Dann muss die Verkleidung weggerissen werden, um den Ursprung des Lecks freizulegen.

Ziel ist, das Loch so effektiv wie möglich zu schließen, mit welchen Mitteln auch immer. Kojenpolster, Segelsäcke oder jedes andere weiche Material kann in das Loch gedrückt werden und mit einer Versteifung, etwa einem Fenderbrett oder einem anderen Stück Holz passender Länge, in Position gehalten werden. Man kann ein Stück Ausrüstung, ähnlich einem Regenschirm (ein so genannter Leckschirm), kaufen, der durch das Loch gedrückt und außen geöffnet wird. Wasserdruck dichtet es gegenüber dem Rumpf ab und stoppt das Leck. Welches Material auch immer benutzt wird, es kommt darauf an, erfindungsreich und schnell zu handeln, um das Loch zu schließen, ehe der Wassereinbruch die Pumpen überfordert. Ist das Loch von innen geschlossen, kann man eventuell von außen ein Segel über das Loch ziehen, das mit Leinen festgehalten wird.

Die Menge des eindringenden Wassers hängt von der Größe des Lecks

EIN LOCH SCHLIESSEN ▷
Es ist wichtig, das Loch mit allen Mitteln zu schließen, besonders unterhalb der Wasserlinie. Kojenpolster, Segelsäcke oder anderes weiches Material (so oft gefaltet wie möglich) wird in das Loch gedrückt und z.B. mit einem Fenderbrett in Position gehalten.

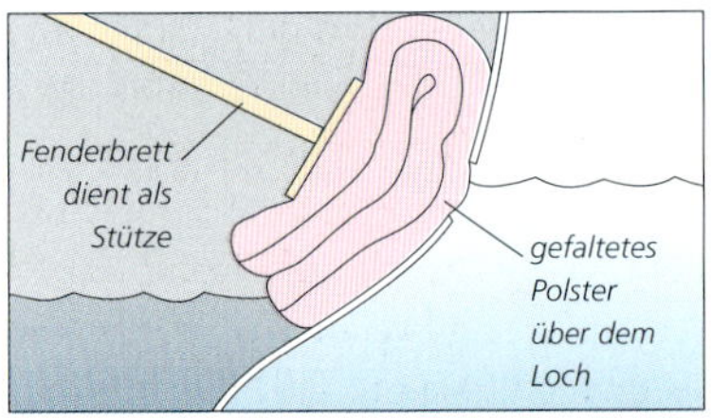

GEBRAUCH EINES KOJENPOLSTERS

EIN LECKSEGEL EINSETZEN

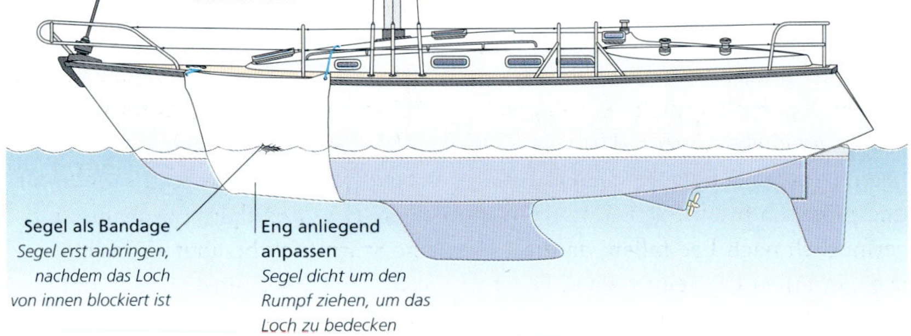

ENTMASTETE YACHT ▷
Das Wichtigste ist, die zerbrochenen Teile an Bord zu bekommen oder wegzuschneiden, damit sie nicht den Rumpf beschädigen können. Ohne Mast wird sich das Schiff ruckartig bewegen.

ab und davon, wie tief es unterhalb der Wasserlinie ist. Mit zunehmender Tiefe steigt der Wasserdruck erheblich, so erzeugt ein ziemlich weit unten liegendes Loch einen starken Wasserstrahl, der nur schwer zu stoppen ist. Ist das Loch nahe an der Wasserlinie, kann man durch Krängung des Bootes versuchen, die Schadstelle aus dem Wasser zu halten oder zumindest den Wasserdruck zu verringern.

Kann man den Wassereinbruch nicht zum Stoppen bringen, und das Schiff hat kein wasserdichtes Kammersystem, liegt die einzige Hoffnung auf der Kapazität der Pumpen, um dem Eindringen des Wassers Herr zu werden. Die Situation muss schnell beurteilt werden, und wenn klar ist, dass es nicht möglich sein wird, die Yacht schwimmfähig zu halten, sollte die Aufgabe des Schiffes eingeleitet werden *(S. 304–305)*. Befindet sich das Schiff in flachem Wasser und bei fallender Tide, gäbe es eine andere Möglichkeit, nämlich das Schiff auf Grund zu setzen. Dies gibt einem Zeit, das Leck zu dichten, ehe die Tide wieder steigt.

MASTBRUCH

Mastbruch tritt gewöhnlich auf, wenn ein Teil des Riggs oder ein Terminalbeschlag nachgibt. Das geschieht in der Regel unter rauen Wetterbedingungen, kann aber auch bei ruhigem Wetter geschehen, wenn das Material bereits vorher Schwachstellen aufwies und plötzlich bricht. Der Mast wird vermutlich nach Lee fallen, da die Segel ihn über die Seite ziehen. Es ist außerordentlich wichtig, zu verhindern, dass die Bruchstücke des Mastes, die noch mit dem Schiff verbunden sind, Rumpf und Deck beschädigen. Vorzugsweise sollte man so viel wie möglich von dem zerbrochenen Mast retten, um gegebenenfalls einen Notmast errichten zu können. In stürmischem Wetter wird dies fast unmöglich sein, in der Regel wird man dann das Rigg wegschlagen müssen, damit der Rumpf nicht durchlöchert wird. Man benötigt einen großen Bolzenschneider, um das stehende Gut zu trennen. Nachdem das Gut weggeschlagen oder geborgen wurde, muss ein Überblick helfen, die Situation zu beurteilen. Ist genug Treibstoff an Bord, kann man den nächsten Hafen unter Motor anlaufen. Ist Motoren nicht möglich, muss man ein Notrigg improvisieren – vielleicht, indem man den Spinnakerbaum und eine Sturmfock benutzt –, das ein, wenn auch langsames, Segeln mit dem Wind erlaubt.

AUSFALL DER STEUERUNG

Ein Ausfall der Steuerung geschieht meistens auf Schiffen mit Radsteuerung als Folge eines Bruchs der Steuerkabel. Boote mit Pinnensteuerung haben einfachere Systeme, die seltener versagen; es empfiehlt sich jedoch, eine Reservepinne für den Fall eines Bruchs mitzuführen. Eine Notpinne muss auf einem Schiff mit Radsteuerung vorhanden sein. Bricht das Ruderblatt oder versagen seine Befestigungen, muss ein anderer Weg zum Steuern des Bootes gefunden werden. Ein Notruder kann manchmal konstruiert werden, indem ein Bodenbrett an einen Spinnakerbaum gebolzt und am Heckkorb oder die Heckreling gelascht wird. Alternativ kann man zwei kleine Treibanker auf jeder Seite hinterherziehen und diese so einstellen, dass man damit das Boot steuern kann. Wie gut sich das Schiff unter Segeln ausbalancieren lässt, hängt davon ab, ob es auf diese Weise zu steuern ist.

Propeller-Probleme

Blockierte Schiffsschrauben kommen recht häufig vor, vorwiegend in besonders frequentierten Segelgebieten mit vielen Muring-Anlegern und Fischernetzen. Propeller werden in der Regel gestoppt, indem sie ein Tau erwischen, das sich um die Welle wickelt. Auch Plastikfolien schmelzen durch die entstehende Reibungshitze oder verursachen Kurzschlüsse. Der so entstehende feste Klumpen verschweißt Propeller und Welle und stoppt die Maschine.

Vorsorge ist zumeist viel besser als nachträgliche Reparatur. Daher muss man besonders auf im Wasser treibende Leinen achten. Man überprüft auch die eigenen, damit sie nicht über Bord hängen.

Eine andere Vorsichtsmaßnahme ist die Installation von Wellenschneidern. Diese sind vor dem Propeller montiert und haben gezähnte Kanten, die jedes Tau oder Plastikfolie, die in die Nähe der Schraube kommen, erfassen und zerschneiden. Falls der Motor langsam läuft, und man noch ein Ende der Leine erreichen kann, kann man manchmal die Schraube gerade noch frei bekommen.

Wahrscheinlicher ist jedoch das einzige Hilfsmittel, das verwickelte oder verschmolzene Zeug abzuschneiden. Das kann bedeuten, dass jemand mit einem scharfen Messer außenbords muss. Er sollte dabei immer mit einer Sicherheitsleine mit dem Schiff verbunden sein. Im Hafen kann man vielleicht trockenfallen oder das Schiff krängen oder den Bug entsprechend nach unten trimmen, um den Propeller vom Beiboot aus zu erreichen.

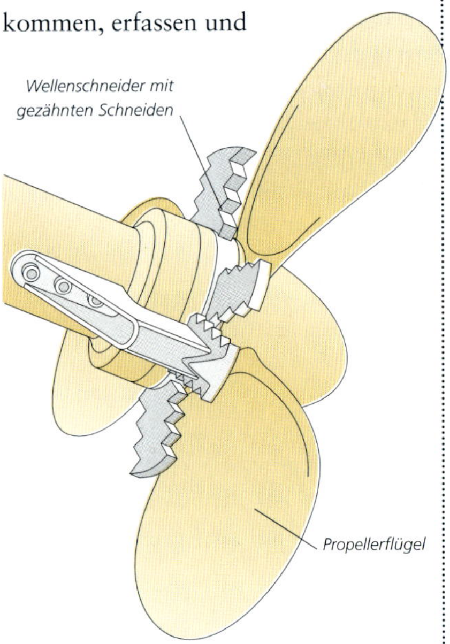

△ **Wellenschneider**
Einen Wellenschneider an der Welle vor dem Propeller anzubringen, ist ein wirksames Mittel gegen unklare Schrauben.

Brandbekämpfung

Feuer an Bord entsteht fast immer durch einen Unfall beim Kochen, einen Defekt in der Elektrik oder durch eine Explosion in der Gas- oder Kraftstoffzufuhr. Im Falle einer Explosion kann nur wenig unternommen werden, da diese meistens das gesamte Schiff zerstört. Fachmännisches Anbringen und Instandhaltung der Gas- und Kraftstoffleitungen und ein lauter Gasalarm können helfen, so etwas zu vermeiden. Man vermeidet auch, offenes Feuer in die Nähe von Gasgeräten zu bringen, und stoppt den Motor und andere Maschinen beim Auftanken oder bei Arbeiten am Motor.

Ein Brand muss sofort nach Entstehen gelöscht werden. Feuerlöscher unterschiedlicher Typen müssen an den wichtigsten Plätzen im Schiff verteilt sein und regelmäßig gewartet werden.

Die Wahl des Feuerlöschers

Ein Schaumlöscher oder ein Glutbrand-Pulverlöscher sollte in der Nähe der Pantry und des Motorraums angebracht sein, andere im Vorschiff und in einer Backskiste im Cockpit. Für geschlossene Motorräume sollte ein schwacher Karbon-Dioxid-CO_2-Löscher vorhanden sein. Die Kenntnis darüber, wie und wann man die verschiedenen Arten von Feuerlöschern benutzt, ist unerlässlich. Auch die Mannschaft muss gründlich über die Nutzung und den Gebrauch der Feuerlöscher informiert werden.

Brandarten	Wie man sie löscht
Leicht entzündbare Stoffe	Schaum- oder Pulverlöscher, möglichst auf den Brandherd richten.
Motorbrand	CO_2-, Schaum- oder Glutbrand-Pulverlöscher. Sofort die Kraftstoffzufuhr am Tank abdrehen.
Elektrischer Kabelbrand	CO_2- oder Glutbrand-Pulverlöscher. Batteriesystem mit dem Hauptschalter abstellen.
Pantrybrand	Schaum- oder Glutbrand-Pulverlöscher bzw. Feuerlöschdecke, um die Flammen zu ersticken.

GESCHLEPPT WERDEN

Falls ein Schiff aus eigener Kraft nicht mehr fahren kann und man Hilfe herbeiholen konnte, kann man Schlepphilfe von einem anderen Fahrzeug annehmen. Schleppen auf See ist schwierig und muss korrekt durchgeführt werden, damit der Schleppvorgang erfolgreich abläuft und keine zusätzlichen Beschädigungen am Schiff entstehen. Wer einen Schlepp annimmt, muss wissen, dass das Schleppfahrzeug einen Bergelohn beanspruchen kann und man dafür zahlungspflichtig wird.

Schleppen einer Segeljolle

Jollen werden gelegentlich bei Windstille oder vor bzw. nach einer Regatta abgeschleppt.

Wird man geschleppt, muss das Großsegel eingeholt und das Kielschwert fast ganz hochgezogen werden. Das Ruderblatt sollte eingehängt bleiben. Eine Jolle kann entweder längsseits geschleppt oder achteraus gezogen werden. Mehrere Jollen können gleichzeitig geschleppt werden, indem sie auf Lücke mit einem Stopperstek an die zentrale Schlepptrosse angesteckt werden.

Schleppen einer Fahrtenyacht

Das Schleppen einer Fahrtenyacht bringt sowohl für den Geschleppten als auch für das schleppende Fahrzeug eine hohe Belastung mit sich, jedoch ist die geschleppte Yacht die verletzlichere von beiden, besonders wenn die Schlepphilfe von einem größeren Fahrzeug kommt. Beim Schleppen im Seegang sollte man zur Verteilung der Zuglast eine oder mehrere starke, aber dehnbare Leinen um die Heckklampen und um die stärksten Konstruktionsteile der Yacht legen. Man versichert sich, dass die Schleppleine lang genug ist, um Ruckbelastungen aufzufangen, da sie sonst reißt.

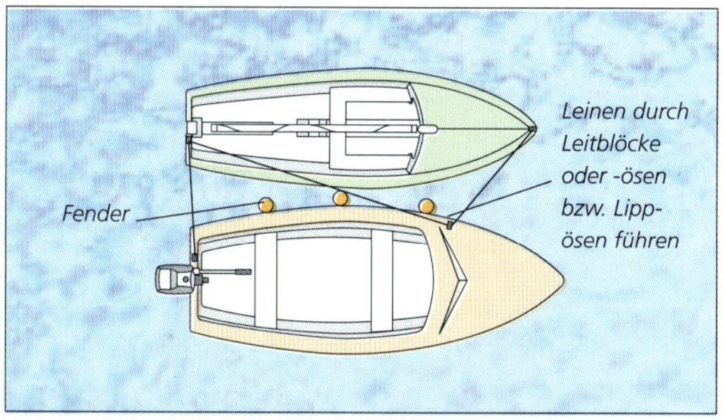

△ Längsseitsschleppen einer Jolle
Wird bei ruhiger See nur eine Jolle geschleppt, kann Längsseitsschleppen vorteilhaft sein (besonders in engen Fahrwassern). Die Schiffe sollten in der dargestellten Weise miteinander vertäut werden.

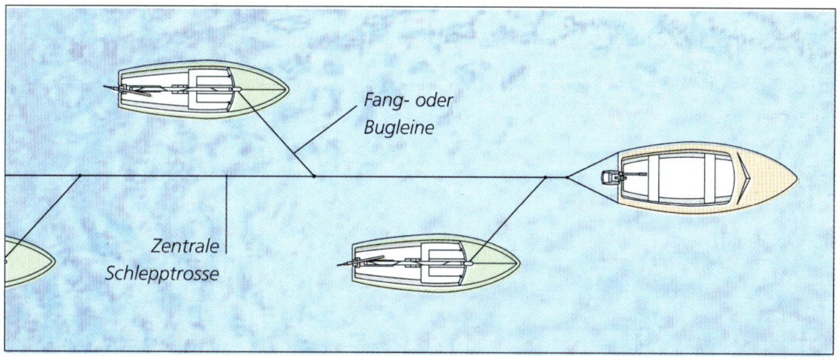

△ Schleppen im Schleppverband
Mehrere Jollen werden gleichzeitig entweder hintereinander oder im Verband »auf Lücke« – wie oben abgebildet – geschleppt. Im letzteren Fall steuert jedes Boot selbst; die Fang- oder Vorleine wird am Mast befestigt, nicht am Vorstagsbeschlag, und mit einem Stopperstek an die zentrale Schlepptrosse gebändselt.

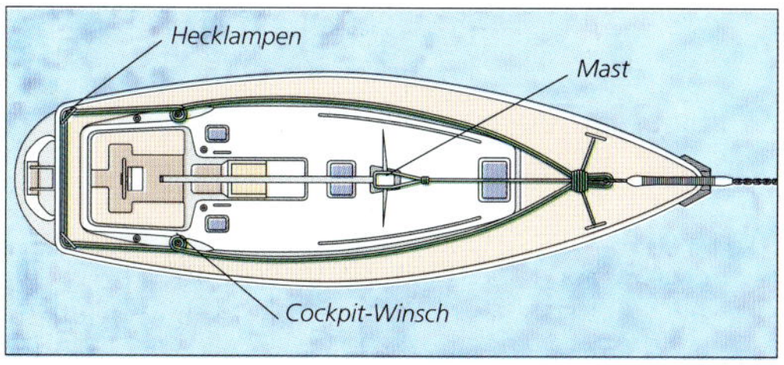

△ Zuglast verteilen
Man führt die Festmacherleinen von einem Hahnepot am Bug um die Bugklampen, zurück zu den Cockpit-Winschen, den Heckklampen und dem Mast. Die Schlepptrosse oder Ankerkette wird am Hahnepot befestigt und reichlich Material vorgehalten.

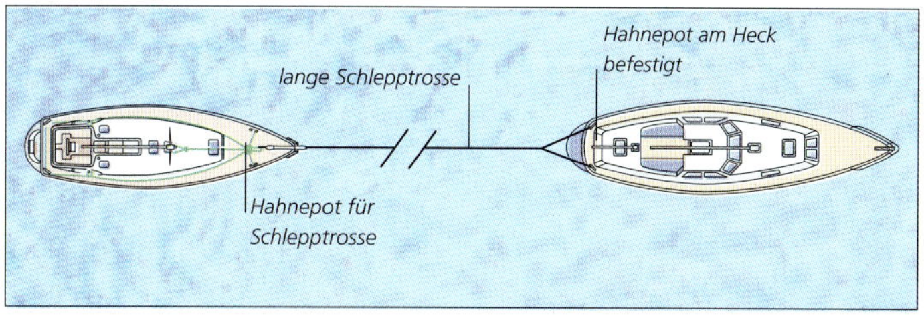

△ Schleppen einer Fahrtenyacht
Eine lange Schleppleine wird bei rauer See die Rucklast verringern sowie die Gefahr, dass die Schlepptrosse beim Surfen von einem Wellenkamm von hinten überfahren wird. Zur Not sollte die geschleppte Yacht eine Leine nachziehen, um die Geschwindigkeit zu reduzieren. Die Yacht muss sehr genau im Kielwasser des schleppenden Schiffes gesteuert werden, da das Ausscheren zur Seite die Zuglast erhöht.

NOTSIGNALE

Ist auf einem Schiff ein Notfall eingetreten, den die Mannschaft nicht selbst beheben kann, dann ist der Zeitpunkt gekommen, Hilfe herbeizuholen. Notsignale werden nur im äußersten Notfall abgegeben, wenn das Schiff oder ein oder mehrere Mannschaftsmitglieder in unmittelbarer und ernster Gefahr sind und sofortige Hilfe notwendig wird. Wenn man ein Notsignal sieht oder hört, ist man gesetzlich verpflichtet, so schnell wie möglich Hilfe anzubieten.

FUNKVERKEHR

Falls der Bordstrom noch arbeitet, ist es am praktischsten, Seenotsignale für Hilfe und Beistand über Funk zu senden. Die meisten Yachten haben Sprechfunkanlagen an Bord, die im UKW-Bereich oder auf Grenzwelle operieren. Die UKW-Anlagen sind jedoch entfernungsbegrenzt, d. h. sie gewähren nur einen begrenzten Empfang. Eine Yachtlizenz setzt eine UKW-Sprechfunkanlage voraus und ein Sprechfunkzeugnis für deren Benutzer. Moderne UKW-Anlagen entsprechen dem GMDSS (Global Maritime Distress und Safety System) und sind mit digitaler Rufwahl ausgestattet. Diese sind so ausgerüstet, dass sie automatisch Seenotsignale aussenden, die den Absender identifizieren und – wenn mit einem GPS verbunden – die Position übermitteln können.

Bei älteren UKW-Sprechfunkanlagen werden Seenotsignale nach internationaler Vereinbarung auf Kanal 16 oder 2182 kHz übermittelt. Das international anerkannte Funksprech-Notsignal ist das Wort MAYDAY. Es bedeutet, dass ein Schiff in unmittelbarer und ernster Gefahr ist. Das Absetzen eines Notrufes über Funk erzwingt Funkstille für den übrigen Funkverkehr, die so lange aufrechterhalten bleiben muss, bis die amtliche Seenotleitstelle den Seenotfall für beendet erklärt.

Vor dem Absetzen eines Seenotsignals über Grenzwelle oder auf UKW überprüft man, dass das Gerät eingeschaltet ist und Strom hat. Zum Übermitteln der Nachricht muss eine höhere Wattzahl zugeschaltet werden. Die Form der Seenotmeldung ist vorgeschrieben *(Kasten, links)*. Man wartet auf Antwort, die in küstennahen Gewässern sofort kommen sollte. Wenn keine Antwort kommt, überprüft man das Gerät, ob es sendebereit ist, und versucht es erneut. Sobald man Kontakt hat, wiederholt man den Standort.

Dringlichkeitsnachrichten werden abgesetzt, wenn eine dringende, die Sicherheit des Schiffes oder eines Mannschaftsmitgliedes betreffende Meldung notwendig wird, man aber noch nicht in unmittelbarer und großer Gefahr schwebt. Es kann z.B. vorkommen, dass ein Crewmitglied verletzt ist und medizinische Hilfe benötigt wird, oder das Schiff treibt hilflos ohne Antrieb, ist jedoch noch nicht in Gefahr zu sinken. In derartigen Fällen wird das PAN PAN-Signal verwendet, das dreimal wiederholt wird. Zunächst wird die PAN PAN-Meldung auch auf Kanal 16 oder 2181 kHz ausgesendet; ist sie jedoch zu lang, wechselt man auf einen der Arbeits-

MAYDAY

Mayday ist das international anerkannte Seenot-Sprechfunksignal. Alle Crewmitglieder sollten den (vorgeschriebenen) Wortlaut der Meldung kennen.

»MAYDAY, MAYDAY, MAYDAY
Hier ist ... « (Name der Yacht, dreimal wiederholt)
»Meine Position ist ...«
(Der Standort muss mit Längen- und Breitengrad angegeben werden oder eine Peilung mit Entfernungsangabe von einem bekannten Ort. Die Art des Notfalls muss beschrieben werden, welche Art von Hilfe benötigt wird, und jegliche wichtige Information, die für die Retter nützlich ist, z.B. wie viele Personen an Bord sind.)
»OVER«

NOTSIGNALE

Ist man in Sichtweite irgendwelcher Hilfe und hat keine anderen Signale zur Hand, ist das einfachste Notsignal das langsame Heben und Senken der seitwärts ausgestreckten Arme.

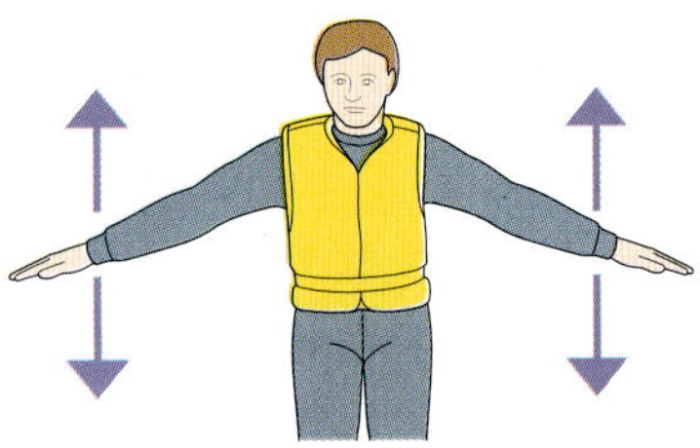

△ **EINFACHES NOTSIGNAL**
Man stellt sich in Blickrichtung auf einen möglichen Helfer und hebt und senkt langsam die ausgestreckten Arme seitwärts bis zur Höhe der Schultern. Man setzt dieses Signal so lange fort, bis man eine Antwort erhält. Das Signal kann mit anderen Notsignalen kombiniert werden.

kanäle, sobald man Kontakt hat. Das PAN PAN-Signal hat Priorität vor allen anderen Nachrichten mit Ausnahme des MAYDAY-Rufes.

Das Sicherheitssignal, das mit der dreimaligen Wiederholung des Wortes SÉCURITÉ beginnt, bedeutet, dass die Funkleitstelle eine wichtige Nachricht senden wird, die die Sicherheit oder die Navigation bzw. die Wettersituation betrifft.

EPIRB

Sehr gebräuchlich auf Hochseeyachten ist ein anderes Seenot-Funksignal, die EPIRB (Emergency Position Indicating Radio Beacon) genannte Funkboje. Diese übermittelt das Seenotsignal über Satelliten, die Teil des GMDSS sind; durch sie wird die Position der EPIRB angepeilt und der Hilferuf zu der koordinierenden Seenot-Rettungsstelle übermittelt.

ANDERE SIGNALE

Obwohl Funk, Fackeln, Leuchtraketen und EPIRBs die wichtigsten Signalgeber bei Not- und Dringlichkeitsfällen sind, können auch Flaggensignale, Zeichen und Schallsignale benutzt werden.

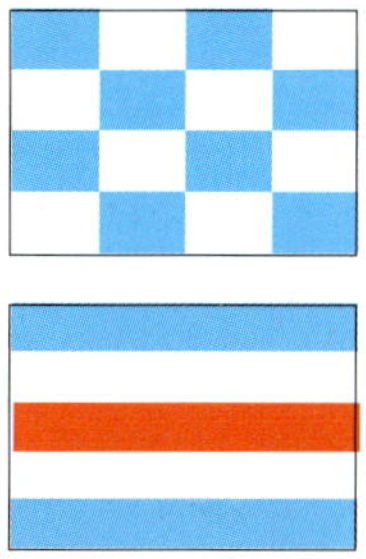

◁ SIGNALFLAGGEN N ÜBER C
Die Kombination dieser beiden Signalflaggen bedeutet: »Ich bin in Not und brauche Hilfe.«

◁ SIGNALFLAGGE V
»Ich brauche Hilfe.«

◁ SIGNALFLAGGE W
»Ich benötige medizinische Hilfe.«

◁ SCHWARZES VIERECK ÜBER SCHWARZEM BALL
Diese Kombination ist auch ein Seenotsignal. Man kann jeden schwarzen runden Gegenstand dafür benutzen.

• • • — — — • • •

SOS-SIGNAL BEDEUTET SEENOTFALL

VERSCHIEDENE ARTEN VON FACKELN UND LEUCHTRAKETEN

Seegehende Yachten müssen mit Leuchtraketen ausgerüstet sein. Art und Anzahl hängt vom Seegebiet ab, in das man fährt. Eine Jolle wird mit zwei Handfackeln auskommen, während eine Fahrtenyacht auf Hochseetörn eine umfangreichere Auswahl von Leuchtraketen benötigt.

FALLSCHIRMSIGNALE

ROTE RAKETE

Feuert eine helle rote Rakete ab, die ca. 300 m hoch aufsteigt und ca. 40 Sek. lang leuchtet. Wird benutzt, wenn Hilfe weiter entfernt ist. Sie sollte mit dem Wind unter den Wolken abgefeuert werden.

FARBIGE RAUCHSIGNALE

SCHWIMMFÄHIGES RAUCHSIGNAL

Sofort nachdem es gezündet wurde, wird es leewärts vom Schiff ins Wasser geworfen: Es entsendet dichten orangefarbenen Rauch. Es brennt ca. zwei Minuten lang.

MINI-RAKETEN

ROTE EINZELRAKETEN

Sie können in der Jackentasche getragen oder an die Rettungsweste angeclipt werden. Sie helfen der Schiffsbesatzung, eine im Wasser treibende Person aufzufinden.

HANDGEHALTENE FACKELN

WEISSE FACKEL

Ist nicht eigentlich ein Notsignal, sondern warnt andere Fahrzeuge davor, dass man sich nähert.

ROTE FACKEL

Brennt mit einem hellen, roten Licht ca. eine Minute lang und kann noch in ca. fünf Kilometern Entfernung gesehen werden. Soll dem zu Hilfe eilenden Schiff die Position angeben.

ORANGEFARBENE RAUCHFACKEL

Sie entsendet hellen, orangefarbenen Rauch und brennt ca. 40 Sek. lang. Wird bei Tageslicht, klarer Sicht sowie bei leichten Winden benutzt.

Aufgabe der Yacht

Manche Notfallsituation entwickelt sich bis zu dem Punkt, an dem man das Schiff verlassen muss, eine Entscheidung, die sehr sorgfältig zu treffen ist. Wenn die Yacht nicht in unmittelbarer Gefahr ist zu sinken, ist es sicherer, an Bord zu bleiben als in eine Rettungsinsel umzusteigen. Was der Skipper tut, hängt ausschließlich von seinem Zutrauen in das Schiff, die Besatzung und in seine eigenen Fähigkeiten ab, die Yacht doch noch in einen Hafen bringen zu können.

Vorbereitung zur Schiffsaufgabe

Eile ist geboten, wenn man eine sinkende Yacht aufgeben muss, und die Rettungsinsel die einzige Möglichkeit für das Überleben bietet. Zunächst wird die Rettungsinsel zum Zu-Wasser-Lassen vorbereitet. Die Mannschaft sollte möglichst warm und wasserdicht gekleidet und mit Rettungsweste und Lifeleine ausgestattet sein. Ist noch so viel Zeit vorhanden, sollte die Mannschaft Dinge zusammentragen, die in der Rettungsinsel nützlich sein können. Verschließbare Container mit Frischwasser sowie Büchsen und Büchsenöffner sollten dazugehören, wenn ein längerer Aufenthalt in der Rettungsinsel zu erwarten ist. Seekarte, Kompass und navigatorische Hilfsmittel sind ebenso nützlich wie ein GPS, ein Transistorradio, zusätzliche rote Raketen, eine Taschenlampe und ein Messer. Eine seegehende Yacht muss eine Paniktasche mit diesen Gegenständen stets fertig gepackt für den Eventualfall an Bord haben.

Eine Rettungsinsel aussetzen

Wenn man eine Rettungsinsel aussetzt, schneidet man die Befestigungen durch und befestigt die Reißleine, die zum Aufblasen benötigt wird, an einem starken Beschlag.

① Man wirft den Behälter auf der Leeseite des Schiffes über Bord. Ein Ruck an der Reißleine bläst die Insel auf.

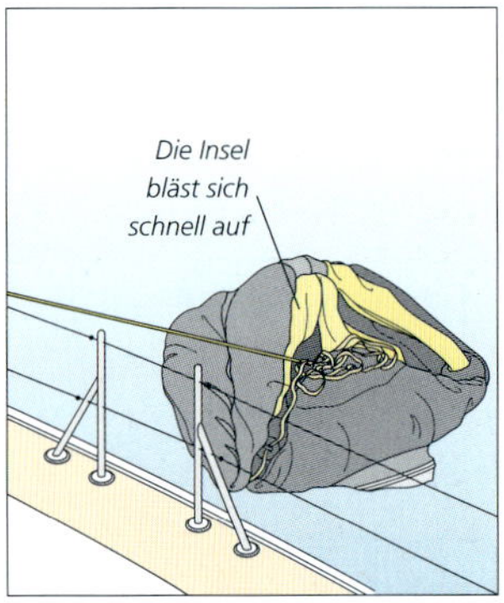

② In ungefähr 30 Sekunden bläst sich die Insel auf. Falls sie sich umgekehrt aufbläst, muss man sie aufrichten.

③ Sobald die Rettungsinsel aufgeblasen ist, steigt das erste Crewmitglied, notfalls mit Festmacherleine, ein.

④ Sobald alle Mitglieder der Mannschaft in der Insel sind, löst man die Verbindungsleinen zum Schiff.

Die Rettungsinsel

Der Name Rettungsinsel gibt vor, dass sie eine Garantie zur Lebensrettung sei. In Wirklichkeit erfüllen die Rettungsinseln nicht immer diese Erwartungen.

Die Rettungsinsel muss, behördlich genehmigt, vom Typ her auf die Art des Segelns zugeschnitten sein und ihre Größe ausreichen, alle Mitglieder der Mannschaft aufzunehmen. Rettungsinseln sind entweder in einem festen Behälter oder in einer Tasche verpackt und müssen alle Gegenstände, die das Überleben in einer Rettungsinsel ermöglichen, enthalten. Diese Ausstattung repräsentiert jedoch nur das äußerst benötigte Minimum, daher muss man den Inhalt der Insel überprüfen und die Paniktasche entsprechend füllen.

Ist man zur Benutzung einer Rettungsinsel gezwungen, muß man sofort nach dem Besteigen den Treibanker auswerfen. Dieses kleine fallschirmartige Gebilde unter der Rettungsinsel verlangsamt das Abtreiben und verhindert das Umschlagen.

Abbergen durch Hubschrauber

Ist das Schiff in der Nähe der Küste und innerhalb der Reichweite der SAR-Hubschrauber (Search and

Rettung aus der Luft ▷
Der Hubschrauber lässt ein Seil auf die Yacht hinab. Und fliegt dann etwas zur Seite, um die Besatzung abzubergen.

Rescue), kommen diese sehr oft für Such- und Rettungsbetrieb zum Einsatz. Die Mannschaft des Hubschraubers wird entscheiden, in welcher Weise sie die Mannschaft des Havaristen abbergen wird. Wenn möglich, werden sie die Anweisungen direkt oder über Sprechfunk erteilen. Man folgt ihren Anweisungen genau und sollte sie dabei unterstützen, den Hilfseinsatz so schnell wie möglich zu beenden; die Zeit, in der der Hubschrauber über dem Havaristen schweben kann, ist begrenzt. Vorzugsweise lege man das Schiff in den Wind, alle Segel müssen niedergeholt sein, und man vergewissert sich, dass die gesamte Mannschaft Rettungswesten trägt.

Der Hubschrauber wird nicht direkt über der Yacht schweben, um nicht in das Rigg zu geraten. Entsprechend den Umständen kann das Abbergen in drei Arten erfolgen: aus einem Beiboot, das von der Yacht gezogen wird, aus dem Wasser oder durch ein Winschseil. Wird aus dem Beiboot geborgen, verbindet man es mit einer mindestens 30 m langen Leine mit der Yacht. Es darf jeweils nur eine Person im Dingi sein. Der Hubschrauber wird einen Rettungsgurt herablassen oder ein Besatzungsmitglied des Hubschraubers wird zur Hilfe herabgelassen.

Ist kein Beiboot vorhanden oder die raue See erlaubt den Einsatz eines Dingis nicht, muss man vielleicht aus dem Wasser geborgen werden. In diesem Fall werden die Crewmitglieder an eine lange Leine gebunden und im Wasser hinter dem Heck der Yacht hergezogen, bis sie nacheinander vom Hubschrauber geborgen werden.

Als weitere Möglichkeit kann der Hubschrauber auch ein langes Nylonseil benutzen, an dessen unterem Ende ein Gewicht hängt und das oben mit dem Rettungshaken des Hubschraubers verbunden ist. Dieses Fangseil dient dazu, die Bergeschlaufe und gegebenenfalls einen Retter aufs Schiff zu ziehen. Ist das Besatzungsmitglied des Hubschraubers an Bord der Yacht, ist seinen Anweisungen Folge zu leisten. Wird der Retter zusammen mit dem ersten Geretteten nach oben gezogen, wird die Fangleine nachgelassen. Man hält die Fangleine so lange, wie weitere Rettungsvorgänge wiederholt werden müssen.

Abbergen von einem Schiff

Kommt ein anderes Schiff oder Rettungsboot zur Hilfe, muss man den Anweisungen von dessen Skipper oder Kapitän folgen, wie er bei der Bergung der Mannschaft vorgehen will. Bei hohem Wellengang ist es außerordentlich gefährlich, mit einem anderen Fahrzeug längsseits zu gehen, besonders wenn der Bergende ein großes Schiff ist. Ein Rettungskreuzer wird normalerweise direkt längsseits gehen, und die Mannschaft sollte bereit sein, so schnell wie möglich überzusteigen.

Ein großes Schiff kann – falls es der Seegang erlaubt – ein Rettungsboot herablassen. Bei sehr hohem Wellengang wird es für den Havaristen Lee machen, d. h. sich vor den Wind und Wellengang legen, um den Havaristen abzuschirmen. Dies ist nicht ungefährlich, da der Wind das Schiff schnell auf den Havaristen treibt. Vom Bergeschiff wird entweder eine Leiter oder ein Netz herabgelassen, über die die Mannschaft schnell heraufklettern muss. Muss man auf die Leiter oder an das Netz springen, so muss der Moment abgepasst werden, in dem die Yacht den höchsten Punkt ihrer Aufwärtsbewegung erreicht hat. Um der Gefahr, zwischen Yacht und Schiff zerquetscht zu werden, zu entgehen, muss man so schnell wie möglich hinaufklettern.

Erste Hilfe

Auf See liegt das Wohlbefinden der Mannschaft in der Verantwortlichkeit des Skippers. Er muss über alle bestehenden medizinischen Umstände innerhalb der Crew informiert sein, auch darüber, ob besondere Medikamente oder Behandlung notwendig sind. Jedes Crewmitglied muss den Skipper über eventuelle gesundheitliche Beeinträchtigungen informieren, die seine Arbeitsleistung verringern oder die Fähigkeit, zum Segeln der Yacht beizutragen, einschränken.

Vorbereitet sein

Glücklicherweise ist Segeln ein gesunder und ziemlich sicherer Sport, ernsthafte Verletzungen sind relativ selten. Die hauptsächlich auftretenden Verletzungen beschränken sich auf Schnitte oder Prellungen. Dennoch muss man mit einem ernsthaften Unfall rechnen, wenn man für das Wohlbefinden der Mannschaft verantwortlich ist. Erste-Hilfe-Ausstattungen gibt es in verschiedenen Ausführungen, passend für jede seglerische Anforderung. Beim Planen einer längeren Reise kann man seinen Arzt befragen, der Rezepte für apothekenpflichtige Medikamente, wie z. B. starke schmerzstillende Mittel oder Antibiotika, ausstellt.

Blutungen

Kleine Schnitte und Abschürfungen sind die häufigsten Verletzungen auf See. Ihre Behandlung dient in erster Linie dazu, die Blutung zum Stillstand zu bringen und eine Infektion zu vermeiden. Der verletzte Körperteil muss hochgehalten werden, und der Schmutz aus der Wunde unter laufendem Wasser gespült werden. Mit sterilen Gazepads wird die Wunde gereinigt und trockengetupft. Bei kleinen Schnitten oder Schrammen legt man ein Heftpflaster auf.

Verstauchungen, Zerrungen, Knochenbrüche

Verstauchungen treten auf, wenn Bänder und Sehnen der Gelenke überdehnt werden oder reißen. Sie sind überaus schmerzhaft und können leicht fälschlich für einen Knochenbruch gehalten werden.

Eine Zerrung ruft Muskel- und Sehnenrisse hervor. Der verletzte Körperteil schwillt an. Verstauchungen und Zerrungen müssen durch Ruhigstellen des Gelenkes behandelt werden sowie durch kalte Kompressen, die die Schmerzen und Schwellung lindern helfen. Ein leichter Druckverband, eine elastische Binde und das Hochlegen der Gliedmaßen helfen, den Bluterguss zu minimieren.

Eine Verrenkung wird normalerweise durch Verzerren des Gelenks hervorgerufen. Für den Verletzten ist das mit großen Schmerzen verbunden, das Gelenk ist bewegungsunfähig. Das verletzte Körperteil sieht deformiert aus und schwillt erheblich an. Das verletzte Glied muss gestützt und ruhig gestellt werden, ärztliche Hilfe ist hierbei erforderlich.

Wird ein Bruch vermutet, muss ebenfalls das verletzte Glied ruhig gestellt und medizinische Hilfe angefordert werden. Die heftigen Bewegungen eines kleinen Schiffes machen ein Ruhigstellen fast unmöglich. Man kann eine medizinische oder improvisierte Schiene zu

Schnittwunden

Tiefe Schnittwunden und starke Blutungen erfordern sofortiges Handeln, um Blutverlust zum Stillstand zu bringen. Es muss ein Druckverband angelegt werden.

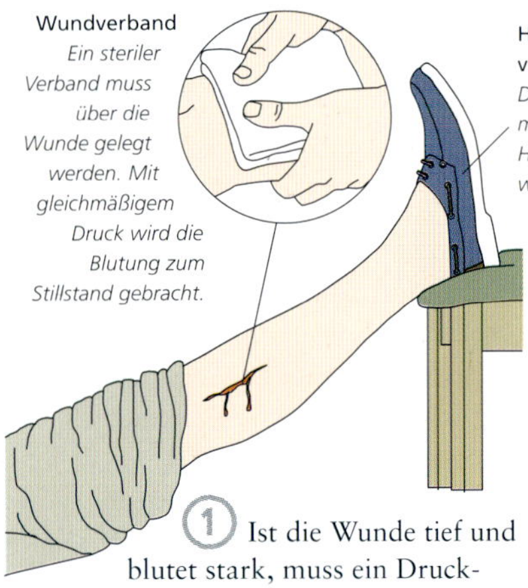

① Ist die Wunde tief und blutet stark, muss ein Druckverband unmittelbar über die Wunde gelegt werden. Der verletzte Körperteil muss höher als das Herz liegen.

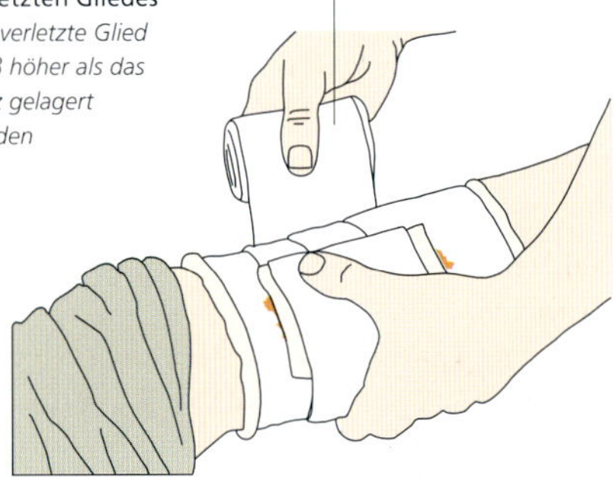

② Mit einer Bandage wird der Wundverband festgehalten. Hat man mit einem Druckverband abgebunden, muss die Blutzirkulation überprüft und ggf. der Verband wieder etwas gelockert werden.

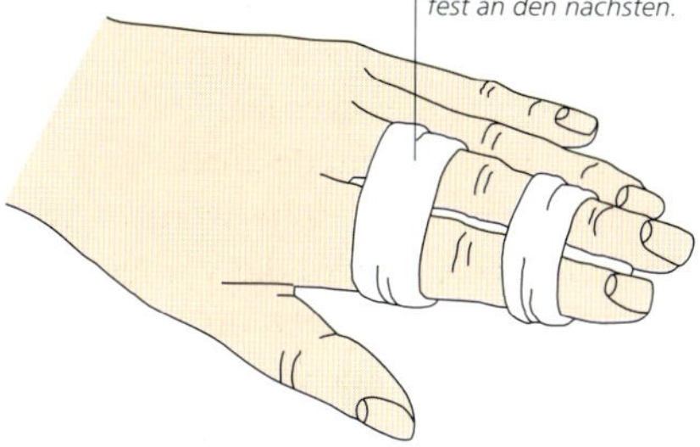

△ **Bruch**
Ein gebrochener Finger kann ruhig gestellt werden, indem man ihn mit einer Bandage oder Leukoplast fest an den nächsten Finger bindet.

Hilfe nehmen. Ist die Haut durch den gebrochenen Knochen verletzt, gibt es ein erhöhtes Infektionsrisiko; daher muss die Wunde erst versorgt werden, bevor eine Schiene angebracht wird.

Verbrennungen

Verbrennungen auf einem kleinen Schiff sind gefährlich, sie passieren meistens in der Pantry und am Motor. Das Opfer wird starke Schmerzen haben und, wenn die Verbrennung stark ist, Schock und Feuchtigkeitsentzug erleiden. Verbrennungen müssen sofort mit viel kaltem Wasser behandelt werden, und die Verletzung muss mindestens zehn Minuten lang gekühlt werden.

Der Verletzte muss viel trinken, um den Feuchtigkeitsverlust auszugleichen. Die Brandwunden werden mit nicht klebenden Verbänden abgedeckt.

Kopfverletzungen

Ein Schlag auf den Kopf kann immer gefährlich sein. Der Verletzte kann eine offene Wunde am Kopf haben, es können aber auch Gehirnerschütterungen oder Schädelverletzungen die Folge sein. Obwohl diese nicht sichtbar sind, muss man den Verletzten beobachten. Sehr sorgfältig muss man Zeichen von Gehirnerschütterung beachten, also Schwindel, Übelkeit, Erbrechen und erweiterte bzw. ungleichmäßige Pupillen. Hat der Verletzte einen sehr heftigen Schlag erlitten, sollte er nicht schlafen, es sei denn, man ist sicher, dass keine Gehirnerschütterung vorliegt. Wurde der Verletzte nach dem Schlag bewusstlos oder zeigt Anzeichen von Gehirnerschütterung, muss sofort ärztliche Hilfe angefordert werden.

ERSTE-HILFE-KASTEN

Auf Tagestörns in Küstengewässern und wenn medizinische Hilfe für den ernsten Notfall in der Nähe ist, ist ein einfacher Erste-Hilfe-Kasten ausreichend. Für längere Hochseetörns, weit ab von sofortiger Hilfe, ist eine umfassende Ausrüstung, die eine Behandlung von Unfallopfern ermöglicht, unerlässlich.

Wesentlicher Bedarf

Der nachfolgende Inhalt gehört zur Basis-Ausstattung:

- Wundverbände und Kompressen
- Heftpflaster und Binden
- Dreieckstücher
- Verbands-Clips, Leukoplast und Sicherheitsnadeln
- Scheren und Pinzetten
- Sterile Pads zur Wundsäuberung
- Einmal-Plastikhandschuhe
- Mundschutz
- Schmerzstillende Tabletten
- Antiseptische Salbe
- Augenbad und -lotion
- Fieberthermometer
- Gutes Handbuch für Erste Hilfe

SEEKRANKHEIT

Es gibt nur wenige Segler, die behaupten, niemals seekrank gewesen zu sein. Medikamente gegen Seekrankheit müssen immer an Bord sein, und man bestehe darauf, dass diejenigen, die für Seekrankheit anfällig sind, diese vor Antritt der Reise oder wenn schlechtes Wetter droht, vorsorglich einnehmen.

Die Seekrankheit auf ein Mindestmass beschränken

Seekrankheit entsteht durch eine Störung des Gleichgewichtssinnes im Innenohr. Man kann verschiedenes dagegen unternehmen. Tabletten gegen Seekrankheit müssen einige Stunden vor Segelbeginn eingenommen werden. Bevor man lossegelt, sollte man sich ausruhen und weder eine schwere Mahlzeit noch Alkohol zu sich nehmen. Wird einem übel, sollte man möglichst in frischer Luft sitzen und die Augen auf den Horizont richten – was dem Gleichgewichtssinn hilft. Ablenkung hilft ebenfalls, man sollte sich mit dem Segeln des Schiffes beschäftigen. Möglichst vermeidet man die Arbeit am Kartentisch oder in der Pantry. Man sollte auch vermeiden, kalt oder feucht zu werden, und etwas trockene Nahrung wird den Magen beruhigen. Die meisten Menschen erleiden nur eine leichte Form von Seekrankheit, die schnell vorübergeht. Leidet ein Crewmitglied jedoch stark darunter, kann außergewöhnliche Schwäche und Bewegungsunfähigkeit die Folge sein. In einem solchen Fall muss der Skipper schnellstmöglich zum Hafen zurückkehren.

SCHOCK

Ein Schock ist oft die Folge von schweren Verletzungen. Nach einem Unfall beobachtet man das Opfer sehr genau.

SCHOCKBEHANDLUNG

Die Anzeichen für Schock sind ein schneller Puls, fahlgraue Haut (besonders die Lippen) und schweißbedeckte, kalte Haut. Diese Symptome können sich noch steigern bis zu Schwindelanfällen, Übelkeit oder Durst, flachem, schnellem Atem und einem kaum tastbaren, aber schnellen Puls. Verschlechtert sich der Zustand des Patienten noch, kann er ruhelos werden, nach Luft schnappen und schließlich sogar ohnmächtig werden. Der Patient muss warm gehalten und die Beine hochgelegt werden, zu enge Kleidung muss geöffnet werden. Wenn möglich, versorgt man die Verletzung und überwacht den Puls und die Atmung. Der Patient sollte nicht allein gelassen werden, Nahrung und Getränke sollte er nicht zu sich nehmen.

SONNENBRAND

Vorsorge ist besser als Heilung, darum ist Sonnenschutzcreme oder -milch unerlässlich, auch sollte man immer einen Hut und langärmelige Hemden tragen. Hat man doch einen Sonnenbrand bekommen, kühlt man mit frischem Wasser, bedeckt die Haut mit leichten Textilien und geht in den Schatten. Viel Wasser in kleinen Schlucken trinken, um den Feuchtigkeitsmangel auszugleichen.

HITZSCHLAG

Man kann einen Hitzschlag nach langem Aufenthalt in großer Hitze und Schwüle bekommen. Die Anzeichen dafür sind Unruhe, Kopfschmerzen, Schwindelgefühl, roter Kopf, heiße und trockene Haut und ein schneller, starker Pulsschlag. Die Körpertemperatur steigt und kann 40 °C oder mehr erreichen.

In schweren Fällen kann der Patient das Bewusstsein verlieren. Als Erstes muss die Temperatur schnell heruntergebracht werden. Der Patient soll an einem kühlen Platz liegen, mit einem nassen Laken zugedeckt, das von Zeit zu Zeit erneut befeuchtet wird. Der Patient soll mit kühler Luft befächelt werden, bis die Temperatur unter 37,5 °C sinkt. Dann tauscht man das Laken gegen ein trockenes aus und versucht, ärztliche Hilfe zu bekommen.

HITZEERSCHÖPFUNG

Diese tritt ein, wenn sehr viel Salz und Feuchtigkeit durch verstärkte Schweißabsonderung verloren wurden. Die Anzeichen hierfür sind Kopfschmerzen oder Krämpfe, blasse und feuchte Haut, ein schneller, schwacher Puls und leicht erhöhte Temperatur. Wenn diese Anzeichen auftreten, kühlt man den Patienten und ersetzt die verlorene Salz- und Feuchtigkeitsmenge. Der Patient soll mit hochgelegten Beinen liegen und viel, möglichst leicht gesalzenes Wasser trinken.

UNTERKÜHLUNG

Ein Fall von Unterkühlung liegt vor, wenn die Körpertemperatur unter 35 °C sinkt. Die ersten Anzeichen sind starkes Zittern, das unkontrollierbar wird, und die Schwierigkeit zu

STABILE SEITENLAGE

Ist ein Unfallopfer bewusstlos, atmet aber noch, sollte es in eine Seitenlage gebracht werden, eine Position, die das Opfer stabil hält und verhindert, dass es sich an seiner Zunge oder an Erbrochenem verschluckt. Man kann den Verletzten entweder auf einer Backskiste, der Sitzfläche im Cockpit oder auf den Boden legen.

DEN PATIENTEN IN DIE SEITENLAGE BRINGEN

Bei einer Verletzung im Rückenbereich müssen die Luftwege freigehalten werden und die Beine ausgestreckt sein. Der dem Helfer zugewandte Arm wird seitlich neben den Körper gelegt. Der andere Arm wird quer über den Körper gelegt, der Handrücken wird unter das Kinn platziert. Mit der anderen Hand zieht man nun das Bein der entfernten Seite hoch, indem man es gerade über dem Knie anfasst. Am Bein anfassend rollt man den Verletzten zu sich herum, bis er auf der Seite liegt, während man seine Hand gegen die Wange presst. Man vergewissert sich, dass der Luftweg noch frei ist.

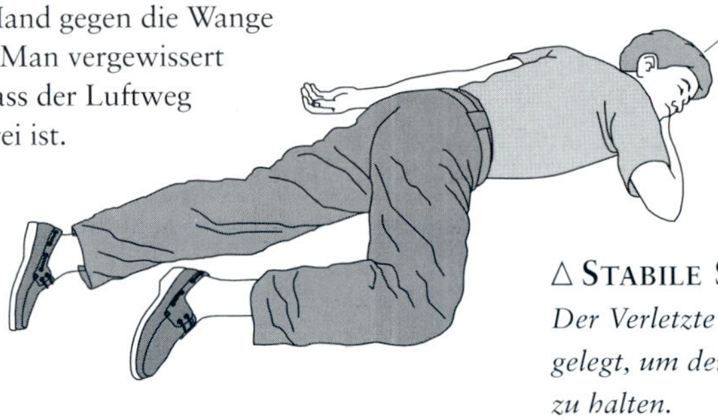

△ **STABILE SEITENLAGE**
Der Verletzte wird auf die Seite gelegt, um den Luftweg offen zu halten.

sprechen. Sinkt die Körpertemperatur noch weiter auf 32–30 °C, hört das Zittern auf, der Patient wird unbeweglich, reizbar und spricht undeutlich. Weiterer Wärmeverlust führt zur Körperstarre, langsamem, kaum wahrnehmbarem Puls und Atmung sowie Bewusstseinstrübung. Erreicht die Temperatur 27 °C, verliert der Patient das Bewusstsein und der Herzschlag wird unregelmäßig. Jeder weitere Verlust an Körperwärme führt den Tod herbei.

Der erste Schritt für die Behandlung ist die Erwärmung des Patienten. Nasse Kleidung muss ausgezogen und durch trockene ersetzt werden. Man wickelt ihn in Decken, Isolationsrettungsdecken oder in einen Schlafsack, auch der Kopf muss warm gehalten werden. Man flößt dem Patienten warme Getränke und proteinhaltige Nahrung ein. Sobald als möglich medizinische Hilfe herbeiholen.

Ertrinken

Zieht man einen Bewußtlosen aus dem Wasser, muss der Puls gefühlt und nach Anzeichen von Atmung gesucht werden. Atmet der Gerettete nicht, beginnt man sofort mit der Wiederbelebung, ist kein Puls zu fühlen, beginnt man mit der Herzmassage *(rechts)*.

Sind die Wiederbelebungsmaßnahmen erfolgreich, legt man den Geretteten in die stabile Seitenlage *(links unten)*, damit das verschluckte Wasser aus dem Mund laufen kann. Man untersucht ihn nach anderen Verletzungen. Ist er transportfähig, bringt man ihn unter Deck, aus dem Wind, zieht ihm die nassen Kleider aus, bevor man ihn mit mehreren warmen Decken zudeckt.

Kommt der Gerettete wieder zu Bewusstsein, kann er unter Schock stehen. Man achtet auf die entsprechenden Symptome und behandelt ihn demgemäß.

Wiederbelebung

Hat ein Unfallopfer aufgehört zu atmen, muss man sofort mit den Wiederbelebungsmaßnahmen beginnen. Wenn auch kein Puls mehr zu fühlen ist, muss mit der Herzmassage begonnen werden. Hier zählt jede Sekunde.

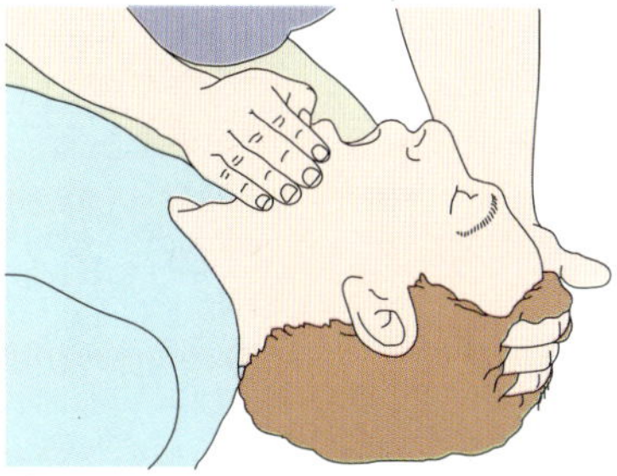

(1) Man legt den Verletzten auf den Rücken, vergewissert sich, dass der Luftweg frei ist, indem man eine Hand unter das Kinn, die andere auf die Stirn legt und den Kopf vorsichtig etwas nach hinten beugt.

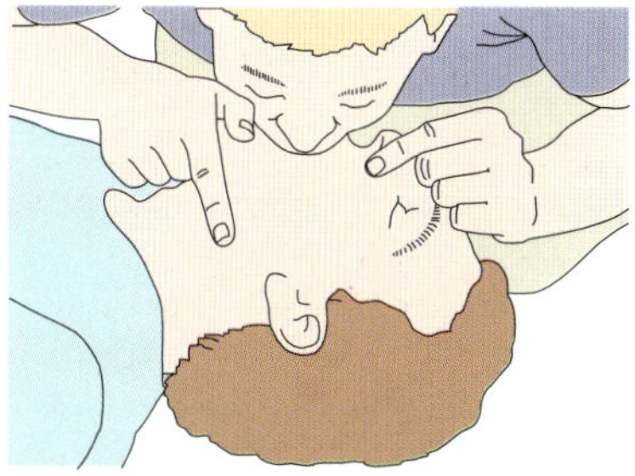

(2) Die Nasenlöcher werden zusammengedrückt, dann bläst man immer wieder ungefähr zwei Sekunden lang seinen Atem in den Mund des Verletzten und gibt dann den Mund wieder frei, damit die Luft entweichen kann.

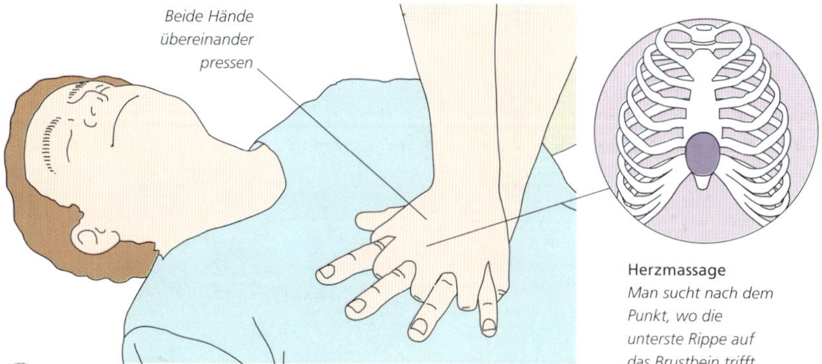

Herzmassage
Man sucht nach dem Punkt, wo die unterste Rippe auf das Brustbein trifft

(3) Wenn nach dem zweiten Beatmungsvorgang kein Puls fühlbar ist, muss mit der Herzmassage begonnen werden. Man kniet seitlich neben dem Verletzten und platziert den Mittelfinger der Hand, die den Füßen am nächsten ist, auf den Punkt, wo die unterste Rippe auf das Brustbein trifft (siehe Ausschnitt). Den Handballen der anderen Hand legt man nun ebenfalls auf das Brustbein, so dass er mit verschränkten Fingern über der anderen Hand liegt.

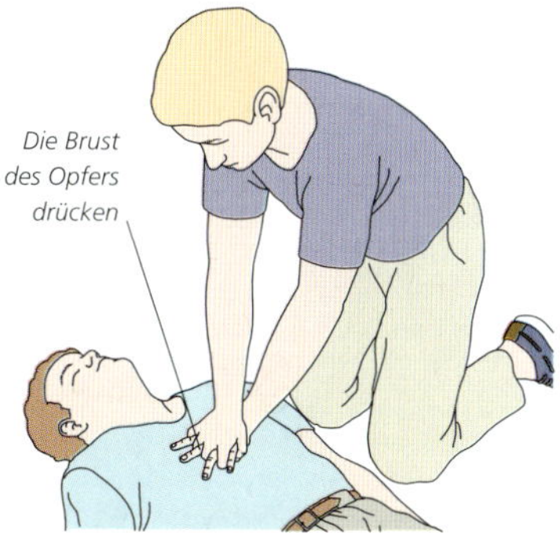

(4) Nun drückt man mit ausgestreckten Armen den Brustkorb ca. 4,5 cm zusammen und lockert den Druck, wobei dann die Hände auf dem Brustkorb bleiben. Der Vorgang wird ca. 15-mal wiederholt mit einer Frequenz von ungefähr 100 pro Minute. Danach folgt zweimalige Mund-zu-Mund-Beatmung und ein erneuter Check von Atmung und Puls. Der Vorgang wird so lange wiederholt, bis man den Puls fühlen kann und der Verletzte wieder selbst zu atmen beginnt. Danach wird der Verletzte in die Seitenlage gebracht.

Glossar

Abdrift, Abtrift: Durch Seitenwind oder Strom verursachtes seitliches Versetzen des Bootes.

Abfallen: Das Schiff aus der Windrichtung drehen, das Gegenteil ist anluven.

Ablandig: Der Wind, der vom Land nach See weht. Das Gegenteil ist auflandig.

Abschlagen: Die Segel abnehmen. Das Gegenteil ist Abschlagen.

Achteraus: Hinter bzw. nahe dem Heck des Schiffes.

Achterholer: Diejenige der beiden Luvschoten des Spinnakers, die gemeinsam mit dem Niederholer das Steigen des Spinnakerbaumes verhindert und die Stellung des Spinnakerbaumes fixiert.

Achterliek: Die hintere Kante eines Segels.

Achtern: Hinten, am Heck oder in Richtung auf das Heck des Schiffes.

Achterpiek: Hinterste Ecke(n) eines Schiffes.

Achterstag: Der Draht, der vom Masttopp zum Heck einer Yacht führt. Er verhindert, dass der Mast nach vorn fällt und wird benutzt, um das Vorstag zu spannen.

Achtknoten: Knoten, der das Ausrauschen einer Schot aus einem Block verhindert.

Am Wind segeln: Der Kurs liegt im spitzen Winkel zur Windrichtung, je spitzer der Winkel, desto »höher« segelt das Schiff am Wind. Gegensatz dazu: vor dem Wind oder »raum«.

Anemometer, Windmesser: Instrument zum Messen des scheinbaren Windes.

Anker: Ein schwerer, durch eine Trosse (bzw. Kette) am Schiff befestigter Gegenstand, der außenbords herabgelassen wird, um das Schiff mit Hilfe seiner im Flussbett oder Meeresgrund eingegrabenen Flügel sicher festzuhalten.

Ankerkette: Die Kette, mit der der Anker am Schiff befestigt wird (s. auch Warpleine, Trosse).

Ankerplatz, Ankergrund: Ein vor starken Winden und Strömungen geschützter Platz, an dem es sicher genug ist, zu ankern, bzw. sicherer Grund vorhanden ist, den Anker zu befestigen.

Ankerwinde, Ankerwinsch: Das Handspill oder die motorgetriebene Mechanik, mit deren Hilfe der Anker gehoben wird, indem die Ankerkette oder -trosse um die Trommel geführt wird.

Anlegepfähle: Pfähle aus Holz oder Metall, die in den Grund gebohrt sind, und die Vorrichtungen zum Festmachen von Leinen haben.

Anluven: Das Schiff näher an den Wind bringen, das Gegenteil ist abfallen.

Anode (Opferanode): Zinkteile, die an den Borddurchlässen, dem Ruder und dem Propeller angebracht werden, um sie vor Korrosion durch Elektrolyse zu schützen. Die Anoden korrodieren vor bzw. statt der Metallteile.

Anschlagen: Das Großsegel mit dem Unterliek in die Nut des Großbaumes einziehen. Das Gegenteil ist Abschlagen.

Antifouling-Anstrich: Spezialanstrich für den Rumpf. Er verhindert Bewuchs durch Tang und Muscheln.

Auflandig: Der Wind weht in Richtung auf das Land zu (Leeküste, Legerwall).

Aufschiesser: Das Boot zum Halten zu bringen, indem man hart anluvt, bis der Bug im (scheinbaren) Wind steht.

Auftriebstanks: Hohlkörper, die zusätzlich unter dem Vor- und Achterdeck kleiner Jollen mitgeführt werden und das Boot nach einer Kenterung oder Vollschlagen schwimmend halten.

Ausreitgurte: Gurte, unter denen Jollensegler mit den Füßen Halt suchen, wenn sie sich weit nach Luv hinauslegen müssen.

Aussenbord-Motor: Motor, der außen am Schiff bzw. Heck angebracht wird.

B

back: Das Vorsegel back setzen heißt, das Segel gegen den Wind zu stellen.

Backbord: In Fahrtrichtung gesehen die linke Seite eines Schiffes.

Backbordbug: Kurs eines Schiffes bei Windeinfall von Steuerbord (die Segel stehen auf der Backbord-Seite).

Balanceruder: Ruderform, die das Schiff auf einem stabilen Geradeauskurs hält, wenn man die Ruderpinne loslässt.

Barbehauler: Beiholer für eine Vorsegelschot zwecks Verlagerung des Holepunktes.

Barograph: Ein Barometer, das auf einem Kurvenblatt laufend den Luftdruck aufzeichnet.

Baum: Horizontal längsschiffs verlaufende Spiere oder Stange, an der das Unterliek eines Segels befestigt ist.

Baumniederholer: Leine, die verhindert, dass der Baum bei achterlichen Winden steigt.

Beaufort-Skala: Skala, die den Wind in Stärkegrade einteilt und durch Beschreibung deren jeweilige Auswirkungen erkennbar macht.

Bermuda Sloop: Hochgetakelte Yacht mit dreieckigem Großsegel und einem Vorsegel.

Bermuda-Segel: Dreieckiges Großsegel.

Betonnung: Sammelbezeichnung für alle Seezeichen, die vor Hindernissen warnen bzw. sichere Durchfahrt markieren.

Bilge: Kielraum, die tiefste Stelle im Schiffsrumpf, an dem die Seitenplanken bzw. -platten unterhalb des Mittelträgers zusammenlaufen.

Bilgepumpe: Pumpe, um das in der Bilge zusammengelaufene Wasser außenbords zu pumpen.

Blister: s. Gennaker – Der Blister ist ein asymmetrisch geschnittener Spinnaker, der ohne Baum gefahren wird und sich fast so flach wie eine große Genua trimmen lässt.

Block: Rolle in einem Gehäuse aus Holz, Metall oder Kunststoff, über die Tauwerk geführt wird.

Breitengrad, Breitenparallele: Das Liniennetz einer Seekarte von Ost nach West, parallel zum Äquator.

Brückendeck: Erhöhung bis zur Höhe der Sitzebene im Cockpit, die das Cockpit von der Kajüte trennt. Schützt vor Wassereinbruch in die Kajüte und verstärkt das Schiff.

Brustleine: Beim Längsseitsliegen werden gelegentlich zusätzlich zu den vier Festmachern noch eine vordere und achtere Brustleine gesetzt, die das Schiff dicht am Steg halten.

Bug: Vorderster Teil des Schiffes, Gegenteil vom Heck.

Buganker: Hauptanker eines Schiffes.

Bugbeschlag: Beschlag am Bug, an dem Vorstag und Vorsegelhals befestigt werden.

Bugkorb: Ein fest montierter, oft auch etwas erhöhter Teil der Seereling aus Metallrohr am Bug einer Segelyacht.

Bugleine: Auch Kopfleine. Festmacherleine, die vom Bug aus in Schiffsrichtung nach vorn zum Land geführt wird. Gegensatz: Heckleine. (Nicht zu verwechseln mit Vorleine.)

Bugspriet: Festeingebaute Spiere, die das Schiff über den Vorsteven hinaus verlängert, um das Vorsegel oder weitere Vorsegel zu befestigen.

C

Cockpit, Plicht: Offener Sitzraum, zumeist achtern und hinter der Kajüte einer Yacht gelegen, zum Arbeiten und Aufenthalt der Deckscrew während des Segelns. Von dort aus wird das Boot gesteuert.

Crew: Nennt man die gesamte Mannschaft auf einem Schiff oder alle Personen mit Ausnahme des Steuermannes bzw. Schiffsführers.

Cunningham: Cunningham-Kausch, ein über dem Hals des Groß- oder Vorsegels eingenähtes Auge zum Trimm des Segels.

D

Davit: Kranartige Vorrichtung, ausgestattet mit einer (oder mehreren) Talje(n), um Beiboote und Ausrüstungsgegenstände aufzuhängen oder herabzulassen.

Dichtholen: Das freie oder lose Ende einer Schot oder eines Falls wird über eine Winsch angezogen bzw. dichtgeholt.

Differential-GPS: Durch landgestützte Sender verbessertes Verfahren, das die im Global Positioning System (GPS) enthaltenen Ungenauigkeiten weitgehend kompensiert. (s. GPS).

Dingi, Dinghy: Kleines (Bei-)Boot, das entweder durch Segel, Ruder oder einen Außenbordmotor angetrieben wird.

Dirk: Eine (Stahl-)Leine, die vom Masttopp zur Baumnock führt. Sie hält den Mastbaum, wenn das Segel nicht gesetzt ist und verhindert, dass der Baum aufs Deck fällt.

Distanz: Entfernung, gemessen in Seemeilen.

Dollen, Rudergabel: U-förmige oder gabelförmige Auflager aus Metall oder Kunststoff, in denen die Riemen beim Rudern liegen.

Doppelpeilung: Methode der Standortbestimmung, wenn nur eine Landmarke zur Verfügung steht:

Man peilt diese zweimal an und erhält aus den Peilungen und der inzwischen zurückgelegten Distanz den Schiffsort.

Draggen: Kleiner, leichter Anker für kleine Boote (Jollen).

Ducht: In Dingis, Tendern oder kleinen Ruderbooten quer angebrachte Ruderbank.

E, F

EPIRP: Emergency Position Indicating Radio Beacon; Seenotfunkbake, in die ständig die aktuelle Position des Schiffes eingelesen wird. Sie sendet nach einem Seenotfall für längere Zeit Seenotmeldungen.

Fahrrinne: Enges, durch Tonnen oder Stangen gekennzeichnetes Fahrwasser.

Fahrt über Grund: Geschwindigkeit des Schiffes über dem Meeresgrund.

Fahrwasser: Durch Seezeichen begrenzte Wasserfläche, durch die die durchgehende Schifffahrt sicher ist (s. Fahrrinne).

Fall: Leine oder Draht, um ein Segel (eine Flagge oder Signalflagge) hochzuziehen.

Fangleine: Eine am Bug des Dingis oder Beibootes befestigte Leine, mit deren Hilfe das Schiff an der Muring festgemacht werden kann.

Flossenkiel: Einzeln, mittig angebrachter Ballastkiel (Kurzkiel – Gegensatz: Langkiel).

Fock: Dreieckiges Vorsegel, wird vor dem Großsegel gefahren.

Freibord: Der mittschiffs vertikal gemessene Abstand zwischen Wasserfläche und Deck.

Funkanlagen: Sende- und Empfangsgeräte für Peilfunk, Radar, Wetterfax, die funk- oder satellitengestützt sind.

G

Gegenbauch: Wird das Großsegel über die optimale Segelstellung hinaus gefiert, entsteht ein Gegenbauch parallel zum Vorliek.

Gennaker: Ein Vorsegel, das eine Kreuzung aus Genua und Spinnaker ist. Gelegentlich auch Blister genannt (s. Blister).

Genua: Großes, den Mast überlappendes Vorsegel, das bis zum Deck herunterreicht.

Gezeitenstrom: Die durch die Wasserstandsänderungen bei Hoch- oder Niedrigwasser entstehende horizontale Wasserbewegung.

Gezeitentafeln, Tidenkalender: Tabellen, die Hoch- und Niedrigwasserzeiten und vorausberechnete Höhen der Gezeiten für jeden Tag im Jahr angeben.

GFK: Glasfaserverstärkes Kunststoff-Material, aus dem viele Bootskörper gebaut werden.

Gillung, Gilge: Bedeutet Verschmälerung oder Verbreiterung; hier: der Unterschied zwischen der äußeren und mittleren Tiefe eines Segels, Segelprofil oder Bauch des Segels.

Gleiten: Fahrzustand bei Jollen und leicht gebauten Segelschiffen beim Überschreiten der Rumpfgeschwindigkeit, wobei das Boot über die Wasserfläche rutscht und seine Fahrt erheblich beschleunigt.

GMDSS: Global Maritime Distress and Safety System; weltweite Standardeinrichtung zum automatischen Senden von Notrufsignalen, die nicht nur das Schiff identifizieren, sondern auch die Position des Schiffes melden.

GPS: Global Positioning System; weltweites Satelliten-Navigationssystem; das Gerät an Bord empfängt über Satelliten Informationen zur Ortung des Standpunktes (s. DGPS).

Großschot: Die Leine, die am Großbaum befestigt ist und mit deren Hilfe man das Großsegel in die richtige Stellung zum Wind bringt.

Großschot-Talje: Durch einen Block (Talje) geschorene Großschot zur leichteren Bedienung der Schot.

Großsegel: Das Hauptsegel des Großmastes.

H

Halber Wind: Segeln mit Wind, der fast rechtwinkling von der Seite auf das Boot trifft.

Halbwindkurs: Ist der Kurs, bei dem der Wind etwa mittschiffs im rechten Winkel auf das Schiff trifft (s. auch raumschots).

Halsen: Das Heck des Schiffes durch den Wind drehen, Gegenteil von Wenden.

Handpeilkompass: Tragbarer Kompass, mit dem Peilungen von jedem Punkt des Decks aus vorgenommen werden können.

Heck: Der hinterste Teil eines Schiffes; Gegensatz zum Bug.

Heckkorb: Fest montiertes, stabiles Geländer aus Metallrohr um den gesamten Heckbereich, etwas höher als die Seereling.

Heckleine: Festmacherleine, die in Schifflängsrichtung vom Heck aus nach achtern an Land ausgebracht wird (s. Bugleine). (Nicht identisch mit der Achterleine.)

Hoch am Wind: Segeln bei dichtgeholten Segeln in einem möglichst spitzen Winkel zur Windrichtung.

Hochdruckgebiet: Zone hohen Luftdrucks.

Hygrometer: Ausrüstungsgegenstand zur Wetterbeobachtung, insbesondere bei aufkommendem Nebel, da es die relative Feuchtigkeit misst.

I

IALA: International Association of Lighthouse Authorities; Internationaler Verband der Behörde für Seezeichen, regelt nach internationalen Richtlinien das Seezeichensystem.

Impeller- bzw. Axialpumpe: Pumpe, mit einem Propeller-ähnlichen Antrieb.

Innenbordmotor Motor: Ein Motor oder eine Maschine, die innerhalb des Schiffsrumpfes eingebaut ist. Siehe auch Außenbordmotor, der außen am Heck eines Schiffes angebracht wird.

Isobaren: Linien, die auf Wetterkarten Gebiete gleichen Luftdrucks verbinden. Man verbindet alle Punkte gleichen Luftdrucks, so dass in sich geschlossene Kurven, die Isobaren, entstehen.

K

Kajütaufbau: Der erhöhte Aufbau in der Mitte des Schiffes mit der unter Deck gelegenen Kajüte.

Kajütboden: Fußboden der Kajüte.

Kajüte: Wohnraum unter Deck.

Kardanische Aufhängung: Aufhängevorrichtung mit allseitiger Beweglichkeit, so dass in ihr angebrachte Gegenstände auch bei Krängung aufrecht bleiben.

Kardinalsystem (Bojen): Seezeichen, die durch Toppzeichen, Farbgebung und Leuchtfeuerkennung bezeichnen an welcher Seite eine Gefahrenstelle am günstigsten passiert werden kann.

Kartennull: Gegebene Bezugsgröße in Seekarten, auf die Tiefenangaben und Höhe des mittleren Springniedrigwassers bezogen sind.

Katamaran: Doppelrumpfboot, bestehend aus zwei schmalen Rümpfen, die durch zwei Träger und ein zwischengespanntes Netz bzw. ein steifes Deck miteinander verbunden sind.

Kausch: Ein Auge (eine Öse) im Segel.

Kentern: Umkippen eines Bootes.

Ketsch: Zweimastige Segelyacht. Der hintere Mast (Besanmast) ist erheblich kleiner als der Großmast und steht vor dem Ruder.

Kiel, Ballastkiel: Im Schiffsbau der unterste Mittellängsverband des Rumpfes, der die Schiffshälften zusammenhält. Ursprünglich ein starker Balken, auf dem die Spanten aufgestellt wurden. Ballastkiel ist ein am untersten Teil eines Schiffsrumpfes angebrachter Ballast- oder Bleikörper, um das Schiff stabil (aufrecht) zu halten.

Kimmkieler: Seitlich (in der Kimm) angebrachte Kielflossen, die dem Schiff ein Trockenfallen ermöglichen, ohne dass es umkippt.

Klampe: Vorrichtung aus Holz oder Stahl, um deren abstehende Enden Leinen belegt werden.

Klasse: Eine Gruppe von Schiffen der gleichen Konstruktion.

Kneifen: Extrem hoch am Wind segeln, innerhalb der *»no-sail-zone«* bzw. des toten Sektors.

Knoten: Maßeinheit für die Schiffsgeschwindigkeit; ein Knoten = eine Seemeile pro Stunde.

Kollisionsverhütungsregeln (KVR): Haben 1989 die Seestraßenordnung ersetzt. Die KVR gelten weltweit; in ihnen ist das Verkehrsrecht der Schifffahrt festgelegt.

Kombüse: Schiffsküche.

Kompassdeviation: Die Ablenkung der Kompassnadel durch magnetische Einflüsse des Schiffes.

Kopfbrett: Die oberste Ecke eines Großsegels, an der das Großfall angeschlagen wird.

Koppelort: (EP = estimated position) Ermitteln eines Schiffsortes aus dem letzten Standort, indem man in regelmäßigen Abständen Kurse und Distanzen vektorisch addiert.

Krängen: Neigung des Bootes während des Segelns.

Krängungswinkel: Gleichgewicht zwischen dem krängenden Moment und dem aufrichtenden, dem Stabilitätsmoment des Schiffes.

Kreuzen: Auf Zickzackkurs gegen den Wind segeln.

Kreuzknoten, Reffknoten: Ein Knoten, der zwei lose Tauenden von gleichem Durchmesser miteinander verbindet.

Kurs durchs Wasser, Kurs über Grund: Kursdifferenz durch die Stromversetzung.

Kurs: Richtung, in die das Schiff gesteuert wird.

Kutter: Einmastige Segelyacht mit zwei Vorsegeln, der Fock und davor dem Klüver.

L

Lazy Jacks: Vom Mast zum Großbaum herunterreichende Fangleinen, die das Segel auffangen, wenn es niedergeholt bzw. geborgen wird.

Lee, leewärts: Die dem Wind abgewandte Seite, die Richtung, in die der Wind weht. Im Gegensatz dazu: Luv.

Leebrett: Holzbretter, die bei Krängung und Seegang das Herausfallen der in der Koje liegenden Person verhindern (s. Leesegel).

Leegierig: Dreht das Schiff nach Lee, wenn man die Ruderpinne loslässt, ist das Schiff leegierig.

Leeküste: Weht der Wind von See auf das Land, wird die Küstenlinie Leeküste genannt.

Leesegel: Tuchstreifen, die bei Seegang das Herausfallen aus der Koje verhindern (s. Leebrett).

Leeweg: Winkel zwischen Kielrichtung und dem wahren Weg durchs Wasser.

Leitblock, Leitöse: Jeder Block, Ring, Öse, Auge oder Talje zum Umleiten der Zugrichtung einer Leine, eines Seils.

Lenzventil, Lenzklappen: Ventilklappe am Heck, gibt eingedrungenes Wasser von innen nach außen frei.

Liekstrecker, Unterliekstrecker: Leine zum Recken eines Segellieks.

Liektau: Band oder Draht für verstärkte Segelsäume.

Logbuch: Schiffstagebuch, in dem der aktuelle Standort, der Kurs, die gesegelte bzw. gefahrene Strecke oder besondere Vorkommnisse während der Fahrt vermerkt sind.

Loggeort: Von einem bekannten Ort ausgehend nur durch Zeichnung oder Rechnung einen neuen Schiffsort ermitteln.

Lot: Markierte Leine mit einem Bleigewicht, mit deren Hilfe man die Wassertiefe messen kann.

Lümmel: Verbindungsgelenk zwischen Mast und Baum, der Lümmelbeschlag ist am Baum, das Lümmellager am Mast angebracht.

Luv, luvwärts: Die dem Wind zugekehrte Seite, die Richtung, aus der der Wind kommt. Im Gegensatz dazu: Lee.

Luvgierig: Dreht das Schiff in den Wind, wenn man die Ruderpinne loslässt, so ist es luvgierig.

M

Magnetisch Nord: die von einem Magnetkompass angezeigte Nordrichtung.

Magnetkompasskurs (MgK): Winkel zwischen Magnetkompass-Nord und Kielrichtung des Schiffes (s. auch Kurs und Kurslinie).

Markierungsboje: Stange mit Schwimmkörper zur Markierung des zu Rettenden.

Mast-Decksdurchführung: Die Stelle, an der der Mast durch das Kajütdach hindurchgeführt wird.

Mast: Vertikal errichtete Stange, an der Segel befestigt werden.

Mastfuss: Unterstes Ende des Mastes, mit dem er auf dem Boot steht.

Mastneigung: Der Neigungswinkel eines Mastes nach hinten, Abweichen von der Senkrechten.

Mastspanner: Schraubvorrichtung auf Katamaranen, um den Stellwinkel des drehbaren Mastes kontrollieren bzw. verändern zu können.

Mastspur: Länglich vertiefter, hölzerner Block oder Beschlag aus Metall, der den Mastfuß hält.

Masttopp, Topp: Oberster Teil bzw. Spitze des Mastes.

Masttoppbeschlag: Terminalbeschlag, an dem die Wanten und Fallen an der Spitze des Mastes befestigt werden.

MAYDAY: International anerkannter Sprechfunk-Notruf (wird dreimal wiederholt). Dieser Seenotruf hat Vorrang vor allen anderen gesendeten Nachrichten (s. PAN PAN).

Meridian, Längengrad: Die Netzlinien auf einer (See-)Karte, die von Nord nach Süd laufen.

Missweisung: Ist der Winkel zwischen der magnetischen, von der Kompassnadel angezeigten Nordrichtung und der rechtweisenden Nordrichtung.

Missweisend Nord: Ist die von einer Kompassnadel angezeigte Nordrichtung. Sofern es keine magnetischen Ablenkungen auf dem Schiff gibt, zeigt die Nadel zum magnetischen Nordpol.

Mittellinie: Längsachse des Bootes.

Muring: Eine dauerhaft installierte Vorrichtung von Ankern und Trossen, an denen ein Schiff sicher festmachen kann.

N, O

Nautical Almanac (für Großbritannien): Nautisches Jahrbuch, jährlich herausgegebener Kalender, der statistische Informationen für die Seefahrt enthält.

Niedergang: Leiter oder Treppe, die vom Cockpit in die Kajüte (unter Deck) führt.

Nipptide: (engl. *neap* = niedrig) Niedrigste Tide (während der Halbmond-Phase), mit geringerer Wasserhöhe zwischen Hoch- und Niedrigwasser. Gegensatz hierzu: Springtide.

Notmast: Nach einem Mastbruch wird – soweit möglich – ein behelfsmäßiger Mast geriggt.

Oberwant: s. Wanten.

P, Q

Palstek: Knoten, mit dem sich ein beliebig großes Auge am Ende einer Leine oder Trosse herstellen lässt, das sich nicht zusammenzieht, zum Festmachen an Pollern, Pfählen oder Ringen.

PAN PAN: Ein international anerkanntes Notrufsignal (Dringlichkeitsruf) im Funkverkehr.

Peilung: Vom Schiff aus gemessene Richtung zu einem Objekt oder zwischen zwei Objekten.

Pinne, Ruderpinne: Stange bzw. Hebel, durch den das Ruderblatt bewegt wird. Mit der Ruderpinne wird das Schiff gesteuert.

Pinnenstange: Querbalken bzw. Steuergestänge, das die beiden Ruderblätter eines Katamarans miteinander verbindet.

Plotterlineal, Gradlineal: Zeichengerät zur Darstellung des Kurses in Verbindung mit dem Liniennetz der Längen- und Breitengrade auf der Seekarte.

Püttings: Stahlplatten, auf denen Wanten und Stage befestigt werden.

Querab: Im rechten Winkel zur Längsrichtung des Schiffes.

Querschiffs, dwarsschiffs: Von einer Seite zur anderen, seitwärts.

Querschlagen: Wenn das Schiff unbeabsichtigt quer zu den Wellen »aus dem Ruder läuft«.

R

Radeffekt: Versetzung des Schiffes in die Richtung, in die die Schraube sich dreht.

Ratschblock, Knarrblock: Eine Art Talje für die Großschot, die den ungewollten Rücklauf eines Endes in einer Richtung hemmt.

Raumen: Eine Winddrehung, bei der der Wind mehr von achtern einkommt als vorher. Die gegenteilige, für den Kurs ungünstigere Winddrehung heißt Schralen.

Raumschots: Mit raumem Wind segeln, d. h. der Wind kommt schräg von achtern.

Rechtweisend Nord: Richtung auf den geographischen Nordpol.

Reffen: Die Segelfläche reduzieren, wenn der Wind zu stark wird.

Reffgatchen, Refföse n, Reffbändsel: Kleine, in das Segel eingenähte Flecken, an denen die Reffbändsel befestigt sind.

Relingskleider: Imprägnierte (Segel)-Tuchbahnen zum Schutz vor Spritzwasser im Cockpit.

Relingsstütze: Pfosten, die die Seereling aufrecht halten.

Rigg: Mast und Summe des für ein Segelschiff benutzten stehenden und laufenden Gutes. Ein Schiff aufriggen bedeutet, den Mast zu setzen.

Ruderblatt: Bewegliche, im Heckbereich unter Wasser angebrachte Ruderfläche, mit deren Hilfe das Schiff gesteuert wird.

Rudergänger: Die Person, die das Boot steuert.

S

Schäkel: U-förmiges Verbindungselement, um Leinen, Blöcke, Beschläge und Teile aller Art miteinander zu verbinden.

Schandeckel (auch Schandeck): Außenliegende, das Deck seitlich abschließende Decksplanke.

Scheibe(n): Räder (Scheiben) innerhalb eines Blocks, einer Talje.

Scheinbarer Wind: Resultierend aus wahrem Wind und dem Fahrtwind ergibt sich der scheinbare Wind, der nur auf dem Schiff wahrgenommen werden kann und mit dem gesegelt wird.

Schlingerleisten: An den Kanten waagerechter Flächen, wie z. B. Tischen, angebrachte Leisten die das Herabfallen von Gegenständen beim Krängen des Schiffes verhindern.

Schmetterling: Segelstellung bei Vorwindkurs oder »raumem«kurs, wobei das Großsegel zur einen Seite und das Vorsegel zur anderen Seite gesetzt sind.

Schot: Eine Leine, die am Schothorn eines Segels oder an einem Baum befestigt ist, mit deren Hilfe das Segel getrimmt werden kann.

Schothorn: Untere, hintere Ecke eines Segels.

Schotstek: Knoten zum Verbinden zweier ungleich starker Enden.

Schralen: Drehung des Windes, indem er im spitzeren Winkel einfällt. Gegenteil davon ist raumen.

Schwert, Mittelschwert: Klappschwert, um einen Bolzen drehbar, wird aus dem Schwertkasten unter den Rumpf abgesenkt.

Sécurité: (frz.) Sicherheit. Ein im Sprechfunk verwendetes Sicherheitssignal, das ankündigt, dass eine Seefunkstelle eine wichtige, die Sicherheit betreffende Meldung oder eine Wetterwarnung durchzugeben beabsichtigt.

Seemeile, Nautical Mile (engl.): Maßeinheit für Entfernungen auf See, entspricht einer (1') Bogenminute des Äquators und wurde international auf einen Längenstandard von 1852 m (bzw. 6076 ft.) festgelegt.

Seereling: Sicherheitsreling aus kunststoffummanteltem Draht, der rund um den Decksrand gezogen ist, mit Relingsstützen zur Verstärkung.

Seeventil: Absperrventil direkt hinter dem Borddurchbruch vor Rohrleitungen, die vom Schiffsinnern nach außen geführt werden.

Segel setzen: Der Vorgang, wenn Segel angeschlagen und gesetzt (geheißt, gehisst) werden.

Segelhals: Die vordere, untere Ecke eines Segels.

Segelkopf: Oberste Ecke eines dreieckigen Segels oder der oberste Rand eines viereckigen Segels.

Segelkurs: Die Fahrtrichtung, in der ein Schiff segelt. Je nach dem Verhältnis der Windrichtung zur Kursrichtung hoch am Wind, am Wind, mit halbem Wind, raumschots und vor dem Wind.

Segellatte: Leichte Holz-, Glasfiber- oder Plastiklatten, die in dafür im Segel eingenähte Taschen eingeführt werden und dem Segel größere Festigkeit bzw. bessere Vortriebsleistung geben.

Segelschwerpunkt: Der Punkt eines Segels, in dem man sich den Angriff der gesamten Windkraft konzentriert denken kann.

Segeltrimmen, Trimm: Verändern der Segelstellung in Bezug auf den Windeinfall.

Seitenschwerter: Bretter, die vertikal zu beiden Seiten eines flachbodigen Schiffes aus den Schwertkästen herabgelassen werden.

Sicherheits-Strecktau(e): Gurtbänder oder Drahtseile, in die sich die Crew bei der Arbeit auf dem Vordeck mit ihren Sicherheitsgurten (Life Lines) einpiken kann.

Sicherheitsgurt, Lifebelts: Sorgleine, die an einem Brustgurt befestigt ist, mit der man sich an einem festen Punkt an Deck oder in einer Sicherheitsleine einpicken kann.

Skeg: Schutzvorrichtung für das Ruder einer Segelyacht durch eine vorgesetzte Leitfläche (Vorflosse).

Slip: 1. Schräge Rampe, über die Schiffe sowohl ins Wasser gelassen als auch aus dem Wasser geholt werden können.

Slip gelegte Leine: 2. Eine um einen Pfahl oder Poller geschlungene Festmacherleine, deren beide Enden an Bord festgemacht sind.

Slup: Takelungsart für Segelyachten: Die Slup hat nur einen Mast, an dem außer dem Großsegel nur ein Vorsegel geführt wird.

Spinnaker-Schot: Schot zum Führen des Spinnakers.

Spiegel (Heck): Flaches Heck eines Schiffes.

Spiere: Jedes zur Takelung gehörende Rundholz außer dem Mast.

Spinnaker-Niederholer: Leine, die auf größeren Yachten benutzt wird.

Spinnaker: Großes, bauchig-gewölbtes Beisegel einer Yacht für achterlichen oder raumen Wind.

Spinnakerbaum: Spiere zum Ausbaumen des Spinnakers nach Luv.

Spring: Festmacherleinen, die zusätzlich zu Vor- und Achterleinen angebracht werden und die verhindern, dass das Schiff sich nach vorn oder achtern bewegen kann.

Springtide: Durch stärkere Anziehungskraft von Sonne und Mond hervorgerufene, stärkere Gezeiten/Tiden mit größerem Höhenunterschied zwischen Hoch- und Niedrigwasser.

Stag: Drahtseil, das den Mast in der Längsrichtung nach vorn und hinten stabil hält.

Stagreiter: Befestigungshaken und -ringe, mit denen ein Vorsegel am Vorstag befestigt ist.

Standlinie: Hilfsmittel, um die exakte Position des Schiffes auf der Seekarte zu ermitteln.

Stehendes Gut (Rigg): Ist das System von Drahtseilen, wie Stage und Wanten, mit denen der/die Mast(en) aufrecht gehalten werden.

Steuerbord: In Fahrtrichtung gesehen die rechte Seite eines Schiffes.

Steuerbordbug: Kurs eines Schiffes bei Windeinfall von Backbord (die Segel stehen auf der Steuerbordseite).

Steven: Vorderer und hinterer Abschluß des Schiffskörpers.

T

Taupunkt: Temperatur, bei der die Luft mit Wasserdampf gesättigt ist und Niederschlag bildet.

Tender, Beiboot: Ein kleines Boot, das dazu dient, Personen oder Proviant zwischen Land und dem ankernden Schiff zu transportieren.

Tide: Erstreckt sich über die Zeitspanne von einem Niedrigwasser über das nachfolgende Hochwasser bis zum Einsetzen des nächsten Niedrigwassers.

Tidenstrom: Der regelmäßige, mit Ebbe und Flut die Richtung und Stärke wechselnde Strom in Tidengewässern.

Tief: Gebiet niedrigen Luftdrucks.

Toggle: Knebel, Winkelverbindung.

Toppnant: Leine zur Regulierung des Spinnakerbaumes.

Toter Sektor, »No-Sail-Zone«: Richtung gegen den Wind, die beim Kreuzen unerreichbar ist.

Trapez: Haltegurt, der an einem vom Mast kommenden Draht(seil) eingepickt ist.

Traveller: Bügel, Leitwagen für den Fußblock einer Segelschot (hauptsächlich der Großschot).

Treibanker, Seeanker: Kegelförmiger Segelsack, der achteraus geschleppt wird, um die Geschwindigkeit zu reduzieren oder vorne angebracht wird, um den Bug im Wind zu halten.

Trimmfäden: Farbige Wollfäden als Anzeiger für den Segeltrimm.

Trimmlage, ausbalanciert: Ausbalancierte Lage des Schiffes im Wasser.

Twist: Drehung, Verwindung, besonders das Auswehen des oberen Teils eines Segels.

U–V

Unterliek: Unterer Saum des Segels.

Vor-dem-Wind-Kurs: Segeln mit achterlichem Wind, d. h. der Wind weht direkt oder doch nahezu (raumschots) in Richtung des Schiffskurses.

Vordeck: Vorschiff, Decksteil am Bug.

Vorliek: Vorderer Saum eines dreieckigen Segels.

Vorschot: Leinen, mit denen man die Stellung des Vorsegels (zum Wind) reguliert.

Vorsegel: Ein Segel, das vor dem Mast gesetzt wird.

Vorstag: Drahtseil, das das Nach-hinten-Fallen des Mastes verhindert. Das Vorstag verläuft vom Masttopp zum Beschlag am Bug. Dient auch zum Befestigen des Vorsegels.

Vortrieb: Die Kraft, die von den Segeln erzeugt wird, um das Boot voranzutreiben.

W–Z

Wahrer Wind: Die Windrichtung und -stärke die man empfindet, wenn man sich nicht bewegt.

Wanten: Drahtseile zu beiden Seiten des Mastes. Sie dienen zum Abstützen des Mastes.

Wantenspanner: Vorrichtung zum Anpassen der Spannung bei Wanten und Vorstagen.

Warpanker: Leichter Anker zum Verholen (Liegeplatzwechsel im Hafen) eines Schiffes.

Warpleine: Trosse, Verholtau; starkes Seil, um ein Schiff festzuhalten oder zu ziehen.

Webeleinstek: Knoten zum kurzen Festmachen an einem Ring oder Pfahl.

Windanzeiger, Verklicker: Kleiner Stander bzw. kleine Flagge oder drehbarer Zeiger im Masttopp, zeigt die Richtung des scheinbaren Windes an.

Winsch: Seilwinde, Hilfsmittel zum Einholen von Schoten und Fallen.

Wriggen, wricken: Fortbewegungsart für ein Dingi oder Beiboot, mit einem am Heck angebrachten Riemen.

REGISTER

L

M

N

Ü

V

W

Y

Z

DANKSAGUNG

DER AUTOR dankt Gary Pearson, Mark Elson, Will Upschurch und Ben Willows vom UKSA (United Kingdom Sailing Academy), Cowes, Isle of Wight, für ihre Unterstützung bei den Aufnahmen für das Jollensegeln. Ein Dank geht ebenfalls an Rival Bowman Yachts Ltd. für die Bereitstellung der Starlight 35 sowie an Julian Fawcett von Rival Bowman für die seglerische Unterstützung. Besonders danke ich all denen, die mit ihrer wertvollen Hilfe dieses Projekt gefördert haben, dies gilt auch Douglas Peterson, dessen RIB wir benutzen durften, und der uns mit Alamo einen idealen Zufluchtsort für redaktionelle Besprechungsessen zur Verfügung gestellt hat; Jeff Morgan, der die RIB segelte; Chris Woodbridge, der ein professionelles Auge auf den Lehrstoff geworfen hat; sowie Tanya, Wibbs und Jo für ihr Verständnis.

Mein besonderer Dank geht an alle vom Studio Cactus, und vor allem an Sharon Moore, die der sichere Fels war, auf den dieses Projekt begründet wurde.

DORLING KINDERSLEY bedankt sich für die redaktionelle Arbeit: bei Adele Hayward, für das Ankurbeln des Projektmanagements; für die Planung: bei Tracy Hambleton-Miles und Tassy King für die Projektleitung; für die Verwaltung: bei Christopher Gordon.

STUDIO CACTUS bedankt sich bei Nicola Hodgson, Jane Baldock, Victoria Harwood, Simon Adams und Jane Laing für zusätzliche redaktionelle Unterstützung; bei Alison Shackleton für Entwurfs-Assistenz; bei Laura Harper für Korrekturlesen; bei Hilary Bird für das Inhaltsverzeichnis; bei Amanda Hess für die allgemeine Verwaltung.

Dank ebenfalls an Martin Pass bei Audi UK, an Milton Keynes, die die Autos für die Aufnahmen bereitgestellt haben, und an Performance Sail Craft Ltd. für das Bereitstellen der Laser.

Die Segelbekleidung für den Teil Fahrtensegeln wurde von MUSTO LTD. zur Verfügung gestellt.

Für das Zur-Verfügung-Stellen von Foto- und Informationsmaterial bedanken wir uns bei:
Audi: S. 42–43
Kelvin Hughes Ltd., Southampton;
Damien Moore: S. 24, 26, 27ul, 164ur, 238r, 277, 283;
Musto Ltd.: S. 54u, 55ul, 55r, 55ol, 164ur;
Raytheon Marine Company: S. 237ml, 240ur;
Simpson Lawrence: S. 237ol, 244ul;
Starlight: S. 35;
Steve Sleight: S. 165ml, 195or, 226or, 289um;
United Kingdom Hydrographic Office;
Westerly: S. 151mr;

(Abkürzungen: o = oben, u = unten, m = mitte, r = rechts, l = links)

BILDMATERIAL: Dorling Kindersley dankt für die freundliche Abdruckerlaubnis der Fotos.
Sämtliche Fotos von **Steve Gorton**, mit Ausnahme von:
Geoffrey Hilton Barber: S. 17or;
Jim Bearselman: S. 148ul, 186ul
Beken of Cowes Ltd.: S. 12ol, 13ur, 45ur, 111ur, 151ul, 151ur, 190ur, 200ul
Bridgeman Art Library, London/ New York: Alan Jacobs Gallery, London: S. 10ol;
Christel Clear Marine Photography: S. 16ul, 46ul, 53mru, 70ul, 90u, 112um, 133om, 140ol, 144ul, 151or, 165ur, 185ol;
Julie Dunbar: 53mro;
Dundee Satellite Receiving Station, University of Dundee: S. 265u;
Geoscience Features: S. 269um;
Kos Picture: S. 6, 53mul, 146–47, 179or, 229ol; David Williams 216ul; F. Salle 131ur;
Frank Lane Picture Agency: S. 268um; B. & D. Hosking 275or; Brian Cosgrove 266um; Chris Demetrion 269ur; Francois Merlet 266ur; H. Binz 260–61; H. Hoflinger 273or; Larry West 268ul; Martin Smith 226ul; Maurice Nimmo 269ul; R. Thompson 266ul; S. McCutcheon 267um, 268ul, 268ur;
Ocean Images: S. 120ul;
Pickthall Picture Library PPL. Ltd.: S. 11; Alastair Black 112mru, 123or, 205or; Barry Pickthall 56u, 86ur, 105o, 299or; Bob Fisher 133or; Gary John Norman 162ul, 285ur, 287or; Gilles Martin-Raget 134ul; Ingrid Abery 119ol, 142ul, 143ol; Jamie Lawson-Johnston 151ol; Jon Nash 152or, 269–297; Jono Knight 2, 106–07, 129ur, 130, 154ur; Mark Pepper 280–81; Onne van der Wal 286ul; Peter Bentley 111or, 113ol, 124ur, 282um; Peter Danby 89ul, 117ur; Skip Novak 15or;
Patrick Roach: S. 20ul, 49ur, 65um;
William Payne Photography: S. 160ur, 160ul, 161ol, 289ur, 292ur;
Rick Tomlinson: S. 8–9, 14ul, 18–19, 62or, 106–107, 182u, 187or;
Turtle Photography: S. 4or, 50, 53mr, 53ol, 53ml, 53ul, 53or, 64ul, 65u, 69ur, 71m, 71ol, 109or, 109ol, 109mlb, 109mla, 109ur, 109ul, 109mrb, 109mra, 145ol, 228u;
US National Weather Service: 276ur;
Fotografien des Schutzumschlages: Christel Clear Marine Photography, Kos Pictures, Anthony Blake, Musto Lmited, Plastimo/B.Y. Leglatin, Patrick Roach;
Foto des Autors: Tanya Sleight;
Vorsatzpapier: Patrick Roach;
Zeichnungen: Peter Bull Art Studio.
Zusätzliche Abbildungen von David Ashby, Martin Woodward, Quo Kong Chen, Robert Campbell, Claire Pegrum, Steve Cluett.